2025

경찰·경비지도사 시험대비

박상민
Justice

범죄학

[기본서 **법령포함**]

미래인재경찰학원

박영사

경찰공무원 시험을 준비하고 계신 수험생 여러분!
범죄학 박상민입니다.

지금 이 순간에도 합격이라는 목표를 향해 정진하고 있을 수험생 여러분을 생각합니다. 어려운 여건 속에서도 노력하고 계실 줄로 압니다. 때때로 과연 제가 여러분들에게 얼만큼 도움이 되고 있을까 생각해 봅니다. 기대에 미치지 못할까 조급하고 아쉬워졌습니다. 새로운 과목에 대한 수험생들의 두려움과 혼란이 커져가는 것도 지켜보았습니다. 그러다 이렇게 기회가 되어 수험생들에게 길잡이가 되었으면 하는 마음으로 이 교재를 구성하게 되었습니다.

본 교재의 특징은 이러합니다.

첫째. 주요 대학 교수님들의 저서와 논문을 모두 참조하여 범죄학에 대한 이해가 쉽도록 광범위한 이론 및 법령을 체계적으로 정리하였습니다.

둘째. 시험에 출제 가능한 예상지문을 각 챕터별 OX 문제로 삽입하였습니다. 이론에서 배운 부분을 정리하고 예상지문을 익힐 수 있습니다.

셋째. 범죄학 관계법령을 심화 파트로 수록하였습니다. 관계법령에서 출제될 문제까지 놓칠 수 없습니다. 관계법령도 익히도록 준비했습니다.

한번만 강의를 수강하면 스스로 학습 가능하도록 교재를 구성해 놓았습니다. 그럼에도 불구하고 부족한 부분은 강의로 메우도록 하겠습니다.

늦가을, 연구실에서
박상민 드림

차례

PART

01

범죄학 일반

1 범죄

CHAPTER

1 범죄의 의의

범죄학에서 사용되는 범죄의 법률적 정의는 대체로 법률적으로 규정된 것으로서, 범죄란 법률적으로 법이 요구하고 있는 행위를 고의적으로 하지 않거나 법이 금지하는 행위를 고의적으로 한 행위라고 할 수 있다.

(1) 합의론적 관점

① 합의론적 관점은 사회합의론과 구조기능론을 이론적 전제로 하며, 법은 우리 사회의 가치, 신념, 의견 등에 대해서 합의된 행위규범이며, 우리 사회질서 유지에 긍정적 역할을 한다.

② 범죄는 법률위반과 사회 전체 가치, 의견, 신념 등의 합의된 전체 요소에 모순되는 행위로 규정되고 있다. 즉, 어떠한 행위가 법률에 의해 금지되어야 하며, 범죄로 간주되어야 하는가에 대하여 일반적인 합의가 있다.

③ 모든 범죄행위가 다 비도덕적일 수도 없으며, 모든 비도덕적 행위가 다 범죄행위일 수도 없다는 것이다.

> **ex** 도박을 범죄로 규정하고 있음에도 가족 간의 오락으로서 화투나 카드놀이는 불법이나 비도덕적이라고 여기지 않으며, 인종차별이나 지나친 이기주의 등은 사회적으로 지탄받아야 하는 비도덕적인 행위임에도 불구하고 그것을 범죄로 규정하고 있지 않다.

(2) 갈등론적 관점

① 갈등론적 관점에서, 범죄를 피지배집단을 대상으로 지배집단의 지위와 권한을 보호하기 위해 고안된 정치적 개념으로 만들어졌다.

② 범죄의 개념을 도덕적 합의나 사회의 붕괴를 통제하기 위해서가 아니라, 권력 또는 지위를 지키기 위해서 생겨난 것이기 때문에 사회경제적이고 정치적인 모습을 갖는다.

③ 갈등론자들은 사회를 상호갈등적인 다양한 집단의 집합으로 보고 이러한 집단 중에서 정치적·경제적 힘을 주장할 수 있는 집단이 자신들의 이익과 기득권을 보호하기 위한 수단으로 활용하기 위해 법을 만든 것이라 주장한다.

④ 살인이나 강간과 같은 범죄는 모든 종류의 집단과 계급에 의해서 가장 중요한 범죄로 받아들여지는 것이지 지배집단이나 특정 계급의 이익을 보호하기 위한 것은 아니라는 점에서 한계가 있다.

(3) 상호작용론적 관점

① 범죄란 사회권력을 가진 사람들의 선호 내지는 견해를 반영하는 것으로 범죄자는 사회적 규범을 위반하여 일탈자로 낙인찍힌 것을 말한다.
즉, 낙인이론의 관점에서 범죄의 개념을 파악하고 있다.

② 범죄는 어떠한 객관적 기준에 의한 것이 아닌 임의적인 것으로써 대체로 권력이 있는 사람들에게 유리하도록 기준을 만들고 그 기준에 의하여 범죄를 규정하므로, '범죄' 또는 '범죄적 상황'은 권력 집단의 도덕적 기준에 필연적으로 영향을 받을 수밖에 없게 되며, 따라서 그 기준은 언제든지 변할 수 있다.

(4) 유사개념

① 일탈 : 일반적으로 사회규범을 위반한 행위
② 사회문제 : 공공기관이나 정부기관이 부정적인 평가를 하고 이를 변화시키고자 하는 사회적 상황으로시 구성원 다수가 변화되어야 한다고 생각하는 상황
③ 비행 : 주로 청소년의 일탈행위 및 범죄행위를 일컫는 말

◢ **범죄와 일탈의 비교**

• 일탈행위가 모두 범죄인 것은 아니다.
• 일탈행위는 사회적 규범에서 벗어난 행위이다.
• 한 사회에서 일탈행위가 다른 사회에서는 일탈행위가 아닐 수도 있다.

---

(5) 범죄의 상대성

① 범죄는 시간과 공간적으로 상대성을 가진다. 어떤 행위를 한 국가에서는 범죄로 취급하지만 다른 국가에서는 범죄로 취급하지 않는 경우도 있으며, 과거에는 범죄로 취급되지만 현재는 범죄로 취급되지 않는 경우도 있다.

② 시간적 상대성
세금포탈이나 마약 등과 같이 과거에는 범죄가 아니었던 것이 오늘날에는 범죄로 취급되거나, 반대로 과거에는 미국에서처럼 흑인을 가르치는 것이 범죄로 규정되었으나 현재는 범죄로 다루어지지 않는다.

③ 공간적 상대성
㉠ 특정 사회나 지역에서는 범죄에 해당하는 행위가 다른 지역에서는 범죄가 되지 않거나 그 반대의 경우를 말한다.
㉡ 미국의 대부분 주에서는 복권이나 경마 등의 몇 가지 경우를 제외하고는 도박이 금지되고 있으나, 네바다주에서는 합법적으로 인정되고 있다.

2 범죄의 정의

(1) 형식적 의미의 범죄(법률적)

① "법률이 없으면 범죄도 없고, 법률이 없이는 형벌도 없다"라는 주장으로, 법률에서 규정하는 금지행위를 고의로 행히였을 때 법에 저촉되어 범죄가 성립한다.

② 사회적으로 아무리 비난받아야 할 행위라 할지라도 법률이 범죄로서 규정되어 있지 않는다면 처벌할 수 없으며, 범죄에 대하여 법률이 규정한 형벌 이외의 처벌을 과할 수 없다는 것이다.

③ 법률가 제롬 마이클(Jerome Michael)과 철학자 모티머 아들러(Mortimer Adler)는 '형벌에 의해 금지된 행위'라고 정의하였다.

> ◢ **죄형법정주의 원칙(nullum crimen sine lege, nulla poena sine lege)**
>
> 법규에 금지조항이 없으면 사회적으로 배척되는 행동일지라도 범죄가 성립하지 않으며, 아무리 바람직한 행동일지라도 법에 의무로 규정되어 있지 않으면 불이행으로 인한 범죄는 성립하지 않는 것이다.

(2) 실질적 의미의 범죄(비법률적)

① 사회-법률적 접근(the socio - legal approach)
  ㉠ 서덜랜드(Sutherland)는 법률적 정의의 범주를 넓혀 법률적 접근 및 과거 범죄의 범주에 포함되지 않았던 상위 계층의 화이트칼라 범죄, 경제범죄, 환경범죄 등 다양한 반사회적 행위까지 포함하여 관심을 기울일 것을 주장하였다.
  ㉡ 상위 계층에 의한 경제범죄에 대해 범죄학적 연구의 중요성을 강조하였으나, 어떤 행위가 범죄적인 것으로 정의되는 과정에 대하여는 등한시하였다는 지적을 받고 있다.

② 비교문화적 접근
  ㉠ 셀린(Sellin)은 모든 집단은 법으로 규정되어 있지 않은 행위규범인 기준을 가지고 있음을 주장한다.
  ㉡ 모든 문화적 집단에 걸쳐서 동일한 보편적인 행위규범도 있다고 주장하며, 바로 이 보편적인 행위규범이 범죄연구의 초점이라는 것이다.

③ 통계적 접근
  ㉠ 윌킨스(Wilkins)는 다양한 행위의 발생빈도에 초점을 맞추어 발생빈도가 높은 것은 정상이고, 발생빈도가 낮은 것은 일탈적인 것으로 보고 있다.
  ㉡ 종형의 정상적인 빈도분포표 중에서 가운데 다수는 정상적인 행위이며 양극단은 중요범죄행위와 성스러운 행위이다.
  ㉢ 윌킨스(Wilkins)의 시도는 범죄와 일탈의 변량적 특성을 이용한 것이 특징이나 지나치게

단순하다는 것이 단점으로 지적되고 있다.

④ 낙인적 접근

  ㉠ 베커(Becker)에 의하면, 일탈자란 일탈이라는 낙인이 성공적으로 부착된 사람이며, 일탈행위는 사람들이 낙인찍은 행위라는 것이다.

  ㉡ 문화집단의 구성원이 규정한 사회규범에서 벗어난 행위는 일탈로 취급하나 모두 범죄인 것은 아니다. 다른 사람들이 일탈로 반응하기 때문에 일탈이 되는 것이다.

⑤ 인권적 접근

모든 사람은 행복을 위한 기본적인 전제조건뿐만 아니라 약탈적 개인이나 억압적이고 제국주의적인 사회지도층으로부터의 안전을 보장받아야 하는데 바로 이러한 인권에 관련된 부분이 형법이 보장하고 보호해야 하는 권리라는 것이다. 이러한 권리를 부정하는 것은 범죄라고 접근한다.

⑥ 이상향적인 무정부주의적 접근(utopian - anarchist approach)

범죄와 일탈을 '인간의 다양성'으로 재정의하고 있다. 일탈은 목적을 갖고 부정의를 수정하고 항거하기 위한 정상적인 시도로 보고 있는데, 이에 대해 사회는 이러한 행동에 가담한 행위자를 범죄화함으로써 이들의 도전을 억압하려고 한다는 것이다.

결론 : 다수의 학자들은 아무리 비규범적이고 반사회적인 행위일지라도 법률에 위배되지 않는 한 범죄로 기록되지 않는다. 또한 무엇이 반사회적 행위를 구성하고, 무엇을 위반하면 범죄적 특성의 비규범적 행위를 구성하게 되는 규범인지에 일반적인 합의가 없다는 이유로 범죄를 법률적으로 규정하는 것이 대부분이다.

▲ 실질적 의미의 범죄란, 반사회적인 법익침해행위이다.

사회는 질서유지를 위해 사회구성원들 간에 지켜야 할 행동규칙을 정한다.
⮕ 사회규범은 강제력의 정도에 따라, 관습 < 도덕 < 법

사회변화를 고려하여 형식적 범죄의 개념 보완이 필요하다.
⮕ 법률의 규정에 상관없이 범죄의 실질만 갖추고 있으면 범죄이다.
① 반(反)사회성 : 사회규범에 반대하는 행위다.
② 법익침해 : 법익에 대해 함부로 해를 끼친다.

3 범죄의 성립요건

범죄는 구성요건에 해당하고 위법하며 책임성이 있어야 성립한다.

(1) 구성요건 해당성

구성요건이란 형법 기타 형벌법규에 금지되어 있는 행위가 무엇인가를 구체적으로 규정해 놓은 것을 말한다. 예컨대 '사람을 살해한 자는 사형, 무기 또는 5년 이상의 징역에 처한다(형법 제 250조),'는 살인죄 규정은 살인행위의 금지규범이며, 이에 위반한 행위는 구성요건에 해당하는 것이다. 따라서 범죄가 되려면 그 행위가 형법 등에서 금지한 행위에 해당하여야 한다.

(2) 위법성

위법성이 없는 행위는 구성요건에 해당하더라도 범죄가 되지 아니한다. 위법성이란 좁게는 법규에 위배되고, 넓게는 사회상규(社會常規)에 위배되는 것을 의미한다. 예컨대, 사형집행인은 사람을 죽이더라도 범죄가 되지 아니하고, 정당방위로 사람을 죽인 경우에는 범죄가 되지 아니한다.

(3) 책임성

책임성이란 행위자에 대한 비난 가능성을 말한다. 예컨대, 사람을 죽인 자가 정신이상자이거나 14세 미만의 형사책임이 없는자인 경우에는 범죄가 성립하지 아니하는 것과 같다.

4 범죄의 효과

(1) 부정적 효과

① 범죄의 만연은 사회조직의 해체 및 사회질서의 붕괴현상을 초래한다.
② 사회생활을 유지하는 데 필요한 사람들 간의 신뢰감을 저하시킨다.
③ 범죄행위가 증가하면 법을 준수하고자 하는 동기 또는 의지를 약화시킨다.
④ 교도소나 범죄에 대한 피해액으로 인해 사회적 자원이 낭비된다.

(2) 긍정적 효과

① 사회규범을 분명히 규정할 수 있고, 행동의 범위를 한정할 수 있다.
② 집단의 결속력을 강화할 수 있다.
③ 축적된 욕구불만을 해소하며, 보다 심한 일탈행위를 예방할 수 있다.
④ 사회현상이나 사회조직의 결함을 미리 알려준다.

⑤ 사회변동, 사회발전의 원인이 되는 경우도 많다.

> ### 에이커스와 셀러스의 범죄학이론을 평가하는 기준
>
> • 논리적 일관성 : 범죄학 이론의 설명은 논리적으로 일관적이어야 한다.
> • 검증 가능성 : 범죄학은 사회과학의 한 분야이기 때문에 관찰 및 실험에 의해 검증이 가능하여야 한다.
> • 경험적 타당성 : 어떠한 이론이 주장하는 명제나 가설이 경험적 증거인 설문조사, 실험, 관찰 등에 의해 지지된다면, 경험적 타당성이 높은 좋은 이론이라고 할 수 있다(평가기준 중 가장 중요).
> • 정책적 함의 : 정책적 함의가 풍부하여 유용성이 있어야 한다. 좋은 범죄학 이론은 정책에 적용할 수 있는 다양한 정책함의를 가져야 한다.

> ### 범죄학에서 고려해야 하는 연구윤리 문제
>
> • 연구대상에 피해를 줄 가능성
> • 편향적인 연구방법을 사용할 가능성
> • 익명성과 개인정보에 대한 침해 가능성
> • 연구대상을 기만할 가능성
> • 연구과정에서 법을 위반할 가능성
> • 연구주제를 편향적으로 선택하거나 연구의도와 부합하는 사실만 보고할 가능성

범죄학의 연구와 필요성

CHAPTER 2

1 범죄학의 의의

(1) 범죄학의 개념

① 범죄학은 범죄의 현상과 원인을 연구하는 경험과학적 지식의 총체이다.

② 범죄학은 범죄에 대한 사회학·의학·심리학 등 다양한 학문분야가 공동으로 관계하는 종합과학적인 지식의 총합체이며, 연구 범위는 입법과정, 법의 위반과정, 법의 위반행위에 대한 반응과정이 포함된다. 범죄학에 대한 궁극적 목적은 법, 범죄, 범죄자의 처우 등에 대해 원칙과 이와 관련된 많은 지식을 발전시켜 나가는데 있다.

③ 광의로 파악하여 범죄원인론, 범죄예방 방법론, 범죄대책, 형사법뿐만 아니라 범죄와 관련된 일체의 학문으로 이해하기도 한다.

(2) 범죄학에 대한 학자별 정의

① 가로팔로(Garofalo) - 최초로 범죄학이라는 용어 사용
가로팔로는 범죄학을 범죄의 현상과 원인을 연구하는 사실학으로 보았을 뿐만 아니라 자연범의 개념을 인정하여 범죄학을 국가마다 다른 법체계로부터 독립시켰다. 이러한 이유로 Garofalo의 범죄학 개념은 규범학인 형법학과 정책학인 형사정책을 구별하게 하는 기초를 마련하였다.

② 서덜랜드(Sutherland) 서덜랜드의 범죄학 개념은 범죄의 현상과 원인뿐 아니라 법제정·법위반 및 그 위반에 대한 반응과정까지를 포함하였다. 대륙과는 달리 형법학과 관련 없이 범죄사회학을 기본으로 하면서 다양한 접근방법을 가미한 것을 특징으로 한다.

> **범죄학에 대한 서덜랜드(Sutherland)의 정의**
>
> • 범죄학은 사회현상으로서 간주하는 범죄에 대한 지식의 총합체이다.
> • 범죄학의 연구 범주에는 입법과정, 법의 위반과정, 그리고 법의 위반 행위에 대한 반응과정이 포함된다.
> • 범죄학의 목적은 법, 범죄, 그리고 범죄자의 처우에 관한 보편적이고도 유효한 원칙들과 이 과정에 있어 서로 다르지만 관련된 많은 지식들을 발전시켜 나가는 데 있다.

2 범죄학의 특성

(1) 종합과학적 특성

범죄학은 다양한 학문분야가 자신의 학문적 관점에서 독립적으로 관계하는 복수의 학제로 때로는 이들 복수의 학제가 공동으로 관계하는 종합과학적 특성을 가지고 있다. 점차 범죄에 대한 대책까지 포함하는 넓은 의미로 확대되었다. 연구대상은 범죄(일탈행위 포함)와 범죄자, 피해자, 범죄대책 등이고, 종합과학적 접근은 범죄와 관련한 일체의 학문이다.

(2) 경험과학적 특성

일반적 경험을 토대로 사회적 일탈행위, 범죄와 범죄자, 통제방법 등을 연구한다. 경험과학에서 범죄학은 궁극적으로 '범죄'라는 사회문제(현상) 해결을 위한 학문으로 사회에서 실제로 발생하는 범죄(사건)의 현상을 파악하여 원인을 규명한다. 범죄학은 '사실학' 또는 '경험과학'이다.

(3) 범죄대책성 특성

범죄의 발생 현상을 통해 범죄예방 방법, 범죄원인 연구, 범죄대책 수립 등을 연구한다.

(4) 범죄지식의 총합체

범죄를 사회현상으로 간주하는 범죄에 대한 법, 범죄, 범죄자의 처우 등에 대해 원칙과 관련된 많은 지식을 발전시켜 나가는 지식의 총합체이다.

3 범죄학의 역사

(1) 고전학파

① 고전학파의 특징
　㉠ 고전학파의 가장 큰 특징은 인간들이 자유의지를 가지고 그들의 행위와 관련된 위험과 보상을 계산하는 고통과 쾌락의 원칙에 따르게 된다. 즉, 원하는 것을 하는 것에 대해서 계산할 줄 아는 능력을 가진 인간을 강조하는 것이다.
　㉡ 국가와 법은 사회계약의 산물이며 일반예방을 강조한다.
　㉢ 비인도적인 형벌제도의 폐지를 사회계약론과 공리주의 관점에서 도출해내고 있다.
　㉣ 범죄와 형벌의 균형이 상실될 때 공익에 반하며, 범죄의 진정한 척도는 범죄에 의해 사회가 받은 손해이다.

ⓜ 고전학파는 범죄행위를 상대적인 위험과 이득에 대한 합리적인 계산의 결과로 선택된 행위로 보며, 범죄를 예방하고 범죄자를 제지하는 데 필요한 그 이상도 이하도 아닌 범죄에 상응하는 처벌을 주장한다.

ⓗ 처벌이란 범죄로 인한 위험성은 받아들일 수 없게 만들지만, 불필요한 고통을 야기시킬 정도로 그 이상으로 확대돼서는 안 된다고 주장한다.

② 베카리아 (Beccaria)

 ⑦ 모든 사회행위의 근저에는 공리적 가치가 있어야 한다는 공리주의 사회철학을 기초로 하면 범죄는 사회에 해를 끼치는 행위에만 국한해야 한다고 주장하였다.

 ⓛ 사회계약설에 의해 사형제도의 폐지를 주장하였다.

 ⓒ 신분에 따른 차별적 형법적용은 폐지되어야 하고 범죄와 형벌의 양은 균등해야 한다.

 ⓔ 처벌의 신속한 집행은 범죄예방에 효과가 있으며, 범죄행위는 처벌에 대한 두려움에 의해 억제될 수 있다고 주장하였다.

 ⓜ 사형폐지, 고문금지, 범죄를 처벌하는 것보다 예방, 인간은 자신의 행동을 선택할 자유의지를 갖는다.

 ⓗ 형벌의 신분성은 배제되어야 한다. 즉, 형벌의 목적이 사회에 대한 해악의 방지라면, 그것은 신분여하를 막론하고 적용되어야 한다는 것이다.

③ 벤담(Bentham)

 ⑦ 처벌은 범죄를 억제할 수 있어야 한다고 주장했다. 행위를 자유의지와 쾌락주의적 계산의 결과로 설명했다.

 ⓛ 형벌의 목적은 개선, 격리, 피해자보호, 경제성에 있다.

 ⓒ 형벌은 인위적인 고통이고 따라서 보다 큰 범죄의 해악이 있을 때에 한하여 정당화 된다.

 ⓔ 계몽사상을 구체화한 법률학자로서 '최대다수 최대행복'이라는 공리주의 원리를 전면에 두고 범죄없는 사회를 실현시키기 위해 형법 개정을 주장하였다.

 ⓜ 공리주의적 형벌관에 입각하여 파놉티콘(Panopticon)이라는 감옥 건축양식을 고안했다.

 ⓗ 형벌기준으로 관대성 기준, 우등처우 기준, 경제성 기준을 제시하였다.

 ⓢ 근대형법의 기본원칙으로 구체화한 것은 죄형법정주의, 죄형균등, 신분형법 폐지, 합리적인 인간관에 따른 형벌의 인도주의화, 형사절차의 정당화 등이 있다.

④ 페스탈로찌(Pestalozzi)

"사생아 방지를 위한 미혼모 처벌규정이 오히려 미혼모가 영아를 살해하게 만들고, 오히려 가혹한 처벌보다는 교육과 사랑이 중요하다"고 주장하였다.

⑤ 하워드(Howard)

 ⑦ '암스테르담 노역장'을 통해 감옥개혁 사상을 주장하였다.

 ⓛ 감옥은 안전하고 위생적인 구금시설이여야 하며 죄수의 죄질, 성별, 연령에 따라 구별해야 한다. 또한 개선 장소가 될 수 있도록 적절한 노동부과, 종교생활 등이 이루어져야 한

다고 주장하였다.

(2) 제도학파

① 케틀레(Quetelet)는 통계학적 방법이 범죄의 연구에 적용될 수 있음을 알고 처음으로 범죄학 연구에 있어서 계량적 기술을 도입하였다.
② 장기간의 시간을 두고 지켜본 결과, 통계표를 통해 범죄현상의 규칙성이 존재하고 있음을 밝혔다.

(3) 실증주의학파

① 롬브로조(Lombroso), 가로팔로(Garofalo), 페리(Ferri)와 같은 학자들은 범죄자와 비범죄자에 대한 통제된 조사의 중요성을 강조하고 과학적 접근을 강조함으로써 범죄자의 연구를 과학적인 것으로 만들 수 있었다.
② 실증주의 범죄학의 목적은 범죄의 원인을 찾는 데 초점이 맞춰져 있다.
③ 고전학파는 인간이 여러 대안행위 중에서 어떠한 행위를 선택하는 데 있어서 자신의 자유의사를 활용한다고 가정하는 데 반하여, 실증주의학파는 인간의 행위는 과학적으로 확인할 수 있는 방식으로 결정된다고 가정하였다.
④ 실증주의학파는 범죄자가 비범죄자와는 근본적으로 다르며, 그러한 차이점의 발견에 주력하였다.
⑤ 특정의 범죄자에게 상응한 개별화된 처우와 더불어 범죄자로부터 사회의 보호를 동시에 강조하였다.

〈고전학파와 실증학파의 차이점〉

고전학파	• 여러 가지 대안 행위 중에서 어떠한 행위를 선택하는 데 있어 자신의 자유의사를 활용한다고 가정한다. • 피의자에 대한 정부의 임의적이고 가혹한 처벌로부터 보호하고자 발전하였다. • 모든 범죄에 대하여 명확하게 계산된 처벌을 함으로써 범죄에 상응한 처벌을 내리도록 노력하였다.
실증학파	• 인간의 행위가 과학적으로 설명될 수 있는 방식으로 결정된다고 가정한다. • 범죄자가 비범죄자와는 근본적으로 다르며, 차이점의 발견이 실증학파의 과업이라는 것이다. • 실증학파는 범죄자의 연구를 위하여 과학적인 방법을 적용하기 위한 시도로 발전하였다. • 특정의 범죄자에게 상응한 개별화된 처우와 더불어 범죄자로부터 사회의 보호를 동시에 강조하였다.

(4) 범죄사회학파 범죄학

① 미국의 범죄학은 시카고대학의 사회학자들을 중심으로 발전했으며, 사회학이 지배하는 실증주의 학문이다.
② 동심원이론을 이용한 사회해체에 초점을 맞춘 생태학적 범죄연구를 시작으로, 청소년 갱연구를 통해 심층현장조사(fieldwork)의 중요성을 일깨웠다.

③ 미국의 범죄학은 사회학이 지배하는 실증주의 학문으로서 사회의 환경이 범죄를 유발한다고 주장하였다. 그리고 이를 과학적으로 증명하려는 노력을 중심으로 발전하게 되었다.

(5) 현대의 범죄학

① 1960~1970년대의 자유주의적 범죄학에서는 범죄를 유발하는 사회적 요인을 규정하고자 했었다. 그러나 1980년대 이후의 보수주의적 범죄학은 무엇이 범죄를 유발하는가보다는 범죄를 예방하기 위해서는 무엇을 할 것인가에 더 많은 관심을 표하고 있다.
② 반대로 자유주의적 이념가들은 범죄를 유발하는 요인은 개인이 통제할 수 없는 것이며, 범죄율이 감소하기 위해서는 개인의 처벌보다 학교, 가족, 지역사회 등의 개선이 중요하다고 강조한다.

4 범죄학의 새로운 영역

(1) 범죄학(criminology)과 범죄과학(crime science)

과학기술이 범죄를 포함한 거의 모든 것을 변화시킨다. 새로운 형태의 범죄, 전통적 범죄이지만 새로운 범행의 수법, 이런 변화에 대응하려는 경찰을 비롯한 형사사법의 변화를 가져오기 때문이다.

ex 사기, 아동 포르노, 신분도용 등과 같은 전통 범죄가 인터넷을 통해 새로운 형태를 취하고, 새로운 환경을 만들어낸다. 또한 과학기술의 산물이라 할 수 있는 국제화, 세계화 또한 자금세탁, 신용카드위변조, 테러리즘과 같은 조직범죄에 새로운 기회를 제공한다.

① 범죄과학의 이해
ㄱ 범죄과학은 '순수과학(pure science)'과는 구별되며, 광범위한 것으로 규정된다.
ㄴ 범죄과학이 전통범죄학과 구별되는 것은 범죄과학이 범죄성이 아니라 범죄, 그리고 범법자가 아니라 범행에 초점을 맞춘다는 점이다.
ㄷ 범죄과학은 응용과학으로서, 결과보다 성과를 중시하는데, 범죄과학에서는 감축이 예방보다 선호된다.
③ 해악학
ㄱ 해악학은 법률적 개념을 넘어, 사회와 개인에게 깊은 영향을 미치는 재정적, 물리적, 신체적, 사회적, 심리적인 사회적 해악에 대한 관심을 끌려는 시도이다.
ㄴ 해악이란 범죄행동과 비범죄적 행동 양자를 모두 포함하는 개념이고 따라서 환경적, 사회적 문제와 같은 복잡한 쟁점을 검토하는 것을 수월하게 해준다.
④ 해악학과 범죄학의 관계
ㄱ 범죄학이 형벌의 부과를 통해 두려움을 심어줌으로써 즉각적으로 범법자를 수정하고 교정하는 도구로 행위하는 반면, 해악학의 접근은 장기적으로 도움이 되는 해악의 근본원인을 제거하고자 한다.
ㄴ 해악학은 범죄로 이어지는 다양한 사회적 해악의 제거와 근원에 초점을 맞추고 범죄학은

범죄행동에 대한 즉각적인 수정에 기여하여 범죄학과 해악학이 상호의존적이라고 할 수 있다.

〈범죄학과 범죄과학의 강조점 차이〉

구분	범죄학	범죄과학
사명	• 순수과학을 기초로 하여, 장기적인 사회개혁을 목표로 한다. • 범죄자를 이해하려고 하며 범죄적 낙오자의 부조를 돕고자 한다. • 이론을 주도적으로 하며, 정책을 회피하는 성격을 갖는다.	• 응용과학을 기초로 즉각적인 범죄감축에 중점을 둔다. • 범죄를 이해하려는 자세로 피해자에 대한 손상을 축소하고자 하는 것이 목적이다. • 문제를 주도적으로 하고, 정책에 대해 포용하는 성격을 갖는다.
이론	• 원격 요인 중심이다. • 범죄는 왜 일어나는가에 초점을 두며, 범죄적 동기와 범죄적 기질을 중점으로 둔다. • 아노미 이론, 부문화 이론, 갈등이론 등이 있다.	• 근접 요인 중심이다. • 범죄는 어떻게 일어나는지에 초점을 두고 범죄적 선택과 범죄의 보상을 살펴본다. • 일상활동, 합리적 선택을 바탕으로 한다.
연구방법	• 코호트(Cohort)연구나 범죄경력, 회귀분석, 자기-보고식조사를 연구 방법으로 사용하였다. • 무작위로 통제를 시도하고, 대체로 장기적으로 심층적인 연구를 진행한다.	• 범죄유형, 다발지역, 범죄지도, 피해자조사 등의 연구 방법을 사용한다. • 범죄의 특정 사례를 연구하고 신속한 평가 기법으로 연구한다.
응용과 청중	• 일반적 범죄와 비행에 중점을 둔다. • 양형, 처우, 사회적 예방에 힘을쓰고, 학술적 논문을 활용하기 때문에 주로 학계 종사자들이 주를 이룬다.	• 특정 범죄와 무질서 문제에 중점을 둔다. • 구금, 억제, 상황적 예방을 중심으로 정책보고서를 활용하여 주로 예방, 보안, 경찰 종사자들이 주를 이룬다.

5 범죄학 연구의 목적과 범위

(1) 서덜랜드와 크레시(Sutherland&Cressey)

서덜랜드와 크레시는 "범죄학은 법의 제정, 범법의 과정, 범법에 대한 반응을 연구대상으로 한다. 법의 기원과 발달에 관한 법사회학, 범죄의 원인을 규명하는 범죄병리학, 범죄에 대한 사회적 반응인 행형학으로 구성된다"고 주장하였다.

(2) 기번스(Gibbons)

범죄학은 법의 기원, 형법의 제정과정과 범법행위에 대한 대응체제인 형사사법제도, 범죄량과 분포, 범죄의 원인 등을 연구하는 학문이라고 정의하였다.

(3) 종합

범죄학은 그 사회가 경험하고 있는 범죄의 실태를 파악하여 어떠한 종류의 범죄가 어떠한 사람과 물질을 대상으로 어떠한 사람에 의해서 어떠한 방법으로 무슨 이유와 동기, 그리고 원인으로 범행을 하는가를 이해하고 이를 바탕으로 이에 대처하기 위해서 우리는 어떻게 예방하고 조치할 것인가를 강구하고자 함을 연구의 목적과 범위로 한다고 볼 수 있다.

6 범죄학 연구의 필요성

(1) 범죄실태의 파악

① 범죄가 사회계층별·연령별·성별·지역별 또는 기타 범죄와 관련이 있는 사회적 제변수별로 어떻게 분포되고 있는가 그 실태를 역학적으로 연구하여야 한다.

② 대부분의 시민이 범죄에 대하여 많은 공포를 느끼기 때문에 대체로 어떤 유형의 사람이 무슨 범죄에 대하여 어떠한 조건하에서 어느 정도의 공포를 느낄 것인가 하는 것을 파악하여야 한다.

(2) 범죄원인분석과 통제방안 강구

① 범죄원인분석

  ㉠ 범죄문제의 해결을 위해서도 무엇보다도 범죄의 원인이 규명되지 않으면 안 된다.

  ㉡ 범죄 및 범죄자유형별 범죄원인의 특성과 다양성이 고려되어야 한다는 것이다. 범죄는 유형별로 범행의 동기, 성격, 수법 그리고 범죄자의 속성 등 거의 모든 면에서 많은 차이가 있기 때문에 범죄의 원인을 규명함에 있어서도 이처럼 일반론뿐만 아니라 특정범죄자의 특정범행을 규명할 수 있는 개별적인 범죄원인의 규명까지도 뒤따라야 한다.

② 범죄통제 방안의 강구

  ㉠ 범죄통제를 위한 사회적 대책은 범죄 문제의 발생을 사전에 예방하는 것과 이미 발생한 범죄사건에 대한 사후대응으로 나눌 수 있다. 즉, 특정인에 의한 미래범행의 가능성을 예측하고 장래의 범행을 사전에 예방하자는 것이다.

  ㉡ 범죄피해에 따른 과다한 비용, 피해회복의 불가능, 그리고 범죄자의 처리와 개선의 비용과 어려움 등을 고려할 때 범죄의 통제는 사전예방이 우선시 되어야 한다.

  ㉢ 범죄자에 대한 교화개선에 의한 범죄예방은 형사사법기관의 절차와 과정 및 관행, 그리고 이들 기간과 제도 등 범죄에 대한 국가와 사회의 반응 및 대처양식에 대한 연구도 중요하다.

(3) 범죄피해자의 연구

① 범죄순환의 궤도를 벗어나기 위해서는 범죄자 자신의 각오와 노력, 경찰에서의 검거율의 증진, 검찰의 적정한 기소권의 행사, 재판단계에서의 양형의 합리화, 교정단계에서의 철저한 교

정교화활동 및 사회의 따뜻한 표용력이 필요하다.

② 최근에는 범죄행위를 가해자와 피해자가 상호작용하여 만들어 낸 것이라고 보아 피해자 측면을 강조하는 연구가 많이 이루어지고 있다.

③ 피해자학은 범죄행위의 과정에 있어서 피해자의 역할과 책임을 규명하고 범죄의 종류, 범행의 수법 및 범죄자의 특성을 파악할 수 있고, 다음 세 가지 부분으로 나누어 볼 수 있다.

  ㉠ 피해자의 특징과 피해상황을 분석

  ㉡ 피해자에 대한 배려와 보상

  ㉢ 형사사법절차와 과정에 있어서 피해자의 참여를 보장

7 규범학적 연구방법

(1) 규범학 연구단계

① 범죄의 예방, 수사, 재판, 교정을 담당하고 있는 형사사법제도에 속한 각 기관에서 실시하고 있는 정책의 효과를 분석, 평가하고 그 문제점을 규명하는 것이다.

② 앞의 연구에서 밝혀진 문제점들에 대한 검토와 이에 대한 개선책을 제시한다.

③ 각종 개선방안들 중에서 최선의 방안을 선정하고 이를 실시하여 그 과정에서 새롭게 도출되는 문제점을 세심하게 검토하고 이를 보완하여 보다 타당한 방안을 창출한다.

(2) 문제점들에 대한 개선방안의 결정기준

① 정책의 유용성 : 범죄방지를 위한 가장 효율적인 방안인가의 여부

② 실행가능성 : 실행가능성의 판단에 있어서 경제적인 측면에서의 실행가능성과 정신적인 측면에서의 실행가능성이 모두 충족되어야 할 것

③ 인도성 : 인도주의적인 관점에 부합하여 국민의 생명, 신체, 재산 등의 이익을 최소한으로 희생하며 최대의 범죄방지효과를 얻을 수 있을 것

8 사실학적 연구방법

(1) 표본집단조사(= 계열조사)

① 전체 범죄자를 관찰하는 것이 현실적으로 불가능하기에 고안된 방법이다.

② 범죄자의 일부를 표본으로 선정(실험집단)하여 이들을 정밀관찰하고, 그 결과를 전체 범죄자에게 유추적용하여 전체 상황을 파악하는 조사방법을 말한다.

③ 표본집단조사는 일반적으로 범죄인군에 해당하는 실험집단과 정상인군에 해당하는 대조집단을 선정하여 양 집단을 비교하는 방법을 취한다.

④ 구체적 사례 : 글룩(Glueck) 부부의 비행소년(실험집단, 500명)과 일반소년(대조집단, 500명)의 비교분석 연구가 대표적이다.

⑤ 비교적 쉽게 자료를 계량화하여 실험집단과 통제집단의 차이를 밝힐 수 있으며, 동시에 많은 사람들의 특성을 측정하는 데 있어 비용 대비 효과가 높은 기법이다.

⑥ 표본집단조사법은 범죄자 전체에 대한 정밀관찰이 사실상 불가능한 점을 보완하는 방법으로, 조사대상의 범위가 넓기 때문에 개별조사법보다는 신뢰도가 높은 장점이 있으나 대량관찰법보다는 객관성이 떨어지고, 발견한 사실들 사이에 인과관계가 성립하는 경우, 이러한 인과관계의 내용을 설명할 수 없다는 단점이 있다.

장점	• 비교적 쉽게 자료를 계량화하여 실험집단과 대조집단 간의 차이를 발견할 수 있다. • 정보수집의 방법이 체계적이고 객관성이 높다. • 비교적 많은 사람들을 대상으로 다량의 자료를 한꺼번에 수집할 수 있다.
단점	• 편중성 없는 표본선정이 쉽지 않다. • 표본조사의 결과와 사실 사이의 상호 연결관계를 명확히 규명하기 어렵다. • 통계조사가 갖는 일반적 허상을 그대로 안고 있으며(일반적 경향만 파악 가능), 표본집단이 얼마나 대표성을 가지고 전체 집단을 대표할 수 있는지 의문시된다. • 시간적 차원에서의 변화를 분석할 수 없다.

(2) 통계자료 분석

① 범죄에 관련된 많은 통계자료들은 범죄의 발생, 범죄 유형과 범죄율, 검거상황이나 처분 결과, 그리고 범죄를 생산하는 사회적 추이에 대한 많은 정보를 제공함으로써 향후 범죄 예측 및 범죄예방정책 수립에 기여할 수 있다.

② 통계정보들을 연구조사자의 관심분야나 주제에 초점을 맞추어 재구성하고 각색함으로써 그 의미를 발굴해가는 방법이다. 범죄학자들은 많은 정부기관, 연구기관 및 기타 관련 기관들의 데이터 집적 자료들을 활용한다.

③ 통계자료 분석법은 주로 공인된 공식적 범죄(reported crime)를 대상으로 하기 때문에 암수범죄(hidden crime or unreported crime)는 반영할 수 없는 단점이 있다.

④ 질적 분석보다는 양적 분석을 위주로 하므로 각 개별 사건의 비중이나 규모는 무시될 수밖에 없다.

⑤ 범죄통계의 신뢰성 문제도 고려되어야 한다. 수사기관이 실적을 위해 범인검거 건수를 늘릴 수도 있으며, 지역치안의 양호성을 알리기 위해 범죄를 은폐하거나 축소할 수도 있다.

⑥ 빈도분포표에 따라 행동행위의 다수빈도는 정상적인 행위이고, 소수빈도는 중요 범죄행위로 보는 통계적 접근이다. 윌킨스(Wilkins)는 다양한 행위의 발생 빈도에 초점을 맞추어 발생빈도가 높은 것은 정상이고, 발생빈도가 낮은 것은 이탈적인 것으로 본다.

▲ **범죄지도(crime map)**

범죄의 공간적 분포를 시각적으로 나타내 주로 순찰활동의 기초자료로 활용하는 분석 방법을 말한다.

▲ **통계자료 분석**

(정부)기관이 범죄와 관련하여 조사·집계한 자료를 분석하는 방법을 말하며, 대표적인 예로 '공식범죄통계자료'가 있다. 범죄에 관하여 다양한 정보를 제공하고, 사회의 대량적 현상으로써 범죄의 규모와 추이를 파악할 수 있어 대량관찰 가능하다.
➲ 범죄발생건수, 범죄유형, 검거상황, 처분결과 등을 제공한다.

(3) 조사연구

① 개념 및 의의

㉠ 일차적 자료수집의 좋은 도구로서 조사연구는 기술적 연구나 추론적 연구를 위한 양적 자료를 수집하고, 인과성문제를 다루기 위한 좋은 도구로 사용된다.

㉡ 우편조사, 전화접촉, 설문서, 개별 직접면담 등을 통하여 응답자로부터 설문에 답하게 함으로써 원하는 자료를 수집하는 방법을 말한다.

㉢ 범죄피해, 범죄에 대한 공포, 경찰이나 형사사법제도와 기관에 대한 태도 등을 측정하는 데 활용되며, 조사연구가 타당성을 가지기 위해서는 응답자가 질문내용을 잘 이해해야 하고 또 정확하게 응답하고자 하는 의지가 있어야 한다.

② 설문조사

설문지를 통해 조사를 하거나 통계 자료를 얻기 위하여 조사하는 것으로, 대규모의 표본에 사용하기 적합하고 연구결과를 일반화하기 쉽다.

③ 사례연구

특정 범죄자를 대상으로 그들의 성격, 성장배경, 삶의 경험, 사회생활 등의 생애과정을 분석함으로써 범죄행위의 위험요인을 심층적으로 연구하는 방법이다. 실증적인 분석을 통한 대상에 대한 질적으로 깊은 연구가 가능하나, 연구자의 편견 개입이 우려될 수 있다. 대표적인 예로는 '서덜랜드의 직업절도범' 연구(1937)가 있다.

(4) 실험연구

① 개념 및 의의

㉠ 조사대상을 비교집단과 준거집단으로 나눈 뒤 사전조사와 사후조사를 실시하여 그 차이를 비교분석하는 범죄연구방법이다.

    ⓒ 실험연구는 일정한 조건을 인위적으로 설정하고 그 속에서 발생하는 사실을 관찰함으로써 어떤 가설의 타당성을 검증하고 새로운 사실을 관찰하는 방법이다.

    ⓒ 실험연구는 일반적으로 설문지법보다 적은 수를 실험대상으로 한다.

    ⓔ 집단의 등가성 확보, 사전과 사후조사, 실험집단과 통제집단이라는 세 가지 특징을 통하여, 실험은 범죄연구에 있어서도 강력한 방법으로 인식되고 있다.

  ② 실험연구가 성공하기 위한 요소

    실험연구가 성공하기 위해서는 조사대상자의 선정, 통제집단과 비교집단의 구성, 실험조건 등의 세 가지 기본 요소가 필요하다.

  ③ 실험연구의 장단점

    ㉠ 장점

      • 연구의 내적 타당성에 영향을 미치는 요인들을 통제하는 데 가장 유리한 방법으로서 비교적 빨리 그리고 적은 비용으로 쉽게 계량화할 수 있는 자료를 확보할 수 있다. 즉, 연구자 자신이 자극 · 환경 · 처우시간 등을 통제함으로써 스스로 관리할 수 있다.

      • 다수 연구자가 동시에 관찰할 수 있어 연구자의 주관을 배제할 수 있고 동일 관찰을 반복적으로 실행할 수 있어서 오류를 시정할 수 있다.

    ㉡ 단점

      • 주된 대상이 사람이라는 점에서 윤리적 측면, 인도적인 측면에서 실험과정이 사회적으로 용인될 수 없는 한계가 있다.

      • 피실험자가 연구대상임을 인식하여 인위적인 행동을 하게 된다면 신뢰성 있는 결과를 얻기 어렵다.

(5) 관찰면접법과 참여적 관찰법

  ① 관찰면접법

    ㉠ 어떤 한정된 주제나 관심사에 대하여 그들의 활동이나 태도를 심층적으로 관찰하고, 그때 그때 방대한 양의 면접을 실시하는 유형의 조사 방법이다.

    ㉡ 표본 수는 크지 않지만 한 사람 한 사람에 대한 피부체감적 심층자료를 확보할 수 있다는 장점이 있다.

  ② 참여적 관찰법

    ㉠ 연구자가 스스로 범죄 또는 비행집단 내에 그들과 똑같은 지위 및 자격을 가지고 들어가 그들과 똑같은 조건으로 생활하면서 범죄 동기, 제반 활동 상황, 인식태도, 동료 간 상호작용 등을 직접적으로 관찰 · 기록하는 방법이다. 체포되지 않은 범죄자들의 일상을 관찰할 수 있는 장점을 지녔다.

    ㉡ 여타 조사방법들이 행위자의 그 시점에서의 단면만을 살펴보는 데 반하여 이 조사방법은 연구자가 연구대상을 직접 관찰하므로 그 배경이나 지속적 활동이라는 생생한 정보를 얻을 수 있는 장점이 있다.

ⓒ 연구자 자신이 범죄행위를 실제로 행하는 윤리적 문제가 발생할 위험이 있다.

ⓓ 객관적인 관찰방법의 적용이 어려워 주관적인 편견이 개입되어 사실이 왜곡될 소지가
많다.

ⓔ 연구자의 윤리성 문제가 제기될 수 있다.

> **참여관찰**
>
> 현장조사(Field study)라고도 한다. 연구자가 직접 범죄집단에 들어가 그들과 함께 생활하면서 관찰한 자료
> 를 수집하는 방법을 말한다. 서덜랜드는 '자유로운 상태에 있는 범죄자 연구'라고 한다.

(6) 비교사적 연구

① 시간적, 공간적으로 법률의 위반이 어떻게 달라지는 것인지를 살펴보는 것이다. 법이나 범죄
개념은 시대적으로, 그리고 지역적으로 달리 규정되는 매우 탄력적인 것이기 때문이다.

② 경제 발전과 도시화 진전율에 따라 범죄와 타 요소간의 상관관계를 규명하는 데 매우 유용하
며, 각 국가 · 민족 · 시대에 따라 동일한 내용의 행위가 어떤 나라, 어떤 시대에서는 범죄가
되기도 하고, 되지 않기도 하는 역사적 배경을 설명하는 데 적용된다.

③ 연구의 전제가 되는 각종 자료를 광범위하게 수집하는 것도 어려울뿐더러, 각 나라와 시대에
따른 언어 장벽, 정서 및 전통의 차이, 인종적 편견이나 선호, 자료를 해석하는 데 있어서 왜
곡 등의 어려움이 있는 연구기법이다.

(7) 범인 전기 기술(Biographies)

① 특정한 한 사람의 대표적 범죄 경험만을 대상으로 하여 철저하게 해부함으로써 그의 범죄행동
의 원천이 무엇이며, 그의 범죄경력이 어떻게 발전되어 왔는지를 연구하는 심층적 사례연구
(case study)의 일종이다.

② 대상이 된 특정 범죄인의 범죄경험이나 경력이 동종 유형의 범죄인 모두를 대변하지는 못하
며, 자기의 범죄경험을 영웅시하거나 왜곡시킬 우려가 있는 연구기법이다.

(8) 범죄유형 연구(Patterns of Crime Research)

① 특정 행태나 구조를 지닌 범죄 현상을 집중적으로 연구함으로써 이 범죄 유형에 관하여 범인
검거 기록 및 피해자에 대한 사전 지식을 형성하고, 특정 범죄행위를 분석한다.

② 특정 범죄가 발생한 장소, 시간, 범인 특성, 피해자 특성, 그리고 범죄행위 양상에 대한 경찰기
록들을 활용하는데, 지역별 범죄 분포, 가해자와 피해자의 사회적 배경, 가해자와 피해자와의
관계, 그 범죄가 빚어지는 사회화 과정 등을 검토한다.

③ 암수범죄가 많은 범죄유형일 경우에는 경찰통계가 그 범죄의 모든 것을 대변한다고 간주할 수 없는 단점이 있다. 범죄자와의 면담 실패도 이 연구를 어렵게 만드는 요인이 될 수 있다.

(9) 범죄피해자 연구

범죄자의 특성을 파악하고, 직접 범죄피해를 당한 사실을 정확하게 파악 가능하다. 또한 피해원인 규명을 통해 암수범죄를 해결하고 범죄예방을 위한 기초자료로 사용된다. 그러나 피해자의 잘못된 해석으로 과대보고, 기억력의 한계로 범죄피해 경험을 기억할 수 없는 단점이 있다.

(10) 코호트 연구

① 유사한 경험을 공유하는 집단을 시간에 흐름에 따라 관찰하고 반복적으로 조사를 한다. 조사 시점에 따라 응답자를 서로 다르게 하여 조사하는 방법이다.
② 일정한 기간을 정하고, 이 기간 내에서 일정한 상황을 부여한 일련의 집단에 대하여 면밀한 시계열적 분석을 해나가는 방법론을 의미하는 것으로 종단적 연구방법의 대표적인 유형이다. 연구에 있어 조사 대상이 되는 일련의 집단을 코호트(cohort)라고 부른다.
③ 생애 중 유사한 경험을 갖게 되는 동일시기에 태어난 사람들로 이루어진 코호트를 분석함으로써 전체적으로는 똑같은 사건들이지만 이 사건으로 인하여 각자가 어떻게 차별적인 영향을 받게 되는지를 알아보는 것이 대표적 사례이다.
　　㉠ 예를 들어 1915년에 태어나 1936년까지 생존한 사람들 중 그들의 청년기에 대공황이라는 큰 시련을 겪은 사람들을 추출하여 그 격동기의 심각한 빈곤현상이 각자에게 어떤 영향을 미쳤고, 그 결과 범죄에는 어떤 영향을 미쳤는지를 분석해 보는 것이다.
　　㉡ 코호트 연구를 통해 울프강(Wolfgang)과 동료들은 소수의 만성범죄가 저지른 범죄가 전체 범죄의 대부분을 차지한다는 사실에 대한 결과를 보여주었다.
④ 대부분의 연구 방법들이 시계열적 분석이 미흡하다는 점, 즉 범죄 경력이 진전되는 과정이나 범죄율이 증감되는 과정에 대한 분석이 간과되기 쉽다는 단점을 보완하기 위하여 코호트 연구가 고안되었다.
⑤ 코호트 연구는 그 대상집단의 초기연령부터 자료를 집적하기 시작하여 오랜 기간 지속적 관찰과 분석을 해 나가야 하므로 많은 시간과 비용이 소요된다.

코호트연구의 장단점

- 장점: 시간의 흐름에 따라 범죄율이 증감되는 과정의 관찰이 가능하다.
- 단점: 대상자의 자료 수집에 큰 비용과 시간이 소요된다.

(11) 계량경제학적 연구

① 이 범죄연구는 수학적 모델과 계량경제학적 기법을 사용하는 방법이다.
② 경찰, 검찰, 법원, 교정기관에서 취합된 범죄 자료들을 분석·평가하여 각 변수들 간의 상관관계를 요약하여 추출해낸다.

◤ 콘클린(Conklin)의 범죄학의 주요 조사방법

- 비교사적 연구
- 범인 전기(일대기) 기술
- 범죄유형별 접근
- 코호트(cohort) 연구
- 표본조사
- 공식적 또는 비공식적 통계 분석
- 실험적 연구
- 관찰 연구
- 계량경제학적 연구
- 복합적 응용 방법

3
CHAPTER

범죄의 파악

1 공식범죄통계자료

(1) 의의

① 경찰, 검찰, 법원 및 교정기관 등 형사사법기관의 공식통계를 이용하여 범죄와 범죄자 및 범죄 피해와 피해자에 관한 제반사항을 조사·연구하는 방법이다. 공식기관에서 나온 자료이며 도 표화된 항목들의 관계를 확립하기 위하여 분류 및 도표화되고 분석된 것이며 매년 또는 정기 적으로 통일된 양식으로 출판된 것이다.

② 검거율은 전체 범죄건수에서 '범인이 실제로 검거된 범죄의 수'를 백분율로 표시한 것을 말하 며, 범죄해결율은 형사사법기관에서 인지한 범죄사건 중에서 범인이 판명된 정도에 관한 통계 치로, 검거율과 같이 백분율로 표시한다. 범죄율과 달리 검거율과 범죄해결율은 범죄문제에 대한 형사사법기관의 대처능력을 나타내는 통계치이다.

③ 경찰청의 「범죄통계」는 각 지역경찰서에서 입력한 범죄발생 현황을 집계한 전형적인 발생통 계이고, 검찰청의 「범죄분석」은 경찰청의 「범죄통계」에 검찰이 인지한 사건을 더한 것으로, 이 역시 발생통계라고 할 수 있다.

④ 한 해에 일어난 사건의 범인이 한참 후에 검거되는 경우도 많으므로, 검거율은 100%가 넘을 수도 있다.

공식범죄통계자료 보충

사례조사와 추행조사

사례조사는 대상자의 과거사를 중심으로 과거지향적으로 조사하는 것이고, 추행조사는 대상자를 추행하 여 미래지향적으로 조사하는 것을 뜻한다.

범죄율

• 범죄율이란 범죄통계와 관련하여 인구 100,000명당 범죄발생 건수를 계산한 것이다.

• 범죄율은 인구 대비 범죄발생 건수를 비교할 수 있다는 점에서 유용하나, 중요 범죄와 상대적으로 가 벼운 범죄가 동등한 범죄로 취급되어 통계화된다는 점, 암수범죄를 포함하지 못한다는 점 등이 문제점 으로 지적된다(이러한 문제점을 해결하기 위해 범죄의 중요도를 구분한 범죄율조사가 주장되었음 – Sellin, Thorsten, Wolfgang).

> 범죄시계
> - 범죄시계란 미국 범죄통계(UCR)에 나오는 것으로, 범죄가 얼마나 자주 되풀이되는가를 알아보기 위해 매 시간마다 범죄발생 현황을 표시한 것이다.
> - 범죄시계는 범죄의 종류별 발생빈도를 시간단위로 분석하며, 종류별 사건의 수를 시간으로 나눈 수치로 표시된다.
> - 범죄시계는 인구성장률을 반영하지 않고, 인구수에 비례하기 때문에 국가 간의 정확한 비교가 어렵다는 단점이 있는 반면, 범죄유형별로 발생시차를 알 수 있고, 일반인들에게 범죄경보기능을 하며, 범죄발생 현황을 통해 전반적인 사회상을 비교적 쉽게 알 수 있다는 장점 때문에 우리나라를 비롯한 여러 국가에서 채택하고 있다.

(2) 종류

① 경찰청 : 경찰통계연보 · 경찰백서 · 범죄분석 · 교통사고통계

② 대검찰청 : 범죄분석 · 검찰연감 · 마약류범죄백서

③ 법원행정처 : 사법연감

④ 법무연수원 : 범죄백서

⑤ 통계청 : 한국통계연감

⑥ 국립과학수사연구소 : 국립과학수사연구소보

(3) 공식범죄통계의 장점

① 시간적 비교연구에 유리하여 범죄의 기기별 변화를 파악하는 데 유용한 자료가 될 수 있다.

② 범죄 또는 범죄자에 대한 객관적이고 일반적인 추세를 이해하는 데 가장 효과적이다.

(4) 공식범죄통계의 한계

① 공식통계는 경찰에 알려진 범죄 사건만이 통계에 잡힌다는 점이다. 경찰이 범죄를 인지하는 경로는 고소, 고발, 자수, 그리고 경찰의 현행범 체포 등이 있다. 그러나 범죄를 목격하거나 피해를 입은 사람이 경찰에 신고하지 않는 경우도 많다.

② 암수문제

　㉠ 모든 범죄가 빠짐없이 신고되는 것도 아니고 수사기관이 신고되지 않은 범죄를 모조리 검거해내는 것도 아니므로 어떤 통계도 실제로 발생한 범죄보다 적게 집계되기 마련이다. 따라서 공식범죄통계는 암수범죄가 많다.

　㉡ 실제로 발생한 범죄의 총량은 범죄통계에 나타난 범죄와 "숨은범죄(암수)"의 합이므로 실제 범죄량과 범죄통계상의 범죄량 사이에는 상당한 차이가 있다.

③ 경찰이 범죄를 인지하였다고 하더라도 훈방조치하거나 범죄자와 피해자 사이의 합의를 유도하는 경우가 많다. 특히 범죄사실이 경미하거나 피해자가 처벌을 원하지 않으면 훈방조치 하는 경우도 많다.

④ 대부분의 통계자료는 경찰에 신고 되어 접수된 사건을 바탕으로 경찰이 범죄유형을 분류한 것이다. 이런 통계는 법원에서 최종적으로 유죄판결이 확정된 자료가 아니다. 따라서 만약 경찰이 어떤 사건을 살인으로 접수했어도 법원에서 과실치사나 정당방위로 판결을 내릴 가능성도 배제할 수 없다.

⑤ 경찰이 여러 가지 이유로 범죄통계자료를 고의로 조작할 수 있는 가능성도 배제할 수 없다. 경우에 따라서는 더 많은 인력과 재원을 요구하기 위해서 경찰이 실제보다 과장되게 범죄통계를 조작할 개연성도 있다.
  > **ex** 자신들의 업무 성과를 드러내기 위해 범죄발생률을 실제보다 축소해서 보고하는 경우

⑥ 경찰이 부주의나 통계처리 능력의 부족으로 정확한 집계를 하지 못하는 경우가 있다. 공식통계는 범죄 신고자의 진술내용에 상당부분 의존할 수밖에 없다. 특히 범죄피해자가 신고자인 경우에 자신의 주관적인 판단에 의하여 경찰에 신고하는 경향이 있음을 부인하기 어렵다.

⑦ 갑작스런 범죄수집과 분석방법의 변화는 범죄통계의 신뢰성을 약화시킨다.
  > **ex** 성매매에 관한 특별법을 만들어 그런 유형의 범죄를 집중적으로 단속하였을 때, 공식통계상에 성매매 범죄가 갑자기 증가하는 경우

⑧ 공식통계는 개개의 사건이 어떻게 발생했고 범인이 어떤 동기로 범행을 행했는지 알 수 없다. 다시 말해 공식통계는 광범위한 지역의 범죄분포는 한 눈에 알 수 있지만, 개개의 사건에 대해서는 구체적으로 알려주지 못한다.

공식범죄통계

- 경찰청(경찰범죄통계), 대검찰청(범죄분석), 법무연수원(범죄백서) 등
- 범죄율(인구 10만 명당 범죄발생건수)
- 실제 발생한 범죄보다 적게 집계된다(암수범죄 반영 안 함).

---

2 암수범죄

(1) 의의

암수범죄란 실제로 범죄가 발생하였으나 수사기관에 인지되지 않았거나 인지되기는 하였으나 해명되지 않아 공식적인 범죄통계에 나타나지 않는 범죄 행위의 총체로, 독일에서는 암역 이라는 표현이 주로 사용된다.

살인의 경우 범죄의 특성상 암수범죄로 남기가 매우 어려우므로 암수범죄가 가장 적다.

(2) 암수의 발생원인

① 절대적 암수범죄

실제로 범죄는 발생하였으나 고소·고발 등 신고가 이루어지지 않아 수사기관에서 인지하지 않았거나 피해자가 범죄인지 인지조차도 하지 못하는 범죄를 절대적 암수범죄라고 한다.

㉠ 피해자가 없는 범죄, 즉 '가해자=피해자'인 범죄 또는 '피해자가 동의'한 범죄에서 많이 발생한다.

㉡ 피해자가 수치심이나 사회적 지위의 손상을 염려하거나 또는 범죄자에 대한 보복의 두려움이나 수사기관에 대한 불신 때문에 피해자가 신고를 기피하는 경우가 있다.

② 상대적 암수범죄

㉠ 수사기관에 인지는 되었으나 해결되지 않은 범죄이며, 이는 수사기관의 검거율 및 증거채취력과 밀접한 관련이 있다.

㉡ 우리나라는 90% 이상의 높은 검거율을 보이고 있으나 자백이 많고 아예 인지되지 않은 범죄가 많으므로 진위를 검증할 필요가 있다.

③ 법집행기관의 자의 또는 재량

법집행과정에서 집행의 주체인 경찰이나 검찰, 법관 등이 개인적인 편견이 가치관에 따라 범죄자에 대해 차별적인 취급을 함으로써 암수가 발생한다.

(3) 암수범죄에 대한 학자들의 견해

① 엑스너(Exner) : 암수에 대한 정확한 이해는 범죄통계의 커다란 급소이다.

② 서덜랜드(Sutherland) : 범죄와 비행에 대한 통계는 암수가 존재하며, 암수는 가변적이므로 모든 사회 통계 중 가장 신빙성이 없고 난해한 것이다.

③ 폴락(Pollak) : 여성범죄의 비율이 낮은 중요한 원인은 암수 때문이다.

④ 셀린(Sellin) : 체계적인 낙인과정에서 발생하는 것이 암수이다.

⑤ 라츠노비츠(Radzinowicz) : 성범죄의 90% 이상이 암수범죄이다.

(4) 암수범죄의 특징

① 숨은 범죄의 중요성이 본격적으로 인식되기 시작한 것은 20세기 서덜랜드 등에 의해서이다.

② 숨은 범죄로 인해 범죄학은 경험과학으로서의 기능이 약화되었다.

③ 비판범죄학은 숨은 범죄의 가장 큰 원인으로 범죄화의 선별성에 있다고 본다.

④ 수사기관에 의한 범죄의 불기소처분도 숨은 범죄의 원인으로 볼 수 있다.

⑤ 피해자조사는 피해자를 개인으로 구체화할 수 없는 추상적 위험범이나 피해자가 법인이나 재단 등으로 피해자가 개인이 아닌 범죄, 보편적 법익과 관련된 범죄, 피해자가 범죄로 인식하지 않는 범죄, 성범죄처럼 피해자가 밝히기를 꺼리는 범죄, 살인처럼 피해자가 밝힐 수 없는 범죄, 약물 범죄처럼 피해자 없는 범죄 등에는 사용할 수 없는 한계가 있다.

(5) 암수범죄에 대한 대책

① 미신고에 따른 암수

시민의 고발정신제고를 위하여 범죄신고절차를 간소화하고 범죄자들의 보복을 방지하기 위한 범죄신고자 및 증인 보호 제도가 확립되어야 한다. 이를 위하여 우리나라에서는 특정범죄신고자보호법을 두고 있다. 또한 성범죄 등의 경우에는 피해자의 명예보호를 위한 노력을 하여야 할 것이다.

② 미검거에 따른 암수

범죄의 검거율을 높이기 위하여 전문수사관의 양성, 과학수사기법의 지속적 도입, 국제수사 공조체계의 확립 등이 필요하다.

③ 법집행기관의 자의 또는 재량에 따른 암수

법집행기관의 재량권 행사의 제한을 위해 검사에 의한 기소유예제도를 보완하고 판사의 양형을 합리화하는 방안이 필요하다. 일정한 범죄에는 독일식 기소법정주의의 도입도 검토할 만하다.

④ 기타

암수범죄에 대한 암수조사와 정확한 통계의 집계를 위한 사법행정당국의 통계행정체제의 정비도 요구된다.

암수범죄 정리

- 절대적 암수(수사기관 미인지)
- 상대적 암수(수사기관 미해결)
- 암수범죄 조사방법 - 설문조사(자기보고식 조사, 피해자 조사, 정보제공자 조사)

---

3 암수조사

(1) 암수조사의 범죄학적 중요성

① 공식범죄통계에 대한 보충자료

공식범죄통계는 주로 실무적 관점에서 중대한 범죄를 파악하지만 암수조사는 범죄학적 관점에서 경미한 일탈행위 등을 더 잘 파악한다.

② 범죄피해연구의 효용

범죄로 인한 물질적·신체적·정신적 피해에 대한 자료를 제공함으로써 범죄피해의 위험성에 대한 정보를 제공하며, 형사입법과 형법적용에 관한 주민들의 인식과 기대, 가치관 등을 조사할 수 있다.

③ 기타

암수조사의 결과와 법집행기관의 통계를 비교함으로써 공식적 사회통제기관의 역할수행의 효율성을 확인할 수 있으며, 조사방법상의 왜곡이 거의 없기 때문에 국제적인 범죄비교를 용이하게 한다.

(2) 암수조사의 방법

> **암수조사의 방법**
>
> - 직접적 관찰(자연적 관찰) : 조사자가 암수범죄를 직접 실증적으로 파악하는 방법으로, 참여적 관찰과 비참여적 관찰이 있다.
>   - 참여적 관찰 : 범죄행위에 직접 가담하여 암수범죄를 관찰하는 것을 말한다.
>   - 비참여적 관찰 : CCTV 등을 설치하여 암수범죄를 관찰하는 것을 말한다.
> - 인위적 관찰(실험) : 인위적인 실험을 통해 암수범죄를 관찰하는 것을 말한다. 대표적인 예로 위장된 절도범과 관찰자를 보내 상점절도 발각위험성을 조사한 「블랑켄부르그(Blankenburg)의 실험」이 있다.
> - 간접적 관찰(설문조사) : 피해자조사, 자기보고조사, 정보제공자조사 등이 있다.

① 자기보고
   ㉠ 의의
      ⓐ 일정한 집단을 대상으로 비밀성과 익명성을 보장한 상태에서 개개인의 범죄 또는 비행을 스스로 보고케 함으로써 암수를 측정하는 방법으로 통상적으로 표집(sampling)을 통해 조사가 이루어진다.
      ⓑ 자기보고식 조사는 성별·연령과 같은 배경정보를 포함한다.
   ㉡ 장점
      ⓐ 공식범죄통계에 누락된 숨은 범죄를 포함할 수 있어 객관적인 범죄 실태를 파악할 수 있고 형사사법기관의 선별적인 사건처리과정에 영향을 받지 않는 범죄발생의 분포를 알 수 있으며, 이를 이용하여 범죄의 원인이나 범죄발생과정을 연구할 수 있다.
      ⓑ 경미한 범죄를 조사하는데 유용하고, 범죄의 원인이 되는 인격특성, 가치관, 환경 등을 함께 조사할 수 있다.
   ㉢ 한계
      ⓐ 조사대상자의 정직성과 진실성에 대한 의문으로 타당성의 문제와 설문조사 자체의 문제가 있다.
      ⓑ 결측치(missing cases, 실종사건)가 문제가 될 수 있다.
      ⓒ 기억력의 한계 때문에 오래된 범죄를 조사하는 데에는 부적합하다.
      ⓓ 피해자가 특정되지 않거나 간접적 피해자만 존재하는 경우에 암수범죄가 발생하기 쉽다.
② 범죄피해자 조사(가장 많이 쓰임)
   ㉠ 의의
      ⓐ 일반인을 연구대상으로 이들의 직·간접적 침해경험을 보고하게 하는 방법이다.
      ⓑ 적정수의 가구를 임의로 추출해서 조사원이 직접 방문하여 가족의 범죄피해에 관하여 면접조사하는 것이 일반적이다.
      ⓒ 우리나라는 한국형사법무정책연구원에서 2년 주기로 전국범죄피해조사를 수행하고 있다.

ⓛ 장점
ⓐ 범죄의 피해자가 가해자보다 자신이 당한 범죄를 보고할 가능성이 더 높고 가해자가 보고하도록 기다리지 않고 직접 찾아 나선다는 점에서 정확한 범죄현상의 파악을 가능하게 한다.
ⓑ 전국적인 조사로 대표성 있는 자료를 수집할 수 있으며, 피해원인의 규명을 통해 범죄예방을 위한 기초자료가 된다.
ⓒ 공식범죄통계에서 누락된 범죄가 범죄피해자조사에서는 포함될 수 있으므로 암수범죄를 해결하는 데 효과적이다.

ⓒ 한계
ⓐ 전통적인 범죄만이 조사대상이 되므로 상당수의 범죄는 조사되지 않아 사회 전체의 범죄파악에 한계가 있다.
ⓑ 기억력의 한계로 과거 기억을 정확히 떠올리기 어렵고 살인이나 마약범죄 등에 대해 정확히 측정할 수 없다.
ⓒ 피해자 없는 범죄, 화이트칼라범죄 등은 조사대상자를 정하기 어렵고 조사대상자의 수치심과 명예보호, 피해의 축소 및 과장보고(피해사실의 왜곡) 등의 문제가 있다.

③ 정보제공자 조사
법집행기관에 알려지지 않은 범죄나 비행을 인지하고 있는 자로 하여금 이를 보고하게 하는 것으로서, 피해자조사에 의하여 밝혀지지 않는 범죄를 밝히기 위한 보조수단으로 사용되고 있다.

(3) 암수조사의 한계

① 설문조사 자체의 한계
설문조사는 현실에 대한 간접적 파악이므로 그 자체로 왜곡의 가능성을 가지고 있다. 즉 질문의 양식, 순서, 강조 등에 따라 응답에 영향을 미칠 수 있어 신빙성과 유용성에 의문이 제기된다.

② 개별적 범죄특성상의 한계
마약범죄, 경제범죄, 정치범죄, 조직범죄와 가정 내에서의 범죄에 대한 자료를 거의 제공하지 못한다.

③ 개인적 한계
일부 범죄는 대상자의 개인적인 망각이나 잊고 싶은 기억 등으로 경찰에 신고되지도 않으며 암수조사에서도 밝혀지지 않는다. 또한 조사자와 피조사자의 태도에 따라 조사결과가 왜곡될 수도 있다.

〈범죄학 연구방법 정리〉

통계자료분석	집단조사	사례연구(케이스)
• 대량관찰 가능(양적 분석) • 일반적인 경향 파악 O • 시간적 비교 연구 O • 암수범죄 반영 X • 질적 분석 X	• 가장 흔하게 이용되는 방법 • 표본집단 vs 통제집단 • 예 쌍생아연구 • 수평적 조사(추행조사=수직적 조사)	• 질적 · 심층적 분석 O • 예 서덜랜드(직업절도범) • 생애사 연구 포함
참여관찰(=현장조사)	코호트연구	실험연구
• 연구자가 직접 현장참여 • 인류학자들의 조사방식 • 생생한 자료획득 가능 • 범죄자 일상관찰 가능	• 시간적 · 수직적 분석법(시간의 흐름에 따라) • 정밀한 시계열적 분석	• 실험집단 vs 통제집단 • 연구자 : 인위적 조건 설정 • 사전 · 사후조사 실시 • 비교분석

▲ 범죄학 연구방법 더 알아보기

- 범죄통계를 통한 연구방법은 두 변수 사이의 이차원 관계를 넘어서는 수준의 연구를 하기 어렵지만, 설문조사를 통한 연구방법은 청소년비행 또는 암수범죄 등 공식통계로 파악하기 어려운 주제에 적합하며, 두 변수 사이의 관계를 넘어서는 다변량 관계를 연구할 수 있다는 장점이 있다.
- 통계자료 등 객관적인 자료를 바탕으로 결론을 도출하는 양적 연구는, 직접 관찰한 자료의 질을 바탕으로 결론을 도출하는 질적 연구에 비해 연구결과의 외적 타당성, 즉 일반화가 용이하다.
- 실험연구방법은 연구의 내적 타당성에 영향을 미치는 요인들을 통제하는 데 가장 유리한 연구방법으로, 연구자 자신이 실험조건 중 자극, 환경, 처우시간 등을 통제함으로써 스스로 관리가 가능하지만, 한정된 데이터의 한계로 인하여 외적 타당성 확보는 어려울 수 있다.
- 설문조사, 즉 간접적 관찰은 기억의 불확실함과 사실의 축소 및 과장의 문제로 인한 행위자 · 피해자 · 정보제공자의 부정확한 응답가능성에 대한 고려가 필요하다.
- 코호트연구는 유사한 특성을 공유하는 집단을 시간의 흐름에 따라 추적하여 관찰하는 연구방법으로, 종단연구방법의 하나이다.
- 참여관찰연구는 질적 연구로, 연구자가 직접 범죄자집단에 들어가 함께 생활하면서 그들의 생활을 관찰하는 조사방법을 말하며, 타당성 확보에 유리하나 주관적이어서 일반화가 곤란하다.
- 데이터 마이닝은 최신 연구기법으로, 대규모 데이터집합에서 패턴, 규칙, 통계적 구조 등의 유용한 정보를 발견하는 과정을 의미하며, 이를 위해 통계학, AI, 딥러닝 등의 기술과 알고리즘을 사용하여 데이터를 탐색하고 분석한다.
- 패널 조사설계는 선별된 표본을 일정한 시간간격을 두고 중복적으로 관찰하여 인간생애를 종단적으로 연구하는 조사설계로, 범죄자의 장기적인 범죄경력 연구에 가장 적합하다.

4

CHAPTER

범죄의 사회인구학적 특성

1 성별과 범죄

(1) 개요

① 거의 모든 범죄행위에 있어서 남성이 여성보다 높은 범죄율을 보여준다. 이러한 공식통계상의 범인성의 성차는 대부분의 자기보고식 조사에서도 확인되고 있다.

② 성별에 따른 범죄율의 차이는 여성의 낮은 공격성, 사회화 과정에서 고착된 성역할, 여성이 남성보다 낮은 지위에서 기인한다고 볼 수 있다.

③ 헤이건(Hagan)의 권력통제이론에서 살펴보면, 가부장적 남·녀 간의 범죄율 차이가 크며, 평등적인 가족은 그 차이가 작다. 남자는 '위험을 감수'하도록 교육하고, 여자는 '위험을 회피'하도록 교육한다. 범죄에서 성별차이가 부모의 가부장적 양육형태에 의해 결정된다.

④ 여성은 대체적으로 극히 공격적인 행위를 할 수 없을 정도로 수동적인 성격을 가지고 있으며, 남을 공격할 수 있을 정도로 신체적 조건이 용이치 않기 때문에 여성범죄보다 남성범죄가 범죄성이 강하다. 여성범죄도 증가하고 있지만 남성 범죄 또한 증가하고 있다.

⑤ 여성범죄는 주로 재산범죄가 많으며, 강력범죄는 전적으로 남성의 범죄라는 인식이 있다.

⑥ 여성범죄의 증가가 단순한 통계상의 가공인지 사실인지는 확실치 않으나 그것이 사실이라면 주로 전통적인 여성범행이 증가한 것이며, 여성운동과 성역할의 변화가 여성범죄의 변화에 영향을 미쳤는지 여부는 확실치 않다.

(2) 여성범죄의 원인

여성범죄에 관한 초기 이론들은 여성범죄자를 신체적·감정적 또는 심리적 탈선의 결과로 보았다.

① 롬브로조(Lombroso)

  ㉠ 여성은 남성보다 어린이, 저지능, 경건함, 모성애, 그리고 약함 등 여성의 전형적인 특질이 부족한 소수의 여성범죄집단이 있다고 주장하였다.

  ㉡ 남성성 가설(masculinity hypothesis)

    범죄를 범하는 여성은 몸에 털이 많이 나는 등 신체적 특성으로 정상적인 여성과 구별될 수 있다. 이러한 신체적 특성 뿐 아니라 감정적인 면에서도 다른 여성보다 비행여성은 범죄적 또는 비범죄적 남성과 더 가까운 것으로 보인다고 주장하였다.

ⓒ 여성은 남성보다 진화가 덜 되었으며, 보다 어린이 같으며, 덜 감성적이며, 지능이 낮다고 한다.

② 프로이트(Freud)

ⓐ 개인적인 문제들에 대한 이러한 여성의 관심은 왜 여성이 정의롭게 행동을 하지 않고 사회적 관심이 좁으며 문명을 발전시키는 데 중요한 공헌을 하지 않는 지를 설명한다.

ⓑ 여성은 일반적으로 수동적이지만 범죄여성은 남성에 대한 자연적인 시기심을 억제할 수 없어서 규범으로부터 일탈한 것으로 간주하고 있다. 따라서 이는 여성범죄인을 병약자처럼 취급하여 지금도 대부분의 여성범죄인 교정의 기초가 되고 있다.

③ 오토 폴락(Otto Pollak)

ⓐ 기본적인 자연적 여성성향으로부터의 일탈로 보지 않고, 자연적으로 범죄지향적인 성향이 있다고 보고 있다.

ⓑ 여성이 남성보다 더 일탈적이고, 약으며, 생리적이고, 사회적으로 어떤 유형의 범죄에 대해서는 더 용이하다는 것이다.

ⓒ 여성이 남성에 못지않은 범죄를 하지만 단지 여성의 범죄는 은폐되거나 편견적인 선처를 받기 때문에 통계상 적은 것으로 보일 뿐이라는 것이다.

ⓓ 기사도 가설(chivalry hypothesis)
여성이 남성에 의해 이용되기보다는 그들의 남성동료로 하여금 범죄를 수행하도록 남성을 이용한다고 보는 가설이다. 즉, 남성은 여성을 유순하고 보호가 필요한 존재로 취급함에 따라 여성이 범죄자가 될 수 있다는 것을 믿기 어려워하고 신고나 고발, 유죄선고를 잘 하지 않는다는 것으로 여성범죄자에 대한 형사사법기관의 관대한 처벌을 뜻한다.

> **생리주기와 범죄의 관계**
>
> 달톤(Dalton, 1961)은 여성의 생리주기와 범죄의 관계를 밝히려는 시도를 하였다. 386명의 교정시설 입소 여성과 102명의 교도소 규율위반 여성수용자를 대상으로 생리주기와 그들의 행위 사이의 관계를 분석한 결과 높은 상관관계가 나타난 것으로 보고하였다

④ 헤이건(John Hagan)의 권력통제이론

ⓐ 의의
범죄의 성별 차이를 설명하기 위하여 페미니즘이론, 갈등이론, 통제 이론의 요소들을 종합하여 구성한 것으로, 범죄에서의 성별차이가 부모의 가부장적 양육행태에 의해서 결정된다고 주장하는 이론이다.

ⓛ 특징
ⓐ 가족구조는 자본주의 체제하의 계급적 위치와 남자와 여자에 대한 사회적 통제의 차이에 의해서 결정된다.
ⓑ 가부장적 가정(전통적인 남성지배적 가정)에서 남자는 위험을 감수하도록 가르치고, 여자는 위험을 회피하도록 가르치는 등 딸은 더 엄격하게 통제된다.
ⓒ 가부장적 가정은 아버지의 직업이 존재하여 명령과 지시를 하고, 어머니는 전업주부로 명령과 지시를 받는 복종적 위치의 가정이며, 평등주의적 가정은 부모 모두가 타인에게 권위를 가지는 직업에 종사한다.
ⓓ 가부장적 가정의 경우 남녀 간의 비행이나 범죄의 차이가 크며, 평등주의적 가정의 경우는 그 차이가 적다.

⑤ 신여성범죄자
㉠ 70년대에 들어서는, 여성의 사회적 역할의 변화와 그에 따른 여성범죄율의 변화의 관계에 초점을 맞추는 여성범죄의 원인에 대한 새로운 주장이 등장하였다.
㉡ 전통적으로 여성범죄율이 낮은 이유를 여성의 사회경제적 지위가 낮기 때문이라고 보고 여성의 사회적 역할이 변하고 생활형태가 남성의 생활상과 유사해지면서 여성의 범죄 활동도 남성의 그것과 닮아간다는 주장이다.

⑥ 페미니즘(Feminism)
여성은 성차별을 받고 있다는 전제하에 이를 해결하려는 노력을 위해 여권주의, 남녀동권주의, 여권신장론, 여성해방론이라고도 불린다.
㉠ 자유주의적 페미니즘
ⓐ 성 불평등의 원인은 법적·제도적 기회의 불평등으로 인한 것이므로, 여성에게 기회를 동등하게 부여하고 선택의 자유를 허용한다면 성 불평등은 해결될 수 있다고 주장한다. 더 나아가 법적·제도적 불평등은 성별 분업과 전통적 성역할 때문이며 교육의 기회, 취업의 기회, 정치적 기회 등 공적 영역에서 동등한 기회를 여성에게 제공한다면 불평등은 낮아질 것이라고 낙관한다.
ⓑ 성 불평등을 구조적이고 체계적인 문제라고 보지 않으며, 따라서 성차별도 사회의 정책적인 노력에 의해 해소될 수 있다고 생각한다. 남성의 특징, 여성의 특징을 함께 인정하는 "양성적 성역할의 습득과 구습을 타파하는 노력"을 해결방안으로 제시한다.
㉡ 마르크시스트적 페미니즘
ⓐ 마르크시즘의 핵심적 주장을 성 불평등을 설명하는 분석틀로 사용하는데, 이들은 자유주의적 페미니스트들이 자유주의적 세계관에 갇혀서 계급 불평등과 성 불평등의 구조적 본질을 간과하고 있다고 비판한다.
ⓑ 여성억압은 사유재산제의 도입과 함께 시작이 되었으며, 따라서 여성억압과 불평등을 해결하려면 사유재산의 불평등이 극대화된 자본주의에 대해 투쟁해야 한다고 주장한

다. 즉, 계급사회가 타파되면 여성은 남성에게 더 이상 경제적으로 의존하지 않고 자유로워질 수 있다.

   ⓒ 여성의 억압이 자본주의의 정치적, 경제적, 사회적 구조 때문이라고 보았으며, 임금차별은 자본주의의 속성과 관련되어 있는 것으로 분석하고 있다. 자본주의하에서 저임금 노동과 불안정한 노동이 여성의 삶을 고통으로 내몰고 있다는 점을 강조하고 있다.

② 사회주의적 페미니즘

   ⓐ 마르크시스트적 페미니즘이 사유재산으로 인한 계급 불평등을 지나치게 강조하다 보니 성 불평등이 핵심적으로 부각되지 못했다는 점을 비판하면서, 계급 불평등과 함께 가부장제로 인한 성 불평등을 분석해야 한다고 주장한다. 다시 말해서 자본주의가 성 불평등의 필요하고 또 충분한 원인이 되는지 아니면 그렇지 않은지에 따라서 마르크시스트적 페미니즘과 사회주의적 페미니즘이 갈라진다.

   ⓑ 계급 하나로만 여성의 종속을 설명할 수는 없으며 계급 불평등과 가부장제를 양대 지배체계로 진단해야 함을 강조한다.

⑩ 급진적 페미니즘

   ⓐ 한걸음 더 나아가 가부장제에 의한 여성억압은 남성의 여성에 대한 공격과 여성의 성에 대한 통제로 나타난 것이라고 주장한다.

   ⓑ 여성은 임신과 출산을 위한 기간에는 자신과 아이의 생존을 위해 남성에게 의존적일 수밖에 없으며, 이것이 남성으로 하여금 쉽게 여성을 지배하고 통제하도록 만들었다.

   ⓒ 급진적 페미니스트들은 여성의 성(sexuality)에 대한 억압과 통제를 분석의 핵심으로 삼는다. 즉, 가부장제의 형성과 강화를 통해 여성에 대한 억압과 여성의 성에 대한 통제가 어떻게 이루어졌는지에 대한 분석이 필요하다고 주장한다.

(3) 여성범죄의 특징

① 특징 중 가장 대표적인 것이 은폐된 범죄성이다.

② 합리적이고 이지적이지 못하며, 정에 이끌리기 쉬운 여성의 특성 때문에 우발적으로 범죄에 가담하게 되거나 상황적 범죄이다.

③ 배후에서 공범으로 가담하는 경우가 많다.

④ 주변 남성의 암시나 유혹에 따라 그 남성을 위하여 범행하게 되는 경우가 많다.

⑤ 여성범죄자의 반수 가까이가 누범자이며 일반적으로 지능이 낮고 정신박약자 내지 정신병질자가 많다.

⑥ 잘 아는 사람을 범행대상으로 삼는 경우가 많다.

⑦ 법행수법도 독살 등 비신체적 수법을 택하는 경우가 높다.

⑧ 경미한 범행을 반복해서 자주 행하는 경우가 많다.

⑨ 여성의 사회적 지위가 낮은 나라에서는 여성에게 개방된 사회적 활동범위가 현저히 좁기 때문

에 범죄를 범할 기회가 적지만 여성의 사회적 진출이 많이 이루어짐에 따라서 여성의 범죄도 증가한다.

⑩ 남성의 경우는 미혼 범죄자의 범죄율이 기혼자보다 높은 것에 비해서 여성의 경우는 기혼자의 범죄율이 높다는 것이 특징이다.

⑪ 여성범죄의 동기가 여성의 성적 위기감과 모성애의 발로에 기인하는 경우도 있다.

◢ 여성범죄 정리

- 롬브로조 – 남성성 가설
- 헤이건 – 권력통제이론
- 폴락 – 기사도 가설
- 신여성범죄자 이론 – 페미니즘

◢ 여성범죄 보충

- 사이먼(Simon, 1975)은 더 많은 여성이 경제활동에 참여하게 됨으로써 절도나 사기, 횡령과 화이트칼라 범죄를 저지를 수 있는 기회를 더 많이 갖게 될 것이라고 주장한다. (성평등 가설)
- 아들러(Adler, 1975)는 가정 내에서의 자신의 역할에 충실했던 여성들이 전통적인 역할을 버림에 따라 주로 남성에 의해 저질러지던 폭력범죄나 강력범죄를 일으키는 여성들의 수도 증가할 것이라고 가정하였다. (성평등 가설)
- 성평등 가설(gender equality hypothesis) : 전반적인 사회발전은 여성의 지위를 향상시켜 점차 남성과 평등해지며 이 향상된 지위가 합법적인 영역에서의 남녀평등과 힘께 비합법적인 영역, 즉 범죄영역에 있어서도 남녀가 범죄의 양과 질에 있어 유사해 진다고 본다.
- 주변화 가설(marginalization hypothesis) : 여성의 범죄참여 정도가 증가하고 있다는 것에는 동의하지만 그 증가원인을 여성의 역할변화나 사회적 · 경제적 지위의 향상에서 찾는 것이 아니라, 전통적인 여성역할의 수행을 위해, 그리고 악화된 그들의 지위 때문이라고 보는 주장으로 성평등 가설보다는 좀 더 지지를 받고 있다.
- 데일리의 여성범죄자가 범죄에 처음 가담하게 되는 경로를 5가지 : ㉠ 거리여성(street women), ㉡ 학대받은 여성(battered women), ㉢ 어린 시절 학대와 그로 인해 공격적인 여성(harmed and harming women), ㉣ 약물 관련 여성, ㉤ 경제적 동기로 범죄를 한 여성(economically-driven women)이다.
- 러셀(Russell, 1984)은 한 사회의 가부장적 관계와 성폭력 발생수준의 관련성을 주장하였는데 국가 간 비교연구를 통해 성폭력범죄가 많이 발생하는 사회는 여성의 공적 영역 참여 정도가 낮고 전반적인 남녀 간 권력차이가 크다는 것을 밝혀냈다.
- 통(Tong, 1984)은 친밀한 관계에서의 학대와 폭력을 네 가지로 분류하고 있는데, ㉠ 신체적 폭력, ㉡ 성적 학대, ㉢ 심리적 학대와 ㉣ 재산의 파손 및 애완동물 학대가 그것이다. 이러한 유형은 단독으로 나타나기도 하고 중첩되어 나타나기도 한다.
- 벨크냅(Belknap)은 여성주의 범죄학이 밝혀낸 여성의 고유한 경험, 특히 피해와 가해의 중첩으로 인한 여성범죄자들의 트라우마에 대한 성 인지적 치료 프로그램의 필요성을 점차 더 인식하고 있고 정책에 반영되고 있는 점을 큰 성과로 꼽았다.

2 연령과 범죄

(1) 서덜랜드와 크레시(Sutherland & Cressey)

여러 나라의 범죄통계를 분석한 결과, 범죄통계 분석을 통해 사춘기에 범죄성이 가장 높고 이후 감소한다고 주장하였다.

(2) 허쉬와 갓프레드슨(Hirschi & Gottfredson)

"나이가 모든 면에서 범죄와 관련된다. 범죄에 대한 나이의 영향은 범죄에 대한 다른 어떤 인구학적인 상관관계에도 구애받지 않는다"라고 주장하고 있다. 즉, 사회·경제적 지위, 결혼관계, 성별 등과 관계없이 젊은 사람이 나이 든 사람보다 많은 범행을 한다는 것이다.

(3) 로우와 티틀(Roew & Tittle)

① 범죄행위에 참여할 가능성에 대한 스스로 추정인 "범죄적 성향"(Criminal Propensity)을 연구한 결과, 이 범죄적 성향이 나이에 따라 점차 감소하는 것을 알아냈다.
② 청소년들이 성인보다는 더 모험적이며 자유롭게 일탈할 수 있으며, 직업과 가족에 대한 책임감의 부담이 없는 등 아직은 관습적인 행동이 덜 개발되었으며, 범죄로 체포되어도 잃을 것이 적고, 범죄의 결과를 충분히 이해할 만큼 성숙하지 못했기 때문일 것이라고 지적한다.

(4) 그린버그(Greenberg)

최고 범죄나이는 10대 후반이며, 범죄유형별로 차이가 있다고 하였다. 또한 나이가 들면서 범죄가 줄어든다고 보았는데, 10대 후반의 범죄 증가는 긴장이론으로, 이후 범죄 감소는 통제이론으로 설명하였고, 그에 더해 사회환경에 따라 범죄율이 가장 높은 연령대도 달라질 수 있다고 주장하였다.

> **연령과 범죄 보충**
>
> - 범죄생활곡선 : 1920년경 호체와 호프만(Hoche & Hoffmann)이 개발한 곡선으로, 범죄의 발생에서 소멸에 이르기까지 일련의 과정을 연령에 따라 추급하여 나타내었는데, 이를 분석하여 시간의 경과에 따른 범죄의 종단적 분석을 통해 그 변화를 규명하고자 하였다.
> - 성숙이론(成熟理論) : 글룩(Glueck) 부부는 교도소 및 소년원 출소자를 대상으로 추행조사를 실시하였는데, 주로 25~30세까지는 많은 범죄를 반복하였고, 그 연령기가 지나면 스스로 범죄생활을 중단한다는 사실을 발견하였다. 성숙이론과 유사한 이론으로는 나이가 들수록 범죄가 감소한다는 노쇠화이론과 정착과정이론을 들 수 있다.
>   ※ 범죄연령 : 일반적으로 각국의 통계에 의하면, 최고범죄율을 나타내고 있는 연령기는 20~25세이다.
> - 연령과 범죄에 있어서의 질적 특징 : 청년기에는 폭력적인 범죄유형이 많고, 갱년기와 노년기에는 지능적인 범죄유형이 많다.

(5) 나이와 범죄의 상관 이유

① 나이가 들어갈수록 범죄율이 감소하고 있는데, 그 이유 중에서 가장 대표적인 것은 성장효과, 노쇠화, 정착과정이다.

② 변화하는 사회적 역할과 사회화의 결과로, 청소년이 성장함으로써 직업과 가정에 대한 책임감과 이를 충족시키기 위한 욕구 때문에 범행을 위한 동기와 기회가 줄어들게 된다는 것이다.

③ 범행의 결과 체포되어 장기간 교정시설에서 복역하고 있어서 범행의 기회를 잃게 되고 또는 교도소의 고통을 경험한 결과 범행을 하지 않거나 교정의 결과 범행을 하지 않을 수도 있어서 나이가 많은 집단의 범죄율이 낮아질 수도 있다.

◀ 연령과 범죄 정리

- 서덜랜드와 크레시 : 사춘기가 절정기이다.
- 허쉬와 갓프레드슨 : 젊은층의 범죄율이 가장 높다.
- 로우와 티틀 : 연령에 따라 점차 감소한다.

---

3 계층과 범죄

(1) 개요

① 범죄는 주로 하층계급의 현상으로 여겨져 왔고, 형사사법기관에 체포되고 구금되는 사람 중에는 이들 하층계급에 속하는 사람들이 많으며 통속범죄 또한 주로 하층계급에 속하는 사람들에 의해서 주로 범해지지만, 지능범죄는 중상류층에 의해서 범해지고 있다는 범죄통계가 계층과 범죄의 관련성을 보여주고 있다.

② 하류계층의 사람이 범인성요인이 많다는 논리는 우선 이들이 범행에 대한 유인요인을 많이 가지고 있다는 것으로, 우리나라에서는 하류층의 범죄율이 상류층보다 높다.

(2) 원인

① 도구적 범죄(instrumental crimes)
원하는 물품과 봉사를 관습적인 방법을 통해서는 얻을 수 없게 되어 결국에는 불법적인 방법에 호소하여 획득하게 된다는 주장이다.

② 표출적 범죄(expressive crimes)
가난하게 사는 사람들은 자신을 강인하고 나쁜 사람으로 인식함으로써 긍정적인 자아상을 개발할 수 없으므로 자신의 분노와 좌절감을 표현하는 수단으로서 폭력이나 강간과 같은 폭력성의 범죄를 많이 범한다는 것이다.

③ 하류계층의 사람들의 퇴폐적이고 무질서한 생활 습관과 이들의 높은 실업률, 열악한 생활환경, 높은 문맹률 등 문화적 약점이 범죄를 유발하는 요인으로 작용하기 때문이라는 주장도 있다.

(3) 연구 결과

① 티틀(Tittle)

35개의 자기보고식 연구를 분석한 결과, 사회경제적 지위와 범죄는 직접적인 관계가 없다고 주장하였다.

② 엘리어트(Elliott)

가벼운 비행의 경우에는 사회경제적 지위에 따라서 아무런 관계가 없었으나, 강력범죄에 있어서는 하류계층의 범행이 더 많다는 것을 알 수 있었다.

③ 쇼트와 나이(Short&Nye)

하위계층에서 나타나는 결손가정의 요인은 실제 범행에 직접적인 영향을 주지 않는다.

④ 범죄학에 있어서 계층과 범죄의 개념에 대한 합의가 이루어지지 않았기 때문에 계층과 범죄의 관계가 애매해진다고 볼 수 있다.

⑤ 종합적으로 볼 때 지금까지 사회경제적 지위와 범죄의 관계를 결론 내리기에는 성급하다고 할 수 있으며, 많은 논쟁의 여지를 남기고 있다.

> **계층과 범죄 정리**
>
> • 형사사법기관의 편견과 차별
> • 하위계층의 범인성 요인(도구적 범죄와 표출적 범죄)
> • 범죄의 종류별 계층별 차이가 있을 수 있다.

4 가정과 범죄

(1) 결손 과정

① 결손가정이란 부모의 사별·별거·이혼·장기 부재 등에 기인한 가정의 결손을 뜻하는 것으로써 결손의 결과 자녀에 대한 훈육·통제 그리고 보호에 차질이 생기게 되는 것을 의미한다.

② 결손가정의 유형과 비행의 유형에 따라서 그 관계가 달라진다는 것이다.

③ 결손의 결과는 경제적 빈곤, 감정적 상실, 사회화에 필요한 역할모형의 상실, 통제의 약화와 그에 따른 비행적 교우관계의 발전 등에 기인하여 결손가정이 비행을 유발하는 한 요인으로 작용한다는 주장이다.

④ 대체로 남자보다는 여자가 결손가정의 영향을 더 많이 받게 되며, 결손을 어린 나이에 일찍 경험할수록 더 큰 영향을 받게 된다.

⑤ 어머니보다는 아버지의 결손이 더 많은 영향을 끼치며, 미혼 부모, 유기, 수형, 별거 등으로 인한 결손이 사별, 이혼, 질병 등에 의한 결손보다 더 많은 영향을 미치고, 경미 범죄보다는 강력범죄와 더 큰 관계가 있다는 것이 보편적인 사실이다.

⑥ 결손가정의 유형에는 형태적 결손가정(양친 모두 또는 어느 일방이 없는 경우), 기능적 결손가정(양친은 있지만 가정의 본질적인 기능이 결여된 경우)가 있다. 이 중에서 기능적 결손가정이 범죄학적으로 가장 문제시된다.

(2) 훈육과 통제

① 버트(Burt)
 ㉠ 훈육의 결함을 소년비행의 가장 중요한 요인 중 하나로 지목하였다.
 ㉡ 자녀에 대한 무관심, 부모의 의견 불일치, 훈육결함이 소년비행을 일으킨다고 파악하였다.
 ㉢ 훈육이란 일반적으로 훈육의 일관성, 강도 그리고 질에 의해서 특징지어지는 것으로 볼 수 있다.

② 글룩(Glueck)부부
 ㉠ 건전한 훈육의 부재를 소년비행의 요인으로 지목하였다.
 ㉡ 느슨하거나 일관적이지 못한 훈육이 매우 엄격한 훈육 방법보다 비행과 더 높은 관계가 있으며, 확고하지만 친절한 훈육 방법은 비비행소년과 더 많은 관련이 있다.
 ㉢ 훈육 방법으로서의 체벌은 비비행소년보다 비행소년의 부모에 의해서 더 자주 사용된다는 것을 발견하였다.
 ㉣ 아버지의 역할에 초점을 두면서 동시에 어머니에 의한 소년의 감시도 고려하고, 또한 극단적으로 느슨하거나(Lax) 철저한 통제 등의 불건전한 훈육을 중시하고 있다.

③ 나이(Nye)
 ㉠ 엄격한 부모에 의한 권위주의적 훈육은 청소년의 이동성을 방해하여 동료집단과 자유롭게 상호작용할 수 없게 되고 이로 인해 동료집단 관계에 지장을 초래한다.
 ㉡ 지나치게 관대한 훈육은 청소년의 행동을 지도할 준거점(reference point)이 될 수 있는 통제와 한계를 마련해주지 못한다.

④ 맥코드(McCord)부부와 졸라(Zola)

청소년 훈육 방법 6가지

- 사랑 지향적 훈육(Love - oriented discipline) : 합리성이 동원되고 특전과 보상을 보류하는 등의 방법으로 처벌한다.
- 느슨한 훈육(lax - discipline) : 부모의 어느 한쪽도 충분한 통제를 하지 않는다.

- 처벌적 훈육
  체벌을 이용하여 분노 · 공격성 그리고 위협이 내재하는 훈육이다.
- 무원칙적 훈육(erratic discipline) : 부모의 어느 한쪽이 사랑 지향적인 데 반하여 다른 한쪽에서는 느슨하거나 두 가지 유형을 왔다 갔다 하는 훈육의 방법이다.
- 무원칙적 훈육 : 부모 모두가 사랑 지향적 훈육과 느슨한 훈육 및 처벌적 훈육을 모두 활용하는 방법이다.
- 무원칙적 훈육 : 한쪽 부모는 처벌적이고 다른 부모는 느슨한 경우 또는 양쪽 부모 모두가 왔다 갔다 하는 훈육이다.

(3) 가족의 결집성과 상호작용

① 쇼와 맥케이(Shaw & Mckay)는 비행 유발요인으로 작용하는 것이 가족 구성원의 공식적 결손이 아니라 오히려 내적인 긴장(tension)과 부조화(discord)라고 주장하였다.

② 아브라함센(Abrahamsen)은 가정의 긴장 상태가 청소년 비행과 상당한 관계가 있다고 믿고 있으며, 비행소년의 가정에서 존재하는 긴장 상태는 증오, 적대, 언쟁 등에 기인하는 것으로 이해하고 있다.

③ 맥코드(McCord)부부와 졸라(Zola)는 긴장과 적의(hostility)가 존재하는 가정은 곧 미래비행의 온상이라고 주장한다. 싸우기 좋아하고 유기하는 가족이 영구적인 가족의 해체보다도 더 높은 비행률을 보여주고 있어서, 가족 내의 갈등과 유기가 아동을 범죄에 노출시키고 있다고 주장한다.

④ 태판(Tappan)도 가정에서의 갈등, 부조화, 그리고 긴장이 비행소년에게서 종종 발견되고 있음을 지적하고, 이것은 가정의 공식적 결손보다 아동의 부적응에 있어서 중요한 과정이라고 주장하였다.

⑤ 루터(Rutter)는 빈번하고 지속적인 가족 간의 싸움, 불화, 적개심, 부정적 감정의 표현 그리고 자녀를 거부하는 태도 등이 비행에 기여하고 있으며, 부정적이고 좋지 않은 가정의 분위기가 가장 중요한 요소라고 주장하고 있어 가족 구성원 간의 상호작용과 관계가 가족의 외적 구조보다 더 중요하다는 사실을 알 수 있다.

⑥ 나이(Nye)에 의하면, 비행의 정도가 부모와 자식 간의 수용(acceptance)과 거부(rejection) 정도에 비례하며, 부모가 자식을 거부하는 것은 직접적으로 비행과 관련되고 있으나 부모 · 자식 간의 수용은 낮은 비행의 확률과 관계된다. 그런데 부모가 자식을 거부하는 것은 자식이 부모를 거부하는 것보다 더 중요한 것으로 이해되고 있다.

(4) 가족의 부도덕성과 범인성

① 지나친 음주의 문제, 마약의 복용, 가족 간의 폭력성, 법 제도와의 충돌 등 부모와 형제자매를 비롯한 가족 구성원이 겪고 있는 이들 문제가 다른 가족의 비행성과 범인성에 상당한 영향을 미치는 것으로 밝혀지고 있다.

② 비행에 밀접한 관련이 있는 것으로는 가정의 범죄성뿐만 아니라 가정 내의 지속적인 여러 가지 사회적 어려움, 병리적 행동 그리고 사회적·제도적 행동 능력의 부재 등이 있으며 이런 요소들이 복합적으로 비행에 영향을 미치는 것으로 본다.

③ 가정의 범죄성, 무규범성 그리고 문제성 등이 자녀의 비행에 상당한 영향을 미치는 것은 대체로 확실하나, 범죄성이 전해지는 정확한 기제는 아직 애매하다고 할 수 있다.

〈가정적 결함의 유형〉

결손가정	• 결손가정에는 양친 또는 그 어느 일방이 없는 형태적 결손가정과, 양친은 있어도 가정의 본질적인 기능인 생활의 상호보장과 자녀에 대한 심리적·신체적 교육이 결여된 기능적 결손가정이 있는데, 후자가 범죄학상 가장 문제된다. • 글룩(Glueck) 부부와 버어트(Burt)는 결손가정이 소년비행에 미치는 영향이 크다고 한 반면, 쇼와 멕케이(Shaw & Mckay)는 결손가정이 소년비행에 미치는 영향이 적다고 주장하였다. • 결손가정이 아동의 인격형성에 미치는 영향에 대해 구룰레(Gruhle)는 어머니가 없는 경우가 더 위험하다고 한 반면, 호프만(Hoffmann)은 아버지가 없는 경우가 더 위험하다고 하였다. 그러나 오늘날 다수설은 학령기 전에는 어머니가 없는 경우가 더 위험하고, 학령기 후에는 아버지가 없는 경우가 더 위험하고 한다. 참고로, 글룩 부부는 양친의 애정에 대한 태도나 가족 간의 애정관계가 소년비행에 영향을 미친다고 하였다.
빈곤가정	• 빈곤가정은 가정의 경제적 곤궁이 가족구성원들의 인격형성 면에 영향을 주어 간접적으로 범죄와 연결된다고 본다. • 글룩 부부는 비행소년과 빈곤 간의 상관성을 인정하였으나, 힐리(Healy)는 부정하였다. • 1960년대 미국에서는 빈곤과의 전쟁을 선포함과 동시에 빈곤계층의 아동들에게 적절한 사회화과정을 적용함으로써 범죄잠재성을 감소키는 프로그램인 Head Start Program을 수립·시행하였다.
부도덕 가정	• 부도덕가정은 반드시 범죄자가 아니더라도 사회적 부적응자(전과자나 정신질환자, 이복형제 등)가 구성원인 가정을 말하는데, 부도덕가정과 소년비행의 상관관계는 범죄성의 유전에 대한 문제와 밀접한 관련이 있다. • 글룩 부부는 가정 내 음주습벽, 범죄성, 부도덕성 등 가정에 있어서의 행동기준을 나눈 뒤 비행소년과 무비행소년의 비율을 조사한 바 있다.
갈등가정	• 갈등가정은 가족 간에 심리적 갈등이 있어 인간관계의 융화가 결여된 가정을 말한다. • 뉴메이어(Neumeyer)는 『소년비행과 현대사회』(1955)에서 심리적으로 응집력이 결여되고, 가정불화로 긴장관계에 있는 가정이 비행의 주요 원인이라고 주장하였다. • 기능적 결손가정이나 부도덕가정이 갈등가정과 가장 유사한 형태이다.
시설가정	• 시설가정은 고아원 기타 아동양육시설이 가정의 역할을 대신하는 경우를 말한다. • 시설아동은 대체로 반항적이고 거부적인 감정과 타인의 의견을 무시하는 태도를 보이는 등의 특징이 있는데, 반사회적 행위에 빠지기 쉽다.
훈육결함 가정	• 부모의 언행불일치, 지나친 질책이나 과잉보호, 맞벌이로 인한 훈육의 부재 등과 같이 자녀에 대한 교육·감독이 적절히 행해지지 못하는 가정을 말하는데, 이는 자녀들의 비행에 영향을 준다. • 영국의 버어트(Burt)에 의하면, 훈육결함가정 출신의 비행소년은 훈육결함가정 출신의 무비행소년보다 6배가 많고, 훈육결함의 범인성은 빈곤의 범인성보다 4배 높다.

5 경제와 범죄

(1) 빈곤과 범죄

범죄와 빈곤의 유관성은 빈곤으로 인한 각종의 관습적 기회와 수단의 차단 내지는 제한이라는 구조적 측면, 범죄적 부분화에 가까운 빈곤문화(subculture of poverty)적 입장 그리고 상대적 빈곤(relative poverty)과 그에 따른 상대적 박탈감(relative deprivation)이라는 세 가지 관점에서 설명될 수 있다.

① 경제적 빈곤으로 인한 교육 기회의 부족과 그에 따른 기회와 수단의 부족은 우리 사회의 구조적 모순이 이들로 하여금 비관습적 수단과 기회에 호소하게 한다는 주장이다.

② 빈곤계층의 사람들은 게으름이라든가 장기쾌락의 추구 등 범죄적 하위문화(부문화)에 가까운 그들만의 독특한 빈곤의 문화가 범죄를 조장한다.

③ 절대적 빈곤 그 자체도 물론 범죄와 유관한 것이지만 사람들이 느끼는 상대적 빈곤감이 범죄에의 충동감을 느끼게 할 수도 있다.

④ 토비(J. Toby)는 경제환경과 범죄에 대해 이야기하면서 자신이 속한 사회에서 스스로 느끼고 경험하는 상대적 결핍감이 범죄원인이 된다고 하였다.

▲ 빈곤과 범죄

- 빈곤층의 범죄율이 상대적으로 높은 것으로 나타나고 있다. 다만, 빈곤이 범죄의 직접적인 원인이라고 단정하기 어렵다는 것이 일반적 견해이다.
- 빈곤층의 범죄유발요인 : 빈곤이 범죄의 직접적인 원인이라기보다는 빈곤층에 수반되기 쉬운 열등감, 좌절감, 소외감, 가정기능의 결함, 삶의 목표에 대한 포기 등이 매개가 되어 범죄가 유발된다.
- 절대적 빈곤과 상대적 빈곤

절대적 빈곤	• 절대적 빈곤과 범죄의 상관성을 인정하는 추세이다. • 1894년 이탈리아의 비어스(Verce), 1938년 영국의 버어트(Burt), 1942년 미국의 쇼(Shaw)와 맥케이(Mckay), 1965년 밀러(Miller)의 연구가 있다.
상대적 빈곤	• 타인과 비교함으로써 느끼는 심리적 박탈감을 의미한다. • 이는 범죄가 하류계층에 국한되지 않고 광범위한 사회계층의 문제라고 지적한다. • 케틀레(Quetelet), 스토우퍼(Stouffer), 머튼(Merton), 토비(Toby) 등이 주장하였다.

- 밀러(Miller)의 빈민유형과 범죄의 관계

안정된 빈민	경제와 가족관계 양 측면에서 안정적이다.
긴장된 빈민	경제 면에서는 다소 안정적이나 가족관계가 불안정하여 문제아가 발생할 가능성이 있다.
노력하는 빈민	경제 면에서는 다소 불안정하나 가족관계가 안정적이어서 문제를 일으키지 않는다.
불안정한 빈민	경제와 가족관계 양 측면에서 모두 불안정하여 가장 문제시되는 유형으로, 소년비행이나 성인범죄가 발생한다.

- 경제상태와 범죄
  - 곡물가격과 범죄 : 식비변동은 재산범죄와 정비례하고, 임금변동은 재산범죄와 반비례한다.
  - 소득변동과 범죄 : 호황기에는 주로 사치성 범죄와 종업원이나 연소자의 범죄가 증가하고, 불황기에는 여성보다 남성, 미혼자보다 기혼자의 범죄율이 높으며, 절도 등의 일반범죄와 기업주나 연장자의 범죄가 증가한다.
  - 엑스너(Exner) : 독일의 범죄학자로, 범죄통계에 기초하여 경제발전과 범죄의 관계를 연구하였다.
  - 서덜랜드 : 불경기와 범죄의 상관관계를 밝히는 것은 불가능하다고 주장하였다. 이외에도 라이네만(Reinemann), 태판(Tappan)이 경기변동은 범죄와 관계없다고 주장하였다.

(2) 경기변동과 범죄

① 경제적 여건과 범죄의 관계에서 보면 인플레이션 발생 시 화폐가치가 하락하게 되며, 이로 인해 물가가 전반적으로, 지속적으로 상승하여 생계형 범죄가 증가한다.

② 일반적으로 경제 주기에서 경제활동 수준이 낮을 때 재산범죄가 현저히 많다.

③ 경기변동이 범죄에 미치는 영향을 죄종별로 분석해 보면 자동차 절도 등은 범행 기회의 증대로 인하여 오히려 호경기에 많이 일어나는 반면 대부분의 경제범죄와 음주, 재산범죄 등은 경제적 공황기(불경기)에 증가하는 것으로 나타났다.

④ 경제적 불황이 범죄율의 변화를 선행했지만, 그것이 단순한 동행을 의미하지는 않아서 상대적 박탈감(relative deprivation)과 같은 다른 변수와의 연계 기제가 고려되어야 한다는 주장이다.

⑤ 경기변동으로 인한 범죄율의 변화라는 인과관계가 어느 정도는 사실이지만 다른 요소들과 복합적으로 고려되어야 하는 복잡한 관계라고 결론지을 수 있다.

(3) 실업과 범죄

① 실업과 범죄의 관계는 사회적 여건에 따라서도 달라질 수 있다. 실업은 나이와 관계없이 특히 재산범죄에 더 큰 영향을 미치며, 실업을 많이 경험한 가정의 자녀가 범행할 확률이 더 높다는 것이다.

② 실업이 범죄에 영향을 미치는 것은 사실이나 범행에 가장 많이 노출된 범죄 지향적인 사람에게 가장 큰 영향을 미친다는 사실을 고려할 때 실업 그 자체가 법을 기본적으로 준수하는 사람에게는 범행을 야기시키는 영향을 적게 미칠 것이다.

③ 실업이 범죄에 이바지하는 요인임이 틀림없으나 인과관계가 그리 간단하지 않다. 실업이 범죄가 확대되는 사회 조건을 결정하는 주요한 요인이지만 실업의 해결이 범죄의 해결이라고 말할 수 없으므로 실업이 범죄의 유일한 원인은 아님이 분명하다.

◢ 경제와 범죄 정리

- 경제적 빈곤으로 인한 기회제한 및 하위문화 형성, 상대적 박탈감
- 경기변동이 범죄율에 영향을 미친다(호황 및 불황 모두)
- 인플레이션 시 생계형 범죄 증가하는 경향이 있다.
- 실업률도 범죄에 영향을 미친다.

6 매스컴과 범죄

(1) 개요

① 매스컴은 정치·사회·경제 등 거의 모든 분야에서 대중에게 영향력을 행사하고 있으며, 현대 사회에서 매스컴이 가지는 중요성은 날로 증가하고 있다. 매스컴의 영향은 범죄와 관련하여서도 예방적 역할을 수행한다. 그러나 이러한 순기능에도 불구하고 매스컴의 범죄와 관련된 문제점은 지속적인 연구 대상으로 남아 있다.

② 대중매체의 폭력 보도에 많이 노출된 사람일수록 범죄에 가담할 확률이 높다는 주장이 있다.

(2) 관련 이론

① 매스컴의 범죄무관론(범죄억제기능, 매스컴의 순기능, 정화론적 입장)

매스컴(미디어)은 비인격적 관계에서 사회적으로 제시되어 있는 환경에 불과하므로 범죄증가 현상과 무관하고, 범죄는 개인의 인격, 가정, 집단관계 등 복합적 요소에 의해 좌우되므로, 전체적으로 보면 매스컴이 오히려 범죄감소에 커다란 기여를 하고 있다는 관점이다.

민감화작용	폭력에 매우 강력한 반응, 지각된 현실의 충격과 윤리의식으로 폭력모방이 더 어려워진다.
정화작용 (카타르시스)	정서적 이완을 통해 자극을 발산함으로써 환상과 정화를 가져와 공격성향을 감소시킨다.
문화계발이론	서로의 모순·갈등을 이해하는 작용으로써 통합조정 역할을 하고, 신기한 사건의 보도는 인간의 본능적인 범죄충동을 억제·상쇄하는 데 기여하며, 비행자의 명단과 비행을 널리 알려 다른 유사행동을 방지한다.
억제가설	폭력피해에 대한 책임과 보복 등의 공포심을 유발하여 범죄충동을 억제시킨다.

② 매스컴의 범죄유관론(매스컴의 역기능, 학습이론적 입장)

매스컴으로 인해 시청자들이 심적으로 충동을 받거나 실제로 모방하는 등 범죄증가와 직·간접적으로 관련이 있다는 관점이다.

단기(직접) 효과이론	매스컴은 폭력을 위장하여 묘사·표출함으로써 시청자의 모방충동을 야기하고, 범죄수법 등을 시사해 주며, 폭력을 우상화·영웅화하여 미화시키므로, 직접적으로 범죄를 유발한다.	
장기(간접) 효과이론	슈람(Schramm)이 주장한 이론으로서 가장 유력한 견해로 인정받고 있는데, 매스컴은 건전한 정신발달을 저해하며, 취미를 편협하게 만들고, 취미의 변화를 조장하며, 무비판적·무감각적 성향을 갖게 하고, 심지어 범죄에 대한 과잉묘사로 엽기적 취향마저 유인한다.	
학습이론적 시각	모방효과, 강화작용, 둔감화작용, 습관성가설에 의한 범죄유발 효과를 말한다.	
	모방효과	사람들이 매스컴에서 폭력적인 행위를 본 후에 보지 않았을 때보다 더 폭력적으로 행동한다는 점에서 착안한 것으로, '관찰학습'과'상징적 모방'의 과정을 전제하고 있다.
	강화작용	매스컴이 어떠한 반응을 초래하거나 그러한 반응이 일어날 가능성을 증대시킨다는 것으로, 시청 이전의 성향을 강화시키거나 대리강화시키고, 폭력사용에 관한 특정 가치를 강화시키거나 이야기 전개상황에 따라 더욱 강화되기도 한다.
	둔감화작용	매스컴에서 폭력을 많이 접하게 되면, 시청자는 폭력에 둔감해지고 덜 흥분하며 죄책감을 느끼지 않고 폭력을 행사하게 된다는 것이다.
	습관성가설	매스컴에서 폭력을 장기적으로 접하게 되면, 범죄행위에 무감각해지고 범죄를 미화하는 가치관이 형성되어 범죄가 유발된다는 것이다.

(3) 문제점

① 대중매체는 범죄사건을 광고하고 과장하기 때문에 범죄를 조장하고 있으며, 이를 통한 언론 재판 또는 여론재판을 유도하여 형사사법을 방해하며, 시청자들을 지나치게 범죄에 노출시킴 으로써 범죄에 무관심하게 하고 공포에 떨게 하여 법 집행과 범죄의 예방을 어렵게 한다.

② 특정 범죄자를 미화하여 범죄집단에서의 지위를 격상시켜 주며, 따라서 이들의 범죄는 일반 시민의 범죄를 충동하게 한다.

③ 특정한 조건에 있는 특정한 사람의 관심을 끌 수 있는 특정한 범죄사건에 대한 특정 언론의 보도만이 그 사람에게 일정한 영향을 미칠 수 있다고 보는 것이 일반적이다.

매스컴과 범죄의 두 기능

- 범죄 유발 기능 : 자극성가설, 습관성가설
- 범죄 억제 기능 : 카타르시스가설, 억제가설

---

7 물리적 환경과 범죄

(1) 물리적 환경이 범행을 어렵게 하는 4가지 요소

① 주거단지의 설계나 구역의 배열(housing design or block layout)
범죄의 대상이나 표적의 존재 자체를 줄임으로써 범행을 더욱 어렵게 할 수 있다는 것이며, 다음으로 진행 중인 범행이나 잠재적 범법자를 쉽게 발각할 수 없도록 하는 장애물을 제거 함으로써 범행을 더 어렵게 하고, 범행에 대한 물리적 방해물을 증대시킴으로써 범행을 더 어렵게 할 수 있다는 것이다.

② 부지의 이용과 인구나 차량 등의 유동의 유형(land use and circulation pattern)
범죄의 대상이나 표적에 대한 잠재적 범법자의 일상적인 노출을 줄임으로써 지역의 공간을 더욱 안전하게 이용할 수 있도록 만들기 때문이다.

③ 영역의 특징(terriroeial features)
그 지역이 방심하지 않고 경계하는 주민들이 살고 있다는 것을 암시하는 표적이나 표식을 강화하자는 것이다.

④ 특정 지역의 물리적 환경의 퇴락
물리적 환경의 퇴락을 방지하고 퇴락된 환경을 개선함으로써 특정 지역이 범죄에 취약하며, 주민들이 두려움 때문에 범죄 문제와 관련하여 어떠한 조치나 대응도 하지 않을 것이라는 잠재적 범죄자의 인식을 줄이기 때문이다.

(2) 주택설계특징과 구간배치

① 방어공간이론(defensible space theory)

더 많은 방어 공간적 특징을 가지고 있는 위치, 지역, 장소일수록 거주자들이 외부공간을 더 잘 통제하였으며, 범죄에 대하여 공포를 적게 느끼고 실제 범죄피해도 적어졌다는 이론이다.

② 한계

방어공간에 대한 논의를 조망, 은신처, 탈출구라는 세 가지 물리적 특징으로 구분한다.

㉠ 은신하기가 쉽고 은신처가 많은 입지일수록 잠재적 범법자들의 은폐와 은신을 많이 제공 한다.

㉡ 조망이 좋고 쉬울수록 합법적 이용자들로 하여금 보다 넓은 지역을 관찰할 수 있다.

㉢ 탈출구가 많고 탈출이 쉬울수록 합법적 이용자들로 하여금 범죄로부터 쉽게 탈출할 수 있 게 해준다.

③ 방어공간의 특징의 효과성은 부분적으로는 지역의 사회적·문화적 여건에 따라 좌우될 수 있 다는 사실도 방어공간의 한계라고 할 수 있다.

(3) 토지이용과 유동유형

주거지역의 내부배치, 경계 특징, 그리고 교통통행 형태 등은 다른 범죄유형을 쉽게도 할 수 있고 반대로 억제할 수도 있다.

① 주거지의 경우

외부인을 유인할 수 있는 비주거용 토지이용과 유인시설, 그리고 도로 통행량을 높이는 등 주거지의 유동성을 높임으로써 많은 사람이 통행하도록 한다는 것이다.

② 도로구역(street block)

비거주 부지의 이용과 교통량의 증대는 주민들이 구역 내 활동을 관리하고 지역주민을 인식 할 수 있는 능력을 방해하게 된다. 교통량이 많은 구역에서 거주하는 사람일수록 자신의 앞 마당의 이용 빈도가 낮으며 이웃으로부터 자신을 격리하는 경향이 강하다.

(4) 주민시도의 영역 표시(territorial signage)

① 주민들이 상호 돌보고 염려하고 있다는 표시는 곧 지역 내에서 일어나는 일에 대하여 방심하 지 않고 경계하고 있으며, 무슨 일이 일어났을 때 필요하다면 개입할 의사가 있다는 것을 외 부인과 다른 주민들에게 알리는 것이다.

② 잠재적 범법자까지도 그 지역에서의 범행을 억제하게 된다는 논리이다.

③ 범죄 문제와 관련하여 3가지 한계점

㉠ 범죄에 대한 공포가 영역적 기능을 어떻게 방해하고 우려의 증대와 관할구역의 약화하는 과정에의 개입을 좌절시키는지 알려지지 않고 있다.

ⓛ 영역적 기능에 대한 사회적 · 인지적 부분의 상대적 기여도를 영역적 징표로부터 파생되는 물리적 요소로부터 분리하기가 어렵다.

ⓒ 이러한 영역적 표지에 대해 잠재적 범법자들이 어떻게 반응하는가에 대해서도 분명치 않다.

▍물리적 환경과 범죄의 핵심

- 물리적 환경이 범행을 어렵게 하는 4가지 요소: 주거단지의 설계나 구역의 배열(housing design or block layout), 부지의 이용과 인구나 차량 등의 유동의 유형(land use and circulation pattern), 영역의 특징(terriroeial features), 특정 지역의 물리적 환경의 퇴락
- 주택설계특징과 구간배치: 방어공간이론(defensible space theory), 토지이용과 유동유형, 주민시도의 영역 표시(territorial signage)
- 토지이용과 유동유형: 주거지역의 내부배치, 경계 특징, 그리고 교통통행 형태 등은 다른 범죄유형을 쉽게도 할 수 있고 반대로 억제할 수도 있다.
- 주민시도의 영역 표시(territorial signage): 주민들이 상호 돌보고 염려하고 있다는 표시

---

8 지리적 공간과 범죄

(1) 공간의 개념

① 공간이라는 말은 장소, 위치, 주소, 지역, 관할구역, 혹은 도시 전체 등의 말과 혼용하여 사용되고 있다. 공간은 근린, 인구조사의 표준지역, 기타 더 광범위한 영역들을 아우르는 개념이다.

② 행정구역을 중심으로 학군이 형성되고, 그에 따라 학생들의 생활영역이 달라지는 것이다. 하지만, 공식적 경계구역은 비공식적 경계구역과 반드시 일치하는 것은 아니다. 두 경계구분이 불일치할 때 문제가 발생하게 된다.

(2) 공간과 범죄의 이론적 설명

① 쇼와 맥케이(Shaw & Mckay)

도시의 특정 지역에서 인구의 인종적 구성변화에도 불구하고 수십 년간 높은 소년비행 발생률이 지속되는 결과를 확인하였고, 도시의 특정 지역에서 집중되어 발생하고, 이러한 경향이 안정적이라는 사실은 범죄학 영역에서 일관된 연구결과 중 하나이다.

② 핫스팟(hot-spot)

㉠ 지역 내에서 일정 규모의 공간 내에 범죄피해 위험이 크고, 유사한 면적의 다른 지역과 비교해 범죄 건수가 상대적으로 훨씬 집중되는 지리적 경계구분이 가능한 공간을 뜻한다.

ⓒ 약물 관련 사건의 핫스팟(hot-spot)은 불법 주점이나 쇠락한 상가 지역 또는 빈곤과 여성의 비율이 가장 높은 지역에 집중하는 경향이 있다.

룬덴(Lunden)의 지역사회와 범죄발생론

- 산업사회와 도시는 전통사회와 농촌보다 범죄발생률이 높다. 즉, 전통적 농촌사회에서 도시의 산업사회로 생활양식이 변화함으로써 범죄가 증가한다는 것이다.
- 이질적 문화를 가진 사회는 동질적 문화를 가진 사회보다 범죄율이 높다.
- 수평·수직적 사회이동이 많은 사회는 사회이동이 적은 사회에 비해 범죄율이 높다.
- 사회구조와 그 기능의 갑작스러운 변화는 범죄를 증가시킨다.
- 상호적·공식적 계약에 의한 사회는 가족적·종족적 연대에 의한 사회보다 범죄율이 높다.
- 강제력과 권력에 의해 통제되는 사회는 계약적이고 가족적 체계에 의한 사회보다 범죄율이 높다.
- 계급 간의 차이가 큰 사회는 계급 간의 차이가 작은 사회보다 범죄율이 높다.
- 심리적 고립감과 무규범의 정도가 높은 사회는 사회적 통합성과 유대가 높은 사회보다 범죄율이 높다.
- 물질적으로 풍요로운 사회는 빈곤한 사회보다 범죄율이 높다.
- 공식적 규범과 비공식적 규범 간의 갈등이 심한 사회는 두 규범이 일치하는 사회보다 범죄율이 높다.
- 전쟁에서 패배한 사회는 권위구조의 붕괴로 인해 범죄율이 증가한다.
- 홍수, 지진 등의 갑작스러운 재해는 도덕과 규범적 통제를 약화시켜 범죄율을 증가시킨다.

단원별 OX 문제

001 불경기는 재산범죄의 증가에 영향을 준다. (   )

정답 O

002 범죄발생의 향상성과 관련하여 페리는 인생항로이론을 주장하였다. (   )

정답 X 페리는 범죄포화의 법칙을 주장하였다. 범죄포화의 법칙에 의하면 특정한 사회에 있어서 범죄예방의 조직이나 형사정책은 무의미하며 범죄의 박멸 또는 철저한 감소는 사회조직을 변경하는 방법에 의하는 길밖에 없다는 결론으로 귀착한다.

003 범죄와 일탈에서 한 사회에서 일탈행위는 다른 사회에서도 일탈행위이다. (   )

정답 X 각각의 사회문화와 전통 등에 따라 일탈에 대한 인식이 다를 수 있다.

004 중화기술이론은 중화의 기술로서 행위에 대한 책임의 회피, 행위로 인한 피해 발생의 부정, 피해자의 부정, 비난자에 대한 비난, 보다 높은 충성심에의 호소 등을 설정하였다. (   )

정답 O

005 인플레이션은 생계형 범죄의 감소를 불러온다. (   )

정답 X 인플레이션은 생계형 범죄의 증가를 불러온다.

006 형식적 의미의 범죄는 법을 위반한 행위이다. (   )

정답 O

007 갈등이론은 정책적 대책으로 탈제도화, 비범죄화를 강조하였다. (   )

정답 X 갈등이론은 사회적 불평등 해소 정책을 강조하였다. 탈제도화와 비범죄화는 낙인이론이다.

008 서덜랜드와 크레시가 주장한 범죄학의 관심영역은 범죄원인의 규명, 법위반에 대한 통제, 윤리적 연구방법 등이 있다. (   )

정답 X 서덜랜드와 크레시가 주장한 범죄학의 관심영역은 범죄원인의 규명, 법률의 제정과 적용과정, 법위반에 대한 통제이다.

009 일탈행위가 모두 범죄인 것은 아니다. (   )

정답 O

010 범죄생물학 이론은 정책적인 대책으로 심리상담과 치료를 강조한다. (   )

정답 X 범죄생물학 이론이 아닌 범죄심리학 이론이 심리상담과 치료를 강조한다.

011 범죄학은 규범학적 성격을 갖는다. (   )

정답 X 범죄학은 규범학이 아닌 총체적 학문을 의미한다.

012 "법률이 없으면 범죄도 없고 형벌도 없다"라는 주장에 해당하는 범죄의 개념은 형식적 의미의 범죄이다. (   )

정답 O

013 상호작용론적 관점은 범죄의 정의가 권력집단의 도덕적 기준에 따라 변화하지 않는다고 주장한다.
(   )

정답 X 상호작용론적 관점에서 범죄의 정의는 어떠한 객관적 기준에 의한 것이 아닌 임의적인 것으로써 대체로 권력이 있는 사람들에게 유리하도록 기준을 만들고 그 기준에 의하여 범죄를 규정한다. 권력집단의 도덕적 기준에 필연적인 영향을 받을 수밖에 없게 되며, 이에 따라 얼마든지 변화할 수 있다는 것이다.

014 서덜랜드와 크레시의 범죄학 개념정의에 비추어 범죄학자들의 주요 관심 영역에 형사법의 제정과 집행이 포함된다. (   )

정답 O

015 고링은 범죄학의 목적은 법, 범죄, 그리고 범죄자의 처우에 관한 보편적이고도 유효한 원칙들과 이 과정에 있어 서로 다르지만 관련된 많은 지식들을 발전시켜 나가는데 있다. (   )

정답 X 고링의 범죄학의 목적이 아닌 범죄학에 대한 서덜랜드의 정의 중 하나이다.

016 범죄학은 다양한 학문분야가 자신의 학문적 관점에서 독립적으로 관계하는 복수의 학제로 그리고 때로는 이들 복수의 학제가 공동으로 관계하는 종합과학적 특성을 가지고 있다. (   )

정답 O

017 범죄학의 학문적 특성은 범죄를 바라보는 관점이 단일하다는 특징이 있다. (   )

정답 X 범죄학은 복수의 학제가 공동으로 관계하는 종합과학적 특성을 지닌다.

018 구조기능론적 관점은 법률이 사회 주류의 가치, 신념, 의견을 반영하여 제정된다고 주장한다. (   )

정답 X 합의론적 관점에 관한 내용이다.

019 갈등론적 관점은 법률이 사회질서 유지에 긍정적인 기능을 한다고 주장한다. (   )

정답 X 구조기능론적 관점에서 법과 범죄를 바라보는 내용이다.

020 범죄학자가 범죄를 바라보는 3가지 관점에는 합의론적 관점, 추상론적 관점, 갈등론적 관점이 있다.
(   )

정답 X 범죄학에서 범죄를 바라보는 관점은 크게 합의론적 관점, 갈등론적 관점, 상호작용론적 관점으로 나눌 수 있다.

021 상호작용론적 관점은 범죄는 어떠한 객관적 기준에 의한 것이 아닌 임의적인 것으로써 대체로 권력이 있는 사람들에게 유리하도록 기준을 만들고 그 기준에 의하여 범죄를 규정한다. (　　)

정답 O

022 합리적 선택이론과 치료와 갱생은 거리가 멀다. (　　)

정답 O

023 범죄피해조사는 살인에 대해 정확히 측정한다. (　　)

정답 X 범죄피해조사는 사건에 대한 피해자의 잘못된 해석으로 과대보고가 될 수 있으며, 기억력의 한계로 범죄피해경험을 제대로 기억할 수 없다는 단점도 있다. 따라서 살인에 대해 정확히 측정할 수 없다.

024 공식범죄통계는 암수범죄가 많은 단점이 있다. (　　)

정답 O

025 자기보고식 조사는 성별, 연령과 같은 배경정보를 포함한다. (　　)

정답 O

026 범죄백서는 사법연수원에서 매년 발행하는 공식통계이다. (　　)

정답 X 범죄백서는 법무연수원에서 매년 발행하는 공식범죄통계자료를 말한다.

027 범죄피해조사는 조사대상자에게 범죄피해에 대한 경험이 있는지를 묻고 응답을 통해 수집한다. (　　)

정답 O

028 범죄학의 연구방법은 가치중립적이고 윤리적인 방법을 택하여 다른 사람들이 신뢰할 수 있는 방법이어야 한다. (　　)

정답 O

029 범죄이론과 범죄대책의 관계에서 사회해체이론은 개별처우의 중요성을 강조한다. (　　)

정답 X 사회해체이론은 사회의 질서, 안정성, 통합 또는 유대가 약화되어 범죄나 비행이 증가한다는 주장으로, 이는 구성원의 변동이 있더라도 지속적으로 범죄가 일어날 수밖에 없다는 이론이기 때문에, "개별처우의 중요성을 강조한다"는 것을 틀린 내용이다.

030 일반적으로 범죄발생률은 인구 백만 명당 범죄발생건수로 산출한다. (　　)

정답 X 일반적으로 범죄율은 인구 10만 명당 범죄발생 건수로 작성한다.

031 설문조사는 대규모의 표본에 사용하기 적합하고 연구결과를 일반화하기 쉽다. (　　)

　　정답 O

032 특정 범죄자를 대상으로 그들의 성격, 성장배경, 삶의 경험, 사회생활 등의 생애과정을 분석함으로써 범죄행위와 위험요인을 연구하는 방법은 피해자조사연구이다. (　　)

　　정답 X 사례연구와 관련된 내용이다.

033 현장 조사연구방법에 실험연구는 해당되지 않는다. (　　)

　　정답 O

034 자기보고방법은 응답의 성실성에 따라 조사결과의 신빙성이 좌우되는 문제점이 있다. (　　)

　　정답 O

035 범죄의 공간적 분포를 시각적으로 나타내어 순찰활동의 기초자료로 주로 활용하는 분석방법은 범죄피해조사이다. (　　)

　　정답 X 범죄지도이다. 범죄지도는 범죄의 공간적 분포를 시각적으로 나타내어 순찰활동의 기초자료로 활용하는 것이다.

036 조사대상을 비교집단과 준거집단으로 나눈 뒤, 사전조사와 사후조사를 실시하여 그 차이를 비교분석하는 범죄연구방법은 공식통계연구이다. (　　)

　　정답 X 실험연구이다.

037 울프강과 동료들이 수행한 필라델피아 코호트 연구의 결과로 소수의 만성범죄자가 저지른 범죄가 전체 범죄의 대부분을 차지한다. (　　)

　　정답 O

038 범죄분석, 사법연감, 범죄백서의 공통점은 패널조사이다. (　　)

　　정답 X 공식통계자료이다.

039 합의론적 관점에서 법은 평등하게 적용하며, 법이 범죄를 정의한다고 본다. (　　)

　　정답 O

040 GIS(지리정보시스템), HotSpot(범죄다발지역), 범죄패턴분석과 관련된 연구방법은 범죄지도이다. (　　)

　　정답 O

041 범죄피해조사는 범죄예방대책 자료로 활용할 수 없다. (　　)

　　정답 X 범죄피해조사는 피해원인의 규명을 통해 범죄예방을 위한 기초자료가 된다.

042 실험연구는 일정한 조건을 인위적으로 설정하고 그 속에서 발생하는 사실을 관찰함으로써 어떤 가설의 타당성을 검증하고 새로운 사실을 관찰하는 방법이다. (　　)

정답 O

043 범죄학의 연구방법은 연구자료의 객관성을 담보하기 위하여 실험이나 관찰에 의한 자료수집이 일반적으로 행해진다. (　　)

정답 X 인간을 대상으로 한 인위적인 조사 또는 관찰방법은 윤리적인 측면이나 인도적인 측면에서 바람직하지 못한 점이 많기 때문에 거의 사용할 수 없는 단점이 있다.

044 종단적 연구방법의 종류에는 패널연구, 실태 연구, 코호트 연구가 있다. (　　)

정답 X 종단적 연구방법의 종류는 패널연구, 추세연구, 코호트연구가 있다. 실태연구는 해당되지 않는다.

045 계열조사는 범죄의 종류, 수법, 연령, 범죄경력 또는 환경의 공통점 등을 구체적인 집단의 표본조사를 통해 유추하는 방법으로 알아내는 것이다. (　　)

정답 O

046 피해조사는 과대 또는 과소 보고의 우려가 없어 암수범죄를 파악하기 쉽다. (　　)

정답 X 공식범죄통계에서 누락된 암수범죄가 피해조사에서는 포함될 수 있으므로 암수범죄를 해결하는데 효과적일 수 있으나 피해자의 잘못된 해석으로 과소, 과대보고가 될 수 있다.

047 사례연구는 질적으로 깊은 연구가 가능하다. (　　)

정답 O

048 개별사례연구의 방법으로는 쌍생아연구, 가계연구 등의 방법이 있다. (　　)

정답 X 쌍생아연구, 가계연구는 집단조사의 방법이다.

049 실험법은 일반적으로 설문지법보다 많은 수를 실험대상으로 한다. (　　)

정답 X 설문지법의 특성상 설문지조사연구는 실험연구방법보다 많은 수를 실험대상으로 할 수 있다.

050 범죄학 연구에 있어서 처음으로 계량적 기술을 도입한 학자는 케틀레(Quetelet)이다. (　　)

정답 O

051 사회현상이나 사회조직의 결함을 알 수 없게 만드는 것은 범죄의 부정적인 효과이다. (　　)

정답 X 사회현상이나 사회조직의 결함을 미리 알려준다.

052 사형집행인은 사람을 죽이더라도 범죄가 되지 않는 것은 범죄의 성립조건 중 위법성이 조각되었기 때문이다. (　　)

정답 O

053 개별사례연구는 정신의학, 생물학, 심리학, 사회학 등의 도움으로 범죄자 개인의 인격이나 환경적 측면을 조사하는 방법이다. ( )

정답 O

054 패널연구는 일정한 기간동안 전체 모집단 내의 변화를 연구하는 방법이며, 광범위한 연구대상의 특정 속성을 여러 시기에 관찰하여 그 결과를 비교하는 것이다. ( )

정답 X 추세연구에 관한 내용이다.

055 한 번 범죄를 저지른 사람들은 대부분 오랫동안 지속적으로 범죄를 저지른다는 결과는 필라델피아 코호트 연구의 대표적인 결과이다. ( )

정답 X 울프강과 동료들이 수행한 필라델피아 코호트 연구의 대표적인 결과는 소수의 만성범죄자가 저지른 범죄가 전체 범죄의 대부분을 차지한다는 것이다.

056 벡커에 의하면, 일탈자란 일탈이라는 낙인이 성공적으로 부착된 사람이며, 일탈행위는 사람들이 그렇게 낙인찍은 행위라는 것이다. 이는 사회-법률적 접근에 해당한다. ( )

정답 X 사회-법률적 접근이 아닌 낙인적 접근과 관계되는 내용이다.

057 기사도 가설은 여성범죄자에 대한 형사사법기관의 관대한 처벌을 설명한다. ( )

정답 O

058 남성성 가설, 권력통제이론, 자아훼손이론은 범죄율 및 처벌의 성별 차이를 설명하는 이론 또는 가설에 해당한다. ( )

정답 X 자아훼손이론은 부정적인 자기존중감이 청소년비행에 미치는 영향을 강조하는 이론으로 범죄율 및 처벌의 성별 차이를 설명하는 이론 또는 가설과는 관련이 없다.

059 범죄에서의 성별차이가 부모의 가부장적 양육행태에 의해서 결정된다고 주장하는 것은 브레이스웨이트의 재통합적 수치이론이다. ( )

정답 X 헤이건의 권력통제이론이다.

060 성별에 따른 범죄율의 차이를 설명하는 관점으로는 여성의 낮은 지위, 성역할의 사회화, 여성의 낮은 공격성등이 해당된다. ( )

정답 O

061 공식범죄통계에서 범죄율은 인구변동에 관계없이 범죄발생이 일반적 경향을 알 수 있다. ( )

정답 O

062 신고율이 높은 강력범죄는 숨은 범죄의 발생비율이 높은 범죄가 아니다. ( )

정답 O

063 헤이건의 권력통제이론에서 가족구조는 '계급적 위치'와 '남자와 여자에 대한 사회적 통제'의 차이에 의해서 결정된다고 강조하였다. (   )

정답 O

064 기업 사무실 침입절도, 기업의 탈세, 증권사 직원의 주식 내부자 거래 등은 화이트칼라 범죄에 속하는 행위이다. (   )

정답 X 화이트칼라 범죄는 정치적, 경제적으로 명망이 있는 자가 그 직업상 범하는 죄라는 의미에서 단순 침입절도인 기업 사무실 침입절도는 해당되지 않는다.

065 암수범죄가 가장 적은 범죄는 강간이다. (   )

정답 X 암수범죄가 가장 적은 범죄는 살인이다. 살인의 경우 그 범죄의 특성상 암수범죄로 남기 매우 어렵다.

066 자기보고식 조사는 범죄의 원인이 되는 인격특성, 가치관, 환경 등을 함께 조사할 수 없다. (   )

정답 X 피조사자의 인격특성, 가치관, 태도, 환경 등도 동시에 조사하기 때문에 범죄이론을 검증할 수 있고, 범죄성 인자도 분석할 수 있다.

067 암수범죄는 범죄의 미인지, 범죄의 미신고, 수사기관과 법원의 재량적 또는 자의적 사건처리 등으로 인해 발생한다. (   )

정답 O

068 1963년부터 대검찰청에서 발행하는 공식통계는 사법연감이다. (   )

정답 X 대검찰청은 범죄분석, 검찰연감, 마약류범죄백서를 공식통계자료로 발행한다.

069 한국형사정책연구원의 피해자조사보고서는 공식범죄통계에 해당되지 않는다. (   )

정답 O

070 참여관찰방법은 체포되지 않은 범죄자들의 일상을 관찰할 수 있는 장점을 지닌 연구방법이다. (   )

정답 O

071 공식범죄통계는 피해자 조사자료를 근거로 만들어진다. (   )

정답 X 법집행기관이 집계한 자료를 근거로 만들어진다.

072 최근 20여 년간 공식통계에 의하면 전체 범죄인 중 여성범죄인 비중은 상대적으로 낮아지고 있다. (   )

정답 X 여성범죄, 소년범죄 등이 점차 증가하는 추세이다.

073 그린버그는 사회 환경에 따라 범죄율이 가장 높은 연령대가 달라질 수 있다고 주장하였다. (   )

정답 O

074 한국의 범죄는 재산범죄가 폭력범죄보다 더 많이 발생한다. (　)

　정답 O

075 범죄분석은 법무연수원에서 발행하는 범죄백서 작성시 참고하는 자료가 아니다. (　)

　정답 X 범죄백서 작성시 참고자료는 범죄분석, 마약류범죄백서, 사법연감, 검찰연감, 출입국관리통계연보, 한국통계연감, 교통사고통계, 경찰청통계연보, 한국환경연감, 식품위생업소현황이 있다.

076 우리나라 범죄율은 검거율과 같은 의미로 사용된다. (　)

　정답 X 우리나라 범죄율은 인구 10만 명당 범죄 발생건수 혹은 범죄지수이다. 검거율은 발생건수에 대비한 검거건수의 비율을 말한다.

077 한국의 범죄는 사기범죄가 횡령범죄보다 더 많이 발생한다. (　)

　정답 O

078 우리나라의 폭력범죄 발생건수는 대도시보다 농어촌이 많다. (　)

　정답 X 농어촌보다 대도시가 폭력범죄 발생건수가 많다.

079 로우와 티틀은 범죄행위에 참여할 가능성의 범죄적 성향은 연령에 따라 점차적으로 감소하는 것을 발견하였다. (　)

　정답 O

080 윌킨스는 특정 사회에서 일어나는 다양한 행위의 발생빈도에 초점을 맞추어 발생빈도가 높은 것은 정상이며 발생빈도가 낮은 것은 일탈적인 것으로 본다. 이는 통계적 접근에 해당한다. (　)

　정답 O

081 자기보고식 조사는 결측치(missing cases)가 문제가 될 수 있다. (　)

　정답 O

082 범죄통계에 암수가 존재한다는 것은 절대적 형벌이론의 이론적 근거가 된다. (　)

　정답 X 암수범죄는 특히 절대적 형벌론에 비판점을 제기할 수 있다. 범죄통계에 암수가 존재한다는 것은 이러한 주장에 흠이 될 수 있기 때문에 절대적 형벌이론의 이론적 근거가 되지 않는다.

083 공식통계는 암수범죄를 포함하는 개념이다. (　)

　정답 X 공식통계는 숨은 범죄(암수)를 반영할 수 없다는 단점이 있다.

084 최근 10년간 공식통계상 우리나라의 성폭력범죄는 증감을 반복하고 있다. (　)

　정답 X 성폭력범죄는 매년 증가하고 있다.

085 차별적 기회구조이론은 수사기관이나 사법기관에 의한 범죄자의 차별적 취급이 암수범죄의 가장 큰 원인이라고 주장한다. (   )

정답 X 암수범죄의 가장 큰 원인이 선별적 형사소추, 즉 수사기관이나 사법기관에 의한 범죄자의 차별적 취급이라는 주장은 낙인이론과 비판범죄학의 논거이다.

086 암수조사방법중 자기보고방법은 피조사자가 진실로 조사에 응했는지를 검토하기가 매우 곤란하다. (   )

정답 O

087 A와 B집단의 청소년들을 무작위로 선발하여 A집단만 교도소를 방문시켰다. 3개월 후 A와 B집단의 비행행동 빈도를 비교하였더니 교도소를 방문하였던 A집단의 비행행동이 감소하였다. 이는 연구방법 중 통계자료분석의 한 사례이다. (   )

정답 X 실험연구의 사례에 해당한다.

088 범죄학을 연구하기 위한 자료수집방법은 실험적 방법, 참여관찰 방법, 추행조사, 표본집단조사, 범죄통계 등이 있다. (   )

정답 O

089 우리나라 범죄율은 중요 범죄의 발생상황을 시계로 표시한 것이다. (   )

정답 X 일정기간 동안 일어난 중요범죄의 발생상황을 나타낸 것이며, 시계로 표시한 것은 아니다.

090 암수의 존재는 선별적 형사소추의 문제점이 발생할 수 있다. (   )

정답 O

091 셀린에 의하면, 모든 집단은 행위규범이라고 일컬어지는 자신의 행위기준을 가지고 있으나 이 기준이 반드시 법으로 규정되는 것은 아니라고 주장한다. 이는 비교문화적 접근에 해당한다. (   )

정답 O

092 자기보고식 조사는 5년 이상의 오래된 범죄를 조사하는데 유리하다. (   )

정답 X 자기보고조사도 결국 자신의 범죄를 스스로 보고하게 하는 것으로 기억력의 한계 때문에 오래된 범죄를 조사하는 데는 적합하지 않다.

093 범죄학에 대한 정의는 명확하고 통일되어 있다. (   )

정답 X 범죄학은 하나의 범죄행위에 대해서 다양한 해석이 가능하다.

094 여성의 사회적 역할이 변하고 생활양식이 남성과 비슷해지면서 여성의 범죄율도 남성의 범죄율에 근접할 것이라고 설명하는 개념은 신여성범죄자(new female criminal)이다. (   )

정답 O

095 범죄의 인구학적 특성 중 사회경제적 계층과 범죄와의 상관관계는 일률적이지 않다. (   )

정답 O

096 범죄피해조사는 피해사실을 보고하는 과정에서 과대 혹은 과소보고가 될 수 있다. (   )

정답 O

097 공식범죄통계는 범죄자의 태도와 가치에 대한 세세한 정보를 얻을 수 없다. (   )

정답 O

098 최근 범죄학 연구에서는 여러 이론을 통합하여 종합적으로 설명하는 새로운 경향이 등장하였다. (   )

정답 O

PART

02

범죄원인론 일반

범죄원인론 개관

CHAPTER 1

1 범죄설명의 기본요소

(1) 범죄원인 설명

① 범죄의 원인을 설명하는 많은 이론들이 있지만, 대부분의 이론이 범행의 동기(motivation), 사회적 제재로부터의 자유(freedom from social constraints), 범행의 기술(skill) 그리고 범행의 기회(opportunity)라는 네 가지 중요한 요소를 가지고 범행을 설명한다.

② 범죄는 범행의 의지를 가지고 사회로부터 아무런 제재를 받지 않아서 자신의 자유의사대로 행동할 수 있으며, 범행할 수 있는 능력과 기술을 가진 사람에게 범행할 수 있는 기회가 주어질 때 실행될 수 있다.

③ 범행의 동기가 필연적으로 범행을 유발시키는 것은 아니며, 사회적 제재로부터 자유롭다고 반드시 범행이 가능한 것도 아니며, 또한 동기와 자유가 있어도 범행의 기술과 기회가 없다면 중요한 것이 되지 못한다.

(2) 이론에 따른 범행행위를 할 의향

① 긴장(strain)이론이나 마르크스이론은 구조적으로 야기된 경제적인 문제와 지위의 문제에서 원천을 찾고 있다.

② 문화적 전이(cultural-transmission)이론은 범죄를 부추기는 가치관으로 사회화를 강조하고, 또는 범죄에 대한 구조적이고 문화적인 유인에 대한 자기통제(self-control)나 자아개념(self-concept)을 강조한다.

(3) 범행의 시도에 따른 사회적 제재

① 범행의 시도에는 다수의 사회적 장애와 제재가 따르는데, 실제 범행이 가능하기 위해서는 이러한 제재가 제거되어야 한다.

② 외적 제재(external constraints)
사치집단의 관습성에 대한 강력한 유대를 의미하는 것으로, 관습적인 유대가 강할수록 외적인 사회제재를 많이 받게 된다.

③ 내적 제재(internal constraints)

관습적인 집단의 구성원이 집단의 규칙을 내재화하는 사회화과정에서 야기되는 것으로, 도덕적으로 규칙에 전념하고 옳은 일을 하는 데 대한 자기존중심을 찾는 사람은 이러한 내적 제재를 더 많이 받는다.

2 범죄원인 설명의 수준

범죄의 원인을 규명하려는 이론은 매우 복잡하고 다양한 분류를 제시하지만, 대체로 개인적 수준(individual level)과 사회학적 수준(sociological level)으로 구별된다. 개인적 수준에서 범죄설명은 크게 생물학적 이론(biological theories)과 심리학적 이론(psychological theories)으로 나눌 수 있고, 사회학적 수준에서의 설명은 미시적 수준(microlevel)과 거시적 수준(macrolevel)으로 구별한다.

(1) 개인적 수준(individual level)에서의 설명

① 생물학적 이론(biological theories)

  ㉠ 여러 가지 방법으로 이들은 어떠한 특정의 생물학적 구조나 과정이 규범위반을 야기시킨다고 가정하며, 생물학적 이론은 사회적 규정으로서의 일탈연구를 무시하고 규범위반에 초점을 맞추는 이론이다.

  ㉡ 특정의 생물학적 과정이나 구조가 특정의 물리적 특성과 규범위반을 야기시키거나, 규범위반을 야기시키는 심리적 특성을 야기시키는 것으로 보고 있다.

  ㉢ 대부분의 공식통계나 자기보고식 조사에 의하면 규범이나 법률의 위반은 거의 모든 사회 구성원에게 다양하게 퍼져 있음에도 불구하고 생물학적 이론들은 범죄의 원인을 오직 생물학적 열등성이나 비정상성에만 초점을 맞추기 때문에 이론이 제한된 일부만 적용되는 한계가 있다.

② 심리학적 이론(psychological theories)

  ㉠ 심리학적 이론도 일탈을 사회적으로 규정하지 않고 규범의 위반을 중시한다.

  ㉡ 과거의 사회적 경험이 그 사람의 특정한 심리적 특성을 야기시키고 이러한 심리적 특성이 규범의 위반을 유발시킨다.

  ㉢ 인성이론

  규범의 위반을 동조적 행위도 야기시키는 정상적인 인성특성의 결과로 보거나, 정신병질적 또는 사회병질적 인격특성으로 일컬어지는 비정상적인 인격특성의 표현으로 본다.

  ㉣ 규범위반을 인격특성의 결과로 보는 견해는 단지 소수의 사람만이 폭력성을 표출한다는 점을 설명하지 못한다.

(2) 사회학적 수준(sociological level)에서의 설명

① 사회학적 이론에서는 일탈을 인간의 사회적 과정과 구조를 중심으로 설명하며, 사회학적 이론은 사회구조를 강조하는 입장과 사회화과정을 강조하는 입장으로 구분된다.

② 사회적 상호작용의 반복적인 안정된 유형으로서 규범위반을 설명하는 이론은 구조적이라 할 수 있으며, 시간에 따른 사회적 상호작용의 계속적인 변화와 발전의 견지에서 규범위반을 설명하는 이론을 사회과정이론이라고 한다.

③ 거시적 수준(macrolevel)

  ㉠ 특정 개인이 특정 범죄에 왜 가담하는가보다는 왜 상이한 사회제도·문화·하위문화 등이 상이한 유형과 정도의 범죄를 유발하는가 혹은 왜 범죄가 특정한 방법으로 유형화되는가를 설명한다.

  ㉡ 다양한 형태의 기능주의, 갈등이론(conflict theory), 그리고 마르크스주의이론과 아노미이론, 차별적 사회조직화, 하위문화이론(subcultural theories)등이 여기에 속한다.

④ 미시적 수준(microlevel)

  ㉠ 집단과 개인의 상호작용의 결과와 유형에 초점을 맞춘다.

  ㉡ 어떠한 상호작용의 발전과 구조가 범죄를 유발하는가를 공식화하고자 노력하고, 다양한 형태의 사회학습적 이론들이 이 범주에 속한다.

고전주의 범죄학

CHAPTER

1 범죄원인론과 범죄이론의 관계

범죄학 이론은 학파의 특징상 범죄 원인에 관한 연구가 중심이 되기도 하고 범죄 대책에 관한 연구가 중심이 되기도 하지만 범죄 원인에 관한 과학적인 연구를 근대 형사정책의 태동으로 본다면 범죄학이론은 범죄의 원인 분석이 중심이 될 수밖에 없다. 범죄 원인에 관한 연구의 특징을 중심으로 범죄학 이론을 분류한다면 고전주의 범죄학, 대륙의 실증주의 범죄학, 미국의 사회학적 범죄학 등으로 크게 구별할 수 있다.

고전주의 범죄학과 실증주의 범죄학 비교

구분	고전주의 범죄학	실증주의 범죄학
인간행위에 대한 기본전제	인간은 이성적이며, 자유의지를 가지고 있다.	인간의 행위는 생물학적, 심리학적, 사회학적 등 여러 가지 요인에 의해서 결정된다.
범죄의 원인	인간의 자유선택에 의한 결과이다.	인간의 이성을 제한하는 여러 가지 요인에 의해서 범죄가 발생한다.
범죄에 대한 대응	형벌을 통한 위협으로써 범죄를 억제한다(사후적 대응 위주).	범죄의 원인이 되는 요인을 과학적으로 발견하여 통제하고자 한다(사전적 범죄예방 위주).
일반사법제도와 소년사법제도에 미친 영향	일반사법제도의 근간을 이루는 원칙을 제시한다. ex 죄형법정주의, 적법절차 등	소년사법제도의 근간을 이루는 이론을 제시한다.
범죄학과 형사사법제도에 미친 영향	현대 형사사법제도의 근간이 되었다.	현대 범죄학적 연구의 대부분을 차지한다.

▲ **범죄학의 연혁**

- 고전학파 : 18C 중반 초자연주의적인 중세 형사사법의 자의적 집행과 잔혹한 처벌에 대한 반성을 계기로 시작되었다.
- 실증학파 : 19C 자연과학의 발전을 바탕으로 인간행위에 대한 과학적 탐구의 필요성이 대두되었고, 철학적 논의가 아닌 객관적 증거와 관찰을 통한 연구가 주장되었으며, 인간행위에 대한 체계적인 연구로써 범죄해결이 가능하다고 보았다.
- 시카고학파 : 1920~1930년대 미국 시카고대학의 범죄사회학파로, 시카고 지역의 범죄원인을 규명하고자 하였다.
- 비판범죄학 : 1960~1970년대 유럽과 미국의 정치적 위기와 저항적 사회운동으로부터 발전한 학문으로, 일탈의 문제를 자본주의사회의 모순에 대한 총체적 해명 속에서 이해하고자 하였다.
- 신고전주의 범죄학(현대 고전주의) : 1970년대 후반 실증주의 범죄학의 효과에 대한 비판적 시각에서 발전하였다.

2 고전주의 범죄학이론

(1) 등장 배경

① 인간을 자유의사를 가진 합리적 존재이며 동시에 모든 인간은 일탈할 잠재성을 가진 존재라는 가정에서 시작한다. 18세기 후반 계몽주의·자유주의·인도주의·공리주의 사상을 배경으로 당시 형사법 제도의 전단적인 경향을 반대하고 법과 정의의 실현을 이성과 인권에 기초해야 한다는 사상에서 기원한다.

② 고전학파는 철학적 기초 위에 개인의 권리를 보호하기 위한 국가의 처벌에 대한 필요성을 인정하지만, 그 처벌이 잔인하거나, 과다하거나 또는 자의적이지 않아야 한다고 믿고 있다.

③ 고전학파 사람들은 처벌에 대해 보다 합리적인 접근을 주장하며, 범죄와 그에 대한 처벌의 관계는 공정하고 형평을 이룰 수 있어야 한다고 강조한다.

(2) 특징

① 거시적인 이론

고전주의 범죄학은 범죄자 개인이 아니라 형법 및 형사행정체계의 개혁에 초점을 두고 있다. 또한 범죄 원인보다는 주로 사회통제에 그 연구의 초점을 둔 거시적·정치적인 이론이다.

② 자유의지론적 인간관

고전주의 범죄학은 사람들이 욕구 충족이나 문제해결을 위한 방법으로 범죄 또는 범죄 이외의 방법을 선택할 수 있는 자유의지를 가지고 있다는 자유의지론을 전제로 하고 있다.

③ 합리주의적 범죄원인론(공리주의)

고전주의 범죄학은 범죄행위를 사람들이 범죄에 의한 위험과 이득을 합리적으로 계산한 결과 선택한 행위로 보았다.

④ 예방주의적 범죄대책론

고전주의 범죄학은 공리주의적 범죄원인론을 전제로 범죄통제는 범죄의 선택에 두려움을 갖도록 하는 것이 최상의 방법이므로 형벌을 가장 효과적인 범죄예방책으로 보았다. 형벌은 엄격하고 확실하며, 범죄행위를 더 잘 통제할 수 있다고 보았다.

(3) 핵심개념

① 죄형법정주의(罪刑法定主義)

㉠ 죄형법정주의로서 범죄와 그에 따르는 형벌은 일반 시민에게 미리 공개하여 알 수 있도록 해야 한다. 법이 없으면 형벌을 가할 수 없다.

㉡ 법은 소수의 권력자가 아닌 입법부에서 만들어져야 한다. 하지만 법의 해석은 입법부가 아닌 제3자에 의해서 행해져야 한다. 또한, 죄형법정주의는 범인의 죄질에 따라서 형벌을 차등하게 적용해야한다는 것도 의미한다.

㉢ 필요이상으로 가혹하고 잔인한 형벌은 금지되어야 한다. 고문을 통해 얻은 자백은 신뢰할 수 없기 때문에 의미가 없다.

> ex▶ 국가가 무고한 사람을 고문하면 그가 고문을 견디지 못하고 허위로 자신이 범죄자임을 자백할 수 있다. 반대로 강한 사람은 고문을 견디고 끝까지 무죄임을 주장하여 방면되는 경우가 있을 수 있다.

② 유죄증거의 원칙(proof of guilt)와 무죄추정의 원칙(presumption of innocence)

㉠ 유죄증거의 원칙(proof of guilt)

피고인이 범인이 아닐 수 있다는 합리적인 의심의 범위를 넘어서 범죄사실을 입증해야 유죄판결을 내릴 수 있다.

㉡ 무죄추정의 원칙(presumption of innocence)

피고인은 법원에 의해 최종적으로 유죄판결을 받기 전에는 무죄로 추정을 받는다.

③ 배심원에 의한 재판(trial by jury)

베카리아(Beccaria)는 피고인은 배심원에 의한 재판을 받을 권리가 있음을 주장하였다. 배심원에 의한 재판은 피고인이 자신과 같은 동료시민에 의해서 유무죄의 판결을 받을 수 있다.

④ 형벌 범죄억제효과(crime deterrence)

㉠ 형벌의 신속성(swiftness of punishment)

ⓐ 한 사람이 자신이 범행을 저지르고도 오랫동안 검거되지 않는다면 범죄와 형벌의 연관성이 약해지기 때문에 형벌은 신속하게 이루어져야 한다. 신속하게 이루어지지 않는다면 사람들은 범죄를 저지르면 처벌받게 된다는 생각을 제대로 가지지 못하게 된다.

ⓑ 불필요하게 장기화된 재판과정은 피고인을 고통으로 몰아넣기 때문에 체포된 범인에게 최대한 빨리 재판을 받도록 해야 한다.

ⓒ 형벌의 확실성(certainty of punishment)

범죄를 저지른 사람은 반드시 형사사법기관에 의해서 처벌을 받아야 한다. 만약 범죄를 저지르고도 처벌받지 않는 일이 많아진다면 형벌의 범죄억제 효과를 기대하기 어렵다.

ⓒ 형벌의 엄중성(severity of punishment)

형벌은 그 죄질에 비례해서 적절하게 엄중해야만 미래의 범죄를 억제할 수 있다. 따라서 형벌이 죄질에 비해서 지나치게 가볍거나 중해서는 범죄행위를 억제하는 효과를 기대할 수 없을 뿐만 아니라 인권침해의 소지도 있다.

⑤ 형벌의 형평성 강조

형벌은 죄질에 따라서 결정되어야 하며 범법자가 누구인가에 따라 차별을 두어서는 안 된다. 다만, 형벌은 그 행위가 사회에 끼친 해악에 따라서 결정되어야 한다는 것이다. 이것은 법의 형평성을 강조한다.

(4) 고전학파 범죄원인론 (5가지 구성요소)

① 사람들은 자신의 욕구를 충족시키거나 문제를 해결하기 위해 관습적 해결책이나 범죄적 해결책을 선택할 수 있는 자유의지를 가지고 있다.

② 통상적인 범죄의 해결책은 관습적 해결책보다 더 나은 해결책이다.

③ 범죄적 해결책의 선택은 그러한 행위에 대한 사회 반응의 두려움에 의해 통제될 수 있다.

④ 사회의 반응이 더 신속하고, 확실하고, 엄격할수록 범죄행위를 더 잘 통제할 수 있다.

⑤ 가장 효과적인 범죄예방 대책은 범죄가 쾌락적이지 못한 선택으로 만들 수 있는 충분한 처벌이다.

(5) 고전주의 범죄학자

① 베카리아(Beccaria)

ⓒ 사상적 배경 : 베카리아의 기본사고는 프랑스 구체제(앙시앙레짐)에 대한 비판이었으며 1764년 저서인 「범죄와 형벌」의 배경이 된 기본사상은 프랑스의 휴머니즘과 스코틀랜드의 인간학이다.

ⓒ 베카리아의 결론 : 사회계약의 포함되지 않은 형벌은 부당한 것이며, 형벌은 마땅히 입법자에 의하여 법률로 엄밀히 규정되어야 한다고 역설한다. 형벌은 응보 수단이 아니고 사회의 범죄방지 수단이며 범죄방지의 목적에 필요한 최소한도에 그쳐야 한다고 주장한다. 또한 형벌의 정도는 범죄자가 범죄에 의하여 얻은 이익보다 형벌을 통해 잃는 손실이 약간 초과하도록 하는 정도가 충분하다고 보았다. 형벌은 어디까지나 범죄의 경중과 균형을 이루어야 하고, 일반예방을 강조하여 형벌의 양뿐만 아니라 처벌의 신속성, 확실성, 엄격성의 정도에 의하여도 일반예방은 억제된다고 하였다.

② 벤담(Bentham)

    ㉠ 벤담의 공리주의 : 벤담은 베카리아의 공리적 사고를 발전시켜 공리주의의 체계를 이룬 사람으로 인간의 행위는 절대자의 비합리적인 제도에 의하여 판단할 것이 아니라, 증명 가능한 "최대 다수의 최대 행복"이라는 공리주의 원칙을 전면에 두고 범죄 없는 사회를 위해 형법 개정을 주장했다.

    ㉡ 벤담의 범죄관 : 벤담은 인간 행위의 배후에 있는 '동기성'을 강조하면서 "쾌락의 추구, 고통의 회피"라는 동기는 나쁠 수 없고, 그 동기의 결과가 타인에게 악영향을 주는 경우에 결과만이 나쁘다고 주장하였다. 또한 결과가 사회적으로 악을 수반하는 경우를 실재적 범죄라고 하고 악을 수반하지 않는 경우를 상상적 범죄라고 하여 실재적 범죄만이 범죄이며 상상적 범죄는 진정한 범죄가 아니라고 주장하였다.

    ㉢ 벤담의 형벌관 : 벤담은 법의 기능을 범죄에 대한 응보가 아니라 범죄행위의 예방이어야 한다고 전제하고 형벌도 악이지만 사회에 대한 큰 악을 예방함으로써 행복의 감소를 저지하는 공리적인 필요악이라고 주장하였다.

    ㉣ 베카리아와의 차이 : 베카리아는 범죄의 원인을 인간 행위의 원동력인 쾌락의 산물로만 보았으나 벤담은 범죄에 대한 사회적 원인도 강조한 것이 다르다. 또한 베카리아는 잔혹한 형벌의 완화 또는 폐지를 주로 강조하였지만, 벤담은 형벌의 감소뿐만 아니라 범죄감소의 문제까지 강조한 점이 차이가 있다.

    ㉤ 벤담의 영향 : 벤담의 동기를 중심으로 한 행위이론은 미국의 학습이론과 현대심리학에 영향을 주었을 뿐 아니라 서양 역사상 최초로 범죄자에 대한 형벌의 사용을 정당화시켜야 한다고 생각함으로써 형벌과 응보에 대한 철학적 논의의 길을 열었으며, 나아가 사회방위이론이 생겨나는 계기가 되었다.

▶ 베카리아 주장 정리

'범죄와 형벌'(저서)을 통해 형사사법제도 비판+개혁안 제시

① 입법 강조(='죄형법정주의') : 법관의 재량권 남용 비판
    ㉠ 범죄와 그에 대한 형벌을 규정하여 자의적인 형벌 부과를 개선한다.
    ㉡ 법관은 형법 적용의 도구일 뿐 법관의 재량을 금지한다.

② 형벌 개혁안 : 가혹한 형벌을 비판하며 '범죄예방'을 강조한다.
    ㉠ 형벌의 정도 : 범죄에 비례하는 형벌 부과('죄형균형론' 주장)
    ㉡ 형벌로 인한 고통=범죄예방에 필요한 최소한도
        처벌의 신속성/확실성 : 범행 시점부터 형벌이 부과되기까지 그 기간이 빠를수록, 처벌의 부과가 확실할수록 효과적이다.
    ㉢ 처벌이 폭력의 행사가 되지 않기 위해서는 처벌의 (가혹성이 아니라) 완벽성이 요구된다.

③ 페스탈로찌(Pestalozzi)

　　㉠ 「입법과 영아살해」(1789) : 페스탈로찌는 사생아 방지를 위한 미혼모 처벌규정이 오히려 사생아를 방지하는 것이 아니라 영아를 살해하게 만들고, 사생아의 방지는 가혹한 처벌보다는 교육과 사랑이 중요하다고 주장하면서 범죄예방은 사회교육에 의할 것을 강조하고 교육학을 수형자 교육에 응용하려고 시도하였다.

　　㉡ 페스탈로찌의 교육형 사상은 리스트(Liszt)에게 영향을 주어 형벌의 목적성을 강조하게 하였으며 현대의 교육형 사상에 영향을 주어 라이프만(Liepmann)의 재범방지목적 교육형주의, 란자(Lanza)의 도덕적 문맹 퇴치목적 교육형주의, 살다나(Saldana)의 교육형주의에 영향을 주었다.

④ 하워드(Howard)

　　㉠ 「감옥상태론」(1777) : 하워드는 유럽대륙의 선진적인 감옥에서 깊은 감동을 하고 이를 기초로 「영국과 웨일즈의 감옥 상태」를 저술하였는데 하워드에게 가장 큰 영향을 준 모델은 암스테르담 노역장이다. 하워드는 '암스테르담 노역장'을 통해 감옥개혁 사상을 주장하였다. 여기서는 이미 독거제의 감옥 운영, 감시 기능성을 확보하기 위한 공간의 구성, 시간표에 따른 생활 등 선진적인 감사와 규율 프로그램이 시행되고 있었다.

　　㉡ 감옥개혁의 내용

　　　　ⓐ 안전하고 위생적인 구금시설

　　　　ⓑ 개선 장소로써의 감옥

　　　　　 하워드는 죄수를 죄질, 성별, 나이에 따라 분류하고 상호 간의 접촉은 완전히 차단되어야 한다고 주장하였다. 음주와 게으름을 범죄의 원인으로 보고 감옥에서 적절한 노동의 부과를 주장하였으며, 종교가 죄수들의 교화개선에 결정적으로 중요하다고 역설하고 각 감옥에는 반드시 종교시설을 갖추어야 한다고 하였다.

　　　　ⓒ 감옥의 관리

　　　　　 하워드는 감옥 행정의 요체는 훌륭한 관리의 선임과 관리의 청렴으로 보고 간수에 대한 수수료 제도를 폐지하고 국가로부터 임금을 받는 공무원으로 전환할 것을 주장하였다.

　　㉢ 감옥개혁 사상의 실현 : 하워드는 근대적인 교도소 설립을 위한 감옥법(1799)을 기초하였고 이를 근거로 호르샴시 등 3개 도시에 독거 감옥이 설립되었다.

⑤ 포이에르바하(Feuerbach)

　　㉠ 심리강제설

　　　　ⓐ 국가는 심리강제설과 비결정주의의 사상을 배경으로 하여 시민의 자유를 보장함에 그 목적이 있다고 하였다.

　　　　ⓑ 법률을 어겼을 때 물리적 강제를 가해서는 안 되고, 심리적 강제로써 위법행위와 고통을 결부시켜야 한다고 주장하였다.

ⓒ 형법의 보조수단 - 형사정책

  ⓐ 입법을 지도하는 국가의 예지로서 이해하고, 법을 집행하는 기관은 형벌목적에 대한 정당성을 고려하되, 인간적·자유주의적으로 법을 집행하여야 한다.

  ⓑ 정책적 목적을 유지하기 위한 형법의 보조수단으로서의 의미가 크다.

(6) 고전주의 범죄학의 이해

① 처벌

 ⊙ 처벌이란 범죄에 의한 위해에 의해서 정당화되어야만 하는데, 만일 처벌의 정도가 위해의 정도에 따라 정당화되지 않거나 지나치게 과다하다면 처벌로서 억제, 예방 또는 통제하고자 했던 바로 잘못을 범하게 된다.

 ⓛ 처벌의 신속성(swiftness of punishment)

  범행시점으로부터 처벌이 부과되는 시간에 따라 처벌의 효과가 다를 수 있다는 것이다. 범행에 따른 처벌이 보다 빠르면 빠를수록 처벌이 보다 유용하고 정당할 것이라는 논리이다.

 ⓒ 처벌의 확실성(certainty of punishment)

  무거운 처벌이지만 미처벌의 희망이 있는 처벌은 비록 온건한 처벌일지라도 확실성을 갖는 처벌보다 더 약한 인상을 남긴다. 가장 미약한 처벌일지라도 그것이 확실하다면 두려움 때문에 범죄예방 효과가 증가할 것이다.

② 신고전학파

 실증주의 범죄학은 범죄의 원인을 생물학적·심리학적·사회학적 요인에 기반하여 설명하고, 이를 바탕으로 범죄자 교화와 치료를 주장하였으며, 경제적 기회와 사회복지에 집중하는 다수의 범죄예방정책을 펼쳤으나, 이 시기에 범죄율이 지속적으로 증가하는 결과를 보이자 그에 대한 비판으로서 신고전주의 범죄학이 등장하였다.

(7) 현대의 고전주의(신고전주의)적 개념

① 억제(deterrence)

 ⊙ 범죄행위는 인간이 쾌락과 이익은 극대화하면서 손실과 고통을 최소화하려고 하기 때문에 발생한 것으로서 범행으로 인해 기대되는 이익보다 손실이 크다면, 상응하는 처벌을 가함으로써 억제될 수 있다는 것이다.

 ⓛ 일반억제모형

  ⓐ 특별억제(special deterrence)

   범죄자에게 실제로 처벌을 부과하여 범죄가담의 비용이 과다하다는 것을 보여줌으로써 범죄자의 범행을 억제할 수 있다. 즉, 처벌의 고통이 범죄로 인한 이익을 초과할 때 범죄자는 또 다시 범행하지 않을 것이라는 논리이다.

ⓑ 일반억제(general deterrence)

다른 사람에 대한 처벌을 인식함으로써 처벌에 대한 위협을 느껴서 자신도 범행의 결과 처벌받을 것이기 때문에 범행을 두려워하게 되어 잠재적인 범죄자의 범행이 제지될 수 있다는 논리이다.

ⓒ 부분적 억제(partial deterrence)

일요일의 주류판매금지나 고속도로의 속도제한과 같이 특정 행위에 대해서 완전한 제거가 아니라 일정한 제한과 통제만을 요구하는 것을 말한다.

ⓓ 절대적 억제(absolute deterrence)

마약사범에 대한 의무적인 종신형의 선고와 같이 특정 범죄에 대한 완전한 제거를 요구하는 것을 말한다.

ⓔ 특정 억제(particular deterrence)

특정 유형의 범죄에 대한 처벌을 강화함으로써 바로 그 특정 범죄의 발생률을 감소시키는 것을 말한다.

ⓕ 일반화된 억제(generalized deterrence)

특정 범죄에 대한 처벌을 강화함으로써 그 특정 범죄는 물론이고 관련된 다른 범죄의 발생률까지도 감소시키는 것을 말한다.

ⓖ 선별적 억제(selective deterrence)

특정 범죄에 대한 처벌을 강화시킴으로써 계획되지 않았던 다른 범죄까지도 그 발생률을 감소시키는 것을 말한다.

ⓒ 제지이론의 한계

범죄자들은 대부분 마약이나 음주 등의 영향을 받거나 인격의 문제가 있는 등 합리적 계산이 불가능한 경우가 있으며, 상당수의 범죄자는 사회의 하류계층에 속하는 사람들이기 때문에 이들에게 처벌의 공포에 있어 제지효과가 나타날지 확실하지 않다.

② 무능화

㉠ 무능화(incapacitation)란 소수의 위험한 범죄자들이 사회의 다수 범죄를 범한다는 현재 고전주의 범죄학의 주장이다. 범죄를 방지하고 피해자를 보호하기 위해서는 범죄성이 강한 사람들을 장기간 무능화시켜야 한다는 주장이다.

㉡ 선별적 무능화(selective incapacitation)

특수범죄자가 다수의 범죄를 범한다는 사실에 착안하여, 이들 소수의 특수범죄 집단에게 무능화를 적용한다면 효과적인 범죄감소전략이 될 수 있다고 주장한다.

③ 응보

㉠ 범죄자가 불법행위로 얻은 이익과 그 범죄로 인하여 사회 전체나 피해자가 겪게 되는 고통을 상쇄하려고 한다.

㉡ 응보론자들은 처벌은 공정한 것이며, 필수적인 것이라고 주장한다. 법을 준수하는 사람들

이 사회의 관습적인 규칙을 지킴으로써 불공정한 부담을 가정하지 않게 해주며, 처벌함으로써 재화와 서비스의 공정한 분배와 질서정연한 사회를 확인시켜 주는 규칙은 준수하도록 해 주며, 처벌이 그 사회가 사회구성원과 사회제도의 평정을 만들어 주는 한 방법이 된다고 강조한다.

④ 당위적 공과론(just desert)

　㉠ 공리적인 관점이 공과론적 접근의 핵심이다. 처벌이란 범죄에 의해서 방해받은 사회적 평등성을 담보하기 위해 필요하며, 그럼에도 불구하고 처벌의 경중은 범죄의 경중과 상응해야 한다.

　㉡ 공과론적 개념은 피의자에 대한 권리에도 관심을 가져서, 피의자의 권리가 다른 사람의 권리를 위해서 희생되어서는 안 되며, 범법자는 범행의 특성보다는 적게 또는 많게 처벌되어서는 안 된다고 주장한다.

▌ 현대 고전주의(신고전주의) 정리

범죄의 억제(억제이론과 범죄경제학으로 나눠짐)

① 억제

　㉠ 인간은 선택의 자유가 있으므로 범죄행위도 합리적인 계산의 결과로 선택한 것이다.
　　범죄행위도 쾌락, 이익은 극대화하면서 손실, 고통은 최소화하려고 하므로 기대되는 이익보다 손실이 크면(=처벌 강화) 범죄의 동기는 억제가 가능하다.

　㉡ 범죄억제를 위한 요소 : 처벌의 확실성/엄격성/신속성은 범죄율과 반비례 관계
　　(처벌의 확실 · 엄격 · 신속이 증가할수록 범죄발생은 감소함)

　　ⓐ 특별억제 : 범죄자에게 처벌 부과 → 처벌의 고통(범죄이익을 초과할 때, 재범 억제 가능)

　　ⓑ 일반억제 : 특별억제를 통해 잠재적 범죄자의 장래 범행을 미연에 방지(억제)

② 응보

　㉠ 범죄자가 저지른 범죄에 상응하는 보복을 가한다.

　㉡ 범죄자 처벌 = 범죄를 행하여 얻은 이익과 사회 전체 또는 피해자가 겪게 되는 고통을 상쇄시킨다.

　　ⓐ 정의사회에서의 처벌은 공정하고 필수적인 것이다.

　　ⓑ 처벌을 통해 사회질서 유지 가능하다.

③ 무능화 : 소수의 위험한 범죄자들이 다수의 범죄를 저지른다.
　　　　　 범죄를 행할 수 없도록 구금을 통해 해당 기간 동안 무능화(무력화)시키자는 주장

④ 비공식적 억제 : 사람들은 법적 제재의 존재보다는 교육과 사회화를 통해 살인이나 강도가 나쁘다고 생각하는 인식 등의 도덕적 가치 때문에 범행을 하지 않는 측면

⑤ 한계적 억제 : 법적 제재에 의해 범죄자에 의한 범행이 절대적으로 억제된다기보다는 범죄자가 범행을 하더라도 더 경미한 범행을 선택하도록 하는 것

억제이론의 경험적 타당성

선행연구에서 처벌의 신속성보다는 처벌의 엄격성과 확실성에 대한 연구가 적극적이었다. 처벌의 엄격성의 초창기 연구들에서는, 미국에서 일급살인에 대한 사형규정이 있는 주와 그렇지 않은 주 사이에 살인율에 차이가 있는가에 대한 연구가 주요한 관심사였다

※ 에르리히 : 한 건의 사형집행이 20건 이상의 살인을 감소시키는 것은 물론, 구금의 길이도 살인범죄를 줄인다고 주장

제지(deterrence)이론

확실성	→	처벌된 사람의 처벌에 대한 민감성(특별제지)과 처벌되지 않은 사람의 범죄비용 인식(일반제지)	→	법률위반 감소
엄중성	→			
신속성	→			

범죄경제학

클라크와 코니쉬의 합리적 선택이론
• 범죄로 인하여 얻게 될 효용(이익)과 손실의 크기를 비교하여 범행 여부를 결정
• 행위자 자신의 개인적 요인(금전욕구, 가치관, 학습경험 등)과 상황적 요인(범행대상의 견고성, 보호자 부존재 등)을 지적

코니시와 클라크의 상황적 범죄예방의 5가지 목표와 25가지 기법

노력의 증가	1. 대상물 강화 • 운전대 잠금장치 • 강도방지 차단막	2. 시설접근 통제 • 전자카드 출입 • 소지품 검색	3. 출구검색 • 출구통과 티켓 • 전자상품인식표	4. 잠재적 범죄자 분산 • 분리된 여자화장실 • 술집분산	5. 도구·무기 통제 • 스마트건 • 도난휴대폰 작동 불능화
위험의 증가	6. 보호기능 확장 • 일상적 경계대책 (야간외출 시 집단으로 이동 등) • 이웃감시 프로그램	7. 자연적 감시 • 가로등 개선 • 방어적 공간설계	8. 익명성 감소 • 택시운전기사 ID 의무화 • 학교교복 착용	9. 장소감독자 활용 • 편의점 2인 점원 두기 • 신고보상	10. 공식적 감시 강화 • 침입절도경보기 • 민간경비원
보상의 감소	11. 대상물 감추기 • 식별 안 되는 전화번호부 • 표식 없는 금고운송트럭	12. 대상물 제거 • 탈부착 가능한 차량라디오 • 여성 피난시설	13. 소유자 표시 • 재물표식 • 자동차고유번호·차대번호	14. 장물시장 교란 • 전당포 감시감독 • 노점상 인가제도	15. 이익불허 • 상품잉크 도난방지택 • 스피드광 과속방지턱

자극의 감소	16. 좌절감과 스트레 스 감소 • 효율적인 줄서기· 서비스 • 마음을 진정시키는 부드러운 음악과 조명	17. 논쟁 피하기 • 라이벌 축구팬들을 분리시킨 관람석 • 택시요금정찰제	18. 감정적 자극 감소 • 폭력적 포르노물 통제 • 인종적 비하언어 금지	19. 친구압력 중화 • 음주운전은 바보짓 이다. • 교내 문제아들 분리조치	20. 모방 좌절시키기 • 상세한 범죄수법 노출방지 • TV 폭력물 제어칩 설치
변명의 제거	21. 규칙의 명확화 • 괴롭힘방지규정 • 주택임대규정	22. 지침의 게시 • 주차금지 • 사유지	23. 양심에 호소 • 도로 옆의 속도 알림표지판 • 세관신고서 작성	24. 준법행동 보조 • 간편한 도서관 체크아웃 • 공중화장실, 쓰레기통	25. 약물과 알코올 통제 • 술집에 음주측정기 비취 • 알코올 없는 행사 진행

코헨과 펠슨의 일상활동이론

- 범죄동기나 범죄를 저지를 개연성이 있는 사람의 수는 일정하다고 가정
- 동기화한 사람, 적절한 범행대상, 범행을 막을 수 있는 사람의 부존재의 세 변수에 의해 결정
- 고전주의적 견해

일상활동이론과 생활양식-노출이론 비교

일상생활이론(미시+거시)	생활양식-노출이론(거시)
• 일상생활 진행에 따른 범죄율의 변화를 설명하기 위한 이론 으로서 제시 • 미시적·상황적 요소인 '대상으로서의 매력성'과 '감시의 부 재'를 강조	범죄기회구조의 내용으로서 범죄자와의 근접성과 범죄위험 에의 노출이라는 거시적인 부분 중요시
둘 다 기회이론	

한델링의 생활양식-노출이론(Lifestyle-Exposure Theory)

- 생활양식 – 노출이론은 범죄자들에게 노출되는 생활양식을 가진 사람들이 범죄의 피해자가 된다는 점을 강조한다.
- 범죄자와의 접촉이 많은 생활양식을 가진 사람은 범죄대상이 되기 쉬운데, 특히 범죄집단이나 비행집단의 구성원들은 범죄자가 되기 쉽지만, 범죄대상이 되기도 쉽다고 한다.

집단비교분석(억제이론 실증연구) : 깁스와 티틀의 연구

- 일정 시점에 형벌의 양태가 서로 다른 여러 지역의 범죄발생률을 상호 비교하여 범죄억제효과를 밝히려는 시도로, 형벌의 '확실성' 효과분석을 위해 형벌이 집행된 비율인 검거율을 조사하였고, 형벌의 '엄격성' 효과분석을 위해 지역별 동종의 범죄들에 선고된 형량을 조사하였다.
- 깁스(Gibbs)의 연구 : 1968년 미국의 50개 주를 대상으로 각 주의 범죄발생률, 검거율, 평균형량 등의 관계를 분석한 결과, 살인의 경우 형벌집행이 확실하고 그 정도가 엄격한 주일수록 범죄발생률이 낮은 것으로 확인되었다. 이를 바탕으로 형벌의 운용방식에 따라 범죄발생 정도가 변화할 수 있고, 사람들이 형벌을 두려워하는 정도가 그 사회의 범죄발생 정도를 결정하는 중요한 요인이라고 결론지었다.
- 티틀(Tittle)의 연구 : 깁스의 연구를 확장한 것으로, 살인 외에 다른 범죄까지 포함하여 연구한 결과, 살인의 경우 형벌의 엄격성이 강할수록 범죄발생률이 감소하였으나, 강도와 같은 범죄의 경우 형벌의 엄격성이 강한 지역과 약한 지역에서의 범죄발생에 차이가 없음을 밝혀내었다.
- 결과 : 형벌의 '확실성'은 모든 유형의 범죄발생률에 중요한 영향을 미치지만, 형벌의 '엄격성'은 살인에만 억제효과를 보인다.
- 문제점 : 확실성이 범죄발생률에 미치는 영향과 범죄발생률이 확실성에 미치는 영향을 구분할 수 없으며, 검거율이 높고 범죄발생률이 낮다면 형벌의 확실성(형벌에 대한 두려움)을 입증할 수 있지만, 실제 범죄발생률은 높은데 인력요소(경찰)의 수 등의 한계로 검거가 어려워 확실성이 낮아졌다면, 범죄억제와는 아무런 상관이 없게 된다.

참고문제

다음 그림에 관한 설명으로 가장 적절하지 않은 것은?   경행경채 23

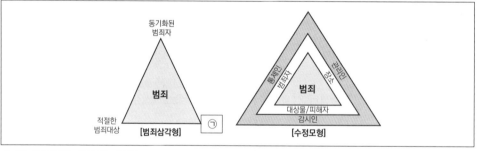

[범죄삼각형]   [수정모형]

① 범죄삼각형은 일상활동이론(Routine Activity Theory)의 3요소가 시공간에서 수렴했을 때 범죄가 발생한다는 것을 도식화한 것이다.
② 두 모형은 범죄문제 해결 및 예방을 위한 환경설계를 통한 범죄예방(CPTED) 및 상황적 범죄예방기법과 밀접한 관련이 있다.
③ ㉠에 대한 구체적 범죄예방기법으로는 소유물에 대한 표시, 출입문 잠금장치 및 방범창 설치, 금고의 활용 등이 있다.
④ 수정모형은 ㉠의 개념을 보다 구체화한 것으로, 동기화된 범죄자를 사적으로 통제할 수 있는 통제인(handler), 장소와 시설을 관리할 수 있는 관리인(manager), 범행대상을 공·사적으로 보호할 수 있는 감시인(guardian)으로서의 역할을 강조하였다.

[해설]
- ㉠은 감시의 부재이다. 펠슨은 감시인(또는 보호자)이란 경찰이나 민간경비원 등의 공식감시원이 아닌 그 존재 자체가 범죄를 좌절시킬 수 있는 사람들로, 의도치 않더라도 사람들이 가족이나 친구 또는 타인으로부터 보호를 받게 되는 측면을 의미한다고 설명하였다. 즉, 일상활동이론은 비공식적 통제체계에서의 자연스러운 범죄예방과 억제를 중요시한다.

- 일상활동이론(Routine Activity Theory)은 1970년대 미국의 범죄증가율을 설명하기 위해 코헨과 펠슨(Cohen & Felson, 1979)이 제안한 이론으로, 범죄증가율을 설명함에 있어 미시적이고도 거시적인 접근을 시도하였다. 첫 번째 그림은 미시적 차원에서 시간·공간·대상물·사람을 기본요소로 하며, 핵심은 범죄삼각형이라는 세 가지 요소를 전제로 한다는 점이다. 두 번째 그림은 엑(Eck)이 고안한 것으로, 동기화된 범죄자, 적절한 범행대상, 감시의 부재라는 세 가지 요소에 통제인(Handler)이 추가된 네 가지 요소를 전제로 하는 범죄삼각형(문제삼각형)이다.

일상활동이론은 비공식적 통제체계에서의 자연스러운 범죄예방과 억제를 중요시하는 것이다. 일반적으로 우리는 경찰이나 경비원을 감시나 보호의 주체로 생각하는 경향이 있지만 친구, 가족 그리고 지나가는 일반시민들이 범죄예방을 위한 감시자의 역할을 잘 할 수 있다는 것이다. 그렇지만 일상활동이론의 타당성은 범죄에 대한 공식적 통제체계와 비공식적 통제체계 중 어느 것이 범죄예방에 더 영향을 미치는가에 있다기보다는, 이론이 제시하는 세 가지 핵심요소의 효과가 경험적으로 얼마나 지지되는가에 달려 있다고 봐야 한다(Akers & Sellers). 거시적인 차원에서의 일상활동이론은 거대사회와 지역사회의 어떠한 특징이 미시적 차원에서 세 가지 핵심요소의 결합을 통한 범죄발생을 더 용이하게 한다고 설명한다. 일상활동이론은 미국의 범죄율 상승의 원인을 상품과 서비스에서의 테크놀로지의 변화는 물론 사람들의 활동범주가 가족과 가정을 벗어나 확대되는 사회분위기에서 찾고자 하였다(Felson, 2008). 코헨과 펠슨(Cohen & Felson, 1979)은 제2차 세계대전 이후 직업이나 여가에서의 일상활동의 변화로 사람들이 특정한 장소와 시간에 모이는 상황이 조성되었고, 이러한 일상활동의 변화가 범죄대상이 될 가능성을 증가시키고 재산을 감시할 능력을 감소시켰다고 설명하였다. 예를 들자면, 제2차 세계대전 이후에 주거침입절도와 자동차절도가 급증한 것은 전쟁 이후 경제활동의 활성화를 위해 맞벌이 부부가 늘어나면서 비어 있는 집과 출퇴근용 자동차의 증가가 불가피했던 당시의 사회상황과 맞물려 이해할 수 있겠다. 거대사회와 지역사회의 변화가 범죄기회를 양산하여 특정 범죄를 증가시킨 것으로 설명될 수 있는 것이다. 스마트폰과 개인용 컴퓨터의 일반화가 보이스피싱이나 사이버범죄를 증가시킨 것도 이러한 맥락에서 이해될 수 있겠다. 일상활동이론의 범죄삼각형은 범죄가 발생하는 세 가지 요소를 구체화하였는데, 이후 이러한 세 가지 요건에 영향을 줄 수 있는 통제인의 개념이 추가되면서 범죄통제 메커니즘에 도움이 되는 시사점이 제시되었다. "부모는 아이들의 행동에 좋은 영향을 줄 수 있지만 떨어져 있을 때는 이러한 역할을 효과적으로 수행할 수 없다. 이러한 측면에서 부모와 같은 통제인(handler)의 개념이 일상활동이론의 네 번째 요소로 추가되었다"(Felson, 2008). 초창기의 일상활동이론은 통제이론 관련 요소는 전혀 고려하지 않았지만 이론이 발전해 옴에 따라 통제(control)를 일상활동이론 자체의 요소로 수용하게 되었다. 그렇지만 "통제"의 개념은 일상활동이론에 내재된 것이라기보다는 사람들을 감시할 누군가의 존재나 부존재 여부를 강조하고자 추가된 것이다. 엑(Eck, 2003)은 동기화된 범죄자, 범행에 적합한 대상 그리고 사람이나 재산에 대한 감시의 부재라는 3요소에 통제인(handler)이 추가된 네 가지 요소를 기반으로 범죄삼각형(crime triangle) 또는 문제삼각형(problemtriangle)을 고안하였다.

범죄삼각형은 두 개의 삼각형으로 구성되었다. 안쪽의 삼각형은 일반적으로 발생하는 범죄의 세 요소인 잠재적인 범죄자, 범죄의 대상물과 피해자 그리고 범행에 용이한 장소로 구성되어 있다(Eck, 2003). 동기화된 범죄자가 범행을 수행하기 위해서는 적합한 상황에서 범죄대상을 찾아야 가능한 것이다. 바깥쪽 삼각형은 "통제인"이 추가된 세 감시주체들로서 통제인(handler), 감시인(guardian), 관리인(manager)으로 구체화되었다. 통제인은 잠재적 범죄자에게 영향력을 행사하고 통제할 수 있는, 예를 들자면 청소년의 경우 부모, 형제나 선생님이 될 수 있다. 감시인은 대상물이나 피해자를 감시하고 보호할 수 있는, 예를 들자면 이웃이나 지나가는 사람들이 될 수 있다. 관리인은 장소를 관리하는 역할을 할 수 있는, 예를 들자면 편의점의 경우 편의점 주인이나 종업원이 될 수 있다. 이 감시주체들이 무능하거나 없는 상황에서 범행의 발생이 용이하게 되는데, 범죄자가 통제자의 영향력에서 벗어나 감시인이 없는 피해자나 대상물을 관리인의 눈길이 없는 장소에서 만나게 되면 범죄가 발생하는 것이다. 이러한 엑(Eck, 2008) 및 클락과 엑(Clarke& Eck, 2005) 등 학자들의 노력으로 일상활동이론은 초창기의 모습보다 발전된 모형을 갖게 되었다(Felson, 2008).

[정답] ③

실증주의 범죄학

CHAPTER

1 의의

(1) 등장 배경

① 실증주의 학자들은 인간의 이성이 생물학적, 심리학적, 그리고 사회학적 요인 등 여러 가지에 의해 제한된다고 보았다.

② 고전주의 범죄학자들은 자신이 살던 세계 내에서 체제를 근대화시키고 개선하려는 의도로 범죄이론을 전개하였으나 실증주의자들은 사회·경제적으로 발전하고 있는 자신의 세계를 정돈하고 과학적으로 설명하기 위하여 범죄학 이론을 전개하였다.

③ 정의와 정부의 도덕적이고 공정한 체계를 구축하려던 고전주의는 범죄행위 자체에 초점을 두고 인간에 관한 과학적인 탐구와 발견을 목표로 하는 실증주의로 대체되게 되었다.

④ 실증주의 범죄학의 목적은 범죄의 원인을 찾는 데 초점이 맞춰져 있으며, 이탈리아에서 시작되어 대륙에서는 각 국가 별로 특징을 가지며 발전하였다.

과학주의

- 19세기 자연과학의 발달로 인간행위에 대한 과학적 탐구의 필요성이 높아졌다.
- 사변적 논의가 아닌 객관적인 증거와 관찰을 통한 연구 주장이 높아졌다.
- 범죄의 원인에 대한 연구로 인간 행위에 설명이 가능하다.
- 범죄 현상에 대한 통계학적 연구의 발전

---

(2) 실증주의 학파의 특징

① 인과율의 세계관
세상은 일정한 규칙이 있으며 원인 없는 결과가 없듯이 범죄의 원인도 인간 행위의 체계적인 연구를 통해 해결할 수 있다는 사고에서 출발한다.

② 결정론적 인간관
고전주의는 인간은 이성을 갖고 있으므로 악을 이기고 선을 선택하는 자유의지를 갖고 있다

고 보았지만, 실증주의자들은 생물학적 · 심리학적 · 사회적 특징에 의해 행위가 결정된다고 보았다.

③ 범죄행위의 비정상성

고전주의는 범죄행위도 쾌락을 추구하는 공리적인 인간의 정상적인 행위로 보았으나 실증주의는 범죄행위 자체는 일반적인 인간의 행위와는 다른 비정상의 결과이며 비정상의 원인을 개인의 내부의 문제로 볼 수도 있고 외부의 사회적 영향력의 문제로 볼 수도 있다고 하였다.

④ 범죄감소의 지향

고전주의 범죄학은 형벌의 감소를 목표로 인도적인 형벌론을 제시하였으나 실증주의 범죄학은 범죄의 감소를 목표로 범죄의 원인 파악과 범죄자에 대한 격리나 교정에 주력하였다. 즉, 고전주의 범죄학은 범죄의 심각성에 비례한 처벌을 강조하지만 실증주의 범죄학은 범죄의 심각성에 비례한 처벌을 강조하지 않는다.

⑤ 과학적인 연구

범죄자의 생물학적 · 심리학적 그리고 사회학적 특성의 연구에 대한 과학적 방법의 적용이다. 범죄행위의 원인을 탐구함으로써 인간 행위는 인간이 통제할 수 없는 영향력에 의해서 결정되고 범죄행위의 원인은 비 범죄행위의 원인과는 구별되는 것으로 가정하고 있으며, 이러한 가정으로 인하여 범죄행위의 원인 탐구가 범죄자와 비범죄자의 차이점을 탐색하는 형태를 취한다.

2 각 국가별 실증주의 범죄학 연구

(1) 이탈리아의 범죄인류학적 연구

① 롬브로조(Lombroso)

㉠ 범죄원인론 : 범죄 과정을 진화과정의 초기 형태로 역행하는 격세유전에 의해 원시시대의 야수성이 발현된 것으로 보고 원인을 유전에 의한 소질로 파악하였다. 이러한 범죄자들에게서는 감각의 둔화, 도덕감각의 부족, 후회의 부재, 속어와 문신의 사용 등이 나타난다고 주장하였다.

㉡ 생래적 범죄자의 특징

ⓐ 신체적 특징

작은 뇌, 두꺼운 두개골, 큰 턱, 좁은 이마, 큰 귀, 비정상적인 치아 배열, 매부리코, 긴 팔 등을 제시했다.

ⓑ 정신적 특징

도덕감각 결여, 잔인성, 충동성, 태만, 낮은 지능, 고통의 둔감 등을 지적했다.

ⓒ 롬브로조의 범죄인 유형 분류

생래적 범죄인	정신병범죄인	격정범죄인	기회범죄인	관습범죄인	잠재적범죄인
전형적 범죄인 무기형/극형(사형)	개선 곤란	=우발범 벌금 부과	심리/정서 취약	=상습범	알코올 분노

ⓔ 범죄대책론 : 롬브로조는 범죄인 분류에 기초하여 사회적 위험성을 기준으로 형벌을 개별
화할 것을 주장하였다. 생래적 범죄인은 예방이나 교정할 수 없으므로 초범은 무기형에
처하고 누범이고 잔혹한 범죄인은 사형에 처해야 하며 격정범 또는 우발범은 단기자유형
보다 벌금형이 더 효과적인 것으로 보았으며, 소년범이나 노인범은 감옥보다는 형무농원
이나 감화 학교에 수용하는 것을 주장하였다.

ⓜ 비판과 수정(후튼은 지지)

ⓐ 고링(Goring)의 비판 : 영국의 고링은 롬브로소의 연구에 대해 범죄인 집단과 비교되
는 일반인 집단이 없음을 비판하였다. 격정범·우발범과 누범자 사이에 형태상의 차이
가 전혀 존재하지 않을 뿐 아니라 범죄자 특유의 외형적 특성이 존재하지 않는다고 주
장하였다. 다만 범죄인은 일반인과 비교해 지능이 낮다는 점을 인정하여 범죄의 원인
이 유전임은 인정하였다.

ⓑ 생래적 범죄인론의 수정 : 롬브로소는 그의 제자인 페리(Ferri)의 영향으로 사회적 조
건도 범죄의 원인으로 고려해야 한다는 것을 인정하였으나 사회적 요인들의 간접적
영향만을 인정하고 여전히 인류학적 요인을 강조하는 기본입장을 유지하였다.

② 엔리코 페리(Enrico Ferri)

㉠ 특정한 자연적, 사회적 사정하에서는 당연히 일정한 범죄가 발생하고, 일정한 범죄의 종
류, 수량은 최대한과 최소한의 사이에 있다고 주장한다.

㉡ 범죄관 : 페리는 범죄발생인자를 롬브로조가 주장하는 인류학적 특징인 개인적 요소와 기
후 풍토 등의 자연적(물리적) 요소, 라카사뉴(Lacassagne) 등의 환경학파가 주장하는 사
회적 요소의 셋으로 구분하여 이들 각 요소가 복합적으로 작용하면 일정량의 범죄가 반
드시 발생한다고 주장하며, 롬브로조와 달리 사회적 요소가 가장 중요한 범죄발생인자라
고 강조하였다.

㉢ 범죄포화의 법칙 : 범죄포화의 법칙이란 화학의 포화법칙처럼 한 사회의 범죄 또한 일정
한 개인적·사회적·초자연적 조건에서는 그에 상응하는 일정 수의 범죄가 발생하기 마
련이고, 그 이상도 이하도 발생하지 않는다는 것으로, 범죄 발생의 항상성과 관련하여 페
리(Ferri)가 주장한 법칙을 말한다. 특정한 사회에 있어서 범죄예방 조직, 형사정책은 무
의미하고 범죄박멸, 철저한 감소는 사회조직을 변경해야 한다.

㉣ 범죄과포화의 법칙 : 범죄과포화의 법칙은 도시화·산업화 등으로 사회·물리적 조건의
변화가 발생하면 살인·강도·절도·간통 등과 같은 기본적·전형적인 범죄는 범죄포화
의 법칙으로 일정할 수 있더라도 이러한 기본적·전형적인 범죄들에 수반하여 살인·강

도 등에 따르는 명예훼손, 위증 범죄 등의 부수적인 범죄들이 증가하여 사회의 범죄발생량이 포화상태 이상으로 증가한다는 법칙을 말한다.

ⓓ 범죄대책론 : 페리(Ferri)는 범죄의 사회적 조건을 강조하여 롬브로조와 달리 사형제도를 부정하였고 범죄란 사회제도 자체의 결함에 따른 병리적인 현상임을 강조하여 죄형법정주의로 상징되는 자본주의적 형법은 무능하므로 생산과 노동수단의 집단소유제 등의 사회제도와 법 제도의 근본적인 개혁을 주장하였다. 범죄인에 대해서는 범죄에 대한 형벌보다 개별적인 범죄가 실업에 기한 곤궁 범죄의 경우에는 이민의 자유를, 정치범죄의 경우에는 사상의 자유를, 사기·문서위조 범죄의 경우에는 과세 절감 등을 강조하는 <u>형벌대용물 사상</u>을 주장하였다.

ⓔ 페리의 범죄인 유형 분류

생래적 범죄인	정신병범죄인	격정범죄인	기회범죄인	관습범죄인
무기격리 또는 유기형 (사형반대)	정신병원 수용	손해배상 강제이주	범죄인 대다수 훈련/치료	훈련 또는 무기격리

③ 라파엘 가로팔로(Raffaele Garofalo)

㉠ 이론적 기초 : 범죄인의 외형적인 특징보다는 내면적·심리적인 특징에 관심을 갖고 페리와는 달리 범죄인의 내면적인 특징을 생래적인 것으로 보고 사형제도를 인정한 것이 차이점이다. 행위의 올바른 규칙은 그러한 규칙들을 용납할 것인지 금할 것인지 사고로부터 온다. 사법기관과 제도에 있는 구체적인 문제에 대한 실천적인 해법 추구와 '자연범' 주의로 기억된다.

㉡ 자연범의 개념 : 가로팔로는 모세의 십계명에서 암시를 받아 인간에 대한 근본적인 애타적 정서가 결여된 자를 자연범이라 정의하여 시간과 장소를 초월한 독자적인 범죄개념을 정립하여 특정한 시대의 일시적 요청이나 입법자의 자의에 의해 만들어진 법정범과 구분하여 이것만이 과학적 연구대상이 된다고 보았다. 가로팔로는 자연범을 진정한 범죄인으로 보았다.

㉢ 범죄관 : 가로팔로는 자연범의 원인은 사회생활에 필요한 애타적 정서가 결여되어 평균인이 지니는 정도의 연민과 성실성을 유지하지는 못한 것이므로, 범죄는 특별한 조건·특정한 시대의 필요성·입법자의 특별한 관점에 의하여 해명될 수 없으며 살인범·폭력범·절도범·성범죄인 등 자연범의 원인은 생래적인 것이라고 하였다.

㉣ 범죄대책론

ⓐ 범죄자 처벌의 세 가지 조건

가로팔로는 범죄자에 대한 처벌이 효과적인 공공정책의 도구로써 활용되기 위해서는 먼저 범죄를 저지른 가해자를 처벌할 것에 대한 대중의 요구와 처벌의 원칙이 범죄예방에 위협적일 것과 이러한 처벌로 인하여 범죄자와 그 자손의 멸종으로 인한 희망스러운 미래에 대한 사회적 선택을 강조하였다.

ⓑ 범죄자 제거의 세 가지 수단

가로팔로는 영원히 사회생활을 할 수 없을 정도의 심리적인 이상 상태에서 범죄를 저지른 자는 사형, 유목민이나 원시 부족의 생활에 적합한 자들에게는 장기 또는 종신 수용을 통한 부분적인 격리, 재발하지 않을 정도의 예외적인 상황에서 범죄를 저지른 이타적인 감정이 부족한 자들에게는 배상의 강요를 수단으로 강조하였다.

ⓜ 가로팔로의 범죄인(자연범) 유형 분류

모살범죄인	폭력범죄인	재산범죄인	풍속범죄인
성실/연민 모두 결여	연민 결여	성실 결여	도덕감수성 결여
개선불가→사형	무기형/부정기형	무기형/강제노역	부정기형

▌ **이탈리아 범죄인류학파 정리**

• 롬브로조 : 범죄생물학, 생래적 범죄인 (소질 강조) = 범죄인의 외형적 특징
• 페리 : 범죄사회학, 범죄포화의 법칙 (환경 강조) = 사회제도의 결함
• 가로팔로 : 범죄심리학, 도덕적 정서의 결여 (소질 강조) = 범죄인의 내면적 특징

▌ **범죄자 유형분류 기준(참고)**

• 가로팔로(Garofalo)의 범죄자 유형 : 개인적 유형화
• 페리(Ferri)의 범죄자 유형 : 개인적 유형화
• 린드스미스와 던햄(Lindesmith & Dunham)의 범죄자 유형 : 사회적 유형화
• 클리나드(Clinard)의 범죄자 유형 : 다차원적 유형화
• 트레비노(Trevino)의 범죄자 유형 : 다차원적 유형화

(2) 프랑스와 벨기에의 환경적 연구

① 게리(Guerry)

프랑스의 게리(Guerry, 프랑스의 도덕통계론, 1833) : 프랑스의 게리는 1827년 최초의 근대적인 범죄통계를 이용하여 「프랑스 도덕통계론」이라는 최초의 실증적 범죄학 저서를 발간하였다. 그는 이 책에서 다양한 사회적 요소 특히 경제적 조건에 따른 범죄율 변화를 지도 위에 명암으로 표시하여 분석함으로써 당시 프랑스, 벨기에, 영국, 독일의 학자들에게 계승된 제도학파(범죄지리학파)의 시조가 되었다.

② 께틀레(Quetelet)

㉠ 벨기에의 께틀레(Quetelet) : 벨기에의 께틀레는 유명한 수학자, 천문학자, 물리학자이자 사회통계학자로서 프랑스, 네덜란드, 벨기에의 범죄 현상을 지리적 위치, 기후, 나이, 성, 교육수준 등의 환경과 관련지어 연구한 뒤 통계학적 방법이 범죄의 연구에 적용될 수 있

음을 알고 처음으로 범죄학 연구에 있어서 계량적 연구를 도입하였다. 또한 환경적 요인과 범죄율의 함수관계를 밝혀냈다.

ⓒ 평균 개념으로부터 인간의 일반적 개념으로서 도출된 '평균인'은 통계 데이터 분석에 의한 이론적 개념일 뿐만 아니라, 사회통제의 정상적인 기준이며, 인간이 그것을 향해 진화해가는 '이상형'이라고 생각했다.

ⓒ 제도학파의 공적 : 제도학파는 범죄에 대한 과학적 접근의 선구라는 학술사적 가치 이외에 범죄가 가난의 산물이라는 당시의 통념을 검증하는 과정에서 통념과는 달리 빈민 지역보다 부유한 지역의 재산범죄율이 더 높음을 알아내고 재산범죄의 유발 요소는 가난 그 자체가 아니라 기회라고 결론지었다.

③ 게리(Guerry)와 께틀레(Quetelet)연구의 중요성

㉠ 그들의 연구는 범죄연구에 있어 최초로 경험주의적 방법을 동원하였다. 고전주의 범죄학파가 철학적 접근방법을 통해서 범죄현상을 설명하려고 시도했던 것에서 한 단계 상승하였다.

ⓒ 게리(Guerry)와 께틀레(Quetelet)는 국가의 공식통계를 이용하여 경제 수준과 같은 지역의 특성과 범죄발생과의 상관관계에 대한 연구를 최초로 시도하였다. 그들의 연구방법은 나중에 미국의 쇼(Shaw)와 맥케이(McKay)와 같은 시카고학자들에 의해 다시 도입되었다.

ⓒ 게리(Guerry)가 지적한 것처럼 재산범죄는 부자가 많이 사는 지역에서 주로 발생한다. 그는 이런 이유를 부자가 많은 지역에서는 가치 있는 범행대상물이 많기 때문이라고 설명한다. 게리(Guerry)는 이것을 범행 '기회(opportunity)'가 많기 때문이라고 하였다. 이 연구는 후에 신고전주의 범죄학과 범죄예방이론의 기초가 된 '기회이론(opportunity theory)'이 등장하는데 기여하였다.

ⓒ 게리(Guerry)와 께틀레(Quetelet)는 한 지역에 거주하는 사람들 사이의 경제적 불평등을 범죄를 비롯한 사회문제의 원인으로 설명하였다. 그리고 가난을 비롯한 사회문제를 해결하는 것이 범죄를 예방하는 데에도 기여한다는 범죄예방방법도 제시하였다.

④ 라카사뉴(Lacassagne, 리용학파의 창시자, 「사형과 범죄」)

㉠ 이론적 기초 : 라카사뉴는 리용대학의 법의학 교수로서 처음에는 롬브로조를 추앙한 범죄인류학파였지만 1855년 제1회 국제범죄인류학회 회의 이후 범죄인류학파와 결별하고 리용학파를 구성하여 범죄의 원인이 환경에 있다는 환경학파를 주도하였다.

ⓒ 범죄원인론 : 라카사뉴는 범죄 원인을 유전적 소질이 아닌 환경에 있음을 주장하면서 경제적 사정 등 사회적 요소를 강조하였다. 특히 프랑스의 통계를 기초로 곡물 가격과 재산범죄의 관계를 실증적으로 연구하여 물가의 상승 및 실업의 증가가 범죄의 증가를 가속시킨다고 주장하였다.

ⓒ 범죄대책론 : 라카사뉴는 사회가 범죄의 배양기이고 범죄자는 미생물에 해당하며 미생물인 범죄자는 번식에 적당한 배양기를 찾아낼 때까지는 단지 범죄의 한 요소에 불과할 뿐

이라고 보았다. 벌해야 할 것은 사회이지 범죄자가 아니라고 주장하여 범죄인류학파와 근본으로 다른 사회적 범죄 대책을 주장하였으나 「사형과 범죄」를 통하여 사형은 해당 국가의 인도적 문제와 감정, 철학 등에 따라 허용될 수 있다는 사형존치론을 주장하여 일반적인 환경론자와는 다른 특징을 보인다.

⑤ 타르드(Tarde, 모방이론)

㉠ 이론적 기초 : 타르드는 범죄 원인을 마르크스적인 세계관을 기초로 사회제도, 특히 자본주의 경제질서의 모순에서 기인한다고 보았다. 범죄인을 제외한 모든 사람에게 죄가 있다는 극단적인 환경결정론을 주장하여 이탈리아 범죄인류학파와 대립하였으며 모방의 법칙을 주장하여 거시환경론자인 라카사뉴와 달리 사회심리학적인 미시환경론적 접근도 하였다.

㉡ 모방의 법칙 : 타르드는 개인의 특성과 개인의 사회접촉과정을 분석하여 "거리의 법칙", "방향의 법칙", "삽입의 법칙"으로 구성된 사회심리학적 성격 모방의 법칙으로 범죄 현상을 해명하였다.

　ⓐ 거리의 법칙

　　모방의 강도는 사람과 사람 사이의 거리에 반비례하여 다르다는 것으로 심리적 거리나 기하학적 거리가 가까우면 모방의 정도가 강하게 일어난다. 거리의 법칙은 사회집단상호간의 범죄 경향의 차이 · 강약 등을 해명하기 위한 원리이다.

　ⓑ 방향의 법칙

　　모방의 방향은 사회적 지위가 우월한 자로부터 아래로 이루어진다는 원리이다. 범죄는 사회의 상층계급에서 하층계급으로, 도시에서 농촌으로 전해지게 되며 농촌의 범죄증가 등을 해명하기 위한 원리이다.

　ⓒ 삽입의 법칙

　　모방이 유행으로, 유행이 관습으로 변화 · 발전되어 간다는 원리를 말한다. 삽입의 법칙에 따라 기존의 관습은 새로운 모방에 의하여 유행으로 발전하여 새로운 관습이 형성되는 과정에서 교육, 노동조건, 빈곤 등의 사회적 조건이 범죄의 원인으로 발전하거나 범죄의 동기 · 성질 등으로 진화하는 과정을 설명하기 위한 원리이다.

⑥ 뒤르켐(Durkheim, 기능주의 사회학자)

㉠ 이론적 기초 : 뒤르켐은 사회학자로서 자연과학자가 자연현상을 대하는 것과 마찬가지로 사회학자도 사회적 사실을 보는데 선입관이나 통속관념을 배제하는 철저한 객관적인 태도를 강조하여 현대적인 사회학 방법론을 정립하였다. 사회의 내부 구조 연구에 개인이나 집단보다는 전체 사회와 제도들 사이의 상호 연관성을 강조하는 파슨스(Parsons) 구조기능주의의 기초가 되었다.

㉡ 범죄의 기능

　ⓐ 범죄정상설

　　뒤르켐은 사회적 사실을 사회발전의 단계가 어떠하든 모든 사회의 일반적인 현상으로 과학적으로 정상적인 것으로 인정되어야 하며, 이러한 현상은 사회적 사실의 문제이지 윤리적·철학적 판단은 아니라고 주장하면서 범죄 또한 사회적 사실로써 마음대로 제거될 수 없는 사회의 구성 부분으로 보았다.

ⓑ 범죄필요설

뒤르켐은 범죄 없는 사회는 집합의식에 의한 구속이 너무 엄격하여 아무도 이에 저항할 엄두를 내지 못하는 사회라고 정의하면서 이런 상황에서는 범죄는 제거되겠지만 진보적인 사회변화의 가능성도 함께 말살되므로 범죄는 진보의 가능성을 위해 사회가 치르는 대가라고 주장하였다.

ⓒ 범죄 대책 : 전통적으로 범죄는 악이었고, 형벌은 이러한 악으로부터 사회를 지키는 사회 연대감 보호의 기능을 하였으나 뒤르켐(Durkheim)은 범죄를 정상적이고 필요한 것으로 보고 형벌의 기능을 사회연대감 보호에서 개인의 사회화로 전환하여야 한다고 주장하였다. 즉, 형벌의 기능은 범죄자에 대한 비난이 아니라 용인된 가치에 사회화되지 못했거나 용인되지 않은 가치와 관습에 사회화된 범죄자를 상담·지도 및 치료를 통한 재사회화에 중점을 두는 것이다.

ⓔ 뒤르켐의 자살론

뒤르켐은 인종, 유전, 지리적 원인, 빈곤 또는 순수한 개인 심리적인 요인에 의하여 자살을 설명하려던 종래의 접근방법을 거부하고 자살을 유형화하여 여러 가지 통계자료에 따라 모든 형태의 자살 원인이 사회적인 것임을 밝히려 하였다.

ⓐ 이기적 자살

사회와의 유대가 약화되어 자신만의 욕망에 의한 자살(분노)

ⓑ 이타적 자살

사회와의 유대가 너무 강하여 자신을 희생하는 자살(가미가제 특공대)

ⓒ 숙명적 자살

사회의 외적 압력에 의한 자살(고대 순장)

ⓓ 아노미적 자살

급격한 사회변동으로 무규범 또는 가치의 혼란으로 인한 자살(퇴직자의 자살)

◢ **라카사뉴, 타르드, 뒤르켐의 특징**

- 라카사뉴 : 경제적 상황 강조, 거시환경론
- 타르드 : 자본주의 경제체제의 모순과 사회접촉(모방), 거시와 미시의 환경론
- 뒤르켐 : 아노미, 거시환경론

뒤르켐 더 알아보기

- 뒤르켐은 모든 사회와 시대에 공통적으로 적용할 수 있는 객관적 범죄개념을 부정하면서 특정 사회에서 형벌의 집행대상으로 정의된 행위만을 범죄로 보는 새로운 범죄개념을 제시하였다.
- 범죄란 일반적 집합의식을 위반한 행위가 아닌, 한 시대에 사회구성원의 의식 속에 강력하게 새겨져 있고 명백하게 인지된 집합의식을 위반한 행위라고 정의하였다.
- 뒤르켐의 범죄정상설이 범죄가 도덕적으로 정당하다고 보는 범죄정당설을 의미하는 것은 아니다. 뒤르켐은 집단감정을 침해하는 것을 본질로 하는 범죄에 대해 강력한 대처를 주장하였다.
- 뒤르켐은 사회구조를 사회질서, 즉 사회적 연대 측면에서 파악하고, 산업화과정에서 사회적 분업이 전통사회의 기계적 연대를 산업사회의 유기적 연대로 전환시킴으로써 기존의 사회규범이 해체되고, 사회적 통합이 약화되어 범죄가 증가한다고 보았다.
- 뒤르켐은 유기적 연대로 전이됨으로 인해 전통적인 사회통제가 비효과적인 것이 되고, 사회연대의 보전이라는 기능을 지니는 형벌, 즉 보복법이 개인의 권리구제에 중점을 두는 배상법으로 전환되었다는 형법발전론을 주장하였다.
- 뒤르켐(Durkheim)은 그의 저서 『사회분업론』에서 <u>분업의 증가가 기계적 사회에서 유기적 사회로의 전이</u>를 유발하고, 사회적 연대도 그에 따라 변한다고 지적하였다. 여기서 기계적 연대(Mechanical Solidarity)는 구성원들의 동일한 가치와 규범의 공유(집합의식)가 사회통합과 개인결속의 기초로 작용하는 상태이고, <u>유기적 연대(Organic Solidarity)는 전문화된 각각의 개인이 상호의존성에 기반하여 결속된 상태</u>이다.
- 아노미(Anomie)는 무규범상태, 즉 규범과 현실의 괴리를 의미하는데, 뒤르켐은 아노미를 인간의 생래적인 끝없는 욕망을 사회의 규범이나 도덕으로써 제대로 통제하지 못하는 상태, 즉 사회적·도덕적 권위가 훼손되어 사회구성원들이 자신의 삶을 지도할 수 있는 기준을 상실한 무규범상태로 정의하였다.
- 뒤르켐은 당시 유럽사회의 자살률이 급격히 증가하는 것은 산업화과정에서 정치·경제·기술적 사회변동으로써 사회통합이 약화되어 이기적 자살이 증가하였기 때문이라고 보았다.
- <u>범죄는 사회병리 현상이 아니라 사회구조적 모순에서 발생하는 정상적이고 불가피한 현상으로, 어느 사회건 일정 수준의 범죄는 존재하기 마련이며, 일정 수준이 넘는 경우에만 이를 사회병리 현상으로 보았다.</u>

(3) 독일의 다양한 연구

① 리스트(Liszt, 근대 형법학의 아버지)

　⊙ 리스트는 형법학자로서 범죄학과 형법학을 포괄하는 전형법학 사상을 확립하였고 목적형 사상과 형벌과 보안처분의 일원화를 주장하였다. 그의 사상은 1888년에 하멜(Hamel), 프린스(Prins) 등과 함께 창설한 국제형사학협회를 통해 실현되었다.

　ⓛ 리스트는 형벌의 사회적 효과를 고려하면서 범죄인의 위험성을 형벌의 기초로 삼아 각각 다른 범죄대책을 강조하였는데 이를 형벌의 개별화라고 한다. 리스트는 교육형주의에 따라 부정기형의 채택, 6주 이하 단기자유형의 폐지, 집행유예, 벌금형, 누진제도 등의 합리화, 강제노역, 소년범죄에 대한 특별한 처우 등 기존의 범죄자 처우의 방법을 개선할 것을 주장하였다.

　ⓒ 범죄는 인간의 모든 행위가 그렇듯이 범죄자의 타고난 특성과 범행 당시 그를 둘러싼 사회적 관계, 특히 경제적 관계에서 비롯되는 필연적 산물이라고 주장하였다.

ⓔ 리스트의 범죄인 분류(목적형사상)

개선가능범죄인	개선불필요범죄인	개선불가능범죄인
개선	위하	무해화조치(사형 인정)

② 아샤펜부르크(Aschafenburg, 「범죄와 그 대책」, 1903)

　ⓐ 이론적 기초: 아샤펜부르크는 정신의학적 범죄자로서 범죄를 사회적 질병으로 본 크레펠린(Kraepelin)과 형법전에 한정책임능력 제도의 도입을 주장한 윌만스(Wilmanns) 등의 영향을 받아 리스트(Liszt)의 사상을 계승하였다.

　ⓑ 범죄원인론 : 아샤펜부르크는 범죄의 원인을 소질이나 환경 대신 소질적 요인의 개인적 원인과 환경적 요인의 일반적 원인으로 구분하고 이러한 원인과 범죄의 관계를 통계자료와 정신의학적 지식을 기초로 분석하였다.

　ⓒ 범죄대책론 : 아샤펜부르크는 형벌의 사회적 효과를 고려하여 행위자의 반사회성을 기준으로 범죄인을 처우한 Liszt의 범죄 대책을 세분하여 범죄대책에 대한 예방책, 형벌 대책, 재판대책, 소년범 및 정신병질자에 대한 특수한 대책 등을 강조하였다.

　ⓓ 아샤펜부르크의 범죄인 분류 7분법(행위자의 위험성 기준 : 가장 전통적인 분류)

예모범죄인	직업범죄인	누범죄인	관습범죄인	우발범죄인	격정범죄인	기회범죄인
사전계획범 (위험성↑)	범죄=직업	상습범 포함	범죄=습관	과실범	충동범죄	범행동기=우연한 기회

③ 그로쓰(H. Gross, 1847~1915)

　ⓐ 사법실무가 및 형법학자로서의 경험을 토대로 「범죄심리학」, 「예심판사필휴」를 저술하였다.

　ⓑ 「범죄과학」 및 「범죄수사학」을 저술하여 범죄수사에 필요한 모든 지식을 연구대상에 포함시켰으며, 특히 수법수사에 큰 영향을 주었다.

　ⓒ 수법수사 : 범죄자가 동일한 수법을 반복하는 것을 수사에 활용하는 방법으로, 오늘날에도 강력범 및 지능범 수사에 활용하고 있다.

④ 렌츠(A. Lenz)

　ⓐ 범죄인류학과 범죄심리학을 발전적으로 통합하여 1927년 범죄생물학회를 창립하였으며, 신롬브로조학파라고 불리우는 범죄생물학파의 창시자이다.

　ⓑ 형태심리학·정신분석학 등을 범죄생물학에 도입하여, 메츠거의 동태적·목적론적 이론의 바탕을 제공하였다.

　ⓒ 범죄는 환경의 영향 하에서의 전인격의 발로이며, 선천적·후천적·정신적·신체적 잠재원인이 현실화된 것이라고 주장하였다.

⑤ 젤리히(E. Seelig)

　ⓐ 범죄의 원인과 대책 및 수사학의 문제점까지 언급한 「범죄학 교과서」를 저술하였다.

　ⓑ 범죄예방을 진압에 의한 예방과, 진압에 의하지 않는 예방으로 분류하고, 진압에 의하지 않는 예방을 강조하였다.

3 초기 실증주의 범죄학에 대한 평가

(1) 실증주의는 고전주의 범죄학자들이 주장하는 자유의지라는 개념을 반박하였다. 그 대신에 개인이 스스로 통제할 수 없는 외부요인에 의해서 범죄가 발생한다고 지적하였다. 따라서 실증주의는 범죄와 범죄행위에 대한 과학적인 연구를 가능하게 만들었다.

(2) 실증주의는 범죄현상의 발생에 대한 사회적 책임과 사회적 차원의 대책을 요구하였다. 이것은 고전주의 범죄학자들이 개별 범죄자에게 도덕적 책임을 물어서 처벌하는 것이 타당하다는 주장과는 차이가 있다.

(3) 실증주의 범죄학은 예방의 중요성을 강조하였다. 범죄가 발생하기 전에 미리 범죄성을 지닌 개인을 찾아 치료를 해야 한다는 것이다. 이것은 범죄라는 현상을 마치 일반 질병과 유사한 개념으로 이해한 것이다.

(4) 실증주의 학자들은 범죄자의 개인적 특성과 범죄유발 요인에 따른 차별적인 처우를 요구하였다. 이러한 이유로 부정기형제도의 적극적인 활용을 강조하였다. 이외에도 실증주의 범죄자들은 '처벌'의 타당성은 범죄로부터 사회와 범죄자 개인을 동시에 보호하는 데 있다고 본다.

젤리히(Seelig)의 인격적 특성과 행동양식 양면을 종합한 범죄인 분류

분류	내용
일하기 싫어하는 직업범죄인	부랑자, 소매치기, 좀도둑 등
의지력이 약한 재산범죄인	환경변화에 대한 저항이 약하여 때때로 재산범죄를 저지르는 자
공격적인 폭력범죄인	내재된 만성흥분이나 긴장상태로 사소한 자극에 폭발적으로 적대행위를 하는 자
성적 억제력이 부족한 범죄인	성도착상태에서 억제력 결여로 쉽게 성범죄를 저지르는 자
위기범죄인	갱년기, 파산 등 갈등상황을 극복하기 위해 범행하는 자
원시적 반응의 범죄인	월경 시 등 자기통제가 곤란한 상태에서 범행하는 자
확신범죄인	일정한 개인적 · 사회적 신조를 지키기 위하여 범행하는 자
사회적 적응훈련이 부족한 범죄인	교통법규 · 경제법규 등의 위반자 또는 과실범

슈툼플(Stumpfl)의 성격적 태도나 장래징후를 기준으로 한 범죄인 분류

분류		내용
성격적 태도	경범죄인 또는 갈등범죄인	외적 · 내적 갈등으로 인해 경미범죄를 범하는 자
	중범죄인	소질에 의하여 갈등 없이 범죄를 범하게 되는 자
장래 징후	조발성(早發性) 범죄인	25세 이전에 처음 범죄를 저지른 자
	지발성(遲發性) 범죄인	25세 이후에 처음 범죄를 저지른 자

고전주의와 실증주의 범죄학의 대립

CHAPTER 4

1 분야에서의 대립

(1) 형법과 행동과학

① 형법과 행동과학 사이의 충돌이다. 형법은 기본적으로 고전주의 범죄학에 기반을 두고서 인간은 자유의지를 가진 존재로서 자신의 행위에 도덕적 책임이 있음을 강조한다. 반면, 행동과학으로서의 범죄학은 인간의 행위는 자신의 통제범위 밖에 있는 요소에 의해서 영향을 받는다고 주장한다. 이러한 요인의 근본적인 치유 없이는 범죄를 막을 방법이 없음을 강조한다.

② 그러나 법관 대부분은 법대 출신자들로서 행동과학적 지식이 없는 사람들이기 때문에 법관은 행동과학적 지식을 제대로 재판과정에 적용하지 못한다.

③ 법률가들은 범죄를 감소시키기 위해서는 처벌을 강화하여야 한다고 주장한다.

(2) 사법제도

① 고전주의 범죄학은 대부분의 문명화된 사회의 형사사법제도의 기본모델이 되었다.

② 범죄를 수사하고 체포하는 경찰, 검찰, 그리고 재판과정은 이런 고전주의 범죄학의 원칙에 근거하고 있다. 다시 말해, 죄형법정주의와 적법절차의 원칙에 따라 모든 형사절차가 진행된다. 대부분 성인범죄자를 대상으로 한다.

③ 반면 교정제도는 교화 및 교정의 원칙을 내세우면서 재소자의 재사회화를 목표로 하고 있다. 교정제도는 최소한 표면적으로는 실증주의 범죄학에 기반을 두고 있는 것이다. 그래서 우리의 형사사법체계 안에서도 고전주의와 실증주의 범죄학 사이에 대립이 있는 것이다.

(3) 소년사법제도

① 소년사법제도는 최소한 이상적으로는 실증주의 범죄학에 기초하여 소년이 범죄자가 되게 만든 원인의 치유에 집중한다.

② 성인들을 대상으로 하는 일반 형사사법제도는 고전주의 범죄학에 기초하여 죄질에 따라 형량을 부과하고 처벌하는데 치중하고 있다.

③ 소년범죄자도 성년의 나이에 이르면 일반 형사절차를 거치게 된다. 이것은 교정이념과 잘 맞지 않는 것이다.

(4) 사후적 대처

① 고전주의 범죄학에 기초한 형사사법제도는 범죄가 발생한 이후에 사후적으로 대처하는 데 초점이 맞춰져 있어 사후적 대응(reactive)을 하고 있는 것이다.

② 실증주의 범죄학은 범죄가 발생하기 전에 사전에 그런 요소를 제거함으로써 범죄예방을 하고자 한다.

③ 실증주의 이념은 '범죄예방'(prevention), '치료'(treatment), '재사회화'(rehabilitation) 등의 용어로 요약된다.

2 고전주의 범죄학과 실증주의 범죄학의 비교

구분	고전주의 범죄학	실증주의 범죄학
인간행위에 대한 기본전제	인간은 이성적이며, 자유의지를 가지고 있다.	인간의 행위는 생물학적, 심리학적, 사회학적 등 여러 가지 요인에 의해서 결정된다.
범죄의 원인	인간의 자유선택에 의한 결과이다.	인간의 이성을 제한하는 여러 가지 요인에 의해서 범죄가 발생한다.
범죄에 대한 대응	형벌을 통한 위협으로써 범죄를 억제한다(사후적 대응 위주).	범죄의 원인이 되는 요인을 과학적으로 발견하여 통제하고자 한다(사전적 범죄예방 위주).
일반사법제도와 소년사법제도에 미친 영향	일반사법제도의 근간을 이루는 원칙을 제시한다. ex 죄형법정주의, 적법절차 등	소년사법제도의 근간을 이루는 이론을 제시한다.
범죄학과 형사사법제도에 미친 영향	현대 형사사법제도의 근간이 되었다.	현대 범죄학적 연구의 대부분을 차지한다.

단원별 OX 문제

001 베카리아는 〈범죄와 형벌〉이라는 저서에서 처벌의 엄격성, 확실성, 신속성을 통해 범죄를 억제할 수 있다고 보았다. (　　)

정답 O

002 벤담은 파놉티콘 감옥의 건설에 공헌하였다. (　　)

정답 X 파놉티콘 감옥은 구상되는 데에 그쳤고 실제 건설되지는 못하였다.

003 고전주의학파는 의사비자유론과 관련이 있다. (　　)

정답 X 고전주의 범죄학파는 인도주의, 자유주의적 경향을 가진 학파로 형법개혁운동과 감옥개량운동에 관심을 가졌다.

004 고전주의 범죄학은 인간을 자유의사를 가진 합리적 존재이며, 동시에 모든 인간은 일탈할 잠재성을 가진 존재라고 가정한다. (　　)

정답 O

005 고전주의적 태도와 생래적 범죄인은 관련이 있다. (　　)

정답 X 범죄에 대한 고전주의적 태도와 관련이 있는 것은 자유의지론이다.

006 고전주의 범죄이론에서 인간의 행위는 개인의 자유의지에 따라 결정된다. (　　)

정답 O

007 베카리아와 벤담은 고전학파의 창시자이다. (　　)

정답 O

008 고전주의 범죄학의 롬브로조의 '생래적 범죄자론'이 대표적인 이론이다. (　　)

정답 X 실증주의 범죄학과 관련된 내용이다.

009 고전주의 범죄이론에서는 범죄자의 특성을 고려하여 교화처우를 한다. (　　)

정답 X 고전주의 범죄이론에서는 범죄자의 특성을 고려하지 않은 예외 없는 처벌을 중시한다.

010 서덜랜드는 범죄학은 사회현상으로서 간주하는 범죄에 대한 지식의 총합체라고 정의한다. (　　)

정답 O

011 롬브로조는 범죄학을 범죄학의 연구 범주에는 입법과정, 법의 위반과정, 그리고 법의 위반 행위에 대한 반응과정이 포함된다고 하였다. (   )

정답 X 서덜랜드가 정의한 내용이다.

012 고전주의 범죄이론에서 페리는 범죄포화법칙을 주장하였다. (   )

정답 X 페리의 범죄포화법칙은 실증주의 범죄이론과 관계가 있다.

013 고전주의 범죄학에 기초한 이론에서 가장 효과적인 범죄예방은 형벌의 부과이다. (   )

정답 O

014 고전주의 형사사법정책에서 형벌은 확실하고 신속하게 부과되어야 한다고 강조한다. (   )

정답 O

015 벤담은 심리강제설을 주장하였다. (   )

정답 X 심리강제설은 포이어바흐가 주장한 것이다.

016 베카리아의 범죄억제 세 요소는 처벌의 엄격성, 처벌의 신속성, 처벌의 교화성이다. (   )

정답 X 세 요소는 처벌의 신속성, 확실성, 엄격성이다.

017 고전주의 범죄학에서 인간의 행위는 개인의 자유의지에 따라 결정된다고 본다. (   )

정답 O

018 고전주의 이론가들이 관심을 둔 사항은 형벌제도의 개혁이었다. (   )

정답 O

019 고전주의 범죄학은 범죄의 원인에 관심을 두기보다는 범죄자에 대한 처벌방식의 개선에 더 많은 관심을 기울였다. (   )

정답 O

020 고전주의 범죄학은 개별적 범죄인에 초점을 맞추고 있다. (   )

정답 X 실증주의 범죄학이 개별적 범죄인에 초점을 맞추고 있다. 고전주의 범죄학은 형법의 특성과 형사사법의 운영에 초점을 맞추고 있다.

021 고전학파는 일반예방을 강조한다. (   )

정답 O

022 실증주의 범죄학이론은 범죄의 심각성에 비례한 처벌을 강조하였다. (   )

정답 X 고전주의 범죄학과 관계가 있다.

023 롬브로조의 생래적 범죄자이론은 실증주의의 대표적 이론이다. (   )

정답 O

024 신고전주의 범죄학의 등장은 실증주의 범죄학 및 관련 정책의 효과에 대한 비판적 시각과 관련이 있다. (   )

정답 O

PART

03

생물학적
범죄원인

초기의 범죄생물학

CHAPTER

1 롬브로조(Lombroso)

(1) 개요

① 롬브로조는 1876년 「범죄인론」에서, "선천적으로 타고난 생래적 범죄자 이론을 통해서 범죄원인은 격세유전에 의해 나타나는 유전에 의한 것이다."라고 주장하며 생래적 범죄성과 신체적 특성에 관해 연구하였다.

② 범인성 기질이 간질, 음주벽, 정신이상 등을 가진 가족으로부터 간접적인 유전을 통해서 얻어지는 것으로 보아 대부분의 범인성을 일종의 '퇴화'로 보았다.

③ 생래적 범죄인은 예방이나 교정이 불가능하므로 초범자도 무기형이 필요하고, 잔악범인 경우 사형도 인정하였다.

④ 영국의 고링(Goring)과 프랑스학파인 라카사뉴(Lacassagne), 따르드(Tarde) 등은 롬브로조 이론을 비판하였지만, 후튼(Hooton)은 이를 옹호하였다.

(2) 생래적 범죄인의 특징

구분	내용
신체 · 생리적 특징	• 입술의 돌출, 후두부의 특수성, 깎아낸 듯한 이마 • 치열 불균형 • 턱관절의 강한 발달, 돌출된 광대뼈, 치열의 부정 • 턱수염의 결여, 모발의 이상 • 비틀린 코, 납작코, 매부리코, 구강의 돌출, 늘어진 귀 • 눈의 결함이나 특이성, 극단적으로 긴 팔 • 두개골의 불균형, 손가락 · 발가락 수의 과부족 • 대뇌 회전의 단조로움, 심장위축 및 판막 부전, 혈관운동신경의 이상 • 통각 상실, 미각 예민
정신적 특징	• 도덕 감정의 결여 • 오만과 허영심, 위태감, 사행심 • 충동성(폭발성), 복수심, 잔혹성 • 낮은 지능, 성적충동의 조숙 • 자제력 결여, 현시욕 과다, 게으름, 권태감

사회적 특징	• 문신 새기기 • 잔인한 놀이 즐기기 • 주색이나 도박에의 취향 • 무생물의 인격화(미신) • 신조 은어 만들기 • 특수하거나 상징적인 그림 그리기 • 도당의 결성

(3) 격세유전설

① 상습적인 절도나 폭력 관계로 인한 중범죄자들은 애초부터 범죄자로 태어났으며, 범죄자들은 그들로 하여금 신체적인 문제를 유전 받는다고 주장하였다.
② 생래적 범죄인은 선조의 야수성이 격세유전을 통해 유전되므로, 병리학적으로는 간질에 가깝고 심리학적으로는 패덕광에 가깝다고 하였다.
③ 생래적 범죄인은 태어나면서부터 범죄를 저지를 수밖에 없으므로 범죄성향의 통제가 불가능하다.
④ 롬브로소는 라바터(J. C. Lavater)의 관상학과 갈(F. J. Gall)의 골상학을 확장하여 범죄자의 징표는 얼굴이나 두개골 이외에도 신체 전반에 걸쳐 신체적 특성으로 나타난다고 보는 범죄인 정형설을 주장하였고, 범죄자들의 이러한 원인은 격세유전에 있다고 보았다.

(4) 범죄정형설

생래적 범죄인은 신체적 · 정신적으로 변질징후를 가진 변종의 인간으로서 환경의 여하를 불문하고 운명적으로 범죄에 빠질 수밖에 없으므로 그 범죄행위는 예방 및 교정을 할 수 없으며 오직 영구격리 또는 도태처분에 의해서만 대처할 수 있다고 주장했다.

(5) 범죄인의 분류

① 생래적 범죄인(격세유전으로 초범일지라도 무기구금하고 잔악한 범죄를 반복하는 자는 극형에 처할 것을 주장)
② 정신병적 범죄자(정신적 결함에 의하여 전형적 범죄인으로 개선이 곤란한 유형)
③ 기회범죄인(심리적 · 정서적 기초가 취약한 상태에서 특정 상황 때문에 저지르는 범죄)
④ 격정범(순간적인 흥분에 의한 범죄인으로 단기자유형보다 벌금형이 범죄예방에 효과적)
⑤ 관습범죄인(좋지 못한 환경으로 인하여 관습적으로 범죄를 저지르는 자로 유형에 처해질 것을 주장)
⑥ 잠재적범죄인(알코올, 분노 등 특별한 사정이 생기면 범죄인의 특성이 나타남)

(6) 범죄대책

① 각 범죄군에 따라 서로 다른 형벌을 부과할 것을 주장하였는데, 생래적 범죄인에게는 그 죄 내용과 상관없이 엄격한 사회방위처분을 행할 것이 요구된다고 주장하였다.

② 상습범은 유형에 따른 격리, 소년이나 노인에 대해서는 교화원이나 감화학교에 수용, 격정범 이나 타고난 범죄성향이 있는 기회범에 대해서는 자유형보다는 벌금형을 주장하였다.

2 엔리코 페리(Enrico Ferri)

(1) 자유의사설 부인

① 마르크스의 유물론, 다윈의 진화론에 영향을 받아, 고전주의의 자유의사설을 공격하였다.

② 페리는 롬브로조와 달리, 생물학적 요소보다는 생물학적 요소와 사회적 · 경제적 · 정치적 요인 들과 상호관계가 범죄에 더 큰 영향을 미친다고 주장하였다.

(2) 범죄포화의 법칙

① 특정한 사회에 있어서 범죄예방 조직, 형사정책은 무의미하고 범죄박멸, 철저한 감소를 위해 사회조직을 변경해야 한다.

② 페리는 자연적, 사회적 사정하에서는 당연히 일정한 범죄가 발생하고, 일정한 범죄의 종류, 수량은 최대한과 최소한의 사이에 있다고 주장하였다.

(3) 범죄인 분류

페리는 범죄 사회학적 요인을 고려하여 범죄인을 5가지로 분류하였다.

① 생래적 범죄인(롬브로조의 격세유전과 같음)
② 정신병 범죄인(정신적 결함에 의하여 전형적 범죄인으로 개선이 곤란한 유형)
③ 격정 범죄인(순간적인 흥분에 의한 범죄인으로 단기자유형보다 벌금형이 범죄예방에 효과적)
④ 관습 범죄인(좋지 못한 환경으로 인하여 관습적으로 범죄를 저지르는 자로 유형에 처해질 것 을 주장)
⑤ 기회범(심리적 · 정서적 기초가 취약한 상태에서 특정상황 때문에 저지르는 범죄)

(4) 페리의 범죄인 유형과 대책

① 생래적 범죄인 : 격리조치
② 정신병적 범죄자 : 정신병원에 수용
③ 격정범 : 손해배상 및 강제이주

④ 상습 범죄인 : 개선 가능한 자는 훈련조치, 개선 불가능한 자는 무기격리
⑤ 우발범죄인 : 중한 우발범죄인은 형무농장에서 훈련과 치료, 경한 우발범죄인은 손해배상 또는 강제이주

범죄 원인 3요소론

- 개인적 원인 : 나이, 성별, 교육 정도, 사회적 계급, 기질적 · 정신적 구조
- 사회적 원인 : 인구, 여론, 관습, 종교, 정치 · 재정, 생산과 분배, 치안 행정, 교육, 보건, 입법(페리가 가장 중요하다고 본 범죄 원인)
- 자연적 원인 : 기후, 토질, 계절, 밤낮의 장단, 평균 기온

---

3 라파엘 가로팔로(Raffaele Garofalo)

(1) 자연범사상

사회는 자연적인 몸체이며, 범죄는 자연에 대항하는 것으로 가혹한 처벌이 이루어져야 한다.

(2) 사회방위이론

① 자연범 범죄행위는 살아가는데 필요한 기본적인 감정이 부족하므로 제거되어야 한다고 주장하였다.
② 필요시 사형, 종신형이나 해외추방도 해야 한다. 그러나 법정범에 대해서는 정기구금, 과실범은 불처벌을 주장하였다.
③ 국가의 생존을 개인의 권익보다 우선시한 그의 견해는 무솔리니 정권에 논리적 토대가 되었다.

(3) 범죄자에 대한 인식

① 가로팔로는 롬브로조의 해부학적 신체 특징성은 그대로 수용하는 것을 거부하였다.
② 진짜 범죄인은 이타주의적 감성이 부족하고 정신적 · 도덕적 비정상은 유전형질로부터 전해질 수 있다고 주장하였다.
③ 강력범죄를 저지른 자는 '동정심'(pity)이 결여된 자들이라고 보았고, 재산범죄를 저지른 자들은 '정직성'(probity)이 부족한 자들이라고 주장하였다.
④ 살인자는 동정과 재산 존중이 둘 다 결핍되어 있고, 폭력범과 성범죄자는 동정심이 부족하고, 도둑은 재산 존중이 부족한 사람이다.

⑤ 자연범에 대하여는 사형이나 종신형, 해외추방을 주장하였고, 법정범에 대하여는 정기구금, 과실범은 불처벌을 주장하였다.

(4) 범죄인의 특징

① 도덕적 이상성

범죄인은 기질적으로 도덕적 이상성을 타고나는데, 이는 정신병이 아닌 열등인종의 정신적 변이이다.

② 환경적 조건

범죄에 관한 환경적 조건인 교육이나 경제에 있어서 2차원인 도덕적 이상성이 없는 사람이 환경의 영향으로 범죄인이 되는 것은 아니다.

(5) 범죄인의 분류

① 중대한 범죄인

살인범 : 연민과 성실의 정이 모두 결핍된 사람 → 기회만 있으면 살인과 절도

② 비교적 가벼운 범죄인

㉠ 폭력범 : 연민의 정이 결핍된 사람 → 특수지방에 등장, 알코올의 영향 아래 범죄

㉡ 절도범 : 성실의 정이 결핍된 사람 → 사회적 환경의 영향, 반복될 경우는 격세유전

㉢ 성범죄인 : 도덕적 감수성이 퇴화한 자 → 폭력범, 정신이상자, 어디에도 속하지 않는 자로 분류

2 CHAPTER 범죄와 체형

1 크레취머(kretschmer)의 체형이론

(1) 의의

① 크레취머(Kretschmer)는 키가 크고 마른 쇠약형(asthenic), 근육질이 잘 발달한 강건형(athletic), 그리고 키가 작고 뚱뚱한 비만형(pyknic)의 세 가지 유형으로 구분하였다.

② 폭력 범죄는 강건형에 많고, 좀도둑이나 횡령은 쇠약형에 많으며, 비만형은 횡령과 사기를 많이 범하는 것으로 나타났다.

(2) 체형의 분류

① 세장형(asthenic: 허약형, 쇠약형)

ⓐ 전체적인 신체에서 두꺼운 부분이 없이 말랐다는 것을 발견했다. 평평한 가슴을 가졌고, 그들의 갈비는 몸통에서 다 드러날 정도로 말랐다. 절도범이나 사기범, 분열성기질, 정신병은 정신분열증 등의 범죄자이다.

ⓑ 자극으로부터의 반응이 약함, 비사교적, 변덕, 좀도둑이나 횡령 범죄가 많이 나타난다.

② 투사형(athletic: 운동형, 폭력범)

ⓐ 넓은 어깨, 잘 발달한 근육조직, 깊은 가슴, 평평한 복부, 힘센 다리를 가졌다. 이들은 점착성 기질, 정신병은 정신분열증, 간질을 나타낸다.

ⓑ 둔중하고 무미건조, 귀찮고 때로는 촉발적으로 불만을 발산한다. 폭력 범죄가 많이 나타난다.

③ 비만형(pyknoc)

ⓐ 둥그스름한 어깨, 넓은 얼굴, 짧고 통통한 손을 가지고 약간은 부드럽게 보이며 통통하게 살찐 경향을 보이는 중간 정도 크기의 사람들이다. 이들은 순환성기질, 정신병은 조울증 등을 나타내며 범죄를 가장 적게 범한다.

ⓑ 자극에 쉽게 반응하고, 사교적이고 정이 많아 지발성 범죄인 중에 많이 보이는 유형이다. 교정 효과가 높고, 횡령과 사기를 많이 범하는 것으로 나타난다.

〈크레취머의 체격형〉

체격	기질	정신병질	정신병
쇠약형	분열성	분열병질	정신분열증
투사형	점착성	간질병질	간질
비만형	순환성	순환병질	조울증

2 셀던(Sheldon)의 체형이론

(1) 의의

① 셀던은 상당한 수준의 방법론적 개선 위에 체형과 비행을 연계시켜 연구하였다.

② 체형은 타고나는 것이며, 체형이 그 사람의 기질 또는 인성과 밀접한 연관이 있어서 체형이 행위의 설명에 있어 중요한 이유가 된다고 주장하였다.

③ 그의 주장에 따르면 체형은 태아가 형성될 때 기본적인 3개의 세포, 즉 내배엽, 중배엽, 외배엽이 어떻게 구성되는가에 따라 구별할 수 있다.

④ 내배엽은 소화기관, 중배엽은 근육, 뼈, 외배엽은 피부, 신경 체계가 발달하므로 이들의 구성 형태에 따라 신체 유형을 알 수 있다. 체형을 내배엽형, 중배엽형, 외배엽형 세 가지로 구분, 상응하는 기질을 밝혔다.

⑤ 셀던은 각각의 특징이 분포된 정도를 고려하기 위하여 세 가지 유형 각각에 대해서 1점에서 7점까지의 값을 부여하였는데, 예를 들어 7-3-1로 분류된 사람은 내배엽형 특징이 강하고 중배엽적 특징은 보통이며 외배엽형 특징은 약한 경우이다.

⑥ 글룩부부도 셀던의 주장에 동의하며 중배엽형과 비행 간에는 관련성이 있다고 강조하였다.

⑦ 셀던(Sheldon)은 1939년부터 10년간 매사추세츠 주 소년원에 수용된 200명의 소년과 범죄 경험이 없는 대학생 200명의 신체유형을 측정하여 비교·분석하였다. 비행소년집단은 중배엽형 즉 근육이나 골격의 발달이 뛰어났고, 외배엽형 즉 신경계는 발달이 더뎠으며, 내배엽형 즉 소화기 등의 발달상태는 보통이었다. 반면, 일반 대학생은 중배엽형 수치가 매우 낮은 반면, 외배엽형 수치는 주목할 정도로 높았다.

(2) 체형의 분류

① 내배엽형(endomorphs, 내장긴장형)
소화기관 발달로 골격과 근육이 미발달한 대신 살이 찌고 피부가 부드러우며 팔과 다리가 가늘고 짧은 편이다. 움직임이 느려 무기력한 기질을 갖는다. 이러한 기질은 외향적 성격, 안락하고 편안함을 좋아하고 사치품, 사교성, 식욕, 애정에 대한 욕구가 강하다.

② 중배엽형(mesomorphs, 신체긴장형)

우람한 근육과 운동선수적인 외모, 그리고 활동적이고 공격적이며 때때로 폭력적인 성격의 소유자로 범죄자가 될 확률이 높다. 자기주장이 강하고 권력 및 지배를 중요시한다.

③ 외배엽형(ectomorphs, 두뇌긴장형)

외배엽형은 세장형으로 머리 크기와 비교해 피부, 신경계 기관 등이 탁월하여 큰 대뇌와 중추신경계를 갖고 있으며 가냘픈 형이다. 기질은 내향적, 비사교적 성격이며 고독, 외부자극에 민감, 막힌 장소에서 안정감을 느낀다.

〈셸던의 체격형〉

신체형	기질유형	크레취머의 체격형
내배엽 우월형	내장긴장형	비만형
중배엽 우월형	신체긴장형	투사형
외배엽 우월형	두뇌긴장형	세장형

(3) 신체 유형과 기질 유형에 따른 특징

① 내배엽형(endomorhps, 내장긴장형)

신체 유형	기질 유형
• 소화기관이 크게 발달되어 있다. • 살이 찐 편이다. • 전신 부위가 부드럽고 둥근 편이다. • 골격과 근육이 미발달되어 있다. • 팔과 다리가 가늘고 짧다. • 표면적-부피의 비가 낮다. • 피부가 부드럽다.	• 몸가짐이 대체로 이완되어 있다. • 안락하고 편안함을 좋아한다. • 감정이 일정하다. • 사교성 · 식욕, 관계 및 애정에 대한 욕구가 강하다. • 부드러우며 사치품 등을 좋아한다. • 온순하고 기본적으로 외향적 성격이다.

② 중배엽형(mesomophs, 신체긴장형)

신체 유형	기질 유형
• 근육, 골격, 운동 조작이 탁월하다. • 몸통이나 가슴이 크다. • 손목이나 손이 크다. • 야윈 경우는 단단한 각이 진 체형이다. • 야위지 않은 경우는 우람한 체형이다.	• 활동적이며 역동적인 성격이다. • 단호한 걸음걸이, 언어 구사, 제스처, 행동이 공격적이다. • 타인의 감정에 무디다. • 개인에게는 행동, 권력 및 지배를 중요시한다.

③ 외배엽형(entomorhps, 두뇌긴장형)

신체 유형	기질 유형
• 피부, 신경계 기관 등이 탁월하다.	• 내향적인 성격이다.
• 근육은 가늘고 가볍다.	• 신체기능에 대한 불평이 많다.
• 여위고 가냘픈 체형이다.	• 소음이나 외부자극에 민감하다.
• 직선적이고 허약하다.	• 얕은 수면, 고독을 즐긴다.
• 얼굴이 작고 코가 높다.	• 자신에게 집중되는 것을 회피하려 한다.
• 몸무게는 작지만 피부 면적은 넓다.	• 사람을 두려워하며 막힌 장소에서 안정감을 느낀다.
• 머리 크기에 비해 큰 대뇌와 중추신경계를 갖는다.	• 예민하고 비사교적인 성격이다.

체형이론 더 알아보기

① 글룩(Glueck) 부부
  ㉠ 연구방법
    ⓐ 집단표본조사 : 나이, 지능지수, 인종, 거주지역 등이 유사한 11세부터 16세 사이의 범죄소년 500명과 일반소년 500명을 비교·연구대상으로 삼았다.
    ⓑ 연구의 특징 : 가정적·가족적 관계, 성격구조나 체형적·인류학적 체질평가 등 다양한 측면의 통계를 비교하고, 동태적으로 추적하는 다원인자적이고 예측적이며 임상적인 관점을 통합하는 특징을 보여주고 있다.
  ㉡ 연구결과
    ⓐ 체형특징 : 비행소년은 체격적으로 투사형(중배엽우월성, 신체긴장형)이 많고, 기질적으로도 보통 소년과 차이점이 있다고 지적하였다.
      ※ 범죄성 : 중배엽 > 외배엽 > 균형형 > 내배엽
    ⓑ 심리적 특징 : 비행소년은 심리적으로는 직접적·구체적 표현을 하는 경향이 있고, 침착하지 못하며, 태도가 적대적이거나 의혹적이고, 문제의 해결에 있어 무계획적이라는 특성을 가지고 있다고 보았다.
② 코르테(Cortes)
  ㉠ 체형과 정신적 기질연구
    ⓐ 체형과 기질 : 앞선 체형이론은 신체적 특징에만 관심을 두어 왜 중배엽형의 사람이 범죄를 저지를 가능성이 높은가에 대해 충분히 설명하지 못했으나, 코르테는 체형에 따른 정신적 성향을 고려하여 체형과 범죄발생의 인과관계를 보다 정교히 발전시켰다.
    ⓑ 체형이 뚜렷한 73명의 소년 및 100명의 여대생과 20명의 성인범죄자를 대상으로 조사한바, 체형별로 뚜렷한 정신적 기질의 차이를 발견할 수 있었다.
  ㉡ 연구결과
    ⓐ 내배엽형 : 정신적 기질이 내장긴장형, 즉 몸가짐이 부드럽고 온순한 성향과 상관성이 높았다.
    ⓑ 중배엽형 : 정신적 기질이 신체긴장형, 즉 활동적이며 공격적인 성향과 상관성이 높았다.
    ⓒ 외배엽형 : 정신적 기질이 두뇌긴장형, 즉 내향적이며 비사교적인 성향과 상관성이 높았다.

범죄와 유전

CHAPTER

1 의의

자손들에게 유전되는 것은 외부적인 특성이 아니라 '유전소질', 즉 유전자이다. 유전소질이 범죄에 어떠한 영향을 미치는가에 관한 연구로는 유전부인의 연구, 범죄인 가계연구, 쌍생아 연구, 양자연구, 성염색체 연구 등이 있다. 그 외 범죄인과 원시인 연구(롬브로조의 격세유전)가 있지만, 현재 이를 연구하는 학자는 없다.

2 유전부인(遺傳負因)

(1) 의의

① '유전부인'은 선조의 유전조건 중에서 범죄성이 유발되기 쉬운 나쁜 유전조건을 말한다. 즉, 혈족 중에 내인성 정신병(정신분열증·조울증·간질 등), 정신병질, 정신박약, 음주기벽성, 범죄성 등이 존재하는 경우를 말한다.

② 대표적인 학자로는 슈튬플(Stumpfl : 독일), 리들(Riedl), 글룩(Glueck)부부 등이 있다.

(2) 종류(유전부인이 누구에게 있는가를 기준)

① 직접부인(直接負因) : 유전부인이 부모에게 있는 경우
② 간접부인(間接負因) : 유전부인이 조부모에게 있는 경우
③ 방계부인(傍系負因) : 유전부인이 부모의 형제나 자매에게 있는 경우

(3) 평가

유전부인에 대한 조사만으로는 범죄가 유전된다고 단언할 수 없다. 다만 범죄의 원인으로 유전소질의 중요성은 인정될 수 있다.

▲ 내인성 정신병과 외인성 정신병

① 내인성 정신병 : 정신분열증, 조울증, 간질 등
② 외인성 정신병 : 중독, 감염병, 외상 등에 의한 정신병 등 외인성 정신병은 유전부인에 포함하지 않는다.

---

3 범죄자 가계의 연구

(1) 의의

① 범죄자나 그 외의 사회적 일탈자가 많이 나오는 가계를 조사해 가계도에 의한 유전과 범죄의 관계를 밝히고 범죄 원인을 찾는 연구를 말한다.
② 범죄자가계의 초기의 연구는 정책적인 측면에서 많은 영향을 끼쳤다. 범인성이 유전된다는 생각에서 범죄행위를 야기시킬 수 있는 나쁜 유전적 인자를 가진 사람에 대한 강제적인 재생산금지조치 등이 여기에 해당한다.
③ 이 연구에서 지적되어야 될 것은 환경적 요인에 대한 완전한 통제의 미비이다. 자녀의 유전적 배경을 결정하는 것이 자녀를 생산한 부모라면 자녀를 사회화시키는 사람 역시 그들의 부모이기 때문에 유전과 환경은 분리될 수 없다.

(2) 대표적 연구

① 덕데일(Dugdale)과 이스타브룩(Estabrook)의 쥬크(Jukes)가 연구(1877)
교정시설에 일가족 6명이 수용된 쥬크가의 가계를 조사하여 7대에 걸쳐 자손의 절반 이상이 범죄와 관련되었음에 주목하였으며, 통계분석 결과, '범죄적 성향은 유전된다'라고 주장하였다.
② 고다드(Goddard)의 칼리카크(Kallikaks)가 연구(1912)
첫 번째 결혼인 지적 장애 여성과의 사이에서 태어난 자손은 범죄관련성 매우 높은 반면, 정상인 여성과의 사이에서 태어난 자손은 범죄관련성이 낮았고, 그 연구로 범죄의 유전성을 긍정하였다.

(3) 고링(Goring)의 연구

① 고링은 통계적 기법을 이용하여 범죄란 여타의 신체적 특징처럼 유전된다는 결론에 도달하였다. 부모간, 부모와 자식간 그리고 형제간의 범인성이 높은 상관관계가 있음을 발견하였다.
② 고링은 환경의 영향을 통제하고 제거하고자 하였으나, 이를 위해서 필요한 모든 환경요소의 적절한 측정이 단지 몇 가지 요인에 대해서만 그것도 매우 불완전하게 측정되어서 환경적 요

인과 범인성의 상관관계가 매우 낮았을지라도 기타, 다른 환경적 요인은 높은 상관관계를 가질 수 있다는 문제점이 내재되어 있다.

(4) 한계

① 범죄인 가계에 대한 환경을 무시하였고, 배우자의 영향을 무시하였다.
② 특정 사례에 불과할지라도 명문 가문에도 범죄가 있을 수 있고 나쁜 가문도 비범죄자가 다수일 수 있다는 점도 지적하며, 일반화하기에는 한계가 있다.
③ 모든 사람이 잠재적으로 범인성을 소유하고 있으나, 사회통제로 작용(범죄)을 억제하고 있을 뿐이라는 점도 비판의 대상이 되었다.
④ 생물학적 지식보다 통계에 의존하고 있어 과학적 기초가 부족하다.
⑤ 덕데일은 유전소질과 환경의 상호작용을 강조하면서 공중보건 개선과 유아교육 등으로 범죄문제를 해결할 수 있다고 본 반면, 고다드는 덕데일과는 달리 우생학 운동을 지지하면서 범죄자의 출산을 제한하는 불임시술 처분을 주장하였다.
참고로, 유전적 결함과 범죄의 상관성 연구인 범죄인 가계연구는 환경적 요인의 영향을 고려하지 않았고, 배우자가 미치는 범죄학적 영향을 무시하였으며, 특수한 사례 몇 가지로 유전소질이 환경보다 범죄에 더 강한 영향을 미친다는 사실을 일반화할 수 없다는 한계가 있다.

사회학자 견해

① 유전성을 부정한 연구 : 서덜랜드의 에드워드(Edward)가(家) 연구
② 선조 중에는 살인자가 있었지만, 후손 중에는 살인자가 전혀 없어 유전성을 부인하였다.
③ 서덜랜드 등 사회학자는 일반적으로 유전소질은 범죄와 무관하다고 한다. (환경 중시)

4 쌍생아 연구

(1) 의의

① 일란성쌍생아와 이란성 쌍생아 그리고 일반 형제자매 사이의 행위 일치율을 비교함으로써 행위에 대한 유전적 영향을 연구하는 방법이다.
② 일란성쌍생아의 범죄 일치율이 높은 경우, 범죄에 대한 소질(유전소질)의 영향을 인정할 수 있다. 유전이 범죄행위를 결정한다면 또는 범죄행위에 대하여 유전이 환경보다 더 큰 영향을 미친다면, 범죄행위에 있어 유사성은 일란성쌍생아가 가장 높고, 반면에 일반 형제간이 가장 낮아야 한다는 논리이다.

③ 일란성쌍생아의 행동상 차이가 있다면 유전상의 차이에 기인하지 않으며, 행위의 유사성은 동일한 유전성에 기인한다는 것이다.

④ 쌍생아 연구는 범죄에 대한 소질 및 환경의 영향을 동시에 연구할 수 있는 방법이라 할 수 있다.

(2) 학자별 연구

① 갈튼(F. Galton)

범죄 일치율에 대한 사고를 기초로 쌍생아 연구의 단서를 마련한 최초의 학자이다.

② 랑게(J. Lange)

㉠ 1929년 「운명으로서의 범죄」의 출간을 시작으로 쌍생아 연구를 범죄생물학에 도입, 획기적인 연구를 하였다.

㉡ 일란성은 이란성 쌍생아보다 범죄의 일치율이 높고 범죄의 횟수나 형태 그리고 교도소 내의 행태 등이 상당히 닮은 것이 확인되어 유전소질이 범죄성에 결정적인 영향을 갖고 있다고 주장했다.

㉢ 랑게는 범죄생물학에 쌍생아연구를 도입한 독일의 정신의학자로, 일란성 13쌍과 이란성 17쌍 총 30쌍의 쌍생아를 대상으로 연구를 진행하였는데, 일란성은 13쌍 중에서 10쌍, 이란성은 17쌍 중에서 2쌍만이 양쪽 모두 범죄를 저질렀다. 즉, 일란성 쌍생아 중에서 쌍생아 모두가 범죄를 저지른 비율이 이란성 쌍생아보다 높다는 것을 확인함으로써 '범죄란 개인의 타고난 유전적 소질에 의해 발현되는 것'으로 이해하였다.

③ 크리스찬센(Christiansen)

㉠ 가장 광범위하게 쌍생아 연구를 하였는데, 그는 사회학적 방법을 쌍생아 연구에 도입하고 쌍생아 계수를 사용하여 연구성과의 정확성을 기하였다.

㉡ 시설에 수용된 쌍생아뿐만 아니라 모든 쌍생아가 등록된 기록을 기초로 쌍생아 계수를 사용하여 일정한 사회적 변수도 고려, 범죄의 유전적 소질을 보완·분석하였다.

㉢ 일란성쌍생아가 상대적으로 높은 일치율을 보여주고 있으나, 환경의 영향이 고려될 때는 그 중요성이 약화함을 알 수 있다.

㉣ 유전적 요인은 중요하지만 범죄 일치율은 범죄의 종류, 출생지역, 사회계층 및 범죄에 대한 집단저항의 강도에 따라 차이가 나고, 사회적 변수에 따라 많은 영향을 받는다고 주장하였다.

㉤ 유전소질이 범죄에 미치는 영향은 여러 가지 환경요인들에 의해 제약됨으로써 범죄 일치율이 종래 연구의 일치율보다 현저히 낮아짐을 보여준다.

④ 달가드(Dargard)와 크링글렌(Kringlen)

㉠ 일란성 쌍생아들이 다소 높은 일치율을 보였지만 이것은 비슷한 양육과정에서 기인한 것일 뿐 실제 양육과정별 분석을 하였을 때는 별 차이가 없었다.

ⓒ 범죄 발생에 있어 유전적 요인의 중요성은 존재하지 않는다고 주장하여 종래의 쌍생아 연구와 다른 입장을 취하였다.

(3) 쌍생아 연구의 문제점

① 모집단으로부터의 무작위추출에 의하지 않은 표본의 대표성 결핍
② 지나치게 적은 수의 표본으로 인한 통계적 타당성의 저하
③ 비행과 범죄에 대한 공식적인 기록에만 의존하여 선별요인으로 인한 일반화의 문제 그리고 통계상의 유사성이 행동상의 유사성이 아니라 기록상의 유사성일 수 있는 점
④ 어떤 연구도 어떤 요소가 반사회적 행위를 야기시키도록 유전적으로 전이되는지를 정확하게 규명할 수 없다는 점
⑤ 환경의 영향이 적절히 통제되지 못하고 있다는 사실

▲ 쌍생아 연구 정리

- 갈튼(Galton) : 최초로 쌍생아 간 범죄일치율 연구
- 랑게(Lange) : 범죄생물학에 쌍생아연구 도입 → 일란성 쌍생아의 범죄일치율이 높게 나타남
- 크리스찬센(Christiansen) : 가장 광범위한 쌍생아연구 실시
- 달가드(Dargard)와 크링글렌(Kringlen) : 범죄 발생에 있어 유전적 요인의 중요성은 존재하지 않는다고 주장

---

5 양자(입양아) 연구

(1) 의의

① 양자연구(養子研究)는 비교적 성장한 양자를 들인 자를 대상으로 그 양자의 범죄성이 실부모의 영향을 받는가, 아니면 양부모의 영향을 받는가를 모(母)보다 부(父)와의 관계를 중심으로 비교·검토한다.
② 입양아는 대부분 출생 초기에 입양되기 때문에 생부모를 알지 못함에도 입양아가 생부모의 행동과 더 유사한 행동을 하여 유전적 요인을 무시할 수 없다는 사실을 보여준다.
③ 친부모의 범죄성과 관련이 높으면 범죄의 유전성을 인정할 수 있지만, 양부모의 범죄성과 관련이 높으면 가정적 결함인 환경적 요인과 범죄와의 관련성을 인정할 수 있다.

(2) 학자별 연구

① 슐징어(Schulsinger)의 연구

1970년대 초반에 정신병자 연구를 통해서 이 연구를 진행하였다. 양자연구를 통해 범죄의 유전성을 밝히고자 한 최초의 학자로 정신적 결함이 혈연관계를 통하여 전수되는지 여부를 연구하였다.

② 크로우(R. Crow)의 연구

범죄사실이 있는 모친에게서 태어나 양자가 된 자와 범죄사실이 없는 모친에게서 태어나 양자가 된 양자의 비교연구를 통하여 모친이 범죄사실이 있던 양자의 경우가 범죄율이 높다는 것을 밝혔다.

③ 허칭스와 매드닉(Hutchings & Medinick)의 연구

㉠ 양부모와 생부모의 범죄성의 상관관계에 따른 양자의 범죄율

생부와 양부 모두 범죄자 > 생부만 범죄자 > 양부만 범죄자 > 생부와 양부 모두 비범죄자

㉡ 양부모와 생부모의 범죄성 연구 결과는 친부의 범죄성이 양부의 범죄성보다 높은 경우 양자가 범죄자가 되기 쉬우므로 범죄성은 유전 때문에 나타난다.

(3) 한계

① 입양기관이 양부모와 생부모의 가정을 서로 조화시키려고 한다는 사실이다. 통계적인 방법으로 해결할 수 있지만, 환경과 유전의 영향을 분리하기가 쉽지 않다는 것이 한계라고 지적한다.

② 누적된 유전학적 단점(cumulative genetic disadvantage)으로서 자신의 유전적 전이로 인해 신체적 또는 정신적으로 그들보다 우월한 사람보다 범죄자가 되기 쉬운 입장일 수도 있다는 사실도 환경과 유전의 영향을 확실히 분리하는 것을 어렵게 한다.

▶ **입양아의 범죄율이 높게 나타난 순서**

- 허칭스와 메드닉(Hutchings & Mednick)은 초기 입양아 연구들의 문제점을 개선하기 위해 친아버지(=유전)와 양아버지(=환경)의 범죄율을 비교하여 입양아의 범죄율을 조사하였다. 이 연구결과는 생물학적 부모에 의한 유전의 영향(20%)이 입양부모에 의한 환경의 영향(14.7%)보다 더 크다는 사실을 밝혔고, 더불어 생물학적 부모와 입양부모가 모두 범죄경력이 있을 때, 즉 유전과 환경의 영향이 중첩될 때 범죄성향이 가장 증가(25%)한다는 사실도 보여 주었다.
- 입양아의 범죄율이 높게 나타난 순서 : 친아버지·양아버지 모두 범죄 > 친아버지만 범죄 > 양아버지만 범죄

6 성염색체 연구

(1) 의의

① 염색체의 측면에서 범죄와 유전의 관계를 규명하려는 접근은 1960년대 중반에 등장하였다.

② 성염색체의 형태·구성·개수 등에 이상이 있으면 성격적인 결함을 초래할 수 있다. 이러한 성염색체 이상과 범죄성과의 상관관계를 연구하는 것이 '성염색체 연구'이다.

(2) 클라인펠터 증후군(Kleinfelter's syndrome)

① 정상적인 사람은 23쌍 46개의 염색체를 가지고 있으며, 한 쌍의 염색체가 인간의 1, 2차적인 성징을 결정하는 것이다. 일반적으로 정상적인 여성은 23번째 염색체를 XX로 가지며, 정상적인 남성은 23번째 염색체를 XY로 가진다.

② XXY신드롬이라고도 하며, 성염색체이상(클라인펠터 증후군; Kleinfelter's syndrome)은 남성에게 보이는 염색체 이상으로, 정상 남성보다 X염색체가 하나 더 많다.

③ XXX, XXY, XXXY형을 총칭하는데, 특히 XXY형이 문제된다.

④ 고환의 발육부진, 무정자증 등 생식기능에 이상이 생기는 경우가 있고, 반사회적 경향, 자신감 결여 등의 이상증세를 나타내어 절도범, 동성애, 성범죄 등을 저지르는 경우가 많다고 한다.

(3) 종류

① XYY(초남성)

㉠ 남성적 특성을 나타내는 Y염색체가 증가한 것으로 1961년 샌드버그(A. A. Sandberg)가 처음 발견하였다.

㉡ 신체적으로 신장이 크고, 팔이 길고, 얼굴이 주근깨가 많다. 뼈나 관절에 이상이 보이는 모습도 나타난다.

㉢ XYY염색체 보유자는 정신적인 결함, 정신착란, 지능이 낮고 폭력적이며 상습적인 살인과 성폭력 등을 저지르고, 교정 효과가 거의 없다.

㉣ 간질환자와 유사한 이상 뇌파를 나타내고, 조발성 범죄가 건수도 많으며, 성범죄·방화·살인 등 강력범죄를 범하기 쉽다.

㉤ 범죄학상 가장 문제가 되는 성염색체 이상이다.

② XXY(여성적 남성)

㉠ 여성적 특성을 나타내는 X염색체가 증가한 것이다.

㉡ 남성이면서 여성적 특징인 클라인펠터(Klinefelter) 증후군을 간직하고 있다.

㉢ 동성애·성범죄·조폭 범죄·방화·절도 등의 범죄성과 연관이 있고, 정상인과 비교해 범죄나 비행이 높다고 한다.

  ㉣ 신체적 특징으로는 둥그스름, 발육지체, 저지능, 자기중심적인 반사회적 경향, 자신감 결
   여, 정신적 미숙, 무정자증, 여성형 유방 등 신체적 특징을 가진다.
 ③ 기타 : XXX형(슈퍼여성), XXXY형 등이 있다.

▮ **위트킨(Witken)**

- 위트킨은 코펜하겐에서 태어난 XYY(초남성)형 12명을 대상으로 범죄내역을 조사하였지만, 정상인과 비교
해 폭력적인 범죄를 더 자주 저지른다는 증거를 발견하지 못했다.
- 실제 XYY(초남성)형 중에서 범죄자보다는 그렇지 않은 사람들이 더 많다는 것은, 타고난 소질만을 범죄의
원인으로 고려하는 XYY염색체론으로는 쉽게 설명할 수 없는 현상이다.

---

(4) XYY형 염색체 이상

 ① 폭력적 범죄와 관련이 높다고 주장되는 염색체는 XYY형 염색체이다.
 ② Y염색체가 남성성징을 결정하기 때문에, Y염색체를 하나 더 가지고 있는 사람은 '초남성적
  (supermale)'이고 보다 공격적이며 범인성의 소지가 많다고 가정되어 범죄와 관련하여 특히
  문제 되는 유형이다.
 ③ 성적 조숙, 저지능, 정신적 불안, 극한 공격성 등이 강하여 성범죄, 살인, 방화 등 강력범죄자
  들이 많다고 한다.

(5) 평가

 ① XYY남성이 예견할 수 있을 정도로 공격적이지 않으며, 오히려 정도의 차이가 있다면 XY와
  비교해 덜 공격적이라고 결론짓는 사람도 있어 XYY염색체와 폭력성과의 가설은 경험적으로
  충분히 입증되지 못했다.
 ② XYY염색체가 하급 계층에 많고, 이들 하급 계층 출신자들이 시설에 많이 수용되기 때문이라
  고 설명되기도 한다.
 ③ XYY 염색체를 가진 사람 중에서 정상적인 사람이 더 많으므로 XYY형이라고 반드시 범죄자
  가 되는 것도 아니므로 여전히 환경과의 상호작용이 범죄의 원인으로 중요시된다.

▮ **범죄와 범죄생물학의 관계**

- 각성수준이 낮은 사람은 범죄 행동을 할 가능성이 크다.
- 반사회적 행동을 하는 부류는 아동기에 ADHD 환자가 많은 편이다.
- 지능이 낮은 사람일수록 강력범죄를 많이 저지를 수 있다.
- 셸던(Sheldon)은 1939년부터 10년간 메사추세츠주 소년원에 수용된 200명의 소년과 범죄경험이 없는
대학생 200명의 신체유형을 측정하여 비교분석하였다. 비행소년집단은 중배엽형, 즉 근육이나 골격의 발
달이 높았고 외배엽형, 즉 신경계는 낮았으며 내배엽형, 즉 소화기 등의 발달 상태는 보통이었다. 반면, 일

반 대학생은 중배엽형 수치는 매우 낮고, 외배엽형의 수치는 주목할 정도로 높았다.

- 랑게(Lange)는 정신의학자(독일)로 범죄생물학에 쌍생아연구를 도입하였는데, 일란성 쌍생아의 범죄일치율이 높게 나타났음을 발견하여 범죄는 개인이 타고난 유전적 소질에 의해 발생한다고 주장하였다. 랑게는 일란성 13쌍과 이란성 17쌍 모두 30쌍의 쌍생아를 대상으로 연구한 결과, 일란성의 경우 13쌍 중에서 10쌍이, 이란성의 경우 2쌍만이 양쪽 모두 범죄를 저질러, 일란성 쌍생아에서 쌍생아 모두가 범죄를 저지른 비율이 이란성 쌍생아에서 쌍생아 모두가 범죄를 저지른 비율보다 높다는 것을 확인하여, '범죄란 개인이 타고난 유전적 소질에 의해 저질러지는 것'으로 이해하였다.

- 크리스티안센(Christiansen, 1968)은 1881년부터 1910년 사이에 덴마크에서 태어난 모든 쌍생아들의 범죄일치율을 조사하였는데, 남자 일란성쌍생아와 이란성쌍생아는 각각 35.8%와 12.5%, 여자의 경우 각각 21.4%와 4.3%로 나타났다. 연구결과 일란성쌍생아 집단의 일치율이 높았기 때문에 유전이 범죄에 미치는 영향이 존재함을 입증하였다. 다만, 범죄발생이 환경과는 무관하게 오로지 유전에 의한다면 일란성쌍생아의 범죄일치율은 100%여야 하지만, 남녀 집단 모두 50%에도 미치지 못한다는 점을 토대로 판단해 보면, 환경이 범죄에 미치는 영향 또한 강하다는 사실을 확인할 수 있다. 더불어 비록 일란성쌍생아의 범죄일치율이 이란성쌍생아보다 더 높은 것으로 드러났지만, 이 결과가 유전적 영향을 방증하는 것이라고 단정 지을 수도 없다. 왜냐하면 일란성쌍생아는 외모나 성향이 더 유사하므로 부모나 주위 사람들로부터 이란성쌍생아에 비해 더 유사한 대접이나 처우를 받았을 수 있고, 그들의 높은 범죄일치율이 사실은 유사한 환경적 경험에 기인하는 것일 수도 있기 때문이다.

- 허칭스와 메드닉(Hutchings & Mednick)은 초기 입양아 연구들의 문제점을 개선하기 위하여 친아버지(=유전)와 양아버지(=환경)의 범죄율을 비교하여 입양아의 범죄율을 조사하였다. 이 연구결과는 생물학적 부모에 의한 유전의 영향(20%)이 입양부모에 의한 환경의 영향(14.7%)보다 더 크다는 사실을 밝혔고, 더불어 생물학적 부모와 입양부모가 모두 범죄경력이 있을 때, 즉 유전과 환경의 영향이 중첩될 때 범죄성향이 가장 증가(25%)한다는 사실도 보여 주었다.
  ※ 입양아의 범죄율이 높게 나타난 순서 : 친아버지·양아버지 모두 범죄 > 친아버지만 범죄 > 양아버지만 범죄

- 글룩(Glueck) 부부는 500명의 비행소년과 이들과 부합되는 일반소년 500명을 비교하여 비행의 관련성을 검증하였다. 그 결과 60.1%의 비행소년이 신체긴장형이었던 반면, 일반소년은 30.7%만이 신체긴장형이라는 사실을 발견하였다. 연구결과를 인과적 견지에서 해석하기보다는 체형이 비행을 유발시킬 수 있는 요소로 해석하면서, 범죄유발 환경하에 사는 신체긴장형이 비행의 잠재성이 더욱 크다고 주장하였다. 즉 체형이 비행의 직접적인 원인이라기보다는 단순히 외형이 그 사람의 행위에 영향을 미치며, 비행을 유발시키는 많은 요인 가운데 체형은 그중 하나에 불과하다는 것이다.

- 서덜랜드는 조나단 에드워드가(家)의 연구를 통해 선조 중에는 살인범이 있었으나, 후손 중에는 살인범이 전혀 없다는 점을 들어 범죄의 유전성을 부정하였다.
  참고로, 고링은 통계학의 상관계수법으로써 범죄성이 유전되는지를 검토하기 위해 범죄성의 정도를 구금빈도와 구금기간의 두 가지 측면에서 연구한 결과, 범죄성은 유전된다고 보았다.

현대의 범죄생물학

CHAPTER

1 생화학적 기능장애

(1) 의의

① 범죄가 인체 내의 생화학적 결핍이나 불균형으로 인한 감정적 장애에 기인하는 것으로 주장한다. 범죄학적 측면에서는 대체로 체중감량과 환경오염물질, 알레르기 등에 주로 기인하여 다루어진다.

② 인체 내의 화학적 결핍이나 불균형이 사람들의 사고형태와 동작의 통제의 영향을 미치며, 이러한 불균형이 직접적으로 비행 또는 범죄와 연결되기도 하며, 간접적으로는 사회규율을 지키고 학습하는 것에 영향을 미친다는 가설에 기초한다.

③ 현대 생물사회학적 범죄원인론은 신체기관과 환경 간의 상호작용에 의해 범죄행동이 나타난다고 본다.

(2) 비타민 · 미네랄 결핍

① 사회생물학자에 따르면, 두뇌의 성장이나 어느 정도 수준의 미네랄과 비타민을 필요로 하는데, 이러한 영양소가 결핍되면 이상행동을 초래할 수 있다는 것이다.

② 체중감량과 관련된 비타민 결핍이나 의존 등은 반사회적 행위와 관련이 있으며, 학습장애나 행동장애를 유발하기도 한다.

③ 비타민결핍(vitamin deficiency)
필요한 영양소를 함유한 음식을 충분히 소비하지 못하는 경우를 말한다.

④ 비타민의존(vitamin dependency)
유전적 조건으로 인하여 정상적인 최소요구치 이상으로 이들 영양소를 필요로 하는 경우를 말한다.

(3) 비타민결핍과 범죄

① 학습장애나 행동장애가 있는 어린이들은 대개 비타민 B3와 B6에 지나치게 의존하는 경향을 보인다.

② 지나치게 활동적인 젊은이의 주요 원인이 비타민 B3에 의존한다는 연구결과가 있고, 행동문 제가 있는 청소년들에게 긍정적인 변화를 가져왔던 중요한 요인 하나가 체중감량이었다는 연 구 결과도 있다.

③ 사회의 반사회적 행위가 사람들의 부적절한 음식섭취나 미네랄, 비타민 흡수에 영향을 받는다 는 사실을 보여준다.

〈칼슘결핍과 범죄〉

신체 특징	근육민감성, 얼굴 및 목에 경련
행동 특징	흥분성, 불안정, 환경변화 민감, 민감성, 난폭한 반동, 정서불안
범죄유형	공격적 가학적인 범죄 행동

(4) 저혈당증

① 사람은 정상적인 뇌 기능을 위해서 최소한의 혈당을 필요로 하는데 이것이 부족하게 되면 뇌 기능을 저하해 혼돈, 갈등, 우울증(depression), 불안(anxiety) 등을 초래한다는 것이다.

② 이들의 특징은 공격적이며 폭력적인 행동을 보인다.

③ 폭력과 성폭행 등을 저혈당과 연관시키는 연구도 많이 이루어지고 있으며, 시설에 수용된 재 소자들이 정상인보다 저혈당 인구가 많다는 연구 결과가 있다.

〈저혈당증과 범죄〉

저혈당증	혈액 내 포도당 함량의 미달, 인슐린 과다사용도 원인
행동 특징	공격성, 흥분성, 의지력 및 도덕성 감소, 성 충동 강화, 상상력 상실, 쇠약감
범죄유형	강도, 폭행, 원시적 공격행위

(5) 내분비장애

① 주요한 남성 호르몬의 하나인 테스토스테론(testosterone)이 남성의 2차 성장을 통제하는데, 이 호르몬의 수준이 남성의 범죄적 폭력성, 충동성 및 반사회성의 사이에 밀접한 관계가 있다.

② 테스토스테론(testosterone)은 뼈나 근육의 발육을 돕고, 미국에서는 "강간범의 테스토스테 론은 일반인보다 많다"라고 보고된 연구 결과도 있다.

〈호르몬에 관한 연구〉

청소년 호르몬 장애	불량소년의 20% 정도가 내분비장애, 과반수가 뇌하수체와 갑상선 호르몬 이상
성범죄 수형자	성범죄자의 절반가량이 성선 호르몬 불균형
수형자 약물치료	내분비계 장애에 대한 호르몬치료를 통해 70%가량이 인격의 변화
체중 비만형 범죄	뇌하수체 호르몬의 이상, 약물치료를 통해 이상성 회복

(6) 환경오염

① 지나친 환경오염은 인간의 생명을 앗아가기도 하지만, 일정 수준의 환경오염이 사람에게 감정적·행동적 장애를 초래할 수도 있다는 것이다.
② 식용색소나 향료가 청소년의 반항, 충동, 반사회적 행동을 야기시킨다는 연구가 있으며, 형광등이나 텔레비전과 같은 인공불빛에서 나오는 방사선도 반사회적·폭력적 행위를 유발할 수도 있다.

(7) 월경긴장

여성에 있어서 월경 전후의 비정상적인 호르몬 수치의 변화로 인한 생화학적 불균형은 범죄와 어느 정도 관련이 있다는 보고가 많이 제기되고 있다.

2 뇌의 기능장애

(1) 의의

① 두뇌활동에 관한 연구로 중앙신경계통(central nervous system)은 인간의 자의적인 근육활동을 통제하는데, 신경생리학적 연구는 이 중앙신경계통의 비정상적 활동과 범행과의 관계를 연구한다.
② 중앙신경계통의 문제는 두뇌의 전자파(electronic pulses)를 측정하는 EEG(electro encephalo graph)를 이용하는 경우가 가장 대표적이다.

(2) 비정상적인 두뇌파형

① 두뇌의 특정 부위 손상은 폭력적 행동과 공격성을 촉진하기도 한다.
② 측두엽성 간질은 발작 기간에 많은 분노, 감정, 우울, 강박적인 행동, 편집증, 공격성을 나타낸다.
③ EEG가 비정상일 경우 밀접하게 관련된 행동으로는 충동 통제의 저조, 부적절한 사회적 적응, 적대감, 충동적인 성질 그리고 파괴성 등을 지적한다.
④ 성인들의 경우 비정상적인 EEG는 적개심, 비관적·부정적인 태도, 불안·초조감, 불복종·불신임 적인 태도, 충동적인 행동과 관련이 있다.
⑤ 살인범의 경우도 높은 비율의 EEG 비정상성자로 나타난다.
⑥ 대뇌 중에서 전두엽 부위가 손상되면 대표적 증상으로 주의산만, 자발성 감퇴 등의 증상이 나타나고, 뇌간 부분에 손상을 입을 경우 감정과 욕구, 기질, 성격에 기본적인 장애와 폭발성, 공격성 등 범죄성과 관계 깊은 행동 패턴을 보인다.

⑦ 노르에피네프린은 교감신경계에서 신경전달물질로 작용하기도 하며 호르몬으로도 작용하는 물질로서 부신수질에서 생성되는데, 집중력과 반응 행동을 담당하는 뇌의 영역에 작용하여, 심박동 수를 증가시키고 혈당을 올리며, 골격근으로의 혈류량을 증가시킨다.

(3) 간질

① 실제로 간질환자는 폭력적이고 통제 불능의 상태가 나타나는데, 실제로도 교도소 수용자에게서는 일반인보다 간질보유비율이 높게 나타나고 있다.

② 최근에는 간질 발작 도중 폭력의 발생은 거의 희박하다는 주장도 있어 간질이 범죄에 중대한 관계가 있는지는 논쟁의 여지가 있다.

(4) 뇌 손상, 뇌기능장애

① X선 검사로 뇌 기능의 손상 여부를 결정하는데, 검사의 결과를 이용하여 두뇌 손상과 범인성의 관계를 분석할 수 있다.

② 실제로 재소자나 폭력적인 환자들은 특히 정면부와 관자놀이 부근의 뇌 기능장애를 앓고 있는 경우가 많다는 연구 결과가 있다.

③ 두뇌 손상은 인성 변화를 초래하여 다양한 심리학적 문제를 야기시키기도 하는데, 예를 들어 악성종양을 가진 사람들은 우울증, 신경과민, 격분, 살인 기도 등에 쉽게 빠질 확률이 높다.

3 자율신경조직과 범죄

(1) 자율신경조직

인간의 신경조직 중에서 의식적으로 지각되지 않지만, 신체기능을 관장하는 신경조직으로, 사람들이 갈등이나 공포상태에 있을 때 특히 활발히 작동한다.

① 처벌이 예견될 때 느끼는 불안반응은 사람들이 사회의 규범을 배우는데 중요한 작용을 한다.

② 처벌이 예견되는 행동을 할 때 나타나는 불안감을 떨쳐버리기 위하여 문제의 행동을 하지 않게 된다.

(2) 사회생활의 장애 초래

자율신경계 기능의 장애로 인하여 처벌이 예견되는 상황에서 불안반응이 즉각적으로 발현되지 않거나, 혹은 그 반대로 상황이 종료되었는데도 불안반응이 신속히 제거되지 못한다면, 정상적인 사회생활에 장애가 될 수 있다.

(3) 아이젠크(Eysenck)

자율신경계의 특성을 중심으로 각 개인의 성격과 행동유형을 설명하면서, 외향적인 사람은 대체로 처벌에 대한 불안감을 덜 느끼고, 항상 새로운 자극을 추구하는 경향이 있으므로 그만큼 반사회적 행위를 저지를 가능성이 크다고 보았다.

자율신경조직과 범죄 보충

- 자율신경조직은 신경조직 중에서 의식적으로 자각되지는 않지만 신체기능을 관장하는 별도의 신경조직을 말한다.
- 아이젠크(Eysenck)는 내성적인 사람은 처벌에 대한 불안감을 크게 느끼고 이를 회피하는 성향이 강하기 때문에 규범에 어긋나는 행위, 즉 반사회적 행위를 하는 정도가 약한 반면, 외향적인 사람은 처벌에 대한 불안감을 대체로 덜 느끼고 기본적으로 새로운 자극을 항상 추구하기 때문에 그만큼 반사회적 행위를 저지를 가능성이 크다고 보았다.
- 자율신경조직의 기능상태를 조사하기 위해 최근 가장 많이 이용되는 방법은 메드닉(Mednick)의 피부전도 반응회복률(the rate of skin conductance response recovery) 검사이다. 시들(Siddle)은 이 방법을 사용하여 자율신경조직과 반사회적 행위의 관계를 규명하였던 연구들을 검토하였다. 흔히 SCR검사로 불리는데, 불안상태 등으로 인해 피검사자의 피부전도가 최고치에 달했다가 다시 정상수준으로 회복되는 시간을 측정하는 것으로, 시들(Siddle)의 연구결과에 의하면, 반사회적 행위를 저지른 피검사자들은 정상인에 비해 피부전도의 회복속도가 현저히 낮았다고 한다.

생물학적 범죄이론 보충

- 뇌는 크게 뇌간, 변연계, 그리고 대뇌피질의 3층 구조로 구성되어있다. 척추위에 위치한 뇌간은 호흡, 순환, 생식 등 기초적인 생존관련 기능을 담당하고, 뇌의 가운데 부분에 위치한 변연계에는 편도체, 시상하부, 해마 등이 존재하며 주로 본능적 욕구, 충동, 감정을 담당한다. 그 중 편도체는 공포와 분노기능을 담당하기 때문에 범죄와 직접적 관련성이 높다. 뇌의 바깥쪽에 위치한 대뇌피질은 기억, 언어, 집중, 의식 등 고차원적 사고 기능을 담당하고 그 중 특히 전두엽은 변연계에서 대뇌피질 방향으로 투사(project)된 욕구, 충동, 감정 관련 신경정보를 억제하거 나 사회적 맥락에 맞게 조절, 제어, 표출하게 하는 소위 집행기능을 수행한다
- 뇌의 바깥쪽에 위치한 대뇌피질은 기억, 언어, 집중, 의식 등 고차원적 사고 기능을 담당하고 그 중 전두엽은 변연계에서 대뇌피질 방향으로 투사된 욕구, 충동, 감정 관련 신경정보를 억제하거나 사회적 맥락에 맞게 조절, 제어, 표출하게 하는 집행기능을 수행한다.
- 세로토닌 시스템은 사람의 충동성이나 욕구를 조절하고 억제하는 역할을 담당한다. 세로토닌이 너무 적은 경우 충동성, 욕구, 분노 등이 제대로 통제되지 않아 폭력, 자살, 알코올 중독 등이 유발되기도 한다.
- 신경전달물질 도파민은 운동능력, 집중력, 문제해결능력을 매개한다. 특히 뇌에 존재하는 도파민 시스템은 보상과 쾌락을 담당하는 역할을 한다. 특정 행위나 자극이 도파민을 증가시키는 경우 즉각적인 만족과 쾌락을 느끼게 되므로 사람들은 관련 행위나 자극을 지속적으로 추구하게 된다. 비정상적 도파민 신경전달은 충동적 행위 및 폭력범죄와 깊은 연관성을 지닌다.

- 유전자-환경 상호작용(gene environment interaction: GxE)이란 개인의 유전형질에 따라 환경적 요인에 대한 반응성 또는 예민성이 달라지는 현상을 지칭한다(Plomin, 1990). 예를 들어, 동일한 스트레스 요인에 대해 어떤 사람은 기질적으로 예민하게 반응하고 어떤 사람은 태연하게 반응하는 경우가 이에 해당한다. 통계학상 상호작용이란 두 가지 요인이 공존하는 경우 시너지 효과가 발생하는 것을 지칭한다. 마찬가지로 유전자-환경 상호작용은 범죄유발 환경요인과 그 요인에 대한 반응성이 강한 위험 대립유전자가 동시에 존재하는 경우 해당 표현형이 특히 강하게 발현된다는 사실을 의미한다. 반대로 범죄유발 환경이 존재하더라도 위험 대립유전자가 존재하지 않거나, 위험 대립유전자가 존재하더라도 범죄유발 환경이 존재하지 않는 경우에는 해당 표현형이 발현되지 않거나 오직 미약하게 발현될 뿐이다.

- 유전자-환경 상호작용의 개념은 동일한 범죄유발환경(예, 부모의 학대나 슬럼가 거주)이 개인의 유전적 성향에 따라 각기 다른 결과로 노정됨을 보여준다. 이에 비해 유전자-환경 상관관계(gene environment correlation: rGE)는 개인이 처하거나 경험하게 되는 범죄유발환경 자체가 그 개인의 유전적 성향과 관련성이 있음을 나타내는 개념이다. 유전자와 환경 간에 상관관계가 존재하게 되는 이유는 사람들이 자신들의 유전적 성향에 따라 자신의 환경을 선택하고, 변화시키며, 또 만들어 낸다는 사실에 기인한다. 3종류의 유전자-환경 상관관계가 존재한다.

  - 수동적 유전자-환경 상관관계 : 수동적 유전자-환경 상관관계는 부모가 자녀에게 제공해준 가정환경과 자녀들의 유전적 성향 사이에 상관관계가 있음을 의미한다. 어떤 사람이 부모의 학대와 폭력 등으로 점철된 불우한 환경 속에서 자랐다면 그 사람 또한 폭력성과 관련된 유전적 소인을 지닐 가능성이 높다. 그 이유는 부모가 제공한 폭력적 가정환경이 부모의 유전적 성향에 의해 형성되었고, 그런 부모의 유전적 성향이 또한 자식에게 유전되기 때문이다. 이 경우 개인은 부모가 물려주는 가정환경 및 유전적 성향에 대해 거부할 권한이 없어 수동적으로 물려받을 수밖에 없기 때문에 수동적 유전자-환경 상관관계라고 칭한다.

    부정적 양육환경에서 자란 자녀가 비행과 범죄를 저지를 가능성이 높다는 것은 범죄학에서는 주지의 사실이다. 사회학적 범죄학 이론들은 이 경우 부모의 부정적 양육이 자녀의 비행과 범죄행위의 주요 원인이라고 간주한다. 그러나 자녀의 비행행위는 사실 부모의 부정적 양육과 부모로부터 수동적으로 물려받은 유전적 성향이 공동으로 작용하여 나타난 결과이다. 그러나 기존의 사회학적 범죄학 연구방법으로는 환경과 유전이 범죄에 미치는 영향을 따로 분리해낼 수 없기 때문에 유전이 범죄에 미치는 영향을 논하는 것이 불가능하다.

    이에 비해 유전적 요인과 환경적 요인을 동시에 고려할 수 있는 행동유전학적 연구에 따르면, 범죄원인으로 지목되는 부모행동, 부모의 양육방식, 비행친구와의 교제, 스트레스 유발 경험 등 많은 환경적 요인들이 모두 어느 정도 유전과 관련됨이 드러났다. 55개의 행동유전학적 연구에 대한 메타분석에서 켄들러와 베이커(Kendler & Baker, 2007)는 이러한 환경적 요인들의 분산 중 15%에서 35%가 유전분산으로 설명됨을 밝히고 있다.

  - 촉발적(evocative) 유전자-환경 상관관계 : 촉발적 유전자-환경 상관관계는 사람들이 각각의 유전적 성향에 따라 주위 환경으로부터 각기 다른 반응을 유도해낸다는 사실과 관계된다. 예를 들어, 유전적 영향에 의해 수려한 외모를 지닌 사람들은 주위 사람들의 관심과 호감을 유발한다. 마찬가지로 충동적이거나 포악한 사람들은 유순한 사람들에 비해 주위 사람들의 분노와 공격성을 촉발시킬 가능성이 높다. 동일 부모가 자녀들에게 대하는 양육방식이 각기 다른 이유도 촉발적 유전자-환경 상관관계에 해당한다.

    비버(Beaver)와 동료들은 쌍생아 구조방정식 모델기법을 이용해 반사회적 성향을 지닌 아이들이 부모로부터 거칠고 폭력적인 양육방식을 유도해내는 현상을 밝혀냈다(Beaver, Barnes, May, & Schwart, 2011). 즉, 부모의 양육방식이 자녀의 유전적 성향에 따라 변하게 되는 일명 자녀효과(child effect)가 존재함을 입증한 것이다. 기존의 사회학적 범죄학 이론은 부모의 양육방식이 자녀의 범죄성향에 일방적인 영향을 미치는 것으로 이해한다. 그러나 촉발적 유전자-환경 상관관계의 개념은 자녀의 유전적 성향이 역으로 부모의 양육방식에 영향을 미칠 수 있음을 시사한다.

- 능동적(active) 유전자-환경 상관관계 : 능동적 유전자-환경 상관관계는 사람들이 자신의 유전적 성향에 부합하는 환경을 능동적으로 선택하거나 만들어내는 현상을 의미한다. 개인들이 자신의 유전적 기질에 부합하는 환경을 능동적으로 선택하고 창조하기 때문에 이러한 현상이 발생하고 유전학에서는 이를 "적소찾기(niche-picking)"라고 부른다(Scarr & Mc- Cartney, 1983). 물론 유전자가 스스로 적소찾기를 하는 것은 아니다. 특정 대립유전자는 개인에게 특정 성향과 적성을 지니게끔 유도하고 개인들은 자신의 성향과 적성에 맞는 환경을 선택하거나 만들어내는 것이다. 범죄의 경우에도 유전자들이 직접적으로 범죄행위를 발생시키는 것이 아니라 범죄행위를 용이하게 저지를 수 있는 특정 기질이나 성향(충동성, 공격성, 자극추구성향, 공감능력 결핍 등)을 유도해내고 이런 기질과 성향으로 인해 범죄발생 가능성이 높아지는 것이다.

- 과코티졸화(hypercortisolism) 현상이 유지되게 되면 스트레스 요인 발생 시 극도의 공포와 불안을 겪고 불안장애나 우울장애의 양상을 띠게 된다. 주로 학대받는 여자아이나 장기간 가정폭력에 시달리는 여성에게서 과코티졸화 현상이 발견된다. 알로스테시스 부하가 코티졸 분비를 감소시키는 저코티졸화(hypocortisolism)로 발현되는 경우에는 반대로 HPA축이 저활성화되어 불안과 두려움이 오히려 감소하게 된다. 저코티졸화는 학대가정이나 슬럼가와 같은 범죄유발환경에서 성장한 남자아이의 경우 자주 목격된다.

- 노르에피네프린(Norepinephrine)은 수치가 높을수록 과도한 공격성을 보이나, 반대로 폭력범죄자들에게서 낮은 수치가 발견되기도 한다. 결국 높고 낮은 수치 모두 도구적 공격성과 관계가 있다.

- 유전자 COMT는 MAOA와 함께 신경전달물질을 분해하는 효소이다. 이 효소는 세로토닌 분해에는 관여하지 않고, 도파민과 노르에피네프린의 분해만을 담당한다. 특히 전두엽상의 도파민 분해를 전담하므로, 전두엽의 정상기능 여부에 중대한 영향을 미친다. COMT 대립유전자는 ADHD, 공격성, 반사회적 행위 등과 관련이 있고, 특히 모피트가 제시한 생애 지속형 범죄자 유형의 성향과 유의미한 연관성이 있음을 시사한다.

- 레인의 두뇌영상연구에 따르면, 우발적 살인자들은 전전두엽의 조절기능이 비정상적으로 결핍된 경우가 많은데, 특히 전전두엽의 기능성은 낮게, 우반구 피질하부의 기능성은 높게 나타났다. 계획적인 고의적 살인자들은 전전두엽의 기능성이 정상적인 반면, 우반구 피질하부의 기능성은 높게 나타났다.

- 저코티졸화는 냉담-무정서 기질로 대표되는 사이코패스의 대표적 특징이고, 어린 나이에 반사회적 행위를 시작하여 일생 동안 범죄를 저지르는 생애지속형 범죄자들의 성향이다.

- HPA축과 자율신경계의 반응은 양심과 도덕성 발달과도 깊은 관련이 있다. 양심과 도덕성이 발달하는 과정은 어릴 때 잘못된 행위로 처벌이나 비난을 받을 경우, HPA축과 자율신경계가 활성화되면서 불안과 두려움을 겪는 현상과 깊은 관련이 있다. 이러한 과정이 반복되면 나중에는 단순히 잘못된 행위를 계획하거나 생각만 해도 예상되는 처벌과 비난이 떠올라 저절로 부정적 정서를 경험하게 되고, 결국 잘못된 행위를 할 수 없게 된다. 이와 같은 생리신경학적 반응이 양심과 도덕성인 초자아(superego)를 형성하는 주요 메커니즘이다. 따라서 자율신경계의 저활성화도 사이코패스의 특징이 되고, 대가족이나 범죄유발 환경에서 성장한 사람이면서도 범죄를 전혀 저지르지 않는 사람 중에는 자율신경계 과활성 반응을 보이는 경우가 많다. 참고로, 범죄유발 환경에서 성장한 과활성화된 자율신경계를 지닌 사람들과 양호한 환경에서 성장한 저활성화된 자율신경계를 지닌 사람을 비교해 보면, 후자가 더 많은 범죄를 저지른다.

- 사회생물학적(생물사회학적) 관점은 살인·강도·강간·탈세와 같은 특정한 형태의 범죄행위 자체가 아니라, 이기적이고 공격적으로 행동하는 성향이 진화에 의해 얻어진다고 본다.

단원별 OX 문제

001 폭력적 범죄와 관련이 높은 염색체는 XXY이다. (　　)

정답 X 폭력적 범죄와 관련이 높은 염색체는 XYY이다.

002 초기 실증주의 범죄학자 중 생래적 범죄인설을 주장한 학자는 롬브로조이다. (　　)

정답 O

003 유전과 범죄의 관계에 대한 연구로는 범죄가계연구, 쌍생아연구, 연령-범죄곡선이 있다. (　　)

정답 X 범죄가계연구, 쌍생아연구, 입양아 연구가 있다.

004 생래적 범죄인의 낮은 지능, 성적충동의 조숙, 자제력 결여등의 특징을 갖고 있다. (　　)

정답 O

005 셀던이 분류한 신체유형 중 내배엽형의 신체 유형은 손목이나 손이 크고, 몸이 마르지 않은 경우 우람한 체형이다. (　　)

정답 X 내배엽형이 아닌 중배엽형에 대한 설명이다.

006 외배협형은 여위고 가냘픈 체형이며, 내향적이고 비사교적인 성격이다. (　　)

정답 O

007 타인의 감정에 무디고, 개인에게는 행동, 권력 및 지배를 중요시하는 기질을 갖는 유형은 중배엽형이다. (　　)

정답 O

008 셀던이 분류한 신체유형 중 공격적 기질형은 내배엽형이다. (　　)

정답 X 내배엽형이 아닌 중배엽형이다.

009 생물학적 원인론을 주장한 범죄학자는 롬브로조, 고링, 맛차이다. (　　)

정답 X 생물학적 원인론을 주장한 학자는 롬브로조, 고링, 셀던이다.

010 롬브로조는 격세유전설을 주장하였다. (　　)

정답 O

011 고다드는 쌍생아 연구방법을 범죄생물학에 도입하여 범죄성의 형성은 유전소질에 의하여 결정적으로 좌우된다고 주장하였다. (　　)

정답 X 쌍생아연구를 범죄생물학에 도입하여 체계화하고 획기적인 연구결과를 발표한 학자는 랑게이다.

012 범죄성향의 유전성을 밝히기 위해 허칭스와 매드닉이 코펜하겐에서 수행한 연구는 입양아연구이다. (　　)

정답 O

013 웨스트와 페링턴은 범죄성향의 유전성을 밝히기 위해 형제자매 사이의 유전성을 연구하였다. (　　)

정답 X 웨스트와 페링턴은 부모자녀 사이의 유전성을 연구하였다.

014 범죄생물학적 관점의 연구와 관련이 있는 것은 가계연구, 인성연구, 쌍생아연구이다. (　　)

정답 X 입양아연구, 호르몬연구, 쌍생아연구, 범죄자가계연구 등이 범죄생물학적 관점과 관련이 있고, 인성이론은 범죄심리학적 관점의 연구와 관련이 있다.

015 존 하워드는 감옥개량운동의 선구자로 감옥개혁을 주장하였다. (　　)

정답 O

016 롬브로조는 잔혹한 누범자에 대하여 사형을 인정하였다. (　　)

정답 O

017 베카리아는 자연범설을 주장하면서 적응의 법칙을 강조하였다. (　　)

정답 X 베카리아가 아닌 가로팔로가 주장하였다.

018 베카리아는 범죄와 형벌 사이에는 비례성이 있어야 한다고 주장하였다. (　　)

정답 O

019 존하워드는 근대범죄학의 아버지로 불리며 생래적 범죄인설을 주장하였다. (　　)

정답 X 존하워드가 아닌 롬브로조에 관한 설명이다.

020 페리는 범죄사회학, 범죄포화법칙을 연구하였다. (　　)

정답 O

021 랑게는 쌍생아 연구를 하였다. (　　)

정답 O

022 생물학적 범죄원인론은 행위자 개인의 기본적 특성인 소질을 강조한다. (　　)

정답 O

023 롬브로소(Lombroso)는 범죄인은 일반인에 비해 얼굴이나 두개골 등 신체 전반에 걸쳐 생물학적 열등성이 존재한다는 생래적 범죄인(born criminals)을 주장하였다. (   )

정답 O

024 롬브로조는 생물학적 실증적인 인간관과 범죄관념에 따라 비결정론을 전제로 하여 범죄연구를 하였다. (   )

정답 X 범죄원인 연구로서 실증주의의 주된 특징은 인간의 권리와 범죄자 처벌을 통한 범죄예방과 같은 법적 혹은 제도적인 문제 대신에 범죄행위와 범죄인에 초점을 맞춘 과학주의적 결정론적인 범죄원인 탐구이다.

025 가계연구, 쌍생아연구, 편집증연구는 생물학적 범죄원인론에 해당한다. (   )

정답 X 생물학적 범죄원인론에는 체형이론, 범죄인가계연구, 쌍생아연구, 양자연구, 가계연구 등이 있다.

026 페리의 범죄인 분류에서 상습범죄인은 개선가능한 자와 개선불가능한 자로 나뉜다. (   )

정답 O

027 페리의 격정범죄인의 예방대책은 손해배상 또는 강제이주이다. (   )

정답 O

028 가로팔로에 범죄자에 대한 인식에서 자연범은 정기구금을 주장하였다. (   )

정답 X 자연범에 대해서는 사형이나 종신형, 해외추방을 주장하였다.

029 가로팔로에 범죄자에 대한 인식에서 법정범에 대해서는 사형이나 종신형, 해외추방을 주장하였다. (   )

정답 X 법정범에 대하여는 정기구금을 주장하였다.

030 셸던은 각각의 특징이 분표된 정도를 고려하기 위하여 세 가지 유형 각각에 대해서 1점에서 7점까지의 값을 부여하였다. (   )

정답 O

031 범죄생물학이론은 범죄원인에 대한 설명과 더불어 대응방안을 제시해주는 실천학문으로서 가치가 있다. (   )

정답 X 범죄생물학이론은 생물학적 이유에서 범죄가 발생하였다는 현상의 설명 외에 어떠한 대응방안도 제시해주지 못하며, 범죄현상을 일관성있게 설명하지 못하기 때문에 실천학문이라고 보기에는 이론적 한계가 있다.

032 범죄생물학이론은 20세기 초반 실증주의 사조의 영향을 받았다고 볼 수 있다. (   )

정답 O

033 테스토스테론 수준이 낮을수록 폭력범죄 가능성이 높다. (   )

정답 X 테스토스테론 수준이 낮으면 폭력범죄 가능성도 낮다.

034 각성수준이 낮은 사람은 범죄 행동을 할 가능성이 높다. (   )

정답 O

035 아동기의 ADHD는 반사회적 행동의 가능성을 높인다. (   )

정답 O

036 가로팔로는 범죄포화법칙을 주장하여 일정한 개인적·사회적 환경하에서는 그에 따르는 일정량의 범죄가 있는 것이 원칙이라고 주장한다. (   )

정답 X 범죄포화법칙을 주장한 학자는 페리이다.

037 롬브로조, 페리, 가로팔로 등의 학자가 이탈리아 범죄학파에 속하고, 이들은 자연과학적 방법으로 범죄원인을 실증적으로 분석하고 완벽한 범죄대책수립이 가능하다고 주장하였다. (   )

정답 O

038 가로팔로는 범죄원인의 사회학적 측면을 중시하여 범죄의 시간적, 공간적 종속성을 인정하지 않는 자연범은 존재하지 않는다고 주장하였다. (   )

정답 X 가로팔로는 범죄 중에는 시간적, 공간적으로 종속되지 않는 자연범이 존재한다고 믿었다.

039 가로팔로는 사회범죄학에 바탕을 둔 살인, 강도, 절도와 같은 자연범은 생래적인 것이므로 어떠한 사회제도나 정책도 이들에게는 효과가 없다고 강조한다. (   )

정답 O

040 범죄의 유전의 원인에 관하여 일반적 범죄성향을 밝히기 위한 연구가 유전적 신체기능의 비정상이 유전된다는 연구보다 신뢰성이 더 크다. (   )

정답 X 일반적 연구성향이 유전된다는 연구보다 설득력이 높은 연구로 평가된다.

041 타르드는 범죄원인을 사회적 모방에서 보아 거리, 방향, 삽입의 원칙을 주장하였다. (   )

정답 O

042 범죄가계연구의 가장 큰 문제점은 범죄자가 이미 많이 출현한 가계를 중심으로 통계조사를 한다는 점이다. (   )

정답 O

043 페리는 범죄원인으로 물리적 요소, 사회적 요소, 환경적 요소를 강조하였다. (   )

정답 X 인류학적 요소, 물리적 요소, 사회적 요소 세 가지를 열거하였다.

044 허칭스와 매드닉 연구에서 양부모와 생부모의 상관관계에 따른 범죄율은 생부와 양부 모두 범죄자 > 양부만 범죄자 > 생부만 범죄자 > 생부와 양부 모두 비범죄자 순이다. (   )

정답 X 생부와 양부 모두 범죄자 > 생부만 범죄자 > 양부만 범죄자 > 생부와 양부 모두 비범죄자

045 고다드는 정상인과 정신박약아의 자손과 정상인간의 자손의 범죄관련성을 연구하였다. (   )

정답 O

046 쌍생아 연구의 문제점은 모집단으로부터의 무작위추출에 의하지 않은 표본의 대표성의 결핍이다. (   )

정답 O

047 성염색체 중 Y염색체가 증가된 경우는 일반적으로 클라인펠터증후군이라고 불리며 범죄성향이 높다고 한다. (   )

정답 X 클라인펠터증후군은 X염색체가 증가된 경우 (XXX, XXY, XXXY)이다.

048 롬브로조는 기회범에 대한 범죄대책으로 벌금형을 주장하였다. (   )

정답 O

049 페리의 범죄인의 분류 중 가족이나 사회의 조건에 의한 범죄자에 해당하는 것은 기회범이다. (   )

정답 O

050 페리가 제일 중요시한 범죄원인은 성별이다. (   )

정답 X 페리는 생산과 분배 등 사회적 원인을 중요시 하였다. 성별은 개인적 원인에 속한다.

051 가로팔로는 자연범에 대하여 해외추방이나 정기구금을 주장하였다. (   )

정답 X 자연범에 대하여는 사형이나 종신형, 해외추방을 주장하였다.

052 가로팔로는 국가의 생존보다 개인의 권익을 우선시하였다. (   )

정답 X 국가의 생존을 개인의 권익보다 우선시하였다.

053 크레취머의 체형분류에 따를 경우 간질병질에 해당하는 체형은 투사형이다. (   )

정답 O

054 오이디푸스 콤플렉스는 범죄의 생물학적 원인이 아니다. (   )

정답 O

055 허칭스와 매드닉은 입양아의 범죄성에 생부와 양부가 미치는 영향을 연구하였다. (   )

정답 O

056 크로우 연구는 어머니가 범죄자였던 양자와 정상적 어머니를 둔 양자의 비교연구를 통해 어머니가 범죄자였던 양자의 경우가 범죄율이 높다는 것을 밝혔다. ( )

정답 O

057 대뇌 중 전두엽이 손상되면 주위산만, 기분이양, 자발성 감퇴, 충동성을 나타내고 범죄성을 보이기도 한다. ( )

정답 O

058 저혈당인 사람의 범죄유형은 강도, 폭행 등 원시적 공격행위의 유형을 갖는다. ( )

정답 O

059 쉘던이 분류한 신체유형 중 살찌고 둥글며 행동이 느린 유형은 중배엽형이다. ( )

정답 X 살찌고 둥글며 행동이 느린 유형은 내배엽형이다.

060 범죄 원인의 규명을 위해 롬브로조가 최초에 관심을 집중한 것은 두개골이다. ( )

정답 O

061 롬브로조, 고링, 쉘던 3명의 학자의 공통된 이론은 생물학적 원인론이다. ( )

정답 O

PART

04

심리학적
범죄원인

정신분석이론

CHAPTER

1 정신의학 및 정신분석학적 접근

▎심리학적 범죄원인의 핵심

• 시간의 흐름과 상황의 변화에도 변하지 않는, 고유한 정신적·심리적 특성이 개인에게 심리적 지향성 또는 행동습관으로 자리 잡아 범죄행위로 표출되는 현상이다.

(1) 개요

'정신의학적 이론(psychiatric theory)'은 비행이나 범행을 포함한 현재의 행위가 초기아동기의 경험에 기초할 것이라고 이해하고 있다. 특히, 아동과 그들의 부모와의 관계가 중요하다.

(2) 정신의학적 이론의 분류

① 욕구의 차단(blocked needs)
   ㉠ 인간이 음식과 같은 일차적·신체적 욕구를 성취한 후에 추구하게 되는 감정적 안정과 같은 이차적 또는 심리적 욕구가 충족되지 못할 때 보이는 이상적 증상을 말한다.
   ㉡ 아동기 이후의 생애에 있어서 인성의 장애는 보편적 욕구의 초기 약탈 정도의 따라 다양해진다.
② 부모의 상실(Parental deprivation)
   ㉠ 반사회적이나 폭력성향의 사람들에게 모성이나 부성의 결핍과 부재가 많다는 사실에 기초한다.
   ㉡ 부성이나 모성의 부재로 인하여 아동이 타인과의 감정적인 관계를 형성하는 능력에 손상을 받는 것을 말한다.
   ㉢ 영향이 가장 심한 경우는 아버지가 없는 모자가정의 자녀에게 가장 크게 나타나며, 기본적으로 소녀보다는 소년이 홀부모의 영향을 더 많이 받는다.
③ 부적절한 훈육(faulty discipline)
   ㉠ 거칠고 일관성 없는 훈육 그리고 반사회적이거나 공격적 행위유형과 관련이 있다.

ⓒ 거칠거나 일관성 없는 훈육은 청소년들의 반사회성과 비행성을 증대시킨다는 가설을 기초로 한다.

(3) 심리학적 접근의 기본적 가설

① 인간은 성적 발전과 함께 단계별로 성장과 발전을 한다.
② 어떤 경우에는 대개 청소년기 이전의 초기단계에서 개인의 인성발전에 갈등을 초래하는 이상성(abnormality)이 일어난다.
③ 갈등은 일반적으로 본능적 충동(instinctual drives)과 사회적 제재(societal restraints) 사이의 상호작용으로 일어나며, 개인을 고통스럽게 하고 무의식의 영역으로 압박하게 된다.
④ 고통스러운 갈등을 다루기 위한 시도가 방어기제의 형태로 인성 내에 발전되고, 이러한 기제가 이상인성유형으로 이어진다.
⑤ 비행은 이상인성유형의 한 가지 행동표출로서 나타나는 것이다.

2 프로이트(Freud)의 정신분석학

(1) 의의

① 인간의 정신을 의식과 무의식으로 구분한다.
② 인간의 마음은 의식적, 의식발달 이전 그리고 무의식적인 세 가지 상이한 기능을 수행한다고 주장하였다.
③ 의식적 마음은 배고픔, 고통, 갈등 등 인간이 가장 잘 인식하고 있는 관점이며, 의식발달 이전의 마음은 기억이나 경험과 같이 의식 밖이나 언제라도 의식될 수 있는 경험의 요소를 말한다. 무의식적 부분은 생각과 같이, 경험될 수 없는 성(性)과 같은 생물학적 욕망과 충동을 담고 있다.
④ 특별한 외형적 질환이 없음에도 불구하고 비정상적인 행위를 하는 인간이 존재, 프로이트는 이들을 치료할 수 있는 방법을 모색하는데 관심을 두었다.
⑤ 의식은 지각 상태에서의 심적 내용으로, 의식의 활동 범위는 매우 좁고, 무의식은 인간 정신의 깊고 중요한 부분으로 본능, 억압된 기억, 행동 및 사고에 영향을 주는 충동 등의 저장소이다. 꿈, 실수, 각종 징후 등을 통하여 자신도 모르게 표출되기도 한다.
⑥ 범죄는 본능적인 충동을 갖는 이드와 행위에 대한 사회적 기대 및 금지를 나타내는 슈퍼에고 사이의 갈등에서 에고가 이를 적절하고 중재하지 못한 결과이다.

비 판	• 주요 개념을 측정하고 기본가정이나 가설을 검증하기 어렵다는 점이 가장 빈번히 그리고 가장 심각하게 비판받는 점이다. • 초기 아동기의 경험을 지나치게 강조한다는 비판도 있다. 문화와 환경적 영향의 무시, 가정의 구성 및 역할의 변화로 인한 성역할 동일체성이나, 일탈의 발전에 있어서 오이디푸스 콤플렉스나 엘렉트라 콤플렉스의 역할과 같은 중요한 몇 가지 프로이트 학파의 개념에 대한 의문이 제기되고 있다.
기 여	정신분석학적 접근은 범죄자의 배경, 가족생활, 인성, 태도, 범행의 동기나 이유 등에 대한 이해와 범죄자의 처우에 있어서 중요한 역할을 수행하고 있다.

인격구조	내용
본능(id)	• 모든 행동의 기초를 이루는 생물학적 · 심리학적 욕구 · 충동 · 자극을 대표 • 무의식적 개념
자아(ego)	• 생의 초기에 발전 • 유기체가 가진 욕구는 현실과의 거래를 요하면서 자아가 성립
초자아(superego)	• 사회 전체의 가치와 이상의 내적 표현 • 협상을 실현하여 인간의 욕구충족을 위한 활동에 참여 유도

(2) 이드 · 에고 · 슈퍼에고(Id · Ego · Superego)

① 이드(Id)

㉠ 정신구조론에 중점을 주고 쾌락의 지배를 받는 원초아, 본능이라고 한다.

㉡ 성이나 음식과 같이 모든 행동의 기초를 이루는 생물학적 · 심리학적 욕구 · 충동 자극을 대표하는 것으로서 선천적으로 존재하는 무의식적 개념이고, 타인의 권리를 배려하지 않는 즉각적인 만족을 요하는 쾌락주의 원칙을 따른다.

② 에고(Ego)

㉠ 에고(Ego)는 '자아'라고 하며, 의식적 인성이다. 이드(Id)와 슈퍼에고(superego)의 금지를 중재하는 역할을 한다.

㉡ 사회관습의 테두리 내에 남도록 행동을 안내하는 것을 도와 줌으로써 이드(Id)의 요구를 보상하는 합리적이고 온순한 특성의 인성부분으로서 사회적 기준에 따라 무엇이 관습적이며 실질적인가를 고려하는 현실원리(reality principle)를 따른다.

㉢ 에고는 이드를 만족시키려 하나, 현실세계와 현실의 요구에 부합되는 방법을 찾아 실용주의적으로 작용한다.

㉣ 시간이 지남에 따라 욕구와 현실 사이의 대립의 결과 점차 성숙된 사고와 기억의 체계가 확립되어 스스로를 바라볼 수 있는 능력을 갖추게 된다.

③ 슈퍼에고(Superego)

㉠ 자기비판과 양심이며, 사회적 경험에서 생성되는 요구를 반영하는 것이다.

㉡ 인성 내에서 중요한 타자, 지역사회, 부모의 가치와 도덕적 기준을 통합한 결과로 발전되며, 인성의 도덕적 관점으로서 행위에 대한 판단을 맡는다.

㉢ 사회적 규범과 제재의 두려움으로부터 도출된 내적 제재인 것이다.

ⓔ 도덕, 규범과 사회적 요구나 기대를 내면화한 것으로 욕구와 충동을 억제한다.

ⓜ 현실적인 목표를 추구하는 에고(Ego)를 도덕적인 목표를 가지도록 한다.

ⓗ 욕구에 대한 죄의식을 느끼게 하며 인간의 행동을 통제하는데, 쾌락보다는 완벽을 위해 노력한다.

(3) 리비도 (Libido ; 성적 충동)

① 사람의 성장에 따라 유아기로부터 성인기로의 사회화과정을 구순기, 항문기, 남근기, 잠복기, 성기기라는 성심리적 단계로 설명하며, 단계별 발전이 인성형성에 중요한 역할을 한다고 가정한다.

② '오이디푸스 콤플렉스'
남자아이에게 나타나는 것으로, 어머니에게 성적 욕망을 느끼고 아버지에게 거세 공포를 느끼는 것을 말한다.

③ '엘렉트라 콤플렉스'
'남근 선망'이라고도 하며, 여자아이는 아버지가 가지고 있는 남근(phallus)이 자신에게는 없다는 사실을 깨닫고 부러워하며, 자신에게 남근을 주지 않는 어머니를 원망하는데, 이와 같은 여자아이의 선망(penis envy)이 콤플렉스를 갖는 근본적인 원인이되며, 초자아가 형성될 때까지 지속된다.

④ 각 단계별 아동은 그에 맞는 욕구를 해결해야 하는데, 이들 욕구가 긴장을 야기시키며 이러한 긴장이 사회적으로 수용될 수 있는 행위를 통하여 해결되지 않을 때 범죄적 적응이 유발될 수 있다고 지적한다.

〈각 단계별 특징〉

성장단계	시기	고착 발생시
구강기	0~18개월	입으로 뭐든지 씹으려 함, 구강성교에 집착, 조그만 방화범이 되기 쉽다.
항문기	18개월~3세	학대를 많이 함, 감정조절을 잘 못하고 폭력적 성향을 가지게 된다.
남근기	3~5세	정상적인 이성교제를 하지 못하고, 동성애, 변태적 성향을 가진다.
잠복기	6~12세	사랑받고 싶어 하는 욕구와 관심을 끌려고 하는 욕구가 강해진다.
성기기	성인	이성에 대한 관심이 높아진다. 이성에 대한 차이점을 잘 설명해주지 않으면, 여성공포증이나 여성비하적 태도를 가지기 쉽다.

(4) 방어기제의 유형

① 억압 : 불쾌한 경험이나 받아들여지기 어려운 욕구, 반사회적인 충동 등을 무의식 속으로 몰아넣거나 생각하지 않도록 억누르는 것

② 부정 : 외적인 상황이 감당하기 어려울 때 일단 그 상황을 거부하여 심리적인 상처를 줄이고 보다 효율적으로 대처하는 것이다.

③ 반동형성 : 노출되기를 꺼려하는 무의식적인 충동에 반대되는 방향으로 생각·감정·욕구 등을 의식 속에 고정시켜서 이에 따라 행동하게 하는 경우이다. 예를 들어 성적충동을 지나치게 억압하면 모든 성을 외면하게 된다.

④ 투사 : 자신의 욕구나 문제를 옳게 깨닫는 대신 다른 사람이나 주변에 탓을 돌리고 진실을 감추어 현실을 왜곡하는 것이다.

⑤ 승화 : 반사회적 충동을 사회가 허용하는 방향으로 나타내는 것이다. 성적충동에 따라 누드를 그린다거나 관능적인 춤을 추는 것 등을 통해서 사회가 인정하는 방식으로 표현한다.

⑥ 합리화 : 상황을 그럴 듯하게 꾸미고 사실과 다르게 인식하여 자아가 상처받지 않도록 정당화시키는 것이다. 자신이 간절히 바라는 어떤 것을 이루기 어려울 때 그것의 가치를 낮추기도 하고, 인정하고 싶지 않은 것을 인정해야만 할 때 그것의 가치를 높이기도 한다.

⑦ 전위 : 직접적인 대상이 아니라, 다른 약한 사람이나 짐승에게 화풀이하는 것이다.

〈범죄자 심리기제〉

공격기제	긴장이나 압력상태인 갈등, 욕구의 좌절
퇴행기제	욕구충족이 좌절되었을 때 과거 원시적 행동을 보임
고착기제	과도한 충족과 유아기적 퇴행을 통해 그 자리에 머물게 됨
방어기제	자신의 불안감을 감소시키기 위한 억압 등

(5) 정신장애

① 기관장애

사고로 인해서 뇌가 손상되는 경우를 말한다.

② 기능장애

㉠ 인간관계에서 오는 갈등과 스트레스로 인해 발생하는 장애를 말한다.

㉡ 기능장애는 사이코시스(psychosis), 누로시스(neurosis), 성격장애(personality disorder)로 나뉜다.

- 사이코시스 : 환각과 환청을 경험하고 현실을 제대로 구분하지 못하는 정신분열증 등 기능장애 중 증세가 가장 심하다.
- 누로시스 : 공포증 등 불안장애, 하루에도 수십 번씩 손을 닦아야 하는 강박장애, 우울증 때문에 자살을 시도하는 우울장애 등을 포함한다.
- 성격장애 : 사회에 저주와 반항심을 보이는 반사회적 인격장애, 한 사람 안에 둘 이상의 다른 인격이 존재하는 다중성격장애 등을 말한다.

◢ 프로이트의 범죄원인에 대한 정신분석학적 접근

- 의식 + 무의식 : 에고(자아) + 이드(본능) ↔ 슈퍼에고(초자아)
- 이상행동의 원인 : 에고의 갈등(이드 ↔ 슈퍼에고)
- 범죄의 원인 : 슈퍼에고의 과잉발달

〈프로이트와 상반된 견해〉

융의 분석심리학	[내향성과 외향성] • 스위스의 심리학자인 융(Jung)은 프로이트와 마찬가지로 무의식을 중시하였으나, 리비도를 성적 욕구에 한정하지 않고 모든 행동의 기초를 이루는 심적 에너지로 이해했고, 그러한 차이를 중심으로 분석심리학의 체계를 정립하였다. • 융은 인간의 태도를 <u>외향성</u>과 <u>내향성</u>으로 분류하고 외향적인 사람이 범죄와 가까운 반면, 내향적인 사람은 신중하고 사회규범 등에 대한 학습능력이 높으므로 상습범죄자가 되기 어렵다고 한다.
아들러의 개인심리학	[과잉보상] • 아들러(Adler)는 인간의 심층심리에 작용하는 원동력은 프로이트가 말하는 성욕이 아닌 <u>힘의 의지</u>라고 주장하면서 프로이트의 성욕설을 비판하였다. • 인간은 힘(권력)에 대한 의지와 자기보존욕구를 가지는데, 이러한 욕구가 충족되지 못할 때 열등감 콤플렉스를 지니게 되고, 이에 지나치게 보상받으려는 시도에서 범죄나 비행을 저지르게 된다고 한다. • 콤플렉스의 주된 요인은 개인 심리학적 원인인 신체적 결함에서 비롯되지만 이를 소외와 같은 사회적 영역으로 확대하였고, 형벌의 범죄방지 효과에 대한 의문을 제기하였으며, 심리적 치료를 강조하였다.
에이크혼의 슈퍼에고의 미발달 (프로이트는 과잉발달이 원인)	[비행의 잠복] • 오스트리아의 정신과 의사인 에이크혼(Aichhorn)은 소년비행의 원인이 반사회적 행위를 준비시키는 심리적 소질에 있음을 지적하고, 이를 '비행의 잠복'이라고 칭하였다. 범죄행위와 관련하여 정신분석학 이론을 가장 밀접하게 접목시킨 사람으로, 정신분석학의 대부분은 에이크혼이 분류한 범죄자 유형과 일치한다. • 부모로부터의 애정결핍 또는 부모의 과잉보호 모두 반사회적 행위를 준비시키는 소년의 심리적 소질을 유발할 수 있으므로, 치료방법을 각기 달리해야 한다고 주장하였다. 또한 슈퍼에고가 적절히 형성되었으나 에고 측면에서 부모의 범죄성을 내면화한 경우도 지적하고 있다.

◢ 정신분석학 이론의 대표적 연구 더 알아보기

- 힐리(Healy)와 브론너(Bronner) : 형제 중에서 한 명은 범죄를 일삼고 다른 한 명은 일반적인 105명의 형제들을 대상으로 어린 시절 부모와의 관계를 비교 · 조사하였는데, 대체로 부모들과 애정관계를 맺지 못한 사람이 자신의 가족에게서 충족하지 못한 욕구를 충족시키기 위한 잠재적 의도하에 범죄를 저지른다고 주장하였다.
- 보울비(Bowlby) : 모성의 영향을 강조하였는데, 어린 시절 어머니가 없는 아이들은 기초적인 애정관계를 형성할 수 없어 불균형적인 인성구조를 갖게 되고, 이후에 범죄와 같은 반사회적 행위에 빠져든다고 보았다. 참고로 에릭슨(Erikson)은 사회문화적 요소에 따른 발달을 강조하여 청소년기 이후의 심리발달을 중시하였다.
- 레들과 와인맨 : 증오심이 강한 소년들의 공통된 특성을 살폈는데, 고립되어 성장한 결과 어른들이 자신을 사랑하고 원하며 보호하고 격려한다는 느낌을 가지지 못한 것으로 나타났다. 이 결과 비행소년들은 적절한 슈퍼에고를 형성하지 못하고, 에고도 이드의 욕구를 무조건 옹호하는 방향으로 구성되며, 에고가 슈퍼에고의 제재 없이 이드의 욕구대로 형성되는데, 이를 '비행적 자아'라고 지칭하였다. 치료방법으로서 어렸을 때 결핍되었던 어른들과 자신을 연계시킬 수 있는 동일시감정을 증진시키는 것이 무엇보다 중요하다고 주장하였다.

3 욕구좌절과 공격

(1) 개요

① 욕구좌절 내적·외적인 장애로 욕구의 충족이 방해받고 이로 인해 좌절이 발생한다. 이에 대한 자연적·일시적 반응은 다른 사람에 대하여 외부적으로 공격하는 것을 말한다.

② 욕구의 강도, 장해의 강도, 본인의 성격 등의 억제 정도에 따라 여러 가지 반응 행동이 나타나는데, 그 중 범죄로 결부되기 쉬운 것이 ㉠ 공격반응, ㉡ 퇴행반응, ㉢ 고착반응 등이다.

(2) 공격반응

① 로렌즈와 위그(Rorenz & Weig)

  ㉠ 외벌형 : 신체적, 언어적으로 분함을 타인에게 돌린다.

  ㉡ 내벌형 : 자신에게 원인을 돌리고 스스로 비난하여 상처받는다.

  ㉢ 무벌형 : 어느 쪽으로도 향하지 않고 무시하거나 최소화한다.

② 달라드와 밀러(Dallard & Miller)

  ㉠ 욕구좌절의 강도에 따라 공격활동은 발생하기 쉽다고 주장한다.

  ㉡ 공격적 활동을 억제하는 작용은 그 활동에서 예기되는 벌의 강도에 정비례한다.

  ㉢ 욕구좌절의 강도가 일정할 때 공격활동에 대한 벌의 심리적 강제가 클수록 공격활동은 일어나기 어렵다.

  ㉣ 벌의 심리적 강제가 일정하면 욕구좌절의 강도가 큰 만큼 공격활동은 발생하기 쉽다.

③ 헨리와 쇼트(Henry & Short)

  좌절에서 나온 결과 자신을 죽이도록 공격하는 것은 자살이고, 타인을 죽이도록 공격하는 것은 살인이라는 것이다.

(3) 퇴행반응

① 위협에 직면한 장면에서 욕구가 충족되지 않을 때 과거의 발달단계에서 욕구충족이 되었던 유치한 원시적 행동형성으로 퇴보하는 것을 퇴행이라 한다.

② 욕구가 충족되지 않았을 때 과거의 욕구충족이 되었던 안전하고 즐거웠던 인생의 이전 단계로 후퇴함으로써 불안을 완화시키는 방법이다.

③ 퇴행은 일시적으로 불안을 감소시키지만 근본적인 원인을 해결하지 못한다.

> **레윈(K. Rewin)의 갈등구분**
>
> • 접근 대 접근 갈등 　　• 기피 대 기피 갈등 　　• 접근 대 기피 갈등

(4) 고착반응

① 고착반응은 유아에게 더 이상의 성장은 좋지 않다는 느낌을 주는 과도한 충족에서 욕구좌절로 인해 더 어린시절로 퇴행하게 하고 그 시점에 머물게 하는 것을 말한다.

② 프로이드는 사람의 발달이 지장을 받아 리비도가 있는 발달단계로 고착하여 성장하기 곤란한 상태에 직면했을 때 그 고착한 단계로 퇴행하기 쉽다고 보았다.

③ 프로이드에 의하면 후기 구순기로의 고착은 욕구불만이 심하거나 가학적 행동으로 쾌감을 느끼게 하고, 후기 항문기로의 고착은 탐욕적, 완고적, 공격적, 호소적으로 변하게 된다.

④ Maiser는 욕구불만 상태에 있어서 목표 없는 불응을 '이상고착'이라 부르는데, 방화나 살인 중에 소위 '목적 없는 범죄'를 저지르게 된다고 보았다.

2 정신적 결함이론

CHAPTER

1 지능적 결함과 범죄

(1) 비네(Binet)의 아동에 대한 지능측정

1904년에 프랑스 교육부 장관의 요청에 따라 정신지체 아동 선별을 위한 도구로 아동 개개인의 지적 상태를 측정하여 누구를 특수교육 프로그램에 보내야 할지를 결정하기 위해 객관적인 진단 도구를 개발하였다.

(2) 웩슬러(Wechsler)의 성인에 대한 지능측정

① 성인의 지능을 측정하기 위해 고안된 표준화된 검사법이다.
② 어휘, 이해력 및 수리력 등의 언어검사와 조각 맞추기, 미완성 그림완성하기, 그림들의 적절한 순서 재배열 및 거기에 담긴 이야기 말하기 등의 동작검사 등으로 구성되어 있다.

(3) 로빈슨(Robinson)의 정신지체 분류

통상적으로 정신지체의 경계는 IQ 70이다. Robinson & Robinson의 정신지체 분류는 다음과 같다.

경미한 정신지체	IQ 50~55에서 70, 정신지체자 가운데 90%
중간 정신지체	IQ 35~40에서 50~55, 정신지체자 가운데 6%
심각한 정신지체	IQ 20~25에서 35~40, 정신지체자 가운데 3%
극심한 정신지체	IQ 20~25 이하, 정신지체자 가운데 1%

(4) 고다드(Goddard)의 범죄자의 정신박약설

① 정신박약과 범죄 사이에 관계가 있음을 확인하기 위해서 수형자들의 지능을 측정한 결과 수형자의 대부분이 저지능이라는 사실을 강조했다.
② 지능과 범죄의 관계에 대해서 논란의 여지가 있으나 둘 사이에 관계가 있는 것은 어느 정도 사실이다. 그러나 낮은 지능과 범죄를 연결짓는 것은 단순하지 않다.

③ 지능 자체가 선천적 요인과 환경적 요인 모두와 관련을 가진 측면이 있을 뿐만 아니라 지능과 비행의 관계 역시 이들 두 가지 측면이 상호작용한 결과라고 보아야 한다.

2 성격장애(personality disorder)와 범죄

(1) 의의

① 성격장애는 불안의 내적감정을 다루는 행위가 아니라, 다른 사람의 비용과 비윤리적인 방법으로 자신의 욕구를 충족시키는 행위로 간주된다.
② 미성숙한 성장의 결과이며, 충동적이고 이기적이며 무의식적으로 돌발하는 행동특징을 갖는다.
③ 법률제도와 충돌이 잦은 사람을 정신병자 또는 반사회인이라고 한다.

(2) 고프(Gough)의 반사회적 인성과 범죄

① 의의
  ㉠ 반사회적 인성은 정신병리, 사회병리와 동의어로 사용한다.
  ㉡ 임상적으로 지능적 또는 뇌의 구조적인 질환, 신경증적 정신병 등 임상병리적 증상을 보이지는 않지만, 사회적 적응능력이 부족한 특징을 지닌다.
  ㉢ 일반적으로 사회의 중요한 가치나 자신의 비행에 대해 후회하거나 죄책감 등을 내면화하는 데 실패한 결점이 있는 성격을 말한다.
② 반사회적 인성의 특성

- 미래에 대한 목표보다는 현실의 목표를 과대평가한다.
- 충동적 행동을 취한다.
- 자극의 강도와 그것에 대한 행동적 반응이 일치하지 않는다.
- 타인과 깊고 영속성 있는 애정관계를 형성할 수 없다.
- 깊숙한 대인관계를 유지할 수 없다.
- 자기가 정한 목표에 도달할 때까지의 사고와 계획성이 결여되어 있다.
- 사회적 부적응에 대한 불안과 고민이 결여되어 있다.
- 자기 잘못을 타인에게 돌리며 실패에 대한 책임을 지지 않는다.
- 하찮은 일에도 변명한다.
- 전혀 신뢰할 수 없으며 책임도 지지 않는다.
- 범죄행위에 대해 후회를 거의 느끼지 않고, 자신의 실수나 처벌에 의해서 영향을 받지 않는다.
- 감정이 결핍되어 있다.

③ 반사회적 인성의 원인
　　㉠ 아동기의 경험(가정폭력)
　　㉡ 부모의 영향을 받은 애정결핍
　　㉢ 부모가 알코올중독이거나 정신병자일 가능성
④ 한계
　　㉠ 구금된 사람들을 대상으로 반사회적 인성을 조사했기 때문에 대표성이 없다.
　　㉡ 특성이 구금의 결과인지 아니면 본래 인성적 특성인지 구분해내기가 어렵다.
　　㉢ 반사회적 인성이라는 개념이 애매모호하여 의사나 지역에 따라 상이하다.
⑤ 지능과 범죄의 상관관계
　　허쉬(Hirschi)와 힌들랑(Hindelang)은 지능과 범죄의 상관관계가 크다고 보았는데, 지능이 직접적으로 비행에 영향을 주는 것이 아니라, 낮은 지능이 학교성적에 영향을 미침으로써 그 낮은 학교성적이 비행을 유발한다고 주장하였다. 따라서 지능은 간접적으로 비행에 영향을 주는 요인이라고 한다.

3　정신신경증(neuroses)과 범죄

(1) 의의

① 정신신경증이란 뇌나 기타 기관에 병리적 장애가 발생하여 나타나는 현상이 아니라 심리적 장애 때문에 정신생활이나 신체생활에 장애를 초래하는 것을 말한다.
② 현실과 차단된 상태에서 환상, 망상, 환각 등을 겪지 않고 정상적인 지각작용과 사고가 가능하다는 점에서 정신병과 구별된다.
③ 강박신경증과 불안신경증
　　㉠ 강박신경증
　　　– 이성적으로 불합리한 것으로 판단하여 떨쳐버리지 못하는 관념이나 감정 때문에 특정 행동을 반복하게 되고, 그럴수록 더욱 심한 불안감과 긴박감에 사로잡히게 되는 정신 장애
　　　– 성도착자들의 성범죄가 유발되기도 하고, 성욕 등 내적 긴장감이나 불안감의 상징적 발산방법으로 방화하는 방화광이나 절취벽자가 될 수 있다.
　　㉡ 불안신경증
　　　– 심한 불안감에 사로잡혀 여러 가지 정신신체상의 장애를 느끼는 경우로, 불안신경증과 범죄의 관련성은 죄책감 콤플렉스를 중심으로 나타난다.
　　　– 오이디푸스 콤플렉스 또는 엘렉트라 콤플렉스를 적절하게 처리하지 못해 야기되는 죄책감으로 인해 범죄행위로써 자신의 불안감이나 죄책감을 해소하려고 한다.

(2) 슈나이더(Schneider)의 정신병질(psychopathy)과 범죄

① 발양성 정신병질자

   ㉠ 자신의 능력과 운명에 대해 과도하게 낙관적이며, 경솔하고 불안정적이다.

   ㉡ 다혈질적이고 활동적이어서 어디서나 떠들고 야단법석을 벌이며 실현가능성이 없는 약속도 깊은 고려 없이 남발함으로써 상습사기범이 되기 쉽다.

   ㉢ 순간적인 충동에 따라서 움직이고 쉽게 범죄유혹에 빠지며, 무전취식자로 돌아다니기도 한다.

② 우울성 정신병질자

   ㉠ 염세적, 비관적인 인생관에 빠져 항상 우울하게 지내고 자책적이다.

   ㉡ 강박관념에 빠져 자살가능성이 높다.

   ㉢ 항상 최악의 상황을 생각하고 과거를 후회하고 미래를 걱정한다.

   ㉣ 적극적으로 범죄에 가담하지는 않지만 강박증상으로 살인이나 성범죄를 저지르기도 한다.

③ 의지박약성 정신병질자

   ㉠ 지능이 낮고 주위 상황과 주변 사람들의 태도에 따라 우왕좌왕한다.

   ㉡ 좋은 환경 아래에서는 온순하고 모범적으로 생활하나 나쁜 환경에서 범죄의 유혹에 직면하게 되면 쉽게 빠지고 헤어나지 못한다.

   ㉢ 상습누범자, 창녀, 알코올중독자, 마약중독자 등이 많다.

④ 무정성(정신박약형) 정신병질자

   ㉠ 타인에 대한 동정심이나 연민의 감정, 수치심, 명예심, 공동의식, 양심의 가책 등이 결핍되어 함부로 행동한다.

   ㉡ 자기 목적 달성을 위해서는 냉혹 잔인하게 행동하고 그에 대한 죄책감을 느끼지 못하며, 복수심도 강하고 완고하며 교활하다.

   ㉢ 사이코패스, 도덕적 백치, 도덕적 박약자, 정신병질자, XYY형 범죄자 등이 많다.

   ㉣ 강력범죄와 관련이 많다.

⑤ 폭발성 정신병질자(병적 흥분자)

   ㉠ 병적 흥분자, 사소한 자극에 대해 병적으로 과도하게 격렬한 반응을 일으키고, 전후를 고려함이 없이 닥치는 대로 던지고 때리고 폭행한다.

   ㉡ 타인에 대한 공격 뿐 아니라 자해행위를 하기도 한다. 이런 경향은 알코올 음용 이후에 더욱 잘 나타난다.

   ㉢ 간질성 기질이 나타나기도 한다.

   ㉣ 평소에는 조용하고 친절하며 분별력 있게 지내기도 한다. 이들은 살상, 폭행, 모욕, 손괴 등의 범죄행위를 많이 저지른다.

⑥ 기분이변성 정신병질자

   ㉠ 기분의 동요가 심하여 예측할 수 없다.

   ㉡ 방랑과 폭음, 방화범, 상해범 등이 많다.

ⓒ 갑자기 어떤 감동이 발하여 이상한 행동과 기분을 내다가 곧 주저앉는 등 변화가 심하다.

ⓔ 폭발성과 마찬가지로 간질성 기질이 나타나기도 한다.

ⓜ 기분이변성 > 무력성 > 발양성 순으로 범죄자와 관련이 있다.

⑦ 자기현시욕성(허영성) 정신병질자

ⓐ 자기를 실제 이상으로 높이 인식하는 성격이다.

ⓑ 다른 사람의 주목과 평판의 대상이 되고자 공상적인 거짓말을 일삼기 때문에 고급사기범이 되기 쉽다.

ⓒ 욕구가 좌절되면 신체적 질환으로 도피하여 히스테리성 반응을 보이기도 한다.

⑧ 자신결핍성(자기불확실성) 정신병질자

ⓐ 능력부족을 늘 의식하여 주변 사정에 민감하고 어떤 강박현상에 쫓기는 듯한 복잡한 감정의 소유자이다.

ⓑ 주변 사정에 민감하여 도덕성을 지키기 때문에 범죄와는 거리가 멀다.

⑨ 열광성(광신성) 정신병질자

ⓐ 어떤 가치나 신념에 열중하여 외부에 적극적으로 선전하고 주장을 펼치는 등 소신에 따라 행동하는 강한 성격의 소유자이다.

ⓑ 정의감에 따라 소송을 즐기기도 하고 비현실적 주장을 펼치기도 한다(종교적 광신자나 정치적 확신범)

⑩ 무력성 정신병질자

ⓐ 심신의 부조화 상태를 호소하며, 관심을 자기에게 돌리기를 바라고 동정을 바라는 성격이다.

ⓑ 인격성의 상실에 빠져 번민하기도 하고 신경질적이다.

슈나이더의 정신병질적 성격유형

① 발양성, ② 우울성, ③ 의지박약성, ④ 무정성(정성박약성), ⑤ 폭발성(병적 흥분자), ⑥ 기분이변성, ⑦ 자기현시욕성(허영성), ⑧ 자신결핍성(자기불확실성), ⑨ 열광성(광신성), ⑩ 무력성 정신병질자 등이 있다. 이 중 범죄성과 적극적인 관련성을 가진 것은 발양성, 의지박약성, 폭발성, 기분이변성, 자기현시욕성, 열광성, 무정성의 일곱 가지이며, 우울성, 자신결핍성, 무력성은 소극적인 관계를 가진다고 보았다.

4 정신병과 범죄

(1) 의의

① 정신병의 주요특성은 현실과 환상을 구별하는 데 있어 극단적인 어려움을 겪게 되어 현실과의 접촉을 상실하는 것인데, 이러한 개념적 왜곡과 오해를 환각 또는 망상이라고 한다.

② 정신병의 가장 두드러진 특징은 현실감각의 상실이다. 정신병자는 환상과 망상 속에 살며, 환상과 현실을 구분하지 못한다. 존재하지 않는 소리를 듣고 없는 것을 본다.

③ 정신병과 범죄의 연관성은 분명하게 존재하는 것은 아니다. 그러나 환각이나 망상에 지배되어 범죄를 저지르는 경우가 있다.

〈정신신경증과 정신병의 차이점〉

구분	정신신경증	정신병
상태	정신병과 같은 장애 없이 지각작용과 사고에 있어서 정상성 유지	현실과 차단상태에서 환각, 환상, 망상, 의식장애
원인	심리적 장애로 인한 인과적 발생	뇌나 기관의 병리적 장애
형태	정신상 장애와 신체생활 침해	단순한 정신상 장애
종류	노이로제, 강박증, 불안증, 히스테리	정신분열, 조울증, 망상증, 간질

(2) 정신분열증(schizophrenia)과 범죄

① 정신분열증이란 감정의 둔화, 외계와의 융화성 상실 등으로 특징 지어지는 정신병으로 인한 범죄자 중에서도 가장 많이 발견되고 있다.

② 정신분열증에 대해서 사고과정의 심대한 분열을 보여주는 사람이라고 지칭한다.

일반적으로 극단적인 사회적 움츠림, 예측불가성, 심한 언어장애, 인식과 주의의 장애, 심한 감정불안 그리고 가장 중요한 것으로 심한 사고불안 등을 포함하는 다양한 행동의 무리를 뜻한다.

③ 정신분열증의 특성
   ㉠ 비합리적이고 괴이한 사고과정이며, 이들의 사고는 혼돈스러울 뿐만 아니라 위협적이다.
   ㉡ 중요한 행동특성은 언어불안(speech disturbance)으로서, 대화는 비지성적이고 낯설고 비현실적이다.
   ㉢ 극단적인 사회적 움츠림과 사회환경으로부터의 격리인데, 다른 사람을 적대적이고 위협적이며 믿을 수 없는 존재로 간주한다.
   ㉣ 부적절한 감정적 반응이 일어난다.

(3) 망상증(paranoia)과 범죄

① 망상증은 현재 다른 사람들의 동기에 대한 부당한 의심과 의혹이 중요한 요소인 행동유형을 고수하는 것이라고 정의한다.

② 고정된 망상을 중심으로 한 의식을 가지고 있어서 사물에 대한 객관적인 관찰판단을 행하지 못하는 것으로 특징짓는다. 망상증 환자는 피해망상이나 과대망상에 빠져 가끔 공격적인 행위를 자행할 수도 있다.

③ 망상증의 특성
　　㉠ 타인의 동기에 대해 얼마나 민감한지 그리고 의심스러운 신념이나 망상개념의 조직화, 논리, 복잡성 등에 따라 결정된다.
　　㉡ 망상의 특징이 일상적 활동을 지배할 정도로 심각하다면 망상적 정신분열이나 망상증 또는 망상상태라고 한다.
　　㉢ 깊이 상습화되고 습관적이며, 만족스러운 대인관계를 유지하는 능력을 방해한다.
③ 정신분열증적 편집증(paranoid schizophrenia)
　　㉠ 망상적인 사고가 현실접촉을 강력하게 방해할 때를 가리키는 것으로, 망상적인 사고가 그 사람의 다른 행위유형을 유도하게 되어 대인관계, 기분, 사고에 있어 문제를 조장한다.
　　㉡ 공격적이고 적대적인 모습을 나타내며, 피해망상증으로 남이 나를 해치기 전에 남을 먼저 해치울 수밖에 없다고 판단하는 위험한 상태가 된다.

범죄자의 성격 : 범죄유발에 영향을 주는 성격적 특성이 있음

- 로르샤하 검사 : 비행소년과 일반소년간의 성격 유형 차이가 있음
- MMPI : 범죄자와 일반인 간 성격 차이 (반사회성 경향이 강함)

사이코패스와 소시오패스

- 사이코패스(선천적 또는 후천적) : 지능은 평균 이상, 사랑할 능력이나 타인에 대한 이타심의 부재, 극단적 이기주의, 회피학습능력 부족, 추상적 단어에 대한 이해 부족, 전체 인구의 1%, 수용자 4명 중 1명 정도, 로버트 헤어의 사이코패스 진단방법[PCL-R(PsychopathyChecklist-Revised)]의 개발(20개의 질문지 40점 만점), 발생원인의 불명확성
- 소시오패스(후천적) : 사회와 관련한 병적 성질을 나타내는 성격, 전체 인구의 4$, 추상적 판단력 미흡
- 사이코패스 개념은 반사회적 성격장애의 하위개념이다.

P-E-N 모델

아이젠크는 범죄자의 성격을 3가지 차원으로 분석하였다.
- 정신병 성향(P) : 정신병적 성향과 반사회적인 이상 성격(예 공격성)
- 외향성(E) : (내향성과 비교하여) '충동성'이 강한 성격
- 신경증 성향(N) : 정서적인 측면에서 '불안정성'을 나타내는 성격

인성이론

CHAPTER

1 개요

(1) 의의

① 한 개인이 가진 여러 특성들의 전체를 성격이라고 한다.

② 범죄자는 일반인과 다른 비정상적, 부적합 성향을 가지고 충동적, 폭력적, 자극추구적, 반발적, 적대적인 행동을 한다.

③ 인성이론은 범죄의 원인을 이해하고 범죄자의 특성을 파악하며 범죄자의 범죄적 인성을 교정하거나 치료하는 데 중요한 역할을 한다. 여러 가지 심리검사나 측정방법을 통해 성격적 차이를 규명하는데 주력한다.

④ 정신분석학적 설명은 인간의 심리적 틀 내에 존재하는 저변의 갈등이 표출된 것을 범죄라고 하며, 인성을 통한 설명은 각종 심리검사에 의해 드러난 특성을 중심으로 인간의 행동을 설명하고 예측하는 점에서 차이가 있다.

⑤ 파괴적·비정상적 인성특징을 평가하기 위해 투사법(projective techniques)과 인성검사표(personality inventory), I-Level검사라는 표준화된 방법을 주로 사용한다.

(2) 성격의 분류

① 캐텔(R. Cattell)의 특질이론
성격 특성과 연관된 개념들에서 최소한의 공통요인을 추출하여 16개의 성격 요인을 발견하였으며, 이를 토대로 자신의 이론을 입증하기 위해 '16성격요인검사'를 고안하였다.

② 노먼(W. Norman)의 성격의 5분류
 ㉠ 외향성
 ㉡ 유쾌성
 ㉢ 성실성
 ㉣ 정서적 안정성
 ㉤ 교양

③ 아이젠크(H. Eysenk) 특질이론

㉠ 인간 성격의 생물학적 영향력을 강조한 대표적인 성향적 관점론자이다.

㉡ 반사회적 성향이 있는 성격 분류

- 정신병적 성향 : 공격적, 자기중심적, 비정함, 비사회적, 비관습적
- 외·내향성 : 외향성은 사교적, 내향성은 조용하고 내성적
- 신경증적 성향 : 정서적으로 불안정

④ 글룩부부의 로르샤하 검사(Rorschach test)

㉠ 글룩부부는 비행소년과 일반소년을 대상으로 성격적 특성에 대한 검사를 실시하였다. 로르샤하 검사는 6가지 측면에서의 성격적 특성을 측정하는 방법으로 성격의 심층심리적인 특성을 비교하여 두 집단 간의 성격 구분이 가능하게 하였다.

㉡ 비행소년의 성격적 특성

외향적, 활동적, 충동적이고 자제력이 약하며, 적대적이고 분노 조절이 곤란하고 의심이 많고 파괴적인 성격을 갖는다. 또한, 타인으로부터 인정을 받고 있다는 느낌을 갖지 못하는 성격적 특성이 있다.

(3) 대인성숙도검사(interpersonal maturity test) 7단계

① 사람은 각 단계별로 핵심인성과 관계되는 7가지 점진적인 발전의 단계나 수준의 형태로 사회적 또는 대인적 역량에 있어서 성숙해지는 것으로 가정한다. 복잡하고 추상적인 방법으로 대인관계를 보는 능력에 따라 가장 미성숙한 1단계에서 가장 성숙한 7단계까지 나눈다.

② 가장 많은 공식적 비행자가 발견되는 단계는 2단계부터 4단계까지라고 가정한다.

③ 2단계의 인성은 비사회적·공격적 그리고 폭력지향적이며, 3단계는 비행집단의 규칙에 동조하는 성향이고, 4단계는 전형적인 신경과민과 정신이상의 성향을 갖는다.

④ 2단계를 반사회적 모사자, 3단계를 문화적 동조자, 4단계를 신경증적 행위자라고 칭한다.

⑤ 대인성숙도검사에 의해 교정효과가 향상되었다는 실증적 연구가 없고, 훈련이 잘된 전문가를 필요로 하며, 비교적 비용이 많이 든다(비판).

(4) MMPI(Minnesota Multiphasic personality Inventory)

미네소타 다면적 성격검사로, 왈도(Waldo)&디니츠(Dinitz)가 MMPI를 이용하여 '범죄자의 성격 프로파일'을 조사한 다수의 연구 결과를 재분석하였다. 10가지 성격 중 '정신병질적 일탈' 경향, 즉 반사회적 경향에서 가장 현격한 차이를 나타내고, 범죄자들이 정신병질적 일탈 경향이 강한 성격이라 주장하였다.

▶ MMPI 더 알아보기

MMPI(Minnesota Multiphasic Personality Inventory)
- 의의
  - 해서웨이(S. Hathaway : 임상심리학자)와 맥킨리(J. Mckinly : 정신건강의학과 의사)가 고안한 것으로, 미네소타 다면적 인성검사법이라고 한다.
  - 처음에는 정신과적 측면의 비정상적인 행동과 진단을 분류하기 위해 고안하였지만, 현재는 인성(성격)검사 방법으로 세계적으로 가장 널리 활용하고 있다.
  - 가장 표준화된 범죄자 인성검사 방법으로, 정신이상 정도를 측정하고 성격진단 및 상담치료에 활용하고 있다.
  - 수용자의 행위에 대한 합리적인 예측가능성을 측정하는 도구로 활용하고, 보안수준과 교정프로그램에 수형자를 합리적으로 배정하는 데 공헌하였다.
- 타당성척도와 임상척도
  - 타당성척도(4가지) : ?(알 수 없다)척도, L척도, F척도, K척도

?(알 수 없다)척도	문항에 답하지 않거나, 그렇다와 아니다에 모두 답한 것
L척도	고의적으로 자신을 미화시켜 좋게 응답하는 것을 탐지
F척도	보통과는 다르거나 비전형적인 방법으로 응답하는 것을 탐지
K척도	정신적인 장애가 있으면서도 정상적인 척 응답하는 것을 탐지

  - 임상척도(10가지) : 건강염려증(Hs), 우울증(D), 히스테리(Hy), 반사회성(Pd), 남성(여성)특성(Mf), 편집증(Pa), 강박증(Pt), 정신분열증(Sc), 경조증(Ma), 내향성(Si)
- 문제점 : 문항수가 과다하고(Full Form 566문항, 단축형 383문항), 학력수준이 높아야 정확성이 높아지는 단점이 있다.

교정심리검사
- 교정심리검사는 교정본부에서 자체적으로 개발한 검사방법으로, 수형자의 문제행동 가능성과 재범위험성 예측 등에 활용하고 있다.
- 교정시설에서는 대상자에게 먼저 교정심리검사 등을 실시한 후 특이성격 등 필요한 경우에 MMPI 등을 추가로 활용하고 있다.

(5) CPI 검사

1956년 캘리포니아 버클리 대학의 고프(Gough)가 개발한 18개 척도의 성격검사도구로, MMPI가 신경증이나 정신병 등의 정서적 문제를 진단하기 위한 것인 데 비해, CPI는 정상적인 사람의 심리적 특성을 이해하기 위한 것이라고 할 수 있다.

2 아이젠크(Eysenk)의 성격이론

(1) 의의

① 성격을 환경에 대한 개인의 독특한 적응에 영향을 끼치는 인격, 기질, 지성, 신체 요소들이 안정되고 영속적으로 조직화 된 것이라고 정의하였다.

② 매우 반사회적 성향이 있는 사람의 경우에 정신이상, 외향성, 신경증의 정도가 모두 높을 것이라고 보았다.

(2) 성격의 위계모형

제1수준(기저 수준)	구체적 반응 수준, 단일한 행위나 인지로 이루어진다.

⬇

제2수준	습관적 반응 수준, 습관적 행위나 인지들로 이루어진다.

⬇

제3수준	특질 수준, 상이한 습관적 행동 간의 유의미한 상관으로 정의된다.

⬇

제4수준	유형 수준, 특질 간 관찰된 상관으로 정의된다.

(3) 성격의 세 차원(P – E – N 모델)

① 정신병적 성향(P)

ⓐ 정신병을 향한 성향과 반사회적인 이상 성격을 포함한다.

ⓑ 공격적, 차가움, 자기중심적, 비정함, 비사회적, 비관습적인 것 등으로 특징지어진다.

ⓒ 정신병리와 연관이 있을 수도 있지만, 개인차는 정상분포를 따르고 어느 정도는 정신병과 무관하다.

② 외-내향성(E) : 사회성과 충동성에서의 차이와 관련

ⓐ 외향성은 사교적이고, 파티를 좋아하고, 친구가 많고 흥미진진한 것을 추구하며 순간의 기분에 따라 행동한다.

ⓑ 내향성은 조용하고, 내성적이고, 말수가 적고, 반성적이며, 충동적 결정을 불신하고, 잘 정돈된 삶을 선호한다.

ⓒ 내향인은 외향인에 비해 고통에 더 민감하고, 보다 쉽게 피로하고, 흥분이 수행을 저하하고, 학교 공부를 더 잘하고, 혼자 일하는 직업을 선호하며 성적으로 덜 활동적이다.

ⓔ 내향인은 사건들에 의해 더욱 쉽게 각성하고 사회적 금지사항들을 더욱 쉽게 학습한다. 그 결과 내향인은 더 억제되어 있다. 학습에서 내향인은 처벌에 의해서 보다 영향을 받고, 외향인은 보상에 의해서 더욱 영향을 받는다는 증거도 있다.

③ 신경증 성향(N)

㉠ 정서적 안정성-불안정성 측정치로 높은 신경증적 성향은 더 큰 불안정성이 특징이다.

㉡ 정서적으로 불안정하고 변덕스러우며, 걱정, 우울, 불안, 낮은 자존감, 긴장, 수줍음 등의 특징이 있고 신체적 통증의 호소가 빈번하다.

(4) 성격 연구

① 외향성은 개인의 대뇌피질의 자극 수용(cortical arousal) 정도에 관련이 있다. 외부의 자극은 신경계를 거쳐 대뇌피질에 전달된다.

② 외향적인 사람은 대뇌피질이 자극을 덜 받아들이기 때문에 자극을 덜 느낀다. 따라서 그것을 채우기 위해 자극적인 것을 추구한다.

③ 내성적인 사람은 대뇌피질이 자극을 더욱 빠르게 받아들이고 그것을 오랫동안 간직한다. 그러므로 내성적인 사람은 외향적인 사람에 비해서 조건화를 통하여 특정 행위에 대한 억제력이 더 잘 발달한다.

④ 외향적인 사람은 내성적인 사람처럼 효과적으로 비 범죄행위에 대해 학습을 하지 못한다. 따라서 외향성이 높은 사람일수록 더 빈번하게 범죄행위를 할 것이라고 기대한다.

⑤ 신경증의 정도가 높은 사람은 불쾌한 자극에 대하여 강력하게 반발하는 불안정한 자율신경계를 가지고 있어서 불안감이 커진다.

(5) 골드버그의 성격의 5요인(초요인)

① 외향성(E) : 대인관계에서의 상호작용 측정 (예 활동수준, 자극에 대한 욕구)

② 신경증(N) : 정서적인 불안정 측정

③ 우호성(A) : 대인관계에 대한 지향성 측정 (예 타인에 대한 이해·공감 능력)

④ 성실성(C) : 목표를 지향하고 지속적으로 유지하는 성향 측정 (예 동기부여, 의지)

⑤ 개방성(O) : 새로운 지식 및 경험을 추구하는지에 대한 성향 측정 (예 호기심, 창의성)

3 인성이론의 한계

(1) 방법론상의 문제로 표본이 무작위로 표출되지 않아서 그 대표성에 의문이 있다.

(2) 다양한 인성과 범죄와의 관계에 영향을 미칠 수도 있는 많은 다른 변수에 대한 고려가 부족하다.

(3) 범죄행위가 특정 인성 특징의 결과인지 아니면 인성 특징이 범죄 경험의 결과인지 확실하지 않다.

(4) 타당성의 문제는 사람들은 지배적인 또는 핵심적인 인성을 지니고 있다는 가정 때문에 특정한 인성을 판단하도록 강요받고 때로는 잘못된 판단을 할 수도 있다는 점을 간과하였다.

행동 및 학습이론

CHAPTER

1 개요

▼ **의의**

- 범죄도 인간의 행동으로 외부로 나타난 행동을 관찰 및 분석하여 원인을 파악한다.
- 심리를 내면으로 파악하는 프로이드의 정신분석학적 접근과 상대적이다.

(1) 행동이론

① 인간 행위는 학습경험을 통하여 발전한다. 초기 아동기에 형성된 무의식적 인성 특징이나 인지발달보다는 사람들의 일상생활 중에 가담하게 되는 실제 행위를 중시한다.

② 사람들의 행위는 경험에서 끊임없이 변용되는 것으로서 범죄행위도 생활상황에 대한 학습된 반응이며 반드시 비정상적이거나 도덕적으로 미성숙한 반응을 나타내는 것은 아니라고 할 수 있다.

(2) 학습이론

① 학습이론은 정신분석학적 접근, 퍼스낼리티 이론 등과 달리 인간을 이해하는데 있어서 무의식이나 인격 내부의 역동 관계 등의 내적 과정을 가정할 필요를 인정하지 않는다.

② 학습이론에서는 관찰 가능한 행동 수준에서의 자극과 반응과의 관계를 중시한다.

(3) 학습(learning)

학습은 경험을 매개로 하여 행동에 비교적 영속적인 변화를 일으키는 과정이다. 학습이론에서는 기억할 수 없는 경험은 제외되며, 기억할 수 있는 경험이 인간의 행동에 영향을 미친다고 본다.

(4) 폭력을 유발하는 4요소

① 육체적 폭력이나 언어남용을 통하여 다른 사람을 화나게 하거나 좌절시키는 등의 자극시키

는 사건

② 개인적으로 또는 매체를 통하여 다른 사람을 관찰함으로써 얻게 된 학습된 공격적 반응이라고 할 수 있는 공격적 기술

③ 공격성이 어떤 방식으로든 보상될 것이라는 신념이라고 볼 수 있는 예상되는 결과

④ 현재상황을 고려할 때 공격성이 정당하고 적절하다는 타인의 관찰로부터 얻어진 신념인 가치 있는 행동의 일관성

(5) 재강화(reinforcement) 또는 보상(reward)의 원칙

① 비행행위에 가담함으로써 얻어지는 보상이나 재강화 또는 비행적인 역할모형에의 노출에 따라 학습된 비행의 실행에 중대한 영향을 미친다.

② 공격성이 처벌되기보다는 보상될 때 공격적 비행의 확률은 증가될 것이라는 가정에 기초한다.

③ 재강화와 보상의 3가지 유형

    ㉠ 외적 강화(external reinforcement)

        현금, 물품, 사회적 지위 또는 행위를 제재하는 데 효과적인 처벌과 같은 것을 말한다.

    ㉡ 대리적 강화(vicarious reinforcement)

        그들의 행위로 인하여 강화되는 다른 사람의 지위를 관찰하는 것을 말한다.

    ㉢ 자기규제기제(self-regulatory mechanism)

        사람들이 자기 보상이나 자기 처벌을 유발하는 방법으로 자신의 행동에 대해 반응한다는 것을 말한다.

2 타르드(Gabriel Tarde)의 모방이론

(1) 의의

① 인간 행위의 본질은 사람들이 사회생활을 하는 중의 다른 사람의 행위를 모방하는 것으로 본다.

② 범죄행위도 이런 모방의 한 예이다.

③ 범죄를 정상적으로 학습된 행위로 보는 입장을 제시하였다.

(2) 모방의 법칙

① 거리의 법칙 : 사람 간의 거리가 가까울수록 더 잘 일어난다. 즉, 모방의 강도는 사람과 사람 사이의 거리에 반비례한다. 사람 간의 거리가 가까울수록 더 잘 일어난다고 한다. 도시지역에서는 빠른 속도로 모방이 일어나는 반면 농촌지역에서는 모방이 자주 일어나지 않는다.

② 방향의 법칙 : 모방은 사회적 지위가 우월한 사람에게서 낮은 사람으로 이행된다. 처음에는 왕족과 도시에서 일어나는 범죄가 평민과 시골로 확산된다.

③ 삽입 및 무한진행의 법칙 : 단순한 모방이었던 것이 다음 단계에서는 유행이 되고, 그 유행이 관습으로 삽입·정착되며, 상호배타적인 유행이 동시에 발생하면 새로운 유행으로 기존의 유행을 대체한다는 것이다. 총기에 의한 살인이 칼에 의한 살인을 대체하고 지배적이 된다.

3 습관화

(1) 의의

모든 형태의 학습 중 가장 간단한 형태이다. 어떤 자극에 대해 반복적으로 노출되어서 친숙하게 되면 그 자극에 대해 반응하는 경향성이 감소하는 현상이다.

(2) 특징

① 갑작스럽고 친숙하지 않은 자극을 처음 접하게 되면 우리는 보통 놀라게 된다. 이는 외부적 위험에 대한 적응적 반응이다. 그런데 같은 소리를 몇 차례 듣게 되면 놀라는 반응이 점차 감소하게 되고 나중에는 그런 반응이 거의 일어나지 않게 될 것이다.

② 습관화는 도피반응을 유발하는 자극 범위를 축소시킨다. 유기체로 하여금 친숙한 자극을 무시하고 새롭고 위험을 신호하는 것들에 대해 위기 반응을 집중하도록 해주어 유기체의 생존에 유리하게 작용한다.

4 기억

(1) 의의

기억이란 과거 경험을 기록해 두었다가 필요할 때 그 기록내용을 참조하여 현재의 경험에 영향을 주는 과정을 말한다.

(2) 기억과정

① 부호화 : 정보의 획득 내지는 학습의 과정과 관련, 정보가 기억에 저장되는 형태를 말한다.

② 저장 : 부호화된 경험이 신경계에 남기는 어떤 흔적 또는 기록을 말한다.

③ 인출 : 저장된 기억의 흔적 중에서 특정한 것을 선택하여 밖으로 끄집어내는 것을 말한다.

(3) 기억의 단계이론

① 감각기억 단계(sensory memory)

우리 주위의 수많은 자극이 오관을 통해서 입력된다. 수없이 입력되는 자극 중에서 선별되어 기억의 단기 저장소로 이동한다.

② 단기기억 단계(short-term memory)

단기기억은 거대한 장기적 저장창고의 하역대이며, 하역대에 얼마 동안 놓인 꾸러미는 선택되어 창고로 옮겨지기도 하지만 대부분 꾸러미는 창고로 옮겨지지 않고 소멸하거나 다른 것에 의해서 대치된다.

③ 장기기억 단계(long-term memory)

하역대의 일부 꾸러미가 전이 과정을 거쳐 장기저장소로 이동한다. 장기기억에 저장되는 내용은 계층을 이룬다. 새로이 입력되는 내용은 계층의 어딘가에 붙는데, 한번 붙은 내용은 오랫동안 기억되며, 우리들의 사고와 행동에 영향을 미친다.

5 고전적 조건형성

(1) 파블로브(Pavlov)의 고전적 조건이론

① 파블로브는 개를 실험대상으로 했다. 개에게 먹이를 주기 전에 벨을 울리는 과정을 반복하였다. 그 결과 개는 음식이 주어지지 않더라도 벨 소리만 들으면 침이 분비되면서 벨소리와 음식을 연상시켜서 생각할 수 있게 되었다는 결과를 얻는다.

② 타액 분비, 눈 깜박임, 심장박동, 호흡작용, 혈압 등을 조절하는 부드러운 근육, 내분비샘과 관계된다.

③ 부드러운 근육과 내분비샘은 인간의 의지와 상관없이 스스로 조절되고 있으므로 '무의식적 활동'(involuntary)이라고도 한다.

(2) 무조건 반사 및 조건 반사

① 무조건 반사는 생득적이고 선천적이다. 무조건 자극(음식)과 무조건 반응(침 분비) 사이의 선천적인 연결이다.

② 조건 반사는 획득되는 것이다. 조건자극(종소리)과 무조건 자극 음식이 짝지어진 후 유발되는 반응이다.

6 도구적 조건형성

(1) 의의

① 학습의 주요한 또 다른 형태가 도구적 학습 또는 조작적 조건형성이다.
② 동물원의 물개가 생선을 얻기 위하여 공중제비 넘는 것을 학습할 때, 그 물개는 도구적 반응을 학습한 것이다. 그 반응은 원하는 효과, 즉 생선을 얻게 해준다는 점에서 도구적이다.

(2) 고전적 조건형성과 도구적 조건형성의 차이

① 도구적 학습에서는 강화(보상)가 적절한 반응에 의존한다. 물개는 공중 제비를 넘지 않으면 생선이 주어지지 않는다. 반면, 고전적 조건형성에서는 먹이가 동물의 행동과는 무관하게 제시된다.
② 도구적 학습에서 반응은 대단히 많은 행동으로부터 선택하는 것이다. 물개는 자신이 할 수 있는 수많은 행동으로부터 공중제비를 선택해야 한다. 고전적 조건형성에서는 반응이 강요된다.

(3) 효과의 법칙

① 지렛대를 누르면 벗어날 수 있는 상자 속에 고양이를 넣어두고, 고양이가 밖으로 나오면 소량의 먹이를 보상으로 준 결과, 고양이는 점차 짧은 시간 내에 문을 여는 향상을 보여주었다.
② 쏜다이크(Thorndike)는 동물이 학습한 것은 정확반응의 강도 증가라고 보았다. 정확반응은 점차 각인되고 쓸모없는 반응은 점차 억압하는 것이다.
③ 처음에 다양한 반응을 수행하는 경향성을 가진 동물의 정확반응이 강화되어 결국에는 처음에 우세하였던 부정확반응을 압도하느냐에 대한 해답으로 효과의 법칙을 주장하였다.

(4) 스키너(Skinner)의 조작 행동

① 고전적 조건형성과 도구적 조건형성을 철저하게 구분할 것을 주장하였다.
② 스키너는 이런 도구적 반응을 조작적 행동이라 불렀다. 이것은 보상을 초래하는 어떤 변화를 일으키도록 환경을 조작한 것이다.
③ '고전적 조건이론'은 자율신경과 부드러운 근육 운동의 결과이고, 스키너의 '조작적 조건이론'은 팔과 다리에 있는 체신경의 작용에 의한 결과이다.
④ 고전적 조건형성에서 행동(침 분비)은 외부의 자극에 의해서 촉발되지만, 도구적 조건형성에서 유기체는 외적 상황의 영향을 덜 받는다고 주장하였다.
⑤ 강화(reinforcement)
　　㉠ 쥐가 지렛대에 접근하면 장치를 조작하여 먹이가 나오는 과정을 반복한다. 그 결과 이제 쥐는 스스로 지렛대를 조작하여 음식을 먹을 수 있게 되는데, 이것이 바로 '강화'(reinforcement)이다.

ⓒ 강화는 선호자극의 제시(상자 속에 있는 비둘기가 실험자가 원하는 쪼기를 하였을 때 먹이나 물을 주는 것) 또는 혐오자극의 중지(전기자극에 놓여있는 쥐가 실험자가 원하는 지렛대를 눌렀을 때 전기자극을 멈추는 것)등을 통해 이루어진다.

⑥ 벌(punishment)

다른 실험실 장치로 쥐가 지렛대를 누를 때마다 전기충격을 가했다. 쥐는 전기충격을 받지 않기 위하여 다시는 지렛대를 누르지 않는다. 여기서 전기충격이 '벌'(punishment)이다.

⑦ 정적 강화는 반응이 긍정적 자극을 일으키는 조건을, 부적 강화는 도구적 반응이 혐오적 결과를 제거하거나 혹은 방지하는 조건을 의미한다.

⑧ 스키너는 고전적 조건형성과 도구적 조건형성을 철저하게 구분할 것을 주장하였다. 인간행동에 대한 환경의 결정력을 지나치게 강조하여 인간의 내적·정신적 영향력을 배제하였고, 인간을 조작 가능한 대상으로 취급하여 그 모든 행동을 조작화로써 수정 가능하다고 보는 시각으로 인해 인간의 자유의지와 존엄성을 무시하였으며, 인간을 지나치게 단순화·객관화한다는 비판을 받고 있다.

7 톨만(Tolman)의 인지학습이론

(1) 의의

동물 또는 인간이 학습할 때 실제로 문제가 되는 것은 고전적 조건형성이나 도구적 조건형성에서 보는 그런 행동상의 변화가 아니라 새로운 지식(knowledge)의 획득에 의한 인지구조의 변화라고 주장하는 견해이다. 여기서 인지구조란 수단과 목적 간의 관계를 아는 것으로, 하나의 인식형태 또는 사고방식이라 할 수 있다.

(2) 특징

① 고전적 조건형성에서 학습되는 것은 자극 사건들, 즉 조건자극과 무조건 자극의 관계성에 대한 표상인 데 비하여, 톨만은 도구적 학습의 경우 동물은 반응과 이 반응에 따라오는 강화 사이의 관계에 대한 내적 표상을 획득한다고 보았다.

② 동물은 지렛대를 누르는 것만을 학습하는 것이 아니라 지렛대를 누르면 먹이가 나온다는 것을 학습한다.

③ 학습이란 수단과 목표와의 의미관계를 파악하고 목표에로의 기호 학습이다.

④ 행동과 결과 사이의 이런 표상은 학습자의 욕구와 동기 같은 상황에 따라 나중의 경우에 사용되거나 혹은 사용되지 않을 수 있다.

8 반두라(Bandura)의 사회학습이론

(1) 의의

① 반두라(Bandura)는 공격적인 행위가 취하는 특정 형태, 공격적 행위가 표현하는 빈도, 공격적 행위가 보이는 상황, 공격을 위하여 선택되는 특정 목표 등은 대개 사회학습요인에 의해 결정된다고 본다.
② 사회학습이론에서는 밖으로 드러나는 행동에만 초점을 맞추는 행동주의 학습이론과 달리, 인간의 내면에서 일어나는 인지과정도 중시한다.
③ 개인은 직접적인 경험이 아닌 관찰을 통해서도 학습을 할 수 있으며, 성격은 타인의 행동을 관찰하고, 관찰된 행동을 시행한 후 얻어지는 결과에 따라 형성되는 것으로 본다.
④ 관찰학습을 통해 형성된 정보는 자기 효율성이라는 강화를 통해 필요성이 있을 때 행동으로 옮겨지는데, 이처럼 관찰에서 행동에 이르기까지는 4가지 단계가 필요하다.

(2) 관찰에서 행동까지의 4단계

① 모방단계
타인의 행동을 보고 들으면서 그 행동을 따라서 하는 것으로 관찰을 통해 학습된다.
② 인지 단계
인지적 활동을 통해 인간의 심상, 사고, 계획을 생각하고 인지한다. 또한 인지적 통제하에 자신의 행동을 조정하여 행동의 결과를 예측할 수 있다. 자신의 장래 학습과 수행에 영향을 미치는 인지적 구조는 고전적 조건화, 조작적 조건화, 관찰학습을 통해 습득한다.
③ 자기규제단계
관찰과정, 판단과정, 자기반응 과정의 세 요소로 이루어진다. 인간행동은 자기강화에 의하여 규제된다.
④ 자기 효율성 단계
어떤 행동을 성공적으로 수행할 수 있다는 신념이다.

(3) 학습과정

① 집중단계 : 관찰을 통한 학습이 이루어지기 위해서 행동이나 상황이 관찰자의 주의를 끌어야 하는 단계
② 인지 단계 : 관찰을 통해 학습한 정보를 기억하는 단계, 학습한 정보가 내적으로 보유·강화되는 단계
③ 재생단계 : 저장된 기억을 재생하는 단계로, 학습한 내용과 관찰자의 행동이 일치하도록 자기수정이 이루어지는 단계
④ 동기화 단계 : 학습한 내용대로 행동에 옮기기 전에 기대감을 갖게 만드는 단계

행동학습이론의 문제점

- 행동학습이론은 인간의 행위에 대해 외적 환경만 중요시할 뿐, 내적·자발적 측면을 무시하고 있다. 따라서 개인이 외부적 학습모델이나 자극 없이도 내적 흥미로부터 자발적으로 학습하는 과정을 설명하지 못한다.
- 행동학습이론은 범죄원인을 설명하면서 개인의 인지능력을 과소평가한다. 인간의 행위를 설명하는 데 외적 자극의 영향만을 지나치게 강조하여 내적 요인인 인지수준, 심리작용 등을 고려하지 않으므로, 범죄행위를 이해하는 데 한계가 있다.
- 방법론적 측면에서 동물실험 결과나 아동에게 부정적으로 작용하는 실험 결과를 통해 이론을 제시하는 것은 비윤리적이다.
- 행동학습이론은 나이에 따른 인지수준을 고려하지 않아 아동들의 행위학습만을 설명할 수 있을 뿐, 청소년이나 성인의 행위학습은 설명 불가능하다.

인지발달이론

CHAPTER 5

1 피아제(Piaget)의 인지발달이론

(1) 의의

① 사람의 도덕성은 일련의 단계에 따라 발전하며, 각 단계는 그 사람의 사회적 경험, 지적 또는 인지적 장비에 따라 그 전 단계에 크게 의존하여 발전한다.

② 인지 이론은 인간이 외부세계를 이해하고 파악하는 바탕인 인지적 구조가 형성되는 과정을 설명한 것으로, 지능, 도덕 발달, 정보처리 능력 등과 관련된다. 그는 인지능력이 일련의 고정된 발달단계를 통해 발달한다고 보았다.

③ 인지구조는 개인과 환경의 상호작용을 통해 발달하고 수정된다고 가정하고, 인지발달은 아동이 자신의 경험을 통해 인지적 구조를 만들어 가는 자발적인 과정이라 보았다.

(2) 인지발달과정

① 도식(scheme) : 개인이 가지고 있는 반복될 수 있는 행동의 유형이나 인지구조로 조직과 적응의 과정을 통해 형성된다.

② 조직(organization) : 인지한 것을 의미 있게 만드는 방식이다.

③ 동화(assimilation) : 자신이 가지고 있는 도식 속에 외부의 대상을 받아들이는 인지과정이다.

④ 조절(adjust) : 자신이 가진 기존의 도식이 새로운 대상을 동화하는 데 적합하지 않을 때 도식을 바꾸어 가는 과정이다.

(3) 인지발달단계

① 감각운동기(0~2세)
  ㉠ 반사운동이 세련되고 조직화된다.
  ㉡ 대상영속성 개념을 획득한다.
  ㉢ 인과성, 시간, 공간을 초보적인 수준에서 이해한다.
  ㉣ 모방하기 시작한다.
  ㉤ 행동은 전반적으로 자아 중심성을 반영한다.

② 전조작기(2~7세)

　　㉠ 직접적인 감각과 지각을 이용해 문제를 해결한다.

　　㉡ 개념적이고 상징적인 사고가 나타난다.

　　㉢ 놀이는 상상적인 성격을 띤다.

　　㉣ 언어는 반복성, 자아 중심성, 모방의 특성을 나타낸다.

　　㉤ 언어증가에 따라 사회화과정이 개선되고 자아 중심성이 감소한다.

　　㉥ 언어가 점차 발달하고 상징적인 형태로 사고한다.

③ 구체적 조작기(7~11세)

　　㉠ 논리적인 사고가 가능하고 탈중심화를 이룬다.

　　㉡ 숫자 개념과 같은 추상적 개념을 획득하고, 수와 양과 같은 실체의 필수적 속성을 추출할
　　　수 있게 된다.

　　㉢ 사회적 의사소통 능력이 증대된다.

④ 형식적 조작기(11세 이후)

　　㉠ 추상적인 문제의 해결이 가능해진다.

　　㉡ 조합적 사고능력이 발달한다.

2 　콜버그(Kohlberg)의 도덕발달이론

(1) 의의

① 범죄성 발달의 탐색은 개인의 지적 발달뿐만 아니라 그 사람의 학습과 외적 사회요인에도 관
　심을 가져야 한다고 주장하였다.

② 콜버그의 도덕성은 개인이 자신의 욕망에 집착하지 않고 타인의 상황을 이해하며, 사회 속에
　서 적응해가는 행동 경향을 말한다.

③ 행위의 옳고 그름에 대한 이해와 그에 상응하는 행동은 세 가지 수준의 여섯 가지 과정(사회
　화)을 통해 발달한다.

④ 범죄자들은 동일한 사회적 배경을 가진 비범죄자들보다 도덕적 판단의 발달이 매우 낮은 것을
　강조한다.

⑤ 도덕적 판단과 범인성의 설명은 그 사회의 옳고 그름에 대한 판단의 내재화와 함께 고려되어
　야 한다.

⑥ 도덕, 규율, 관습 등에 대한 사회의 판단과 태도가 개인이 선호하는 범죄행위의 과정에 상당
　한 영향을 미치기 때문에 동일한 비도덕적 행위라도 도덕수준이 낮은 사회에서는 조금의 죄
　의식도 없이 쉽게 행해지는 반면, 높은 도덕수준을 견지하는 사회에서는 범죄를 쉽게 행하지
　않는다.

(2) 도덕발달단계

① 1수준 : 전인습적 도덕성(비행청소년)
 ㉠ 1단계 : 처벌받지 않을 행동, 처벌과 복종단계
 ㉡ 2단계 : 일반적으로 이익이 되는 행동, 쾌락주의
② 2수준 : 인습적 도덕성
 ㉠ 3단계 : 타인의 인정을 받고 비난받지 않을 행동, 대인관계 조화
 ㉡ 4단계 : 법과 질서에 의해 엄격히 규정된 행동
③ 3수준 : 후인습적 도덕성
 ㉠ 5단계 : 법은 대중의 복리를 위한 사회계약이라는 입장에 근거하여 판단
 ㉡ 6단계 : 보편적인 윤리원칙에 입각해서 판단

◢ **피아제와 콜버그 비교**

• 피아제 : 인지발달에 따라 도덕성 발달. 주요 개념 : 도식, 동화, 조절, 조직화
• 콜버그 : 도덕성은 정해진 과정에 따라 발달, 3수준마다 각 2단계씩 사회화 진행

---

3 페스팅거(Festinger)의 인지부조화이론

(1) 의의

페스팅거의 인지부조화는 둘 이상의 태도 사이 혹은 자신의 행위와 태도 사이의 비일관성을 말한다.

(2) 인지부조화의 감소 방법

① 부인 : 정보의 출처를 무시하거나 과소평가함으로써 문제의 존재를 부인하는 것이다.
② 변경 : 자신의 기존 사고를 변경하여 일관성을 획득하고자 한다. 자신이 틀렸다는 사실을 인정하고 자신의 실수를 만회하려고 변화하는 것을 포함한다.
③ 재구성 : 자신의 이해나 해석을 수정한다. 이로써 자신의 사고를 변경하거나 문제 자체의 중요성을 과소평가하며, 혹은 그것을 전혀 중요하지 않다고 생각한다.
④ 조사 : 상대방의 관점에서 오류를 발견하고 그 출처를 의심하며, 자신의 관점이 사회적으로 확실한 지지를 받을 수 있는 방법을 찾겠다고 결심한다. 또한 자신의 행동이 옳다며 타인을 이해시키려 한다. 원인을 찾을 경우, 자신이 실수를 저지르게 된 원인을 이해시키려고 한다.

⑤ 분리 : 상층관계에 있는 태도를 각각 분리한다. 이를 통해 자신의 인지를 확실히 구분하여 그 불일치를 무시하거나, 망각할 수 있다. 자신이나 타인의 삶 한 부분에서 일어나는 일이 다른 부분에 영향을 미쳐서는 안 된다고 생각한다.

⑥ 합리화 : 불일치를 수용할 수 없는 변명거리를 찾는다. 또한 자신의 행동이나 의견을 정당화할 수 있는 이유를 찾는다.

> ### 심리학적 범죄이론에 관한 평가
>
> - 프로이트(Freud)의 정신분석이론은 범죄자의 현재 상황보다 초기 아동기의 경험을 지나치게 강조한다는 비판을 받는다.
> - 스키너는 고전적 조건형성과 도구적 조건형성을 철저하게 구분할 것을 주장하였다. 인간행동에 대한 환경의 결정력을 지나치게 강조하여 인간의 내적·정신적 영향력을 배제하였고, 인간을 조작 가능한 대상으로 취급하여 그 모든 행동을 조작화로써 수정 가능하다고 보는 시각으로 인해 인간의 자유의지와 존엄성을 무시하였으며, 인간을 지나치게 단순화·객관화한다는 비판을 받고 있다.
> - 콜버그(Kohlberg)의 도덕발달이론은 도덕적 판단과 도덕적 행위 간의 불일치가 문제점으로 지적되고 있다.
> - 아이젠크(Eysenck)의 성격이론은 극단적인 범행동기를 파악하는 데 유용하지만, 그렇지 않은 범죄자의 범행동기 파악은 어려운 것으로 평가된다.
> - 반두라는 보보인형실험으로써 TV 등 미디어를 통한 공격성 학습원리를 증명하였다.
> - 1962년 짐바르도(Zimbardo)는 스탠포드 대학교의 심리학과 건물 지하에 모의교도소를 만들어 교정시설의 수형환경, 수형자들의 적응심리, 교도관들의 행태 등에 관한 연구를 시도하였으나, 참가자 모두에게 심각한 심리적 문제가 발생하여 도중에 중단하였다. 짐바르도는 위 실험으로 인간의 행위와 본성을 연구하여 루시퍼 효과(Lucifer Effect)를 개념화하였다.

단원별 OX 문제

001 프로이드의 정신분석학은 인간의 정신을 의식과 무의식으로 구분한다. (　　)

정답 O

002 프로이드 정신분석학에서 범죄는 본능적인 충동을 갖는 이드와 행위에 대한 사회적 기대 및 금지를 나타내는 에고 사이의 갈등에서 슈퍼에고가 이를 적절하고 균형있게 조절하지 못한 결과이다. (　　)

정답 X 사회적 기대 및 금지를 나타내는 슈퍼에고 사이의 갈등에서 에고가 이를 적절하고 균형있게 조절하지 못한 결과이다.

003 프로이드는 인간의 퍼스낼러티를 구성하는 2가지의 상호작용하는 힘이 있다고 하였다. (　　)

정답 X 2가지가 아닌 3가지

004 프로이드 정신분석학에서 원시적 충동 또는 욕구를 자아(ego)라고 한다. (　　)

정답 X 자아(ego)가 아닌 이드(id)

005 정신병으로인한 범죄자 중에서 가장 많이 발견되는 증상은 정신분열증이다. (　　)

정답 O

006 프로이드의 정신분석학에서 초자아(슈퍼에고)는 쾌락보다는 완벽을 위해 노력한다. (　　)

정답 O

007 프로이드의 정신분석학에서 에고(자아)는 이드와 달리 현실원리를 따른다. (　　)

정답 O

008 이드(원초아)는 도덕과 양심의 기능을 담당하고, 완벽추구성이 지나치게 작용할 경우 죄책감이나 불안을 경험하기도 한다. (　　)

정답 X 이드(원초아)가 아닌 super ego(초자아)

009 범죄자의 심리기제에서 욕구충족이 좌절되었을 때 과거 원시적 행동을 보이는 것은 퇴행기제에 속한다. (　　)

정답 O

010 범죄자의 방어기제 유형에서 외적인 상황이 감당하기 어려울 때 일단 그 상황을 거부하여 심리적인 상처를 줄이고 보다 효율적으로 대처하는 것을 부정이라고 한다. ( )

정답 O

011 방어기제에서 불쾌한 경험이나 받아들여지기 어려운 욕구, 반사회적인 충동 등을 무의식속으로 몰아넣거나 생각하지 않도록 억누르는 것을 투사라고 한다. ( )

정답 X 투사가 아닌 억압에 대한 내용이다.

012 범죄자 심리기제에서 자신의 불안감을 감소시키기 위한 억압 등의 유형은 공격기제에 속한다. ( )

정답 X 공격기제가 아닌 방어기제에 속한다. 공격기제는 긴장이나 압력상태인 갈등, 욕구의 좌절등의 유형이다.

013 헨리와 쇼트는 공격하고자 하는 발양성의 강도는 욕구좌절의 양에 정비례한다고 하였다. ( )

정답 X 위의 내용은 달라드와 밀러가 주장한 내용이다.

014 욕구좌절은 내적·외적인 장애로 욕구의 충족이 방해받고 있는 상태이다. ( )

정답 O

015 로렌즈와 위그는 공격반응을 외벌형, 내벌형, 무벌형으로 분류하여 설명하였다. ( )

정답 O

016 레윈은 접근 대 접근 갈등, 기피 대 기피 갈등, 접근 대 기피 갈등으로 갈등을 구분하였다. ( )

정답 O

017 거리의 법칙은 모방이 이루어지는 사람 간에 심리학적·기하학적 거리가 멀수록 모방의 강도가 강화된다는 것이다. ( )

정답 X 거리의 법칙은 어떤 상황 속에서 모방이 잘 일어나는가에 관한 원칙이다. 타르드에 의하면 범죄현상의 모방은 사람 간의 거리가 가까울수록 더 잘 일어난다고 주장하였다.

018 범죄행위 모방의 3법칙은 거리의 법칙, 방향의 법칙, 삽입의 법칙으로 구성된다. ( )

정답 O

019 삽입의 법칙은 사회적 지위가 열등한 사람들은 우월한 사람들을 모방한다는 것이다. ( )

정답 X 위의 내용은 방향의 법칙에 관련된 내용이다.

020 타르드는 "범죄자를 제외한 모든 사람에게 그 책임이 있다"라고 주장하는 극단적 환경결정론자였다. ( )

정답 O

021 심리학적 범죄원인론에서 범죄인 교정을 위해 범인성에 대한 치료적 접근이 필요하다. (   )

정답 O

022 방어기제 유형 중 가장 기본적인 것은 부정이다. (   )

정답 X 가장 기본적인 것은 억압이다. 부정은 외적인 상황이 감당하기 어려울 때 일단 그 상황을 거부하여 심리적인 상처를 줄이고 보다 효율적으로 대처하는 것이다.

023 심리학적 원인론에서 범죄 원인 규명을 위해 개개인의 특성보다 범죄자가 처한 사회적 상황에 관심을 갖는것과 관련이 있다. (   )

정답 X 개개인의 특성보다 범죄자가 처한 사회적 상황에 관심을 갖는 것은 사회학적 범죄원인론에 대한 내용이다. 심리학적 범죄원인론은 특히 개인의 긍정적인 자아관념의 결핍이나 정신병질과 관련이 있다.

024 불만의 원인을 자신에게 돌리고 스스로 상처받는 유형은 내벌형에 속한다. (   )

정답 O

025 공격을 어느 쪽도 향하지 않고 최소화하거나 무시하는 것은 외벌형에 속한다. (   )

정답 X 공격을 어느 쪽도 향하지 않고 최소화하는 것은 무벌형에 해당한다.

026 자극의 강도와 그것에 대한 행동적 반응이 일치하는 것은 반사회적 인성의 특성 중 하나이다. (   )

정답 X 자극의 강도와 그것에 대한 행동적 반응이 일치하지 않는 것이 반사회적 인성의 특성이다.

027 퇴행이란 안전하고 즐거웠던 인생의 이전단계로 후퇴함으로써 불안을 완화시키는 방법이다. (   )

정답 O

028 퇴행반응은 일시적으로 불안을 감소시키지만 근본적인 원인을 해결하지 못한다. (   )

정답 O

029 깊숙한 대인관계를 유지할 수 없는 것은 반사회적 인성의 특성이다. (   )

정답 O

030 고착반응은 유아에게 더 이상의 성장은 좋지 않다는 느낌을 주는 과도한 충족에서 비롯하거나 더 어린 시절로 퇴행하게 하고 그 시점에 머물게 하는 욕구좌절의 경험에서 비롯된다. (   )

정답 O

031 인성은 한 개인이 가진 여러 특성들의 전체를 말한다. (　　)

　　정답 O

032 헨리와 쇼트는 좌절에서 나온 결과 자신을 죽이도록 공격하는 것은 자살이고, 타인을 죽이도록 공격하는 것은 살인이라고 했다. (　　)

　　정답 O

033 로렌즈와 위그는 신체적, 언어적으로 분함을 타인에게 돌리는 것을 내벌형이라 하였다. (　　)

　　정답 X 언어적으로 분함을 타인에게 돌리는 것은 외벌형이다. 내벌형은 자신에게 스스로 원인을 돌리고 스스로 비난하여 상처받는 것을 말한다,

034 슈나이더는 정신병질을 7가지로 구별하였다. (　　)

　　정답 X 10가지로 구별하였다. 발양성, 우울성, 의지박약성, 무정성(정신박약성), 폭발성, 기분이변성, 자기현시욕성(허영성), 자신결핍성(자기불확실성), 열광성, 무력성 정신병질자

035 고다드의 범죄자의 정신박약설은 정신박약과 범죄 사이에 관계가 있음을 확인하기 위해서 수형자들의 지능을 측정한 결과 수형자의 대부분이 저지능이라는 사실을 강조했다. (　　)

　　정답 O

036 성격의 5요인 모델에서 성실성은 목표지향적 행동에 동기를 부여하는 정도를 측정한다. (　　)

　　정답 O

037 고다드의 성격이론은 인간 성격의 생물학적 영향력을 강조한 대표적인 성향적 관점론자이다. (　　)

　　정답 X 생물학적 영향력을 강조한 학자는 아이젠크이다.

038 아이젠크는 성격특질을 내·외향성, 신경증적 경향성, 정신병적 경향성으로 분류했다. (　　)

　　정답 O

039 발양성 정신병질자는 염세적, 비관적인 인생관에 빠져 항상 우울하게 지내고 자책적이다. (　　)

　　정답 X 우울성 정신병질자에 해당하는 내용이다.

040 우울성 정신병질자는 무전취식자로 돌아다니기도 하며 닥치는 대로 훔치기도 한다. (　　)

　　정답 X 발양성 정신병질자에 해당하는 내용이다.

041 자기현시욕성 정신병질자는 자기를 사물의 중심으로 생각하는 등 자기를 실제 이상으로 높이 인식하는 성격이다. (　　)

　　정답 O

042 비네는 1904년 프랑스 교육부장관의 요청에 따라 정신지체 아동의 선별을 위한 도구를 개발하였다. (   )

정답 O

043 자기가 정한 목표에 도달할 때까지의 사고와 계획성이 결여되어 있는 것은 반사회적 인성의 원인이다. (   )

정답 X 원인이 아닌 반사회적 인성의 특성이다.

044 발양성 정신병질자는 좋은 환경 아래에서는 온순하고 모범적으로 생활하나 나쁜 환경 아래에서 범죄의 유혹에 직면하게 되면 쉽게 빠지고 헤어나오지 못한다. (   )

정답 X 의지박약성 정신병질자에 대한 내용이다.

045 자극의 강도와 그것에 대한 행동적 반응이 일치하지 않는 것은 반사회적 인성의 특성이다. (   )

정답 O

046 폭발성 정신병질자는 타인에 대한 공격 분 아니라 자해행위를 하기도 한다. (   )

정답 O

047 기분이변성 정신병질자는 기분의 동요가 심하여 예측할 수 없는 것이 특징이다. (   )

정답 O

048 자기현시욕성 정신병질자는 다른 사람의 주목과 평판의 대상이 되고자 공상적인 거짓말을 일삼기 때문에 고급사기범이 되기 쉽다. (   )

정답 O

049 외향성은 개인의 대뇌피질의 자극수용 정도에 관련이 있으며, 외부의 자극은 신경계를 거쳐 대뇌피질에 전달된다. (   )

정답 O

050 신경증 성향은 정신병을 향한 성향과 반사회적인 이상성격을 포함한다. (   )

정답 X 정신병적 성향에 대한 내용이다.

051 아이젠크의 성격 위계모형에서 습관적 반응수준에 해당하는 것은 제2수준이다. (   )

정답 O

052 아이젠크의 인성이론에서 외향적인 사람은 내성적인 사람처럼 효과적으로 비범죄행위에 대한 학습을 한다. (   )

정답 X 외향적인 사람은 내성적인 사람처럼 효과적으로 비범죄행위에 대한 학습을 하지 못한다.

053 타르드의 모방이론에서의 모방의 강도는 사람과 사람 사이의 거리에 비례한다. (   )

정답 X 모방의 강도는 사람과 사람 사이의 거리에 반비례한다.

054 습관화는 모든 형태의 학습 중 가장 간단한 형태이다. (   )

정답 O

055 아이젠크가 말하는 내성적인 사람은 외향적인 사람에 비해서 조건화를 통하여 특정 행위에 대한 억제력이 보다 잘 발달된다고 주장하였다. (   )

정답 O

056 아이젠크의 성격 위계모형에서 구체적 반응수준에 해당하는 것은 제3수준이다. (   )

정답 X 제1수준(기저수준)이다.

057 타르드의 모방이론에서 처음에는 단순한 모방이던 것이 다음 단계에서는 유행이 되고, 그 유행이 관습으로 삽입, 정착된다. (   )

정답 O

058 성격의 5요인 중 대인관계에서의 상호작용 정도와 강도를 측정, 즉 활동수준, 자극에 대한 욕구, 즐거움, 능력 등을 측정하는 것은 개방형(O)에 속한다. (   )

정답 X 성격 5요인 중 외향성(E)에 속한다.

059 습관화는 어떤 자극에 대해 반복적으로 노출되어서 친숙하게 되면 그 자극에 대해 반응하는 경향성이 감소하는 현상이다. (   )

정답 O

060 타르드의 거리의 법칙은 모방은 사회적 지위가 우월한 사람에게서 낮은 사람으로 이행된다고 설명한다. (   )

정답 X 타르드의 모방의 법칙 중 방향의 법칙에 관한 설명이다.

061 도구적 학습에서 반응은 대단히 많은 행동으로부터 선택하는 것이다. 반면, 고전적 조건형성에서는 반응이 강요된다. (   )

정답 O

062 기억의 단계이론에서의 단기기억 단계에서는 우리 주위의 수많은 오관을 통해서 입력되며, 수없이 입력되는 자극 중에서 선별되어 기억의 단기 저장소로 이동한다. (   )

정답 X 감각기억 단계에 대한 설명이다.

063 스키너의 조작행동에서 부적 강화는 반응이 긍정적 자극을 일으키는 조건을, 정적 강화는 도구적 반응이 혐오적 결과를 제거하거나 혹은 방지하는 조건을 의미한다. (   )

정답 X 정적 강화는 긍정적 자극을 일으키는 조건을, 부적 강화는 도구적 반응이 혐오적 결과를 제거하거나 혹은 방지하는 조건을 의미한다.

064 스키너(Skinner)의 행동이론은 외적 자극의 영향보다는 인지·심리 등 내적 요인을 지나치게 강조하였다는 비판을 받는다. (   )

정답 O

065 톨만은 동물 또는 인간이 학습을 할 때 실제적으로 문제가 되는 것은 고전적 조건형성이나 도구적 조건형성에서 보는 그런 행동상의 변화가 아니라 새로운 지식의 획득에 의한 인지구조의 변화라고 주장하는 견해이다. (   )

정답 O

066 톨만의 사회학습이론에서는 밖으로 드러나는 행동에만 초점을 맞추는 행동주의 학습이론과 달리, 인간의 내면에서 일어나는 인지과정도 중시한다. (   )

정답 X 톨만은 인지학습이론을 주장하였고, 사회학습이론은 반두라가 주장한 이론이다.

067 사회학습이론에서 수행과정(관찰), 판단과정, 자기반응과정의 세 요소로 이루어지며 인간행동은 자기강화에 의하여 규제된다고 하며 자기규제라는 개념을 제시하였다. (   )

정답 O

068 반두라는 개인은 직접적인 경험이 아닌 관찰을 통해서도 학습을 할 수 있으며, 성격은 타인의 행동을 관찰하고, 관찰된 행동을 시행한 후 얻어지는 결과에 따라 형성되는 것으로 보았다. (   )

정답 O

069 사회학습이론의 학습과정에서 관찰을 통해 학습한 정보를 기억하는 단계에 해당하는 것은 집중단계이다. (   )

정답 X 학습과정 중 인지단계에 관한 내용이다.

070 인지발달이론의 인지발달단계에서 언어가 점차적으로 발달하고 상징적인 형태로 사고하는 시기는 구체적 조작기이다. (   )

정답 X 인지발달단계 중 전조작기에 특징이다.

071 인지발달은 본질적으로 아동이 자신의 경험을 통해 인지적 구조를 만들어가는 자발적인 과정이라고 보았다. ( )

정답 O

072 도덕발달이론의 도덕발달단계에서 후인습성 도덕성은 2수준이다. ( )

정답 X 후인습적 도덕성은 3수준이다. 2수준은 인습적 도덕성이다.

073 콜버그(Kohlberg)의 도덕발달이론은 도덕적 판단과 도덕적 행위 간의 불일치가 문제점으로 지적되고 있다. ( )

정답 O

074 인지발달단계에서 추상적인 문제의 해결이 가능해지는 시기는 형식적 조작기이다. ( )

정답 O

075 인지발달과정에서 도식은 개인이 가지고 있는 반복될 수 있는 행동의 유형이나 인지구조로 조직과 적응의 과정을 통해 형성된다. ( )

정답 O

076 페스팅거는 행위의 옳고 그름에 대한 이해와 그에 상응하는 행동은 세 가지 수준의 여섯 단계라는 과정 (사회화 과정)을 통해서 발달한다고 주장하였다. ( )

정답 X 콜버그의 도덕발달이론에서 도덕발달단계에 관한 내용이다.

077 인지발달과정에서 자신이 이미 가지고 있는 도식 속에서 외부의 대상을 받아들이는 인지 과정을 조절이라고 한다. ( )

정답 X 인지발달과정에서 동화에 관한 내용이다. 조절은 자신이 가진 기존의 도식이 새로운 대상을 동화하는 데 적합하지 않을 때 도식을 바꾸어 가는 과정이다.

078 인지발달단계에서 모방을 하기 시작하고 행동은 전반적으로 자아중심성을 반영하는 시기는 전조작기 시기이다. ( )

정답 X 인지발달단계 중 감각운동기에 관한 내용이다.

079 인지부조화이론은 인지부조화의 감소 방법을 6개로 분류하여 제시하였다. ( )

정답 O

080 콜버그는 도덕성은 개인이 자신의 욕망에 집착하지 않고 타인의 입장을 이해하며, 사회 속에서 적응해 가는 행동경향이라 정의한다. ( )

정답 O

081 인지부조화의 감소 방법에서 상대방의 입장에서 오류를 발견하고 그 출처를 의심하며, 자신의 관점이 사회적으로 확실한 지지를 받을 수 있는 방법을 찾겠다고 결심하는 것은 재구성의 방법이다. (   )

정답 X 인지부조화의 감소 방법 중 조사에 관한 내용이다. 재구성은 자신의 이해나 해석을 수정한다. 이로써 자신의 사고를 변경하거나 문제 자체의 중요성을 과소평가하며, 혹은 그것을 전혀 중요하지 않다고 생각한다.

082 인지부조화란 둘 이상의 태도 사이 혹은 자신의 행위와 태도 사이의 비일관성을 말한다. (   )

정답 O

083 인지부조화의 감소 방법의 합리화는 불일치를 수용할 수 없는 변명거리를 찾으며, 자신의 기대치를 수정하거나 실제로 일어난 일을 변경하려 한다. (   )

정답 O

084 기억과정에서 부호화는 부호화된 경험이 신경계에 남기는 어떤 흔적 또는 기록을 말한다. (   )

정답 X 기억과정 중 저장에 관련된 내용이다.

PART

05

사회학적
범죄원인

사회구조이론

CHAPTER

1 사회해체이론

(1) 의의

사회학적 범죄원인론 핵심

- 범죄 원인을 범죄자의 개인적 요인이 아닌 사회적 환경을 중심으로 설명한다.
  - 개인적 요인에 관한 이론들(생물학적·심리학적)로는 지역 간 범죄율의 차이를 규명하지 못한다고 본다.
- 사회 구조와 범죄와의 관련성을 중심으로 한 거시환경론과 사회변동이 인간의 행위에 영향을 끼침에 따라 개인 집단 간 상호작용을 통한 범죄의 원인으로 작용하는 미시환경론으로 구별한다.

사회해체이론의 인과구조

① 사회해체란 지역사회 내에서의 관습적인 제도적 통제뿐만 아니라 비공식적 사회통제의 붕괴와 지역사회의 개인이나 집단 또는 조직이 집합적으로 공통의 문제를 해결할 수 없는 것을 말한다.
② 도시화와 산업화로 인한 급격한 사회변동은 지역사회의 제도적 또는 비공식적 사회통제를 약화하는 사회해체를 경험하게 되는데, 이러한 사회해체는 대체로 도시가 성장함에 따라 동심원 지역(concentric zone)으로 일어난다.
③ 사회해체를 경험하는 지역에서는 비행적 전통과 관습적 전통과 가치관을 대체하여 공식적 또는 비공식적 사회통제를 약화해 일탈을 야기한다.
④ 범죄분포를 살펴보면 하류계층이 사는 도심 근처의 지역에서 범죄율이 가장 높고 외곽의 안정된 주거지역은 범죄율이 낮다.

⑤ 사회해체지역에서 범죄율이 높은 이유는 높은 빈곤률, 높은 인구이동률, 높은 결손가정률, 낮은 취업률 때문이다.

(2) 토마스의 상황정의

① 토마스는 소위 상황정의(situational definition)라는 용어를 통해 사회와 문화의 인지적 경험의 중요성을 강조하였다.

② 사람들이 실재를 무엇이라고 규정하느냐에 따라 그것이 객관적으로 사실인지 아닌지에 관계없이 그것을 규정한 사람들에게는 그대로 현실이 되고, 그들의 행동 역시 그 현실에 맞게 이루어진다.

③ 범죄에 대한 상황정의는 범죄에 대한 처벌수준이 실제 범죄율의 증감과 관계없이 안정적인 수준을 유지한다고 하여도 일반인들의 범죄 인식 및 대응에 큰 영향을 미친다.

(3) 시카고학파

① 환경결정주의
1892년 미국에서 시카고대학에 사회학과가 생기면서 생긴 시카고학파는 1920년대부터 시카고대학을 중심으로 하여 환경에 따른 생태학적 범죄를 설명했으며, 범죄는 지역과 사회환경과 관련되어 있다고 주장하였다.

② 사회해체
슬럼 지역 범죄의 주요 원인은 시카고 지역에서 발견할 수 있는데, 시카고의 급격한 도시 발전, 가난, 이민 등에 의하여 가족, 학교, 교회 등 전통적인 기관들이 제 기능을 하지 못해 가족과 이웃 사회의 결합이 약화하고 사회해체가 이루어졌다.

③ 문화전달
시카고의 슬럼 지역의 다른 인종이 침입하여 지배하더라도 그 지역의 비행 발생 정도는 지속해서 높았다는 사실은 인종이나 문화 또는 가치관 등의 문제가 아닌 특수한 환경이 범죄를 발생시키는 요소이며 그러한 환경은 계속하여 전달되는 것이라고 주장하였다.

(4) 파크(Park)의 생태학적 이론

① 다른 생물학적 시스템처럼, 도시의 발전과 조직도 침략, 갈등, 수용 등의 사회절차에 의해 일정한 패턴을 보이고, 이러한 것은 범죄와 같은 인간의 행태에 영향을 준다. 파크는 이러한 도시 생활에 주의 깊은 연구를 위해 학생과 교수들에게 시카고 시내에 가서 먼저 지역을 관찰하고 다양한 주민들의 모임을 관찰하는 것을 독려하였다.

② 파크의 인간생태학 이론은 '공생'과 '침입-지배-계승'이라는 두 핵심 용어로 대변된다.
　㉠ 공생 : 생태학적으로 규정된 장소에서 유기체들이 서로 어울려 살아가는 것을 말한다. 다

양한 인종이 서로 교류하며 성장·발전해 가면 결국 이들이 서로 어우러지는 자연지역이 형성된다. 이처럼 도시는 인간 유기체들의 상생을 위한 하나의 생태학적 장(場)이 된다.

ⓒ 침해-지배-계승 : 특정 지역에서의 자연적 균형이 무너지고 변화하는 과정을 기술한다. 도시의 변화과정을 살펴봄으로써 사회변동의 근원을 파헤치고 사회문제를 파악하며 그 해결책을 제시하고자 하였다.

(5) 버제스(Burgess)의 동심원이론

① 동심원이론에서 도시의 발전패턴이 사회적으로 영향을 받는다고 생각하고, 도시가 동심원 형태로 방사형으로 성장한다고 주장하였다.

② 시카고를 5 지역(중심상업지역, 전이지역, 노동자 거주지역, 중류계층지역, 외부통근지역)으로 나누어 조사한 결과, 범죄율이 가장 높은 지역은 도심지역과 인접하면서 주거지역에서 상업지역으로 바뀐 제2 지역(전이지역)이다.

③ 전이지역은 급격한 도시 발전, 이민, 가난, 주택 사정의 열악, 심한 인구이동, 학교 환경의 열악 등에 의하여 전통적 기관들이 깨지거나 제 기능을 하지 못해 긴장 상태에 놓여 있어 가족과 이웃의 결합이 약화하는데, 이러한 사회해체 현상이 범죄의 원인이 된다고 주장하였다.

④ 범죄율이 가장 낮은 지역은 부유한 계층이 주로 사는 도심에서 멀어진 제5 지역(외부통근지역)이었다.

⑤ 중심상업지역은 상업과 공업이 점유하고 있는 지역을 말하고, 노동자 거주지역은 2~3세대용 다세대 주택이 많은 지역을 말한다.

⑥ 범죄는 개인 심리의 소산이기보다 주택 사정의 열악, 심한 인구이동, 학교 환경의 열악 등과 같은 사회적 요인이 주민들 간에 계속 전달된 결과로 보았다.

⑦ 도심지역과 도심과 인접하면서 주거지역에서 상업지역으로 바뀐 전이지역의 범죄발생률이 지속적으로 높고, 도심에서 멀어질수록 점차 낮아진다는 것을 발견하였다.

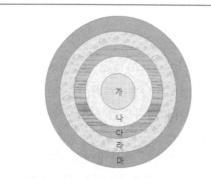

(가) 중심업무지역
(The central Business District)
(나) 점이지대(Zone in Transition)
(다) 노동자 계층지역
(Working class zone)
(라) 중간계급지역 (Middle class zone)
(마) 교외주변지역
(The Suburbs and Urban Fringe)

> **동심원이론**
>
> - 중심상업지역 : 상업 + 공업 점유
> - 전이지역 : 공업과 상업으로 잠식되어가는 과정의 지역으로 가난한 사람들이 많고, 이주자나 이민자들이 거주하는 지역
> - 노동자거주지역 : 2~3세대용 다세대 주택이 많은 지역
> - 중류계층지역 : 단독주택이 많고 주로 중류층이 사는 지역
> - 외부통근지역 : 부유한 계층이 주로 사는 지역

(6) 쇼(Shaw)와 맥케이(McKay)의 문화전달이론(버제스 · 파크의 영향을 받음)

① 의의

    ㉠ 청소년 범죄가 가족과 전통사회에 의해 감독과 격려를 받지 못해 비행에 빠져드는 전이지역인 슬럼가에 만연하고 부자들의 거주지역에는 적다는 것을 확인하였다.

    ㉡ 전이지역에 거주하는 청소년들은 가족과 전통사회에 의해 감독과 격려를 받지 못해 비행에 빠져든다고 주장하였다.

    ㉢ 비행의 원인이 사회해체에 기인한 것이기 때문에 개별비행자의 처우는 비효과적이며, 따라서 도시 생활환경에 영향을 미치는 사회의 조직화가 필요하다. 따라서 이 이론은 범죄와 비행의 예방을 위한 중요한 기초를 제공한 것으로 평가되고 있다.

② '슬럼지역'의 특징

    ㉠ 주거환경이 굉장히 열악하다. 주변의 공장에서는 검은 연기가 뿜어져 나오고 집들은 대부분 낡은 집의 형태이다.

    ㉡ 가난한 사람들이 이 지역에 많이 거주한다. 대부분의 사람들은 정부가 주는 보조금으로 겨우 생계를 유지한다. 이 지역의 대부분의 사람들은 남의 집이나 아파트에 세 들어 산다.

    ㉢ 슬럼지역은 외국에서 이민 온 사람들과 흑인들이 주로 많이 거주한다. 처음 이민 오는 사람들은 돈이 부족하기 때문에 이곳에 사는 경우가 많다.

③ 내용

    ㉠ 공간적 분포(spatial distribution) : 학교 무단결석률이 높은 생태학적 지역이 범죄 비율이 높다.

    ㉡ 지대가설(zonal hypothesis)

        ⓐ 범죄율과 비행률은 도시 중심부가 가장 높다. 외곽으로 갈수록 점차 감소한다.

        ⓑ 도심에 가까운 지역은 공업과 상업적 특성을 가진 지역으로 변모하면서 거주지적 특성을 가진 건물이 감소하고, 결국 주거지역으로의 역할을 제대로 수행하지 못하여 다수의 인구이동을 초래하게 된다. 즉, 주거안정성이 확보되지 못하는 물리적 환경은 높은 범죄율과 연관된다.

ⓒ 지속성(persistence) : 사회적 · 인종적 구성이 변화하여도 주민들의 평균 거주기간이 긴 지역은 범죄율이 낮다.

ⓔ 사회해체(social disorganization) : 잦은 인구이동, 높은 비율의 정부 구호대상 가족, 낮은 평균수입, 낮은 주택 소유율, 인종이나 민족 구성이 다양한 지역 등 조직해체의 지표들로 특징지어져 있다.

④ 쇼(Shaw)와 맥케이(McKay)의 연구 결과

ⓐ 비행소년들은 일반 소년들에 비해서 지능, 신체적 조건, 성격 등에서 별로 차이가 없다는 점이다.

ⓑ 비행이 많이 일어나는 지역에서는 공통적으로 소년들의 비행을 통제하는 수단이 붕괴되었다. 그래서 소년의 비행이 묵인되는 현상이 나타난다.

ⓒ 슬럼지역에서는 비행을 저지를 수 있는 많은 기회가 제공된다. 이 지역에는 소년들이 훔친 물건을 사는 고물상과 지역주민들이 존재한다.

ⓓ 소년들은 어린 나이부터 비행을 시작한다. 그들은 초기에 길거리에서 활동하는 패거리로 시작하여 점차 비행을 저지르는 갱단으로 발전하기도 한다.

ⓔ 놀이집단에서 갱단으로 발전하는 방법은 나이 든 소년으로부터 어린 소년에게로 전수되어 지속적으로 존재하게 된다. 이들이 대부분 저지르는 범죄는 상점절도와 자동차절도 등이 있다.

ⓕ 경찰과 형사사법기관은 이런 소년들의 비행을 확실하게 막지 못한다.

⑤ 쇼(Shaw)와 맥케이(McKay) 이론의 문제점

ⓐ 방법론적 문제

ⓐ 생태학적 접근이 주로 경찰이나 법원의 공식기록에 지나치게 의존함으로써 연구 결과에 대한 정확성이 의문시되고 있다. 즉, 편견이나 암수 범죄 등 공식기록의 정확성이 문제라는 것이다.

ⓑ 생태학적 연구 결과 밝혀진 변수 간의 높은 상관관계는 반드시 원인과 결과가 아닐 수도 있으며, 제3의 변수가 실제 원인일 수 있다고 지적한다.

ⓑ 이론적 결함

ⓐ 논리적으로 변수를 도출하기보다는 가능한 한 많은 변수를 이용하여 자료를 수집하고 그것을 컴퓨터로 처리하고, 그 결과 각종 이론을 이용하여 이해하고 정당화시키려는 점이 논리상의 모순으로 지적되고 있다.

ⓑ 전체 모집단에 관한 자료와 정보에 기초한 개인 또는 소집단에 관한 유추가 잘못되었다는 점이다.

(7) 카사다와 재노위쯔의 체계모델과 부활의 서막

① 사회적 응집(social cohesion) : 이는 미시적 수준의 개인뿐 아니라 거시적 수준의 공동체가

구성하는 사회적 연결망(social network) 속에서 발견된다. 다수의 사회적 주체인 행위자들과 이들의 상호작용을 유도하는 사회적 연결망은 그 밀도(density)를 통해 응집의 정도를 측정할 수 있다.

② 도시에서는 농촌에 비해 연결망 밀도가 낮아지는데, 이는 거주지 안정성이 주요 원인이다.

③ 체계이론은 거주지 안정성을 중요한 요소로 꼽았다는 점에서 쇼와 맥케이의 이론과 유사하지만, 빈곤과 민족이질성을 배제하였다는 점에서 차이가 있다.

(8) 콘하우저의 사회해체적 관점

① 사회해체가 어느 정도 진행된 동네에서는 비행 하위문화의 형성 여부와 관계없이 비행행위가 발생하지만, 사회해체가 진행되지 않은 동네에서는 비행이 발생하지 않기 때문에 비행을 지지하는 하위문화의 존재 자체가 가능하지 않다고 보았다.

② 빈곤, 민족 다양성, 주거 불안정성 등의 세 가지 특성을 갖는 근린에서는 높은 범죄율 및 비행률을 보인다.

③ 콘하우저는 사회해체가 어느 정도 진행된 동네에서는 비행하위문화의 형성 여부와 관계없이 비행행위가 발생하지만, 사회해체가 진행되지 않은 동네에서는 비행이 발생하지 않기 때문에 비행을 지지하는 하위문화의 존재 자체가 발생하지 않는다고 보았다. 따라서 이론적 차원에서 보면, 비행의 발생에 중요한 역할을 하는 것은 사회해체이지 비행하위문화가 아니라고 강조한다.

(9) 버식(Bursik)과 웹(Webb)의 사회해체론

① 의의
쇼&맥케이의 문화전달론은 사회해체와 범죄 간 관련성에 관한 설명이 불명확하다고 비판하였다. 버식과 웹은 지역사회의 안정성이라는 관점에서 사회해체의 개념을 다시 정의하였다.

② 사회해체의 개념
사회해체는 지역사회의 무능력과 맥을 같이 한다. 지역사회가 주민들에게 공통된 가치체계를 실현을 하지 못하고 지역주민들이 공통적으로 겪고 있는 지역사회의 문제 해결을 못하는 상태를 말한다.

③ 사회해체의 원인
지역주민들의 이동, 즉 전입·전출이 빈번하면 사회통제 자체가 불가능하다는 것이다. 주민 간 인종이나 국적이 다양하여 상호간 의사소통에 문제가 생겨 공통의 문제해결 또는 목표 달성을 위한 주민의 참여도가 낮아진다.

④ 사회해체지역의 범죄원인
㉠ 사회통제 능력 부족
주민들에 의한 비공식적인 감시기능이 약화되면서 직접적, 자벌적인 통제가 불가하게 되면서 우범자들의 범행 시도가 용이해지고, 범행 전 범죄자를 적발하는 것이 어려워진다.

즉, 사전예방이 되지 않는 것이다. 또한, 주민들의 행동을 통제하는 규범이 결여되어, 범죄예방에 필요한 정보공유가 이루어지지 않는다.

ⓒ 사회화 능력 부족

주민들 간 이질성으로 인해 소통이 불가하여 통합하기 어려워져 일관된 행동기준의 내면화가 어려워진다. 이는 결국 반사회적 행동을 유발하게 된다.

(10) 스타크의 거주지 계승

① 5가지의 구조적 측면

ⓐ 많은 사람이 좁은 지역에 몰려 사는 밀도

ⓑ 가난한 사람들이 많이 사는 빈곤

ⓒ 거주지, 산업단지 및 상업지역이 몰려 있는 혼합된 토지 사용

ⓓ 거주민들이 근린지역을 중심으로 빈번하게 이사를 오가는 거주지 이동

ⓔ 건물 자체가 허물어지는 황폐화

② 범죄성향의 거주민은 남고 준법성향의 거주민은 떠나게 되는 결과를 가져온다고 보았다.

샘슨(Robert Sampson)의 집합효율성이론

- 정의
  - 집합 효율성이란 지역사회의 구성원들 간의 상호결속 또는 비공식적 사회통제에 대한 능력을 말한다.
  - 공동의 선을 위해서 기꺼이 개입하려고 하는 주민들 사이의 사회적 응집력으로 정의한다.

- 주장내용
  - 집합 효율성은 지역에 따라 고르게 분포되어 있는 것이 아니고, 이민자들이 집중되고, 주민의 이동성이 높으며, 경제적 박탈이 두드러지는 지역사회에서 약하게 나타난다.
  - 집합 효율성이 약하게 나타나는 지역은 비공식적 사회통계를 지키고 거리의 안전을 유지하기 위한 사회적 자본이 존재하지 않을 것으로 예측한다.
  - 결론적으로 집합 효율성 이론은 왜 도시지역이 범죄율에서 상이한지를 설명한다.
  - 대표적인 사례가 시카고프로젝트이다.
  - 샘슨은 범죄원인을 개인에게서 찾은 것이 아니므로 '사람이 아닌 지역(장소)바꾸기'를 범죄대책으로 강조하였다. 집합효율성이론은 시카고학파의 사회해체이론을 현대적으로 계승한 것으로, 사회자본과 주민 간의 관계망 및 참여 등을 중시하는 이론이다.

조보(Zorbaugh)의 자연지역

조보(Zorbaugh)는 문화적 독특성에 따라 자연적으로 발생하는 문화지역(cultural areas)들을, 도시의 성장과 발전과정에 따른 무계획적이고 자연적인 산물이라는 점에서 자연지역(natural areas)이라고 규정하였다.

콜만의 사회자본

- 사회적 자본은 집단의 집합적 자산이며, 권력과 지위의 불평등한 배분을 낳을 소지가 없다고 보았다. 특정 개인의 소유가 되지 않고 오히려 집단이 공유함으로써 불평등과 불균형을 낳기보다는 집단구성원들에게 유익이 되는 공동의 자산인 셈이다.
- 사회적 자본은 집단의 형성에 기여하든 안 하든 관계없이 집단구성원 모두에게 도움이 되는 사익이자 공익이다.
- 가족이나 공동체가 강한 응집력과 단합력을 보이면 결국 그 가족이나 공동체는 점진적인 이득의 결과물을 공유하게 된다.
- 뉴욕의 다이아몬드 도매상 : 도매상은 감정사에게 다이아몬드 감정을 의뢰하면서 아무런 공식적 계약이나 보험을 들지 않은 채 다이아몬드 가방을 넘기므로, 감정이 끝난 후 돌아온 다이아몬드가 위조품이거나 품질이 낮은 다이아몬드로 바뀔 위험이 있다. 비록 이런 사기의 기회가 드물지 않음에도 불구하고, 실제 이런 일이 일어나는 경우는 거의 없다.
- 유럽의 한 동네에서 음악회에 초청된 많은 노인들이 아무런 교환권 없이 자신의 외투를 공공 옷걸이에 걸어놓고 음악감상을 마친 후 자신의 외투를 잃어버리는 일이 거의 발생하지 않았다.

사회해체이론 보충

- 사회해체(Social Disorganization)란 지역사회가 공동체의 문제해결을 위한 능력이 상실된 상태를 의미한다.
- 초기 사회해체이론가인 쇼와 메케이는 사회해체의 개념을 명확히 하지 못했다.
- 비행의 원인이 사회해체에 기인한 것이기 때문에 개별비행자의 처우는 비효과적이며, 따라서 도시생활환경에 영향을 미치는 지역사회의 조직화가 필요하고, 그 예가 시카고지역프로젝트이다.
- 윌슨(Wilson)과 켈링(Kelling)의 깨진 유리창 이론, 샘슨(Sampson)의 집합효율성이론, 환경범죄학 등은 사회해체이론을 계승·발전시킨 것이다.
- 버식과 웹은 쇼와 맥케이의 이론이 지역사회의 해체가 어떻게 범죄발생과 관련되는지를 명확하게 설명하지 못했다고 비판하며, 사회해체이론의 입장을 지역사회의 안정성의 관점에서 바라보았다. 지역사회의 해체를 지역사회의 무능력, 즉 지역사회가 주민들에게 공통된 가치체계를 실현하지 못하고 지역주민들이 공통적으로 겪는 문제를 해결할 수 없는 상태라고 정의하고, 사회해체의 원인을 주민의 이동성과 주민의 이질성으로 보았다.
- 집합효율성(collective efficacy)이란 공통의 선을 유지하기 위한 지역주민들 사이의 사회적 응집력을 의미하며, 상호 신뢰와 유대 그리고 사회통제에 대한 공통된 기대를 포함하는 개념이다.
- 초기 시카고학파의 이론에 대해 로빈슨(Robinson)은 개인적 상관관계와 생태학적 상관관계를 구분하면서 생태학적 오류의 문제점을 지적하였다. 쇼와 멕케이를 포함한 다수의 학자들은 개인의 특성에 대해 파악하고자 하는 목적을 가지고 있었음에도, 개인적 상관관계에 근거하지 않고 오히려 생태학적 상관관계에 근거하여 자신들의 주장을 입증하려 했다는 것이다. 즉, 초기 시카고학파의 연구는 방법론적으로 공식통계에 지나치게 의존하고 있어 연구결과에 대한 정확성이 부족하고, 지역사회 수준의 연구결과를 개인의 행동에 적용하는 과정에서 연구결과와는 다른 제3의 원인에 의한 것일 수도 있다는 비판을 받는다.
- 거리효율성은 샘슨(Sampson)의 집합효율성이론을 확장하는 이론으로, 집합효율성을 거리의 개념에서 측정하는 것이다. 거리효율성이 높은 청소년은 폭력적 행동을 회피하는 것으로 나타났다.
- 버식과 웹(bursik & Webb)의 지역사회 무능력이론
  - 쇼와 멕케이의 이론은 지역사회 해체가 범죄발생으로 이르는 과정에 대한 설명이 부족하다고 비판하면

서, 사회해체론을 지역사회 안정성(Community Stability)의 관점에서 재정리하였다.
- 지역사회 해체를 지역사회의 무능력, 즉 지역사회가 주민들의 공통된 가치체계를 실현하지 못하고, 주민들이 공통적으로 겪는 문제를 해결할 수 없는 상태라고 정의하면서 그 원인을 주민이동성(population turnover)과 주민이질성(population heterogeneity)으로 보았다.
- 사회해체지역에서 많은 범죄가 발생하는 원인을 사회통제능력과 사회화능력의 부족에서 찾고 있다.

사회통제능력	• 비공식적 감시기능의 약화 사회해체지역에서는 비공식적 감시가 어려워 우범자들의 범죄시도나 범죄자 적발이 어려우므로, 그만큼 범죄를 유혹하게 되다. • 행동지배율의 결핍 사회해체지역에서는 우범지역이나 위험지역 등에 대한 정보가 사회구성원 간에 제대로 공유되지 않기 때문에 범죄가 발생할 여지가 많아진다. • 직접통제의 부재 사회해체지역에서는 수상한 사람의 출현이나 지역주민의 비행에 개입하거나 이를 지적하는 것이 원활하게 이루어지지 않아 자발적 통제활동이 어렵다.
사회화능력	사회해체지역에서는 이질적인 지역출신의 사람들이 공존하면서 서로 다른 행위 양식, 태도, 가치를 표출하게 되고, 이러한 상황에서 거주주민들은 일관된 행위기준을 내면화하지 못하여 혼란에 빠져 쉽게 반사회적 행위를 하게 된다.

2 아노미이론

뒤르켐(Durkheim)과 머튼(Merton)의 이론 비교

구 분	Durkheim	Merton
인간의 욕구	생래적인 것	사회의 관습이나 문화적 전통에 의해 형성
인간의 본성	성악설	성선설
아노미의 개념	끝없는 자기 욕망을 사회규범이나 도덕으로써 제대로 규제하지 못하는 사회적 상태	문화적 목표와 제도화된 수단간의 괴리
범죄원인	욕망의 분출 또는 좌절에 의한 긴장의 해소(개인적 차원)	강조되는 문화적 목표에 비해 제한된 성취기회(사회구조적 차원)

(1) 의의

① 아노미(anomie)는 규범이 없는 상태 또는 규율이 없는 상태로 사용되었다. 그 이후 신념체계의 갈등과 붕괴, 도덕적 부적응 등 다양한 의미로 사용되고 있다.

② 아노미(anomie)의 주요한 가정은 합법적인 경제활동에 대하여 상대적으로 불리한 위치에 있다고 생각하는 사람의 다수는 비합법적이고 일탈적인 활동에 가담하도록 동기를 부여받게 된다고 보고 있다.

(2) 뒤르켐(Durkheim)의 아노미이론

① 의의

- ㉠ 뒤르켐에 따르면 아노미는 집단이나 사회의 무규범성이나 상태나 조건으로서 사회와 관계되는 인간의 속성이 아니라 사회구조적 속성에 관계되는 것이라고 주장하였다.
- ㉡ 아노미상황이나 조건은 현재의 사회구조가 구성원 개인의 욕구와 욕망에 대한 통제력을 가지고 유지할 수 없을 때 일어나는 것으로 보고 있다.
- ㉢ 아노미는 주로 경제공황·전쟁·기아와 같은 자연적 또는 인간이 자초한 재난으로부터 야기되지만, 갑작스러운 행운이 규범·행위·규칙에 대한 사람들의 관념을 혼란시켜 붕괴시킬 때도 아노미는 성공적으로 일어날 수 있다고 보았다.

② 기본전제

- ㉠ 뒤르켐(Durkheim)은 도시화가 본격화되면서 가족의 형태가 대가족에서 핵가족 형태로 변화하기 시작하였다. 사회구조와 가족제도의 변화는 사회문제의 증가로 이어지게 되었다. 뒤르켐은 산업화사회에서 등장한 직업의 분업화는 사회구성원들 사이의 관계에 변화를 가져왔다고 주장하였다.
- ㉡ 뒤르켐(Durkheim)은 범죄문제가 없는 사회는 존재하지 않기 때문에 범죄를 정상적인 사회현상으로 보았다. 범죄행위를 비롯한 일탈행위가 계속 존재하는 이유는 완전한 사회적 합의(social consessus)는 불가능하기 때문이다.
- ㉢ 완전한 '사회적 합의'가 어려운 이유는 사회구성원은 각기 다른 유전자, 물질적 환경, 사회적 환경 등에 의해서 영향을 받기 때문이다.

③ 핵심개념

- ㉠ 뒤르켐(Durkheim)은 산업화에 따라서 직업의 분업화가 급속히 진행되었다는 점을 지적한다. 현대 도시에 거주하는 사람들은 대부분 부모와 자식 한두 명으로 구성된 핵가족을 형성하고 있다. 이러한 가족 형태는 가족의 결속력이 낮아지고 부모의 자식에 대한 통제력이 약화되었다.
- ㉡ 산업사회의 도시는 인구의 이동이 자주 발생한다. 도시는 서로 다른 지역출신들이 모여 살다 보니 서로 문화적 이질성이 강하다. 또한 대도시 지역에서는 서로에 대해 무관심하다. 옆에 사는 이웃에게 무슨 일이 일어나고 있는지를 제대로 알지 못한다.
- ㉢ 도시화가 이루어진 사회에서는 사회구성원들 사이의 결속력은 상대적으로 약할 수밖에 없다. 뒤르켐은 이것을 조직적 결속력(organic solidarity)이라고 하였다.
- ㉣ 전통적인 사회가 그 동안 사회구성원들을 지배해왔던 규범이 약화 내지는 해체된다는 것을 의미하는데 이를 무규범상태(anomie)라고 지칭하였다.
- ㉤ 사회적 결속력이 약해지면 한 사회는 그 구성원에 대한 비공식적 통제력이 약화된다. 사람들이 서로 잘 모르고 문화적으로 이질성을 가지고 있기 때문에 도시화 된 사회에서는 법과 경찰에 의한 공식적 통제방식에 의존하게 된다.

ⓑ 아노미를 대표적인 일탈 유형인 자살의 주요한 원인 중 하나로 지목하였다(Durkheim, 1951). 그는 자살의 사회적 원인을 통합과 규제의 결여로 보았는데, 통합의 결여로 일어나는 자살은 '이기적 자살'이고, 규제의 결여로 일어나는 자살이 '아노미적 자살'이다. 사회가 구성원들을 충분히 통제할 수 있을 정도로 통합되어 있지 않을 때 이기적 자살이 발생한다.

④ 정책적 제안

㉠ 뒤르켐(Durkheim)에 의하면 범죄는 사회구성원 사이에 문화적 이질감이 클수록 많이 발생한다. 그 이유 중에 하나는 산업사회에서는 가족, 교회, 학교와 같은 비공식적 집단에 의한 통제기능이 많이 약화되기 때문이다.

㉡ 범죄예방을 위해서는 가족관계의 회복이나 종교생활을 통해서 사회구성원들 사이의 유대관계를 강화할 수 있는 방법을 모색해야 한다.

(3) 머튼(Merton)의 아노미이론

① 의의

㉠ 머튼(Merton)의 아노미이론은 문화적 목표와 사회적 수단 간의 불일치에서 아노미의 발생 원인을 찾는다.

㉡ 사람들이 추구하는 목표는 생래적인 것이 아니라 그 사회의 문화적 성격에 의해서 영향을 받으며, 이를 달성할 수 있는 수단도 역시 문화적으로 일정한 것으로만 제한되어 있다고 보았다.

㉢ 목표와 수단의 괴리가 아노미상태를 초래하고 그것이 비행의 구조적 원인이라는 점에서 머튼의 이론을 한편으로는 일탈의 수단-목표이론(means-end theory of deviance)이라고 부르기도 한다.

② 사회 · 문화적 구조에 대한 개인별 적응양식

㉠ 동조형(confirmity)

ⓐ 무질서하지만 안정적인 사회에서 가장 보편적인 반응으로서 전혀 일탈적이지 않은 것으로 고려되며, 이러한 반응형태는 사람들이 문화적 목표와 수단을 모두 수용할 때 나타난다. 동조형은 반사회적 행위유형으로 볼 수 없다.

ⓑ 자신의 성공을 이루기 위해 공부를 열심히 하고 성실히 일하는 유형이다. 이 유형의 사람들은 합법적인 방법으로 성공을 이루고 싶기 때문에 사회의 문제를 야기하지 않는다.

㉡ 혁신형(innovation)

ⓐ 문화적 목표는 수용하지만, 그것을 성취하기 위한 문화적 · 합법적 수단은 수용하지 않는 반응형태로서, 목표성취에 대한 강력한 동기에 비해 합법적 수단에 대한 접근이 제한되는 데 대한 직접적인 반응이다.

ⓑ 머튼은 이런 유형의 반응은 주로 하류계층에 집중되어 있다고 지적한다. 하류계층 사람들이 문화목표와 합법적 수단 사이의 괴리를 가장 많이 느끼기 때문이다.

ⓒ 이 유형의 사람은 자신의 성공을 비관습적인 방법으로 달성하려는 사람으로 주로 도박, 매춘, 절도, 강도 등이 대표적인 전형이다.

> **ex** 화려한 생활을 하고 싶으나 돈이 부족할 때 상당수의 청소년 비행자들이 유흥비 조달을 위해 돈을 훔쳤다고 진술하는 것.

ⓓ 목표달성을 위해 기존의 수단을 버리고 새로운 수단을 택한다는 의미에서 '혁신'이며, 그 새로운 수단이 사회적으로 금지하는 비제도적 수단이므로, 이는 범죄적 행위 유형으로 분류될 수 있다.

ⓒ 의례형(의식형, ritualism)

ⓐ 문화적 성공의 목표는 포기하지만 제도화된 수단은 철저히 지키려는 유형으로 아무런 목적은 없지만, 관습과 매너를 엄격히 유지하는 형태이다.

ⓑ 높은 문화목표 때문에 긴장상태가 발생하여 스트레스를 받는 것을 막기 위한 선택이다. 스스로 목표수준을 낮추어 거기에 만족하는 것을 말한다.

ⓒ 사람들은 왜 자신이 일해야 하는지 그 이유와 동기를 잊어버리며 목표 달성에 대한 의지가 약하지만, 사회적으로 용인되는 합법적 수단은 용인하는 편이다.

> **ex** "이 일을 평생 해봐도 남들처럼 번듯한 집에서 살거나 고급 승용차를 타거나 가족들과 해외여행 한 번 가보기는 틀렸다. 하지만 과분한 욕심을 버리자. 알뜰한 아내 덕에 빚 안 지고 이만큼 살아왔는데, 내가 뇌물을 받다가 교도소라도 가는 날이면 이 조그만 행복도 끝장이다."라고 생각하는 하위직 공무원

ⓓ 제도적 수단에 대한 규범적 명령에 따르며 살아가지만, 정작 수단의 목적인 목표에 대해서는 관심이 없는 경우로, 무사안일주의 내지는 관료주의가 그 예이다.

ⓡ 도피형(퇴행형, retreatism)

ⓐ 사회의 문화적 목표와 수단을 모두 거부하는 것으로 이들은 물리적으로 분명히 사회의 구성원임은 틀림없지만, 그 사회 속에 동화되지 못하여 실질적인 사회의 구성원이 못 되는 사람들로서 사회로부터 완전히 소외된 사람들이다.

ⓑ 현실도피자들은 사회적 성공에 관심이 없거나 아니면 그것을 이룰 가능성이 거의 없다고 판단하기 때문에 이러한 반응을 보인다.

ⓒ 노숙자, 마약중독자, 알코올중독자 중에 이러한 유형을 찾아볼 수 있다. 이들은 사회에 존재하기는 하지만, 사회에 제대로 소속되거나 적응하지 못한 사람들이다.

ⓜ 반역형(혁명형, 전복형, 반항형, rebellion)

기존의 사회가 수용하는 목표와 수단을 새로운 대안적인 것으로 대체하려는 유형이다. 현재의 사회구조의 혁신적인 변화를 추구하는 혁명가들로서 정치적으로 파괴적인 집단이 이러한 유형에 속하는 것으로 알려져 있으며, 한편으로는 재산범죄나 공공질서 파괴범 등을 이들의 주요한 범죄유형으로 볼 수 있다.

머튼의 아노미이론 더 알아보기

- 재산범죄에 대해서는 타당한 논리이지만 폭력범죄에 대한 설명이 부족하다.
- 미국 사회에 국한된 이론으로 남성위주의 일탈에 초점을 두었다(상류계층의 범죄에 무관심).
- 아노미이론은 경제적 성공이라는 목표와 이를 성취하기 위한 제도적 수단 사이의 분리를 일탈의 원인으로 강조하고 있으므로, 경제적 성공을 목표로 하지 않는 대부분의 일탈에 대해서는 제대로 설명할 수 없다는 비판을 받았는데, 머튼은 아노미이론이 '합리적 계산에 의한 실리주의적' 일탈행위에 한정되는 것이 아니라고 반박하였다. 즉, 자신의 아노미(긴장)이론에서 핵심적인 부분은 목표와 수단 간의 불일치로 인한 극심한 압력을 받는 개인이 큰 좌절을 겪게 된다는 점이고, 파괴성은 심리학적으로 지속적인 좌절에 대한 반응 중 하나이기 때문에 개인은 재산범죄뿐만 아니라, 약물범죄 등 비합리적 행위를 할 수 있다고 주장하였다. 실제로 머튼은 아노미이론을 처음 언급한 논문에서 문화적 목표와 제도적 수단 간의 불일치는 '정신병리적 성격, 반사회적 행동, 혁명적 행위' 등을 낳으며, '불안, 적개심, 신경증' 등을 초래한다고 밝혔다(Merton, 1938 : 680). 따라서 아노미이론은 경제적 동기로 인한 일탈뿐만 아니라 (긴장에 기인한) 좌절로 인한 각종 일탈도 설명 가능한 이론으로 보아야 할 것이다.

〈머튼의 개인의 적응유형 분류〉

적응유형	목표에 대한 태도	수단에 대한 태도	특징
동조형	+	+	사회의 성공목표에 대해 용인하고 이에 도달하기 위한 제도적 수단을 받아들임
혁신형	+	−	문화적 목표는 수용하지만 이를 성취하기 위한 합법적 수단은 없는 경우(범죄형)
의례형	−	+	가능한 목표만 세워서 좌절을 줄임(소시민형)
도피형	−	−	기존사회에서 후퇴하여 딴 세상에서 삶(폐인형)
반역형	±	±	기존사회의 목표, 수단을 모두 거부하며 새로운 목표, 수단을 제시하여 사회변혁을 꾀함(혁명형)

(4) 아노미 이론의 기타 유형

머튼의 아노미현상의 발생원인

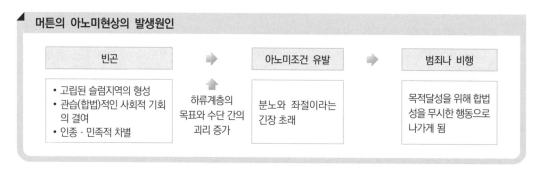

① 메스너(Messner)와 로젠펠드(Rosenfeld)의 제도적 아노미이론

    ㉠ 제도적 아노미이론은 기존의 아노미이론을 계승·발전시킨 이론이다. 아노미의 원인을 현대사회에 이르러 경제 제도가 지배원리로 자리 잡음에 따라 기존의 지배원리였던 가족·경제·정치 등 기존의 제도들이 경제적인 가치로 평가·환원된다고 한다.

    ㉡ 비경제적 제도가 약화함에 따라 사회규범에 대한 학습 및 상호작용이 이루어지지 않게 되고 일탈행위가 발생하게 된다고 본다.

    ㉢ 범죄를 미국 사회의 문화적이고 제도적인 영향의 결과로 바라보았다.

    ㉣ 현대사회의 문제점

        - 경제적 제도가 다른 비경제적 제도와 비교해 우월적 위치를 차지하게 된다.

        - 비경제적 제도 기능의 가치가 절하된다.

        - 비경제적 제도가 경제적 제도의 요구사항을 과다하게 수용한다.

        - 경제적 규범이 비경제적 제도 사이로 침투한다.

    ㉤ 아메리칸 드림 : 메스너와 로젠펠드(Messner & Rosenfeld)는 고전적 아노미이론(뒤르켐, 머튼)의 두 가지 특징인 사회구조적 측면과 경제적 성공에 대한 열망을 아메리칸 드림(American Dream)이라는 개념으로 설명하였다.

    ㉥ 메스너와 로젠펠드는 탈상품화 지수가 높은 국가일수록 살인범죄율이 낮다고 주장하였다.

▲ '아메리칸 드림'이 일탈행동을 유발할 수 있는 가능성 4가지

성취주의	수단과 방법을 가리지 않고 성공해야 한다는 문화적 압박이 강함
개인주의	규범적 통제를 무시하고 개인적 목표를 이루기 위해서는 어떠한 수단과 방법을 써도 좋다는 생각을 하게 만듦
보편주의	대부분의 구성원들이 유사한 가치를 가지고 있으며, 같은 목표에 대한 열망이 있음
물신주의	성공에 대한 열망이 있고, 그중 가장 대표적인 척도는 경제적 성공임

② 애그뉴(Agnew)의 일반긴장이론(머튼의 이론과 달리 미시적 이론)

▲ 머튼 vs. 애그뉴의 이론 비교

머튼	애그뉴
• 사회계층의 차이 → 범죄율 • 경제적 하위계층의 범죄율 높음	• 긴장을 느끼는 개인적 차이 → 범죄율 • 긴장·스트레스가 많은 개인의 범죄율 높음(모든 사회계층에 적용 가능)

    ㉠ 비행과 범죄를 인간이 합법적인 사회적 성공을 성취하기 위한 울분과 좌절의 결과로 본 이론이 '긴장이론'이다.

ⓒ 애그뉴(Agnew)의 일반긴장이론은 긴장이 부정적 감정을 낳고 이는 다시 비행을 일으키는 원인이 된다. 범죄와 비행은 스트레스가 많은 사람에게는 고통을 경감하고 만족을 줄 수 있는 수단이 될 수 있다.

ⓒ 긴장의 원인으로는 긍정적 목적(목표) 달성의 실패, 기대와 성취의 불일치, 긍정적 자극의 소멸, 부정적 자극에의 직면(부정적 자극의 발생) 등이 있다.

ⓒ 머튼이 범죄율에서 사회계층의 차이를 설명했다면 애그뉴는 스트레스와 긴장을 느끼는 개인이 범죄를 저지르기 쉬운 이유를 설명(긴장의 개인적 영향을 밝히는 데 도움을 줌)한다.

  ⓐ 하류층의 범죄에 국한하지 않고 사회의 모든 계층의 범죄행위에 대한 일반적인 설명을 제공하고자 하여 중산층의 범죄를 설명하였다.

  ⓑ 긴장의 경험이 강도가 강하고 횟수가 많을수록 그 충격은 더 커지고 일탈에 빠질 가능성이 높다.

  ⓒ 개인적 수준의 일탈을 예측할 뿐만 아니라 공동체 수준의 범죄율 차이를 설명하기도 한다.

ⓜ 가치 및 공헌

  ⓐ 현대사회에서 긴장의 복잡성을 밝혀내고 아노미이론을 확장시켰다.

  ⓑ 생애과정에 걸쳐 사회적 사건이 행동에 미치는 영향을 보여주었다.

  ⓒ 하류계층뿐만 아니라 중산층의 범죄 설명에도 유용하다.

ⓗ 애그뉴에 따르면, 청소년 긴장의 원인을 '당장의 다양한 목표추구에 대한 장애'에서 찾아야 하며, 그뿐만 아니라 '고통스러운 상황을 회피하려는 시도에 대한 장애'에서도 찾아야 한다는 것이다.

ⓢ 긴장과 부정적 감정이 비행이나 범죄에 미치는 효과에 영향을 미치는 요인을 크게 세 가지 측면에서 찾는다.

  ⓐ 규범적이고 합법적인 방식으로 긴장에 대처할 수 있는 능력

  ⓑ 범죄적 대처로 인해 자신이 감수해야 할 손해에 대한 판단

  ⓒ 범죄적으로 긴장을 대처하려는 성향

ⓞ 긴장 유형의 4가지 특성

  ⓐ 크고 심하다고 느끼는 긴장 : 정도가 심하고, 오래 지속되거나 자주 발생하며, 최근에 발생했고, 개인에게 중요한 목표나 욕구, 가치 등 중심적 요소를 위협하는 긴장을 겪을 때 비행이나 범죄를 저지를 가능성이 높아진다.

  ⓑ 부당하다고 생각되는 긴장 : 부당함은 분노같이 범죄 친화적인 감정을 불러일으킬 가능성이 크다.

  ⓒ 낮은 사회통제와 관련된 긴장 : 변덕스러운 훈육, 부모의 학대와 방임, 실업, 열악하고 불안정한 일자리, 노숙 등이 이에 해당한다. 부모의 감시 · 감독이나 업무 관련 긴장 같은 경우에는, 높은 사회통제와 관련된 긴장이기 때문에 비행이나 범죄로 나아가지 않는다.

ⓓ 범죄적 대처를 조장하는 긴장 : 비행이나 범죄로 쉽게 해결될 수 있는 긴장의 경우에는 비행이나 범죄의 압력 내지는 동기로 작용한다. 또한 범죄나 비행에 대한 모방, 강화, 긍정적 정의 등의 출처가 되는 사람에 노출됨으로써 겪는 긴장 역시, 비행이나 범죄의 압력 내지는 동기로 작용할 수 있다.

ⓧ 에그뉴는 긴장에 대처하는 인지적·행동적·감정적 차원의 대응전략들이 다양하게 존재하는데, 이마저도 개인마다 차이가 있다고 보았다. 이러한 차이로 인해 긴장을 겪을 때 범죄나 비행으로 나아가는 사람들이 있는 반면, 그렇지 않은 사람들도 있다고 한다.

에그뉴의 일반긴장이론의 요소

긴장의 원인	부정적 감정의 상황	반사회적 행동
• 긍정적 가치를 주는 목적 달성의 실패(열망과 기대 사이의 괴리에 의한 결과) • 기대와 성취 사이의 괴리(동료와의 비교에 의한 상대적 긴장) • 긍정적 가치를 주는 자극이 제거됨(결별, 이사, 전학, 이혼 등) • 부정적 자극의 출현(아동학대와 무관심, 범죄피해, 체벌, 학교생활의 실패 등)	• 노여움 • 좌절 • 실망 • 우울 • 두려움	• 약물남용 • 일탈 • 폭력 • 학업 중도포기

(5) 아노미이론의 기본 명제

① 미국과 같은 문화체계에서는 부의 성취를 강조하는 확고한 문화적 목표와 목적이 존재하고, 이 문화적 성공목표는 모든 계층의 사람에 의하여 지지가 되고 있다.

② 문화적 목표를 달성할 기회는 모든 사회집단들에 공평하게 주어지는 것이 아니라 특정 집단에게만 유리하게 분포될 수밖에 없다. 반면에 많은 하위계층의 사람들에게는 이 목표를 달성할 수 있는 합법적인 수단이 거부되어 있다.

③ 문화적 목표를 달성할 수 있는 사회적 기회구조에 접근하기 어려운 개인이나 집단은 정상적인 방법보다는 비록 불법이지만 효과적인 방법을 선택하게 됨으로써 이들이 범죄에 빠져들 개연성이 높다.

(6) 적응유형과 범죄관련성

① 반사회적 적응양식

머튼에 의하면 사회가 인정하는 목표와 수단에 충실한 사람만이 동조자라 할 수 있고, 목표와 수단의 둘 중에서 한 가지나 두 가지 모두를 부인하는 사람은 사회로부터 일탈자로 간주한다.

② 범죄적 적응양식

일탈적 적응양식 중 범죄와 관련이 있는 적응양식은 개혁형, 도피형, 반역형이다.

③ 개혁형 적응양식

범죄학적으로 특히 문제가 되는 것은 개혁형이다. 이들은 강한 성취욕구는 있으나 이에 도달하는 제도적 수단이 허용되지 않기 때문에 또는 제도적 수단에만 의존할 이유를 강하게 느끼지 못하기 때문에 비합법적으로 성공목표에 도달하려고 하므로 범죄행위 또는 일탈행위를 저지를 위험성이 가장 크다.

3 코헨(Cohen)의 비행하위문화이론

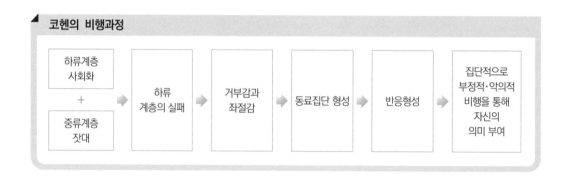

(1) 의의

① 중산층의 가치나 규범을 중심으로 형성된 사회 중심문화와 빈곤 소년들이 익숙한 생활 사이에서 긴장이나 갈등이 발생하며, 이러한 긴장 관계를 해소하려는 시도에서 비행적 대체 문화가 형성된다.
② 반동적으로 문화를 이루어 악의적이고 부정적으로 범죄를 하게 된다고 본다.
③ 물질적 성공에서의 좌절이 아니라 중산층 지위 성취에서의 좌절을 강조하였다.

(2) 비행하위문화의 성격

① 비공리성 : 물질적 이익보다는 타인에게 입히는 피해, 동료로부터 얻는 명예와 지위 때문에 범죄행위를 한다.
② 악의성 : 다른 사람에게 고통을 주고 금기를 파괴함으로써 중산층 문화로부터 소외된 자신들의 실추된 지위를 회복하려고 한다.
③ 부정성(어긋나기) : 사회의 지배적 가치체계에 대해서는 무조건 거부반응을 보임으로써 중산층 문화에서 가치를 전도시켜 그들 나름대로 가치체계를 구축하는 것이다.
④ 단기적 쾌락주의 : 현재의 쾌락에 급급해하는 성격을 갖는다.
⑤ 집단자율성 : 갱 집단을 형성하여 내부적으로 강한 결속력과 외부적인 적대감을 강조한다.

(3) 코헨의 4가지 가정

① 상대적으로 많은 수의 하류계층 청소년들이 학교에서 실패하고 있다.

② 저조한 학업성취도는 비행과 유관하다.

③ 저조한 학업성취는 대부분 하류계층 청소년들의 가치와 학교 체제의 지배적인 중류계층 가치의 갈등에 기인한 것이다.

④ 대부분 하류계층 청소년들의 비행은 부분적으로 반사회적 가치를 기르고 보다 긍정적인 자기관념을 개발하기 위한 수단으로서 집단비행의 형태로 범해진다.

(4) 반응형성(reaction formation)

① 코헨은 하류계층의 청소년들이 사회의 일반문화와 정반대되는 방향으로 하위문화 가치나 규범을 설정하는 과정을 반응 형성(reaction formation)이라고 불렀다.

② 반응을 형성하는 3가지 대안적 행동유형

㉠ 길모퉁이 소년(corner boy)

분명하게 비행소년이라고는 할 수 없지만, 친구들과 어울려 거리를 서성대는 등의 일탈행동을 하는 경우이다.

㉡ 대학생(college boy)

중류계층을 비난하기보다는 자신도 중류계층의 기준으로 성공하기 위해 노력한다.

㉢ 비행소년(delinquent boy) : 중류계층의 문화와 정반대되는 일련의 규범과 원칙을 수용한다.

(5) 하위문화의 기능

① 박탈된 지위를 회복할 수 있는 여러 가지 규범과 기법을 제공한다.

② 그들의 자존심을 상하게 했던 중산층 규범에 보복할 기회를 준다.

③ 그들이 자라온 문화 속에서 배운 남자다움을 마음껏 표출할 수 있는 기반을 제공한다.

(6) 머튼의 이론과 차이점

① 머튼은 하류계층 사람들은 목표를 달성하기 위해 불법적으로 행동하는 공리적 태도를 취한다고 본다. 반면에 코헨은 청소년 범죄, 특히 집단범죄 대부분은 결코 공리적 태도에 따른 것이 아니라 비행 동료들 사이에서 지위를 얻는 방법이라고 강조한다.

② 코헨은 머튼과 달리 주어진 규범과 그 규범의 충족 가능성 사이의 불일치는 범죄에 간접적인 영향을 미친다고 한다. 불일치는 하류계층의 청소년들로 하여금 좌절하게 하고, 이러한 좌절감으로 인한 갈등을 해소하고 자신들의 삶에 의미를 부여하기 위해 중산층 가치체계를 버리고 비행하위문화에 따라 불법적으로 행동한다는 것이다.

▲ 코헨의 비행하위문화이론과 머튼의 아노미이론의 차이점

비행하위문화이론	아노미이론
• 수많은 비행들에서 발견되는 비실용적인 성격을 설명 • 일탈의 비공리주의적인 특성을 강조 • 반항이 취하는 특별한 형태는 중간계급의 가치들에 대한 반작용에 의해 결정 • 반항의 선택은 그 집단의 다른 구성원의 선택들과 연계	• 혁신에 초점을 두고 범죄원인의 실용적 성격을 강조하여 설명 • 범죄의 공리주의적인 본성을 강조 • 반항은 상당수의 서로 다른 형태 중 어떤 하나를 임의적으로 취할 수 있음 • 사회의 적응형태에 대한 것은 개인이 선택

(7) 비판 및 한계

① 비행소년의 태도, 가치관, 신념이 무엇이며 이들은 어떻게 습득되는 것이고, 이들을 습득한 이후 비행소년에 주어지는 소득은 무엇인지에 대해서만 설명하고 있다. 그래서 비행이론이라기 보다 '비행하위문화형성이론'이라고 비판한다.

② 같은 비행 청소년이라 할지라도 일탈적·비 관습적일수 있으며 동시에 관습적일 수도 있다.

③ 청소년들의 비행행위가 때로는 공리적이고 계산적이며 이성적일 때도 많다.

④ 청소년 비행, 특히 집단비행을 하류계층 청소년들의 소행으로 단정하고 있으나 중산층 청소년들의 비행도 적지 않다는 사실이 입증되고 있으므로 이들에 대한 고려가 되지 않았다.

4 밀러(Miller)의 하류계층문화이론(하층계급문화이론)

(1) 의의

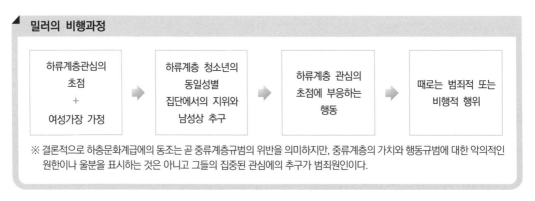

▲ 밀러의 비행과정

| 하류계층관심의
초점
+
여성가장 가정 | → | 하류계층 청소년의
동일성별
집단에서의 지위와
남성상 추구 | → | 하류계층 관심의
초점에 부응하는
행동 | → | 때로는 범죄적 또는
비행적 행위 |

※ 결론적으로 하층문화계급에의 동조는 곧 중류계층규범의 위반을 의미하지만, 중류계층의 가치와 행동규범에 대한 악의적인 원한이나 울분을 표시하는 것은 아니고 그들의 집중된 관심에의 추구가 범죄원인이다.

① 미국 사회는 문화와 가치판단이 혼재하는 다원적 사회이다. 따라서 여러 소속된 해당 문화에 충실한 소집단의 범죄 및 일탈과 관련되는 다양한 하층급의 대체 문화가 존재한다.

② 지배집단의 입장에서는 문화와 가치에 반하는 하층계급의 대체 문화는 범죄적 행위로 간주한다.

③ 하류계층은 홀어머니 밑의 결손가정 환경에서 자란 아이들은 아버지가 없어 남성 아이들과
어울리면서 부단히 남성성을 찾으려고 노력한다.

(2) 하류계층의 6가지 중심가치

하류계층에서는 다음의 6가지 가치에 관심을 가지면서, 자신의 세계에서 일정한 지위를 차지하
고 계층의 문화적 분위기에 순응하는 과정에서 범죄를 저지르게 된다는 것이다.

① 사고치기(말썽부리기)
  ㉠ 하류계층에서는 싸움, 음주, 문란한 성생활 등과 같은 사고를 얼마나 유발하고 법이나 법
  집행기관 등과의 발생이 오히려 영웅적이거나 정상적이며 성공적인 것으로 간주되는 것
  이다.
  ㉡ 남자 청소년들에게 있어 문제를 만드는 중요한 수단은 싸움과 성일탈행위이다. 뿐만 아니
  라 하류계층 소년들은 갱단에 들어가는 것이 나름대로 어떤 지위를 얻는 수단이 된다.
② 강건함
  ㉠ 신체적 강건함, 싸움 능력 또는 용감함 등을 중시하는 것이다.
  ㉡ 하류계층의 청소년들은 공부에만 열중하고 인정에 얽매이는 것은 남자답지 못한 것이라
  고 간주한다.
  ㉢ 하류계층은 대부분 어머니가 살림을 꾸려가는 가정인 경우가 많다. 아버지는 이혼, 알코
  올 중독, 바쁜 직장생활 등으로 인해 자식과 함께할 시간이 부족하다. 아버지가 부재인
  소년들은 자신이 싸움을 잘해서 남성다움을 대신 보상받으려는 행동을 한다.
③ 기만성
  ㉠ 속고 속이는 세상에서 남이 나를 속이기 전에 내가 먼저 남을 속일 수 있어야 한다는 것
  을 강조한다. 도박·사기 등이 있다.
  ㉡ 싸움을 통하지 않고 얻을수록 더욱 교활함을 인정받게 된다. 그래서 하류계층의 소년들은
  어려서부터 남을 속이는 기술을 배운다.
④ 흥분 추구
  ㉠ 스릴과 위험을 추구하고 싸움이나 도박 등의 쾌감과 모험을 즐기는 속성을 뜻한다.
  ㉡ 흥분 추구에는 음주와 도박 등이 포함된다.
  ㉢ 하류계층의 청소년들은 술집에서 술을 마시거나, 싸움 등이 흥미를 유발하는 방법으로 사
  용한다.
⑤ 운명주의
  ㉠ 인생은 자신이 어찌할 수 없는 것으로 생각하며, 자신의 미래는 운명에 달려 있다는 것이다.
  ㉡ 하류계층의 청소년들은 교육과 같은 합법적인 노력을 통해 성공하려는 시도를 일찌감치
  포기한다. 따라서 이들은 범죄행위를 저지르는데 주저하지 않는다.

⑥ 자율성

㉠ 다른 사람으로부터 간섭받는 것을 혐오하고 외부로부터의 통제나 간섭을 받기 싫어하는 속성을 뜻한다.

㉡ 하류계층의 소년들은 자신이 독립적인 존재가 되고 싶어 한다. 그래서 "나는 나를 돌봐줄 사람이 필요없다. 내가 날 돌볼 수 있다."라는 말을 자주 사용한다.

(3) 비판 및 한계

① 집단비행은 설명할 수 있을지 모르지만, 집단이 아닌 단독범행에 관해서는 설명을 제공하지 못하며, 남자 청소년들의 비행만 설명하고 여자 청소년들의 비행이 고려되지 않았다.

② 관심의 초점이 하류계층 문화의 일부 요소일지라도 그것이 하류계층 사회와 생활의 유일한 관심사는 아니며, 중류계층의 가치와 문화도 하류계층 청소년들에게 조금이나마 영향을 미칠 수 있음에도 불구하고 무시되고 있다고 지적한다.

③ '모자가정의 문제'도 사회적 계층보다는 흑인 가정에 초점을 맞춘 인종 문제에 근거하고 있다고 비판한다.

〈코헨과 밀러의 문화이론 비교〉

구분	비행하위문화이론	하층계급문화이론
주창자	코헨	밀러
하층 문화에 대한 이해	하층 문화가 중상층 문화에 대해 대항적 성격을 띰	하층 문화가 중상층 문화의 차이를 인정하되 대항적 성격은 없고 그 자체의 고유한 문화로 파악
하층 문화의 특성	하층의 문화는 중상층의 지배문화에 대항하려는 목적에서 발생하므로 지배문화에 반대되는 성격을 가짐 • 비공리성 • 악의성 • 부정성 • 단기적 쾌락성	하층 문화의 대항적 성격이 아니라 하층의 고유문화성을 강조하므로 가치라는 것보다는 관심의 초점으로 설명 • 말썽거리 • 강인함 • 영악함 • 흥분과 스릴 • 운명주의 • 간섭에 대한 잠재 의식적 반발
평가	• 비행소년 및 비행하위문화에 대한 관심 촉구 계기 • 지배문화와 비행하위문화 간에 목표의 차이가 과연 존재하는가? • 비행은 소년기에 특유한 정신적 미숙의 결과가 아닐까? • 절도 등의 소년비행을 과연 비공리적이라 할 수 있는가?	• 상당수의 하층 소년들은 왜 비행에 가담하지 않고 준법 소년으로 남는가에 대한 해명이 어려움 • 범죄나 비행의 발생이 관심의 초점에 의한 차이라기보다는 목표 달성을 저지하는 사회구조적 요인에 기인하는 것이 아닌가?

5 클로워드(Cloward)와 올린(Ohlin)의 차별적 기회구조이론

(1) 의의

▲ **차별적 기회구조이론에 반영된 각 이론의 내용(=범죄에 영향을 준 요인들)**

머튼의 아노미이론	서덜랜드의 학습이론 (차별적 접촉이론)	쇼와 맥케이의 문화전달론
문화적 목표(수용)+ 합법적 수단	비행·범죄도 '접촉'을 통해 '학습'되는 것	비행·범죄를 접촉할 수 있는 '지역'
'혁신형'의 적응방식	접촉 → 학습	지역사회의 열악한 여건

① 클로워드와 올린은 일탈에 이르는 압력의 근원에 초점을 맞춘 뒤르켐과 머튼의 아노미이론과 비행을 학습의 결과로 파악하는 서덜랜드의 차별적 접촉이론을 하나로 통합한 차별적 기회이론으로 비행을 설명하고자 한다.

② 쇼와 멕케이의 문화전달이론 및 서덜랜드의 차별적 접촉이론 그리고 머튼의 아노미이론을 종합해서 청소년의 비행 문제를 설명(비행의 기회구조의 개념을 도입)하였다.

③ 차별적 기회구조이론은 성공을 추구하는 문화적 목표를 수용하나 구조적으로 합법적인 기회구조에 접근할 기회가 제한되고 비합법적인 기회에 접근하게 되어 비행을 저지르게 된다고 본다. 그러한 사람들이 불법적 기회가 어떠한가에 따라 서로 상이한 문화에 접하게 되고, 그에 따라 비행유형도 다르다는 점을 강조하였다.

(2) 비행하위문화의 3가지 기본형태

① 범죄적 하위문화(criminal subculture)
    ⊙ 문화적 가치를 인정하나 불법적인 기회구조와 접촉을 할 수 있어 범죄를 저지르는 비행문화집단이다.
    ⓒ 주로 대대적으로 범죄 기술이 전수되어 조직화, 체계화되어 있으며, 절도 등 재산범죄 수행을 통해 생계를 해결하는 불법적 범죄 기회구조가 발달하여 있는 노동계급 지역에서 나타난다.

② 갈등적 하위문화(conflict subculture)
    ⊙ 문화적 가치는 인정하지만, 합법적 또는 불법적 기회구조가 모두 차단되어 욕구불만을 폭력행위나 패싸움 등으로 해소하는 비행문화집단이다.
    ⓒ 주로 폭력을 수용하는 하위문화이며, 거리의 폭력 싸움꾼들에게서 발견된다. 이들은 싸움을 잘할 뿐 체계적으로 전수되는 범죄 기술은 없다.
    ⓒ 지배적인 공동체에서는 최소한의 통제도 이루어지지 않는 사회해체 속에서 비조직적이고 개별적이면서 사소한 범죄들이 주로 발생한다.

③ 도피적 하위문화(retreatist subculture)

　　㉠ 문화적 목표는 인정하지만 이를 달성하기 위한 합법적 또는 불법적인 기회구조가 차단되어 자포자기하는 이중실패문화집단을 말한다.

　　㉡ 이중실패문화집단은 불법적인 범죄 기술을 학습할 기회가 없어서 재산범죄자도 안 되고, 폭력을 수용하지 못하여 폭력싸움꾼도 안 된다. 약물과 알코올중독에 빠지는 모습을 보인다.

〈비행문화집단의 세 가지 유형〉

범죄적하위문화	문화적 가치를 인정하나 불법적인 기회구조와 접촉이 가능하여 범죄를 저지르는 비행문화집단
갈등적하위문화	문화적 가치는 인정하지만, 합법적 또는 불법적 기회구조가 모두 차단되어 욕구불만을 폭력행위나 패싸움 등으로 해소하는 비행문화집단
도피적하위문화	문화적 목표는 인정하지만 이를 달성하기 위한 합법적 또는 불법적인 기회구조가 차단되어 자포자기하는 이중실패문화집단

〈차별적 기회구조이론의 개인적 적응양식의 유형(Merton의 모형 수정)〉

적응양식	목표	합법적 수단	비합법적 수단	폭력수용	하위문화
동조형	+	+			
개혁형	+	-	+		범죄적 하위문화
공격형	+	-	-	+(Yes)	갈등적 하위문화
도피형	+	-	-	-(No)	도피적 하위문화

(3) 머튼의 이론과 같은 점

① 클로워드와 올린은 비행하위문화를 촉발하는 요인으로 하위계층 청소년들의 경우 합법적인 수단을 사용할 수 있는 기회의 불평등한 분포를 들었다.

② 머튼의 아노미이론과 마찬가지로 사회에는 문화적으로 강조되는 목표와 이러한 목표를 합법적인 방법으로 달성할 가능성 간에 현격한 차이가 있는데, 특히 하층계급의 청소년들은 성공을 위해 제공되는 합법적인 수단에는 접근이 제지되면서 이로 인하여 비행하위문화가 형성된다는 것이다.

(4) 머튼의 이론과 다른 점

① 클로워드와 올린은 성공하기 위하여 합법적인 수단을 사용할 수 없는 사람들은 비합법적 수단을 사용한다는 머튼의 가정에 대하여는 동조하지 않는다.

② 비합법적 수단 역시 합법적 수단과 마찬가지로 그 접근 기회가 불평등하게 분포되어 있어서 하위계층의 청소년이라고 하더라도 아무나 비합법적 수단을 취하여 목표를 달성할 수 있는 것은 아니기 때문이다.

6 울프강(Wolfgang)과 페라쿠티(Ferracutti)의 폭력하위문화이론

(1) 의의

① 밀러의 이론처럼 하위계층에 범죄가 집중되는 현상을 그들 특유의 하위문화에 기인한다고 전제한다.

② 폭력하위문화이론은 모든 사회는 고유한 문화체계를 가지고 있으며 사람의 행위는 문화체계를 통하여 이해된다. 특히 폭력적 하위문화는 구성원들이 학습을 통하여 하위문화의 내용을 학습하고 행동의 기준으로 삼는다.

③ 중류층의 관점에서 볼 때 하위계층의 문화는 저질스러운 하위문화이고 이 때문에 하류층이 범죄를 자주 저지르게 된다고 본다.

(2) 특징(밀러의 후속 연구)

① 기존의 가치체계와 상반되는 하위문화에 동조한다. 이는 범죄적 행위를 발생시킨다고 보는 입장이다.

② 폭력적인 태도는 차별적 접촉을 통해 형성된다.

③ 하위문화에서 불법적인 행동으로 간주하지 않고 적절한 행동으로 평가받는 문화 속에서 생활하는 청소년들은 폭력 가능성이 크다.

④ 폭력적 하위문화라도 모든 상황에서 폭력을 사용하지는 않는다.

범죄적 하위문화 정리

학 자	이 론	주요 전제	이론의 장점
밀러 (Miller)	하류계층문화이론	하위계층의 주요 관심사에 따르는 사람은 스스로 지배적인 문화와 갈등을 일으킨다.	하위계층 문화의 주요 관심사(핵심가치)를 밝히고 그 가치와 범죄의 관계를 보여준다.
코헨 (Cohen)	비행하위문화이론	중산층의 성공을 달성하는 데 실패한 하위계층 청소년들은 신분좌절을 경험하게 되고 그로 인해 갱조직에 가담하게 된다.	하위계층 생활조건이 어떻게 범죄를 발생시키는지를 보여주고, 폭력과 파괴적 행위를 설명하고, 하류계층과 중산층 사이의 갈등을 알려준다.
클라워드와 올린 (Claward and Ohlin)	차별적 기회구조이론	합법적 기회의 차단이 하류계층 청소년이 범죄적·갈등적·도피적 하위문화(갱)에 가담하게 되는 원인을 제공한다.	불법적 기회마저 사회 내에서 차별화되어 있음을 보여주고, 왜 사람들이 범죄행위에서 특정 유형에 개입하게 되는지를 밝힌다. 또한 빈곤의 축소와 같은 범죄방지 대책의 이론적 기초를 제공하고 있다.

2

CHAPTER

사회학습이론

1 의의

사회학습이론은 "범죄자의 재범률이 높은 것은 교도소가 범죄학교이기 때문이다"라는 말처럼, 범죄 행위자의 행동은 다른 사람의 행동이나 어떤 상황을 관찰하고 모방함으로써 이루어진다는 이론이다.

2 서덜랜드(Surtherland)의 차별적 접촉이론

서덜랜드(Sutherland)의 차별적 접촉이론

- 서덜랜드 이론의 가정 : '범죄'는 '정상적으로 학습'된 행동의 결과물이다.
  - 범죄는 하위계층의 문화에서만 발생하는 것이 아니라 모든 계층, 문화에서 발생할 수 있는 '일탈적인 가치의 학습 결과'이다.
  - 모든 계층 및 문화에서도 '일부'만 범죄를 저지르는 이유는 개인의 '차별적 접촉' 때문이라고 주장한다.

(1) 의의

① 사람들은 일탈유형과의 접촉을 통하여 일탈자로 되어 간다는 서덜랜드의 범죄학 이론으로, 왜 특정한 사람이 일탈적 행위유형을 학습하게 되는지를 설명한다.

② 차별적 접촉이론은 범죄도 일반적인 행위와 마찬가지로 학습을 통해서 배우게 되고 범죄자 역시 일반인과 마찬가지로 학습 과정을 가진다. 범죄행위의 학습 기제는 일상생활의 학습 기제와 같다.

③ 학습은 주로 친밀한 집단과 사람들 속에서 상호작용을 통해 일어난다.

④ 범죄행위의 사회화는 비범죄행위의 사회화와 비교하여 좋고 나쁨을 평가할 수 있는 것이 아니라, 단지 '다른 사회화'로 파악해야 한다는 것이다.

⑤ 차별적 접촉은 접촉의 빈도와 우선성, 기간, 시기(지속성), 강도에 따라 학습의 효과가 다르다. 비행 친구 등의 접촉 빈도가 높고, 기간이 길수록 학습의 영향은 커지고, 시기 빠를수록, 접촉의 강도가 클수록 더 강하게 학습을 하게 된다.

⑥ 서덜랜드(Sutherland)는 범죄행동을 정상적으로 학습된 행동으로 묘사하면서 이러한 정상적인 학습의 본질을 밝히고자 하였다.

⑦ 기존 이론들이 설명하지 못했던 전문절도범, 소매치기, 화이트칼라 범죄 등 학습이 필수적으로 요구될 것으로 보이는 범죄를 설명하기에 적합하다.

사회학습이론 및 행동주의이론을 바탕으로 하여 이루어진 실제 실험 요약

- 파블로프의 고전적 조건형성실험 : 조건자극(종소리)이 무조건자극(먹이) 없이도 개의 행동반응(침 흘림)을 유발할 수 있음을 증명하여 자극과 반응을 통한 학습의 원리를 처음으로 제시하였다.
- 스키너의 조작적 조건형성실험을 통한 강화학습 : 피실험체(생쥐)가 우연한 기회(지렛대 누르기)에 긍정적인 보상(먹이)이 주어지는 것을 경험하고 지렛대 누르기를 반복하게 되는 것을 통해 행동의 강화를 증명하였다.
- 반두라의 보보인형실험 : 성인모델이 인형을 대상으로 하는 폭력적 · 비폭력적 행동을 아동이 화면으로 시청한 후에 성인모델의 행동방식을 그대로 모방하는 경향을 관찰하였다.

파블로프의 고전적 조건형성실험(Classical Conditioning Experiment)

고전적 조건형성실험을 고안한 러시아의 생리학자 파블로프(Ivan Pavlov, 1849~1936년)는 개를 대상으로 소화에 관한 연구를 하던 중 우연히 행동심리학의 기초를 만든 중요한 고전적 조건형성이론을 제안하게 되었다. 스키너의 조작적 조건형성실험 이후 고전적 조건형성실험으로 불리게 되었다. 고전적 조건형성실험은 특정 무조건자극(개에게 먹이를 줌)과 함께 반응(침을 흘림)과 관계없는 자극(조건자극 : 메트로놈, 종소리 등)을 동시에 제공하면 '무조건자극(먹이)이 없을지라도' 조건자극에 반응을 일으키게 되며, 이를 반복하면 조건자극만으로도 침샘에 자극을 주어 침을 흘리게 된다는 것이다. 즉, 자극/반응이라는 행동주의 학습이론의 기초를 세우게 된 실험이었다. 중립자극인 메트로놈 소리가 무조건자극과 동시에 반복적으로 제공되자 무조건자극인 먹이 없이도 메트로놈 소리만으로 침 분비를 유발시켜 중립자극이 조건자극이 될 수 있음을 증명할 수 있었다. 유사하게도 레몬과 바닐라 향을 조합하여 개에게 20번을 제공하자 바닐라 향만으로도 침 분비가 이루어지는 것으로 나타나 다양한 조건화가 가능함을 보여 주었다. 이 실험을 통해 우리는 왜 사람들이 특정 상황에서 공포를 느끼고 성적 흥분을 느끼며 불쾌감을 느끼는지 등의 다양한 반응의 원인을 설명할 수 있게 되었다.

스키너의 조작적 조건형성실험(Operant Conditioning Experiment)

미국 심리학자 스키너의 조작적 조건형성실험이 제시되면서 파블로프의 조건형성실험은 고전적 조건형성실험으로 불리게 된다. 스키너는 학습과정의 조작적 조건화 도식을 제시한다. 그는 어떤 특정 상황에서 행동을 취하게 되면 그것에 따른 결과물이 제공되며, 이 결과가 보상으로 인식될 때 강화가 이루어지고 그 행동을 반복하게 되는 강화학습이 이루어진다고 설명한다. 조작적 조건형성실험은 지렛대를 누르면 먹이가 나오도록 설계된 실험용 박스에 생쥐를 넣고, 우연히 생쥐가 지렛대를 눌러 먹이가 나오게 되면 같은 행동을 반복하는 횟수가 증가한다는 사실을 보여 줌으로써 행동의 강화를 파악할 수 있게 하였다. 스키너의 조작적 조건형성실험을 통해 행동강화의 원리를 이해할 수 있게 되었다. 강화물은 행동의 빈도를 증가시키는 역할을 하는 모든 자극물을 의미한다. 강화물은 음식, 공기, 물 등의 일차적 강화물과 사회적 인정, 칭찬, 지위 등의 이차적 강화물로 구분된다. 강화는 정적 강화(Positive Reinforcement)와 부적 강화(Negative Reinforcement)로 구성된다. 정적 강화는 행동의 지속성을 강화시키는 것으로서 특정 행동에 대해 보상이 주어질 때 그 행동을 지속할 가능성이 높아진다. 부적 강화는 정적 강화의 반대로, 특정 행동을 멈추거나 감소시키기 위해 특정 보상을 제거하거나 혐오자극을 제공하는 것이다.

◢ 반두라의 보보인형실험(Bobo Doll Experiment)

심리학자 알버트 반두라는 캐나다 앨버타주 출신으로, 1949년 영국 컬럼비아대학에서 심리학을 전공하고 미국 아이오와대학에서 심리학 석·박사를 취득하였다. 그는 당시 학습심리학이 행동주의에 치중되어 있다는 생각을 가지고 인지와 행동의 관계를 연구하였다. 그는 아동의 공격적인 행동이 모방학습을 통해 이루어질 수 있다는 증거를 보여 줌으로써 단순히 보상과 처벌에 의해 행동이 학습된다는 기존 자극-행동주의 학습이론을 비판하였다. 특히 그는 보보인형실험을 통해 TV 등 미디어를 통한 공격성 학습원리를 증명하였다. 보보인형실험은 실험참가아동 72명(평균 4세 남자아이 36명, 여자아이 36명) 중 24명을 통제집단, 나머지 48명을 8개의 실험집단(남자/여자, 동일성별/비동일성별, 폭력/비폭력)에 할당하여 실험을 진행하였다. 폭력집단에서는 나무망치로 보보인형을 때리고 고함을 치는 등의 행동을 보여준 반면, 비폭력집단에서는 보보인형을 완전히 무시하고 손가락 인형을 가지고 조용히 10분간 성인모델이 노는 모습을 보여 주었다. 실험이 끝난 후 실험에 참여한 아이들의 공격적인 행동을 관찰하였고 그 결과를 비교하였다. 실험에서 보보인형을 공격하고 상을 받거나 혹은 벌을 받는 조건에서도 상을 받는 상황을 관찰한 실험집단에서 보다 더 공격적인 행동을 보여 관찰을 통한 대리강화가 발생하는 것으로 나타났다. 보보인형실험은 폭력과 같은 행동은 관찰자에게 제공되는 어떠한 강화자극이 없더라도 관찰과 모방을 통해 학습될 수 있음을 증명하였다는 의의를 가진다. 이 실험의 결과로 미디어와 범죄의 관계에 대한 역사적 논쟁이 시작되었다.

---

(2) 인간현상의 두 가지 측면

① 차별적 집단(사회) 조직화

  ㉠ 왜 사람이 집단에 따라 범죄율이 서로 다른가 하는 이유를 설명하고자 하였다.

  ㉡ 우리 사회의 일부는 범죄적 전통을 가지고 일부는 반범죄적 전통을 가지는 등 서로 다른 집단의 사람들로 구성되었다는 사실을 기본으로 하고 있다.

  ㉢ 범죄적 전통을 지닌 집단이 반범죄적 전통을 지닌 집단에 비해 범죄율이 높다는 것이다. 따라서 높은 범죄율이나 높은 집단범죄성은 바로 이러한 범죄적 전통의 소산이라는 것이다.

② 범죄에 대한 개인의 차별적 접촉

  ㉠ 왜 대부분 사람들이 범죄자가 되지 않는 데도 불구하고 일부 사람들은 범죄자가 되는지 그 이유를 설명하고자 하였다.

  ㉡ 특정 지역의 범죄성을 범죄적 전통에서 그 원인을 찾고자 했었던 데 비해 개인의 범죄성은 바로 개인의 차별적 접촉에서 그 원인을 찾고 있다.

(3) 범죄원인에 관한 9가지 명제

① 범죄행위는 학습되는 것이다. 범죄행위는 유전되는 것이 아니며, 오로지 학습되는 것이다.

② 범죄행위의 학습은 사람들 간의 의사소통 과정을 통해 일어난다. 범죄에 대한 안내자와 교사로서의 다른 사람과 상징적 상호작용과정을 통한 학습으로서 법률위반자가 될 수 있다.

③ 범죄행위의 학습은 주로 친밀한 집단 속에서 잘 일어난다. 범죄자를 가장 빈번하게 접하는 교도관이 범죄를 학습하지 않는 것처럼, 가족, 친구 또는 동료와 같은 친근한 개인적 집단과의 접촉이 학습에 가장 큰 영향을 미친다.

④ 범죄행위가 학습될 때, 그 학습 내용에는 범죄행위의 기술뿐 아니라 동기, 충동, 합리화 방법, 태도 등 구체적 방향의 학습을 포함한다.

⑤ 범죄 동기나 충동은 현행 법률을 긍정적으로 정의하느냐, 아니면 부정적으로 정의하느냐에 따라 학습된다. 사람의 인생에 있어서 중요한 사람의 범죄행위에 대한 태도가 그 사람의 범죄행위에 대한 태도의 발전에 큰 영향을 미친다.

⑥ 법 위반에 대해 비우호적인 인식보다 우호적인 인식이 앞서도록 학습된 사람은 비행으로 나아간다. 차별적 접촉이론의 핵심으로는 범죄행위는 법을 비호의적으로 보는 집단과의 접촉을 통하여 습득된 법에 대한 부정적 규정이 법을 호의적으로 보는 규정을 능가하기 때문에 일어난다는 것이다.

⑦ 차별적 교제는 만남의 빈도·기간·선호·강도 등에 따라 다양하게 나타난다. 집단규정의 습득에 대한 접촉의 영향은 접촉 상 사회적 상호작용의 질에 의해 좌우된다. 자주 오래 접촉할수록, 어릴 때 시작할수록(우선순위), 중요성이나 특전이 주어지는 접촉일수록(강도) 강해진다.

　㉠ 비행 친구와의 지속적인 관계에 있는 청소년은 범죄를 지지하는 태도를 계속 유지하는 경우

　㉡ 일탈행위에 대해 긍정적인 태도를 보이는 청소년은 그렇지 않은 청소년에 비해 비행을 저지를 가능성이 더 크다.

　㉢ 마약 사용자들과 친밀한 네트워크를 형성하고 있는 사람은 마약중독 가능성이 크다.

⑧ 범죄적 또는 비범죄적 유형과 접촉하면서 범죄행위를 학습하는 과정은 일상생활 속에서 다른 행위의 학습 과정에서 작용하는 기재들과 동일하다.

⑨ 범죄행위는 일반적인 욕구나 가치에 의해 일어나지만, 그러한 욕구와 가치가 범죄행위의 본질적 성격을 특징짓지는 않는다. 비범죄적 행위도 그와 동일한 욕구 및 가치에 의해 이루어지기 때문이다.

(4) 차별적 접촉이론의 특징

① 학습되는 것의 내용을 구체적으로 적시 : 범죄를 저지르는 데 있어서 학습되는 내용으로 지적된 것은 범행기술, 범행동기, 범행 의욕, 합리화 태도, 법 위반에 대한 호의적인 생각 등인데, 이것들은 모두 인식적인 요소임에 주의를 필요로 한다.

② 학습이 일어나는 과정의 구체화 : 서덜랜드는 자신과 친밀한 집단들과 접촉을 통하여 범죄에

관한 관념들이 학습되는 것으로 지적하였다. 그리고 법 위반에 대한 우호적인 정의나 비우호적인 정의를 결정하는 요소는 <u>접촉의 빈도, 기간(지속성), 접촉의 우선성, 강도</u> 등으로 이에 따라 학습의 효과가 달라진다는 것이다.

③ 차별적 접촉이론에 대한 비판
<u>실제로 정확하게 무엇이 법위반에 대한 호의적·비호의적인지 규정할 수 없고,</u> 법위반에 대한 호의적·비호의적이라는 용어 자체를 정의할 수 없으며, 중요한 요소인 접촉의 빈도, 기간(지속성), 접촉의 우선성, 강도 등의 개념이 명확하지 않고, <u>신속한 측정이 불가능하다.</u>

(5) 차별적 접촉이론에 따른 사회정책

① 서덜랜드는 범죄를 감소시키기 위해서는 비범죄적 정의에 대한 접촉을 늘려야 한다고 한다.
② 범죄행위를 학습받은 사람은 그것을 치료할 수 있는 정신과 의사, 심리학자 등의 도움을 받아야 한다.

3 차별적 접촉이론의 수정 및 보완

(1) 글레이저(Glaser)의 차별적 동일시(화)이론

① 차별적 접촉이론이 차별적 반응의 문제를 해결하지 못하고, 또한 범죄의 학습이 반드시 친근한 집단과의 직접적인 접촉을 통해서만 학습되는 것이 아니라는 비판에 대한 대안으로서 차별적 동일시라는 개념을 제시하였다.
② 범죄행위는 TV와 같은 매스컴을 통해서 보고 듣던 사람들이 동일시하면서 많이 배우게 되며, 범죄행위의 학습대상을 자신의 행위 기준으로 삼고 있는 준거집단과 준거인들을 통해서도 학습하게 된다.
③ 매스컴의 역할을 강조하며, 범죄행위에 대한 학습대상을 멀리 떨어져 있는 준거집단과 준거인까지 확장했다.
④ 왜 사람에 따라서 상이한 역할모형을 선택하고 자기와 동일시하는가, 즉 '왜 어떤 사람은 범죄적 역할모형과 자신을 동일시하고, 어떤 사람은 관습적인 역할모형과 자기를 동일시하는가'라는 차별적 동일시의 근원을 제시하지는 못하였다.
⑤ 차별적 기대이론
차별적 동일시이론에서 발전한 이론으로, 사람이 범죄로부터 느끼는 만족에 대한 기대감이 사회적 유대, 차별적 학습 및 기회의 인식 결과로부터 유발되는 부정적 기대감을 상회할 경우에 범죄를 저지른다고 주장한다.

> ### 글레이저(Glaser)의 '차별적 동일시이론'(differential identification)
>
> - 범죄를 긍정적으로 정의하는 사람과 실제로 접촉하지 않아도 다양한 경로(예: 영화 속 범죄자)를 통해서도 상호작용 없이 간접접촉이 가능하다.
> - 영화 속 범죄자를 자신의 '역할모델'(role model)로 삼게 되면 자신이 추구하는 인간상과 자신을 '동일시' 하게 되어 역할모델의 행동을 그대로 '모방'하고 '학습'하게 된다.
> - 글레이저(Glaser)의 차별적 동일시이론(differential identification theory)은 '동일화 → 합리화 → 범죄 행위'의 과정을 거친다고 본다.

> ### ◢ 차별적 강화이론
>
> 차별적 접촉(비행집단과 친밀한 관계) → 차별적 강화(보상 취득 → 긍정적 '강화', 처벌 회피 → 부정적 '강화') → 범죄행위(범행을 지속)

(2) 버제스(Burgess)와 에이커스(Akers)의 차별적 강화이론

① 범죄행위는 범죄행위에 대한 긍정적인 규정을 가진 다른 사람과의 차별적 접촉의 결과인 모방에 의해 발생하며, 범죄행위의 지속 여부는 차별적 강화에 의해 결정된다.

② 긍정적인 보상이 얻어지거나 부정적인 처벌이 회피될 때 그 특정 행위는 강화되고, 반면에 그 행위의 결과 긍정적 처벌이라는 혐오스러운 자극을 받거나 보상의 상실이라는 부정적 처벌을 받게 될 때 그 행위는 약화한다.

③ 처벌과 보상의 조화는 차별적 재강화를 구성하게 된다. 따라서 특정 행위가 일탈적이거나 관습적인 것은 그 행위에 대한 과거와 현재의 보상·처벌 및 그 대안적 행위에 대한 보상과 처벌이라는 차별적 재강화에 따르는 것이다.

④ 사람들은 자신의 생활에 있어서 중요한 집단과 사람들과의 접촉을 통하여 자신의 행위를 평가하는 것을 배우게 되는데, 자신의 행위를 바람직하지 않다고 보기보다는 좋거나 적어도 적당한 것으로 볼수록 그 행위에 가담할 가능성은 커지는 것이다.

⑤ 주요 개념
  ㉠ 차별적 교제(differential association)
    ⓐ 범죄자에게는 그들에게 범죄나 모방할 모형, 차별적 강화를 제공하는 집단이 존재하며, 이러한 집단 가운데 가장 중요한 것은 가족이나 친구와 같은 일차적 집단이다.
    ⓑ 직접적 접촉뿐만 아니라 간접적 접촉과 준거집단에 대한 동일시를 포함하고 있다. 간접적 접촉은 IT기술 발전과 함께 증가한 휴대폰, 인터넷, 영상물 등 첨단기술에 의한 접촉과, 전통적인 접촉물(TV, 신문, 잡지, 책 등)을 모두 포괄한다. 또한 최근에는 소셜미디어 등을 통한 가상의 동료집단(virtual peer groups) 역시 차별접촉의 대상이 될 수 있다고 설명함으로써 차별접촉의 대상이 확장되고 있다.

ⓒ 정의(definition) : 특정 행위에 대하여 개인이 부여하는 의미와 태도를 의미한다.

　　ⓐ 일반정의 : 보편적인 도덕의 원리에 대한 지향성이다. 도덕적·인습적 가치와 규범을 얼마나 잘 수용하는가에 따라 일반정의는 달라진다.

　　ⓑ 특수정의 : 구체적인 행위에 대한 태도

　　ⓒ 부정적 정의 : 범죄나 일탈행위를 거부하는 도덕적·인습적 태도

　　ⓓ 중화정의 : 사람들은 비록 어떤 행위가 바람직하지 않다고 생각할지라도, 그 행위가 특정 상황에서는 정당화될 수 있고 나쁜 것이 아니며 필요하다고 변명하려는 태도를 가질 수 있다는 것

ⓒ 차별적 강화(differential reinforcement) : 차별적 강화는 행위의 결과로부터 돌아오는 보상과 처벌의 균형에 의해 달라진다. 개인이 그러한 범죄행위를 저지를 것인가의 여부는 과거와 미래에 예상되는 보상과 처벌 간의 균형에 영향을 받는다. 범죄행위에 대해 처벌이 이루어지지 않아 범죄행위가 지속·강화된다면, 이는 부정적 강화이다.

처벌강화의 유형과 결과

구 분	보상(reward)	처벌(punishment)	결과(consequency)
긍정적 강화	제공(O)	–	행위 지속/증가
부정적 강화	–	제거/회피(X)	행위 지속/증가
긍정적 처벌	–	제공(O)	행위 중단/감소
부정적 처벌	제거(X)	–	행위 중단/감소

ⓔ 모방(imitation)

　　ⓐ 타인의 행동에 대한 관찰과 학습의 결과로 그것과 유사한 행동을 하게 되는 것을 의미하는 것으로 사회학습이론을 기반으로 한다.

　　ⓑ 미디어를 통한 행위학습은 대리강화의 원리가 반영된 대표적인 예이다. 범죄사건에 대한 뉴스나 영상물을 통해 모방범죄가 발생하는 것은 그 행위가 직접적인 접촉 없이도 학습될 수 있음을 시사한다.

　　ⓒ 모방은 주로 새로운 행위의 시도, 범행수법의 도입 등에 더 큰 영향을 미치고, 지속성에 있어 강화보다는 그 영향이 적으나 다소 영향을 미친다.

⑥ 차별적 재강화이론의 7가지 가정

ⓐ 일탈행위는 시행착오적 학습원리에 따라 학습된다.

ⓑ 일탈행위는 차별하거나 재강화하는 비사회적 상황과 다른 사람의 행위가 그 행위에 대하여 차별하거나 재강화하는 사회적 상호작용을 통해서 학습된다.

ⓒ 일탈행위에 대한 학습의 주요한 부분은 한 개인의 주요한 재강화의 근원을 통제하거나 절충하는 집단에서 일어난다.

ⓔ 특정 기술·태도 그리고 회피 절차를 포함하는 일탈행위의 학습은 효과적이고 유용한 강화재와 기존의 강화 가능성의 기능이다.

ⓜ 학습된 행위의 특정 계층과 행위 발생의 빈도는 효과적이고 유용한 강화재와 과거 강화를 수반하였던 규범·규칙 그리고 규정의 일탈적 또는 비일탈적 방향의 기능이다.

ⓑ 동조적 행위보다 큰 일탈적 행위에 대한 차별적 강화의 과정에서 개인이 일탈행위를 할 확률은 차별적 가치를 습득해 온 규범적 진술·규정 그리고 어구화가 존재할 때 증대된다.

ⓢ 일탈적 유형과 접촉하는 양식은 일탈유형 강화의 계획·양 그리고 근원에 영향을 미치는 중요한 요인이다.

버제스와 에이커스의 차별적(분화적) 강화이론 보충

- 범죄행위의 결과로서 보상이 취득되고 처벌이 회피될 때 그 행위가 강화되는 반면, 보상이 상실되고 처벌이 강화될 때 그 행위는 약화된다.
- 차별적 접촉이론이 개인이 범죄자가 되기 전에 거쳐야 하는 학습과정에 대해 명확하게 설명하지 못한다는 점에 착안하여 차별적 접촉 → 차별적 강화 → 범죄행위로 나아가는 과정을 설명·보완하고자 하였다.
- 서덜랜드는 인간의 심리상태 관찰이 불가능함에도 불구하고 범죄자의 심리상태를 규명하려고 했다며 비판하고, 차별적 접촉이론과 달리 범죄자의 심리상태가 아닌 범죄행위 그 자체를 주요 분석대상으로 한다.
- 학습과정의 4가지 주요 초점

차별적 접촉	대부분 서덜랜드의 명제를 받아들이나, 차별적 접촉의 내용에 사람들 간의 직접적인 의사소통까지 포함시킨다는 점에서 차이가 있다.
정의	개인이 자신의 행위에 부여하는 의미를 말한다.
차별적 강화	행위에 대해 기대하는 결과가 다를 수 있다는 것으로, 자기 행위에 대한 보상이나 처벌에 대한 생각의 차이가 사회적 학습에서 나름의 의미를 지닌다는 것을 말한다.
모방	다른 사람들이 하는 행동을 관찰하고 따라하는 것을 말한다.

- 공헌 및 비판
  - 공헌 : 사회학적 변수와 심리학적 변수를 연계하였고, 사회학습이론의 행태주의적·인지적·사회상호작용적 원리는 청소년범죄자뿐만 아니라 성인범죄자를 대상으로 한 예방·치료프로그램에도 적용된다.
  - 비판 : 사회적 강화나 자극만을 강조한 나머지 비사회적 강화나 자극에 대해 상대적으로 소홀히 하였다.

사회통제이론(통제이론)

CHAPTER 3

1 개요

(1) 논리적 구조

일반적으로 범죄의 원인을 설명하는 많은 이론은 범죄자가 왜 범죄를 범하게 되는가 또는 어떤 사회적 상황이 범죄의 발생을 가져오는가를 탐구한 데 비하여 통제이론은 오히려 왜 어떤 사람은 사회적 규범을 준수하게 되는가를 연구하여야 한다고 주장하였다.

(2) 인간의 본성에 대한 가정

범죄 동기는 인간의 본성의 일부로서(성악설) 개인의 범죄 동기는 일정하다. 그러나 왜 사람들이 일탈하지 않고 규범적 가치에 동조하게 되는가, 사회적 규범을 준수하게 되는가에는 일정한 사회적 통제가 있기 때문이라고 본다.

(3) 의의

인간은 본성적으로 악을 행하려는 경향이 있어서 이런 본성을 통제하지 않으면 범죄행위를 저지르게 된다는 것이다.

2 통제균형이론

(1) 라이스(Reiss)와 나이(Nye)의 통제균형이론(개인·사회통제이론)

① 라이스(Reiss)의 견해
 ㉠ 라이스에 의하면 청소년 비행은 개인통제력(personal-control) 미비로 유발되고 이들에 대한 사회통제력(social control) 부족으로 비행 성향이 분출되는 것을 통제하지 못한다고 주장하였다.

ⓛ 비행의 발생은 사회규범을 준수하게 만드는 개인의 내면화된 규범과 규칙이 부재한 경우
와 기존에 형성된 통제 수단이 붕괴하였을 때 발생한다.

ⓒ 라이스(Reiss)는 '동조'라는 개념을 이용하여 비행을 설명한다. 동조는 한 개인의 입장에
서 보면 사회규범과 권위를 받아들이거나 또는 그것에 복종할 때 발생한다.

ⓔ 동조는 집단의 관점에서 보면 사회구성원에게 동조를 이끌어낼 수 있는 사회규범의 효과
성과 관련이 있는데, 라이스(Reiss)는 개인통제를 강조하였다.

ⓜ 가족이 물질이나 서비스를 통하여 가족구성원들의 필요를 채워주지 못할 때 비행이 발생
할 가능성이 높아진다. 부모의 자식에 대한 통제의 부재(不在)도 문제이지만, 반대로 과잉
통제도 부정적인 결과를 불러올 수 있다.

② 나이(Nye)의 견해(라이스의 이론을 발전시켜 소년비행의 예방을 위한 사회통제방법 분류)
청소년의 비행을 예방할 수 있는 가장 효율적인 통제 방법은 국가나 경찰이 담당하는 공식
적인 통제보다는 가정이나 학교에서 담당하는 비공식적 간접통제 방법이라고 주장했다.

③ 통제 방법에 따른 분류

ⓖ 직접통제 : 부모가 자녀의 잘못된 행동을 처벌하거나 위협하고, 순응은 보상하는 것

ⓛ 간접통제 : 청소년이 긴밀한 관계를 맺고 있는 부모나 다른 사람들에게 자신의 비행이 고
통과 실망을 줄까봐 비행을 삼가는 것

ⓒ 내적통제 : 청소년의 양심 혹은 죄의식이 비행을 저지르지 못 하게 하는 것

④ 통제주체에 따른 분류

ⓖ 공식통제 : 경찰이나 국가기관이 담당하는 것

ⓛ 비공식통제 : 가정이나 학교에서 담당하는 것

(2) 레클리스(Reckless)의 자아관념이론

① 의의

ⓖ 범죄적 전통이 전승되는 범죄다발지역에 살면서 범죄적 집단과 접촉하더라도 일부는 범
죄행위에 가담하고 다수는 그렇지 않다는 사실에 착안하여 비행다발지역의 비 비행소년
에 대한 의문을 풀려고 하였다.

ⓛ 동일한 범죄적 접촉하에서도 실제로 비행에 가담하고 안 하는 개인적 반응의 차이는 바로
자아 관념의 차이 때문이라고 주장한다. 이는 친밀한 관계가 형성되어 있는 경우에 청소년
은 비행을 멀리하게 되며, 이를 바탕으로 형성된 자기 관념이 범죄로부터 멀어지게 한다.

ⓒ 우범지역에 거주하는 청소년들을 비행으로부터 차단하기 위해서 내부적 차단, 비행에 대
한 사회적 제재, 형사사법제도에 의한 공식적 제재 등 외부적 차단을 해야 한다고 주장하
였다.

ⓔ 자아개념, 목적 지향, 좌절 용인, 규범 유지 등을 포함하는 내적 주요 요인들을 밝혀냈다.

ⓜ 자기관념이론은 강력한 내면적 통제와 이를 보강하는 외부적 통제가 사회적·법적 규범

의 위반에 대한 절연체를 구성한다는 봉쇄이론으로 발전하였다.

② 외부적 통제(outer containment)

　㉠ 한 개인의 외부에 존재하는 것으로서 비행에 대한 여러 가지 사회적 제재들을 말한다.

　　ex 수치심이나 추방과 같은 비공식적인 제재(informal sanction)와 형사사법제도에 의한 공식적 제재(formal sanction)를 모두 포함한다.

　㉡ 외부적 통제에는 소년들에게 의미 있는 역할과 활동, 적절한 인간관계, 소속감, 그리고 자아 정체성의 확립 등도 포함된다.

③ 내부적 통제(inner containment)

　㉠ 자아(self-concept)

　　ⓐ '자아'는 '자기 스스로를 보는 거울'로 비유할 수 있다. 즉 자아는 자기 스스로를 어떻게 보는가의 문제이다.

　　ⓑ 소년이 자신에 대해서 긍정적인 평가를 해서 스스로를 가치 있는 존재로 생각할 수 있다. 이 소년은 범죄의 유혹을 뿌리칠 수 있는 동기가 강할 것이다.

　　ⓒ 자아의 형성은 부모와 학교 선생님에게서 많은 영향을 받는다. 부모나 선생님이 한 소년에 대해서 긍정적인 평가를 지속적으로 하면, 그 소년은 스스로 긍정적인 자아를 형성할 확률이 높아진다.

　㉡ 목표지향성(goal orientation)

　　ⓐ 목표지향성은 삶에 있어서 합법적인 인생목표에 대한 집착을 말한다.

　　　ex 의사가 되기를 간절히 희망하는 소년은 그것을 성취하는데 방해가 될 수 있는 비행으로의 유혹을 뿌리칠 가능성이 크다.

　　ⓑ 문화적 목표와 그것을 성취할 수 있는 합법적인 수단과의 괴리가 범죄를 유발한다는 긴장이론과 반대되는 주장이다.

　㉢ 좌절극복능력(frustration tolerance)

　　ⓐ 소년이 자신의 합법적인 인생의 성공목표를 달성하는 과정에서 경험하는 좌절을 극복할 수 있는 능력의 정도를 말한다.

　　　ex 명문 의과대학에 진학하여 의사가 되려고 했던 학생이 입시에 실패하는 경우

　　ⓑ 인생에 있어 실패는 불가피한 것일 수도 있다. 이 상황을 극복할 수 있는 능력은 개인별로 차이가 난다. 만약 소년이 실패를 쉽게 극복할 수 없다면 비행에 빠질 확률이 높다.

　㉣ 규범수용성(norm retention)

　　ⓐ 한 개인이 자신의 목표를 성취하는 과정에서 사회규범, 가치관, 법, 관습 등이 허용하는 합리적이고 합법적인 수단을 이용하는 것을 말한다.

　　ⓑ 자신의 목표를 성취하기 위해 불법적 수단, 즉 범죄를 저지르는 유혹을 차단하는 요인이 된다.

3 레클리스(Reckless)의 봉쇄이론(억제이론의 후속연구)

(1) 의의

① 억제이론은 처벌의 신속성, 확실성, 엄격성이라는 세 가지 요소에 관심을 갖는다. "인간은 누구나 쾌락을 추구하지만, 처벌을 두려워하기 때문에 강력한 처벌만이 범죄를 막을 수 있다"라고 주장한다.

② 억제이론은 손실과 고통의 측면에 주목하는 이론으로 처벌이 있게 되면 합리적인 인간들은 자신 행위의 결과로 처벌이라는 고통이 있으리라 판단할 것이기 때문에 비행을 하지 않을 것으로 본다.

(2) 억제의 유형

① 일반억제(general deterrence)
범법자에 대한 처벌이 범행하지 않는 일반대중에게 범죄의 비용에 관한 정보를 제공함으로써 그들의 범죄행위를 억제하는 것을 말한다.

② 특별억제(specific deterrence)
한때 범죄행위로 처벌받은 사람이 자신이 경험한 처벌에 대한 고통과 현실로 인하여 차후의 범죄행위를 억제하는 것을 말한다.

③ 절대적 억제(absolute deterrence)
사람으로 하여금 다시는 범죄를 범하지 않도록 억제하는 처벌의 능력을 뜻한다.

④ 제한적 억제(restrictive deterrence)
처벌의 위험으로써 범죄행위의 빈도를 부분적으로나마 줄이려는 것을 지칭한다.

(3) 처벌의 억제 효과

① 인간은 누구나 쾌락을 추구하지만, 처벌을 두려워하기 때문에 범죄에 대한 처벌의 신속성, 처벌의 확실성, 처벌의 엄격성을 가지고 범죄에 대처하면 범죄가 봉쇄되고 억제된다고 주장한다.

② 계획적 범죄, 도구적 범죄, 재산범죄 등에 억제 효과가 크게 나타나며 검거 가능성이 커질수록 억제 효과가 커진다.

③ 효과의 종류
㉠ 처벌의 엄중성
벌금의 양이나 구금의 기간과 같은 처벌의 정도에 관한 것으로서, 더욱 엄중한 처벌일수록 범법의 정도는 더 낮아질 것이라고 가정하는 것이다.
㉡ 처벌의 확실성
처벌받을 확률을 뜻하는 것으로서, 처벌받을 확률이 범법의 수준이 더 낮아질 것이라고

가정하는 것이다.

　ⓒ 처벌의 신속성

　　범행 시기부터 처벌받는 시기까지의 시간적 간격을 의미하는 것으로, 범행 후 빨리 처벌받을수록 그만큼 사람들에게 처벌이 실감이 나기 때문에 범법의 수준이 더 낮아질 것이라고 가정한다.

(4) 반사회적 행동으로 이끄는 힘

① 압력요인 : 사람들이 불만족한 상태에 들게 하는 조건을 지칭. 열악한 생활 조건, 가족 갈등, 열등한 신분적 지위, 성공 기회의 박탈 등

② 유인요인 : 정상적인 생활로부터 이탈하도록 유인하는 요소, 나쁜 친구들, 비행이나 범죄하위문화, 범죄조직, 불건전한 대중매체 등

③ 배출요인 : 범죄나 비행을 저지르도록 하는 각 개인의 생물학적 혹은 심리적 요소. 불안감, 불만감, 내적 긴장감, 증오심, 공격성, 즉흥성, 반역성 등

(5) 반사회적 행위를 차단하는 힘

레클리스는 내적 봉쇄요인과 외적 봉쇄요인 중에서 어느 한 가지라도 제대로 작용하면 범죄나 비행을 예방할 수 있다고 보았다.

① 내적 봉쇄요인 : 규범이나 도덕을 내면화함으로써 각자가 내부적으로 형성한 범죄차단력에 관한 요인들, 즉 자기통제력, 자아나 초자아의 능력, 좌절감을 인내할 수 있는 능력, 책임감, 집중력, 성취지향력, 대안을 찾을 수 있는 능력 등

② 외적 봉쇄요인 : 가족이나 주위 사람들과 같이 외부적으로 범죄를 차단하는 요인들, 일관된 도덕교육, 교육기관의 관심, 합리적 규범과 기대체계, 집단의 포용성, 효율적인 감독과 훈육, 소속감과 일체감의 배양 등

4 허쉬(Hirschi)의 사회유대이론

(1) 의의

① 사회유대이론은 "왜 사람들은 범죄를 행하지 않고 사회규범에 동조하는가?" 사람은 누구든지 내버려 두면 범죄를 저지르는 잠재적 범죄자로서, 선천적으로 이기적이고 반사회적인 인간의 본성이 있다고 본다.

② 범죄행위는 인간의 본성에서 비롯되므로 고통스런 과정을 거쳐야만 한다는 이론으로 범죄억제의 요인을 환경에서 찾는다.

③ 범죄의 원인

누구든 내버려 두면 범죄를 저지를 것인데 이를 통제하는 것이 사회연대인 가족 간의 유대, 개인과 사회 간의 유대이다. 이러한 유대가 약해졌거나 끊어졌을 때 범죄가 발생한다고 본다.

④ 중요성

　㉠ 허쉬는 부모와 학교, 다른 전통사회에 대한 통제의 약화가 비행을 가져온다고 주장하였다.

　㉡ 사회유대이론에 따르면 사회에 하나의 인습적인 도덕 질서만이 존재하며, 인간은 그 인습적인 사회에서 벗어날수록 범죄행위의 가능성은 커지게 된다. 사회와 유대를 확고하게 할수록 범죄를 통제할 수 있어 범죄를 저지르지 않게 된다고 주장한다.

　㉢ 범죄자는 타인의 희망과 기대에 상관하지 않는 경향이 있으며, 행위에는 시간이 필요하다고 보았다.

(2) 유대의 구성요소(범죄행위의 통제요인)

사회통제와 관련된 구성요소는 상호관련이 있다. 어떤 소년에게 있어 '집념'이나 '신념'이 약해지면 그의 부모와의 '애착'도 느슨해 질 것이기 때문이다. 여기서 허쉬가 가장 강조한 것은 '애착'이다. 허쉬는 인종이나 사회계층과 관계없이 부모와의 애착이 강한 소년들은 비행을 가장 적게 저지른다고 주장하였다.

① 애착(attachment)

　㉠ 자신이 존경하는 부모, 선생, 친구 등 주위의 중요한 사람과 맺는 애정적 결속 관계를 말한다.

　㉡ 부모와의 결속이 강할수록 비행에 가담할 확률은 낮아진다고 본다. 친구와의 결속 문제는 관습적인 친구와의 결속을 의미하며, 비행동료와의 결속은 비행을 부추기는 역작용이 일어날 수 있다.

　㉢ 관계에서는 자신이 존경하고 모방하기를 원하는 대상들에 대한 존경·애정 등이 감정을 통하여 큰 영향력을 갖는다.

② 전념(관여, commitment)

　㉠ 청소년들이 사회에서 자신의 미래를 위해 일에 얼마나 큰 비중을 두고 열심히 투자하는가, 아니면 투자하지 않고 범죄행위에 가까운 것인가이다.

　㉡ 열망의 소유자는 자신의 비행으로 미래의 희망을 망칠 수 있다고 생각하는 반면, 열망이 적고 전념하지 못하는 청소년은 잃어버릴 것이 없으므로 비행과 같은 위험성 있는 행동에 가담한다는 것이다. 이에 범죄행위에 가까워질 가능성이 크다.

③ 참여(involvement)

　㉠ 참여는 인습적인 활동에 얼마나 많은 시간을 할애하는가를 말한다.

　㉡ 학교 공부나 과외활동, 취미나 여가활동 등에 많은 시간을 보내는 청소년들은 비행을 할 시간이 없고, 그렇지 않은 청소년들은 비행을 할 가능성이 크다.

④ 신념(belief)

㉠ 사회의 도덕과 법을 잘 지켜야 한다는 믿음의 정도이다. 이러한 신념이 약한 청소년은 비행을 저지를 가능성이 크다.

㉡ 사회의 규범과 법규가 옳고 도덕인 것으로 믿는 사람일수록 가치와 규범을 일탈할 가능성이 작고, 관습적 신념이 없는 사람은 규범에 동조할 도덕적 의무감을 느끼지 못한다.

(3) 사회유대이론과 억제이론과의 비교

① 공통점 : 사회유대이론과 억제이론 두 이론은 통제력을 강조하는 점에서 공통점을 갖는다.

② 차이점 : 사회유대이론은 사회와의 유대를 강조함으로써 비공식적 통제를 강조하고 있지만, 억제이론은 경찰이나 법에 따른 공식적인 통제를 강조한다는 점에서 차이가 있다.

5 사이크스(Sykes)와 맛차(Matza)의 중화기술이론

(1) 의의

① 비행자와 범죄자들의 관습적인 가치와 태도를 견지하지만, 그들은 이들 가치를 중화(합리화, 정당화)시키는 기술을 배워서 비합법적 행위와 관습적 행위 사이를 왔다 갔다 표류한다고 주장한다.

② 자기 자신 또는 타인으로부터 자기의 비행행위나 범죄에 대한 비난을 의식적으로 합리화 내지 정당화시킴으로써 그 비난을 벗어난 안도감에서 범죄 등 비행행위를 더 저지르게 된다.

③ 행위에 대한 개인 판단의 중요성이 청소년 행위에 대해 개인적 또는 환경적인 측면에서 결정적 요인을 중시하는 다른 학습이론과는 구별된다.

(2) 표류(drift)이론

① 대부분 비행자와 범죄자들은 준법적이고 관습적인 가치와 태도를 견지하지만, 사회통제가 약화하였을 때 중화가치기술을 배워서 비합법적인 행위와 관습적 행위 사이를 왔다 갔다 하는 표류를 한다.

② 표류란 사회통제가 약화하였을 때 소년들이 합법적인 규범이나 가치에 전념하지 못하고 그렇다고 위법 행위 양식에도 몰입하지 않는 합법과 위법의 중간단계에 있는 상태를 말한다.

(3) 중화기술의 유형

① 책임의 부정

의도적인 것이 아니었거나 자기의 잘못이 아니라 주거환경, 친구 등에 책임을 전가하거나 자신도 자기가 통제할 수 없는 외부세력의 피해자라고 여기는 등 책임을 부정하는 것을 말한다. 이것은 비행이 자신의 잘못이 아니며 불가피한 일이었다고 주장하는 것이다.

> ex▶ 강간범 A는 자신이 술에 너무 취해서 제 정신이 없는 상태에서 자신도 모르게 강간을 하게 되었다고 주장한다.

② 가해(손상)의 부정

훔치는 것을 빌리는 것이라고 하는 등 자신의 행위가 위법한 것일지 몰라도 실제로 자신의 행위가 누구도 해치지 않았다고 주장하여 합리화하는 것이다.

> ex▶ 자동차를 훔치고는 잠시 빌렸다고 생각하거나 방화를 하면 보험회사가 피해를 모두 보상해 줄 것이라는 합리화

③ 피해자의 부정

㉠ 자신의 행위가 해를 유발한 것은 시인하지만 그 피해는 당해야 마땅한 사람에 대한 일종의 정의로운 응징이라고 주장하는 것을 말한다.

> ex▶ 여성이 야간에 취해 있는 것은 성추행의 원인을 제공한 것이다.

㉡ 범죄의 피해자가 범인을 직접 알지 못하는 불특정 다수일 경우가 있다.

> ex▶ 인터넷으로 불특정 다수에게 바이러스를 유포시키는 경우에 특정 피해자의 존재를 알지 못하기 때문에 죄책감을 덜 느낄 가능성이 있다.

④ 비난자에 대한 비난

경찰, 기성세대, 부모, 선생님 등이 더 나쁜 사람이면서 청소년의 잘못을 비난하는 것이 모순이라고 주장하여 합리화시키는 것이다.

> ex▶ 뇌물을 받은 고위 공무원은 부정부패는 한국 공직사회에 널리 퍼져 있는데 자신만 재수가 없어서 걸렸다고 주장하는 경우를 예로 들 수 있다.

⑤ 고도의 충성심에의 호소

㉠ 자신의 행위가 옳지 않지만, 친구 등 중요한 친근집단에 대한 충성심에서 어쩔 수 없었다는 주장으로 중화시키는 것이다.

> ex▶ "조직을 위해 폭력행사는 불가피하다."라고 자신의 행위를 정당화하는 경우, "자녀를 학대하는 남편을 죽인 것은 가정의 평화를 위해서였다."라고 주장하는 경우

㉡ 종교나 정치적 신념 때문에 자신의 행위를 합리화시키는 것이다.

> ex▶ 아랍의 테러집단들은 미국과 서방인들에 대한 테러행위를 자신들의 독립과 생존권을 지키기 위한 것이라고 항변하는 경우

◢ 중화기술의 새로운 유형(참고)

구분	내용
대차대조의 비유	자신이 일생 동안 한 일을 비교해 보면 선행을 더 많이 했으므로 이번에 악행을 하였더라도 자신은 선한 사람에 해당한다는 주장
정상의 주장	자신이 한 행위 정도는 누구나 하는 행위로서 특별히 자신만의 행위가 비난받아서는 안 된다는 주장 예 사무실에서 간단한 물건 가져오기, 혼외정사 등
악의적 의도의 부정	단순한 장난이었다는 주장과 같이 고의적으로 한 행위가 아니었다고 자신의 행위를 정당화하는 주장
상대적 수용성의 주장	나보다 더 나쁜 사람도 많다는 식으로 자신의 행위 정도는 받아들여져야 한다는 주장

> ▲ **중화기술이론 더 알아보기**
>
> - 비행소년도 자유의지와 책임이 어느 정도 존재함을 인정한다.
> - 규범위반에 대한 합리화(중화)를 통한 내적 통제 약화를 범죄의 원인으로 본다.
> - 비행소년도 대부분 일상적이고 준법적인 생활을 하며, 특별한 경우에 한하여 위법적인 행위를 한다.
> - 범죄행위를 비난하고 견제하는 규범(법·윤리) 자체는 부인하지 않는다.
> - 내적 통제에 중점을 두고, 사회심리학적 측면에서 접근하였다.
> - 중화기술이론은 맛차의 표류이론과 맛차와 사이크스의 잠재가치론으로 발전하였다.

(4) 사회유대이론과의 비교

비행자와 일반인 사이에는 인습가치와 태도, 도덕적 신념에서 차이가 없다고 본다. 이 점이 앞서 서술한 허쉬의 사회유대이론과 다른 점이다. 사회유대이론에서는 비행자와 일반인의 차이는 사회유대(도덕적 신념)에 있다고 보았기 때문이다.

6 갓프레드슨과 허쉬의 자기통제이론(일반이론)

(1) 의의

① 자기통제이론은 범죄는 기회의 요인에 의해 영향을 받으며, 자기통제력은 어린 시절의 경험으로 결정된다.
② 비행과 일탈은 개인의 자기통제력이 낮아서 발생하고, 어린 시절에 형성된 낮은 자기통제력은 성인기에도 지속적인 성향을 보인다.
③ 자기통제력과 범행의 기회라는 두 가지 요인이 범죄에 영향을 주는 요인이다.

(2) 특징

① 어린 시절 형성된 낮은 통제력이 성인이 될 때까지 쉽게 변하지 않고 지속되어 범죄의 원인이 된다.
② 18세 이하에서부터 성인기에 이르기까지 모두 높은 범죄율을 보이고 있는 범죄는 절도 범죄이다.
③ 허쉬는 범죄자들은 충동적, 급한 성격, 이기적, 물리적 위험을 무릅쓰는 존재이기 때문에 그렇게 행동하지만, 비범죄자들은 이런 특성을 갖고 있지 않기 때문에 그렇게 행동하지 않는다.
④ 자기통제력은 인간의 본능적 측면을 억제하기도 하고 허용하기도 하는 성향이다.
⑤ 갓프레드슨과 허쉬의 자기통제이론은 하위문화이론과 달리 문제행동에서부터 재산·폭력범죄를 포함한 모든 유형의 범죄를 설명하며, 모든 연령층과 국가, 문화권에도 적용되는 이론이다.

서덜랜드의 차별접촉이론도 하류계층의 반사회적 행동뿐만 아니라 상류계층의 범죄에 대한 설명이 가능하다. 즉, 서덜랜드는 차별적 접촉이론을 통하여 범죄행위에 대한 일반론을 전개함으로써 살인, 상해, 절도 등 전통적인 범죄뿐만 아니라, 현대사회에서 문제시되고 있는 화이트칼라범죄에 대하여도 설명할 수 있다.

▲ 자기통제력이 낮은 사람의 특성

- 욕구·쾌락의 즉각적인 충족을 추구하는 경향성 → 낮은 학업성취, 충동적, 공격적인 대인 관계, 사회부적응이 범죄를 저지를 가능성을 높인다.
  - 범행기회가 없다면 범죄를 실행하지 않는다.
  - 자기통제력이 강하더라도 범행기회가 주어질 경우 범죄행동을 할 가능성이 있다.
- 갓프레드슨(Gottfredson)과 허쉬(Hirschi)의 자기통제이론은 자기통제력의 상대적 수준은 부모의 양육방법으로부터 큰 영향을 받고, 자기통제력이라는 내적 성향은 어릴 때 형성된다고 주장한다. 즉, 자기통제력은 어릴 때 부모의 양육방법에 의해 결정되는데, 부모의 감독이 소홀하거나 애정결핍 속에서 무계획적인 생활습관이 방치되고, 잘못된 행동에 일관적이고도 적절한 처벌이 없이 자란 아이들의 자기통제력이 낮다고 보았다.

---

(3) 비판

① 자기통제이론은 어려서 형성된 자기통제력의 성향을 강조했고, 어느 문화권에서나 적용될 수 있는 이론을 제시했지만, 성장기의 환경적 요인들, 예컨대 비행친구와의 차별접촉 등의 요인을 간과한 것에 대한 비판

② 이론이 모든 범죄에 적용된다는 일반성을 주장했지만, 과연 화이트칼라범죄나 조직범죄와 같은 유형의 범죄를 낮은 자기통제력이 잘 설명할 수 있을지에 대한 비판

③ 자기통제이론은 개인성향으로서 자기통제력을 유일한 범죄원인으로 봄으로써 지나치게 심리적 요인에 주목했다는 비판

7 브라이어& 필리아빈의 동조성 전념이론

(1) 의의

브라이어와 필리아빈은 사회규범, 질서 등에 따르는 것에 대해 얼마나 전념하는가에 대해 중점을 두었다.

(2) 이론의 가정

① 사람들은 자신의 행위, 가치에 영향을 주는 것은 단기간의 자극에 노출된 것이라고 가정한다.
② 사람들은 다양한 정도의 '동조성에 대한 전념'을 가지고 있다.

(3) 동조성에 대한 전념의 기능

① 범죄를 저지를 경우 처벌의 두려움, 인간관계나 사회적 지위에 끼칠 영향을 생각하게 된다.
② 동조성 전념이 강한 사람은 일탈의 자극에 노출되었을 때 비행이나 범죄에 가담할 가능성이 낮아진다. 동조성에 대한 전념은 긍정적인 대인관계를 유지할 때 강해진다. 예를 들어, 부모의 사랑과 훈육, 스승의 관심, 모범적인 친구들과의 접촉 등이 있다.

◢ 콜빈 – 차별적 강제이론

- 낮은 자기통제력의 원인은 개인이 어쩔 수 없는 외부적 강제 때문이다.
- 강제의 유형
  - 인격적 강제(사람 사이의 강제력) : 폭력 · 협박
  - 비인격적 강제(사회경제적 압력) : 실업, 빈곤 등
- 범죄의 원인 : 강압적 환경에서 성장한 사람은 자기통제력이 약화되고 강압적 환경에의 노출이 증가하여 결국 범죄행동으로 반응하게 된다.

◢ 티틀의 통제균형이론

① 티틀(Tittle, 1995)의 통제균형이론(control balance theory)은 잠재적 특질이론 계열로, 사회학습이론, 아노미이론, 합리적 선택이론, 사회유대이론의 개념을 통합한 이론이다. 기본적으로 사회통제요인이 비행 행위능력을 억제하는 가장 중요한 변수(통제는 상수가 아니라 변수)라는 사회통제이론의 가정을 수용하는데, 통제는 비행억제요인으로 작용하는 동시에 비행동기요인으로도 작용할 수 있다. 즉, 통제균형은 개인이 받아야 하는 통제와 그가 행사할 수 있는 통제가 균형을 이룸을 의미하는데, 통제균형이 맞지 않을수록 일탈의 확률이 높고, 통제균형이 맞을수록 일탈의 확률이 낮다.
② 통제균형의 네 가지 변수
비행행위는 다음의 네 가지 변수의 조합으로 발생하는데, 이 중 (비행동기로서의) 성향과 자극은 비행행위의 동기적 측면을 구성한다.
　㉠ 비행동기로서의 성향(predisposition) : 비행동기로서의 성향은 다음 네 가지 요인의 조합에 따라 좌우된다.
　　ⓐ 비행동기는 인간이 가지고 있는 자율성에 대한 기본적 욕구를 반영한다. 다만, 이러한 욕구는 인간의 본성이기 때문에 사람 간의 차이는 크지 않다.
　　ⓑ 사람은 특정한 신체적·정신적 욕구를 갖고 있으며, 이러한 욕구가 차단될 경우에 비행을 할 성향이 높아진다.
　　ⓒ 비행동기는 통제비율(control ratio)이라고 불리는 성향요인과 관련 있는데, 통제비율이란 자신이 행사할 수 있는 통제량과 자신이 받는 통제량의 비율을 의미한다. 통제비율은 각 개인에게 있어서 상당히 안정적이지만 상황에 따라 다양할 수 있다.
　　ⓓ 비행동기는 비행행위로써 통제비율을 자신에게 유리하게 변화시키려는 인식이며, 이는 후술하는 특정 상황의 자극요인과 관련 있다.
　㉡ 자극(provocation) : 자극은 비행동기와 관련된 상황적 자극요인으로, 비행행위로써 통제비율을 변경할 가능성을 확실히 인식케 하는 상황적 특성을 의미한다.

ⓒ 억제(constraint) : 억제는 특정 비행행위가 타인으로 하여금 그 비행행위 억제를 위한 반응을 이끌어 낼 가능성을 의미한다(잠재적 통제가 실제로 행사될 가능성). 즉, 이는 자신의 비행행위에 대한 타인의 통제가능성을 의미한다.

ⓔ 기회(opportunity) : 기회는 어떤 일정한 행위를 할 가능성이 있는 상황을 의미한다. 예를 들면, 사람이 없다면 강간은 불가능하고, 주변에 주거지가 없다면 야간주거침입은 불가능하다는 것이다.

③ 비행과 순응의 발생 : 타인에게 통제를 받는 사람은 그러한 통제를 회피하기 위해 비행행위에 가담하는 경향이 있는 반면, 타인에게 통제를 가하는 사람은 그러한 통제의 범위를 확장시키기 위해 비행행위에 가담하는 경향이 있다. 통제부족을 경험하는 (타인을 통제하기보다는 타인의 통제를 받는) 사람은 약탈적·반항적이거나 복종적 비행을 저지르기 쉬운 반면, 통제과잉을 경험하는 (타인의 통제를 받기보다는 타인을 통제하는) 사람은 착취적이거나 퇴폐적 비행을 저지르기 쉽다. 비행은 일시적일지라도 비행자의 통제비율을 바꾸기 위해 일어난다. 통제균형이론에 있어서 순응행위는 통제 그 자체보다는 통제균형과 더 관련 있다. 즉, 사람은 자신이 타인에게 가한 통제가 대체로 타인이 자신에게 가한 통제와 같을 때 순응행위를 할 가능성이 있다.

④ 비행의 여섯 가지 유형 : 티틀은 비행행위를 단일구성물이 아닌 여섯 가지 유형으로 구분하고 있다.

㉠ 굴종형(submission) : 자신이 가하는 통제와 비교하여 가장 큰 통제를 받는 경우에 나타나는 유형으로, 타인의 기대나 명령, 예상되는 희망에 대한 소극적이고 지각없는 노예적 복종을 의미한다. 예를 들면, 자신이 스스로 신체적으로 학대받거나 성적 모욕을 당하도록 허락하는 것 등이다.

㉡ 저항형(defiance) : 굴종형보다 억압의 정도가 약하지만 자신이 가하는 통제와 비교하여 상당한 통제를 받는 경우에 나타나는 유형으로, 개인이 규범이나 가치에 저항하는 상태를 의미한다. 예를 들면, 각종 금지규범 위반, 파괴행위, 정치적 저항, 배우자 일방의 타방에 대한 냉담함 등이다.

㉢ 약탈형(predation) : 위 두 유형과 마찬가지로 자신이 가하는 통제와 비교하여 약간 더 큰 통제를 받는 경우에 나타나는 유형으로, 통제균형이 약간 무너진 상태를 의미한다. 예를 들면, 재물이나 이익을 취하기 위한 직접적인 물리적 폭력이나 조작, 절도, 강간, 강도, 사기, 살인 등이다.

㉣ 착취형(exploitation) : 위 세 가지 유형이 자신이 가하는 통제보다 더 큰 통제를 받는 경우라면, 착취형·피폐화형·퇴폐형은 그 반대이다. 착취형은 자신이 가하는 통제가 자신이 받는 통제보다 약간 더 큰 경우에 나타나는 유형으로, 착취형에 속하는 사람은 타인을 이용하여 더러운 일을 행한다. 예를 들면, 청부살인, 가격조작, 정치적 매수(뇌물) 등이다.

㉤ 피폐화형(plunder) : 착취형과 비교하여 자신이 가하는 통제가 자신이 받는 통제보다 더 큰 경우에 나타나는 유형으로, 전형적으로 사회적 도의관념이 없는 사람에게 나타나고, 특히 악질적인 것으로 여겨진다. 예를 들면, 여우를 잡기 위해 산림을 파괴하는 행위, 정유회사의 실수로 유발되는 환경오염, 점령군에 의해 부과되는 과도한 과세 등이다.

㉥ 퇴폐형(decadence) : 자신이 가하는 통제가 자신이 받는 통제보다 매우 큰 경우에 나타나는 유형으로, 대다수가 비합리적이라고 보는 사회통념을 벗어난 행위를 의미한다. 예를 들면, 어린아이를 대상으로 하는 집단성교나 가학성 음란행위 등이다.

낙인이론

CHAPTER

1 낙인과 범죄

(1) 의의

> **전통적 범죄학과 낙인이론의 비교**

구 분	전통적 범죄학	낙인이론
관심의 초점	동기(motivation) 왜 범죄자가 되는가?	정의(definition) 누가 어떤 행위를 범죄로 규정하는가?
	범죄	범죄통제(통제자의 자의와 편견에 따른)
	범죄의 원인	범죄자가 되는 과정
범죄의 대책	국가의 간섭(교정)	불간섭주의

〈주요 낙인이론의 비교〉

탄넨바움	레머트	베커	슈어
악의 극화	사회적 낙인	사회적 지위	자아관념
	2차적 일탈 제시 (사법기관의 공식반응 다섯 가지 효과)	주 지위	자아낙인 개념

① 낙인이론은 '어떠한 행위를 범죄로 볼 것인가?', '범죄인으로 볼 것인가?'에 대한 규정은 행위의 질적인 면이 아닌 사람들의 낙인에서 기인한다고 보는 이론이다.

② <u>낙인이론은 경찰, 검찰, 법원과 같은 제도적·법적 통제기관에 의하여 한 사람을 범죄자로 낙인찍어 형벌, 교정처분 등의 사회적 제재를 적용하는 것은 범죄를 줄이기보다 증가시킨다고 주장한다.</u>

③ 낙인이론은 이차적 일탈과 관련 있는 개념이다.

④ 상호작용적 관점에서 본다면 누가 누구의 행위를 일탈로 해석하며, 이러한 해석이 상호작용 당사자의 행위에 어떠한 영향을 미치는가를 관심의 대상으로 한다.

⑤ 패터노스터(Paternoster)와 이오반니(Iovanni)에 의하면, 갈등주의 관점과 상징적 상호작용 이론은 낙인이론의 형성에 큰 영향을 미쳤다. 이들의 연구는 낙인이론의 기원, 낙인이론의 이론적 주장, 낙인이론에 대한 비판의 반박, 초창기 실증연구들의 문제점을 체계적으로 정리하고, 향후 연구들이 나아가야 할 방향을 제시함으로써 낙인이론이 다시 범죄학의 주요 이론으로 자리매김하는 데 크게 기여한 것으로 평가받는다.

⑥ 낙인이론에 관한 경험적 연구들은 개인이 독립적 주체로서 낙인을 내면화하는 과정을 명확하게 실증하지 못하는 단점이 있다.

(2) 낙인이론의 관점

① 낙인이론은 사회의 가치 합의를 부정하고 범죄의 편재성과 정상성으로부터 출발한다.
② 범죄 현실은 범죄행위의 구조와 범죄자의 선별로써 결정된다.
③ 그 결정은 사회적 강자가 내린다.
④ 이러한 결정 과정은 낙인을 찍는 귀속의 특징을 가지고 있다.

〈낙인이론의 인과과정〉

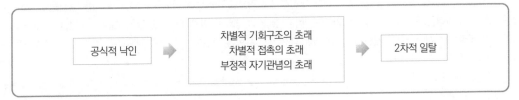

(3) 낙인 방지대책(4D정책)

① 비범죄화(Decriminalization)
웬만한 범죄는 일탈로 규정하지 말자는 것이다. 낙인에 대한 비범죄화 정책은 문제가 되는 행동을 처벌 수준이 경미한 벌금으로 한정하는 교통위반 처리, 봉사 시간 부여 등 법의 적용을 제한하여 사람들이 낙인을 찍고 범죄자로 처벌되는 정도를 줄이는 것이다.

② 전환제도(Diversion)
㉠ 비행청소년을 기소하기 전에 지역사회에서 일정한 처우를 받도록 하는 지역사회 내 처우제도를 강화한다.
㉡ 전환처우는 소년법원의 관할로부터 청소년을 일탈시켜 아동 서비스 기관, 복지시설, 특수학교, 지역사회 약물남용 프로그램, 정부 운영의 직업훈련과정으로 석방하는 방안을 포함할 수 있다.
㉢ 범법자를 교도소에서 전환시켜 집중 보호관찰·감시, 가택 구금 등을 받게 하는 것과 같이 보다 미약한 수준의 개입으로 대처하는 방법을 들 수 있다.

③ 공정한 절차(Due process)

계층 간 차별 없이 공정한 법 집행을 하자는 것이다.

④ 탈시설화(Deinstitutionalization)

㉠ 소년원이나 소년교도소와 같은 시설에서 처우하기보다는 가능하면 사회 내에서 보호관
찰, 사회봉사명령, 수강명령 등 비시설처우를 확대하여 해결하자는 것이다.

㉡ 수용 기간 동안 직무 기술을 배우지 못하고, 전과자이기에 직업을 구하는 데에 어려움이
있다. 이를 해결하고자 탈시설화 추진과 재진입 프로그램 개발에 집중해야 한다.

▮ 탄넨바움(Tannenbaum)의 악의 극화

사회에서 범죄자로 규정되는 과정은 일탈강화의 악순환으로 작용하여 오히려 범죄로 비난받는 특성을 자극하
고 강화해 주는 역할을 한다. 이는 범죄가 원래 행위에 대한 평가에서 행위자에 대한 비난으로 바뀌면서 정
상적인 행위까지 의심받게 되는 상황에 그 원인이 있는데, 탄넨바움은 이를 '악의 극화'라고 하였다. 탄넨바
움이 악의 극화를 주장한 시기(1938년)의 미국은 강경책이 주도적인 상황이었으므로 그의 주장은 받아들여
지지 않았다. 탄넨바움은 그의 저서 「범죄와 지역공동체」에서 지역사회의 개인에 대한 낙인과정을 다음과 같
이 묘사하였다. "청소년들과 지역사회 구성원들 간에는 몇몇 행위들에 대한 가치판단의 차이가 존재한다. 예
를 들어, 청소년들은 남의 집 창문을 깨거나 무단으로 결석하는 행위 등을 단순한 놀이 정도로 여기지만, 지
역사회 구성원들은 이를 일탈로 인식하고 부정적인 시각으로 바라보며 나쁘고 치유할 수 없는 존재들로 규정
짓는다. 이러한 규정짓기는 공식낙인 또는 비공식낙인의 형태로 이루어지는데, 결국 해당 청소년들은 자신들
을 바라보는 지역사회의 시선, 즉 자신들에 대한 지역사회의 낙인을 인식하게 됨으로써 비행청소년으로서의
자아관념을 가지게 된다."

---

2 레머트 (Lemert)

(1) 의의

① 레머트는 현대사회를 다원주의 사회로 정의하고, 규범과 법을 서로 다른 이해관계를 가진 집
단이 투쟁하는 과정에서 발생한 사회적 산물로 본다. 탄넨바움(Tannenbaum)의 '악의 극화'
에 관한 논의를 보다 구체화한 주장이 '이차적 일탈'로서, 최초의 사회적 반응을 전후해서 일
어나는 행동을 구분한 것이다.

② 레머트의 낙인이론은 일탈행위와 사회적 낙인화의 동적 관계를 사회적 상호작용이라는 관점
에서 파악하는 것으로 사회반응이론이라고도 한다.

(2) 일차적 일탈과 이차적 일탈

① 일차적 일탈(primary deviation)
다양한 계기와 원인에 기인하여 야기되며 처음으로 사회적 반응을 불러일으키는 최초의 일탈행위이다. 모든 사람은 개인적 또는 사회 상황적 이유로 가끔 순간적이나마 규범을 어기는 행동을 하지만, 타인에게 노출되지 않아 일탈에 대한 사회적 반작용이 발생하지 않는다.

② 이차적 일탈(secondary deviation)
일차적 일탈행위에 대한 사회적 반응의 결과로서 야기되는 행위이다. 일탈행위가 타인이나 사회통제기관에 발각되어 공식적 일탈자로 낙인이 찍히게 된다. 이는 사회 구성원에 대한 반응으로 나타나거나 광범위한 영향력을 행사하는 사법기관에 의한 공적인 반응으로 나타난다. 일탈자는 계속하여 범죄를 저지르는 강력범죄자가 된다.

(3) 형사사법기관의 공식적 반응에 의한 낙인효과

① 레머트는 특히 이차적 일탈에 관심을 두어 사회적 반응의 종류를 크게 사회 구성원에 의한 반응과 사법기관에 의한 공적인 반응의 두 가지로 나누고, 현대사회와 같이 다원화된 사회에서 사법기관의 공식적인 반응이 가장 권위 있고 광범위한 영향력을 행사하므로 후자의 형태에 주목하였다.

② 일차적 일탈자를 이차적 일탈자로 악화시키는데 공식반응이 미치는 낙인효과를 크게 다섯 가지(오명씌우기, 불공정의 자각, 제도적 강제의 수용, 일탈하위문화에 의한 사회화, 부정적 정체성의 긍정적 측면)로 지적하였다.

(4) 낙인효과의 5가지 유형

① 오명씌우기(stigmatization)
일차적 일탈로 도덕적 열등이라는 오명이 씌워지고, 대중매체에 널리 알려지며 전과기록에 의해 장기적으로 기록되어 정상적인 사회 구성원으로서의 역할을 수행하지 못하고 이차적 일탈자로 발전하게 된다.

② 불공정의 자각(sense of injustice)
불공정한 사법 집행의 여러 측면을 직접 경험함으로써 신뢰감을 상실하게 된다. 또한, 사회정의에 대한 신뢰감도 상실하게 된다.

③ 제도적 강제의 수용(institutional restraint)
공식처벌을 받게 되면 일차적 일탈자는 자신에 대한 사법기관의 판단을 받아들일 수밖에 없다.

④ 일탈하위문화에 의한 사회화(socialization of deviant subculture)
공식처벌을 집행하는 시설 특유의 일탈하위문화를 접합으로써 새로운 범죄 기술이나 범죄행위를 옹호하는 가치관 등을 습득하게 된다.

⑤ 부정적 정체성의 긍정적 측면(positive side of negative identity)

형사사법기관이 부여하는 부정적 정체성을 일탈자가 수용함으로써 얻게 되는 이익 때문에 일차적 일탈자는 자신에 대한 부정적인 평가를 거부하지 않는 현상이다.

◤ 낙인 효과 5가지

- 낙인찍기 : 형사사법기관에 의한 전과기록 에 의한 불명예
- 불공정의 자각 : 불공정한 사법집행을 경험
- 제도적 강제의 수용 : 형사처벌을 통한 전과자 신분을 강제로 받아들일 수밖에 없게 됨
- 일탈하위문화에 의한 사회화 : 교정시설 내 형성된 일탈하위문화의 경험을 통해 범죄기술과 가치습득
- 부정적 정체성의 긍정적 측면 : 부정적 자아관념 형성을 통한 죄책감과 책임감으로부터 도피 가능

---

3 베커(Becker)

(1) 기본개념

① 베커는 일탈자로 낙인찍혔을 때 주위 사람들이 그를 범죄자 또는 일탈자라는 시각으로 대하게 되는 그 사람의 지위 변화에 초점을 두었다.

② 금지된 행동에 대한 사회적 반응이 이차적 일탈을 부추길 뿐 아니라, "사회집단이 어긴다면 일탈이 되는 규율을 만들고 그 규율을 특정인에게 적용하여 이방인으로 낙인찍음으로써 일탈을 창조한다"라고 주장하였다.

③ 힘 있는 계층이 자신들의 우월적 지위를 공고히 하기 위해 약자계층에 부여하는 것을 비행 낙인이라 본다.

(2) 동시모델

동시모델은 최초의 일탈 원인이 일탈행위의 전 과정에 작용한다고 보는 이론으로 이는 기존이론들의 기본적 입장이다.

(3) 단계적 모델

동시모델에 대치되는 개념으로서 일탈행위의 원인이 단계적으로 발전해간다는 것을 내용으로 한다. 즉, 최초의 일탈행위에 대한 원인이 다음 단계의 일탈행위에 대한 설명으로는 타당하지 않게 된다.

(4) 일탈행위의 유형

① 동조적 행위(conforming)

실제로 일탈적인 것으로 고려되지는 않는 것

② 순수일탈(pure deviant)

실제로 일탈행위를 하고 그것이 일탈행위로 인식되는 것

③ 비밀일탈(secret deviant)

실제 일탈행위를 했음에도 일탈행위로 인식되지 않은 것은 알려지지 않는 것

④ 잘못 비난받는 행위(falsely accused)

실제로 아무런 규율을 어기지 않았음에도 규율을 어긴 것처럼 인식되는 것

주지위(Master Status)

범죄성은 어떠한 행태의 행위 그 자체의 본질적인 특성에 의하여 결정되지 않고, 그 행위에 종사하고 있는 것이 발견된 자에게 사회가 부여하는 지위이다. 즉, 한 번 낙인찍히게 되면 안 좋은 사회적 지위를 받게 된다. 베커는 일탈자의 지위는 다른 대부분의 지위보다도 더 중요한 지위가 된다고 하였다.

---

4 기타 이론

(1) 슈어(Schur) - 자아관념과 일탈

① 일차적으로 도덕적 규범을 위반하여 낙인이 된 이후 순차적으로 주변 사람에 의한 낙인으로 인한 이차적 일탈로 이루어지는 낙인 순서 과정을 부정하였다. 이차적 일탈로의 발전이 꼭 주위 사람들의 낙인을 통해서만 이루어지는 것이 아니라 주위에서 낙인찍지 않더라도 본인 스스로 내면화된 사회적 기대에 따라 일탈자로 낙인찍을 수 있다는 것이다.

② 이차적 일탈에 이르는 과정이 순차적 행동을 따르는 것은 아니며 오랫동안 우회적 협상이 필요한데, 이때 외적 제한보다는 자기 스스로 자신에게 각인한 자아 관념이나 자기 낙인과 스스로 부과한 사회적 상호작용의 제한이 더 중요하다는 것이다.

③ 사회적 약자계층이 중산층 또는 지배계층에 비해 낙인의 대상이 될 가능성이 더 높다고 주장한다. 즉, 똑같은 잘못을 해도 사회적 힘이 부족한 집단에 속한 이들이 형사처벌 및 사회적 낙인의 대상이 될 가능성이 더 높다는 것이다.

④ 베커는 일단 범죄적 낙인이 찍히면, 그 낙인이 다른 사회적 지위나 신분을 압도하게 되어 일탈자로서의 신분이 '주지위(master status)'로 간주된다고 보았다. 반면에 슈어(E. Schur)는 '눈덩이 효과 가설'을 제시하면서 급진적 불개입주의를 주장하였다.

(2) 키슈(Kitsuse)

일탈행위 자체보다 일탈로 규정되고 해석되며 처벌받는 과정에 주목하여, 일탈을 특정인에 대한 사회적 규범이라 보고, 일탈자가 된다는 것은 사회에 의한 선별과정이라 보았다.

(3) 포스트모던이론(post-modern theoty)

① 포스트모더니즘은 근대사회 세계와 범죄와 법에 대한 정의를 포함하는 행위에 대한 근대사회 세계의 규칙들은 인공적인 언어적 구성체라고 주장한다.

② 포스트모던 이론(post-modern theoty)은 권력을 가진 사람들이 객관적이고 합리적인 것이 아닌 자의에 의한 자신들 중심으로 범죄와 법을 규정하고 집행한다. 따라서 객관적 공정성이나 타당성과는 거리가 멀고 합리(이성)중심주의에 대한 근본적인 회의를 내포하는 사상이다.

갈등이론

CHAPTER 5

1 개요

〈낙인이론과의 차이〉

구 분	낙인이론	비판범죄학
이론의 관점	미시적 이론 사회과정이론(사회적 상호작용)	거시적 이론 사회구조이론(자본주의사회의 구조적 모순)
보호관찰	긍정	부정
범죄대책	불간섭주의	자본주의체제의 타파와 사회주의체제로의 전환

☞ 비판범죄학은 낙인이론과 기본적인 관점(범죄통제이론, 규범회의주의)은 같지만, 낙인이론의 가치중립성과 추상성을 새로운 형이상학이라고 비판하면서 범죄자로 만드는 주체의 정당성을 문제 삼는다.

보수적 갈등론

셀린	밀러	볼드	터크
문화갈등		집단갈등	권력갈등
1차(이질문화) 2차(동질문화)	하위문화와 지배문화 갈등	집단 간의 이익갈등	• 집단 간 권력 확보 • 지배집단과 피지배집단 • 범죄화론

급진적 갈등론(=비판범죄학)

마르크스	봉거	퀴니	신갈등론	
			테일러	스피처
계급투쟁	자본주의와 도덕적 타락	범죄의 사회적 현실		
경제적 계급 간 갈등	부의 불공평한 분배(사회주의)	지배계급의 입법을 이용한 피지배계급 통제	신범죄학 집단갈등론 비판	후기자본주의 갈등-원인 > 문제인구 (하위계층)

(1) 의의

① 갈등이론은 마르크스(Marx) 이론의 영향을 받은 것으로, 마르크스 이론에서 갈등은 차별화된 이해관계에서 발생하고 국가는 사회 일반의 이익을 보호하기 위해서가 아니라 국가 운영을 통제할 수 있는 힘을 가진 집단의 이익과 가치를 대변하는 것으로 본다.

② 형사사법제도는 다양한 집단 간 갈등의 산물로 가진 자의 지배계급의 이익을 보호하기 위해 만들어진 것으로 본다.

③ 갈등론적 입장에서 보면 법이란 지배계층의 가치와 신념의 표현이며 형사사법기관은 그들의 사회통제기제에 불과할 따름이어서 범죄란 그 사회의 부와 권력의 불공정한 분배에 대한 반응으로 해석된다.

(2) 갈등이론에서 해결하고자 하는 문제점

① 법의 제정

특정 집단이나 계층의 규범은 법으로 만들어지는 반면, 다른 집단이나 계층의 규범은 법제화되지 않아서 특정 집단이나 계층과 갈등관계에 있는 집단이나 계층에서 범죄자를 만들게 되는가의 문제

② 법 선택 집행

특정 법률은 집행되는 반면, 일부 다른 법률은 집행되지 않아서 특정 법률을 위반한 사람만을 범죄자로 만들고 일부 다른 법률의 위반자는 범죄자로 만들지 않는가의 문제

③ 법 집행대상

법률이 특정 집단이나 계층에 대해서만 집행되고 일부 다른 집단이나 계층에 대해서는 집행되지 않아서 일부 특정 법률위반자만 범죄자로 만들어지고 다른 법률위반자는 범죄자로 만들지 않는가의 문제

〈갈등이론의 인과적 과정〉

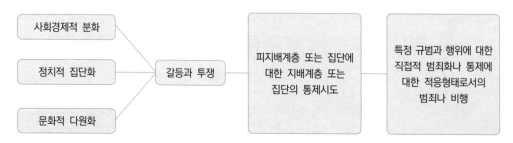

2 마르크스(Marx)와 봉거(Bonger)

(1) 마르크스(Marx)의 계급투쟁과 범죄

① 자본가가 생산의 수단을 소유하고 통제하며 노동자를 약탈함으로써 그들의 이익을 극대화한다. 자본주의 사회에서는 자본가 계급은 노동자 계급보다 지배적인 위치를 차지하고 약탈함으로써 대립적인 이해관계로 인하여 계급투쟁과 갈등은 필연적이다.

② 지배계급인 기업가들의 로비와 법 제정으로 법, 제도, 정치, 사회, 문화 등 다양하게 자본가 지배계급들의 이익을 보호해 준다.

③ 마르크스는 범죄자를 미화하거나 동정하지 않으며, 범죄자가 어떠한 긍정적 기능도 하지 않는다고 보고 있다. 범죄자를 위험한 계층이라고 지칭한다.

④ 범죄자는 자신을 비인격화하고 착취하는 불평등한 자본주의 체제에 순응하려고 노력하는 사람이며, 결국 범죄행위는 지배 질서에 대한 혁명의 형태가 아니라 지배 질서에 대한 적응인 것이라고 말한다.

(2) 봉거(Bonger)의 자본주의와 탈도덕화

① 봉거(Bonger)에 의하면 범죄에 영향을 미치는 것은 부의 절대량이 아닌 부의 분배 문제이다. 자본주의 사회의 경제 제도가 가난한 사람들의 개인적 불만족을 심화시키고 이것이 바로 그들의 범죄성향을 더욱 증대시킨다는 것이다.

② 부의 분배 등 자본주의 생산양식 때문에 범죄가 발생한다고 보기 때문에 범죄를 예방하는 유일한 방법은 자본주의를 사회주의로 대치하는 것이라고 주장한다.

③ 봉거는 자본주의 체제에서 사법 체계는 지배계급의 이기주의적 행위를 합법화하고 피지배계급을 처벌하는 경향이 있으며, 또한 탐욕적, 이기주의 등 최고를 추구하는 사고방식을 유발하고 빈익빈 부익부의 사회를 만든다고 보았다.

3 퀴니(Quinney)의 범죄의 사회적 구성

(1) 의의

① 퀴니(Quinney)는 사회의 범죄가 기본적으로 물질적 문제이기 때문에 범죄는 자본주의국가의 사회·경제·정치적 구조에 의해서 영향을 받는다고 보았다.

② 사회계층 간 자원에 대한 경쟁이 필연적으로 갈등을 초래하고, 가진 자는 유리한 입장에서 자신의 이익을 보호하기 위하여 공공정책을 입안하고 이용하게 된다고 보았다.

③ 퀴니(Quinney)는 형법을 국가와 지배계급이 기존의 사회경제 질서를 유지하고 영구화시키기

위한 도구로 이해한다.

④ 종래의 범죄학이 계급주의를 이념으로 하면서도 정치기관이 내린 범죄 정의를 무조건 받아들인다고 비판한다.

(2) 범죄행위의 발생요소

① 지배계층이 자신들의 이익을 위협하는 행위들을 범죄행위로 규정한다.

② 지배계층은 자신들의 이익을 담보하기 위해서 법을 적용하여 피지배계층을 계속 억압하게 된다.

③ 하위계층의 구성원들은 자신들의 바람직하지 못한 생활 조건에 의해서 범죄행위로 규정된 행동에 가담하도록 강요받게 된다.

④ 지배계층은 이들 범죄행위로서 범죄이데올로기를 유포하고 구성하는 기초로 활용한다.

◢ 퀴니(Quinney)의 범죄의 사회적 현실

- 지배계급이 이익보호를 위해 입법에 개입하고, 이를 이용하여 범죄의 사회적 현실을 조작하는데, 특히 형법은 지배계급이 사회의 경제적 질서를 유지하기 위한 도구라고 가정한다.
- 퀴니가 구분한 노동자 계급과 자본가 계급에 의한 범죄의 유형

| 행위주체와 목적 | 지배와 억압의 범죄 | 자본가 계급의 범죄는 그들이 자본주의의 기본모순을 안고 체제유지를 해 나가는 과정에서 자신들의 이익을 보호하기 위해 자신들이 만든 법을 스스로 위반하는 경우를 말한다.
• 경제범죄(기업범죄) : 기업의 가격담합, 부당내부거래 및 환경오염부터 기업구성원·전문직업인의 화이트칼라범죄까지, 경제적 지배를 도모하기 위해 저지르는 범죄
• 정부범죄 : 공무원의 독직범죄, 부정부패 및 정치적 테러와 전쟁범죄
• 통제범죄 : 형사사법기관이 시민의 인권을 탄압하는 행위 |
| | 적응 및 대항의 범죄 | • 적응범죄 : 생존의 필요에 의한 약탈범죄(절도, 강도, 마약거래 등)와 기본모순의 심화 속에서 야기된 난폭성의 표현으로서의 대인범죄(살인, 폭행, 강간 등)
• 대항범죄 : 노동자 집단이 기본모순에 저항하고 이를 극복하려는 과정에서 행하는 행위들을 국가가 범죄로 규정한 것(비폭력시위) |

---

4 셀린(Sellin)과 밀러(Miller)

(1) 셀린(Sellin)

① 의의

㉠ 셀린(Sellin)의 갈등이론은 상이한 문화적 집단 간의 갈등에 기초하고 있다.

㉡ 행동규범은 상이한 집단에 의해서 상이하게 규정되기 때문에, 사회가 복잡해짐에 따라 상이한 집단의 행동규범간에 갈등과 충돌이 생기게 되는데 이를 문화 갈등이라 정의하였다.

② 내용
    ㉠ 일차적 문화갈등

서로 다른 두 문화가 만나면서 일어나는 것이다. 이민으로 인해 생기는 원주민 문화의 충돌과 같은 이질적인 문화와의 충돌이다. 이 외에도 식민화의 경우처럼 특정 문화의 법이 다른 영역으로 확대될 때에도 일어날 수 있다.

    ㉡ 이차적 문화갈등

한 문화 내에서의 갈등으로 하나의 문화가 각자 자신의 고유한 행동규범을 가지는 여러 가지 상이한 부문화로 진화될 때 일어나는 것이다. 상류계층과 하류계층과의 생활양식이 다른 문화적 격차에서 볼 수 있다.

(2) 밀러(Miller)

① 밀러(Miller)는 미국 사회 문화는 이질적 문화와 가치관이 혼재하는 다원적 사회로 파악했다.
② 상류계층은 자신들만의 문화가 있고 하류계층도 또한 그들 나름대로 독특한 하위문화가 있어서 하류계층과 지배계층인 상류계층 간의 갈등을 초래한다.
③ 누구나 사회의 지배집단과 갈등 관계에 있는 하위문화 내에서 사회화될 수 있으며, 이러한 상황이 곧 자신들의 하위문화 내에서 일관적인 행동규범과 가치관으로 작용하게 된다는 것이다.

5   볼드(Vold)의 집단갈등이론

(1) 의의

① 볼드(Vold)의 이론은 기본적으로 집단이익의 갈등에 기초하고 있다.
② 법이란 집단 간 투쟁에서 이긴 정치지향의 집단이 자신들의 권한을 보호 · 방어하고 상대 집단의 이익은 제거 · 방해하기 위해 만들어진 것이다.
③ 범죄행위란 집단 갈등과정에서 자신들의 이익과 권력을 방어하지 못한 집단의 행위이고 투쟁의 결과이다.
④ 입법적 다수를 점한 집단이 국가경찰권에 대한 통제력을 갖게 되고 법률 위반에 가담할 확률이 높은 자를 결정짓는 정책을 내리는 것이다. 그렇기 때문에 범죄행위란 소수권력집단의 행위일 확률이 높아진다.
⑤ 집단 간의 이익갈등이 가장 첨예하게 대립하는 영역은 입법정책 부분이다.

(2) 갈등의 발생이유 및 효과

① 갈등의 발생 원인

집단들이 추구하는 이익과 목적이 상호 경쟁적이기 때문, 갈등이론에 따르면 범죄는 권력을
가진 자들에 의해서 정의된다. 권력이란 다른 사람의 행동을 결정하고 통제하며 자신의 이익
에 부합하는 공공의 견해를 생성해 낼 수 있는 개인 및 집단의 힘을 말한다. 권력의 불공평
한 분배가 갈등을 낳으며, 갈등은 권력을 위한 경쟁에 뿌리를 두고 있다.

② 갈등의 기능

㉠ 긍정적 측면 : 집단에 대한 애착심 발달 및 강화

㉡ 부정적 측면 : 집단 간 분쟁의 유발

(3) 볼드(Vold)의 집단갈등이론이 적용될 수 있는 범죄유형

① 정치적 갈등이나 시위 때문에 발생하는 범죄이다. 성공적인 혁명은 과거 집권 세력이었던 정
부가 범죄자가 되고 실패한 혁명은 반역자가 된다.

② 노사 간의 이익갈등 때문에 발생하는 범죄이다. 파업 시 수반되는 폭력행위로 인해 범죄가
된다. 이 경우 양측 모두 자신들의 폭력행위를 어쩔 수 없는 것이라고 정당화한다.

③ 노동조합 간의 갈등으로 발생하는 범죄이다. 지배계층에 충성심을 표현하는 노조, 경쟁 관계
노조 간의 갈등으로 협박과 폭력으로 발생하는 범죄이다.

④ 인종적 갈등으로 발생하는 범죄이다. 각종 인종적 차별에 저항하는 시도와 폭력행위로 발생하
는 범죄이다. LA지역 흑인과 백인, 한인과 흑인 간의 갈등으로 인한 폭동 사례가 있다.

6 터크(Turk)의 권력갈등이론(범죄화 요소이론)

(1) 의의

① 범죄성이란 다른 사람들에 의해서 규정되고 부여된 지위 또는 신분을 말한다. 즉, 한 개인이
사법당국에 의해서 인지되고 평가되며 처리되는 특정 방식에 의해서 규정된 하나의 사회적
신분 및 지위를 말하는 것이다.

② 범죄화현상이란 어떤 조건하에서 집단 간에 갈등이 발생하고 또 어떤 사람이 범죄자로 규정되
는 과정을 말한다.

③ 법률 갈등과 범죄화의 초점을 맞추었는데, 어떠한 조건에서 법률을 위반한 사람이 범죄자화되
는가, 그리고 어떤 조건이 범죄자화와 관련된 박탈 정도의 크기에 영향을 미치는지 규명하고
자 하였다.

④ 지배-종속의 현상은 학습의 과정을 통해 유지된다. 이 과정에서 권력자는 '지배의 규범'을 그

리고 종속자는 '복종의 규범'을 학습하기 때문에 우리 사회의 지배-복종 관계가 유지된다고 주장한다.

(2) 문화적 규범과 사회적 규범

① 권력자와 종속자 간의 문화적·행위적 차이가 갈등을 초래하는 조건을 설명하기 위해 규범을 구분하였다.

② 문화적 규범이 가치의 언어적 형식화와 관련되며, 사회적 규범은 실질적 행동유형과 관련된다고 본다.

③ 이 주장에서는 권력자와 종속자 간의 행위적 차이가 문화적 차이에 의해서 혼합될 때 종속자와 권력자 간의 갈등이 야기된다고 보고 있다.

(3) 권력자와 종속자의 갈등

① 권력자와 종속자 양자 간의 정교함과 조직화 정도에 따라 영향을 받는다.

② 종속자가 조직화될 때 갈등의 가능성이 높아지는데, 그 이유는 개인이 자신의 행위에 대하여 집단의 지지를 받을 때 가장 큰 힘을 가지기 때문이다.

③ 세련됨(sophistication)이란 다른 사람을 이용하기 위한 행위유형에 대한 지식이라고 할 수 있는 것으로, 종속자나 권력자가 상대의 약점과 강점을 잘 알고 있어서 서로를 이용할 수 있을 때 이를 세련되었다고 규정할 수 있다.

④ 양자가 세련되지 못할 때 갈등의 소지가 커지는데, 종속자가 보다 조직화되고 세련되지 못할 때 갈등의 소지가 많다고 가정할 수 있다.

(4) 범죄화의 요소

① 1차적 요소(규제 또는 금지된 행위의 중요성)
권력자에게는 문화적으로 중요한 의미가 있는 법률규범일수록 집행될 가능성이 크다. 경제범과 비교해 강도범은 권력자의 법적 규범, 문화적 규범까지 위반하기 때문이다.

② 2차적 요소(양자 간의 힘의 상대성)
법 집행기관에서 보면 자신들의 노력을 최소화하는 방향으로 쉽게 처리하고 집행할 수 있는 저항할 힘이 없는 사람, 자원이 없는 사람을 대상으로 한다.

③ 3차적 요소(갈등진행의 현실론)
현실성이란 것은 법 집행의 가능성에 영향을 미치는 위반으로써 앞에서 말한 세련됨과는 대치되는 표현이다. 즉, 양자가 현실적으로 갈등을 진행한다면 법 집행의 가능성은 작아지지만, 비현실적으로 갈등이 이루어지면 법 집행의 가능성이 커지게 되는 것이다.

터크(Turk)의 권력갈등이론 보충

① 의의 : 터크는 마르크스 관점에 내재된 개념에 주로 의존하고 있지만, 권력갈등이론은 도덕성에 대해 상대주의적 관점을 견지한다는 특징을 갖고 있다.

② 사회질서의 기초 – 권위에 의한 지배-피지배(지배-복종이론) : 터크는 집단 간에 발생하는 갈등의 원인을 사회통제가 가능한 권위를 추구하는 데 있다고 보았으며, 문화규범이나 행동양식을 다른 집단에게 강제할 수 있는 권위를 지닌 지배집단과 그렇지 못한 피지배집단으로 사회의 권위구조를 구분하였다.

③ 범죄화의 유발요인

　　㉠ 터크는 다른 갈등이론과 달리 법제도 자체보다는 법의 집행과정에서 특정 집단의 구성원이 범죄자로 규정되는 과정을 중시하였는데, 법집행자들이 스스로의 이익을 위해 차별적으로 법을 집행한다고 보았다.

　　㉡ 어떤 조건하에서 집단 간에 갈등이 발생하고, 어떤 사람들이 범죄자로 규정되는가에 대한 범죄화현상의 세 가지 조건을 다음과 같이 주장하였다.

　　　　ⓐ 문화규범, 즉 법률이 지배집단인 법집행자들에게 갖는 의미 : 지배집단의 문화규범이나 행동양식과 일치하는 법일수록, 즉 지배집단에게 문화적으로 의미가 있는 법일수록 우선적으로 집행될 가능성이 크다.

　　　　ⓑ 법집행자와 그에 대항하는 저항자 사이의 상대적 권력관계 : 통상적으로 법은 저항력이 가장 작은 사람에게 가장 강력하고 확실하게 집행된다. 이는 법집행자들이 그들의 노력을 최소화하는 방향으로 기능을 수행하기 때문이다. 따라서 법의 집행에 도전할 수 있는 힘을 가진 지배집단보다 그 힘을 가지지 못한 피지배집단에 더욱 집요하게 집행된다.

　　　　ⓒ 갈등진행의 현실성 : 법집행자와 저항자가 현실적으로 갈등을 진행한다면, 즉 갈등에서 이기기 위해 노력한다면 범죄화 내지 법집행의 가능성이 낮아지지만, 비현실적으로 갈등을 진행한다면 그 가능성은 높아진다. 이는 집단 간 갈등의 산물인 법규위반이 실현가능성이 낮은 목표를 주장·관철하는 경우일수록 법집행이 더욱 강화된다는 의미이다.

7　기타 이론

(1) 챔블리스와 사이드만(Chambliss & Sediman)의 차별적 범죄화

① 법이란 공공이익을 대변하지도 않고, 모든 시민을 동등하게 취급하지도 않으며, 사회 최고의 이익에 봉사하지도 않는다. 또한 국가나 국가기관도 만인을 위하는 방향으로 갈등을 해소시키는 가치중립적 분야가 아닌 것이다.

② 사회 복잡성이 증가하면 이해 갈등 당사자들 간의 질서유지를 위해 만들어진 제재기구의 개입이 있어야 한다고 보았다. 사회 복잡성이 사회계층화될수록 특정 집단이 다른 집단들에 비해 부와 권력을 더 많이 갖는 현상이 고착화될수록 제재 과정이 더 많이 활용된다고 주장한다.

③ 가난하고 힘없는 강도범, 절도범, 강간범 등은 체포되면 기소될 가능성이 크고, 반면에 중상류계층의 화이트칼라범은 체포되어 기소될 가능성이 작은 것이 법의 현실이고 차별적 범죄화이다.

④ 법의 현실과 이상은 상당한 간극이 있으며, 공공의 이익을 대변해야 할 법은 권력과 특권의 도구이고 불공정·불공평한 처리에 기인한다.

⑤ 챔블리스(Chambliss)와 사이드만(Seidman)은 법을 지배집단이 자신들의 우월성을 보장하기 위한 행위규범이라고 규정하였다. 즉, 법은 공공이익을 대변하지도 않고, 모든 시민을 동등하게 취급하지도 않으며, 사회 최고의 이익에 봉사하지도 않는다고 한다.

(2) 테일러(Tailor)와 영(Young)의 신범죄학(볼드의 집단갈등이론에 대한 비판)

① 테일러(Tailor)와 그의 동료들은 집단갈등이론에서 형법을 이익집단의 다원성에 의한 결과로 보는 데 잘못이 있다고 주장하면서, 그들은 국가의 자본가 동맹으로 형성된 단 하나의 유력한 이익만이 존재할 따름이라고 보았다.

② 자본가들은 민법에 의해서만 책임을 규제하고 형사적 제재를 받지 않게 된다고 한다. 반면에 불리한 노동자들은 형사처벌을 받게 된다.

신범죄학(테일러·월튼·영) 보충

• 갈등론의 확대개념으로, 신범죄학은 갈등론적·비판적·마르크스주의적 비행이론을 반영한 범죄이론으로서 사회학의 갈등이론이 확대된 것이다.

• 신범죄학이라는 명칭은 테일러(Taylor), 월튼(Walton), 영(Young) 3인이 공동으로 집필한 「신범죄학」(The New Criminology, 1975)에서 시작되었고, 신범죄학은 실증주의에 기반한 기존의 범죄학이론을 비판하고, 마르크스의 일탈이론에 입각하여 규범의 제정자와 제정이유를 중점적으로 파악하여야 한다고 주장한다.

 – 일탈의 원인 : 권력, 지배 그리고 권위구조와 같은 국가주도권에 도전하는 사람이 일탈자 혹은 범죄자이다.

 – 일탈에 대한 시각 : 일탈은 정상이며, 범죄학자의 임무는 인격적이고 유기적인 혹은 사회적인 인간다양성의 사실이 범죄화되지 않는 사회를 만드는 것이다.

 – 범죄대책 : 지배와 통제의 범죄생성적 원인제거를 통해 범죄예방을 달성할 수 있다.

(3) 스피처(Spitzer)

① 의의

스피처(Spitzer)는 후기자본주의 시대의 대량생산과 대량소비를 중심으로 계급 갈등을 분석했다. 낙인된 범죄자의 지위뿐만 아니라 범죄자의 행위까지도 관심을 가질 필요가 있다고 보았다.

② 문제인구

자본주의사회에서 그들의 행위·인성·위치가 생산의 사회관계를 위협하기 때문에 나타나는 것으로 보았다.

㉠ 사회적 폐물(Soclal junk) : 지배계층의 시각에서 볼 때 사회에 대해서 상대적으로 비교적 해가 적은 지체부자유자, 정신질환자, 약물과 알코올중독자, 공식적으로 처리되는 노인 등을 사회적 폐물(Soclal junk)이라 보았다.

㉡ 사회적 위협자(social dynamite) : 특히 생산과 지배관계라는 기존의 사회관계를 잠재적으로 의문시하는 사회적으로 고약한 사람을 사회적 위협자(social dynamite)로 보았다.

스피쳐(Spitzer)의 후기자본주의 갈등이론 보충

- 후기자본주의 문제
  - 스피쳐는 후기자본주의 시대의 경제활동이나 계급갈등을 중심으로 범죄발생이나 사회통제에 관심을 두었다. 후기자본주의에서 가장 중요한 사회문제의 하나로 그가 지적한 것은 '문제인구의 생산'이었다. 후기자본주의 사회에서는 기술발달로 전문적인 숙련노동자들을 필요로 하게 되었고, 비숙련노동자들은 점차 생산활동에서 소외됨으로써 문제인구를 양산하였는데, 이들로 인해 부유층의 재물 탈취, 태업에의 동참, 정치적 혁명의 도모 등 범죄행위를 포함한 많은 일탈적 행위가 야기될 것이라고 하였다.
  - 문제인구가 늘어남에 따라 전통적 사회통제방법으로는 급증하는 범죄문제에 대처할 수 없게 되었고, 이에 사회통제방법 자체를 변화시킬 수밖에 없게 되었다.
- 사회통제방법의 전환

범죄의 정상화	비시설수용화와 같이 범죄자를 교도소나 교정시설이 아닌 지역사회에 방치함으로써 범죄자에 대한 관리를 포기하는 것이다.
전환	범죄를 저지를 개연성이 높은 사람이나 재활을 끝낸 범죄자에게 보호관찰 보조자, 교도소 상담인 등 국가사법기관의 활동을 보좌하는 보조자 역할을 맡기는 것이다.
억류	문제인구를 특정 지역에 집중 거주시키고 외부로 나오지 않는 한 이들의 범죄행위를 묵인하는 것이다.
범죄적 사업의 묵인	문제인구 나름대로 직업을 가지고 수입을 창출하도록 하여 국가의 관리비용을 절감하는 것이다.

---

(4) 코브린(Solomon Kobrin)

범죄적인 가치체계와 합법적인 가치 관계의 대립이 범죄의 요인이라고 설명하며 '가치갈등이론'을 주장하였다.

(5) 갈등이론의 평가

① 이론적인 측면에서 '갈등'이라는 개념을 중시하고 있음에도 불구하고 개념 자체가 명확하게 정의되지 못하고 있다.

② 범인성과 갈등의 관계도 명확하지 못하다.

③ 부의 불평등한 분배를 범죄의 근원이라고 주장하였으나, 사회의 경제적 계층화로 인하여 사람들이 열심히 노력하고 부를 축적하는 등의 긍정적인 면을 무시하였다.

④ 일탈이나 범죄의 원인이 잉여노동계급의 실업 때문이라고 본 시각들은 실제로 많은 연구 결과

실업과 범죄는 많은 상관관계를 갖지 않는다고 나타났다.

⑤ 범인성과 갈등의 관계를 설명함에 있어서 집단 간 문화적 차이를 지나치게 강조하여 같은 집단 간 갈등을 설명하지 못한다. 정치적 범죄가 집단갈등에 의해서 야기된다고 가정한다면 지극히 당연한 주장이 되겠지만 비정치적 전통 범죄까지도 집단갈등의 소산이라고 가정하기엔 여러 가지 한계가 있다는 것이다.

⑥ 갈등이론에서 범죄 문제 해결을 위한 대처방안으로 이상적 사회주의 국가를 주장하지만 사회주의 국가에서도 범죄가 발생한다.

단원별 OX 문제

001 "왜 사람들은 범죄를 하지 않는가?"라는 문제제기와 가장 관계가 깊은 이론은 샘슨과 라웁의 전환점이론이다. (   )

정답 X 허쉬의 사회통제이론과 관계가 깊다.

002 허쉬의 사회통제이론은 어떠한 요인들이 작용하면 범죄를 하지 않도록 만드는가에 관심을 갖는다. (   )

정답 O

003 사회유대의 요소로 애착, 관여, 참여, 신념을 주장한 학자는 맛차이다. (   )

정답 X 사회유대이론을 주장한 허쉬이다.

004 범죄사회학이론은 미시이론과 거시이론으로 구분할 수 있는데, 자기통제이론은 미시이론에 속한다. (   )

정답 O

005 "왜 사람들은 범죄를 행하지 않고 사회규범에 동조하는가?"라는 전제하에서 범죄원인을 규명한 이론은 사회학습이론이다. (   )

정답 X 사회유대이론에 관한 설명이다. 사회유대이론은 모든 사람을 잠재적 범죄자로 가정했으며, "많은 사람들이 왜 범죄를 저지르지 않고 사회규범에 동조하는가?"라는 전제하에서 범죄원인을 규명하려 하였다.

006 범죄사회학이론에서 중화이론은 미시이론에 속한다. (   )

정답 O

007 사회유대이론은 인간은 선천적으로 이기적이고 반사회적이며, 범죄행위는 인간의 본성에서 비롯되므로 고통스런 과정을 거쳐야만 한다는 이론으로 범죄억제의 요인을 환경에서 찾는다. (   )

정답 O

008 지역사회의 해체적 특성에서 범죄원인을 찾는 거시이론가는 글레이저이다. (   )

정답 X 쇼와 맥케이이다. 쇼와 맥케이는 문화전달이론을 통해 지역사회의 해체적 특성에서 범죄원인을 찾았다.

009 사회해체이론에서 주장한 범죄율이 높은 지역은 도심지에서 멀리 떨어진 지역이다. (   )

정답 X 범죄율이 높은 지역은 인종이나 민족 구성이 다양한 지역이다.

010 쇼와 맥케이는 문화전달이론을 통해 비행지역에서는 비행유발의 사회적 요인이 주민들 간에 계속 전달되고, 지역구성원이 바뀌더라도 비행이 계속된다고 보았다. (   )

정답 O

011 "친구따라 강남간다"라는 속담과 관련되는 이론가는 서덜랜드이다. (　　)

　정답 O

012 머튼은 자신과 친밀한 집단들과 접촉을 통하여 범죄에 관한 관념들이 학습되는 것으로 보았다. (　　)

　정답 X 서덜랜드에 관한 내용이다.

013 애그뉴는 범죄와 비행은 스트레스가 많은 사람들에게는 고통을 경감하고 만족을 줄 수 있는 수단이 될 수도 있다는 일반긴장이론을 주장하였다. (　　)

　정답 O

014 도시생태학에 근거하여 "범죄율은 하류계층이 사는 도심근처의 주거지역에서 가장 높다"라고 주장한 이론은 사회유대이론이다. (　　)

　정답 X 사회해체이론에 관한 내용이다. 사회해체는 도시가 성장함에 따라 동심원형태로 일어난다고 주장한다. 따라서 지역별 범죄분포를 살펴보면 하류계층이 사는 도심근처의 주거지역에서 범죄율이 가장 높고 외곽의 범죄율은 낮다.

015 서덜랜드는 범죄 관념을 학습하는 정도는 접촉의 빈도, 기간, 접촉의 우선성, 강도 등에 따라 학습의 효과가 달라진다고 강조하였다. (　　)

　정답 O

016 파크와 버제스는 시카고 지역을 5개의 동심원지대 중심상업지역, 전이지역, 노동자거주지역, 중류계층지역, 외부통근지역으로 나누었다. (　　)

　정답 O

017 절도나 강도와 같은 전통적 범죄보다 훨씬 심각한 영향을 주는 화이트칼라의 범죄는 쉽게 용납되고 있음을 주장한 학자는 서덜랜드이다. (　　)

　정답 O

018 시카고 지역 프로젝트의 배경이 된 이론은 사회해체이론이다. (　　)

　정답 O

019 머튼의 긴장이론 중 마약중독자 등에서 볼 수 있는 긴장에 대한 개인의 적응방식은 도피형이다. (　　)

　정답 O

020 머튼의 아노미이론에서 문화적 목표는 부인하면서 제도적 수단은 용인하는 중하층관료 등의 적응형태는 혁신형이다. (　　)

　정답 X 머튼의 아노미이론 중 의례형에 관한 내용이다.

021 머튼의 아노미이론에서 의례형은 목표달성 의지가 약하지만 합법적 수단을 사용한다. (   )

정답 O

022 사회갈등론적 관점을 강조한 학자는 봉거, 볼드, 퀴니 등이 있다. (   )

정답 O

023 매스너와 로젠펠드는 제도적 아노미이론을 주장하였다. (   )

정답 O

024 비경제적 제도가 우월적 지위를 차지한다는 것은 제도적 아노미이론이 지적하는 현대사회의 문제점이다. (   )

정답 X 제도적 아노미이론에 따르면 경제적 제도가 다른 비경제적 제도에 비해 우월적 위치를 차지하게 된다고보았다.

025 〈범죄, 수치심, 재통합(1989)〉란 저서에서 재통합적 수치심이론을 주장한 학자는 브레이스웨이트이다. (   )

정답 O

026 머튼의 5가지 적응양식에서 기존사회의 목표, 수단을 모두 거부하며 새로운 목표, 수단을 제시하여 사회변혁을 꾀하는 것은 반역형에 속한다. (   )

정답 O

027 머튼의 5가지 적응양식에서 동조형은 사회의 성공목표에 대해 용인하고 이에 도달하기 위한 제도적 수단을 받아들인다. (   )

정답 O

028 "말썽부리기, 강인, 영악함, 자극추구, 운명주의, 자율성 추구"와 가장 관련이 깊은 이론은 하위문화이론이다. (   )

정답 O

029 뒤르켐은 모든 사회와 시대에서 공통적으로 적용될 수 있는 객관적인 범죄란 존재하지 않으며, 특정사회에서 형벌의 집행대상으로 정의된 행위가 범죄라고 보았다. (   )

정답 O

030 뒤르켐의 아노미이론은 대표적 하위문화이론이다. (   )

정답 X 뒤르켐은 범죄는 인간의 개선불가능한 악의성에 기인하는 것이므로 하위문화와는 상관이 없다.

031 애그뉴는 기대와 성취의 불일치가 일반긴장이론의 원인으로 보았다. (　　)

　정답 O

032 애착이론은 애착형성의 결함이 향후 인격발달로 문제, 정서적 결핍이나 우울과 같은 정신병리의 발생에 주요한 원인이 된다는 이론이다. (　　)

　정답 O

033 갓프레드슨과 허쉬가 "비행과 일탈은 개인의 자기통제력이 낮기 때문에 발생하며, 자기통제력은 어린 시절의 경험으로 결정된다."라고 제시한 이론은 일반이론이다. (　　)

　정답 O

034 갓프레드슨과 허쉬는 자기통제이론이 모든 인구사회학적 집단에 의해 발생하는 모든 유형의 범죄행위와 범죄유사행위를 설명할 수 있다고 주장하였다. (　　)

　정답 O

035 하층소년들이 중산층 문화에의 적응실패로 반동적으로 문화를 이루어 악의적이고 부정적으로 범죄를 하게된다고 보는 이론은 밀러의 하류계층문화이론이다. (　　)

　정답 X 코헨의 하위문화이론에 관한 내용이다. 코헨은 물질적 성공에서의 좌절이 아니라 중산층 지위성취에 있어서의 좌절을 강조하였다.

036 쇼와 맥케이는 비행과 범죄를 인간이 합법적인 사회적 성공을 위한 울분과 좌절의 결과로 보고 있다. (　　)

　정답 X 쇼와 맥케이의 사회해체와 비행의 연계에 관한 내용이 아닌 긴장이론에 관한 내용이다.

037 뒤르켐의 아노미이론은 머튼의 아노미이론의 영향을 받았다. (　　)

　정답 X 뒤르켐의 주장을 기초로 미국사회의 조건에 부합되도록 한 사람이 머튼이다.

038 코헨은 하층의 청소년들이 어떻게 비행하위문화를 형성하게 되고 비행을 저지르게 되는지를 설명하였다. (　　)

　정답 O

039 강간범이 자신이 술에 너무 취해서 제 정신이 없는 상태에서 자신도 모르게 강간을 하게 되었다고 주장하는 것은 중화기술 중 가해의 부정에 해당한다. (　　)

　정답 X 책임의 부정에 해당한다. 가해의 부정은 자신의 범죄사실을 부정하는 것이다.

040 레머트의 낙인이론은 사회반응이론과 관련이 있다. (　　)

　정답 O

041 갓프레드슨과 허쉬가 일반이론에서 범죄의 유일하면서도 중요한 원인이라고 강조한 것은 자기통제력이다. (　　)

정답 O

042 하위계층문화이론은 하층지역에 본래부터 비행가치와 문화가 존재하고 있기 때문에 그러한 하층지역에 사는 청소년들이 비행을 저지르게 된다고 보았다. (　　)

정답 O

043 쇼와 맥케이는 도시성장을 분석함으로서 범죄와 비행의 분포상태는 물론 그와 같은 도시범죄의 분포이유를 규명하고자 하였다. (　　)

정답 O

044 코헨의 하위문화이론에서 문화는 중산층의 문화와는 완전히 반대인 '반동형성'의 성격을 가지게 되는데, 악의적이고, 부정적, 단기 쾌락주의적, 비공리적인 특성을 갖는다. (　　)

정답 O

045 사회적 반응 없이 발생하는 일탈은 레머트의 이차적 일탈에 해당한다. (　　)

정답 X 이차적 일탈에 해당하는 것은 공식적 낙인 이후에 발생하는 일탈이다. 사회적 반응 없이 발생하는 일탈은 일차적 일탈이다.

046 "어울릴 줄 모르고 튀어서 왕따당한 아이는 맞아도 싸다."라고 하는 것은 중화의 기술 중 피해자의 부정에 해당한다. (　　)

정답 O

047 "오토바이를 훔친 것이 아니라 잠시 빌린 것이다"는 책임의 부정에 해당한다. (　　)

정답 X 가해의 부정이다. 책임의 부정은 남의 탓으로 돌리는 것이다.

048 "자녀를 학대하는 남편을 죽인 것은 가정의 평화를 위해서였다"는 피해자의 부정에 해당한다. (　　)

정답 X 높은 충성심에의 호소이다.

049 허쉬가 제시한 네 가지 유대요소 중에서 "부모님께서 실망하실까봐 비행을 망설이게 된다"는 것은 애착과 관련이 깊다. (　　)

정답 O

050 신념은 행위에 대한 사회의 규칙이나 금지율을 받아들이는 태세로 공적인 권위의 정당성을 믿는 것이다. (　　)

정답 O

051 자신의 범죄행위는 자신의 의지로는 어쩔 수 없는 주변환경이나 외부적요인에 의한 것이므로 자신에게 는 아무런 책임이 없다고 주장하는 것은 책임의 부정에 해당한다. (   )

정답 O

052 사이크스 등의 중화이론에서 자아의 부정은 양심의 가책을 피하는 형태가 아니다. (   )

정답 O

053 "부패한 검찰이 나의 공금횡령을 비난할 자격이 있는가?"의 예시는 비난자에 대한 비난 유형에 해당 한다. (   )

정답 O

054 억제이론은 범죄로부터의 이익이 비행의 원인이라면 범죄에 대한 처벌의 고통은 범죄를 제재하는 요인 이라고 주장한다. (   )

정답 O

055 자신이 존경하는 사람이 그들의 일탈을 보상할 것이라고 기대하면 약물남용 가능성이 커진다는 것은 사회유대이론으로 설명가능하다. (   )

정답 X 사회학습이론으로 설명가능하다.

056 사회학습이론에서 부모가 자녀의 순응행동에 대해 일관되게 긍정적 보상을 하고 잘못된 행동에 대해 적절하게 부정적 제재를 할 때, 자녀는 순응행동을 자주 하게 된다. (   )

정답 O

057 차별접촉이론을 주장한 학자는 서덜랜드이다. (   )

정답 O

058 머튼의 아노미이론에서 알코올중독자에게서 나타나는 적응양식은 도피형이다. (   )

정답 O

059 머튼의 긴장이론은 하급계층을 포함한 모든 계층이 경험할 수 있는 긴장을 범죄의 주요 원인으로 제시 하였다. (   )

정답 X 해당 내용은 애그뉴의 일반긴장이론에 관한 내용이다.

060 사회유대이론에서는 인간들이 사회와 맺는 사회유대 정도를 범죄의 중요한 통제요인으로 다루고 있다. (   )

정답 O

061 유대이론에서 '관여'는 전통적인 활동 혹은 합법적인 경력, 일종의 생활양식이라고 할 수 있다. (   )

정답 O

062 범죄를 저지른 사람에 대한 처벌이 일반시민들로 하여금 처벌에 대한 두려움을 불러 일으켜서 결과적으로 범죄가 억제되는 효과를 일반적 억제효과라고한다. (   )

정답 O

063 억제이론은 처벌의 신속성, 확실성, 과학성이라는 세 가지 요소에 관심을 갖는다. (   )

정답 X   처벌의 신속성, 확실성, 엄격성이라는 세 가지 요소에 관심을 갖는다.

064 "재범율이 높은 것은 교도소가 범죄학교이기 때문이다."라는 주장은 사회학습이론과 부합한다. (   )

정답 O

065 차별적 접촉강화이론에서 '정의'는 특정 행위에 대하여 개인이 부여하는 의미의 태도를 말한다. (   )

정답 O

066 실제 범죄자들에게 가혹한 처벌을 함으로써 그 당사자가 다시는 범죄를 하지 못하도록 하는 것을 특수적 억제효과라고 한다. (   )

정답 O

067 처벌의 억제효과에서 폭력범죄가 재산범죄에 비해 억제효과가 크다. (   )

정답 X 계획적 범죄가 많은 재산범죄에 대한 처벌의 억제효과가 더 크다.

068 일차적 일탈은 모든 사람은 개인적 또는 사회상황적 이유 때문에 가끔 규범을 어기는 행동을 하지만, 이 경우 규범위반자는 자기 자신을 일탈자라고 생각하지도 않고 타인에게 노출되지도 않아 일탈에 대한 사회적 반작용이 발생되지 않는 경우이다. (   )

정답 O

069 유대요소 중 '참여'는 개입의 직접적인 결과로서 개입에 투자된 시간이나 에너지를 말한다. (   )

정답 O

070 낙인이론은 비범죄화, 전환조치, 적법절차, 비시설화로 구성된 4D이론의 이론적 근거를 제공하였다. (   )

정답 O

071 전환제도는 비행청소년을 체포·기소·처벌이라는 공식절차상에 두지 않고, 기소하기 전에 지역사회에서 일정한 처우를 받도록 하는 지역사회 내 처우제도를 강화하는 것을 말한다. (   )

정답 O

072 초등학생인 A군은 선생님과 친구들에게 "은행강도가 되어서 돈을 벌겠다."고 공공연히 말한다. 이 사례에서 A군의 경우는 머튼이 제시한 적응유형중 혁신형에 속한다. (   )

정답 O

073 도피하위문화는 불법적 범죄기회는 없으나 폭력을 수용하는 하위문화이다. (   )

정답 X 갈등하위문화에 관한 내용이다.

074 머튼의 긴장이론은 특정 사회 내의 다양한 문화와 추구하는 목표의 다양성을 무시하고 있다. (   )

정답 O

075 낙인이론은 차별적 강화와 관련 있는 개념이다. (   )

정답 X 낙인이론은 이차적 일탈과 관련 있는 개념이다.

076 베커는 일탈자로 낙인찍혔을 때에 그 사람의 지위변화에 초점을 두었다. (   )

정답 O

077 탄넨바움은 낙인이론을 악의 극화라고 표현하였다. (   )

정답 O

078 낙인이론에서 형사처벌의 엄격성을 강조하는 것을 범죄대책으로 제시한다. (   )

정답 X 형사처벌의 엄격성을 강조하는 것은 레클리스의 봉쇄이론이다.

079 차별접촉이론은 비행친구와의 지속적인 관계에 있는 청소년은 범죄를 지지하는 태도를 계속 유지한다고 강조한다. (   )

정답 O

080 아노미이론에서는 일탈행위에 대해 긍정적인 태도를 갖는 청소년은 그렇지 않은 청소년에 비해 비행을 더 저지른다고 한다. (   )

정답 X 차별적 접촉이론에 관한 내용이다.

081 차별접촉이론은 사회구조이론보다 중류계층의 범죄행위를 설명하는 데 유용하다. (   )

정답 O

082 처벌의 억제효과에서 계획적 범죄가 우발적 범죄에 비해 억제효과가 크다. (   )

정답 O

083 클로워드와 올린의 차별적 기회이론은 뒤르켐과 머튼의 아노미이론과 비행을 학습의 결과로 파악하는 서덜랜드의 차별적 접촉이론을 하나로 통합한 특성을 지닌다. (　　)

　정답　O

084 낙인 방지대책에서 소년원이나 소년교도소와 같은 시설에서 처우하기 보다는 가능하면 사회 내에서 비시설처우를 확대하여 해결하자는 것은 적법절차에 해당한다. (　　)

　정답　X 낙인 방지대책에서 비시설화에 관한 내용이다. 적법절차는 계층간 차별 없이 공정한 법집행을 하자는 것이다.

085 낙인이론은 범죄의 사회구조적 원인을 규명하려는 거시적 이론이다. (　　)

　정답　X 낙인이론은 범죄의 원인분석을 미시적인 상호작용차원에서 접근하는데 반해 비판범죄론은 체제 자체의 문제를 거시적 차원에서 분석한다.

086 허쉬가 제시한 유대의 구성요소에 '동조'도 포함된다. (　　)

　정답　X 허쉬가 제시한 유대 구성요소는 애착, 전념, 참여, 신념이다.

087 비판범죄론은 범죄를 국가와 계급지배라는 맥락에서 연구하고자 하는 이론적 입장이다. (　　)

　정답　O

088 갈등이론의 대표적인 학자로는 볼드, 봉거, 터크 등이 있다. (　　)

　정답　O

089 볼드의 집단갈등이론은 성격장애로 인한 범죄로 설명 가능하다. (　　)

　정답　X 성격장애로 인한 범죄문제는 개인의 심리적 문제에 의한 범죄발생원인에 해당한다. 집단의 갈등과 관련된 문제라고 보기 어렵다.

090 허쉬의 사회통제이론은 규범준수에 따른 사회적 보상에 관심을 많이 가질수록 범죄나 비행을 적게 저지른다고 한다. (　　)

　정답　O

091 낙인이론은 지역사회 내 처우제도를 강화하는 것을 범죄대책으로 제시한다. (　　)

　정답　O

092 서덜랜드의 차별접촉이론은 범죄행위의 학습기제는 일상생활의 학습기제와 다르다고 본다. (　　)

　정답　X 일상생활의 학습기제와 동일하다고 본다.

093 범죄와 처벌에 대하여 대다수의 합의가 존재한다는 것은 갈등론적 범죄개념의 설명이다. (　　)

　정답　X 범죄와 처벌에 대하여 대다수의 합의가 존재한다는 것은 합의론적 범죄개념의 설명이다.

094 범죄는 부와 권력을 소유한 사람들에 의해 정의된다는 것은 합의론적 범죄개념의 설명이다. (　　)

정답 X 갈등론적 범죄개념에 관한 설명이다.

095 도시화와 산업화는 기본적 사회제도를 더 비인간적으로 만들었다는 것은 사회해체론의 내용이다. (　　)

정답 O

096 타르드가 주장한 모방의 법칙에는 거리의 법칙, 시간의 법칙, 방향의 법칙이 있다. (　　)

정답 X 모방의 법칙: 거리의 법칙, 방향의 법칙, 삽입의 법칙

097 법의 제정, 위반, 집행 등 정치적 과정은 이익집단들 사이의 뿌리 깊고 근원적인 갈등과 국가경찰력의 장악을 위한 투쟁이 직접적으로 반영된 것이라고 주장한 학자는 볼드이다. (　　)

정답 O

098 낙인이론은 행위자를 수동적이고 피동적인 존재로 본다. (　　)

정답 X 행위자를 주관적인 사고를 통해 행동하는 주체적인 존재로 보았다.

099 갈등이론에서 셀린은 문화갈등론을 주장하였는데, 그는 문화갈등론을 일차적 문화갈등과 이차적 문화갈등으로 나누어 설명하였다. (　　)

정답 O

100 봉거는 사회주의가 완성되면 대부분의 범죄는 사라질 것이라고 하였다. (　　)

정답 O

101 허쉬의 사회통제이론은 "모든 사람은 범죄성을 지니고 있다"라는 고전주의의 명제를 부정한다. (　　)

정답 X 허쉬의 사회통제이론도 성악설을 기초로 하고 있다.

102 서덜랜드의 차별적접촉이론은 차별적 교제양상은 빈도나 강도의 측면에서 동일하다고 본다. (　　)

정답 X 차별적 교제 양상은 접촉의 빈도, 기간, 시기, 강도에 따라 다르다.

103 "주변의 비행친구들과 어울리다 보니 나도 모르게 나쁜 물이 들었다"라는 주장은 차별접촉이론에서 주장하는 범죄의 원인과 관련이 깊다. (　　)

정답 O

104 급진범죄학은 권력형 범죄의 분석에 무력하다는 비판을 받았다. (　　)

정답 X 급진범죄학은 권력형 범죄의 분석에 주력하였다.

105 권력을 가진 사람들이 자신의 언어로 범죄와 법을 규정한다고 주장한 이론은 포스트모던이론이다. (   )

정답 O

106 레클리스는 봉쇄이론을 주장하면서, 범죄나 비행으로 이끄는 힘을 압력요인, 유인요인, 배출요인으로 나누었다. (   )

정답 O

107 나이(Nye)는 직접통제가 공식적 제재를 통해 행사될 수 있음을 인정하면서도, 가정에서의 비공식적 간접통제를 강조하였다. (   )

정답 O

108 급진범죄학의 기본입장은 범죄원인을 실증적으로 분석하는 데 초점을 맞추고 있다. (   )

정답 X 실증주의 범죄학에 관한 설명이다.

109 낙인이론은 다른 범죄학이론에 비해 범죄행위 그 자체에 큰 관심을 두고 있다. (   )

정답 X 낙인이론은 사회적 상호작용과 범죄의 상태라는 점에 초점을 맞추었다.

110 낙인이론은 형사사법기관에 의한 낙인작용이 사회복귀를 결정적으로 저해한다고 본다. (   )

정답 O

111 글레이저의 차별적 동일시이론은 학습이론의 범위를 보다 탄력적이고 광범위하게 확장하였다. (   )

정답 O

112 머튼의 적응양식에 의할 때, 기존의 문화적 목표와 제도화된 수단을 모두 거부하고 새로운 문화적 목표와 수단으로 대체하고자 하는 유형은 혁신형에 해당한다. (   )

정답 X 반역형에 해당하는 내용이다. 혁신형은 목표는 받아들이지만 불법적인 수단을 사용한다.

113 서덜랜드의 차별적 접촉이론은 범죄자와 비범죄자 간의 차이를 학습과정의 차이가 아니라 접촉유형의 차이로 본다. (   )

정답 O

114 범죄사회학에서 사회가 성립된 후 범죄는 항상 있어 왔기 때문에 범죄사회학은 범죄학 연구방법으로 범죄학의 초기부터 형성되었다. (   )

정답 X 범죄사회학은 범죄 행위를 개인의 생물학적 구조 측면에서 설명하는 생물학적 관점이나 개인의 심리적 구조나 과정 측면에서 설명하는 심리학적 관점과는 구별되는 관점으로 이 연구방법들 이후 형성되었다.

115 뒤르켐은 범죄가 정상적인 것이며 불가피한 사회적 행위라고 보았다. (   )

정답 O

116 다른 나라 사람이 이민을 가서 그 지역 원주민들과 문화적 갈등을 일으키게 되는 것을 셀린은 이차적 갈등이라고 하였다. (   )

정답 X 일차적 갈등에 대한 설명이다.

117 낙인이론의 범죄학적 목적은 비범죄화, 비형벌화, 법의 적정절차, 비사법적 해결, 비시설처우로 요약된다. (   )

정답 O

118 서덜랜드의 차별적 접촉이론에서 범행의 학습은 범행수법이 아니라 범행동기나 목적에 관하여 이루어진다. (   )

정답 X 범죄행위의 학습은 범죄수법, 범행동기, 충동, 합리화 방법, 태도 등을 포함한다.

119 영화 속 주인공의 매력에 빠져 그의 행동을 모방한 경우도 차별적 접촉이론으로 잘 설명할 수 있다. (   )

정답 X 글레이저의 차별적 동일시이론에 관한 설명이다.

120 중화이론이란 범죄가 범죄자에게 이미 내면화되어 있는 규범의식, 가치관을 중화·마비시키면서 발생하는 것으로 본다. (   )

정답 O

121 자아관념이론에 의하면 올바른 자기관은 비행을 억제하는 절연체 구실을 한다. (   )

정답 O

122 표류이론에 의하면 사회통제가 약화되었을 때 소년들이 합법적인 규범이나 가치에 전념하지 못하고 그렇다고 위법인 행위양식에도 몰입하지 못하는 상태를 표류상태라 한다. (   )

정답 O

123 기회차별이론은 청소년 범죄를 설명하는 이론들로서 상당한 타당성을 갖는다. (   )

정답 O

124 낙인이론은 처음에는 사회주의에서 주장된 범죄이론이다. (   )

정답 X 낙인이론은 처음에는 사회적 상호작용이론에서 주장된 이론이다.

125 급진범죄학은 기본적으로 형사사법제도에 내재하는 불평등을 문제 삼고 있다. (   )

정답 O

126 급진범죄학은 범죄문제를 지나치게 정치적으로 이해한다는 비판을 받는다. (   )

정답 O

127 아노미이론은 문화적 목표와 수단의 괴리가 현실, 퇴행, 전복 등으로 드러나는 구체적 요인의 실증에 성공했다. (   )

정답 X 구체적 요인의 실증이 결여되어 있다.

128 클로워드와 오린의 차별적 기회이론과 폭력 하위문화는 관련이 있다. (   )

정답 X 클로워드와 오린의 차별적 기회이론과 관련이 있는 것은 범죄 하위문화, 갈등 하위문화, 이중 실패자이다. 폭력 하위문화는 관련이 없다.

129 범죄정상이론에서 사회유해적 행위만이 범죄가 된다고 설명한다. (   )

정답 X 사회유해적이지는 않으면서도 사회통합을 침해하는 행위가 범죄가 될 수 있다.

130 문화갈등이론에서 인간의 사회행동을 결정하는 데는 한 사회의 문화적 가치체계가 결정적 작용을 한다고 강조한다. (   )

정답 O

131 표류이론은 비행소년과 일반소년의 근본적인 차이가 있고 그 차이로 인하여 비행소년들이 어쩔 수 없이 범죄에 빠져든다고 보았다. (   )

정답 X 표류이론은 비행소년과 일반소년 사이의 근본적 차이를 부정하고, 사회적 통제여부에 따라 비행소년으로 되기도 하고 일반소년으로 남아있기도 한다고 본다.

132 뒤르켐 이론에 직접적 영향을 받은 미국의 학자는 서덜랜드이다. (   )

정답 X 직접적 영향을 받은 학자는 머튼이다.

133 클로워드와 오린의 차별적 기회구조이론은 범죄사회학이론 가운데 사회구조와 사회심리에 중점을 두었다. (   )

정답 O

134 아노미이론은 상대적으로 풍부한 목표달성을 보유한 부유층의 범죄행위를 잘 설명할 수 없다. (   )

정답 O

135 아노미이론은 정당한 수단의 사용가능성이 적을수록 그리고 정당하지 못한 수단을 사용하는 데 거리낌이 적을수록 혁신적 행위의 빈도는 높아진다. (   )

정답 O

136 뒤르켐은 범죄는 유감스럽기는 하지만 피할 수 없는 정상적 현상이라고 하였다. (   )

정답 O

137 셀린은 동일문화 안에서 사회변화에 의해 분화갈등이 생기는 경우를 일차적 문화갈등이라하고, 이질적 문화의 충돌에 의한 갈등을 이차적 문화갈등이라 본다. (　　)

　　정답 X 사회변화에 의해 분화갈등이 생기는 경우를 이차적 문화갈등, 이질적 문화의 충돌에 의한 갈등을 일차적 문화갈등이라고 본다.

138 중화기술이론은 코헨의 하위문화이론을 구체화한 이론이다. (　　)

　　정답 X 중화기술이론은 코헨의 하위문화이론에 대한 비판으로 등장한 것이다.

139 인간본성의 차이를 고려하는 것은 차별접촉이론과 관계가 멀다. (　　)

　　정답 O

140 낙인이론은 형법규범의 구성요건표지가 서술적 성격을 가지고 있다고 주장한다. (　　)

　　정답 X 서술적이 아니라 귀속적 성격을 갖는다.

141 알코올 중독은 아노미이론으로 설명이 가능한 행위유형이다. (　　)

　　정답 O

142 갈등이론에서의 범죄는 개인이 세운 목표와 수단 간의 괴리가 있는 경우에 제도화된 수단을 거부하고 불법적인 수단을 통해 목표를 이루려 할 때 발생한다고 설명한다. (　　)

　　정답 X 머튼의 아노미 이론에 관한 설명이다.

143 중화기술이론은 범죄행동의 중화기술을 잘 학습한 사람일수록 범죄자가 될 가능성이 높다고 본다. (　　)

　　정답 O

144 범죄정상이론에서 범죄는 공동사회의 규범을 강화시켜주는 기능을 한다고 본다. (　　)

　　정답 O

145 버제스와 에이커스는 다른 사람들과의 사회적 상호작용과는 별개로 환경 그 자체가 범죄성을 강화시킬 수 있다는 인식을 바탕으로 사회외적 분위기를 추가하고 있다. (　　)

　　정답 O

146 학습이론은 준법행위와 마찬가지로 범죄행위도 주위로부터 학습된다는 내용이다. (　　)

　　정답 O

147 타르드는 모방의 법칙을 주장하면서, 그 내용 중 하나로 모방은 가까운 사람들 사이에 강하게 일어난다는 삽입의 법칙을 주장하였다. (　　)

　　정답 X 설명의 내용은 삽입의 법칙이 아닌 거리의 법칙에 관한 내용이다.

148 울프강과 페라쿠티는 폭력의 하위문화 개념을 제시하였다. (   )

정답 O

149 하위문화이론에서 코헨은 '비행적 하위문화'를 범죄적 하위문화, 갈등적 하위문화, 도피적 하위문화라는 3가지 기본형태로 분류하였다. (   )

정답 X 범죄적 하위문화와 갈등적 하위문화, 도피적 하위문화로 분류한 것은 차별적 기회구조이론이다.

150 셀린은 이해관계의 갈등에 기초한 집단갈등론을 1958년 이론범죄학에서 주장하였다. (   )

정답 X 이해관계의 갈등에 기초한 집단갈등론을 1958년 이론범죄학에서 주장한 학자는 볼드이다.

151 갈등이론은 형사사법절차에 있어서 빈부나 사회적 지위에 따라 불평등하게 법이 집행된다. (   )

정답 O

152 시설구금의 폐해에 대한 문제에 대해 범죄인의 사회복귀를 촉진시켜주며 일반 사회인의 이해와 포용을 중요한 전제로 하여 전환제도의 근거를 제공한 이론은 낙인이론이다. (   )

정답 O

153 서덜랜드의 차별적 접촉이론에서 법위반에 대한 우호적인 정의나 비우호적인 정의를 결정하는 요소가 아닌 것은 '기간'이다. (   )

정답 X 기간도 포함된다.

154 자아관념이론은 레클리스에 의해 봉쇄이론으로 발전되었다. (   )

정답 O

155 폭력적 하위문화이론은 주류문화와 항상 갈등상태를 형성한다. (   )

정답 X 폭력적 하위문화는 전체문화와 하위부분으로 구성원들이 학습을 통하여 하위문화의 내용을 행동의 기준으로 하므로 주류문화와 항상 갈등상태를 형성하는 것은 아니다.

156 메스너와 로젠펠드는 머튼의 아노미이론을 계승하여 제도적 아노미이론을 주장하였다. (   )

정답 O

157 법은 지배계층을 보호할 수 있는 도구이고, 부와 권력의 불평등한 분배로 인해 범죄가 발생한다고 보는 것은 갈등이론과 관련이 있다. (   )

정답 O

158 허쉬는 인생항로에 걸친 궤적과 전이라는 개념을 제안하였다. (   )

정답 X 샘슨과 라웁에 관한 설명이다.

159 베커는 일탈자는 낙인이 성공적으로 부여된 사람이며, 일탈 행위는 사람들이 그렇게 낙인찍은 행동이라고 주장한다. ( )

정답 O

160 비판범죄학과 생물학적 결정론의 강조는 관련이 없다. ( )

정답 O

161 머튼의 아노미이론에서 5가지 적응양식 중 의례형에 대한 문화적 목표와 제도적 수단의 수용(+) 또는 거부(-)를 +, -로 나타낸다. ( )

정답 X -, +로 나타낸다.

162 집합효율성이론은 시카고 학파의 사회해체이론을 현대적으로 계승한 이론으로, 사회자본, 주민 간의 관계망 및 참여 등을 강조하는 이론이다. ( )

정답 O

PART

06

범죄이론의
발전추세

새로운 이론과 설명

CHAPTER 1

1 발전범죄학(developmental life-course criminology)

잠재적 특질이론 (latent trait theory)	범죄행위는 출생 또는 그 직후에 나타나고 평생을 통해 변화하지 않는 주요 특질에 의해 통제되므로, 인간은 변하지 않고 기회가 변할 뿐이라는 관점을 취한다.
생애경로이론 (life course theory)	인간의 범죄성이란 개인적 특질뿐만 아니라 사회적 경험에 의해서도 영향받는 역동적 과정에서 형성된다는 관점을 취하므로, 인간은 변하고 계속 성장한다는 입장을 고수한다.

(1) 의의

① 발전범죄학 이론은 1990년대 이후 개인의 범죄경력이 연령의 증가에 따라 발전하는 과정을 이론화하려는 시도에서 출발한다.

② 발전범죄학의 출발점은 전통적 범죄학이 대부분 발전적 결과 또는 생애과정의 결과에 대해 거의 관심을 갖지 않았다는 비판에서 시작한다.

③ 발전범죄학은 비행청소년들의 어렸을 때의 경험을 중시하면서, 한편으로는 유년기에서 청소년기로 성장하는 과정에서 경험하는 다양한 변화들을 중시하는 것이 특징이다.

(2) 발전범죄학 연구

① 범죄와 반사회적 행위의 발전양태, 연령별 위험요소의 변화양상, 생애사건의 범죄 및 반사회적 행위의 발전과정에 대한 영향력 등으로 일생동안 범죄와 관련한 개인의 내재된 변화를 설명하고자 한다.

② 범죄 및 반사회적 행동의 발달과정의 연구는 시간의 흐름에 따른 비행행위와 범죄행위의 발전과정을 기록하는 실증적 연구를 통해 이루어진다.

③ 발전범죄학은 연령에 따른 범죄행동에 대한 유발요인 및 억제요인을 확인한다.

④ 성장과 범죄행동의 과정에서 생활사건의 영향에 관하여 연구한다. 생활사건이 범죄행동을 감소시키는 데 큰 영향을 미치며 일반적으로 범죄를 중단하게 만든다.

(3) 대표적인 발전범죄이론

① 손베리(Thornberry)의 상호작용이론

    ㉠ 손베리에게 사회유대의 약화는 비행이 시작되는 출발점으로서 그의 이론모형에서 가장 핵심적인 요인이다. 처음에 비행은 청소년기에 전통사회와의 결속의 약화에서 발생한다. 부모에 대한 애착, 학교에 대한 전념, 전통적 가치에 대한 믿음의 연결이 약화될 때마다 비행의 가능성이 증가한다고 보는 것이다.

    ㉡ 상호과정적 과정은 개인의 생애주기를 통해 발전되며 각 연령단계에 따라 이론적 설명요인들의 중요도는 상이하게 작용한다.

        ex 유년기에는 가족이 중요한 역할을 하지만 청소년기에는 가족이나 부모보다는 친구, 학교 그리고 청소년문화가 중요한 역할을 하게 되고, 성인기에는 전통적 활동과 가족에 대한 헌신이 보다 중요한 역할을 한다.

    ㉢ 사회유대이론에서 도출된 개념인 부모에 대한 애착, 학교에 대한 전념, 관습적 가치의 신뢰와, 사회학습이론의 이론적 개념인 비행친구와의 교류와 비행가치의 수용으로 구성되어 있다.

② 패터슨(Patterson)

    ㉠ 초기 진입자(early starters)

        아동기의 부적절한 양육에 원인이 있고, 이것은 후에 학업에서의 실패와 친구집단의 거부를 초래하게 되고, 이러한 이중적 실패는 비행집단에 참여하는 확률을 높인다.

    ㉡ 후기 진입자(late starters)

        이중적 실패를 경험하지 않게 되고 보다 쉽게 범죄경력에서 은퇴할 수 있다.

    ㉢ 조기 개시형

        아동기부터 일찌감치 공격성을 드러내고 반사회적 행동을 저지르는 특징을 보인다. 만약 부모나 다른 가족구성원이 아동의 문제행동을 적절히 통제하지 않으면 아동은 도리어 강압적 행동으로 가족을 통제할 수 있다고 인식하게 된다. 이러한 유형은 성인이 되어서도 지속적으로 범죄를 저지른다.

    ㉣ 만기 개시형

        아동기에 부모에 의해 적절하게 양육되었으나 사춘기에 접어들어 비행친구들의 영향으로 인해 비행에 가담하게 되는 유형이다. 일탈의 주된 원인은 부모들이 사춘기 자녀들을 충분히 감시·감독하지 못한 데에서 찾을 수 있다.

③ 모피트(Moffitt)

    ㉠ 모피트(Moffitt)는 신경심리학, 낙인이론, 그리고 긴장이론의 입장에서 범죄경력의 발전과정을 주장한다.

    ㉡ 어린 나이부터 비행을 시작한 사람들은 10대에 시작하는 사람들과는 차이가 있다.

    ㉢ 어린 나이에 비행을 시작한 사람들은 사회 및 법 규범을 위반할 높은 가능성을 가지고 청소년기나 그 이후의 시기를 지속한다. 반면, 10대에 시작하는 사람들은 성인이 되면 거의 비행을 지속하지 않는다.

    ⓔ 생애지속적 비행자에 대한 친구의 영향은 미미하다. 하지만 성인에 이르기까지 비행을 지
     속하지 않는 청소년기에 한정된 비행자는 친구의 영향을 보다 강하게 받는다.

    ⓜ 모피트(Moffitt)에 따르면, 생애지속형은 신경심리학적 결함으로 인해 각종 문제행동을
     일으키는 경우가 많고, 청소년기 한정형은 성숙격차와 사회모방이 각종 문제행동의 원인
     이 된다.

  ④ 샘슨(Sampson)과 라웁(Laub)

    ㉠ 샘슨(Sampson)과 라웁(Laub)은 범죄경력의 발전과정에서 통제이론과 낙인이론을 중심
     으로 설명하고자 한다.

    ㉡ 비행은 사회통제 혹은 유대의 결과라는 점을 강조했는데, 어려서 문제행동을 보였던 아이
     들이 지속적으로 혹은 보다 심각한 비행을 저지르는 이유가 그들이 어려서의 경험들이
     사회와의 유대를 약화시켰기 때문이라고 주장한다.

    ㉢ 어려서 문제성향을 보인 아동은 부모와의 유대가 악화되고, 학교에 적응하지 못하며, 친구
     들과의 관계도 원만하지 못해 점차 비행소년, 나아가 성인 범죄자로 전락하게 되는 것이다.

    ㉣ 샘슨과 라웁은, 범죄성에는 지속성이라는 특성과 함께 가변성도 존재한다고 주장한다. 단
     기간에 걸쳐 발생하는 다양한 인생사건(live events)이 내재되어 있는데, 이것이 인생의
     변곡점(turning points)이 되어 범죄궤적을 올바른 방향으로 바꿀 수 있다는 것이다.

    ㉤ 사회유대의 회복을 통해 범죄와의 단절이 이루어지는 과정에 관하여 샘슨과 라웁은, 행위
     자를 둘러싼 상황적 · 구조적 변화가 장기적인 행동의 변화를 이끈 것이라고 설명한다.

샘슨과 라웁(Sampson & Laub)의 '생애발달이론' (사회적자본이론)

- 범죄경력의 발전 과정에서 통제이론과 낙인이론을 중심으로 숀베리와 유사한 입장을 갖는다.
- 비행은 비공식적 사회 통제 혹은 유대의 결과이다.
- 비행을 일찍 시작한 경우, 그러한 비행의 경력(경험)이 부모와의 유대 약화와 학교 부적응, 교우관계가 어렵도록 한다.
- 사회와의 유대가 회복, 강화될 경우는 비행을 중단하게 된다.
- 생애에 걸쳐 경험하게 되는 사회적자본의 형성이 정상적인 생활을 할 수 있도록 변화시킨다(결혼 · 출산).

패링턴의 일탈행동 발달이론

일탈행동 발달이론은 나이등급이론에 해당하고 발달범죄이론에 포함된다. 대부분의 성인범죄자들이 어린 시절에 범죄행동을 시작하지만, 나이가 들면서 발생하는 생활의 변화는 범죄행동을 그만두게 하는 요인으로 작용한다.

> **지오다노와 동료들의 4가지 인지전환**
>
> 범죄중지를 위한 4가지 인지전환의 첫째, 가장 근본적으로 변화를 받아들이려는 마음이 요구된다. 둘째, 변화의 계기(hooks for change)를 만나야 하고, 무엇보다 이를 긍정적인 발전을 위한 새로운 상황으로 인식해야 한다. 셋째, 친사회적이고 바람직한 '대체자아(replacement self)'를 마음속에 그리고 구체화해야 한다. 넷째, 지금까지의 범죄행동이 더 이상 긍정적으로 여겨지지 않고, 자신의 삶과도 무관하다고 인식해야 한다.

(4) 범죄성향과 범죄경력

범죄성향을 중시하는 입장	• 어떤 사람들은 범죄를 쉽게 행하고, 어떤 사람들은 범죄를 쉽게 행하지 않지만, 모든 사람들의 범죄성향은 4~5세 이후 그들의 생애과정을 통해 비교적 확고해진다고 주장한다. • 성향은 기회와 상황에 따라 다양한 방식의 행위로 나타날 수 있다. • 생애과정을 통해 본질적으로 지속되므로 범죄의 시작연령, 범죄경력의 지속, 위반의 빈도 같은 요소들을 설명하는 것은 불필요하다고 본다.
범죄경력을 중시하는 입장	• 다양한 변수들이 생애과정의 다양한 시점에서의 행위를 설명할 수 있다고 주장한다. • 범죄의 개시, 빈도, 지속, 그리고 중단하는 나이에 대하여 각각의 모델을 세우는 것이 필요하다고 주장한다.

(5) 발전범죄학의 종합적 특징

① 범죄행동은 10대 후반에 정점에 달한다.
② 범죄를 시작하는 나이는 8세에서 14세에 집중되며, 범죄를 중지하는 나이는 20세에서 29세 사이에 집중된다.
③ 초년의 범죄개시는 장기간의 범죄경력지속을 예측한다.
④ 아동기에 나타난 범죄나 반사회적 행동은 청소년기와 성년기까지 이어진다.
⑤ 일부의 만성적 범죄자가 전체범죄의 상당부분을 차지한다.
⑥ 범죄행동은 전문화되기보다 다양화의 형태로 발달한다.
⑦ 위법행위는 반사회적 행동이 주요요인이다.
⑧ 10대 후반까지는 다른 사람과 함께 범죄를 저지르지만 20세 이후에는 단독으로 범죄를 저지른다.
⑨ 10대 후반까지 범죄를 저지르는 이유는 실리추구부터 쾌락추구나 분노표출까지 매우 다양하다.
⑩ 연령대에 따라 범죄의 종류는 달라진다.

(6) 발전범죄학의 한계

① 사춘기 말미에 범죄발생이 집중되는 것을 밝혔다고 하더라도 위법행위가 특정 연령대에 집중되는 이유와 범죄의 심각성이 연령에 따라 가속화되거나 둔화되는지에 대한 정확한 설명이 부족하다.

② 초기에 발현되는 위법행위와 후기에 발현되는 위법행위의 관계, 그리고 만성적 범죄행위와 산발적 범죄행위를 명확하게 구분하기가 어렵다.

③ 특정한 범죄행동이 다른 범죄를 예측할 수 있는 행동인가에 대한 결론이 명확하지 않다.

④ 조기발현의 위험요인과 예방요인은 잘 알려져 있지만, 이러한 요인이 동일한 현상에 대해 하나의 지표처럼 나타나는 것인지 일반적인 원인으로 발생하는 것인지 불분명하다.

⑤ 모든 범죄자들이 특정한 연령에 범죄를 시작하고 일정기간 동안 범죄를 유지하며, 특정시점에 범죄를 행하지 않는 것이 아니다. 어떤 범죄자는 범죄경력을 중단하지만 이혼, 실업, 약물중독과 같은 부정적 생활사건으로 인해 몇 년 뒤 다시 범죄경력을 개시할 수도 있다.

2 환경범죄학(environmental criminology)

(1) 의의

① 범죄유형에서의 환경범죄와는 다른 개념으로써, 범죄사건을 가해자, 피해자 또는 범행대상, 그리고 특정 시공간상에 설정된 법체계 등 범죄환경에 대해 관심을 갖는다.

② 환경범죄학이 사회적 상상력과 결합한 지리적 상상력이 범죄사건을 설명하고, 이를 통제하기 위해 활용된다.

(2) 범죄패턴이론의 8가지 주요법칙

① 개인은 의사결정을 통해 일련의 행동을 하게 되는데, 활동들이 반복되는 경우 의사결정 과정은 규칙화된다. 범죄 실행의 의사결정과정에서 이것을 '범죄템플릿'이라 부른다.

② 대부분의 사람들은 개인이 아닌 가족이나 친구, 친지 등의 연결망을 갖고 기능한다. 이러한 연결망 내에서 타인의 의사결정에 기여하거나 영향을 주게 된다.

③ 개인이 의사결정을 단독으로 했다면, 의사결정과정과 범죄템플릿은 누적되는 성격을 갖는다. 다수의 평균적 또는 전형적 패턴은 개인의 패턴과 결합함으로써 결정되는 것이다.

④ 개인 또는 개인의 연결망은 촉발적 사건이 있고, 범죄템플릿에 적합한 목표물 또는 피해자가 근접한 상황에서 범죄를 결행한다. 범죄행동의 성공은 축적된 경험에 대한 인식을 변화시키고 미래의 행동에도 영향을 준다.

⑤ 개인은 일련의 정형적인 일상활동을 갖는다. 보통 일상활동은 가정, 직장, 학교, 상가, 위락시설, 또는 친구와의 시간 등 각기 다른 결절점 또는 각 결절점 사이의 경로 등에서 이루어진다.

⑥ 범죄자는 일반인과 같은 정상적인 시공간적 행동패턴을 갖는다. 범죄 개연성이 높은 장소 역시 정상적인 활동이 이루어지는 공간이다.

⑦ 잠재적 목표물 내지 피해자는 잠재적 범죄자의 활동공간과 교차하는 활동공간이나 위치를 갖는다. 잠재적 목표물과 피해자는 잠재적 범죄자의 범행의지가 촉발되었을 때와 범죄자의 범죄템플릿에 적합할 때 실제 목표물이나 피해자가 된다.

⑧ 법칙들은 도시공간의 구조 내에서 작동된다. 범죄발생인자는 높은 유동인구와 정상적인 활동지점들에 의해 만들어진다. 범죄유발 요인은 범행의지가 큰 개인의 활동지점에 목표물이 위치하게 될 때 발생한다.

3 문화범죄학(cultural criminology)

(1) 의의

① 범죄자나 범죄행위 또는 형사사법 영역의 상징이나 유행을 탐구하거나, 범죄하위문화 또는 대중매체와의 역학구조 내에서 문화의 역할을 강조하는 접근법을 제시한다.

② 문화범죄학은 단순히 범죄자와 범죄행위에 한하는 것이 아닌 범죄가 다른 사람에게 인지된 방식까지 연구범위로 포함하며, 범죄가 범죄자, 피해자, 범죄통제기관, 일반시민들에게 갖는 의미와 의미로부터 귀결되는 범죄행위, 범죄통제정책, 현대사회의 역학관계를 다루고자 한다.

(2) 이론의 전개

① 경계행동(edgework)
  ㉠ 경계행동이란 그래피티, 낙서, 불법자동차경주 등과 같은 불법적 행위들을 의미하는 것으로, 경계행동의 참여자들은 무료한 일상에서 벗어나 자신의 기술을 의미있는 행위로 시험하고자 하였는데, 기술과 위험성의 결합이 참여자들은 경계에 가깝게 한다는 측면에서 이러한 용어를 사용하여 설명하는 것이다.
  ㉡ 통제하기 위한 강력한 법집행이 오히려 그러한 행동의 위험성을 부각시켜 더 높은 수준의 기술을 연마하도록 만든다고 볼 수 있다.

② 배제·포함이론(theory of exclusion·inclusion)
  ㉠ 일자리 감소, 비정규직 확산, 도시의 경기침체, 구금률의 증가 등 모든 사회경제적 요소들이 주류사회로부터 빈곤층, 소수인종, 심지어 중산층까지도 배제되고 있다.
  ㉡ 배제 혹은 소외된 집단의 좌절, 분노, 불안 혹은 굴욕감의 증가는 경제 및 문화적 결과이며, 보복범죄, 좌절범죄의 증가로 연결된다고 보고 있다.

(3) 문화로서의 범죄, 범죄로서의 문화

① 문화로서의 범죄

하위문화를 분석의 기본단위로 채택하고, 이러한 하위문화 내에서 형식은 내용을 구성하고, 이미지는 정체성을 구체화하며, 범죄적 하위문화는 시공을 초월한 상징적 커뮤니케이션을 통해 이해하고자 한다.

② 범죄로서의 문화

대중적인 문화상품을 불법적인 것으로 보는 공적 낙인에 따라 미디어 또는 법적 채널을 통해 문화를 양산하는 생산자들 역시 범죄자로 인식될 수 있다는 것을 의미한다.

4 범죄원인론으로서의 기회이론

(1) 의의

① 어떤 범죄도 범행을 위한 물리적 기회가 주어지지 않는다면 발생할 수가 없다. 범죄의 기회는 범죄가 발생하기 위한 필요조건이다.

② 개인에 관한 어떤 이론도 개인이 범행하기 위한 필요조건을 설명하지 못했지만, 기회는 범행에 있어서 필요한 것임이 분명했고, 따라서 '근본원인'이라고 하기에 충분하다.

(2) 기회이론의 이해

① 일상활동이론(routine activity theory)

㉠ 일상활동이론은 범죄가 발생하기 위해서는 범행동기를 가진 잠재적 범죄자, 적정한 표적, 범죄에 대할 수 있는 보호능력의 부재라는 세 가지 요소가 시간적 공간적으로 융합되어야 한다고 가정하는 것이다.

㉡ 잠재적 범죄자는 이미 정해진 것으로 간주하고, 나머지 두 요소에 초점을 맞춘다.

㉢ 표적은 위치나 지위가 시간과 공간적으로 다소간 범죄공격의 위험에 처하게 된 사람이나 물품 모두가 될 수 있으며, 표적의 가치(value), 중량이나 크기 등 관성(inertia), 범죄자 눈에 잘 띄는 가시성(visibility), 범죄자가 쉽게 접근할 수 있는 접근성(access)이라는 네 요소가 범죄공격의 위험성에 영향을 미친다.

㉣ 에이커스와 셀러에 의하면, 일상활동이론은 비공식적 통제체계에서의 자연스러운 범죄예방과 억제를 중요시하는 것이다.

② 범죄유형이론(crime pattern theory)

㉠ 범죄유형이론은 범죄에 관련된 사람과 사물이 시간과 공간적으로 어떻게 변화하는가를 고려하는 것이다.

㉡ 교점(nodes), 경로(paths), 경계(edge)라는 세 가지 주요개념을 가지고 있다.

ⓒ 교점(nodes)

교통용어로서 사람들이 어디서 어디로 여행하는 지역이며, 이들 지역은 지역안(within)뿐
만 아니라 주변(nearby)에서도 범죄를 유발한다는 것이다. 범죄자들은 각자 집, 학교,
유흥지역 등 자신의 개인적 활동교점 주변에서 범죄표적을 찾고 그 속에서 경로를 찾는다.

ⓔ 경로(paths)

범죄의 희생양이 되는 곳과도 밀접하게 연관이 된다. 범죄유형론이 범죄의 지리적 분포
와 활동의 일상적 리듬에 큰 관심을 가지는 이유이다.

> ex 장소에 따른 시간대별 범죄유형별 범죄지도를 작성하는 것이다.

ⓜ 경계(edge)

사람들이 거주하고, 일하고, 쇼핑을 하며, 유흥을 즐기는 지역의 경계선(boundaries)이
라고 할 수 있다.

③ 합리적 선택이론(rational choice theory)

합리적 선택이론은 범죄자의 의사결정에 초점을 맞춘다. 이론의 주요가정은 범행이란 어떤
식으로든 범죄자에게 이익이 되도록 고안된 목적을 가진 의도적인 행위라는 것이다.

5 통합이론

(1) 의의

① 기존의 이론들이 너무 많이 난립하였기 때문에 다양한 이론들을 통합하자는 논의로, 이론적
가정들이 상호 모순된다는 지적과 개별이론들이 범죄현상을 충분히 설명하지 못한다는 비판
도 존재하였다.

② 대부분의 범죄이론들은 범죄원인을 제공함에 있어 특정한 한 측면만을 집중적으로 조명하거
나, 범죄현상에 대한 파편화된 정보만을 제공하고 있다.

(2) 접근방식의 변화

① 전통적 접근방식

이론의 전통적인 발전과정은 경쟁이었다(경쟁적 접근방식). 범죄현상을 둘러싸고 대립하는
각 이론의 주장들을 각 범죄학자들이 경험적 연구를 수행하여 검증하고, 그 결과 경험적 증
거로써 지지를 받은 이론은 살아남고, 그렇지 못한 주장들은 폐기되었다.

② 대안적 접근방식

이론 간 우열을 다투기보다는 현상에 대한 논리적이고 체계적인 설명의 제공이라는 이론 본
연의 역할에 보다 충실하고자 하는 데에 목적을 둔 것으로, 숀베리(Thornberry)는 이론통합
을 특정 현상에 대해 보다 종합적인 설명을 제공할 목적으로 논리적으로 연결되는 두 개 이
상의 명제를 결합시키는 행위라고 정의한다.

(3) 통합유형

① 상하통합 : 고전적인 형태의 이론통합으로, 일반성이나 추상성이 상대적으로 높은 이론으로 그보다 수준이 낮은 이론을 포섭한다.

② 병렬통합 : 손쉬운 형태의 이론통합으로, 설명하고자 하는 범죄나 범죄자 집단을 가장 잘 설명할 수 있는 범죄학 이론별로 분할하는 방식이다. 범죄자를 성별, 사회경제적 지위, 성장환경 등에 따라 구분한 뒤 각각 최적의 이론을 적용할 수 있다. 과 동료들의 통합모형은 행위자를 사회적 유대가 강한 청소년 집단과 약한 청소년 집단으로 구분한 뒤 각각 최적의 이론을 적용하는 것도 가능하다.

③ 순차통합 : 논리적인 형태의 이론통합으로, 인과관계의 차원에서 각 이론에 속한 변수들의 시간적 순서를 정한 후, 한 이론의 종속변수가 다른 이론의 독립변수가 되도록 하여 이론들을 병합한다.

(4) 대표적인 통합이론

① 엘리엇과 동료들의 통합이론

    ㉠ 엘리엇(Elliott)과 동료들은 긴장이론 · 사회통제이론 · 사회학습이론을 결합한 통합이론을 제시하였다.

    ㉡ 긴장이론과 사회통제이론의 결합성공에 대한 열망의 반대방향 작동

        ⓐ 긴장이론 : 긍정적 목표를 달성하기 위한 기회가 차단되었다고 느끼는 개인에게 성공에 대한 강한 열망은 관습적 수단을 포기하고 불법적 수단을 선택하게 만드는 요인이 된다.

        ⓑ 사회통제이론 : 성공에 대한 강한 열망은 교육과 같은 제도화된 수단에 대한 몰입을 높여 범죄의 유혹에 빠지지 않도록 하는 규범적 통제기제로 작용한다.

    ㉢ 사회통제이론과 사회학습이론의 결합

        ⓐ 사회통제이론은 사회적 유대가 약하기 때문에 청소년이 비행행위를 저지른다고 주장하지만, 엘리엇과 동료들은 이것만으로는 충분한 설명이 되지 않는다고 비판하였고, 청소년의 비행행위가 특정 사회집단으로부터 지지를 받거나 보상으로 이어질 때 그 비행행위가 유지된다는 점을 고려해야 한다고 주장하였다.

        ⓑ 비행또래집단은 사회적 유대가 약한 청소년이 비행을 시작하고 지속하는 데 필수적인 사회적 조건을 제공한다.

◢ 범죄를 저지르게 되는 인과과정 경로

- 첫 번째 경로 : 가정과 학교 등 관습집단과의 유대가 약한 청소년이 비행또래집단과 접촉하면서 범죄를 학습하게 되는 과정이다.
- 두 번째 경로 : 초반에는 관습집단과의 사회적 유대가 강한 청소년들이 문화적으로 가치 있는 성공목표에 몰입하지만, 이를 성취하기 위한 제도적 수단과 기회가 제약됨으로써 긴장이 형성되고, 이로 인해 사회적 유대는 느슨해지는 반면 비행또래집단과의 유대는 강화되어 범죄를 학습하게 되는 과정이다.

② 헤이건의 권력통제이론(power-control theory).

　㉠ 헤이건(Hagan)은 마르크스주의 범죄이론이나 페미니스트 범죄이론과 같은 비판적 범죄학을 사회통제이론과 결합한 통합이론을 제시하였다.

　㉡ 사회의 계급구조와 전통적 가부장제가 어떻게 가정에서 자녀의 성별에 따라 차별적인 양육방식으로 적용되는지, 또 범죄성의 차이로 이어지는지 설명한다.

가부장적인 가정	• 남편은 직장에서 권력적 지위, 아내는 전업주부이거나 직장에서 비권력적 지위를 가짐 • 남성과 여성 간의 젠더계층화가 뚜렷하고, 아내는 남편의 통제에 종속됨 • 남성은 생산활동, 여성은 가사활동이라는 전통적 성역할을 인식함
양성평등적인 가정	• 남편과 아내는 맞벌이부부로 직장 내 지위의 격차가 별로 없고, 가정 내에서도 남편과 아내 사이에 비교적 수평적 권력관계를 유지함 • 가부장적 가정에 비해 젠더계층화가 약하고, 성역할에 대한 고정관념도 덜함

　㉢ 가정 내 젠더구조화 정도는 부모의 자녀 양육방식에 영향을 끼친다.

가부장적인 가정	• 아들에 비해 딸의 행동을 더 엄격히 감시하고 통제함 • 딸은 모험적·일탈적 행동통제로 사춘기 동안 비행이나 범죄에 별로 가담하지 않음 • 아들은 상대적으로 자유롭게 위험하거나 일탈적인 행동들을 저지름 • 가부장적 가정은 양성평등적 가정보다 청소년비행에 있어 성별차이가 심함
양성평등적인 가정	• 딸과 아들에 대한 부모의 감시와 통제가 별반 차이 없음 • 젠더사회화를 통해 자녀들이 고정된 성역할을 받아들이도록 하지도 않음 • 자녀들이 저지르는 비행과 범죄의 정도에 있어서 성별차이가 뚜렷하게 나타나지 않음

③ 콜빈과 폴리의 마르크스주의 통합이론

　㉠ 콜빈(Colvin)과 폴리(Poly)는 마르크스주의 범죄이론과 사회통제이론을 결합한 통합이론을 제시하였다.

　㉡ 자본주의사회에서 자본가계급은 자신들의 이익을 극대화하기 위해 생산과정에서 노동자계급을 세 가지 부류로 나누어 보다 효과적으로 통제하려고 한다.

계급	방식
미숙련 저임금 노동자	강압적 통제
노동조합 가입 노동자	물질적 보상
고숙련 고임금 전문가	업무적 자율성과 높은 지위, 의사결정권한 부여

　㉢ 노동자의 지위에 따른 차별적인 통제방식이 가정의 양육방식과 연관되어 있다고 보고, 노동자계급 가정에서 양육된 청소년은 강압적 양육방식으로 인해 부모와의 유대관계가 약해져 범죄를 저지를 가능성이 높아진다.

　㉣ 미숙련 저임금 노동자 집단은 가장 문제되는 부류로, 직장 내 강압적 통제방식에 익숙해진 이들은 가정에서 자녀들을 같은 방식으로 양육하고, 이로 인해 부모와 자녀 사이, 학교 선생님과의 유대관계를 형성하지 못하며, 낮은 학업성취도와 소외감을 겪게 되어 결국 주류사회와의 단절을 경험하고 있는 비슷한 처지의 비행청소년들에게로 이끌리게 되고, 비행에 가담하게 된다.

통합이론 보충

- 슈메이커(Shoemaker)는 아노미나 사회해체가 사회통제의 약화나 결여를 초래하고, 약화된 사회통제가 동료집단의 영향력을 증대시킴으로써 비행에 이르게 된다는 인과모형을 제시하면서 문화적 일탈(아노미·사회해체)·사회통제이론·사회학습이론을 통합하고자 하였다.
- 웨이스(Weiss)와 동료들은 성별, 인종, 경제적 지위 등의 사회구조적 모형을 이용하여 통합이론을 제시하였는데, 저소득층이거나 해체된 지역사회일수록 일선 사회화기관이나 제도의 영향력이 약해지고, 이런 지역에 사는 청소년일수록 관습사회와의 유대가 약화되기 쉽다고 하였다.
- 카플란(Kaplan)의 비행자아훼손이론
  - 카플란은 청소년비행을 설명하기 위해 비행자아훼손이론(self-derogation theory of delinquency)을 주장하였는데(1975), 관습적 기대에 미치지 못하는 삶(긴장이론)과 자아개념(상징적 상호작용과 낙인이론)을 다루면서 비행친구의 영향(사회학습이론)과 가정·학교요인(사회통제요인)을 포함하였다. 비행자아훼손이론은, 사람은 스스로를 긍정적으로 평가하고자 하는 욕구가 있음을 전제하고, 자아훼손 경험은 이를 회복하기 위한 행위를 하도록 동기부여한다고 하였다. 비행자아훼손이론에 따르면, 비행과 약물남용 등은 낮은 자부심이나 자아훼손감에 따른 청소년의 반응이다.
  - 자아평가절하(self-devaluing) : 가족, 학교, 친구 등 집단에서의 관습적 기준과 타인과의 상호작용에 순응하지 못하는 경우에 자아평가절하를 경험하게 되고, 관습적 집단 내에서의 사회통제 효력이 약해지며, 개인의 순응동기가 약화되는 반면 일탈동기는 강화된다.
  - 비행적 대안의 인식 및 참여 : 청소년이 비행적 대안을 인식하게 되면 자아훼손을 극복하고 자부심(self-esteem)을 향상시켜 줄 수 있는 비행집단에 끌리게 되는데, 비행과 약물남용의 지속 및 증가, 비행집단에의 참여 등은 이와 같은 행동이 긍정적 자아평가 욕구를 총족시킬 때까지 계속된다.
  - 비행적이지만 긍정적 정체성 형성 : 비행을 저지름에 따라 새로운 비행적 준거집단의 기준과 비행친구의 반응에 긍정적으로 순응함으로써 비행적이지만 긍정적 정체성을 형성하게 된다. 동시에 비행친구와의 교제로 청소년이 가정이나 학교의 관습적 기대를 충족시키지 못해 생긴 자아훼손의 긴장을 회피할 수 있다.
- 버나드(Bernard)의 범죄통합갈등이론
  - 공식적 범죄율의 차이 : 버나드는 범죄의 통합갈등이론(unified conflict theory of erime)을 제시하였는데, 볼드와 퀴니 등의 갈등명제를 사회구조와 사회학습에 대한 에커스의 견해와 통합하여 범죄율, 범죄행위, 형법 및 형사사법을 설명하였다. 범죄의 통합갈등이론은 형법의 제정 및 집행의 차이가 공식적 범죄율의 차이로 나타난다고 주장하였고, 사회학습이론에 기초하고 있으며, 범죄를 사회구조적 상황 하에서 작용하는 차별적 강화에 대한 반응이자 정상적으로 학습된 행동으로 본다.
  - 각 집단의 고유한 행동패턴 : 사회는 여러 집단으로 구성되어 있고, 각 집단마다 고유한 행동패턴을 형성시키는 강화 및 사회학습 변수에 차이가 있다. 권력 없는 집단의 구성원이 가지는 가치는 형법에 의해 보호받지 못하므로, 이들은 법에 위반하는 행동을 학습할 위험에 많이 노출된다. 반대로 권력 있는 집단의 구성원은 법을 위반하더라도 법집행기관이 체포하여 사법처리하기 어렵다.
- 뢰버(Loeber) 등의 발달경로모델(발달이론) : 모피트의 두 가지 발달유형론과 유사하게 뢰버 등은 피츠버그 청소년을 대상으로 한 종단연구(1993) 자료를 활용하여 범죄 및 일탈의 세 가지 발달경로(developmental pathway)를 제안하였다.
  - 권위갈등 발달경로(authority conflict developmental pathway) : 권위갈등 발달경로는 12세 이전의 어린 나이에 시작된다. 종종 부모와 선생에게 저항하는 고집부리기, 반항, 불복종 형태로 특징지어지는데, 이와 같은 행동은 이후 늦은 귀가, 무단결석, 가출 등 권위회피를 암시하는 행동으로 이어진다.

- 은밀 발달경로(covert developmental pathway) : 은밀 발달경로에 있는 소년은 15세 이전에 범죄행위를 시작하는데, 주로 사소하고 비밀스러운 행위(거짓말과 상점절도 등)로 시작하여 재산범죄(경미한 방화 등 재산상의 손해)로 이어진다. 이와 같은 행위는 종국적으로 더욱 심각한 형태의 범죄로 이어지는데, 재미로 차 몰기, 소매치기, 절도, 장물매매부터 악성수표 돌리기, 훔친 신용카드 사용하기, 차량절도, 약물거래, 파괴와 침입절도에 이르기까지 다양하다.
- 표출 발달경로(overt developmental pathway) : 표출 발달경로 초기에는 괴롭힘 등 비교적 낮은 공격행위를 보이나, 이후에 물리적 폭력을 포함하는 더욱 호전적 형태(타인에 대한 공격, 강탈 등)로 악화된다. 표출 발달경로에 있는 소년은 궁극적으로 폭행, 강도, 강간 등 심각한 폭력행동에 가담하게 된다. 뢰버 등은 위 세 가지 발달경로모델을 제시하면서 하나 이상의 특별한 발달경로를 통해 범죄로 나아가는 가능성을 제시하였는데, 예를 들어 초기에는 권위갈등 발달경로가 나타나다가 심각한 비행으로 악화되는 은밀·표출 발달경로가 나타나기도 한다.

• 트렘블레이(Tremblay)의 공격성 발달기원(발달이론)
- 공격성 발달기원 : 트렘블레이는 대다수의 학자가 청소년은 환경, 특히 언론매체와 비행친구로부터 공격성을 학습한다고 믿는 사실을 안타까워하고, 공격성이 후기에 발현된다는 사고를 배척하였으며, 사회학습이나 청소년기의 호르몬 변화로 인해 나이가 들면서 폭력행위의 빈도가 증가한다는 견해를 비판하였다(2007). 그의 연구결과는 폭력성의 사용이 선천적일 수 있고, 한때 진화과정에서는 장점이었지만 현재에는 적응력 부족의 증거일 수 있다는 점을 시사하였다. 따라서 트렘블레이에 따르면, 학습하여야 할 것은 비폭력성이다.
- 대안적 방법의 학습 : 트렘블레이는 발달유형과 누적결과에 입각하여 형사정책이 나아가야 할 방향을 제시하였다. 공격성이 정점에 달하는 시기는 어릴 때, 즉 골격이 연약하고 대뇌가 유연한 시기이므로, 이때가 대안적 방법을 학습할 수 있는 최적의 시기이다. 만성적 폭력을 예방하기 위해서는 어린아이에게 집중적으로 개입할 필요가 있다. 공격성을 허용하지 않고, 친사회적 행위에 보상을 하거나 원하는 바를 위해 기다릴 줄 알아야 함을 가르치며, 언어로 다른 사람을 설득하는 방법을 깨우치도록 유도해야 한다. 대부분의 경우, 물리적 공격성의 대안을 학령기 이전에 신속하게 학습시킬 수 있다.

2 비판범죄학

CHAPTER

1 여성주의 범죄학(feminist criminology)

(1) 의의

① 여성주의 범죄학은 범죄와 법제도와 관련된 모든 분야에서의 남성주의와 남성지배의 전반적인 패턴을 노출시키는 데 초점을 둔다.

② 여성주의 범죄학은 여성을 직접적으로 대상으로 하는 범죄 외에도 다국적 기업들이 개발도상국에서 단순노동을 착취하는 것과 같은 광범위한 종류의 범죄를 다룬다.

(2) 주요 내용

① 사이먼(Simon, 1975)은 더 많은 여성이 경제활동에 참여하게 됨으로써 절도나 사기, 횡령, 화이트칼라 범죄 등을 저지를 수 있는 기회를 더 많이 갖게 될 것이라고 주장한다.

② "성평등 가설(gender equality hypothesis)"이라고 불리는 이 주장은, 전반적인 사회발전은 여성의 지위를 향상시키고, 점차 남성과 평등해지며, 이렇게 향상된 지위로 인해 합법적인 영역에서의 남녀평등과 함께 비합법적인 영역, 즉 범죄영역에서도 남녀가 범죄의 양과 질에 있어 유사해진다고 본다.

③ 여성의 범죄참여 정도가 증가하고 있다는 것에는 동의하지만, 그 증가원인을 여성의 역할변화나 사회적·경제적 지위의 향상에서 찾는 것이 아니라, 전통적인 여성역할의 수행을 위해, 그리고 악화된 그들의 지위 때문이라고 보는 주장들이 있다. '주변화 가설'(marginalization hypothesis)이라고 불리는 이 주장은, 특히 여성 재산범죄자의 증가에 관심을 가지고서 여성들이 주로 저지르는 재산범죄의 구체적 유형을 연구하였다.

(2) 평가

① 여성주의 범죄학은 1970년대부터 여성주의 운동을 통해 문화적 태도와 사회적 정책에 광범위하게 영향을 미쳤다.

② 강간 피해자들의 피해자화 확대를 감소시키고 성희롱을 심각한 범죄로 인식하도록 성범죄관련 법률을 개정하는 것과 같이 정책의 실현에 상당한 기여를 했다는 평가를 받는다.

③ 벨크냅(Belknap)은 여성주의 범죄학이 밝혀낸 여성의 고유한 경험, 특히 피해와 가해의 중첩으로 인한 여성범죄자들의 트라우마에 대한 성 인지적 치료 프로그램의 필요성을 점차 더 인식하고 있고, 정책에 반영되고 있는 점을 큰 성과로 꼽았다.

2 재소자 범죄학(convict criminology)

(1) 의의

젠더나 인종에 초점을 둔 범죄학적 관점과 유사한 관점을 갖는다. 기존 주류범죄학 연구에서는 주목받지 못했던 교도소 재소자들의 경험에 초점을 맞춘다.

(2) 평가

재소자 범죄학은 사회말단에서부터 범죄와 범죄통제를 이해하고 사회적으로 불리한 사람들에게 부과되는 공공정책의 한계성을 주장한다는 점에서 비판범죄학의 핵심적인 주제를 다룬다.

3 뉴스생산 범죄학(newsmaking criminology)

(1) 의의

① 뉴스생산 범죄학이란 범죄학자들이 매스미디어를 활용하여 범죄와 형사사법의 이미지나 범죄행위와 처벌 및 범죄자와 피해자의 이미지를 해석, 전달, 변경하는 과정으로 정의된다.
② 범죄나 형사사법에 관하여 뉴스로서의 가치가 있는 주제에 대해 해석하고, 영향을 주거나 형성하는 범죄학적 노력과 활동을 말한다.

(2) 평가

더욱 광범위해진 뉴스 소비자를 고려하여, 특히 젊은층들을 고려하여 분석대상에 인터넷 사용의 필요성이 인정되고 있다.

3 CHAPTER

대중범죄학 및 공공범죄학

1 대중범죄학(popular criminology)

(1) 의의

① 대중문화를 바탕으로 한, 대중문화를 통한, 대중문화를 활용한 범죄의 이해, 그리고 대중을 위한 대중을 독자로 하는 바로 이런 범죄학적 노력과 담론을 대중범죄학이라고 말한다.

② 영화, 인터넷, 텔레비전, 신문, 잡지, 랩과 같은 대중음악 등 다양한 대중문화와 예술분야에서 발견되는 범죄 관련 담론들을 범주로 규정하고 있다.

(2) 내용

① 비판범죄학을 포함한 범죄학이 현재 여러 가지 폐단을 갖고 있는 형사사법제도와 같은 중요한 이슈들을 대중사회에 널리 알리도록 노력하기보다는 범죄학자들이 이해할 수 있는 용어를 활용하고, 편협한 분석에만 치중한다고 비판한다.

② 범죄학의 중요 부분이라는 인식이 범죄를 다루거나 주제로 하거나, 관련된 대중문화와 예술의 연구가 범죄학의 배용, 방법, 대상 등 영역과 범위를 확대, 확장시키는 계기를 마련해 준다.

2 공공범죄학(public criminology)

(1) 의의

공공범죄학은 범죄학자와 대중의 소통과 참여적 관계를 기초로 한다. 범죄와 관련된 사회정책과 사회행동의 세계에 보다 적극적, 체계적, 효과적으로 개입하는 것을 주요 의무로 보고 사명의 중요한 부분으로 취하는 것이라고 할 수 있다.

(2) 내용

① 공공범죄학은 정책과 실천이 만나는 공간에서 작동하고 사회행동의 다른 분야와 긍정적 연계

를 하는 것이라고 할 수 있다.

② 의미있는 공공범죄학이 되기 위해서는 투명하고, 그 지향성이 '응용적(applied)'이어야 하며, 증거에 기반(evidence-based)해야 하고, 관계된 사람들의 권익향상에 전념하고, 사회정의와 인권에 전념해야 한다.

③ 공공범죄학의 옹호자들은 범죄학자들의 에너지가 범죄, 법률, 일탈에 관한 연구를 범죄, 법률, 사법으로 영향을 받게 되는 지역사회와의 대화 속에서 진행하고 전파하는 것을 지향해야 한다고 주장한다.

④ 공공범죄학자들은 범죄자에 대한 이미지를 재구축하는 데 초점을 맞추고, 지역사회와 함께 문제에 대한 해답을 찾고자 한다.

PART

07

범죄유형론

전통적 범죄

CHAPTER

1 살인

(1) 의의

① 살인이란 타인에 의한 죽음을 의미한다. 사람을 살해함으로써 그 생명을 침해하는 범죄이다.

② 상해의 의향이 존재하지 않는 사고와 같이 용서 가능한 살인 행위, 자기방어를 위하여 사람을 죽이는 경우와 죽일 의향이 있더라도 어쩔 수 없는 것으로 받아들여지는 정당화할 수 있는 살인 행위도 있다.

③ 살인죄는 전체 형법상 범죄 중에서도 극단적으로 법질서를 파괴하고 또한 개개의 피해자 가족, 그리고 현장 부근 주민들에게 직접적으로 충격을 일으킬 뿐 아니라 일반사회에까지 생활의 안전을 위협하여 범죄 불안심리를 가중시킨다.

(2) 살인 행위의 구분

① 합법적이면서 사회적으로 용인되고 지극히 계산된 살인 행위

> ex▶ 병사가 전쟁터에서 조국을 위하여 적을 살해하거나 경찰관이 법 집행의 과정에서 발생할 수 있는 살해행위 등

② 사회적으로 어느 정도 용인될 수 있고 계산된 행동이지만 법률적으로 불법인 살인 행위

> ex▶ 남편이 부정한 아내를 살해하거나 자신의 명예를 욕되게 하는 사람을 살해하는 것 등

③ 사회적으로 지탄받아 마땅하며 불법적인 행위로 규정되지만, 매우 계산적인 살인 행위

> ex▶ 자신의 재정적 이득을 취하기 위해 타인을 살해하는 것

(3) 살인의 유형

① 표출적 살인 : 부정적 감정표출에 의한 살인

② 도구적 살인 : 피해자를 성적 도구로 이용하기 위한 살인, 여기서 범죄자는 피해자를 단지 자신의 목적을 달성하기 위해 제거 혹은 이용해야 할 물건이나 대상으로 여긴다.

③ 충동적 살인 : 감정과 행동이 통제가 안 되는 살인, 다양한 범죄를 지속할 가능성이 크다.

④ 연쇄살인 : 다수의 장소에서 4건 이상의 살인을 저지르는 것, 사건 간의 냉각기를 갖는다.

⑤ 연속살인 : 짧은 시간 내에 여러 장소에서 두 명 이상의 살인을 저지르는 것

⑥ 대량살인 : 동일한 시간과 장소에서 여러 명을 살해하는 것

⑦ 1급 살인 : 상대방을 살해할 의도를 갖고 사전계획을 하고 살인을 저지르는 것

⑧ 2급 살인 : 생명이 위험할 수 있다는 것을 알면서 행동으로 옮겨 살인을 저지르는 것

(4) 범행동기에 따른 살인의 유형

우리나라 법원은 살인 범죄자를 처벌하기 위해 범행 동기에 따른 살인범죄 유형을 규정하고 유형별 양형기준을 정해 형량을 결정하고 있다.

① 제1유형 : 참작동기 살인은 동기에 있어서 특별히 참작할 사유가 있는 살인행위로, 피해자로부터 자기 또는 가족이 장기간 가정폭력, 성폭행 등 지속적으로 육체적 · 정신적 피해를 당한 경우와 같이 피해자에게 귀책사유가 있는 살인을 의미한다.

② 제2유형 : 보통동기 살인은 원한관계에 기인한 살인, 가정불화로 인한 살인, 채권 · 채무관계에서 비롯된 불만으로 인한 살인 등을 포함한다.

③ 제3유형 : 비난동기 살인은 보복살인, 금전, 불륜, 조직의 이익을 목적으로 한 살인 등 동기에 있어서 특별히 비난할 사유가 있는 살인행위를 의미한다.

④ 제4유형 : 중대범죄 결합살인은 강간살인, 강제추행살인, 인질살해, 약취 · 유인 미성년자 살해, 강도살인 등과 같이 중대범죄와 결합된 살인행위를 의미한다.

⑤ 제5유형 : 극단적 인명경시 살인은 불특정 다수를 향한 무차별 살인으로, 2인 이상을 살해한 경우를 의미한다.

(5) 살인 범죄의 특징

① 살인 범죄의 대부분은 폭발적인 감정의 압박으로 우발적으로 저지르는 경우가 많다.

② 범죄피해조사를 통한 실태 파악이 불가능하다.

③ 살인은 도구를 사용하는 경향이 있다.

④ 음주나 약물 사용과 관련이 많다.

⑤ 신체적 상해가 적은 범죄일수록 낯선 사람에 의해서 행해질 확률이 높은 반면, 신체적 상해가 큰 범죄일수록 80% 이상의 살인 범죄가 안면이 있는 사람에 의해서 이루어진다.

⑥ 대부분의 살인 범죄는 가족 등 근친관계를 통해서 이루어지는 경우가 많고, 평소 알고 지내던 사이에서 주로 발생한다.

⑦ 살인 범죄는 모욕을 당한 후 명예를 회복하기 위해 살인을 하는 경우가 있다.

⑧ 통상 대단한 감정을 요구하는 살인에 있어 아무런 감정을 못 느끼거나 갖지 못하는 낯선 이방인을 살해하는 경우는 비교적 많지 않다.

⑨ 살인을 '억제되지 않은 열정(undeterred passion)'으로 특징지으며, 살인을 열정의 범죄로 보는 것이다.

> ex▶ 사형제도가 존재함에도 불구하고 살인이 억제되지 않는다.

(6) 살인 범죄의 생물학적 이론

① 인종학(ethological)적 이론

㉠ 인간은 생물학적으로 다른 동물보다 살인 본능이 강하다는 것이다.

㉡ 위험한 동물이더라도 동족을 살해하는 경우가 거의 없지만 인간만이 서로를 죽인다는 사실에 의해 증명되는 주장이다.

㉢ 사자와 같이 다른 사자를 죽일 수 있는 신체적 조건과 능력을 무장하고 있지 않은 인간은 다른 사람을 죽이고자 하는 살해본능을 금하는 제도적 기제가 필요 없기 때문에 인간은 살해본능이 강하다는 것이다.

㉣ 모든 사람이 동일한 발전적 과거를 겪었고, 동일한 살해본능을 가지고 있으며, 동일하게 살해본능을 금하는 기제가 부족함에도 불구하고 모든 사람이 전부 살인을 하는 것이 아니라는 지적을 받는다.

② 유전학(genetic)적 이론

㉠ 대부분 정상인은 23개씩의 X와 Y염색체를 가지고 있으나 극히 일부는 남성염색체인 Y염색체를 하나 더 가지고 있는데, Y염색체가 남성을 강인하고 공격적으로 만들기 때문에 이들 XYY 염색체를 가진 남성은 통상적으로 공격적인 경향을 가질 확률이 높다는 것이다.

㉡ XYY염색체가 폭력성의 잠재요인은 될 수 있을지언정 결정인자는 아니라는 점에서 한계가 있다.

㉢ 사회문화적 요인이 이 잠재적 요인의 표출을 결정하는 것으로 사료되는 등의 문제점과 한계가 지적되기도 한다.

(7) 살인 범죄의 심리학적 이론

① 심리분석학적 이론

㉠ 갈등 관계를 중재하는 에고(ego)가 역할을 제대로 하지 못하면 이드(id)를 만족시키지 못하거나 슈퍼에고(superego)를 거역했을 때 불행해지거나 죄의식을 갖게 되고 나아가 정신적 질병을 앓게 되어 결국 살인과 같은 폭력으로 이끌리게 된다는 것이다.

㉡ 사소한 공격성의 표현을 심하게 처벌하고 선행을 지나치게 강요한다면 강력한 슈퍼에고(superego)를 갖게 되고 공격성 욕구를 완전히 억제하여 정상적인 해소 방법이 없을 때 그것을 폭발시키게 된다는 것이다. 이 점이 아주 선한 사람이 믿을 수 없는 갑작스러운 살인까지 하게 되는 경우이다.

② 좌절-공격성(frustration-aggression) 이론

㉠ 인간의 공격성은 항상 좌절의 결과라는 가정에서 시작한다.

㉡ 좌절이란 목표성취 시도의 봉쇄를 의미한다.

㉢ 이 이론에 의하면 사람들은 자신의 욕구가 충족되지 않을 때 좌절을 경험하며 이에 대한 반응으로 공격적인 행동을 하게 된다.

(8) 살인 범죄의 사회학적 이론

① 외적 제재(external restraint)

ㄱ 자살과 살인 모두 공격적 행동이라는 점에서 동일하나, 자살이 자신을 향한 내부지향적 공격성인 반면, 살인은 타인을 향한 외부지향적 공격성이라는 점에서 차이가 난다고 주장한다.

ㄴ 외적 제재의 강도는 타인의 기대감과 요구에 동조하는 정도, 자신의 자유와 행동 범위를 제한하기 위해서 자신에게 주어진 사회적 통제의 정도이다.

ㄷ 사회적 통제를 많이 받는 사람은 그들의 좌절감에 대해 남을 합법적으로 탓할 수 있기 때문에 자살보다는 살인을 지향하게 된다는 것이다.

② 폭력성의 하위문화이론

ㄱ 폭력의 하위문화가 빈곤 지역과 흑인 밀집 지역에서의 높은 살인율의 원인이 된다고 하였다.

ㄴ 폭력성 모형과 자신을 동일시하고 접촉하는 과정을 겪음과 동시에 지배사회의 비폭력적 대체 모형을 답습하지 못했기 때문에 빈곤계층의 구성원들이 하위문화의 영향을 많이 받고 폭력성행위에 가담하는 것이다.

ㄷ 폭력성 하위문화가 하류계층의 지역사회에 국한된 것이 아니고, 모든 계층의 사람에게 영향을 미치는 것이라 강조하나, 하류계층의 사람들이 부유한 사람에 비해 살인 범죄에 더 많이 연루되는 이유는 부유한 세력들은 자신의 폭력을 문명적으로, 비공격적으로 표출하는 방법이 다양하고 대안이 있는 반면, 하류계층은 이러한 것들을 박탈당했기 때문이라고 주장한다.

(9) 살인의 일반적 경향

① 살인범은 남녀 20~25세에서 가장 많고, 성별에 있어서 여성과 비교해 남성이 높다.

② 우리나라의 경우 범인 분석에 의하면 형법범의 성별 비교에 있어 총 범죄 비율은 남자의 경우 85.9%, 여자가 19.4%로 나타난다.

③ 남성의 경우는 피해자의 평균연령이 가해자보다 높지만, 여성은 여성에게 특유한 영아 살인이 많고 특히 특수범죄의 하나인 영아 유기는 영아 살인과 관련되는 것으로 피해자의 평균연령이 낮은 것이 특징이다.

④ 가해자 · 피해자가 똑같이 남녀를 불문하고 무직이 많다. 직업에 관해서 살인 발생률이 높은 것은 무직, 농공업, 상업, 종업원 순이고 특히 여성의 경우는 무직, 주부, 서비스업 등이 많다. 여기서 가해자 · 피해자가 똑같이 남녀를 불문하고 무직이 많다는 것을 엿볼 수 있다.

⑤ 살인자는 초범자가 가장 많고 다음으로 2범, 3범의 순으로 나타난다.

(10) 연쇄살인의 유형 - 홈즈와 드버거의 분류(주요 행동패턴에 따른 분류)

연쇄살인은 연속적으로 살인 행위를 저지르는 범죄로, 범인은 주로 계획적으로 범행을 저지르며 일정한 간격으로 살인을 저지르는 공통점을 갖고 있다. 연쇄살인범들은 대부분 PCL-R테스트에서 높은 점수를 받는 사이코패스에 해당한다.

① 망상형 : 환청, 환각, 망상이 주요 원인, 살인을 정당화
② 사명감형 : 자신의 기준이나 신념체계에 비춰 부도덕한 사람을 희생자로 하는 경우
③ 쾌락형 : 성적 쾌락과 스릴감을 맛보기 위해 살인 자체를 즐기는 경우
④ 권력형 : 정복감과 힘의 우위를 성취하기 위한 경우

PCL-R 테스트

사이코패스의 진단척도로는 심리학자 로버트 헤어의 PCL-R이 가장 많이 사용되며, 20문항에 걸쳐 항목별로 3점 척도로 응답하고, 총 40점 만점으로 구성되어있다. 2명 이상의 전문가가 평균을 낸 점수로 사이코패스를 진단하게 된다.

사이코패스의 특징

- 사이코패스는 자신의 감정과 고통에는 매우 예민하나 타인에 대해 공감을 할 수 없다.
- 주변 사람들과 정서적 유대감을 맺지 못한다.
- 과대망상증이 심하고 자신의 욕구를 충족시키기 위해서는 무슨 일이든 할 수 있다.
- 충동적이고 즉흥적인 성향을 지녔으며 포악하고 잔인한 범죄를 저지르고도 전혀 죄의식을 느끼지 못한다.

---

(11) 연쇄살인의 특징

① 철저한 계획하에 행해지고, 살인의 과정에서 자신이 했다는 일종의 표시, 자기과시적 범죄가 많다.
② 동기가 분명하지 않아 범인을 색출하는 데 어려움이 많다.
③ 살인사건 사이에 시간적 공백, 심리적 냉각기가 있다.
④ 범인이 잡히지 않는 이상 사회에 극심한 공포심을 유발한다.
⑤ 사건의 횟수를 거듭할수록 더 발전된 범행 수법을 연구 개발하여 실행하는 것이 일반적이다. 범인이 대부분 시간을 살인에 대한 공상, 계획, 준비 등에 보낸다.

(12) 다중(多衆)살인

① 다중살인(mass murder)이란 한 장소에서 한 번에 여러 명을 살해하는 것을 말한다.

② 다중살인은 집단에서의 소외감 또는 상대적 박탈감 등에 의한 적대적인 감정이 극단적으로 표출된 것이다.

③ 다중살인의 경우 범인 특정이 용이하다. 대부분 그 자리에서 검거되거나 스스로 목숨을 끊기 때문이다.

④ 수많은 사람을 한 번의 기회에 살해하므로 위험성이 높은 흉기를 사용한다.

⑤ 다중살인의 피해자는 가해자와 아무런 관계없는 사람이 된다.

⑥ 피해자가 다수이다.

⑦ 폭스(Fox)와 레빈(Levin)은 다중살인범의 유형을 복수형 살인범(Revenge Killers), 치정형 (사랑형) 살인범(Love Killers), 이익형 살인범(Profit Killers), 테러형 살인범(terror Killers) 으로 분류하였다.

2 성범죄

(1) 의의

① 성범죄는 상대방의 의사에 반하여 가해지는 행위로 강간, 강도강간, 윤간, 성매매, 청소년 성 매매, 성추행, 데이트강간 등의 형태로 다양하게 나타나고 있다.

② 우리나라의 경우 성폭력 범죄는 매년 전반적으로 증가하고 있다. 과거와 비교해 성폭력 범죄 에 대한 사회적 인식이 바뀜에 따라 성폭력에 대한 피해 신고가 증가하고 있으나, 다른 범죄 들에 비해서 신고율이 높지 않다.

(2) 성범죄의 유형

① 강간
강력범죄의 하나로서 상대방의 동의 없는 성교행위라고 할 수 있다. 상대방의 반항을 불능케 하고 상대방을 현저히 곤란케 할 수 있는 폭행과 협박으로 사람을 간음하는 것이다. 13세 미만의 사람을 간음했을 때는 폭력을 수단으로 하지 않았어도 강간죄가 성립한다.

② 특수강간
흉기를 휴대한 가해자나 2인 이상의 가해자가 강간죄나 강제추행죄, 준강간죄, 준강제추행 죄를 범하거나 범하려 시도하는 경우, 피해자를 치사 혹은 치상한 경우 무기 또는 각각 10 년, 7년 이상의 징역을 선고한다.

③ 강제추행
폭행, 협박으로 사람을 추행하여 개인의 성적 자기결정의 자유를 침해하는 것. 행위 객체는 남녀노소·혼인 여부를 묻지 않음. 행위 주체는 남·여 모두임. 폭행 또는 협박으로 사람에 대하여 추행을 한 자는 10년 이하의 징역 또는 1천500만 원 이하의 벌금에 처한다.

④ 성매매

영리의 목적으로 사람을 매개하여 간음하게 한 자는 3년 이하의 징역 또는 1,500만 원 이하의 벌금. 추행, 간음, 결혼 또는 영리 목적으로 사람을 약취 또는 유인한 자는 1년 이상 10년 이하의 징역. 18세 미만의 아동에게 음란한 행위를 시키거나 이를 매개하는 행위 또는 아동에게 성적 수치심을 주는 성희롱 등의 성적 학대 행위에 대해 10년 이하의 징역 또는 1억 원이하의 벌금(아동복지법 제71조 제1항 제1의 2호)을 부과하여, 금지주의를 원칙으로 한다.

⑤ 청소년 성매매

성 구매의 대상이 19세 미만의 청소년인 경우 성 구매자에 대하여 가중처벌함, 청소년 성매수사범에 대한 신상 공개 규정하고 있다.

⑥ 성희롱

직장 등에서 상대방의 의사에 반하는 성과 관련된 언동, 불쾌하고 굴욕적인 느낌, 고용상의 불이익 등 유무형의 피해를 주는 행위, 직접적인 신체접촉, 음란한 농담, 음담패설, 성적 관계 강요, 회유하는 행위, 외설적인 사진·그림·낙서·출판물 등을 직접 보여주거나 통신매체를 통해 보내는 행위 등을 말한다.

그로스(N. Groth)가 분류한 강간유형

- 지배 강간 : 피해자를 힘으로 자신의 통제하에 강간하는 유형으로, 능력 있는 남성이라는 자부심을 유지하기 위하여 강간이라는 비정상적인 행위를 통하여 자신의 힘을 과시하고 확인하고자 한다.
- 가학성 변태성욕강간 : 가학적인 공격행위 그 자체에서 성적 흥분을 일으키는 정신 병리적 유형으로, 사전계획 하에 상대방을 묶거나 성기나 유방을 물어뜯거나 불로 지지는 등 다양한 방법으로 모욕하는 등 반복적인 행동으로 쾌락과 만족감을 얻는다.
- 데이트강간 : 10~20대 사이에서 여성의 동의 없이 남성이 강제로 폭행 또는 협박하는 유형이다.
- 분노 강간 : 자신의 분노를 표출하고 상대방을 모욕하고 미워하기 위한 행동을 하는 유형으로, 성적 만족을 위해서 행해지는 것이 아니라 자신의 분노를 표출하고 상대방을 모욕하고 미워하기 위한 행동으로 신체적인 학대가 심하다.

---

(3) 성범죄의 조장문화

① 여성을 남성의 소유물(women as men's property)로 보는 시각이다. 과거에는 여성을 재물로 인식하였으며, 여성을 성의 대상으로 판단하고 성을 상품화하는 시각을 가진다. 이러한 사고는 여성을 성의 대상으로 판단하기 때문에 어떠한 물건이 많이 사용될수록 중고품이 되어 가치가 떨어진다고 보는 관점인 것이다.

> **ex** 가난한 사람이나 흑인을 강간한 경우보다 부유층이나 백인을 강간한 경우에 더 큰 처벌을 받는 경우도 여성을 하나의 재물로 보는 것이다.

② 남자다움을 과시하는 경쟁의 대상으로서 여성을 대하는 시각이다. 경쟁의식이 남성으로 하여금 여성에 대한 성적 폭력까지도 쉽게 행사할 수 있게 한다는 것이다.

③ 여성은 강간당하고 싶어 하는 비밀욕구를 가지고 있다는 잘못된 인식을 갖고 있는 것이다. 예를 들어 옷을 야하게 입는 등 여성이 성폭행을 자초했거나 유발했기 때문에 피해자에게도 책임이 있다는 시각이다.

④ 여성에게는 전형적인 여성적 역할만을 강요한다는 사실이다. 여성을 잠재적 강간 피해자로 만드는 두 가지 경향이 있는데, 하나는 수동적이고, 연약하고, 경제적으로 남성에 종속적인 여성적 경향이며, 다른 하나는 남성에 대한 순종이다.

(4) 성범죄가 발생하는 원인

① 성적 부적절성의 문제로서 심리학자나 심리분석가들은 강간범들은 대체로 감정적 혼란과 인성 결함으로 고통받고 있는 것으로 보고 있다.

    ㉠ 성범죄자들은 거세감정이나 성적 부적절성을 느끼고 있어서 과다하게 공격적인 성행위를 통하여 감정을 숨기려고 하며, 내적갈등, 내적 부조화, 사회적 소외의 문제를 안고 있는 데, 성적 공격에 대하여 자신에게 덤비는 여성에게 성적흥분을 느낀다.

    ㉡ 바람직하지 못한 어린 시절의 경험으로 인해 성적 부적절성이라고 일컬어지는 인성결함이 생겼으며 이것이 자신을 여성과 적절하게 관계 짓지 못하는 원인이 되는 것이다.

    ㉢ 성적 부적절성을 표출하는 가장 보편적인 방법이 성적 환상에 젖어 여성을 강간하여 자신의 환상을 행동으로 표출하는 것이다.

② 폭력의 하위문화로서 폭력적 부문화를 가진 하류계층의 흑인이 가장 높은 강간 범죄율을 보인다는 사실에 기초하고 있다.

    ㉠ 하류계층의 흑인 하위문화는 공격적 행동이나 성적 착취를 통한 쾌감추구를 중시하며, 남성다움에 사로잡혀 성범죄를 저지르는 것을 남성다움이라고 느낀다는 것이다.

    ㉡ 사회적 · 성적 생활에 있어서 대인폭력과 용맹성을 이상화하며, 조기성경험을 통해 동료 집단에서의 지위를 얻고자 한다.

    ㉢ 강간범 자신은 정상이지만 강간을 조장하는 폭력적 하위문화에 의해 기대되는 바가 범죄적 양상을 띤 행동으로 표출된 것이라고 보는 것이다.

③ 상대적 좌절감의 문제로서 성적 제한이 심한 사회와 같이 혼외 성관계의 기회 부족으로 인해 강간이 유발된다고 본다.

    ㉠ 개방된 사회에서 상대적 좌절감을 느끼는 사람이 많은 것이고, 따라서 강간 범죄도 더 자주 발생한다는 것이다.

    ㉡ 폐쇄된 사회에서는 여성에 의한 성적 거부를 남성 개인의 탓이 아니라 폐쇄적 사회 때문이라고 생각하여 자신의 자아를 지킬 수 있지만, 개방된 사회에서는 합리화가 불가능하기 때문에 자신에 대한 여성의 거부를 개인의 탓으로 돌릴 수 밖에 없다.

④ 차별적 통제(differential control)의 문제이다.

양성 모두에게 성적 제한이 동일하게 가해진다면 성적 금욕이 팽배할 것이고 반대로 양성 모두에게 성적으로 제한되지 않는다면 성적 난잡함이 난무할 것이나, 여성에게만 제한이 가해지고 남성에게는 개방적이기 때문에 강간이 많이 일어날 수밖에 없다는 것이다.

⑤ 남녀성비의 불균형에서 강간의 원인을 찾는 것이다.

사회의 성비가 여자에 비해 남자가 월등히 많은 경우 성적 배출구가 부족하게 되고 따라서 성적 상대를 찾는 데 있어서 사회적 긴장이 고조되므로 이에 강간이 성행한다는 단순한 논리이다.

⑥ 세력이론(power theory)

㉠ 상류계층의 사람은 강간임에도 공식적으로 인지되지 않은 강간을 범하기 쉽지만, 하류계층의 사람은 공식적으로 인지된 강간을 범하는 경향이 강하다.

㉡ 하류계층의 강간은 폭력이 개입될 확률이 많기 때문에 잔인하게 보여지고, 이러한 이유로 시선이 집중되어 경찰의 법집행이 집중되는 경우가 많다. 그러나 상류계층의 경우 폭력보다 자신의 지위를 이용한 회유와 협박 등의 방법이 동원되기 때문에 공식적으로 인지되지 않는 경우가 많고, 사회적 통제를 적게 받는다.

(5) 성범죄가 피해자에게 미치는 영향

① 성범죄에 대한 취약성이다.

면식범에 대해서는 저항하기도 어려우며, 피해를 극복하기도 더 어렵다는 점에서 강간 피해에 대해 취약해지기 때문에 대개는 면식범에 의한 경우가 피해자에게 더 큰 영향을 미친다.

② 성범죄 전에 세상을 안전하게 여겼던 사람이 그렇지 못한 사람에 비해 성범죄의 영향을 더 크게 받는다.

③ 사회와 세상을 믿을 만한 곳이라고 생각했던 사람은 배신감이 큰 만큼 영향도 크게 받는다.

④ 성범죄 가해자와의 관계가 가까울수록 더 영향이 크다.

⑤ 성범죄의 결과 자신의 신체가 영구적으로 망가졌다고 생각하는 사람일수록 피해의 결과가 크다.

⑥ 성범죄가 비밀스럽게 저질러질 경우일수록 영향을 더 크게 받는다.

⑦ 성범죄에 대해 속으로 삭이는 사람에게 더 큰 영향을 미친다.

(6) 성범죄자의 심리적 유형

① 반사회적, 병리학적(antisocial or psychopathic) 성향

죄책감이 부족하다. 자책감의 부족으로 자신의 행동을 숨기고자 하는 경향이 있다.

② 자기도취적(narcissistic) 성향

성 공격적인 행위를 통해 자신의 권위나 힘을 나타내려고 한다. 이것은 남성 우월주의의 극단적 표현인 경우도 있다. 성범죄 행위를 통해 자신의 부족함을 잠시나마 잊으며 자신의 나약함을 잊고자 노력하는 행위를 이 범주에 포함할 수 있다.

③ 정신분열적(schizoid), 정신병의 경계상태(borderline)성향

극단적인 양분적 사고 경향으로 인해 대인관계가 불안정하고 소외감, 질투심, 사회성 부족 성향을 가지고 있다. 주요한 타인과의 관계망도 매우 빈약하고 사회관계 자체가 지극히 발달하지 못한 경우가 많다. 소유욕이 강하며, 질투심이 많고, 의존 성향도 있는 경우가 대부분이다.

④ 수동적이고 공격적인(passive-aggressive) 성향

분노를 가진 공격적 성향이 많으며 자신감 부족으로 간접적인 방법으로 행동을 표출하는 경우도 많다. 특히 분노를 표현하는 상황에서 이와 같은 성향이 두드러진다.

⑤ 해리적(dissociative) 성향

행동이 의식과 분리되어 표출되는 경우를 의미한다. 일상적인 수준에서 이해하기 힘든 성과 관련된 일탈적인 환상에 빠지거나 행동을 나타내는 경우가 많다. 내적으로 지나치게 몰두하는 경우도 해리적 성향을 지닌 것으로 본다.

〈성범죄자의 심리적 특성〉

생활양식	행위
반사회적, 병리학적	범죄 심리상태, 타인에 대한 감정이입 및 자책감의 부족
자기도취적	타인에 대한 우월감, 과장 심리
정신 분열적	사회기술의 부족, 소외감, 둔감된 정서
정신병의 경계 상태	대인관계의 불안정, 타인에 대한 의존감
수동적-공격적	자신에 대한 낮은 존중감, 타인에 대한 공격적 심리
해리적	일탈적 환상, 의식으로부터의 분리, 이탈

(7) 성범죄의 대처방법

사후지원적 측면	피해 직후 대처방안
• 전문상담소 및 보호시설의 활성화 • 재정적 지원 확대 • 전문 경찰 제도 확충 • 의료 제도적 연계망 구축	• 피해를 숨기지 말고 즉각 알릴 것 • 병원치료와 증거를 채취, 보존 • 상담 기관이나 전문가의 도움을 청함 • 극복을 위한 적극적 의지와 노력

(8) 성범죄의 대책

① 약물치료제도

검사는 성폭력 범죄를 다시 범할 위험성이 있다고 인정되는 19세 이상의 성도착증 환자에 대하여 약물치료 명령을 법원에 청구할 수 있다. 약물 투여 및 심리치료 등의 방법으로 도착적인 성 기능을 일정 시간 동안 약화 또는 정상화하는 치료이다.

② 전자감시제도

전자발찌는 19세 이상인 성폭력 범죄에 국한되지 않고 미성년자 유괴, 살인, 강도 등 강력범에도 최장 30년까지 부착할 수 있다.

전자감시제도의 특징

- 부착 대상 범죄는 성폭력 범죄, 미성년자 대상 유괴범죄, 살인범죄, 강도범죄 등이다.
- 만 19세 미만의 자에 대하여 전자장치를 부착할 수 없다.
- 부착명령은 검사가 청구할 수 있다.
- 부착명령은 검사의 지휘를 받아 보호관찰관이 집행한다.
- 부착명령은 전자장치 부착을 명하는 법원의 판결이 확정된 때부터 집행한다.
- 부착명령이 선고되면 보호관찰관을 지정하여 보호관찰을 받아야 한다.
- 부착대상자에게 준수사항을 부과할 수 있다.
- 최장 30년까지 부착할 수 있도록 규정되어 있다.

③ 신상정보 공개제도

　㉠ 신상정보 등록제도는 등록대상 성범죄로 유죄판결이 확정된 사람의 신상정보를 등록·관리하여 성범죄 예방 및 수사에 활용하고, 그 내용의 일부를 일반 국민 또는 지역주민에게 알림으로써 성범죄로부터 안전한 사회를 만들기 위한 제도이다.

　㉡ 성범죄를 저지른 후 10~30년 동안 정부 기관에 등록된다는 사실에 의해 경각심을 갖게 하는 등의 일반 범죄예방 효과가 있으며, 재범할 경우 등록된 신상정보로 쉽게 적발될 것이라는 심리적 압박을 통해 성범죄를 억제한다.

　㉢ 성범죄 발생 시 업데이트된 성범죄자 데이터베이스를 이용하여 용의자를 축소하고 범인의 추적 및 검거를 용이하게 하여 수사의 효율성을 높인다.

④ 치료감호제도

치료감호란 심신장애와 알코올 또는 마약중독자 등을 치료감호시설에 수용하여 치료를 위한 조치를 하는 보안처분이다.

3　강도

(1) 의의

① 현행법상 강도란 "폭행 또는 협박으로 타인의 재물을 강취하거나 기타 재산상의 이익을 취득하거나 또는 제3자로 하여금 이를 취득하게 함으로써 성립하는 범죄"를 말한다.

② 피해자에 대한 폭력과 폭력의 위협을 가하는 동시에 재물을 취하는 두 가지 특성을 가진다.

③ 강도의 대상이나 목표물은 일반적으로 강취 가능한 금품의 규모, 체포의 위험성 및 범행의 용이성 등을 고려하여 합리적으로 결정되며, 우발적인 강도범죄라고 하더라도 범행을 실행함에 있어서는 최소한의 합리적 의사결정과정이 존재하므로, 강도는 합리적 의사결정자로 간주된다.

④ 성립요건 : 폭행은 사람에 대하여 유형력을 행사하는 것이고, 협박은 해악의 고지에 의하여 사람에게 공포심을 일으키게 하는 것으로, 피해자의 성별, 나이, 범행 장소, 시간 등을 고려하여 사회일반인의 통념에 따라서 판단할 수밖에 없다.

> **강력범죄**
>
> • 강력범죄란 통상 폭력을 동반하여 개인의 생명이나 신체에 위해를 가하는 대인 범죄를 가리키는 것으로, 실정법상의 개념이 아니라 실무상의 개념이므로 어떤 범죄를 강력범죄로 볼 것인가에 대해서는 반드시 의견이 일치하지 않는다.
> • 강력범죄란 흉기나 강한 물리력을 행사하여 생명·신체의 위해는 물론 재산상의 피해를 끼치는 살인, 강도, 강간(성폭력 포함), 방화 등 4대 범죄로 일반적으로 정의되기는 한다.
> • 법무연수원에서 발간한 범죄백서의 분류기준에 의하면 강력범죄란 살인, 강도, 강간, 방화 범죄를 일컫는다.
> • 형사사법 실무에서 강력범죄로 분류하고 있는 죄로는 방화, 살인, 상해와 폭행, 협박, 강도, 강간과 추행, 공갈, 약취와 유인의 죄가 있다.

(2) 강도의 유형

① 전문적 강도(professional robbers)
  ㉠ 자신의 범행을 사전에 계획하여 한 명 또는 그 이상의 공범자들과 함께 기술적으로 범행하여 고가의 재물을 챙긴다는 데 특징이 있다.
  ㉡ 전문적 강도범들은 생활비의 충당방법으로서 범죄에 전념하는데, 그 이유는 적은 노력으로 큰 수익을 올릴 수 있어 그들이 돈을 많이 쓰는 생활을 즐길 수 있기 때문이다.
  ㉢ 큰 액수를 금전적으로 취할 수 있는 상업시설 등을 대상으로 삼는데, 시설에는 방범 장비와 감시조치가 철저하기 때문에 더 많은 사전준비와 기술을 연마하게 된다.
② 아마추어 강도(amateur robbers)
  ㉠ 기회주의 강도(opportunist robbers) : 가장 보편적
    상업시설보다 개인을 범행의 대상으로 삼고, 대상선정 시 재물의 크기보다는 접근의 용이성과 상당한 취약성을 중시한다. 취약성을 대상선정의 주요 범주로 고려하기 때문에 무기사용의 필요성을 느끼지 않고, 주로 집단으로 강도하기 때문에 집단 자체가 일종의 피해자를 위협할 수 있는 무기로 작용한다.
  ㉡ 약물중독 강도(addict robbers) : 범행 빈도가 높음
    마약을 복용하고 환각 상태에서 강도를 저지르게 되는 것을 말한다. 마약 비용이 고가이기 때문에 금전 필요를 목적으로 기회주의자들보다 재산범죄를 더 많이 저지른다. 이들은 계획적이지 않은 편이며, 범행시 무기를 거의 사용하지 않는다.

ⓒ 알코올중독 강도(alcoholic robbers) : 검거율이 가장 높음

강도에 대한 전념의 정도가 가장 약하며, 예기치 않게 강도를 하게 되는 상황에 가담하게 되어 범행을 저지른다. 이들은 범행을 계획하지 않으며, 취약한 대상을 상대로 범행을 쉽게 하려고 하지도 않는다. 다른 강도가 대부분 금전을 목적으로 하는 동기를 가지고 있으나 이들은 자신들이 취했기 때문에 강도를 하게 된다.

③ 미국의 경우, 50주의 각 형법에 따라 강도의 유형은 상이하나, 강도범죄를 크게 일반강도 · 무장강도 · 주거침입강도 · 차량탈취강도로 구분한다.

(3) 강도의 원인

① 상대적 박탈감

㉠ 지위 상승에 대한 기대는 증대되었으나 이를 실현할 기회가 제한되거나 차단되기 때문에 범행을 통해 자신의 기대감을 성취하는 것이다. 사회가 발전할수록 하류계층이 상대적 박탈감을 더 많이 느끼게 되어 그만큼 더 많은 강도를 행하게 된다는 논리이다.

㉡ 경제적 성공의 기회가 제한되거나 차단되어 자신의 기대감을 실현하지 못한 모든 사람이 강도 행위를 하지는 않는다는 사실을 보면 이 주장에 한계가 있다.

② 경제적 풍요로움

㉠ 경제적 풍요는 재물을 소유하지 못한 사람들에게 오히려 상대적 박탈감을 증대시키는 동시에 남은 재물을 쉽게 취할 수 있는 기회도 증가시키기 때문에 아마추어 강도가 증가한다는 것이다.

㉡ 경제공황기에는 재산범죄가 비교적 낮은 수준을 유지하였으나 호황기에는 오히려 발생률이 증대되었다는 연구 결과가 있다.

㉢ 상대적 박탈감을 느끼는 사람보다 열심히 노력하는 사람이 더 많다는 사실은 경제적 풍요로움과 강도의 관계에 대한 이론의 한계이다.

③ 상류계층의 세력 집단

㉠ 상류계층의 강도는 기술적이고 지능적이며 그 피해자가 불특정 다수인이어서 잘 인지되지 않고, 수법상 거의 폭력성이 배제된 재산범죄의 속성을 지니기 때문에 일반적인 인식과 관심을 끌지 못한다.

㉡ 법의 공정성과 권위가 침해되어 하류계층의 범행까지도 증대시키게 된다. 하류계층의 범행이 증대되면 상류계층은 위험을 느끼게 되어 더욱더 지능적이고 기술적인 범행을 저지르게 된다.

4 가정폭력

(1) 의의

가정폭력은 가정구성원 사이의 신체적, 정신적 또는 재산상 피해를 수반하는 행위를 말한다. 가정폭력의 피해자는 여성에 한정되지 않고, 남편, 자녀, 노인 등도 피해자가 될 수 있다.

(2) 특징

① 외부에 잘 알려지지 않는 특성 때문에 사회적 · 법적 개입이 필요하다.
② 사회적 불평등이 원인 가운데 하나이다.
③ 피해자와 가족 구성원의 인권을 보호하기 위해 제정한 가정폭력범죄의 처벌 등에 관한 특례법이 있는 것처럼 가정폭력범죄에 관해 사회적 · 법적 개입이 필요하다.

> **가정폭력범죄의 처벌 등에 관한 특례법상 가정 구성원(법 제2조 제2호)**
>
> • 배우자(사실혼 포함) 또는 배우자였던 사람
> • 자기 또는 배우자와 직계존비속관계(사실상의 양친자관계를 포함)에 있거나 있었던 사람
> • 계부모와 자녀의 관계 또는 적모(嫡母)와 서자(庶子)의 관계에 있거나 있었던 사람
> • 동거하는 친족

(3) 종류

① 배우자 학대
배우자 학대는 신체적인 상해 등의 것뿐만 아니라 정신적인 학대도 포함한다. 폭력이 아주 심하고 상습적이며, 과거에 폭력의 경험이 없으면 그 가정을 떠나지만, 폭력이 적고 과거에 폭력에 대한 경험을 한 경우에는 그대로 가정에 머무르는 경향이 크다. 배우자 학대의 경우 대부분 여성이 피해자인 경우가 많다.

② 매 맞는 남편
여성의 폭력은 남성과는 달리 보통 꼬집기, 할퀴기, 따귀 때리기, 집기던지기로 요약할 수 있다. 매 맞는 남편의 경우 하소연할 곳이 마땅치 않아서 그 해결에 어려움이 있다. 게다가 남성이 여성에게 맞는다는 부끄러움 때문에 신고조차 잘 안하는 실정이다.

③ 소아 · 청소년 학대
아동학대는 아동의 정상적 발달을 저해할 수 있는 신체적 · 정신적 · 성적 폭력과 아동을 유기하거나 방임하는 행위를 의미한다. 유복한 가정에서의 아동학대는 학대 부모나 아동의 성격적인 특성이 주를 이루고, 빈곤한 가정에서는 성격적 요인보다 환경적 요인이 더 크게 작용한다.

④ 노인학대

의학 기술의 발전으로 평균수명이 높아지면서 노인 문제는 더 심각해지고 있다. 집에서 생활하는 것이 대부분인 노인에게 이전보다 학대의 가능성이 더 늘어났다. 그러나 아동학대와는 달리 고령자의 학대는 대부분 표면화되지는 않았다.

〈아동학대의 반응 및 증상〉

구분	반응	증상
심리적 징후	자아기능 손상, 급성 불안반응, 병적인 대인관계, 원시적 방어기전, 충동 조절 손상, 자아개념의 손상, 자학적·파괴적 행동, 학교 부적응, 중추신경계 장애	충동성, 언어발달 장애, 공격적·파괴적 행동, 전지전능의 공상, 자학행위 증상
행동적 징후	정서적 학대와 행동적 징후 신체적 학대와 행동적 징후 성적 학대와 행동적 징후	수면장애, 귀가 공포, 두통, 복통, 학교 결석, 사회적 위축, 주의산만, 백일몽 증상
신체적 징후	체벌과 학대로 인한 전형적인 상처, 특징적 형태의 화상, 사고로 보기 어려운 상처 등	다발성 타박상, 피멍, 담배로 지진 화상, 뜨거운 물에 담근 흔적, 어깨 탈골, 치명상에 의한 아동 사망, 임신, 성기나 항문 상처 등

(4) 범죄의 원인이 되는 가정

① 결손가정

사망, 이혼, 실종 때문에 실부모가 있지 않은 가정이다.

② 갈등가정

심리적인 갈등 때문에 가족 내의 인간관계에 갈등과 불화가 생기는 가정이다.

③ 범죄가정

범죄에 관한 생각이나 행동이 긍정적인 가정이다.

④ 빈곤가정

경제적 생활 수준이 낮은 가정이다.

(5) 피해자의 특성

① 무기력 증후군

매 맞는 상황을 보호할 수 있는 능력이 없다는 상태로 보고 무기력하게 수동적으로 받아들인다.

② 폭력 외상 후 스트레스 장애

폭력이라는 정신적 외상으로 인해 깜짝 놀람, 악몽, 환청, 회피, 우울, 불안, 해리 등의 증상이 나타난다.

③ 폭력배우자 약속에 대한 희망

폭력배우자가 눈물을 머금고 다시 그러지 않을 것이라며 용서를 빌게 되면 그 약속을 믿게 되고 자신도 어느 정도 잘못됐다고 보고 용서를 하는 것이다.

(6) 가해자의 특성

① 가부장적 사고방식에 사회적, 경제적 지위와는 무관하다. 원만한 인간관계를 가지지 못한다.

② 유년 시절 가정폭력을 경험했으며 모든 문제를 폭력으로 해결하려고 한다. 성인이 되어 가정을 이루었을 경우에 가해자가 될 가능성이 크다.

③ 영향력을 과시하기 위해 불평등한 가족관계 내에서 폭력을 행사한다.

5 학교폭력

(1) 의의

학교폭력이란 학교 내외에서 학생을 대상으로 발생한 상해, 폭행, 감금, 협박, 약취·유인, 명예 훼손·모욕, 공갈, 강요·강제적인 심부름 및 성폭력, 따돌림, 사이버 따돌림, 정보통신망을 이용한 음란·폭력 정보 등에 의하여 신체·정신 또는 재산상의 피해를 수반하는 행위를 말한다.

학교폭력의 원인에 대한 이론적 접근

- 차별적 접촉이론
  친밀집단과의 상호작용을 통해 폭력행위에 대한 허용가치, 태도를 학습하여 폭력행위를 저지르게 된다.
- 사회통제이론
  - 학생들이 사회와 맺는 유대관계를 강조한다.
  - 가정, 부모, 학교와의 유대가 약한 학생일수록 폭력에 쉽게 빠져든다.
- 아노미이론
  학업에 대한 부모의 압력, 기대가 학생들에게 아노미를 유발하여 학교폭력 등 일탈행위에 빠져들게 한다.

---

(2) 일반적 특성

① 급격한 산업화 과정에서 야기된 가치관의 혼란으로 자신의 폭력행위에 대한 죄의식이나 책임감을 느끼지 못한다.

② 폭력행위가 비행청소년, 보통 청소년 등에게서 쉽게 발견될 수 있는 일반화된 비행유형이 되고 있다.

③ 폭력의 집단화 및 나이가 낮아지고 있으며, 여학생들 또한 가해자와 피해자로 등장하고 있다.

④ 단순한 탈선의 차원을 넘어서 심각한 범죄의 단계에 이르고 있다.

(3) 가해자의 심리적 특징

① 남을 지배하고 굴복시키는 것을 즐기며, 충동 조절이 잘되지 않고 공격적이다.

② 이타심, 동정, 친사회적 태도 등 도덕성이 결여되어 있다.

③ 대부분 다른 비행 문제를 동시에 가지고 있으며, 집단에 소속되어 동료들과 함께 폭력행위에 가담하게 되는 경우가 많다.

④ 권력과 지배에 대한 강한 욕구가 있고 남을 지배하고 굴복시키는 것을 즐기며, 주변 환경에 대한 어느 정도의 적대감을 품고 있는 경우가 많고, 폭력 행동에 이익의 요소가 뒤따른다는 것을 알게 된다.

(4) 피해자의 심리적 특징

① 이유 없이 폭행을 당해 가해자에 대한 공포심, 분노와 적개심을 보이고 우울증세로 자살을 시도하는 학생들도 있다.

② 누구든지 그 피해 대상이 될 수 있다는 공포심과 학교라는 환경 자체를 신뢰하지 못하게 만들기도 한다.

(5) 폭력의 질적 영향

① 저연령화 : 나이가 점점 어려지는 경향을 보인다.

② 흉폭화 : 비행이 잔인해지고 포악해지고 있다.

③ 집단화 : 또래집단끼리 행동을 유발한다.

④ 지능화 : 고도로 지능적인 현상이 나타난다.

⑤ 중류화 : 과거 결손가정보다 중상류층 출신이 높아지고 있다. 유명인사들 자녀 계층 출신에 그 빈도가 점점 높아지고 있다.

⑥ 선행동화 : 이해와 타협보다는 행동이 먼저 가해진다.

(6) 학교폭력예방 및 대책에 관한 법률의 주요내용

① 목적(제1조)

학교폭력의 예방과 대책에 필요한 사항을 규정함으로써 피해학생의 보호, 가해학생의 선도·교육 및 피해학생과 가해학생 간의 분쟁조정을 통하여 학생의 인권을 보호하고 학생을 건전한 사회구성원으로 육성함을 목적으로 한다.

② 용어의 정의(제2조)

㉠ 학교폭력 : 학교 내외에서 학생을 대상으로 발생한 상해, 폭행, 감금, 협박, 약취·유인, 명예훼손·모욕, 공갈, 강요·강제적인 심부름 및 성폭력, 따돌림, 사이버 따돌림, 정보통신망을 이용한 음란·폭력 정보 등에 의하여 신체·정신 또는 재산상의 피해를 수반하는 행위를 말한다.

㉡ 따돌림 : 학교 내외에서 2명 이상의 학생들이 특정인이나 특정집단의 학생들을 대상으로 지속적이거나 반복적으로 신체적 또는 심리적 공격을 가하여 상대방이 고통을 느끼도록 하는 일체의 행위를 말한다.

   ⓒ 사이버 따돌림 : 인터넷, 휴대전화 등 정보통신기기를 이용하여 학생들이 특정 학생들을 대상으로 지속적, 반복적으로 심리적 공격을 가하거나, 특정 학생과 관련된 개인정보 또는 허위사실을 유포하여 상대방이 고통을 느끼도록 하는 일체의 행위를 말한다.

   ⓔ 학교 : 초 · 중등교육법에 따른 초등학교 · 중학교 · 고등학교 · 특수학교 및 각종학교와 같은 법에 따라 운영하는 학교를 말한다.

   ⓜ 가해학생 : 가해자 중에서 학교폭력을 행사하거나 그 행위에 가담한 학생을 말한다.

   ⓗ 피해학생 : 학교폭력으로 인하여 피해를 입은 학생을 말한다.

   ⓢ 장애학생 : 신체적 · 정신적 · 지적 장애 등으로 특수교육을 필요로 하는 학생을 말한다.

③ 기본계획의 수립 등(제6조)

교육부장관은 이 법의 목적을 효율적으로 달성하기 위하여 학교폭력의 예방 및 대책에 관한 정책 목표 · 방향을 설정하고, 이에 따른 학교폭력의 예방 및 대책에 관한 기본계획(5년마다 수립)을 학교폭력대책위원회의 심의를 거쳐 수립 · 시행하여야 한다.

④ 피해학생의 보호(제16조)

자치위원회는 피해학생의 보호를 위하여 필요하다고 인정하는 때에는 피해학생에 대하여 학내외 전문가에 의한 심리상담 및 조언, 일시보호, 치료 및 치료를 위한 요양, 학급 교체 등의 조치를 할 것을 학교의 장에게 요청할 수 있다.

⑤ 가해학생에 대한 조치(제17조)

자치위원회는 피해학생의 보호와 가해학생의 선도 · 교육을 위하여 가해 학생에 대하여 ㉠ 피해학생에 대한 서면사과, ㉡ 피해학생 및 신고 · 고발 학생에 대한 접촉, 협박 및 보복행위의 금지 ㉢ 학교에서의 봉사 ㉣ 사회봉사, ㉤ 학내외 전문가에 의한 특별 교육이수 또는 심리치료, ㉥ 출석 정지, ㉦ 학급교체, ㉧ 전학, ㉨ 퇴학처분 등의 조치를 할 것을 학교의 장에게 요청하여야 한다. 다만, 퇴학처분은 의무교육과정에 있는 가해학생에 대하여는 적용하지 아니한다.

⑥ 분쟁조정(제18조)

자치위원회는 학교폭력과 관련하여 분쟁이 있는 경우 1개월을 넘지않는 기간 동안 그 분쟁을 조정할 수 있다.

⑦ 비밀누설금지 등(제21조)

이 법에 따라 학교폭력의 예방 및 대책과 관련된 업무를 수행하거나 수행 하였던 자는 그 직무로 인하여 알게 된 비밀 또는 가해학생 · 피해학생 및 신고자 · 고발자와 관련된 자료를 누설하여서는 아니 된다.

⑧ 벌칙(제22조)

비밀누설의 금지의무를 위반한 자는 1년 이하의 징역 또는 1천만원 이하의 벌금에 처한다.

⑨ 과태료(제23조)

자치위원회의 교육 이수 조치를 따르지 아니한 보호자에게는 300만원 이하의 과태료를 부과하며, 과태료는 대통령령으로 정하는 바에 따라 교육감이 부과 · 징수한다.

6 비행청소년

(1) 의의

미성년자로서 지켜야 할 규칙을 위반하였거나 상습적 학교 결석, 가출, 음주 따위의 범죄, 우범행위 등을 하는 12세 이상 19세 미만의 청소년을 통틀어 이르는 말이다. 불량 학생, 불량청소년, 양아치, 일진 등으로 불리기도 한다.

(2) 비행청소년의 특징이나 추세

① 주로 또래집단을 대상으로 폭력을 행사하고, 사이버비행이 증가하는 경향이 있다.
② 소년원에 가도 이상하지 않을 범죄를 저지르거나 재판을 받아 범죄자가 되는 경우도 증가하고 있다.
③ 저연령화, 지능화, 흉포화, 하류계층이 아닌 중상류층 자녀들이 최근 비행을 저지르고 있는 중류화 경향, 행동이 먼저 가해지는 선행동 단순화가 되고 있다.

(3) 비행청소년의 유형

① 지위비행(status delinquacy)
성인영화 관람, 흡연, 가출 등 성인이 하면 범죄에 해당하지 않지만, 청소년이 일탈행위를 삼게 되면 범죄가 성립하는 것을 말한다.
② 재산비행 (possessive delinquency)
타인의 재물을 절취하는 절도 범죄로 범행 수법에 따라서 침입 절도, 치기절도(소매치기, 날치기, 들치기), 속임수절도 등으로 구분한다. 절도는 심리적으로 처음에 물건을 훔치고 성공하면 그 뒤에 돈을 주고 물건을 사는 것이 어리석다고 생각하게 되며, 반복적이고 더 큰 범행을 저지르게 될 수 있다.
③ 폭력비행(violence delinquency)
학교 내에서 학생 간 집단패싸움 등 신체적 가해행위, 심리적 위협을 포함한 다양한 형태의 폭력, 흉기 소지, 공공기물 파괴, 돈 뺏기 등이 있다.

(4) 위기이론

① 위기이론은 생활 경로의 장면마다 다른 범죄 촉진 요인에 직면하게 된다는 점을 지적한다.
② 유아기에 애정을 충분히 받지 못한 자, 청년기에 부모에 대한 콤플렉스 등에 의해 어른이 되는 것에 반항심을 가진 자 등은 위기에 빠져 정서가 불안정한 가운데 범죄나 비행을 저지른다.

(5) 발전이론

① 의의

비행청소년들의 어렸을 때의 경험을 중시하였지만, 또 한편으로는 어린아이들이 청소년으로 성장하는 과정에서 경험하는 다양한 변화를 중시했다는 점에서 특징이 있는 이론이다.

② 특징

발전이론에서는 비행 발전과 중단에 영향을 미치는 요인으로 단일한 요인을 제시하기보다는 기존 차별접촉, 사회학습이론과 사회유대이론에서 강조되었던 다양한 사회환경요인들을 강조했다는 점에 특징이 있다.

③ 발전이론의 대표적 이론

　㉠ 숀베리의 상호작용이론(interactionist theory)

　　- 비행 또는 범죄의 발생이 가족의 애착이 중요한 청소년기의 왜곡된 사회적 유대에서 비롯된다.

　　- 청소년 초기에는 가족의 애착이 중요하고, 중기에는 가족의 영향력이 친구, 학교, 청소년문화로 대체된다.

　㉡ 샘슨과 라웁(Sampson & laup)의 생애발달이론

　　- 생애과정의 모든 나이에서 비공식적 사회관계와 사회유대의 중요성을 강조한다.

　　- 성인기에 의미가 깊은 사회유대인들이 형성되면 범죄자들을 정상적으로 이끄는 전환점이 될 수 있다는 주장이다.

　　- 어떤 계기로 사회와의 유대가 회복되거나 강화될 경우 더 이상 비행을 저지르지 않고 사회유대 혹은 교육 참여, 활발한 대인관계 등의 사회자본을 형성하게 된다.

　　- 군대, 결혼, 직업 등의 경험이 비행청소년의 성인기 범죄 활동에 큰 영향을 미친다.

　㉢ 모피트(Moffitt)의 생애과정 이원적 경로이론

　　- 범죄자를 청소년기에 한정된 범죄자와 생애지속형 범죄자로 구별하였다.

7 마약범죄

(1) 의의

① 마약의 정의

WHO(세계보건기구)는 마약을 "사용하기 시작하면 사용하고 싶은 충동을 느끼고 사용할 때마다 양을 늘리지 않으면 효과가 없으며 사용을 중지하면 온몸에 견디기 힘든 이상을 일으키며 개인에게 한정되지 않고 사회에도 해를 끼치는 물질"로 규정하고 있다.

② 마약류

　㉠ 마약류 관리에 관한 법률에서 "마약류"라 함은 마약·향정신성의약품 및 대마를 말한다.

분류		종류
향정신성 의약품	각성제	엑스터시, 메스암페타민(히로뽕), 암페타민류
	환각제	LSD, 페이요트(메스카린), 사일로사이빈
	억제제	알프라졸람, 바르비탈염류제, 벤조디아제핀염류제
대마		대마초, 대마수지(해쉬쉬), 대마수지기름(해쉬쉬미네럴오일)
마약	천연마약	양귀비, 생아편, 모르핀, 코카잎, 코카인, 크랙, 데바인, 아세토르핀 등
		※ 양귀비-생아편-모르핀(천연마약)-헤로인(반합성마약)
	합성마약	페치딘, 메사돈, 프로록시펜, 벤조모르핀
	반합성마약	히드로모르핀, 하이드로폰, 옥시코돈, 헤로인 등

ⓒ 양귀비와 관련이 있는 약물
- 아편은 설익은 양귀비의 열매에 상처를 내어 흘러내리는 우윳빛 추출액을 건조시켜 만든 암갈색의 덩어리로 생아편이라고도 한다.
- 모르핀은 아편으로부터 불순물을 제거하고 일정한 화학반응을 거쳐 추출한 강력한 진통성을 가진 알카로이드로서 1805년 독일 약사 세르튜르너(Serturner)가 최초로 아편에서 분리하였다.
- 헤로인은 아편에 들어있는 모르핀으로 만드는 마약으로 염산모르핀으로 만드는 마약이다. 염산모르핀을 무수초산으로 처리하여 만든다.

> ### ▌세계 3대 천연약물 생산지
>
> • 골든 트라이앵글(golden triangle, 황금의 삼각지대) : 세계적 헤로인 생산지로, 미얀마 · 태국 · 라오스 3국의 접경지역에 둘러싸여 있는 메콩강 주변의 비옥한 지역이다.
> 이 삼각지대는 아편 생산에 최적의 기후와 자연조건을 갖추어 전통적으로 양귀비를 재배해 왔던 지역으로, 최근까지 전 세계 헤로인의 약 60%를 생산하였고 미얀마 동부 살윈강 동쪽의 산악지대에서는 연간 약 100만 톤의 생아편을 채취한다.
> • 황금의 초승달 지역(골든 크레센트) : 제2의 헤로인 주산지로 알려진 곳으로, 아프가니스탄 · 파키스탄 · 이란 등 3국의 접경지대이다.
> • 코카인 삼각지역 : 볼리비아, 페루, 콜롬비아 3국의 안데스산맥 고지대에서 자생하는 코카나무의 잎에서 추출한 알카로이드로 중추신경을 자극하여 쾌감을 일으키는 천연마약 생산지역이다.
> • 작용에 따른 약물의 종류 중 각성제는 중앙신경계통 자극제로, 에너지 증가나 집중력 향상, 기분상승, 피로감소 등의 효능이 있는데, 메스암페타민이나 코카인 등이 이에 해당한다. 아편, 몰핀, 헤로인 등은 중추신경계통 억제제(진정제)로, 신체와 정신의 긴장을 완화하고 불안감소, 수면유도 등의 효능이 있는데, 합성제제 등이 이에 해당한다.

(3) Yacoubian의 마약범죄자 분류

① 술꾼(boozers)

중추신경계 약물의 사용빈도가 가장 높고, 동종 전과가 있다.

② 판촉원(solicitors)

마약을 구입하기 위해 성매매를 하고, 성범죄 전과가 다수 있다.

③ 전환자(converter)

주로 젊은 남성이며, 일반적으로 쉽게 구할 수 있는 중추신경계 약물을 선호하고, 마약 구입
자금 마련을 위해 강도와 재산범죄를 많이 저지른다.

④ 폭력적 알코올 중독자

매우 폭력적이고, 알코올 중독증상이 있다.

⑤ 조력자

약물중독의 정도가 높지 않고, 다른 범죄를 저지르기 위해 마약을 사용한다.

(4) 마약범죄의 특징

① 금단현상

사용을 중지하면 온몸에 견디기 힘든 증상이 나타나는데, 식욕상실, 불면증, 불안감, 헛소리,
체중감소 등을 들 수 있는데 그동안의 복용 횟수나 사용량이 많을수록 심하다.

② 내성

마약을 복용할수록 같은 효과를 내기 위해 사용약물의 양을 증가시켜야 하는 현상이다.

③ 의존성

마약 복용을 중지하면 신체기능의 균형이 깨져 병적 징후가 나타나고, 사고력, 감성, 활동성
등에 집중적으로 약리효과를 나타내 마약을 계속적으로 사용하고 싶은 욕구가 갈망이나 강
압적인 상태로 나타난다.

④ 재발현상

마약류의 복용을 중단한 뒤에도 부정기적으로 과거 마약을 복용했을 당시의 환각상태가 나
타나는 현상이다.

8 사기범죄와 절도죄

(1) 사기범죄

① 의의

㉠ 사람을 기망하여 재물의 교부를 받거나 재산상의 이익을 취득하는 경우 및 제3자로 하여
금 재물의 교부를 받게 하거나 재산상의 이익을 취득하게 하는 죄이다.

㉡ 사기범죄는 절도죄 및 강도죄와 같이 재물죄 특히 영득죄의 일종이지만 절도죄 및 강도죄
가 상대방의 의사에 반하여 재물을 탈취하는 것과는 달리, 사기범죄는 기망에 의한 상대
방의 착오 있는 의사에 의하여 재물을 교부받거나 재산상의 이익을 취득하는 것이다.

② 특징

    ㉠ 계획성 : 사전에 범행 계획을 세운 후에 실행한다.

    ㉡ 전문성 : 전문지식과 기술을 필요로 한다.

    ㉢ 지능성 : 지능적인 범행 수법을 사용한다.

◢ 사기의 유형

- 연성사기 : 처음부터 사기를 계획한 것은 아니지만, 사업의 실패나 과다한 채무발생, 불의의 사고 등으로 변제능력이 없어짐으로 인해 발생하는 사기행위
- 경성사기 : 처음부터 피해자를 기망하여 재산상 이익을 취득하기 위해 계획된 사기행위
- 악성사기 : 보이스피싱이나 다단계 투자사기와 같이 2인 이상이 공모한 계획적 사기행위
- 전통적 사기 : 사람을 직접 만나서 기망하고 재물을 취득하는 사기행위
- 사이버 사기 : 정보통신망 또는 컴퓨터시스템을 통해 이용자들에게 물품이나 용역을 제공할 것처럼 기망하여 금품을 편취하는 사기행위
- 국가사기 : 국고보조금사기, 세금부정환급사기 등이 포함되고, 조직사기에는 업무상 횡령·배임 등이 포함
- 다중사기 : 보이스피싱, 스미싱 등을 포함한 사이버 금융사기
- 개인사기 : 투자사기 등

---

(2) 절도죄

① 의의

    타인의 재물을 절취하는 범죄로, 재물만을 객체로 하며 재산 상태는 개체가 되지 않는다. 여기에서 타인의 재물이라 함은 타인이 점유하는 재물로서 자기 이외의 자의 소유에 속하는 것을 말한다.

② 전문절도범

    ㉠ 전문적인 절도 기술을 가지고 있다.

    ㉡ 돈을 얻기 위해 고도의 기술을 사용한다.

    ㉢ 계획적이며 용의주도하게 범행하며 장물 처리가 능숙하다.

③ 절도의 유형

    ㉠ 범행장소 기준

        주택절도, 상점절도, 업소절도, 지하철절도, 노상절도, 공장절도, 학교절도 등으로 구분

    ㉡ 범행대상 기준

        현금절도, 귀금속절도, 차량절도, 자전거절도, 음식물절도 등으로 분류

    ㉢ 범행수법 기준

        침입절도, 속임수절도, 치기절도, 차량이용절도 등으로 구분

④ 미국

절도범죄를 범행대상 및 수법에 따라 주거침입절도·단순절도·차량절도로 구분한다. 주거침입절도의 성립에는 타인의 재물을 절취하기 위해 주거를 위한 건축물에의 불법침입 여부가 중요할 뿐, 침입을 위해 반드시 무력을 사용했는지는 중요치 않다(단순절도와의 차이).

2
CHAPTER

특수범죄

1 조직범죄

(1) 조직범죄의 개념

① 일반적 정의
  ㉠ 조직범죄는 여러 사람이 한 명의 지도자 또는 지도 집단의 지시하에 위법한 방법으로 이익을 취하는 행동을 말하며, 전문적으로 그러한 범죄를 저지르는 집단을 범죄조직 또는 범죄집단이라고 한다.
  ㉡ 미국의 '형사사법기준 및 목표에 관한 국가자문위원회'는 "조직범죄는 강탈행위에 관여하고 적절한 경우에는 복잡하게 얽힌 금융조작에도 개입함으로써 불법적 이익과 권력을 추구하기 위하여 형법을 위반하는 활동을 주로 하는 사람들의 집단"이라고 정의한다.
  ㉢ 범죄학계에서의 조직범죄는 불법적 또는 합법적 활동에 참여함으로써 이득과 권력을 확보할 목적으로 구성원 상호 간 긴밀한 상호작용을 하는 위계적 근거로 조직된 사람들의 비 이념적 사업으로 해석한다.
  ㉣ 다수인에 의한 위계적 조직체, 법적 활동에 의한 이익 추구, 위협이나 무력의 사용, 비호세력을 만들기 위한 부패 권력의 이용 등을 공통점으로 한다.
② 아바딘스키(Abadinsky)의 정의
  ㉠ 조직범죄는 불법 및 합법 활동에 참여함으로써 이득 및 권력의 확보를 목적으로 위계적 근거로 조직되어 적어도 3개 이상의 지위와 긴밀히 작용하는 여러 사람을 포함하는 비 이념적 사업이다.
  ㉡ 자신들의 보호나 면책을 위한 수단으로 하는 비 이념적 특징이 있다. 또한 위계적이고 계층적 구조 형태로서 조직구성원은 제한적이고 배타적이다.
  ㉢ 조직 활동이나 구성원의 참여가 영속적, 빠른 목표 달성을 위하여 불법적인 폭력과 뇌물을 활용하고 임무와 역할이 분업화되어있다. 전문화, 조직의 규칙과 규정에 따라 통제되고 운영된다.
③ 알바네즈(Albanese)의 정의
  조직범죄는 무력과 위협을 사용하고, 공무원 부패를 이용하는 불법 활동을 통해 이득을 얻기 위해 움직이는 지속적인 범죄사업이다.

> **조직범죄란?**
>
> - 여러 사람이 조직을 이루어 함께 저지르는 범죄를 말한다.
> - 막대한 공공의 수요에 필요한 인력을 불법적 방법으로 제공하고 이익을 취득하는 것은 조직적 위계질서를 갖춘 집단의 범죄행위이다.
> - 불법적 방법 : 무력사용, 위협, 공무원 매수를 통해서 범죄행위를 쉽게 지속할 수 있다.

(2) 조직범죄의 특징

① 공식적인 조직범죄의 일반적 특성

㉠ 조직범죄는 불법적 수단에 의한 합법적 목표의 추구나 불법적 행동의 계획과 집행에 있어서 많은 사람의 공조를 요하는 음모적(conspiratorial)활동이다.

㉡ 조직범죄는 물론 권력과 신분의 확보도 동기요인이 되겠지만, 불법적 재화와 용역의 독점을 통한 경제적 이득의 확보에 조직범죄의 주요 목적이 있다.

㉢ 조직범죄의 활동이 불법적 용역의 제공에 국한되지는 않는다.

㉣ 조직범죄는 위협·폭력·매수 등 약탈적 전술을 구사한다.

㉤ 경험, 관습 그리고 관행상 조직범죄는 조직구성원, 관련자, 피해자 등에 대한 훈육과 통제가 매우 즉각적이고 효과적이다.

② 아바딘스키(Abadinsky)가 제시한 8가지 특성

㉠ 비 이념성 : 정치적 목적이나 이해관계가 개입되지 않으며, 오로지 돈과 권력을 목적으로 한다. 일부 정치적 참여는 자신들의 보호나 면책을 위한 수단에 지나지 않는다.

㉡ 위계성·계층적 : 조직구성원은 영구적 지위가 있는 계층적(수직적) 권력구조를 지니고 있어 조직구성원이 매우 제한적이며 배타적이다.

㉢ 자격의 엄격성 : 구성원의 자격을 엄격히 제한하여 상급 조직원의 추천이나 일정한 행동으로 자격이 인정된 사람을 엄선한다.

㉣ 영속성 : 조직 활동이나 구성원의 참여가 거의 영구적인 정도로 영속적이다.

㉤ 불법적 수단의 사용 : 목표 달성을 쉽고 빠르게 하기 위해서 조직범죄는 불법적 폭력과 뇌물을 활용한다.

㉥ 활동의 전문성과 분업성 : 전문성에 따라 또는 조직 내 위치에 따라 임무와 역할이 철저하게 분업화되고 전문화되어 있다.

㉦ 독점성 : 폭력과 뇌물 등의 방법으로 특정 사업 분야를 독점하여 이익을 늘린다.

㉧ 충성심 : 조직범죄에서는 구성원들의 충성심이 요구된다.

> **아바딘스키(Abadinsky)가 제시한 조직범죄의 특성 8가지**
>
> ① 비이념적   ② 위계적 구조
> ③ 구성원 제한   ④ 영속적 활동
> ⑤ 불법수단 사용   ⑥ 분업화/전문화
> ⑦ 독점성   ⑧ 규범 통제

(3) 조직범죄의 원인

① 외래적 음모이론(alien - conspiracy theory)
  ㉠ 정부 등 공식적 입장의 시각으로 마피아에 의해 결국 미국으로 들어오게 되었다는 주장이다.
  ㉡ 다니엘 벨(Daniel Bell)의 '이동성이라는 이상한 사다리'
    조직범죄는 미국의 산물이라며 외래적 음모이론에 반박한다. 범죄란 역기능뿐만 아니라 순기능적 역할도 가지고 있기 마련인데 조직범죄도 미국 생활의 사회적 이동성이라는 이상한 사다리의 하나에 해당하는 것으로 주장한다.

② 미국체계를 반영하는 느슨한 사회체계
  ㉠ 사회체계로 간주하여 조직범죄가 외래-음모설 또는 유입설이 아닌 내생설로 조직범죄를 설명하고자 한다.
  ㉡ 조직범죄는 통일된 카르텔이 아니라 사회세력에 의해 형성된 준경제적 기업으로 이해한다. 따라서 조직범죄는 범죄인과 손잡은 재계 지도자, 정치인 그리고 노조지도자에 의해서 지배되는 것으로 간주한다.

(4) 조직범죄의 유형 - 알비니(Albini)의 분류

① 정치·사회적 조직범죄 : 사회적인 것으로 테러나 과격한 사회운동과 같은 정치적 범죄 활동을 말한다.
② 약탈적 조직범죄 : 금전적 이익을 위해 강도 및 절도를 행하고 주로 갱과 같은 집단범죄이다.
③ 집단내부지향의 조직범죄 : 심리적 만족을 주요 목적으로 삼는 폭주족 갱과 같은 조직범죄이며, 매춘, 폭력, 청소년 비행집단 등의 형태로 나타난다.
④ 신디케이트 범죄 : 무력이나 위협을 통하여 불법 활동에 참여하는 지속적 집단이나 조직으로서 공공의 수요가 큰 불법 용역을 제공하며 정치적 부패를 통해 면책을 확보하려고 한다. 일정한 공동시설에서 생산물의 공동판매와 자재의 공동구입을 하며 참가 기업의 개별 거래 행동을 인정하지 않는 고차원 카르텔이다.

※ **현대조직범죄의 보편적 추세**
① 전초기지(front)를 제공하는 등 불법적 경제활동을 지원하는 기업활동

② 보호비용을 요구하는 등 약탈적 착취

③ 경쟁을 제한하기 위해 전매나 카르텔 형성

④ 공무원을 매수하거나 노조를 이용하여 불공정한 이점을 확보

⑤ 주식 등의 합법적 장치에 대한 불법적 이용

(5) 조직범죄에 대한 대책

수사상의 대책	입법적 대책
• 통신비밀보호법상의 감청 • 잠입수사(함정수사)	• 범죄수익몰수제도 • 자금세탁방지제도 • 공동증인의 면책제도

2 화이트칼라범죄

(1) 의의

① 화이트칼라범죄는 서덜랜드(Sutherland)가 부유한 사람과 권력 있는 사람들의 범죄 활동을 기술하기 위해 처음 사용한 용어이다.

② 서덜랜드(Sutherland)는 기타 다른 범죄는 사회제도와 조직에 그다지 큰 영향을 미치지 않는데, 화이트칼라범죄는 신뢰를 파괴하고 따라서 불신을 초래하며, 대규모적인 사회해체를 유발하고 사회적 도덕을 저하시킨다고 주장하였다.

③ 기업 및 정부 전문가와 같은 권력에 의해 저질러진 금전적 동기, 비폭력적인 범죄를 말한다. 자신의 직업적 과정에서 고객예금 횡령, 공인회계사 탈세, 증권사 직원의 주식 내부거래, 변호사의 수임료 편취행위, 기업인의 세금 포탈 행위 등 직업 지향적 법률위반을 지칭한다.

④ 횡령이나 뇌물수수와 같은 범죄 그리고 의료사기와 같이 일반대중을 가해할 목적으로 처음부터 기업을 만드는 행위 등까지 현대적 의미에서는 화이트칼라범죄에 포함하고 있다.

⑤ 개인행위로서의 화이트칼라범죄 외에 기업범죄까지도 화이트칼라범죄의 범주에 포함된다. 따라서 화이트칼라범죄는 모든 사회계층 사람들이 자신의 직접적 과정에서 범행하는 <u>직업지향적 법률위반</u>을 지칭한다.

▸ **화이트칼라 범죄**

• 서덜랜드가 처음 사용한 용어로 경제적 상류계층과 사회 권력층의 범죄를 지적한 것을 말한다.

• 기존의 정의는 사회적 지위를 가진 사람이 자신의 직업 활동과정에서 저지르는 직업적 범죄였으나 오늘날 의미의 화이트칼라범죄는 모든 사회계층의 사람이 자신의 직업적 과정에서 저지르는 직업과 관련한 법률위반으로 확대해석하고 있다.

(2) 화이트칼라범죄의 폐해

① 화이트칼라범죄는 피해의 정도가 어느 정도인지 완전히 파악하기 어렵고, 파악되더라도 피해의 정도나 범위가 명확하지 않으며 범죄나 피해 자체가 알려지지 않는다.

② 전체적인 피해 규모 외에도 개별사건의 피해 규모 또한 엄청나게 크다.

③ 직접적인 피해자뿐만 아니라 대부분의 다른 사람들에게도 그 영향이 미친다.

> **ex** 금융사기사건 피해가 일반예금주의 피해나 주식소유자의 피해를 강요하게 되고 세금포탈의 경우는 일반시민의 납세액을 상승시키게 되며, 가격담합은 소비자로 하여금 더 많은 부담을 안겨 준다.

④ 경제적 손실보다 더 중요한 폐해는 예측할 수 없는 사회적 손실 또는 비용이다. 사회적 비용 중 대표적인 것은 우리 사회의 윤리적 조직을 붕괴시킨다는 사실이다. 즉, 특권계층에 대해 신뢰도가 하락하고 부정직한 시각으로 바라보게 되는 것이다.

⑤ 화이트칼라범죄가 청소년비행과 기타 하류계층 범인성의 표본이나 본보기가 된다. 사회적 지위가 높은 사람이 범죄를 저지름으로써 일반대중이나 학생에게 정직함을 강요할 수 없고, 일탈할 수 있는 동기를 제공한다.

⑥ 화이트칼라의 폭력성은 눈에 잘 띄지 않으며 복잡한 형태이다. 피해가 천천히 오래 지속되며, 그 원인이나 가해자를 직접적으로 추적하기 쉽지 않기 때문에 피해가 확산되고 심화된다. 이런 점에서 화이트칼라범죄를 '지연된 폭력(postponed violence)'라고 한다.

(3) 화이트칼라범죄의 특징

① 범죄의 전문성과 복잡성
직업상 전문적인 지식이나 조직체계를 이용한다. 일반인들은 그러한 행위를 범죄로 인식하기 어려우며, 범죄자가 범죄에 이용하는 지식은 대개 전문성이 강한 것으로 과학적이거나 공학적이거나, 회계상에 관한 것이거나 법률적인 것이다.

② 범죄의 은폐성
발생형태 또한 범죄인과 피해자 간의 긴밀한 연결, 실정법상 허점을 이용하여 외부적으로 범죄라고 하기 힘든 경우도 있다.

③ 피해 파악의 곤란성
불특정 다수인을 대상으로 하거나 은폐되어 행해진다. 불특정 다수인인 경우가 많아서 범죄 자체가 인지되지 않는 경우가 많고, 인지되는 경우에는 범죄자가 체포되고 강력한 처벌을 받는 경우가 많지 않다. 피해자는 정부나 기업과 같은 추상적인 실체이거나, 단지 사소한 피해를 입은 다수의 사람이 된다.

④ 처벌의 곤란성
소수만 실형으로 처벌되고 대부분 집행유예나 벌금만을 선고받는 등 기소된다고 하더라도 엄하게 처벌받지 않는다.

⑤ 범죄자의 비범죄적 자기인상

가해자를 범죄자로 보지 않고 존경의 대상으로 보아 자신들의 비범죄적 인상을 유지한다. 이들은 자신의 비범죄적 인상을 합리화를 통해 표현한다.

(4) 화이트칼라범죄의 유형

① 에델헤르츠(Edelhertz)의 분류

에델헤르츠(Edelhertz)는 범행의 수법·목적 등 가해자를 중심으로 분류하였다.

ⓐ 특별위반(ad hoc violation)

복지연금 사기나 세금 사기 등 일련의 삽화적 사건으로서 개인적 이득을 위해 범해지는 범죄유형이다.

ⓑ 신뢰남용(abuses of trust)

횡령이나 뇌물수수 등 조직 내에서 신뢰할 만한 위치에 있는 사람이 조직에 대해서 범하는 범죄유형이다.

ⓒ 방계적 기업범죄(collateral business crime)

공정거래위반 등 기업의 이익을 확대하기 위해 기업조직에 의해서 범해지는 유형이다.

ⓓ 사기수법(con game)

토지 사기처럼 고객을 속이기 위한 목적으로 범해지는 유형이다.

② 티오(Thio)의 분류

피해자가 누구인가를 기준으로 분류하였다.

ⓐ 회사에 대한 범죄

고객이나 종업원이 회사를 피해자로 하여 범행하는 것으로 고용인 절도와 횡령 및 날치기 등이 해당된다.

ⓑ 고용원에 대한 범죄

근로자의 안전에 대한 회사의 경시 태도와 이로 인한 산업재해나 직업병의 발생을 말한다.

ⓒ 고객에 대한 범죄

위험한 음식, 불안전한 제품, 소비자 사기, 허위광고 그리고 가격담합과 같은 것이 있다.

ⓓ 일반시민에 대한 범죄

가장 대표적인 것이 기업의 환경오염이라 할 수 있다. 폐기물의 불법매립이나 폐수의 불법 방출 등으로 인한 대기와 수질오염은 일반시민 모두에게 영향을 미치기 때문이다.

③ 무어(Moore)의 분류(방식에 따른 분류)

ⓐ 신용사기/사취

상품의 방문판매에서 어음사기에 이르기까지 다양한 사기사건을 말한다.

ⓑ 사취

계량기의 속임이나 부당한 요금청구 등 규칙적으로 소비자나 고객을 속이는 행위이다.

ⓒ 남용 및 착취

자신의 사회적 지위를 이용하여 그 조직 내의 권한을 개인적인 이익을 위해 남용 및 착취하는 것으로서 소방검정시 업주로부터 검증허가의 대가로 금품을 요구하는 것, 기업체의 물품구매시 금품의 수수 등이 이에 속한다.

ⓔ 횡령과 고용인사기

조직 내 자신의 지위를 이용하여 조직의 재물을 자신을 위하여 횡령하는 범죄로, 조직의 하부에서 상층부에 이르기까지 어느 단계에서나 가능하다. 대표적인 신종범죄 유형으로 컴퓨터 범죄이다.

ⓜ 절도

고객사기로서 보험사기, 신용카드사기, 복지관련사기, 의료사기 등 고객이 조직을 상대로 하는 일종의 절도를 말한다.

ⓗ 정보판매와 뇌물

기관의 중요한 위치에 있는 사람이 기관의 활동을 예측하거나 활동에 영향을 미치고 싶어 하는 사람에게 권력, 영향력 또는 정보를 파는 행위를 말한다. 정부와 기업 분야 모두에서 가능한 범죄이다.

ⓢ 기업범죄

경제, 정치, 정부기관의 행위를 규제하는 규칙을 의도적으로 어기는 행위인데, 예를 들어 가격담합이나 불공정거래 및 환경범죄 등이 여기에 속한다.

(5) 화이트칼라범죄의 원인

① 화이트칼라범죄자들은 기회만 주어진다면 남을 속이려는 타고난 소질을 가지고 있으며, 법을 위반할 의향이나 유혹에 대한 저항이 낮은 인성을 갖고 있기 때문이다.

② 내재화되거나 억압되었을 때 의료적 또는 임상 병리적 문제를 유발할 수 있는 긴장이나 불안감의 외향적 표현으로 파악되어 화이트칼라범죄가 발생한다.

③ 화이트칼라범죄 행위를 부정적으로 규정하는 정직한 기업인들보다 그것을 긍정적으로 규정하는 다른 화이트칼라범죄자와 더 많은 접촉을 가졌기 때문에 그 범죄행위를 학습하게 된다고 본다.

④ 중화이론적 설명으로 횡령의 경우처럼 자신은 돈을 훔친 게 아니라 잠시 빌렸을 뿐이라고 합리화시킬 수 있을 때, 그 가정을 화이트칼라범죄에 확대적용한 것이다.

3 경제범죄

(1) 경제범죄의 의의

① 경제범죄의 개념
  ㉠ 범죄사회학의 입장 : 경제범죄는 서덜랜드의 화이트칼라범죄(높은 사회적 지위를 가진 자들이 이욕적인 동기에서 자신의 직업 활동과 관련하여 행하는 범죄) 또는 클리나드와 하통의 직업범죄(사회의 상류층에 속하는 기업가 · 경영인 · 공무원 그리고 회사의 임직원 등에 의한 법익침해행위) 등을 말한다.
  ㉡ 법이론적 입장 : 티데만은 '사회적 · 초국가적 법익을 보호법익으로 하는 경제형법에 구현된 법익을 침해하는 범죄'인 협의의 경제범죄와 '재산법적 성격을 갖는 행위인 동시에 일정한 초개인적인 성격을 갖는 범죄'인 광의의 경제범죄로 나눠 정의한다.

② 유사개념
  ㉠ 화이트칼라범죄 : 화이트칼라범죄는 화이트칼라계층인 정신노동자들이 이욕적인 동기에서 자기 직무와 관련하여 저지르는 범죄지만 경제범죄는 모든 계층에 의해 범해지는 사회적 신분과 상관없는 범죄라는 점에서 양자는 구분된다.
  ㉡ 재산범죄 : 재산범죄는 개인의 재산권을 보호하고 소유권이라는 정적 측면을 보호하는 반면에 경제범죄는 경제구조 및 경제기능 그 자체를 보호하고 소유권을 기초로 한 경제의 동적 측면을 보호한다는 점에서 구분된다.
  ㉢ 기업범죄 : 기업범죄는 기업의 설립 · 운영 및 해산과 관련하여 발생하는 일체의 불법행위로서 범죄 주체가 기업이라는 점에서 경제범죄와 구분된다.
  ㉣ 조직범죄 : 조직범죄는 일정한 테크닉을 가진 하류계층에 의한 범죄로 상명하복의 위계질서를 중요시하지만, 경제범죄는 상대적인 대등 계층에서 이루어지는 것이 일반적이다. 또한 조직범죄는 일정한 위계질서를 갖춘 범죄집단의 불법적 영리활동을 말하지만, 경제범죄는 사회적 · 초 개인적 보호법익에 대한 침해를 내용으로 하는 범죄를 말한다.

(2) 경제범죄의 특징

① 영리성
② 모방성과 상호 연쇄성
③ 지능성과 전문성
④ 신분성과 권력성
⑤ 피해감정의 미약성

(3) 경제범죄의 대책

① 수사기관의 전문화 및 집중화

경제 현상과 경제입법에 대한 전문적 이해와 지식이 없으면 경제범죄에 대한 효율적 대응이 어렵게 되므로 전문수사인력을 양성할 수 있는 수사요원의 전문화 방안이 마련되어야 한다.

② 몰수제도의 확대

경제범죄로 취득한 이익 박탈을 통해 경제범죄를 예방하기 위해서는 몰수제도가 강화되어야 한다.

③ 법인 처벌과 보안처분의 도입

형법에는 법인 처벌에 대한 명문 규정은 없으나, 대신 다수의 행정·경제·환경 관련 법률은 행위자와 법인을 같이 처벌하는 양벌규정을 구비하고 있다. 그러나 이와 같은 양벌규정을 특별법마다 두는 것은 입법의 경제성을 떨어뜨릴 뿐만 아니라, 법률마다 양벌규정의 문언이 통일되어 있지 못하여 해석론상으로 많은 혼란을 일으키고 있다. 따라서 법인 처벌을 위하여서는 보다 효과적인 형벌 또는 보안처분이 도입되어야 한다.

4 피해자가 없는 범죄

(1) 의의

① 피해자와 가해자의 관계가 분명하지 않다는 점에서 피해자가 없는 것으로 간주한다. 그리고 전통적 범죄와 구별하기 위해 이를 통칭하여 피해자 없는 범죄라고 말한다.

② 동일 범죄의 가해자가 동시에 피해자가 되어 전통적 가해자와 피해자의 상대적 관계가 형성되지 않는다거나 또는 범죄의 피해자가 특정인이 아닌 불특정 다수인이어서 가해자와의 관계가 분명치 않은 경우를 일컫는다.

③ 피해자 없는 범죄는 가해자가 동시에 피해자가 되는 범죄와 피해자가 동의·기여한 범죄로 구분되며, 전자에는 마약 사용(약물남용) 등이 있으며 후자에는 마약 매매, 매춘, 동의낙태, 도박 등이 있다.

(2) 매춘(성매매)

① 매춘의 정의

감정적 관계나 성적인 보상이 개입되지 않고 단지 재물이나 금전을 목적으로 하는 성적 교환을 매춘으로 정의할 수 있다. 매춘은 직업으로서 또는 일로서 돈을 받고 성을 교환하는 여성에게 한정하고 있다.

② 매춘의 원인

㉠ 여성이 매춘부가 되는 이유(사회 · 심리학적 이론)

ⓐ 소인적 요소(Predisposing Factors)

결손가정, 부모의 난잡함, 매춘을 관용하거나 허용하는 근친 사회의 분위기 그리고 정신장애를 유발할 수 있는 노이로제 등이 매춘부의 배경 요소이다. 가장 큰 요인은 부모의 학대와 태만 그리고 가정파괴 등이 있다.

ⓑ 유인적 요소(Attracting Factors)

많은 소득, 쉬운 생활, 흥미로운 생활, 성적 만족과 쾌감의 기대 등 다른 여성과 직업에 비한 매춘부의 상대적 장점이다. 가장 큰 요인은 직업으로서 매춘이 갖는 독립성, 경제성, 모험, 성적 만족 등이 있다.

ⓒ 촉진적 요소(Precipitating Factors)

경제적 압박, 바람직한 결혼 기회의 부재, 포주로부터의 유혹, 불행한 사랑 행각, 좋은 기회 등을 의미한다. 촉진적 요소에 가장 큰 요소는 매우 다양하지만 대체로 경제적 압박과 유혹이라고 할 수 있으며, 이 부분은 매춘부들이 강요에 의한 것이 아니라는 연구 결과가 뒷받침되고 있다.

㉡ 매춘이 존재하는 이유(사회학적 또는 기능주의적 이론)

ⓐ 대부분의 여성은 매춘의 사회적 낙인 때문에 제지되고 일부 여성만이 매춘을 선택한다는 것이다. 다시 말해 우리 사회의 도덕체계가 매춘의 경제적 보상보다 더 강력하다는 것인데, 이 도덕체계가 매춘을 야기시킨다는 것이다.

ⓑ 매춘이 있음으로 남성들이 선량한 여성들을 유혹하여 성생활을 문란케하는 대신 자신의 성욕을 매춘부에게 해결함으로써 선량한 여성을 보호할 수 있다는 것이다.

ⓒ 우리 사회의 도덕체계가 매춘을 권장하기 때문에 존재하며, 매춘은 다시 우리 사회의 도덕체계를 보전하는 중요한 기능을 한다.

성매매의 원인 3가지 요소

- 소인적 요소 : 결손가정(예: 부모의 학대, 방임), 가정해체, 정신신경증 등
- 유인적 요소 : 경제적 요인(예: 높은 소득, 쉬운 생활, 화려함), 성적 만족 등
- 촉진적 요소 : 경제적 압박 등

---

(3) 약물남용

① 의의

㉠ 대체로 불법 약물의 사용이나 제조와 판매, 그리고 비록 합법화된 약물이라 할지라도 그러한 약물의 불법 사용이나 제조 · 판매하는 행위를 약물범죄라 한다.

ⓛ 약물의 불법사찰은 사용자 스스로가 가해자이고 피해자라는 입장에서 당연히 피해자 없는 범죄의 범주에 속하는 것이고, 약물의 불법 제조 · 재배 · 공급 · 판매자도 일종의 피해자라고 할 수 있는 사용자가 신고하지 않고 불특정 다수인이 피해자일 수 있다는 면에서 피해자 없는 범죄의 하나라고 할 수 있다.

ⓒ 약물의 불법성 규정은 특정 약물에 대한 사회의 인식과 그 인식을 바탕으로 한 법률적 지위에 의해 결정되는 것이다.

> **ex** 담배가 마리화나만큼 위해함에도 담배의 사용과 판매는 합법적인 반면, 마리화나의 소지나 판매는 엄격하게 불법으로 규제되고 있다. 마리화나는 불법이지만 사용자에 대한 부정적 낙인이 없는 편이지만, 담배는 합법적이면서 적지 않은 부정적 반응을 불러일으킨다.

② 불법 약물의 영향

ⓐ 정체성(identity) : 자신이 복용한 약물이 무엇이고 또는 어떻게 생각하는지에 대해 영향을 받는다.

ⓑ 복용량(dose) : 일반적으로 많이 복용할수록 보다 극단적인 효과가 있다.

ⓒ 효능과 순도(potency and purity) : 약물의 순도와 효능이 높고 클수록 효과가 크다.

ⓓ 혼용(mixing) : 약물을 따로따로 복용하는 것보다 다수 약물을 한꺼번에 복용하는 것이 더 효과가 크다.

ⓔ 복용방법(route of administration) : 흡입, 흡연, 마심, 삼킴 등 복용의 방법에 따라 같은 약물이라도 그 효과가 다르다.

ⓕ 습관성(habituation) : 지속적인 복용은 내인성을 강화시켜서 점점 더 많은 양의 복용을 요하게 된다.

ⓖ 상황(set and setting) : 기대감, 기분, 피로감, 불안감 등 복용자를 특징짓는 다양한 주관적 요소와 복용하는 장소에 따라 그 효과가 다르다.

③ 약물남용자의 보편적 특성

ⓐ 약물남용자는 대체로 대도시 거주가 많고, 여성보다는 남성이 많다. 그리고 부모가 음주와 흡연 등 합법적 약물을 복용하는 경우가 많은 것으로 밝혀지고 있다.

ⓑ 학교, 가정, 교회 등 3대 사회화기관과 제도에 강한 유대를 가지지 못하는 것으로 밝혀져 있다. 약물남용이 점차 농어촌으로 확대되고 여성남용자도 증대되고 있다.

ⓒ 교정시설에 수용된 약물남용범죄자를 대상으로 한 조사 결과 연령별로는 20~30대가 가장 많고, 학력은 고졸 이하가 대부분이었다. 직업별로는 판매서비스업 종사자와 무직자가 대다수를 차지하며, 부모나 형제가 같이 살지 않는 경우가 많은 것으로 나타났다.

ⓓ 범죄와 관련하여 약물남용자는 비남용자에 비해 범죄를 범하는 확률이 높은 것으로 나타난다. 약물남용 후에도 지속적으로 범죄행위에 가담하는데, 이는 약물남용을 지속하는 데 필요한 재원을 마련하기 위함이다.

④ 약물남용의 원인
  ㉠ 심리학적 접근
    약물남용자는 여러 가지 요인에 기인하는 인성결함자로서 가족관계의 문제, 적절치 못한
    재강화, 건전한 역할 모형의 부재 등에 의하여 형성될 수 있는 중독성 인성을 가지고 있
    기 때문이라는 것이다.
  ㉡ 사회학적 접근
    ⓐ 약물남용은 약물남용을 긍정적으로 평가하는 집단과의 접촉을 통하여 약물남용을 학
      습하게 된다는 것이다.
    ⓑ 약물남용집단과의 접촉을 통하여 약물남용을 학습하고, 약물남용을 긍정적으로 규정
      하는 집단과의 상호작용을 통해서 약물남용의 부정적인 반작용보다 긍정적인 면을 많
      이 접하게 되어 약물남용자가 되기 쉽다는 것이다.

(4) 기업범죄(피해자가 불특정 다수인 범죄)

① 의의
  ㉠ 피해자가 다수인 관계로 피해자의 규명이 명확지 않은 범죄이다. 이러한 범죄로는 주로
    기업에 의한 범죄를 들 수 있다.
  ㉡ 대체로 소비자가 피해자인 경우와 일반시민대중이 피해자인 경우로 나뉘는데, 소비자가
    피해자인 기업범죄에는 독과점과 같은 공정거래위반 관련범죄와 허위광고, 위험물질의
    생산과 판매 등이 있으며, 일반시민대중을 피해자로 하는 기업범죄는 환경범죄와 안전위
    해범죄가 있다.
② 기업범죄의 유형
  ㉠ 독과점
    자본주의경제 하에서 주요한 원칙의 하나인 자유경쟁이 침해되는 행위로서 그 결과 소비
    자는 선택의 자유를 제한받게 되고 생산량의 조작을 통한 가격의 조작으로 피해를 입게
    된다.
  ㉡ 가격담합
    특정 상품의 판매자들이 그 상품에 대하여 통일된 가격을 매기기로 합의하는 것을 말한
    다. 그 결과 소비자가격의 상승과 그만큼 소비자부담의 증대로 이어진다.
  ㉢ 허위광고
    소비경제가 대량화되면서 그만큼 경쟁도 치열하게 되어 허위·과대광고를 통한 소비자의
    심리 조작, 가격 조작을 꾀하는 것이다. 소비자는 실제 가치 이상의 가격을 부담하고 소
    비자의 소득을 낭비하는 것이다.
  ㉣ 유해 물질의 제조와 판매
    농약으로 기른 식재료 판매, 유해 물질을 첨가한 식·음료품의 제조 판매, 안전장치에 결

함이 있는 상공품의 제조 판매 등의 경우로서 소비자에게 신체와 생명의 위험을 부담시키게 된다.

    ⓔ 환경공해범죄

생산단가를 줄이기 위하여 유해 위험물질의 처리를 불법으로 처분하거나 공해방지시설을 하지 않거나 가동시키지 않는 등의 범죄행위로 일반시민들에게 질병이나 부상 또는 생명의 위협 등 위험성을 초래시키게 된다.

③ 기업범죄의 원인

    ㉠ 기업이 목표는 지나치게 강조하면서도 합법적 수단의 이용에 대해 충분할 정도로 강력하게 주장하지 않기 때문에 일탈행위를 유발하는 사회구조와 마찬가지로 기업문화와 구조를 갖게 된다는 것이다.

    ㉡ 이윤을 최고의 목표로 삼게 되어 합법적 수단이 제한된 상태에서 이를 극대화하기 위하여 불법적인 방법까지 동원한다는 것이다. 기업의 '경쟁의 문화'에서 살아남기 위해서 어쩔 수 없다고 받아들이기 때문이다.

    ㉢ 기업범죄에 대해서 공개적으로 처벌하지 않거나 그 처벌이 경미하기 때문이다.

(5) 피해자 없는 범죄의 특징

① 암수범죄의 문제

피해자 없는 범죄는 특별히 개인적으로 피해를 입은 자가 없고 서로 동의하에 저질러졌기 때문에 대개 신고되지 않거나 인지되지 않아 암수범죄가 많다.

② 비범죄화 논의

피해자가 없기 때문에 형벌로서 처벌할 필요가 있는가 하는 비범죄화론이 거론되고 있으나, 개인적 법익침해가 없더라도 중대한 사회적 유해성이 있는 행위이므로 비범죄화하기는 어렵다.

5 증오범죄(표적범죄)

(1) 의의

① 증오범죄(hate crimes)라 함은 가해자가 특정 사회집단 또는 인종을 별다른 이유 없이 표적으로 삼아 범행을 저지르는 범죄를 말한다. 특정 대상을 표적으로 삼기 때문에 표적범죄(target crimes)의 한 유형으로 본다.

② 증오집단 가운데 가장 큰 규모는 KKK단이며, 18세기 미국 사회에 만연했던 린칭(Lynching : 사형으로 죽이기)의 악습이 이어져 내려왔다는 분석도 있다.

③ 1990년대 제정되어 공포된 '증오범죄통계법'에서는 경우에 따라서는 살인, 치사, 강간, 폭력,

위협, 방화, 그리고 재물의 파괴나 손괴 등의 범죄를 포함하는 인종, 종교, 성적 성향, 또는 민족에 기초한 편견의 증거가 분명한 범죄라고 규정하고 있다.

④ 1999년 4월 20일 미(美) 콜로라도 주에서 빚어진 교내 무차별 학살행위도 소수인종과 종교적 편견에서 비롯된 일종의 증오범죄라고 할 수 있다.

(2) 증오범죄의 특성

① 증오범죄(hate crime)는 잠재적 피해자가 대표하는 특성을 증오하거나, 혐오 또는 경멸함으로써 발생한다.

② 증오범죄는 신체적 폭력을 동반하는 경우가 많다. 1/3 이상이 폭력범죄로 보고되고 있다.

③ 상당히 잔인하며 통상적인 범죄의 공격에 비해 매우 심각한 부상을 초래한다.

④ 대체로 인종적, 국적, 생김새 등의 특징들로 인해 가해자로부터 공격받는다.

⑤ 러시아나 호주 등의 특정 국가나 그 특정 국가 내에서도 특정 도시, 도시의 특정 구역 등에 집중하여 발생한다.

⑥ 집단보다는 개인이 더 많이 증오범죄를 발생시킨다. 개별적 증오범죄자 중에는 소수집단의 구성을 무작위로 폭력과 증오의 대상으로 삼는 스릴(thrill) 추구자와 세상에서 일부 인지된 악을 제거해야 할 임무가 있다고 믿는 포교범죄자(mission offenders)가 있다.

⑦ 폭력적인 증오범죄는 전달하고자 하는 메시지나 이 메시지가 표적 집단의 구성원들에게 미치는 영향을 고려할 때 가장 전염성이 강한 범죄이다. 폭력적 증오범죄는 보복을 수반하고 또 그 보복에 대한 보복을 유발하여 다른 집단하게 확대되고 전 지역에 퍼질 수 있기 때문이다.

(3) 증오범죄의 분류(McDevitt, Levin, & Bennett)

① 스릴형
   개인의 즐거움과 스릴을 추구할 목적으로 범죄

② 방어형
   자신의 구역과 집단을 지키기 위해 범죄

③ 복수형
   말 그대로 복수를 할 목적으로 상대 집단이나 개인을 공격하는 유형

④ 사명형
   집단의 이익을 위해 사탄이나 마귀로 여겨지는 개인이나 집단에게 무력을 행사하는 유형

(4) 증오집단의 역할

① 최근 조직화된 증오집단은 많은 주류사회의 구성원들에게 자신들의 메시지를 전달할 수 있는 새로운 커뮤니케이션의 방법과 전략들을 찾고 있다.

> ex 지나친 세금부과와 규제로 시민의 권리를 빼앗아 가고 시민의 생명까지도 위협하는 정부에 대한 분노와 공포에 호소한다.

② '지도자 없는 저항(leaderless resistance)'으로 공인된 또는 인지된 지도가 없고 중앙의 통제나 방향도 제시되지 않은 채 점조직으로 운영되기 때문에 노출의 위험성이 없이 심지어 다른 점조직이 노출되더라도 그들의 활동을 지속할 수 있게 된다.

③ 증오집단 영향력의 증대와 과거에는 서로 이질적이었던 집단 간의 결합으로 인하여 증오범죄와 테러리즘의 구분이 흐려지기 시작하였다.

(5) 증오범죄에 대한 대처

① 범죄에 대한 동기가 편견에 의한 것이라면 그 범행에 대하여 법이 허용하는 최고의 형으로 처벌하도록 하여 처벌을 강화하는 법이 제정된다.

> **ex** 피의자가 인종, 종교, 피부색, 장애, 성적 성향, 국적, 또는 조상 등의 요인 때문에 피해자를 의도적으로 선택하는 경우에는 그 범행에 대하여 법이 허용하는 최고의 형으로 처벌하도록 한다.

② 미국의 경우, 1995년 39개 주에서 각종 편견으로 동기부여 된 폭력이나 위협을 규제하는 법을 제정하였고, 19개 주는 증오범죄에 관한 자료의 수집을 의무화하는 법안을 만들기도 하였다.

③ 미국은 증오범죄에 대한 통계와 자료의 철저한 수집과 관리를 위해 주 경찰에서는 해마다 군별 자료를 수집하여 매년 편견에 의한 사건 보고서를 발간하고 법집행기간에게는 증오범죄의 수사와 기소에 필요한 교육훈련과 같은 도움을 제공한다.

④ 증오범죄에서는 신고된 사건에 대한 즉각적이고 효과적인 출동이나 대처가 중요하다. 하지만 증오범죄는 피해자가 보복을 두려워하여 신고를 머뭇거리게 되는데, 이를 보완하고자 지역 사회 내 공익단체 등이 연계망을 형성하여 피해자를 지원하고 신고를 독려한다.

⑤ 참여연대의 사법감시활동과 같이 증오범죄도 사법감시를 받아야 한다. 규칙적으로 각급 법원이나 판사들의 재판결과를 검토, 분석하여 그 결과를 공개하고 공청회 등을 개최하여야 한다.

⑥ 정부, 기관, 그리고 각종 단체가 연합회, 또는 협회 등 연계망을 구성하여 자원, 권리, 그리고 서비스 등에 관한 정보를 종합적으로 제공하는 기능을 다 해 대처한다.

6 스토킹

(1) 의의

① 스토킹(stalking)
개별행동이라기보다는 일반적으로 개별적으로 취해진다면 합법적일 수 있는 일련의 행동으로 이루어진 범죄 활동의 형태라고 할 수 있다. 일정기간 동안 의도적·반복적으로 행하여 정상적인 판단 능력이 있는 일반인이라면 누구나 공포나 불안을 느낄만한 일련의 행동으로 특정인이나 그 가족들에게 정신적·육체적 피해를 입히는 일방적이고 병적인 행동을 말한다.

② 사이버 스토킹(cyber stalking)

사이버 공간을 매개로 하여 특정인을 지속적으로 괴롭히거나 또는 특정인에 대한 접근을 시도하는 형태의 신종범죄를 말한다.

> **스토킹과 사이버 스토킹(cyber stalking)의 차이**
>
> - 스토킹은 스토커와 피해자가 동일한 지역에 존재하는 데 비해 사이버 스토커는 어디에서든 존재한다.
> - 사이버 스토커들은 사이버 공간을 통하여 잘 모르는 제3자들을 괴롭히거나 피해를 줄 수 있다.
> - 사이버 스토커들은 발각의 두려움이나 죄의식 없이 쉽게 행위를 저지를 수 있다.

(2) 스토킹의 특징

① 피해 대상은 대부분 여성이다.
② 관련된 당사자들이 현재 결혼 관계에 있거나 이혼한 부부, 현재 또는 과거의 동거자인 경우이며 대부분 가정폭력의 이력을 갖고 있기 쉽다.
③ 스토커와 피해자가 서로 잘 알고 있거나 공식 또는 비공식적으로 관련이 있다.
④ 유명인사나 공인을 대상으로 하는 경우가 있다.
⑤ 상대방의 단순한 사생활을 침해하는 정도에서 그치는 것이 아니라 심하면 폭행이나 강간 그리고 살인에 이르는 위험한 범죄행위에까지 이르게 된다.
⑥ 스토킹의 중단은 대체로 피해자가 멀리 떠나버리거나 경찰의 관여가 있을 때 또는 다른 애정 대상을 만났을 때 나타나는 경우가 대부분이다.
⑦ 스토킹은 주로 한 명의 가해자가 한 명의 피해자에게 행하지만 그렇지 않은 경우도 있다.

(3) 스토킹의 유형

① 단순집착형(simple obsessional type)
흔히 피해자와 가해자가 이전에 서로 알고 있는 관계에서 발생하며, 가장 흔하게 발생하면서도 가장 위험하고 불행한 결과도 이러한 유형에서 발생한다. 상당수의 경우 전남편 혹은 전처, 옛 애인과의 관계에서 발생한다.
② 연애집착형(love obsession)
연애집착형은 스토커와 피해자 사이에 이전에 특별한 교류가 없어 서로 잘 모르는 관계에서 발생한다. 스토커는 피해자와 로맨틱한 관계 또는 순수한 사랑(idyllic love)을 성취하는 상상에 빠져 있다.
③ 연애망상형(erotomania)
연애망상형은 정신장애로서 상대방이 자신의 존재를 전혀 모르고 있는데도 불구하고 자신은 그 사람으로부터 사랑을 받고 있다고 망상을 하고 있다는 점에서 연애집착형과 구별된다. 연

애망상형 스토커는 대부분이 여성이라는 점이 특징이며, 높은 사회적 지위나 저명인사로 알려진 중년 남성을 주요 대상으로 삼는다.

④ 허위피해 망상형(false victimization syndrome)

허위피해 망상형은 실제 스토커가 존재하지 않음에도 불구하고 피해자 자신이 스토킹 피해를 당하고 있다는 허위상황을 설정하여 발전시키는 것이다.

(4) 스토커의 특성

① 스토커의 인구통계학적 특성을 보면, 이들의 대다수는 남자들이라는 점이다. 스토커는 대인관계의 미숙이나 결혼 등에 실패한 사람이 대부분이다.

② 스토커의 대다수가 직업이 없거나 직업이 불안정하며 또 스토킹하는 시점에 불안정한 직업경력을 가지고 있다.

③ 스토커의 교육 수준은 평균 이상이다. 스토커가 일반인보다 지능이 높기 때문에 지능적이고 교활하여 스토킹 관련 범죄 수사에 유죄의 입증을 하기가 상당히 어렵다.

④ 스토커 중 일부는 심한 정신병으로 편집증, 지나친 소유욕 그리고 매우 불안정한 성격을 가지고 있어 범죄의 우려가 대단히 크다.

(5) 스토킹의 법률적 요소

① 행위의 연속성 : 스토킹이 법률적으로 고려되기 위해서는 일회성 또는 단발성이 아닌 일련의 스토킹이 연속적으로 이루어져 종횡적으로 일정한 행동유형을 보여주는 것을 전제로 한다.

② 위협의 요건 : 누구나 두려움을 느끼게 되는 정도나 방법으로 행동하거나 위협을 가할 것을 요하고 있다. 문서나 구두가 아닌 집 앞에 동물의 사체를 배달시키는 등의 위협도 해당된다.

③ 스토커의 의도 : 피해자에게 공포를 야기하려는 범죄적 의사, 즉 범의가 있어야 한다. 반드시 의도적이고 목적이 있으며, 의식적이고 인지적이어야 한다. 일반적으로 용의자의 행동으로 피해자가 어느 정도 공포나 두려움을 갖게 된다면 범죄의 의사라는 요소는 있는 것으로 간주되고 있다.

미국의 전국범죄피해자센터에서 제시한 스토킹의 4가지 유형

- 단순집착형 : 가해자와 피해자는 '사실적 관계'(=서로 아는 사이)가 가장 많고, 위험성이 높다.
- 애정집착형 : 가해자와 피해자는 서로 전혀 알지 못하는 낯선 관계로, 주로 유명인사나 공인을 대상으로 하는 경우가 많고, 피해자와 특별한 관계가 되는 망상에 빠져 있다.
- 연애망상형 : 피해자는 가해자의 존재를 전혀 모르고, 가해자는 피해자와 특별한 관계라는 망상에 빠져 있다. 가해자 대부분은 강박관념, 망상 등 성격장애가 있어 정상적인 관계나 일상을 유지하는 능력이 낮다.
- 허위피해망상형 : 실제로는 스토커가 없는데, 피해자 자신이 스토킹 피해를 당하고 있다는 망상에 빠진 유형이다.

7 High Tech 범죄

(1) High Tech 범죄의 개념

① High Tech 범죄의 사전적 의미는 첨단, 고급 또는 고도의 과학기술과 관련된 범죄라고 한다.
② 미국의 '하이테크범죄수사협회'에서는 컴퓨터 및 과학기술과 동시에 관련이 있거나 혹은 어느 한 쪽과 관련이 있는 범법행위라고 규정한다. 또한 미국의 '하이테크범죄조합'은 High Tech 범죄를 '컴퓨터를 불법행위의 도구 또는 범법행위의 목적물로 이용한 범죄사건'으로 내규는 규정하고 있다.

(2) High Tech 범죄의 특징

① 시간과 공간을 초월하여 동시에 다수의 이용자와 접속할 수 있기 때문에 간단한 조작으로도 많은 사람에게 반복적으로 피해를 입힐 수 있다.
② 이용자의 신분이 노출되지 않아 목격자가 있기 어려워 범죄 현장의 발견과 범인의 현장 검거 또는 신고에 의한 체포를 기대하기 어렵다.
③ 범행 현장을 알기 어렵고, 현장을 알게 되어도 통치권의 문제로 아무런 도움이 되지 않는 경우가 많다.
④ 피해자가 없는 범죄와 같이 피해자가 피해 사실을 알지 못하거나 뒤늦게 알게 된다.
⑤ 범행의 흔적이 잘 남지 않고 이용자의 신분이 노출되지 않기 때문에 증거의 확보가 어렵고 확보된 증거도 활용하기 쉽지 않다.
⑥ 비대면성으로 인하여 범죄가 보다 과격하고 대담해질 수 있고, 범행을 위하여 고도의 전문적 지식과 기술을 요하며, 시공을 초월하는 특성으로 인하여 범죄피해가 빨리 널리 확산될 수 있어서 피해 규모가 엄청날 수 있다.

(3) High Tech 범죄의 동기

① 범죄자 개인의 잘못된 우월감과 성취감이 동기가 된다. 해커들이 자신의 실력을 과시하고 자랑하면서 성취감을 느낀다.
> **ex** 해커들은 자신의 기술과 능력을 과시하고 자랑하기 위하여 어려운 대상만을 골라서 해킹함으로써 자신의 실력을 과시하고 성취감을 느낀다.

② 개인의 감정적 문제가 범행의 동기가 되기도 한다. 표적에 대한 증오나 복수심을 게시판이나 전자우편을 통하여 표출하거나 시스템을 해킹하고 바이러스를 감염시킨다.
> **ex** 특정인이나 단체 등에 대한 원한이나 증오 또는 복수심 등을 전자우편이나 게시판 등을 이용하여 표출하거나 컴퓨터를 해킹하거나 바이러스를 감염시키는 등이 이에 속한다.

③ 경제적 이욕이 범행의 동기가 되는 경우이다.
> **ex** 금융전산망에 침투하여 회사의 기밀이나 기술정보를 빼내 산업스파이로 활동하고 전자상거래를 이용하여 각종 사기범죄를 저지른다. 마약밀거래 등으로 얻어진 불법자금을 세탁하기 위한 범죄도 여기에 해당한다.

(4) High Tech범죄의 규제

① 규제상의 어려움

   ㉠ 범죄가 현실 세계가 아닌 가상공간에서 행해지기 때문에 법률적 규제 장치가 미흡하고 그 적용도 까다로우며, 시간과 공간을 초월하여 신분을 노출하지 않고 이루어지는 범행을 추적하기가 쉽지 않다. 또한 범죄자들이 대부분 암호체계를 이용하고 있다.

   ㉡ 컴퓨터 자료의 폐쇄성, 은닉성, 불가시성 등으로 인하여 사후 적발이 어려우며, 기밀정보를 복사하는 등의 산업스파이 경우와 같이 흔적을 남기지 않는 특성으로 적발과 범행의 입증이 더욱 어려워진다.

   ㉢ high tech범죄는 여러 가지 수법이 결합하여 행해지는 경우가 많다는 점도 규제를 어렵게 하는 요인이다.

   ㉣ high tech범죄자는 고도의 전문적인 지식과 기술을 갖추거나 산업스파이나 내부자절도 등 조직 내부의 소행이 크기 때문에 적발이 어렵고, 적발되어도 조직의 명예나 신용이 떨어지는 것을 두려워하여 외부로 노출되지 않는 경우가 많다.

② High tech범죄의 규제

   ㉠ 경제협력개발기구(OECD)가 1986년에 마련한 컴퓨터범죄에 대한 입법정책분석과 1992년에 마련한 보안체제지침에 기초하여 규제법률을 마련하거나 보안하고 있다. 거의 모든 국가에서 접속권한이 없는 사람의 무단접속(unauthorized access)을 규제와 처벌의 대상으로 정하고 있다.

   ㉡ 가상공간에서의 음란성 문제가 논란이 되자 이를 규제하는 법을 제정하기도 하며, 산업스파이 등 경쟁적 정보의 유출이 문제가 되자 경제스파이법 등을 만들어 규제하고 있다.

   ㉢ 컴퓨터에 대한 임의접근이나 무단접속을 차단하고 저장된 정보의 위·변조나 도난과 훼손을 방지하는 기술을 개발하는 방향으로 전개되고 있으며, 방화벽(fire wall)이나 공개키암호화체제(public key encryption system)가 대표적 예이다.

8 사이버 범죄

(1) 의의

사이버 범죄의 사전적 의미는 사이버공간(cyberspace)에서 일어나는 범죄이며, 사이버 범죄는 정보통신망으로 연결되는 컴퓨터 시스템이나 사이버 공간을 이용해 다른 사람한테 피해를 주고 건전한 사이버 문화에 해를 끼치는 행위이다.

(2) 특징

① 일반 범죄와 달리 빠른 시간 안에 불특정 다수에게 많은 악영향을 미친다.

② 사이버 공간 특성상 정보 발신자의 특정이 어렵다.

③ 전자정보의 증거 인멸 및 수정이 간단하여 범행의 범위와 피해가 광역적이며 국제적이다.

④ 정보통신망침해범죄, 정보통신망이용범죄, 불법컨텐츠 범죄로 나뉜다.

⑤ 컴퓨터, 인터넷, 휴대폰 등 정보통신기술이 범죄 도구로 이용된다.

⑥ 범죄의 수법이 매우 지능적이며 고도의 전문기술을 사용한다.

⑦ 범죄 현장의 발각과 원인 규명이 곤란하고 체포가 어렵기 때문에 범죄자는 수많은 비행을 저지른 끝에 붙잡히는 경우가 일반적이다.

⑧ 중산층이 쉽게 가담한다.

⑨ 익명성과 비대면성으로 인해 범행자 스스로 범죄성에 대한 인식이 희박하거나 결여되어 있다.

⑩ 피해자가 피해 사실을 알지 못하거나 뒤늦게 알게 되는 경우가 많다.

⑪ 사이버범죄가 전통적인 범죄와 구별되는 특징으로는 익명성, 용이성, 탈규범성(놀이성), 전문성 및 암수성 등을 들 수 있다.

(3) 사이버범죄의 유형

① 단순침입

정당한 접근권한 없이 또는 허용된 접근권한을 초과하여, 정보통신망에 침입하는 것이다. 컴퓨터에 저장된 정보를 얻거나, 허가나 비용의 지불도 없이 표적이 되는 컴퓨터 시스템을 통제하거나, 자료의 완전성을 변경시키거나, 컴퓨터나 서버의 가용성을 방해하기 위하여 컴퓨터 시스템을 표적으로 한다. 해킹, 서비스거부공격, 악성 프로그램 유포 등이 있다.

② 사용자 도용

정보통신망에 침입하기 위해서 타인에게 부여된 사용자계정과 비밀번호를 권한자의 동의 없이 사용하는 것이다. 고객의 신용카드 번호를 훔치는 것, 금융기관 등으로부터 은행 계좌 정보나 개인정보를 불법적으로 알아내 이를 이용하는 인터넷 사기 수법에 해당하는 피싱이 있다.

③ 파일 등 삭제와 자료 유출

정보통신망에 침입한 자가 행한 2차적 행위의 결과로, 일반적으로 정보통신망에 대한 침입 행위가 이루어진 뒤에 가능하다.

④ 복수, 파괴 등 악의적인 목적 달성

㉠ 사이버 스토킹 : 이동통신·이메일·대화방·게시판 등의 정보통신망을 이용해 악의의 의도를 가지고 지속적으로 공포감·불안감 등을 유발하는 행위를 말한다.

㉡ 컴퓨터 바이러스 : 사용자 몰래 다른 프로그램에서 자기 자신을 복사하는 프로그램으로 정상적인 프로그램이나 데이터를 파괴하도록 특수하게 개발된 악성 프로그램이다. 컴퓨터의 프로그램이나 실행 가능한 부분을 변형하여 여기에 자기 자신 또는 자기 자신의 변형을 복사하는 명령어들의 조합을 말한다.

㉢ 트로이목마 : 겉으로 보기에는 전혀 해를 끼치지 않을 것처럼 보이지만 실제로는 바이러스 등의 위험인자를 포함하고 있는 프로그램을 말한다.

⑤ 정보저장도구로서의 컴퓨터

컴퓨터나 컴퓨터도구를 수동적인 저장수단으로 이용하는 것이다. 마약밀거래자가 고객과 판매에 관한 정보를 저장하기 위하여 컴퓨터를 이용하고, 해커가 훔친 패스워드, 신용카드나 전화카드의 번호, 기업의 비밀, 음란영상물 등을 저장하기 위하여 컴퓨터를 이용하는 것이 여기에 해당한다.

⑥ 통신수단으로서 컴퓨터

컴퓨터가 사이버범죄에서 하나의 통신수단으로 이용될 수 있다. 이 유형에 속하는 대부분 범죄는 마약이나 총기의 판매, 사기, 도박, 음란물의 판매 등과 같이 단순히 온라인에서 행해지는 범죄유형이다.

⑦ 폭탄메일

메일서버가 감당할 수 있는 한계를 넘는 많은 양의 메일을 일시에 보내 장애가 발생하게 하거나 메일 내부에 메일 수신자의 컴퓨터에 과부하를 일으킬 수 있는 실행 코드 등을 넣어 보내는 것이다.

⑧ 스팸메일

상업적인 내용의 메일을 불특정 다수에게 보내는 것이다. 이메일을 이용한 상업적인 목적의 광고가 많이 늘어나고 있으며 특히 기업광고, 특정인 비방, 음란물 및 성인사이트 광고, 컴퓨터 바이러스 등을 담은 이메일을 대량으로 발송하는 것이다.

사이버범죄의 유형

유 형		세부유형
사이버 범죄	정보통신망 침해 범죄	해킹
		서비스 거부공격(DDos 등)
		악성프로그램
		기타 정보통신망 침해형 범죄
	정보통신망 이용 범죄	사이버 사기
		사이버 금융범죄(피싱, 파밍, 스미싱, 메모리해킹, 몸캠피싱 등)
		개인 · 위치정보 침해
		사이버 저작권 침해
		사이버 스팸메일
		기타 정보통신망 이용형 범죄
	불법콘텐츠 범죄	사이버 성폭력
		사이버 도박
		사이버 명예훼손 · 모욕
		사이버 스토킹
		사이버 스팸메일
		기타 불법콘텐츠 범죄

> **사이버범죄의 용어 정리**
>
> - e-후킹 : 해킹의 한 종류로, 이용자가 키보드로 누른 정보를 밖으로 빼돌리는 방법으로서 카드비밀번호 등 중요한 정보를 유출시키는 기법
> - 스푸핑 : "속이거나 골탕먹이다."는 의미로, 직접적으로 시스템에 침입을 시도하지 않고 피해자가 공격자의 악의적인 시도에 의한 잘못된 정보, 혹은 연결을 신뢰하게끔 만드는 일련의 기법들
>   참고로, 스니핑이란 "냄새를 맡다."라는 의미로, 컴퓨터 네트워크상에 돌아다니는 패킷들을 훔쳐보는 것을 말한다.
> - 스미싱 : 인터넷이 가능한 휴대폰 사용자에게 문자 메시지를 보낸 후 사용자가 웹사이트에 접속하면, 악성 코드를 주입하여 휴대폰을 통제하는 기법
> - 피싱 : 피해자를 기망하거나 협박하여 개인정보, 금융거래정보 등을 요구하거나 금전을 이체토록 하는 기법
> - 비싱 : 피싱의 발전된 기법으로, 인터넷 전화로 금융기관을 가장하여 은행계좌에 문제가 있다는 자동녹음 된 메시지를 보낸 뒤 사용자가 비밀번호 등을 입력하면 빼내가는 기법
> - 파밍 : 피해자의 PC를 악성프로그램에 감염시켜 정상 사이트 주소를 입력하더라도 가짜 사이트로 접속되 도록 조작한 후 금융거래정보를 빼내어 금전을 부당하게 인출하는 기법
> - 메모리해킹 : 피해자의 PC 메모리에 상주하는 악성프로그램을 심어 정상 사이트에 접속하더라도 거래오류 가 발생되거나, 별도의 팝업창을 띄워 금융거래정보를 입력하게 하여 금전을 부당하게 인출하는 기법

9 환경범죄

(1) 환경범죄의 개념

① 형식적 환경범죄

환경재(環境財)나 환경재를 통한 인간의 생명·신체에 대한 침해 및 위험야기행위 가운데 법률에 의해 구성요건화된 행위를 말하는데 현행 형법과 행정법이 취하는 개념이다.

② 실질적 환경범죄

인간의 건강에 위해를 주거나 환경을 저해하는 환경오염 행위나 이에 관련된 행위를 하여 성립하는 범죄이다. 형벌로 규제해야 할 행위로서 범죄화와 비범죄화의 기준으로 작용한다.

(2) 환경범죄의 특성

① 환경침해(피해)행위의 특성

㉠ 간접성 : 물·공기·대지 등의 오염된 환경인자를 매개로 인간의 생명과 신체에 대한 침해를 가하는 간접적 성격을 말한다.

㉡ 전파성(광역성) : 오염물질이 전파됨으로써 침해가 광역화되는 것을 말한다. 한 번에 이루어진 환경침해행위일지라도 시간적·공간적으로 전파되는 특성을 갖는다.

㉢ 완만성·복합성 : 환경침해행위는 완만한 과정을 거쳐서 서서히 일어나고 다양한 매개체를 거쳐서 발생하는 복합적 특성이 있다.

ⓔ 상규성 : 환경범죄가 일상적인 사회활동이나 기업활동 등에서 이루어지는 특성을 말한다.

ⓜ 은폐성 : 환경범죄는 기업을 통해서 대기오염, 수질오염 등 형태로 발생하므로 인지되기가 힘들고 은폐되기 쉽다.

② 행위 주체의 특성

㉠ 기업범죄로서의 특징

ⓐ 환경범죄가 기업들에게서 집중적으로 행해지고 있고 아주 잘 숨겨지고 있어 외부로 잘 알려지지 않는다. 때로는 공기업이 환경범죄의 주범이 되기도 하며, 기업의 환경범죄에 동조하거나 공범자가 되기도 한다.

ⓑ 사회의 주 언론이 환경범죄의 개별적 사건이나 그러한 위반행위의 심각성에 대해서 축소 또는 과소보도한다. 또한 기업은 기업행위로 인한 환경손상을 은폐하기 위해 적극적인 공공관계나 홍보활동을 한다.

㉡ 행위 주체의 확정 곤란 : 환경범죄는 행위자가 다수인 또는 기업인 경우가 많아 행위 주체를 확정하기 어렵다. 따라서 인과관계의 확정, 소송상 입증 부담, 증거수집 등의 문제를 야기하므로 인과관계의 추정 및 추상적 위험범 등의 입법기술이 주장된다.

㉢ 우월적 지위 : 환경범죄의 가해자는 사회경제적으로 우월한 지위에 있으므로 피해자 구제와 관련하여 피해분쟁조정은 난항을 겪는 것이 보통이다.

㉣ 범죄피해의 국제화

ⓐ 선진국의 다국적 기업이나 대기업들은 환경규제나 법규 등을 피하여 외화나 일자리 또는 경제적 지원이 필요하여 외국기업을 유치하려는 환경규제나 법규가 느슨한 개발도상국이나 저개발국으로 공장 등을 이전하고 있으며, 유독성 폐기물 등을 자국에서 처리하는 데는 비용이 많이 든다는 이유로 저렴한 비용으로 처리 가능한 국가로 반출하고 있다.

ⓑ 다국적 기업에서는 폐기물을 받아들이는 국가에 대하여 상당한 경제적·재정적 보상을 제시하고, 때로는 수입국가의 공무원들이나 정치인을 상대로 로비를 벌이고 뇌물을 공여한다. 결국 환경범죄의 피해자는 저항할 힘도 없는 가난하고 아무런 권력도 가지지 못한 국가와 사람들이다.

(3) 환경범죄의 유형

① 불법 처분으로서 유독성 폐기물, 전염성 폐기물, 병원 폐기물 등 각종 폐기물을 불법적으로 처리하는 것

② 폐기물을 불법적으로 부적절하게 운송하는 것

③ 폐기물을 부적절하게 저장하는 행위

④ 폐기물의 부적절한 조치나 처리 및 기타 불법행위를 저지르는 것

(4) 환경범죄의 규율방식

① 행정형법을 통한 규율

환경행정법에서 별도로 벌칙의 장을 두어 형벌을 규정하는 방식으로 영국·미국·캐나다·프랑스 등이 채택하고 있다. 우리나라도 기본적으로 이 방식을 채택하고 있다.

㉠ 장점 : 문제가 되는 개별 환경영역에서 합당한 구성요건을 창설할 수 있다.

㉡ 단점 : 형법의 법익침해기준이 아닌 행정법적 원리와 기준에 의해 형벌이 부과되는 점과 법규가 산재하므로 일반예방효과를 거두기 어렵다.

② 형법전에 의한 통일적 규율

형법전에 환경범죄에 관한 장을 신설하여 일괄 규정하는 방식과 형법전의 기존 분류에 따라 관련되는 곳에 개별적으로 삽입하는 방식이 있다. 독일·네덜란드·스페인 등이 채택하고 있다.

㉠ 장점 : 형법전을 중심으로 환경관계법률의 통일을 기원할 수 있고, 행정법 원칙과 형법 원칙을 조절함으로써 법 집행을 원활하게 할 수 있다.

㉡ 단점 : 개별적 환경침해영역의 특수성을 제대로 살리기 어렵고, 형법전의 비대화를 초래한다.

③ 특별형법을 통한 규율

이는 특히 중대한 환경범죄를 독립된 형사특별법을 통해 규율하는 방식으로 우리나라의 '환경범죄처벌에 관한 특별조치법(환경범죄 등의 단속 및 가중처벌에 관한 법률)'이 이에 해당한다.

㉠ 장점 : 개별 환경영역에 알맞은 구성요건을 만들 수 있고 환경 상황이나 기술발전의 변화에 따른 개정이 용이하다.

㉡ 단점 : 수범자의 법의식을 고취시킨다는 측면에서 실효성이 떨어지고, 중첩적인 형벌가중 구성요건으로 인해 특별형법의 비대화를 초래한다.

④ 환경법전의 통일적 편제에 의한 규율

환경법이 독립적 법률체계로서 통일적으로 규정되는 방식으로 노르웨이·스위스·그리스 등이 채택하고 있다.

㉠ 장점 : 환경보전의 중요성을 국민에게 쉽게 인식시킬 수 있고, 법체계의 통일성을 도모할 수 있다.

㉡ 단점 : 관련된 법 규정과 개념 간의 모순이 없어야 하므로 광범위한 법 개정이 선행되어야 한다는 점에서 우리 법제상 가장 비현실적인 규율 방식이다.

(5) 환경범죄의 규제전략

① 억제전략(deterrence strategy)

위반사항을 적발하여 위반자를 처벌하는 것을 강조하는 전략이다.

② 준수전략(compliance strategy)

대결보다는 협조를, 강제보다는 회유와 조정을 찾는 전략이다.

③ 경찰과 검찰 등 형사사법기관의 전문화가 전제되어 수사 능력을 증대시키기 위해 규제기관의 인력으로 구성된 네트워크를 구축할 필요성이 있다.

④ 인식의 전환을 통하여 환경범죄에 대한 감시와 신고 정신을 고양하고 규제기관에서는 철저한 규제 활동을 벌이고 사법기관에서는 엄중한 처벌을 해야 환경범죄에 대한 강력한 억제가 가능할 것이다.

〈환경범죄에 대한 세계의 형사제재 추세〉

미국	환경범죄에 대한 체포, 기소, 그리고 형사제재의 강도 등이 증가하고 있다.
캐나다	환경보호법이 강력한 형사처벌과 벌금을 규정하고 있다.
독일	환경범죄에 대한 형사소추가 거의 두 배로 증가하고 있다.
아이보리코스트	환경범죄에 대해서 20년의 실형이나 1백만 달러가 넘는 벌금을 부과한다.
나이지리아	화학폐기물을 불법으로 폐기했을 시 최대 사형까지 받을 수 있다.
케냐	코끼리를 보호하기 위해 코끼리 밀렵자를 현장에서 사살할 수 있는 정책을 채택하였다.
유엔(UN)	환경손상에 책임이 있는 개인을 재판할 세계법정(world court)을 설치할 것을 요구하고 있다.

단원별 OX 문제

001 사기는 형사사법 실무에서 강력범죄로 분류하지 않는다. (　　)

정답 O

002 손베리(Thornberry)는 사회통제이론(Social Control Theory)과 사회학습이론(Social Learning Theory)을 통합하여 범죄행위는 행위자와 환경이 상호작용하는 발전적 과정에 의하여 발생한다고 주장하였다. (　　)

정답 O

003 손베리의 상호작용이론은 발전이론에 해당하지 않는다. (　　)

정답 X 발전이론에는 샘슨과 라웁의 연령-등급이론, 모피트의 이원적 경로이론, 손베리의 상호작용이론이 있다.

004 손베리(Thornberry)는 비행청소년을 청소년기 한정형(adolescence-limited)과 생애지속형(life-course-persistent)으로 분류하였다. (　　)

정답 O

005 샘슨과 라웁의 인생항로이론에서 범죄성은 타고나는 것이므로 평생 변하지 않는다고 강조한다. (　　)

정답 X 인생항로이론에 따르면 일생동안 여러 가지 경험, 사건, 환경 등에 의해 범죄성 또한 변한다고 본다.

006 샘슨(Sampson)과 라웁(Laub)은 아동기, 청소년기를 거쳐 성인기까지의 생애과정에 걸친 범죄의 지속성과 가변성을 설명하였다. (　　)

정답 O

007 샘슨과 라웁은 행위자를 둘러싼 상황적·구조적 변화로 인해 범죄가 중단된다고 주장하였다. (　　)

정답 O

008 사전에 범행 계획을 세운 후에 실행하는 것은 사기범죄의 특성 중 하나이다. (　　)

정답 O

009 상점절도는 청소년의 행위 중 지위비행이 아니다. (　　)

정답 O

010 발전이론가는 샘슨과 라웁, 퀴니, 모피트가 있다. (　　)

정답 X 발전이론가는 손베리, 샘슨과 라웁, 모피트가 있다. 퀴니는 해당되지 않는다.

011 쏜베리(Thornberry)의 상호작용이론은 사회유대의 약화를 비행이 시작되는 출발점으로 보았다. (　　)

　　정답 O

012 티틀(Tittle)의 통제균형이론은 타인으로부터 받는 통제와 자신이 행사하는 통제의 양이 균형을 이룰 때 순응이 발생하고, 통제의 불균형이 비행과 범죄행위를 발생시킨다고 설명한다. (　　)

　　정답 O

013 박근혜 정부에서 규정한 4대 사회악은 성폭력, 학교폭력, 가정폭력, 불량식품 유통이다. (　　)

　　정답 O

014 학교폭력예방 및 대책에 관한 법률상 학교폭력 가해자에 대한 조치로 단기보호관찰이 있다. (　　)

　　정답 X '단기보호관찰'은 소년법 제32조 제1항 제4호에 규정된 소년보호처분 중의 하나이다.

015 조직범죄의 일반적인 특성으로는 비이념성, 위계성, 자격의 엄격성, 영속성, 불법적 수단의 사용, 활동의 전문성과 분업성 그리고 조직에 대한 충성심 등이 있다. (　　)

　　정답 O

016 법무연수원에서 발간한 범죄백서의 분류기준에 의하면 강력범죄란 살인, 강도, 강간, 방화 범죄를 일컫는다. (　　)

　　정답 O

017 샘슨과 라웁은 생애발달이론에서 개인의 적극적인 교육참여, 성실한 직장생활, 활발한 대인관계, 비범죄경력 등을 인생경로라고 정의한다. (　　)

　　정답 X 샘슨과 라웁은 청소년 비행의 원인을 약화된 사회유대 때문이라고 본다. 사회와의 유대가 회복되거나 강화될 경우 더 이상 비행을 저지르지 않고 비행을 중단하게 되며 사회유대 혹은 사회자본을 형성하게 된다고 한다.

018 강도는 조직범죄의 일반적인 활동영역으로 볼 수 없다. (　　)

　　정답 O

019 화이트칼라 범죄는 직무상의 권한과 영향력을 악용하여 저지르는 불법행위이다. (　　)

　　정답 O

020 범죄피해의 특정성, 간접성, 은폐성은 환경범죄 피해의 특성이다. (　　)

　　정답 X 환경범죄 피해의 특성은 범죄피해의 광역성, 간접성, 은폐성이다.

021 조직폭력범죄에서 조직의 목표는 정치적 이데올로기를 지향한다. (　　)

　　정답 X 조직범죄는 오로지 돈과 권력을 목적으로 하는 비이념성을 지니므로 정치적 이데올로기를 지향하지 않는다.

022 '사회적으로 높은 지위를 가지고 있는 사람이 직업활동의 과정에서 저지르는 범죄'라고 서덜랜드가 주장한 범죄유형은 정치범죄이다. (   )

> 정답 X 화이트칼라범죄는 서덜랜드가 부유한 사람과 권력 있는 사람들의 범죄 활동을 기술하기 위해 처음 사용한 용어이다.

023 조직범죄는 위계적, 계층적인 특징을 갖는다. (   )

> 정답 O

024 기본적인 동기에 따른 강간의 구분으로 가학형은 공격자의 분노와 권력이 성적으로 변형되어 가학적 공격 자체로 흥분을 느낀다. (   )

> 정답 O

025 아바딘스키가 제시한 조직범죄의 특징 중 조직범죄는 정치적·이념적 목적이 개입된 경우가 많다. (   )

> 정답 X 조직범죄는 정치적·이념적 목적보다는 경제적 목적이 개입된 경우가 많다.

026 샘슨과 라웁의 인생항로이론에서 비행청소년도 성장하면서 유대감이 강해지면 범죄를 중단할 수 있다고 주장하였다. (   )

> 정답 O

027 격정적인 흥분상태에서 범행을 실행하는 것은 사기범죄의 특성 중 하나이다. (   )

> 정답 X 격정적인 흥분상태에서 범행을 실행하는 것은 폭력범죄, 성범죄 등이다.

028 지위비행은 성인이 하면 범죄에 해당하지 않지만 청소년이 일탈행위를 삼게 되면 범죄가 성립하는 것을 말한다. (   )

> 정답 O

029 청소년비행은 일반적으로 집단화보다는 개인화되는 경향이 있다. (   )

> 정답 X 청소년비행은 개인화보다 집단화되는 경향이 있다.

030 고프만은 청소년 초기에는 가족의 애착이 중요하고, 중기에는 가족의 영향력이 친구, 학교, 청소년문화로 대체된다고 강조하였다. (   )

> 정답 X 숀베리의 상호작용이론에 관한 설명이다.

031 학부모의 형사처벌은 학교폭력예방 및 대책에 관한 법률에 규정된 주요내용이 아니다. (   )

> 정답 O

032 화이트칼라 범죄는 개인의 신용카드범죄, 마약범죄, 성폭력범죄 등이 포함된다. (   )

> 정답 X 화이트칼라범죄는 하류계층보다 사회적 지위가 높고 비교적 존경받는 사람들이 자신의 직업수행과정에서 행하는 직업적 범죄이다.

033 조직폭력범죄는 목표달성을 위해 불법적 폭력을 사용한다. (　)

정답 O

034 화이트칼라범죄의 특징중 처벌하기 곤란하여 비록 기소된다고 하더라도 엄하게 처벌받지 않는 경향을 보이는 것은 피해파악의 곤란성에 해당된다. (　)

정답 X 화이트칼라의 특징 중 처벌의 곤란성에 해당되는 내용이다.

035 범죄피해의 광역성, 간접성, 은폐성은 환경범죄 피해의 특성에 해당한다. (　)

정답 O

036 조직범죄의 유형 및 활동영역에서 노조관련 이익갈취행위, 오물수거, 자판기사업관련 불법인수 등은 합법적 사업에의 침투에 해당한다. (　)

정답 O

037 폭력범죄는 일반적으로 대도시보다 농촌지역의 폭력범죄율이 더 높다. (　)

정답 X 대도시의 폭력범죄율은 농촌지역의 폭력범죄율보다 높다.

038 우리나라의 범죄발생현황을 살펴보면 강도범죄는 주로 농어촌지역에서 많이 발생한다. (　)

정답 X 강도범죄는 주로 농어촌지역보다 도시지역에서 많이 발생한다.

039 '살인'은 가해자가 아는 사람보다 낯선 사람인 경우가 많다. (　)

정답 X 개인적 살인은 주로 치정, 원한, 금품, 갈취의 동기로 범행을 저지른다. 보통 가해자와 피해자는 아는 사이인 경우가 많다.

040 헤어(Hare)가 주장한 '사이코패스 진단척도'는 'PCL-R'이다. (　)

정답 O

041 피해자 없는 범죄는 가해자가 동시에 피해자가 되는 범죄와 피해자가 동의 · 기여한 범죄로 구분된다. (　)

정답 O

042 2급살인은 상대방을 살해할 의도를 갖고 사전계획을 하고 살인을 저지른 경우다. (　)

정답 X 1급 살인에 해당되는 내용이다. 2급살인은 사람을 죽일 의도가 있는 경우, 생명이 위험할 수 있다는 것을 알면서 그 행동을 하는 경우 등에 살인을 저지른 것이다.

043 연쇄살인은 충동적으로 범행을 한다. (　)

정답 X 연쇄살인은 충동에 의한 살인이 아닌 철저한 계획하에 행해진다.

044 샘슨과 라웁의 인생항로이론에서는 생애에 걸쳐 발생하는 전환기적 사건들의 영향을 중요하게 다룬다. (　　)

정답 O

045 학교 내에서 학생이 교사를 폭행하는 행위는 학교폭력에 속하지 않는다. (　　)

정답 O

046 피싱은 복수, 파괴 등 악의적인 목적을 달성하기 위한 사이버 범죄에 해당한다. (　　)

정답 X 피싱은 가짜 사이트를 만들어 금융기관 등으로부터 은행계좌 정보나 개인정보를 불법적으로 알아내 이를 이용하는 인터넷 사기수법에 해당된다.

047 화이트칼라범죄에 대한 일반인들의 피해감정은 대체로 높게 나타난다. (　　)

정답 X 화이트칼라범죄는 일반인들의 피해감정이 희박하다는 것이 특징이다.

048 공무원의 성범죄 행위는 화이트칼라범죄에 해당한다. (　　)

정답 X 공무원의 성범죄 행위는 그 직무상의 권한과 범죄행위 간의 직접적인 관련성을 찾기 어렵고, 또한 직업활동의 과정에서 저지른 범죄라고 볼만한 근거도 없으므로 화이트칼라범죄에 해당된다고 할 수 없다.

049 아동학대에 있어 현행법상 아동은 19세 미만인 자를 말한다. (　　)

정답 X 아동이란 「아동복지법」 제3조 제1호에 따른 아동, 즉 18세 미만인 사람을 말한다.

050 화이트칼라범죄의 전문직업범적 성격을 갖는 것은 다른 범죄와 구별되는 특징이다. (　　)

정답 O

051 환경범죄는 범죄피해의 특정성을 갖는다. (　　)

정답 X 범죄피해의 완만성을 갖는다.

052 조직범죄에서 조직활동이나 구성원의 참여가 거의 영속적인 특징은 아바딘스키가 제시한 조직범죄의 특징 중 하나이다. (　　)

정답 O

053 청소년비행이 점점 저연령화 되는 경향이 있다. (　　)

정답 O

054 손베리는 성인기에는 관습적 사회와 가족 내 자신의 위치에 따라 애착이 형성된다고 주장하였다. (　　)

정답 O

055 「마약류 관리에 관한 법률」에 따르면 마약류란 마약향정신성 의약품 및 대마를 말한다. (   )

정답 O

056 클로워드(Cloward)와 올린(Ohlin)의 차별기회이론(Differential Opportunity Theory)과 머튼(Merton)의 아노미이론(Anomie Theory) 등으로 약물범죄의 원인을 설명할 수 있다. (   )

정답 O

057 세계보건기구(WHO)는 마약을 '사용하기 시작하면 사용하고 싶은 충동을 느끼고(의존성), 사용할 때마다 양을 증가시키지 않으면 효과가 없으며(내성), 사용을 중지하면 온몸에 견디기 힘든 이상을 일으키고(금단증상), 개인에게 한정되지 않고 사회에도 해를 끼치는 물질'로 정의하고 있다. (   )

정답 O

058 메스암페타민, 엑스터시, 대마초는 합성약물에 해당한다. (   )

정답 X 대마초는 합성약물이 아닌 대마의 한 종류이다.

059 모르핀은 마약류 중 향정신성의약품에 해당한다. (   )

정답 X 모르핀은 마약 중 천연마약의 종류이다.

060 생산지관리는 마약의 지배, 유통, 제조 등 공급을 차단하는 규제전략이다. (   )

정답 O

061 코카인은 천연약물이 아니다. (   )

정답 X 대표적 천연약물에는 아편, 모르핀, 헤로인, 코카인, 대마초가 있다.

062 황금의 초승달지역은 세계 3대 천연약물 생산지가 아니다. (   )

정답 X 세계 3대 천연약물 생산지는 황금의 삼각지역, 황금의 초승달지역, 코카인 삼각지역이다.

063 황금의 삼각지대에 해당하는 국가는 라오스, 미얀마, 태국이다. (   )

정답 O

064 그로스가 분류한 강간유형 중 피해자를 힘으로 자신의 통제 하에 놓고 싶어하는 유형은 지배강간이다. (   )

정답 O

065 우리나라의 가정폭력범죄는 사회적 불평등이 원인들 가운데 하나이다. (   )

정답 O

066 가정폭력범죄의 처벌 등에 관한 특례법상 별거중인 배우자, 동거하는 계모, 동거하는 사촌, 동거하지 않는 부친은 가정구성원에 해당된다. (　　)

정답 O

067 전문절도범들은 즉흥적이고 무계획적으로 범행을 한다. (　　)

정답 X 전문절도범은 계획적이며 용의주도한 것이 특징이다.

068 폭력범죄는 문제행동을 일찍 시작한 아이는 폭력범죄를 지속적으로 저지를 가능성이 높다. (　　)

정답 O

069 우리나라의 범죄발생현황을 살펴보면 폭력범죄의 경우 10대(11~19세)의 비율이 가장 높다. (　　)

정답 X 폭력범죄의 경우 40대의 비율이 가장 높다.

070 스토킹은 피해자 없는 범죄와 관련이 적다. (　　)

정답 O

071 한 사건에서 1명 또는 여러 명의 가해자에게 4명 이상이 살해당하고, 같은 시간에 같은 장소에서 여러 명을 살해하는 것은 대량살인에 해당한다. (　　)

정답 O

072 화이트칼라 범죄가 갖는 특징 중 고도의 은폐성을 가지며, 범죄인과 피해자 간의 긴밀한 연결 관계에 의하여 이루어지고, 실정법상의 허점을 이용하는 경우가 있어 외부적으로 범죄라고 하기 힘든 경우는 범죄의 은폐성에 해당한다. (　　)

정답 O

073 긴 기간 동안 심리적 냉각기를 거치며 다수의 장소에서 4인 이상 살해하는 것은 연속살인에 해당한다.
(　　)

정답 X 연쇄살인에 해당한다.

074 성매매에 대하여 금지주의를 채택하고 있는 국가는 프랑스, 태국, 일본, 대만, 이탈리아, 필리핀 등이 있다. (　　)

정답 X 성매매 금지주의를 채택하고 있는 국가로는 스웨덴, 일본, 대만, 필리핀, 중국, 태국, 미국의 뉴욕과 샌프란시스코, 워싱턴 등이 있다.

075 절도는 형법상 재산범죄에 해당한다. (　　)

정답 O

076 상대적 부정기형의 인정은 현행 소년법상 소년범의 형사처분 특례가 아니다. (　　)

정답 X 현행 소년법상 소년범에 대한 형사처분의 특칙으로는 조사 · 심리상의 배려, 사형과 무기형의 완화, 상대적 부정기형의 인정, 분리 · 분계주의, 환형처분의 금지 등이 있다.

077 학교폭력의 가해자는 권력과 지배에 대한 강한 욕구가 있고 남을 지배하고 굴복시키는 것을 즐긴다. (　　)

정답 O

078 피해자의 인종, 종교, 성적 취향, 민족 또는 장애에 대한 편견과 반감을 가지고 상대방을 공격하는 범죄는 문화범죄이다. (　　)

정답 X 증오범죄에 관한 설명이다.

079 영리목적의 광고성 정보(스팸메일)를 전송하는 자는 광고성 정보에 수신거부의 의사표시를 쉽게 할 수 있는 조치 및 방법에 관한 사항을 명시하여야 한다. (　　)

정답 O

080 우리나라는 성매매에 대해 금지주의 원칙을 엄격히 지키고 있다. (　　)

정답 O

081 현행법상 성충동 약물치료는 위치추적 전자장치 부착자만을 대상으로 한다. (　　)

정답 X 위치추적 전자장치 부착자 이외에도 재범의 위험성이 있다고 인정되는 사람을 대상으로 한다.

082 헤어진 연인에 대한 복수의 목적으로 사귈 당시 촬영한 성적인 영상이나 사진을 유포하는 것을 리벤지 포르노라고 한다. (　　)

정답 O

083 성매매알선 등 행위의 처벌에 관한 법률상 명시된 성매매를 하도록 알선 · 유인된 청소년은 성매매피해자가 아니다. (　　)

정답 X 성매매 알선 등 행위의 처벌에 관한 법률 제2조 제1항 제4호에 해당하여 성매매피해자에 해당한다.

084 살인범죄는 특정 범죄자에 대한 보호관찰 및 전자장치 부착 등에 관한 법률상 위치추적 전자장치의 부착을 청구할 수 없다. (　　)

정답 X 특정범죄란 성폭력범죄, 미성년자 대상 유괴범죄, 살인범죄 및 강도범죄를 말한다. 즉, 살인범죄자에게 부착을 청구할 수 있다.

085 전자감시는 대상자의 프라이버시를 보호하고 범죄로부터 지역사회를 더 안전하게 하는 데 기여한다는 장점이 있다. (　　)

정답 X 전자감시는 대상자의 프라이버시를 보호가 아니라 침해할 수 있는 부작용이 있다.

086 위치추적 전자장치 부착명령은 검사가 청구할 수 있다. (   )

　정답 O

087 전자장치 부착명령의 대상자는 성폭력범죄, 미성년자 대상 유괴범죄, 살인범죄, 강도범죄 등이다. (   )

　정답 O

088 보호감호도 현행법상 성폭력범죄의 예방 및 대책 중 하나이다. (   )

　정답 X 재범을 막고 사회 적응을 돕겠다는 취지로 형 집행 이후 일정기간동안 범죄자를 격리·수용하도록 하는 제도인 보호감호는 이중처벌, 인권침해 등 논란이 계속되어 근거조항인 사회보호법이 폐지됨에 따라서 함께 폐지되었다.

089 환경범죄는 침해의 간접성, 복합성, 광범성 등의 특성을 갖는다. (   )

　정답 O

090 환경범죄의 단속에 관한 특별조치법의 입장은 사람의 생명·건강을 보호법익으로 보는 견해와 가장 가깝다. (   )

　정답 O

091 컴퓨터를 절취하는 것은 사이버범죄에 해당되지 않는다. (   )

　정답 O

092 디도스, 해킹, 바이러스 유포와 같은 범죄는 비전문성을 특징으로 한다. (   )

　정답 X 디도스, 해킹, 바이러스 유포 등은 사이버범죄로 고도의 전문기술을 필요로 한다.

093 아바딘스키가 제시한 조직범죄는 조직활동이나 구성원의 참여가 거의 영속적이다. (   )

　정답 O

094 살인은 우발적 동기에 의한 경우가 많다. (   )

　정답 O

095 바이러스 유포는 컴퓨터 범죄의 행위유형이다. (   )

　정답 X 바이러스 유포는 특별법상 사이버범죄의 유형이다.

096 마약류 중 프로포폴(propofol)은 향정신성의약품에 속한다. (   )

　정답 O

097 황금의 초승달지역은 아프가니스탄, 파키스탄, 이란 3국의 접경지역이다. (   )

정답 O

098 전자감시는 적절히 운영되면 교정시설의 과밀화 해소에 도움을 준다. (   )

정답 O

099 현행법상 위치추적 전자장치 부착명령은 교도소장이 집행한다. (   )

정답 X 부착명령은 검사의 지휘를 받아 보호관찰관이 집행한다.

100 화이트칼라범죄는 피해자뿐만 아니라 일반인도 피해의식이 높다. (   )

정답 X 화이트칼라범죄는 직업상의 전문지식이나 조직체계를 이용하므로 일반인들은 그러한 행위를 범죄로 인식하기 어렵다.

101 가정폭력은 불평등한 가족관계 내에서 영향력을 과시하기 위해 폭력을 행사한다. (   )

정답 O

102 아동학대는 피해유형이 중복되는 경우가 많다. (   )

정답 O

103 사이버 범죄는 익명성, 비대면성, 시공간 제약성, 피해의 광역성을 특징으로 갖는다. (   )

정답 X 사이버범죄는 익명성, 비대면성, 시공간의 무제약성, 피해의 광역성을 특징으로 한다.

104 연쇄살인은 동기가 분명하지 않아 범인을 색출하는데 있어서 어려움이 크다. (   )

정답 O

105 현행법상 성충동 약물치료는 당사자의 동의가 반드시 필요하다. (   )

정답 X 당사자의 동의가 반드시 필요한 것이 아니라 정신건강의학과 전문의의 진단이나 감정을 받은 후 실시한다.

106 데이트 강간은 데이트를 하는 상호간의 동의 없이 강제적 성관계를 갖게 되는 경우를 말한다. (   )

정답 O

107 현행법상 위치추적 전자감시(전자발찌)에 부착명령은 전자장치 부착을 명하는 법원의 판결이 확정된 때부터 집행한다. (   )

정답 O

108 가정폭력은 가정 내에서 자녀에 의한 부모학대가 감소하는 경향이 있다. (   )

정답 X 자녀에 의한 부모학대는 증가하는 추세이다.

109 배우자학대, 소아 · 청소년학대, 매 맞는 남편, 노인학대는 가정폭력의 종류이다. (   )

정답 O

110 스릴 추구적 강간은 그로스의 폭력적 강간의 한 유형이다. (   )

정답 X 그로스가 주장한 폭력적 강간의 유형에는 지배강간, 가학적 변태성욕 강간, 데이트 강간, 분노 강간이 있다.

111 연쇄살인은 사건 사이에 시간적 공백이 있다. (   )

정답 O

112 서덜랜드는 사회경제적 지위가 높은 사람들이 그 직업상 저지르는 범죄를 화이트칼라범죄라고 정의하였다. (   )

정답 O

113 엑스터시는 암페타민류의 유기화합물로 환각을 일으키는 향정신성 의약품이다. (   )

정답 O

114 현행법상 성충동 약물치료는 19세 미만에게도 시행할 수 있다. (   )

정답 X 19세 이상의 사람에 대하여 시행한다.

115 책임자의 명확성은 사이버 범죄의 특성 중 하나이다. (   )

정답 X 사이버범죄는 사이버 공간을 통해 빠르게 전파되므로 책임자가 불명확하다.

116 살인은 주로 하층집단에 의해서 행해진다. (   )

정답 O

117 아편은 양귀비의 덜 익은 꼬투리에서 유액을 말려 채취하는 마약의 일종이다. (   )

정답 O

118 화이트칼라범죄가 다른 범죄와 구별되는 특징은 범행이 일회성의 성격을 지니는 것이다. (   )

정답 X 화이트칼라범죄는 규범의식이 없는 경우가 대부분이고, 범죄의식이 낮기 때문에 일회성의 성격을 갖지 않는다.

119 현행법상 성범죄로 유죄판결이 확정된 자의 공개되는 신상정보는 성명, 성폭력범죄 전과사실, 등록대상 성범죄 요지이다.

정답 O

120 연쇄살인과 연속살인을 구분하는 기준은 심리적 냉각기이다.

정답 O

PART

08

범죄대책론

범죄대책과 예방

CHAPTER

1 개요

(1) 범죄에 대한 인식

범죄자에 대한 자유주의적 관점을 견지할수록 범죄자에 대한 처우를 강조하고, 보수적 시각을 가질수록 처벌에 무게를 둔다.

① 결정론적 관점 : 범죄의 원인을 사회적 또는 생물학적 환경에 의해 결정되는 결정론적 입장에서는 범죄자를 처벌의 대상이 아니라 치료와 처우의 대상으로 강조한다.

② 자유의사론적 관점 : 범죄행위가 범죄자의 이성적·합리적 계산의 결과라고 보는 자유의사론적 입장에서는 범죄자의 처벌이 당연시된다.

(2) 범죄 처리 방식

① 비공식적 처리 : 형사사법기관에 의하지 않고 개인 간 혹은 조직 내에서 내부처리 되는 것을 말하며, 적법절차(due-process)에 반하는 인권침해와 린치 등의 사적 제재의 위험이 있다.

② 공식처리 : 형사사법기관에 의해 처리하는 것이다.

③ 반공적 처리(半公的 處理) : 청소년 비행의 경우 범죄방지 측면에서 형사 사법뿐 아니라 교육·복지·고용 등의 여러 영역이 관련되기 때문에 교차 접근(interaction approach)이 중시되고, 범죄자에 대한 사회적 낙인 (labeling)을 회피하려는 측면에서 형사수속을 하지 않거나 중단하고 다른 방법에 의해 사건을 처리하려는 다이버전(diversion)운동을 말한다.

▲ 범죄통제론

	제프리	뉴만	클라크	코헨과 펠슨	브랜팅햄 부부	윌슨과 켈링
범죄 발생 방지	범죄예방모델	방어공간	합리적 선택	일상활동	범죄패턴	깨진 유리창
	CPTED		상황적 범죄예방	적절한 목표, 감독 없음	교차점, 경로, 경계	

2 브랜팅햄(Brantingham)과 파우스트(Faust)의 범죄예방의 구조모델

(1) 1차적 예방

① 일반 대중을 대상으로 물리적·사회적 조건을 개선하고 환경을 설계하는 것이다.
② 범죄의 근원에 초점을 두고 있는 이론으로서, 범죄 행동의 심층적 원인을 이상적으로 제거하자는 범죄예방활동을 말한다. 즉, 처음부터 범죄의 출현을 막고자 노력하는 것이다.
③ 예방조치로 환경설계, 이웃 감시, 민간경비, 방범 교육, 금융기관에 CCTV 설치, 금은방에 비상벨 등을 설치하는 것이 이에 해당한다.

(2) 2차적 예방

① 우범자나 우범 집단을 대상으로 잠재적 범죄자의 범죄 기회를 차단하고 범죄 지역을 분석하는 것이다.
② 2차적 예방은 우범지역에 초점을 두기 때문에 우범 환경이나 우범자를 대상으로 많이 접하는 지역사회지도자, 교육자, 부모 등의 범죄예방활동에 의해 이루어짐을 강조하고 있다.

(3) 3차적 예방

① 범죄자를 대상으로 재범을 방지·교화하는 것이다.
② 3차적 예방과 관련되는 것으로 체포, 기소, 교도소 구금, 치료, 사회복귀 등과 같은 것이 관련되어 있다.

〈범죄예방의 구조모델 정리〉

접근법	대상	내용	적용 예
1차적 예방	일반대중	범죄행위를 조장하거나 범죄의 기회를 제공하는 물리적·사회적 환경조건을 개선하여 범죄를 예방	환경설계, 민간경비, 이웃 감시, 경찰방범활동, 일반예방, 감시장비설치, 범죄예방교육 등
2차적 예방	우범자 또는 우범자집단	잠재적 범죄자를 초기에 발견하고 이들의 범죄기회를 차단하여 범죄를 예방	범죄지역 분석, 재범예측, 전환제도 등
3차적 예방	범죄자	범죄자들이 더 이상 범죄를 저지르지 못 하게 하는 범죄예방	교정기관의 목표로 범죄자교화, 재범예방프로그램 등

2차적 예방과 3차적 예방

• 2차적 예방 : 범죄가능성이 높은 취약지역이나 개인을 대상으로 하므로, 이들과의 접촉이 잦은 지역사회지도자나 부모, 교사 등에게 많이 의존하게 된다.
• 3차적 예방 : 범죄자를 대상으로 하는 예방으로, 과거에 범행한 적이 있는 범죄자가 재범하지 않도록 하는 특별예방과 관계있다.

3 레이 제프리(Ray Jeffery)의 범죄예방전략

(1) 형사사법제도 밖에서의 범죄예방전략

① 1차적 예방
  ㉠ 1차적 예방 방법으로서 시민은 가정에서 각종 범죄예방기법을 적용할 수 있다.
    ex▶ 도난 경보기와 CCTV를 설치하여 절도를 방지.
  ㉡ 극빈자를 자선을 베풀어 빈부격차를 줄이고 부자들에 대한 적개심을 완화시키는 방법이 있다.
  ㉢ 학교교육을 정상화시켜서 학생들이 학교생활에 제대로 적응하게 함으로써 범죄에 대한 유혹을 뿌리칠 수 있도록 도움을 준다.
  ㉣ 범죄예방정책을 입안하는 사람은 각종 사회문제를 완화시키는 정책을 만들고, 종교단체는 도덕교육을 강화하고 사회단체는 빈민들을 위한 구제활동을 할 수 있다.

② 2차적 예방
  ㉠ 일반시민은 특정 범죄의 발생을 미연에 방지하기 위한 여러 가지 활동을 할 수 있다.
    ex▶ 마약남용을 방지하기 위해 마약퇴치운동을 하는 경우.
  ㉡ 범죄예방기획가는 범죄다발지역에 대해서 철저하게 분석한 후 주민들에게 범죄예방에 대한 교육을 실시하고, 새로운 범죄예방기법을 개발하여야 한다.
  ㉢ 기업에서는 신입직원들의 채용에 있어 사전에 신원조사를 통해서 범죄경력이 있는 사람들을 미리 걸러내야 한다.

③ 3차적 예방
  ㉠ 일반시민은 교정기관에 자원봉사자로 참여할 수 있다.
    ex▶ 일반시민이 소년원에 있는 소년들을 위해서 교사로서 봉사하는 경우
  ㉡ 기업은 재사회화의 가능성이 높은 전과자를 선별하여 취업기회를 줌으로써 사회로 복귀할 수 있는 기회를 제공해 준다.
  ㉢ 종교 및 사회단체는 비행소년을 위한 대리부모, 미혼모를 위한 보호시설, 그리고 마약퇴치시설을 운영할 수 있다.

〈형사사법제도 밖에서의 범죄예방 전략〉

구분	1차예방	2차 예방	3차 예방
일반시민	• 가정에서 범죄예방 기법적용(도난 경보기 등) • 자선 베풀기	특정 비행의 방지를 위한 사회운동과 활동(마약퇴치 운동)	교정기관에 자원봉사자로 활동(소년원 교사, 교정위원 등)
학교	일반학교 교육	• 비행소질 있는 자를 조기에 발견하여 걸러내기 • 교육을 통한 비행퇴치	비행소년과 장기결석 학생을 처벌, 비행소년들을 위한 교육 프로그램

구분	1차예방	2차 예방	3차 예방
기업체	범죄예방 기법 도입 (도난경보기와 CCTV등)	직원들을 사전에 신원 조회하여 문제성 있는 자를 걸러냄	범법자를 처벌, 전과자를 고용
범죄예방기획가	• 범행기회를 줄이기 위해서 주변 환경을 재모델링 • 범행으로 유도하는 사회 환경을 수정(극빈자와 노숙자 문제 등)	• 범죄다발지역에 대한 분석을 통해서 지역주민을 교육하고 범죄예방 프로그램 개발 • 범죄자의 거주지역에 대한 분포를 연구하여 사회복지 정책에 반영	교정시설에 대한 새로운 디자인 개발
종교 및 사회단체	도덕교육, 가정교육, 일반 사회복지 활동	각종 사회복지 프로그램 (불우아동을 위한 보호제도, 문제아에 대한 복지제도 등)	비행소년에 대한 각종 보호제도 (대리부모, 미혼모 시설, 마약치료센터 등)

(2) 형사사법제도를 통한 범죄예방 전략

① 1차 예방 전략

경찰은 순찰활동을 강화하여 범죄발생을 사전에 방지하는 데 기여할 수 있다. 법원은 범죄자에게 판결을 내림으로써 잠재적인 범인의 범행을 사전에 예방할 수 있다. 교정제도는 교정시설의 존재를 알림으로써 범죄를 억제하는 효과를 기대할 수 있다.

② 2차적 예방 전략

㉠ 경찰은 범죄정보수집활동, 소년들과의 체육활동, 범죄예방교육을 통해서 범죄를 예방할 수 있다.

ex 술 취한 시민을 경찰에서 보호하고 밤늦게 유흥가에서 서성거리는 소년을 귀가조치 시키는 경우

㉡ 법원은 유죄판결을 내리기 전에 다이버전 제도를 활용하여 형사사법제도 이외의 방법으로 범죄에 대처한다.

③ 3차적 예방 전략

경찰은 범인을 조기에 체포하고 조사하여야 한다. 법원은 사건을 심리하여 유죄를 확정하여 처벌받도록 한다.

〈형사사법제도 안에서의 범죄예방 전략〉

구분	1차 예방	2차 예방	3차 예방
경찰	경찰관의 순찰활동을 통한 일반범죄억제	• 범죄정보수집 활동 • 사회복지 프로그램(소년들과 체육활동, 가족위기 대처활동 등) • 순찰활동 중 치안유지 활동(불심검문과 검색) • 사회문제 개입 및 질서유지 활동(술 취한 자를 보호, 문제소년 선도활동-심야에 귀가조치)	범인 체포와 조사
법원	범죄자 유죄판결을 통한 일반범죄억제	판결 이전의 다이버전 제도 활용	판결을 통한 다이버전 프로그램의 선고

구분	1차 예방	2차 예방	3차 예방
교정제도	교도소의 존재를 통한 일반억제(범죄자 처벌)	다이버전제도의 활용	• 범죄자 교정(처벌, 사회내처우, 시설내처우 등) • 재사회화 유도(학교 및 직업교육, 보호관찰 등) • 시설내수용을 통해서 범죄자를 사회로부터의 격리

(3) 평가

① 교정기관은 여러 프로그램들을 개발하여 유죄의 확정을 받은 자를 효과적으로 처우하는 것이다. 교정기관의 가장 전통적인 역할은 범죄자를 사회로부터 격리시켜서 사회를 보호하는 것이다.

② 재래의 시설내 처우 이외에도 시설외 처우와 개방형 처우도 많이 이용되고 있다. 뿐만 아니라 교정기관은 재소자들의 빠른 사회적응을 위하여 학교교육과 직업교육을 활성화 시켜야 한다.

4 범죄유발요인 개선방안

(1) 가정

부모의 역할, 양육 방법과 전략 등을 변화시키고 가족의 상호작용 유형을 바꿈으로써 가족 구성원의 미래 범죄행위를 예방할 수 있고 또 실제로 효과적이라는 것이 증명되고 있다.

(2) 학교

학업에 대한 열의가 적거나, 학교에 대한 애착이 적고, 또는 학업성적이 좋지 않은 청소년이 비행을 할 확률이 더 높다고 보고되고 있다. 따라서 학교를 기반으로 하는 적절한 개입을 통해서 비행의 예방이 가능하다.

(3) 지역사회

시카고학파의 사회해체이론을 필두로 한 사회구조이론들은 대부분이 범죄의 원인, 해결은 사회의 구조적 문제에서 찾아야 한다고 주장하고 있다. 이에 시카고학파에서는 '시카고지역 프로젝트(Chicago area project)'라는 범죄예방 프로그램을 시도하였다.

(4) 대중매체

폭력성에 적게 노출시킴으로써 범죄를 학습하거나 폭력성을 견지하지 못 하게 하는 소극적인 것에서부터, 범죄예방 등에 관한 공익광고나 프로그램을 보도함으로써 범죄에 대한 경각심을 갖게 하고 잠재적인 범죄자에 대해서는 경고를 보내는 등의 적극적인 것에 이르기까지 다양한 형태로 이루어질 수 있다.

집합효율성이론

비공식적 사회통제의 강화를 중시하며, 지역사회의 구성원들이 끈끈한 유대 강화로 범죄 등 사회문제에 적극적으로 참여하는 것이 범죄 문제 해결의 열쇠라고 주장하는 이론이다.

---

5 범행기회 축소방안

(1) 개인의 사전 조심(personal precaution)

① 행동유형의 변경(changes of behavioral patterns)
범죄피해의 확률을 줄이기 위해서는 우선 범죄의 위험성에 적게 노출되어야 한다. 주로 위험한 지역에 가지 않고, 야간과 같은 위험한 시간대에 외출을 삼간다. 야간 외출을 할 경우 걸어서 외출하지 않고 승용차를 이용한다.

② 자기방어(self-defense)
인도견이나 보호견과 동행하며 호신술을 배우는 등 자신의 취약성을 극복하여 방어 능력을 극대화한다. 호루라기와 같은 경고음을 낼 수 있는 장비를 지니고 다니거나 가스총 등의 호신 무기를 소지한다.

(2) 표적물의 견고화(target hardening)

① 표적물의 견고화란 범죄의 대상이 될 수 있는 것에 대한 방비를 강화하는 것으로 이는 범죄자의 범행 의지를 억제할 수 있으며, 범행하였을 때에도 수사기관이 단서를 탐지할 수 있도록 해준다.

② 범행 종료 전에 범인을 검거할 수 있도록 범행 시간을 지연시킬 수 있으며, 범죄표적물에 접근하지 못하도록 차단하는 효과가 있어서 피해 가능성을 낮출 수 있도록 도와준다.

③ 물리적 장애물은 자물쇠, 철망, 경보기 등을 설치함으로써 잠재적인 범죄자를 위축시키고 설사 범행 시에도 범행을 지연시키고 목표물에 대한 접근을 차단할 수 있다.

④ 심리적 장애물은 외출 시에는 집에 불을 켜두거나 휴가 시에는 우유나 신문 등의 배달을 중단시켜 빈집이 아니라 사람이 있다는 신호를 보냄으로써 잠재적인 범죄자의 범행 의지를 위축시키는 것이다.

(3) 방어공간(defensible space)의 확보(뉴먼)

① 방어공간이란 거주 주민을 범죄로부터 보호할 수 있도록 주거환경을 조성해 놓은 주거공간을 지칭하는 용어이다.

② 뉴먼(Newman)은 영역설정(Territoriality), 감시(Surveillance), 이미지(Image), 주변지역 보호(Safe Area and Street) 등 4가지 방어공간(Defensible Space) 조성의 기본요소를 제시함으로써 셉테드(CPTED)전략의 이론적 기초를 마련하였다.

③ 방어공간이란 물리적 환경의 설계를 통하여 이루어지기 때문에 이와 같은 범죄예방전략을 환경 설계를 통한 범죄예방(Crime Prevention Through Environmental Design)이라고도 한다.

④ 방어공간의 요소 중에서 영역(성)이 가장 중요하고, 영역은 사적 영역, 준사적 영역, 준공적 영역, 공적 영역으로 나뉘는데, 뉴먼은 이 가운데 공적 영역의 범죄발생 위험성이 가장 높다고 하였다.

(4) 범죄자의 구금에 의한 범행능력의 제거(incapacitation)

① 범죄자에 대한 무능력화는 범죄자에게 범죄 활동에 가담하지 못하도록 신체적 또는 심리적 장애를 가함으로써 범죄를 예방한다는 취지이다.

② 범죄자를 교정시설에 구금함으로써 그에게 제2의 범행 기회를 박탈하게 되어 범죄자가 더 이상 범행을 할 수 없게 하는 것으로 일종의 이차적 범죄예방책이다.

6 깨진 유리창이론(Broken Window Theory)

(1) 의의

① 미국의 범죄학자인 윌슨(wilson)과 켈링(kelling)이 주장한 이론으로, 깨진 유리창이라는 글에 처음으로 소개된 사회 무질서에 대한 이론이다.

② 낙서나 유리창 파손, 쓰레기의 방치 등 경미한 범죄를 방치하면 결국 큰 범죄로 이어지게 된다는 범죄심리학 이론으로서 우리의 일상생활에서 사소한 침해행위가 발생했을 때 이를 제때 처리하지 않으면 결국 더 큰 행위로 발전하게 된다는 것을 의미한다.

③ 이웃사회의 무질서는 비공식적 사회통제 참여활동을 감소시키고, 이로 인해 지역사회가 점점 더 무질서해지는 악순환에 빠져 지역사회의 붕괴로 이어지게 된다.

④ 기존 범죄대책이 범죄자 개인에게 집중하는 개인주의적 관점을 취하는 것에 반하여 공동체적 관점으로의 전환을 주장하고 범죄예방활동의 중요성을 강조하였다.

⑤ 1990년대 미국 뉴욕시에서 깨진 유리창이론을 적용하여 사소한 범죄라도 강력히 처벌하는 무관용주의(Zero Tolerance)를 도입하였다.

(2) 특징

① 깨진 유리창이론(Broken Window Theory)은 지역사회의 무질서가 범죄의 직접적 원인으로서 지역사회 내의 기초질서 위반행위의 방치가 심각한 범죄를 야기하기 때문에 기초질서 위반사범의 단속을 강조하고 있다.

② 뉴욕시 경찰국은 '깨진 유리창이론(Broken Window Theory)'을 적용하여 기초질서 위반사범에 대한 철저한 단속을 펼친 결과 범죄율이 대폭 감소하는 성과를 거두었다.

③ 물리적 퇴락과 사회적 무질서를 지역의 통제력 결여로 인지하고, 물리적 퇴락에 대한 조치나 대처가 이루어지지 않으면 공공장소의 질서유지에 어려움을 겪게 된다.

7 환경설계를 통한 범죄예방(CPTED)

(1) 의의

① 셉테드(CPTED : Crime Prevention Through Environmental Design)는 건축환경(built environment) 설계를 이용해 범죄를 예방하려는 연구 분야로서 아파트·학교·공원 등 도시 생활공간의 설계 단계부터 범죄를 예방할 수 있도록 다양한 안전시설 및 수단을 적용한 도시 계획 및 건축설계를 말한다.

② 뉴먼(Newman)은 영역설정, 감시, 이미지, 주변 지역 보호 등 4가지 방어공간 조성의 기본요소를 제시함으로써 셉테드(CPTED) 전략의 이론적 기초를 마련하였다.

③ 셉테드는 환경의 설계와 이용을 통해 감시 효과를 증대시키고자 하는 것으로서 물리적 설계, 주민의 참여, 경찰 활동 등 세 가지 요소를 종합적, 계획적으로 접합시켜서 지역사회 전체, 범죄다발지역, 교육기관, 특정 구역, 교통수단 등을 안전하게 보호하고 범죄에 대한 공포를 제거하려는 범죄통제 전략이다.

④ 환경설계를 통한 범죄예방전략을 적용하기에 가장 적합한 범죄 유형들은 물리적 설계, 주민의 참여, 경찰 활동을 통해 예방할 수 있는 범죄이므로 절도범죄, 강도범죄 등이다.

〈범죄예방(CPTED)의 활용 예〉

▲ **셉테드(CPTED)의 활용 예**

- 조도가 높은 가로등을 설치하는 경우
- 범죄 은신처를 제거하기 위해 담을 없애거나 높이를 제한하는 경우
- 주민의 동의 아래 범죄가 잦은 골목길에 폐쇄회로(CCTV)를 설치하는 경우
- 퀼트작(Cul-de-sac) : 도시계획 단계에서부터 막다른 골목을 설계하는 경우
- 앨리게이터(Allegater) : 우범지역에 주민만 이용할 수 있는 대문을 설치하는 경우

※ 1세대 CPTED는 범죄예방에 효과적인 물리환경을 설계·개선하는 하드웨어 중심의 접근방법이고, 2세대 CPTED는 지역구성원이 환경개선과정에 직접 참여함으로써 물리적 개선과 함께 유대감을 재생하는 소프트웨어 중심의 접근방법이며, 3세대 CPTED는 2세대 CPTED에 대한 접근을 확장하여 지역구성원이 스스로 필요한 서비스를 결정하고 추진하는 공동체적 추진절차를 구축하는 접근방법이다.

참고로, 사빌과 클리브랜드가 제시한 2세대 CPTED는 범죄자들에게 감시받고 있음을 느끼도록 함으로써 범죄를 저지르기 어렵게 만드는 사회적 응집을 핵심전략(Core Strategy)으로 강조하였는데, 2세대 CPTED의 기본요소로서 사회적 응집 또는 결속(Social Cohesion), 연계구축(Connectivity), 지역통합을 도모할 수 있는 지역사회문화(Community Culture), 주민응집을 이끌어 내고 공동체 발전에 기여하며 주민의 요구와 노력을 지원하는 한계능력(수용력)(Threshold Capacity)을 제시하였다.

(2) 기본원리

① 자연적 감시

건축물이나 시설물의 설계 시 조명이나 조경을 활용하는 것으로 가로등의 확대 설치를 통하여 가시권을 최대로 확보하고 외부침입에 대한 감시기능을 확대함으로써 범죄위험을 감소시키고, 기회를 감소시킬 수 있다.

② 자연적 접근통제

일정한 지역에 접근하는 사람들을 정해진 공간으로 유도하거나 방범창, 차단기 등을 설치하여 외부인의 출입을 통제하도록 설계함으로써 접근에 대한 심리적 부담을 증대시켜 범죄를 예방한다.

③ 영역성의 강화

사적 공간에 대한 경계를 표시하기 위하여 울타리를 설치하여 주민들의 책임 의식과 소유의식을 증대시킴으로써 사적 공간에 대한 관리권과 권리를 강화시키고, 외부인들에게는 침입에 대한 불법 사실을 인식시켜 범죄 기회를 차단한다.

④ 활동성의 활성화

지역사회의 설계 시 주민들이 모여서 상호 의견을 교환하고 유대감을 증대할 수 있는 놀이터·공원을 설치하고, 체육시설 접근성과 이용을 증대시켜 '거리의 눈'을 활용한 자연적 감시와 접근통제의 기능을 확대한다.

⑤ 유지·관리

처음 설계된 대로 혹은 개선한 의도대로 지속적으로 파손된 부분을 즉시 보수하고 청결을 유지하고 관리함으로써 범죄예방을 위한 환경설계의 장기적이고 지속적 효과를 유지하는 것이다.

〈CPTED의 원리별 사례〉

자연적 감시	조명, 조경, 가시권 확대를 위한 건물의 배치 등
자연적 접근통제	차단기, 방범창, 잠금장치, 통행로의 설계, 출입구의 최소화
영역성의 강화	울타리(펜스)의 설치, 사적·공적 공간의 구분
활동성의 활성화	놀이터·공원의 설치, 체육시설의 접근성과 이용의 증대, 벤치·정자의 위치 및 활용성에 대한 설계
유지관리	파손의 즉시 보수, 청결 유지, 조명·조경의 관리

8 상황적 범죄예방 전략(클라크)

(1) 의의

특정 범죄를 저지를 기회를 감소시키고, 범죄자에 의해 인식된 위험 요소를 증가시켜 범죄예방활동을 하는 전략이다.

(2) 전략방안

① 대상의 강화
잠금장치나 경보장치를 사용함으로써 목표물의 물리적 안전성을 증대시킨다.
② 접근통제
출입문에 인터폰을 설치하거나 문에 시정장치를 하고 울타리 등을 설치한다.
③ 요인통제
무기 구입이나 공공장소에서의 음주 행위 등을 통제한다.
④ 경비의 강화
경찰의 순찰 증대와 민간경비의 활성화, CCTV 설치와 홍보 등을 통해 범죄자의 잠재적 범행동기를 저하시킨다.

◤ CCTV 설치에 대한 비판

CCTV의 설치로 인해 시민들의 초상권이 침해될 수 있고, 사생활의 노출로 시민 개개인이 잠재적 범죄자로 각인될 수도 있으며, 그 높은 투자 비용과 CCTV 설치 지역 외에 다른 지역에서 범죄를 저지르는 범죄의 전이 현상이 나타난다.

(3) 상황적 범죄예방이론

① 범죄자들은 충동적으로 행동하지 않으며 행동을 취할지 여부에 대한 통제력을 갖고 있다고 추정하고, 범죄자들이 범죄로 인한 기대효과와 위험 부담을 비교하여 보다 효과가 높은 방향으로 일종의 선택을 하게 되므로 범죄는 예방될 수 있다고 본다.

② 특정유형의 범죄가 자주 발생하는 환경을 관리함으로써 범죄의 기회를 감소시키고, 잠재적 범죄자들에게 검거의 위험성을 증대시키기 위한 방법으로 범죄자가 범행을 실행하는데 들게 되는 비용을 극대화시킨다.

(4) 상황적 범죄예방프로그램

코니쉬(Cornish)와 클라크(Clarke)의 상황적 범죄예방프로그램은 사회나 사회제도 개선에 의존하는 것이 아니라, 단순히 범죄기회의 감소에 의존하는 예방적 접근이다. 구체적인 범죄를 대상으로 체계적이고 장기적이며 직접적인 환경을 관리·조정하고, 범죄기회를 감소시키며, 잠재적 범죄자에게 범죄행위가 위험할 수 있음을 인지시키는 데 목적을 두고 있다. 코니쉬와 클라크는 이를 위해 5가지 목표(노력의 증가, 위험의 증가, 보상의 감소, 자극의 감소, 변명의 제거)와 25가지 기법을 구체적으로 제시하였다.

코니시와 클라크의 상황적 범죄예방의 5가지 목표와 25가지 기법

노력의 증가	1. 대상물 강화 • 운전대 잠금장치 • 강도방지 차단막	2. 시설접근 통제 • 전자카드 출입 • 소지품 검색	3. 출구검색 • 출구통과 티켓 • 전자상품인식표	4. 잠재적 범죄자 분산 • 분리된 여자화장실 • 술집분산	5. 도구·무기 통제 • 스마트건 • 도난휴대폰 작동 불능화
위험의 증가	6. 보호기능 확장 • 일상적 경계대책 (야간외출 시 집단으로 이동 등) • 이웃감시 프로그램	7. 자연적 감시 • 가로등 개선 • 방어적 공간설계	8. 익명성 감소 • 택시운전기사 ID 의무화 • 학교교복 착용	9. 장소감독자 활용 • 편의점 2인 점원 두기 • 신고보상	10. 공식적 감시 강화 • 침입절도경보기 • 민간경비원
보상의 감소	11. 대상물 감추기 • 식별 안 되는 전화번호부 • 표식 없는 금고 운송트럭	12. 대상물 제거 • 탈부착 가능한 차량라디오 • 여성 피난시설	13. 소유자 표시 • 재물표식 • 자동차고유번호·차대번호	14. 장물시장 교란 • 전당포 감시감독 • 노점상 인가제도	15. 이익불허 • 상품잉크 도난 방지택 • 스피드광 과속 방지턱
자극의 감소	16. 좌절감과 스트레스 감소 • 효율적인 줄서기·서비스 • 마음을 진정시키는 부드러운 음악과 조명	17. 논쟁 피하기 • 라이벌 축구팬들을 분리시킨 관람석 • 택시요금정찰제	18. 감정적 자극 감소 • 폭력적 포르노물 통제 • 인종적 비하언어 금지	19. 친구압력 중화 • 음주운전은 바보짓이다. • 교내 문제아들 분리조치	20. 모방 좌절시키기 • 상세한 범죄수법 노출방지 • TV 폭력물 제어칩 설치
변명의 제거	21. 규칙의 명확화 • 괴롭힘방지규정 • 주택임대규정	22. 지침의 게시 • 주차금지 • 사유지	23. 양심에의 호소 • 도로 옆의 속도 알림표지판 • 세관신고서 작성	24. 준법행동 보조 • 간편한 도서관 체크아웃 • 공중화장실, 쓰레기통	25. 약물과 알코올 통제 • 술집에 음주측정기 비취 • 알코올 없는 행사 진행

목표	구체적 기법
노력의 증가	대상물 강화, 시설접근 통제, 출구검색, 잠재적 범죄자 분산, 도구·무기 통제
위험의 증가	보호기능 확장, 자연적 감시, 익명성 감소, 장소감독자 활용, 공식적 감시 강화
보상의 감소	대상물 감추기, 대상물 제거, 소유자 표시, 장물시장 교란, 이익불허
자극의 감소	좌절감과 스트레스 감소, 논쟁 피하기, 감정적 자극 감소, 친구압력 중화, 모방 좌절시키기
변명의 제거	규칙의 명확화, 지침의 게시, 양심에의 호소, 준법행동 보조, 약물과 알코올 통제

9 제프리(Jeffery)의 범죄방지대책 수립을 위한 세 가지 모델

(1) 범죄억제모델

① 형벌을 통해 범죄를 방지하고 범죄인의 개선·교화에 중점을 둔다.
② 가장 전통적인 방법이자 종래 형사정책의 주된 관심사였다.

(2) 사회복귀모델

① 임상적 개선 방법, 직업훈련, 교정시설의 개선, 복지정책 등에 중점을 두어 재사회화하는 재범의 방지에 중점을 둔다.
② 범죄인의 비구금처우를 지향하여 행형론의 주요한 모델이 되고 있다.

(3) 환경공학적 범죄통제모델

① 제프리(Jeffery)는 범죄대책모델로서 범죄억제모델, 사회복귀모델, 환경개선을 통한 범죄예방모델을 제시하였으며, 이 세 가지 모델은 상호보완관계에 있다.

	제프리	뉴만	클라크	코헨 & 펠슨	브랜팅햄 부부	윌슨 & 켈링
환경범죄학	범죄예방모델	방어공간	합리적 선택	일상활동	범죄패턴	깨진 유리창
	CPTED		상황적 범죄예방	적절한 목표, 감독 없음	교차점·경로·경계	

② 참고로 랩(Lab)은 범죄예방의 개념을 실제 범죄발생 및 시민의 범죄에 대한 두려움을 제거하는 활동이라고 하였다.
③ 도시정책, 환경정화, 인간관계의 개선, 정치·경제·사회 각 분야에서 갈등 해소 등을 통해 범죄를 방지하는 것이다.
④ 환경개혁을 통하여 범죄를 예방하려는 것으로 근본적인 사회환경의 개선을 통하여 비로소 궁극적인 범죄방지가 가능하다고 보는 것이다.

10 재범방지를 위한 대책

(1) 형벌

범죄자에게 범행에 상응하는 고통을 부과하여 재범을 방지하는 것과 범죄자를 사회로부터 격리시킴으로써 고립감과 자책을 통한 반성과 개선을 기대하는 것으로 형벌의 집행과정에서 교육 또는 개선을 통하여 수형자 분류 및 누진처우 등의 제도적 장치를 마련하고 있다.

(2) 기계적 개선법

주로 형벌에 부수하는 효과로 직업훈련과 같은 강제적인 방법을 통하여 기계적으로 준법 생활을 하는 습관을 형성케 하여 도덕심을 함양하고 사회에 대한 적응 능력을 높이는 것을 말한다.

(3) 임상적 개선법

① 범죄자 개인에게 내재하는 생물학적·정신의학적·심리학적 이상이나 결함을 발견·치료하는 데에 중점을 두는 방법이다.
② 개인적 원인에 의한 범죄자에게는 실효성이 인정되지만, 비용과 시간이 많이 소모되기 때문에 비경제적이고 효과가 크지 않다. 현행 치료감호법상의 치료감호처분을 예로 들 수 있다.

(4) 집단관계에 의한 개선법

① 범죄인의 행동은 특수한 성격이나 속성의 결과가 아니고 집단관계나 집단문화의 소산으로 보아 이러한 차원의 대책을 제시하는 것으로 임상적 개선법과는 반대이다.
② 주로 교정시설 내에서 수형자의 개선을 촉진하기 위하여 사용되며, 수형자의 과학적 분류를 기초로 수형자자치제를 도입·실시하는 것이 예가 될 수 있다.

(5) 재사회화 교육·훈련법

① 사회적응이나 직업에의 적응 등에 필요한 지식·기능·태도 등을 갖지 못하여 범죄를 한 것으로 진단된 경우에 교육·훈련시키는 것으로 기계적 개선법 등을 위한 보충적인 수단으로서의 의미를 가진다.
② 교정시설 밖에서의 재범예방으로 갱생보호활동, 교육 기회의 확대, 교육프로그램의 개선, 직업훈련을 받을 조건을 구비하기 위한 복지정책, 적절한 직업의 알선 등이 있다.

(6) 전문적 기술의 응용에 의한 개선

① 대상범죄인의 능력을 발견하고 이를 발전시키고 사회적 자원들을 활용하여 범죄자 스스로 당면한 문제를 해결하고 사회에 복귀할 수 있도록 지원하고 지도하는 과정이다.

② 사회사업(social work)을 통해 사회적 자원의 이용뿐만 아니라 지역사회 전체를 치료적인 기능을 가지도록 조직화하는데 그 의의를 두며, 교정 과정에서 전문가들을 참여시키고 지역사회를 교정시설과 연결시킴으로써 가능해진다.

11 초범예방을 위한 대책

(1) 형벌

형벌의 일반예방기능은 단순한 위하에 그치는 것이 아니라 일반인을 준법으로 이끄는 기능을 포함하고 있으므로, 이를 위해 형사 법규의 적용이 규칙적이고 평등하게 이루어져야 한다.

(2) 지역사회의 조직화

범죄나 비행을 사회적 현상으로 파악하는 입장에서, 지역사회가 범죄에 대하여 미치는 영향을 중시하고 그 환경을 정비하여 범죄 · 비행의 예방을 의도하는 활동을 의미하는데 이는 초범뿐만 아니라 재범방지를 위해서도 유효한 수단이다.

① 지역적 조직(가정, 학교, 경찰, 시민단체 등)에 의하여 범죄는 일정부분 통제될 수 있다.
② 지역주민의 생활에 가장 중요한 지연적 집단이 범죄통제기관의 주체가 되어야 하고 따라서 지역주민의 참가가 필수조건이다.
③ 타인이 범죄를 행하지 않도록 활동하는 것을 통하여 지역주민 자신의 개선을 꾀하고 지역사회의 범죄를 전체적으로 예방하려는 기능을 가진다.
④ 인구의 유동성이 높은 지역에서는 효율적이지 못하다.

(3) 여가지도

전통적으로 건전한 레크리에이션을 하면 범죄를 행하지 않는다는 가정을 기초로 한다. 특히 반달리즘(문화 · 예술의 파괴주의)을 특징으로 하는 청소년 집단에 대하여 효과적이다. 그러나 이러한 레크리에이션 클럽이 비행소년에게 매력적으로 작용하게 되면 그 클럽 자체가 범죄나 비행의 모습을 나타낼 수 있어 병리적 측면도 지적되고 있다.

(4) 그룹 워크(Group Work)

개인을 상대로 하는 방법과 집단을 상대로 하는 방법이 있는데, 이를 위해서는 유능한 자격자가 있어야 할 뿐만 아니라 지역사회 관계기관으로부터 조직적이고 계속적인 지원을 받아야 한다.

(5) 협력회의의 편성과 활동

범죄예방을 위한 기관 또는 그것을 기능 일부로 하는 기관들이 범죄예방의 통합적·조직적 프로
그램을 연계하여 행하는 활동을 말하는데, 지역주민이나 그 조직을 사회자원으로 이용하면 지역
사회의 조직화에 의한 범죄예방과 거의 유사하게 될 것이다.

12 범죄전이와 혜택의 확산

(1) 범죄의 전이

① 범죄의 전이란 개인 또는 사회의 예방 활동에 의한 범죄의 변화를 의미한다. 전이에 관한 대부
  분의 논의는 한 지역에서 다른 지역으로의 이동에 초점을 둔다. 범죄 전이는 범죄를 줄이거나
  예방하기보다는 단지 범죄를 이동시키는 것에 불과하다.

② 레페토(Reppetto)는 범죄의 전이를 영역적 전이, 시간적 전이, 전술적 전이, 목표의 전이, 기
  능적 전이로 구분하였다.

영역적 전이	한 지역에서 다른 지역, 일반적으로 인접 지역으로의 이동
시간적 전이	낮에서 밤으로와 같이 한 시간에서 다른 시간으로의 범행 이동
전술적 전이	범행에 사용하는 방법을 바꿈
목표의 전이	같은 지역에서 다른 피해자 선택
기능적 전이	범죄자가 한 범죄를 그만두고, 다른 범죄유형으로 옮겨감
범죄자 전이	범죄자의 활동의 중지가 또 다른 범죄자에 의해 대체

③ 전이는 범죄예방활동의 결과로서 가능한 것이나, 평가에서 직접적으로 조사되는 것은 드물어,
  지금의 범죄예방에 관한 연구는 전이의 문제를 무시하거나, 단지 연구의 보조 정도로만 생각
  한다.

(2) 혜택의 확산

① 개념 - 클라크와 웨이스버드(Clarke & Weisburd)
  범죄예방을 통한 혜택의 확산은 직접적인 목표지역, 통제하는 사람, 개입 대상이 되는 유형
  의 범죄 또는 개입되는 시기를 넘어서 개입의 유익한 효과가 퍼지는 것을 말한다.

② 후광효과 및 무임승차효과
  확산은 범죄예방노력이 범죄를 전이시키기보다는 목표로 한 지역이나 사람 외의 지역이나
  사람에게까지 혜택을 줄 것이라고 가정한다. 이른바 후광효과(halo effect), 무임승차효과
  (free bonus effect)라고 한다.

참고문제

다음은 범죄자 甲과 乙의 범행장소 선정에 관한 가상 시나리오이다. 경찰의 순찰강화가 B지역과 C지역에 미친 효과에 해당하는 것으로 가장 적절하게 연결한 것은? 경행경채 22

> 범죄자 甲은 A지역에서 범죄를 할 예정이었으나, A지역의 순찰이 강화된 것을 확인하고 C지역으로 이동해서 범죄를 저질렀다. 범죄자 乙은 B지역에서 범행을 계획하였으나, A지역의 순찰이 강화된 것을 인지하고 A지역과 인접한 B지역 대신 멀리 떨어진 C지역으로 이동해서 범죄를 저질렀다.
>
>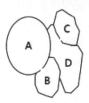

① B지역 – 이익의 확산(diffusion of benefits)
　 C지역 – 범죄전이(crime displacement)
② B지역 – 범죄전이(crime displacement)
　 C지역 – 억제효과(deterrent effect)
③ B지역 – 범죄전이(crime displacement)
　 C지역 – 이익의 확산(diffusion of benefits)
④ B지역 – 이익의 확산(diffusion of benefits)
　 C지역 – 억제효과(deterrent effect)

[해설]
甲은 A지역의 순찰이 강화되어 멀리 떨어진 C지역으로 이동해서 범죄를 저질렀고, 乙은 B지역이 순찰이 강화된 A지역과 가까우므로 멀리 떨어진 C지역으로 이동해서 범죄를 저질렀다. 따라서 B지역은 긍정적 효과가 미친 이익의 확산 지역에 해당하고, C지역은 부정적 효과가 미친 범죄전이 지역에 해당한다.

[정답] ①

범죄두려움(Fear of Crime)

- 범죄두려움에 대한 개념은 다양하나, 일반적으로 특정 범죄의 피해자가 될 가능성의 추정이나 범죄 등에 대한 막연한 두려움의 추정으로 정의된다.
- 범죄두려움의 무질서 모델이란 지역사회의 무질서 수준이 범죄두려움에 영향을 준다는 설명방식이다.
- 이웃통합모델은 이웃지역과의 결속과 상호신뢰가 존재한다면 지역의 범죄두려움은 감소될 수 있다는 이론이고, 무질서모델은 개인에게 지각되는 물리적·사회적 무질서가 범죄두려움을 증가시킨다는 이론이다.
- 일반적으로 여성이나 노인은 젊은 남성에 비해 범죄피해율이 매우 낮지만 상대적으로 범죄두려움은 더 높게 나타나는 현상을 범죄피해-두려움의 패러독스라고 한다.
- 범죄두려움 개념은 CCTV 설치, 조명개선 등의 범죄예방효과 확인을 위한 지역주민의 주관적 평가에 활용할 수 있다.

경찰의 문제지향적 활동(SARA모델)

- SARA모델은 탐색 · 분석 · 대응 · 평가의 단계를 거쳐 문제를 해결하는 과정을 설명한다.
- 탐색(Scanning) 단계는 지역사회 문제, 쟁점, 관심사 등을 인식하고 범주화하는 단계이다.
- 분석(Analysis) 단계는 문제의 범위와 성격에 따른 각각의 원인을 파악하기 위해 데이터를 수집하고 분석하는 단계이다.
- 대응(Response) 단계는 경찰과 지역사회의 다양한 주체가 협력하여 분석된 문제의 원인을 제거하고 해결하는 단계이다.
- 평가(Assessment) 단계는 대응 후의 효과성을 검토하는 단계로, 문제해결의 전 과정에 대한 문제점을 분석하고 환류를 통해 대응방안 개선을 도모한다.

참고문제

절도범죄의 취약물품(Hot Products)에 대한 설명으로 가장 적절하지 않은 것은?　　　　경찰간부 24
① 취약물품이란 범죄자의 주의를 끌고 절도의 대상이 되기 쉬운 물건을 의미한다.
② 클라크(Clarke)는 취약물품의 특성을 설명하기 위해 코헨과 펠슨(Cohen & Felson)의 VIVA개념을 확장하여 CRAVED개념을 제시하였다.
③ 취약물품으로서 휴대폰보다 대형 미술품의 경우가 CRAVED 성격에 더 가깝다.
④ 제품디자인(Product Design)이나 목표물 강화(Target Hardening) 전략은 취약물품 절도를 예방할 수 있다.

[해설]
- 취약물품이란 범죄자의 주의를 끌고 절도의 대상이 되기 쉬운 물건을 의미하는데, 취약물품으로서 가장 좋은 예는 작고 가벼우며 비싼 물건인 노트북, 휴대전화 등이다.
- 클라크와 뉴먼은 범행의 대상이 되는 것은 대부분 일상적 물품이고, 이는 물품의 설계를 변경함으로써 그 대상이 될 가능성을 낮출 수 있다고 하였다.
- CRAVED(크레이브드) : Concealable(은폐 가능한), Removable(이동 가능한), Available(이용 가능한), Valuable(가치 있는), Enjoyable(즐길 수 있는), Disposable(처분 가능한)

[정답] ③

참고문제

클라크(Clarke)는 절도범죄와 관련하여 VIVA 모델과 CRAVED 모델을 제시하였다. 두 모델의 구성개념들은 일부 중첩되는데, VIVA 모델에서 말한 관성(Inertia)은 CRAVED 모델의 무엇과 가장 가까운 개념인가?
해경간부 24

① 가치성(Valuable)　　　　　　　　　② 접근성(Available)
③ 이동성(Removable)　　　　　　　　　④ 처분성(Disposable)

[해설]
관성(Inertia)은 CRAVED 모델의 이동성(Removable)과 가장 가까운 개념이다.
- CRAVED(크레이브드): Concealable(은폐 가능한), Removable(이동 가능한), Available(이용 가능한), Valuable(가치 있는), Enjoyable(즐길 수 있는), Disposable(처분 가능한)
- 범죄를 결정하는 4가지 요소(VIVA 모델): 가치(Value), 관성(Inertia), 가시성(Visibility), 접근성(Accessibility)

[정답] ③

범죄예측론

CHAPTER

1 개요

(1) 의의

① 범죄예측이란 범죄자나 비행청소년을 조사하여 장래의 범죄나 비행을 예측하는 것을 말한다.
② 범죄통계가 집단현상으로서 범죄 파악에 기여한다면, 범죄예측은 개별 현상으로서 범죄 행동을 예측함으로써 범죄자 석방, 양형의 자료 등에 활용하여 범죄방지대책에 활용할 수 있다.

(2) 예측의 전제조건

① 신뢰성 : 누가 예측을 하더라도 동일한 결과이어야 한다.
② 타당성 : 예측의 목적에 대하여 올바른 기능을 하여야 한다.
③ 단순성 : 판정을 위한 조작이 간단하고 단시일 내에 마칠 수 있어야 한다.
④ 효율성 : 가능한 한 적은 인자로 높은 정밀도를 얻어낼 수 있어야 한다.

2 연혁

(1) 미국

> **미국의 범죄예측 발전**
>
> • 위너(Warner)
>   - 점수법을 통한 가석방심사기준의 타당성 평가가 목적이다.
>   - 메사추세츠주(州) 가석방자를 60개의 항목(예: 교정 여부, 전과, 석방 후 계획 등)으로 점수화하여 재범 가능성을 예측하였다.
> • 버제스(Burgess)
>   - 경험표(예측표)를 작성하여 객관적 범죄예측의 기초를 마련하였다.
>   - 일리노이주(州) 가석방자 3명을 대상으로 21개의 공통요인을 추출하고, 통계분석하여 가석방기간 중 재범가능성을 예측하였다.

- 각 요인에 +1, 0, -1의 점수를 부여하는 실점부여방식이다.
- 글룩(Glueck)부부
  - 조기비행예측표를 작성하여 비행소년의 재비행가능성을 예측하였다.
  - 매사추세츠주(州) 비행소년 500명과 보스턴의 일반소년 500명을 대상으로 300개의 요인 중 비행소년과 일반소년 간 구별요인 5개에 대한 총 예측점수를 계산하였다.
  - 각 요인에 대한 점수를 부여한 후 합산하는 가중실점방식이다.
- 최근의 방법 : 하서웨이(Hathaway)와 맥킨리(Mckinley)가 고안한 '미네소타 다면적 성격검사법(MMPI ; Minnesota Multiphastic Personality Inventory)이 가장 표준화된 범죄자 성격(인성) 조사방법으로 활용되고 있다.

① 워너(Warner) : 점수법
1923년 점수법을 기초로 하여 가석방의 성공 여부에 대한 사전판단을 하는 데서 출발했다. 이 점수법은 하트(Hart)의 비판을 거쳐 더욱 심화되었다.

② 버제스(Burgess) : 경험표
수형자들에게 공통된 인자를 추출하여 경험표라고 부르는 예측표를 작성하여 점수 부여를 통해 재범예측에 사용했다. 각 인자들에 +1, 0, -1 등의 점수를 부여하여 실점부여방식이라고 불린다.

③ 글룩(Glueck)부부 : 조기비행예측표
500명의 비행소년과 500명의 정상소년들을 대상으로 300개 정도의 요인을 중심으로 조기비행예측표를 작성하고 점수를 부여하는 방법을 사용하였다. 점수를 합산함으로써 가중실점방식이라고도 한다.

(2) 독일

① 엑스너(Exner)
1935년 미국을 방문한 후 버제스(Burgess)의 연구 결과를 소개하고 예측의 필요성을 강조하였다.

② 쉬이트(Schiedt)
바바리아교도소에서 15개 인자를 기준으로 범죄예측표를 작성하여 0~3점(교정 가능), 4~9점(교정의 문), 10점 이상(교정 불능)으로 예측하였다.

(3) 기타 국가

① 스위스의 프라이(Fry)
글룩의 영향으로 사전예측, 사후예측 및 종국 예측을 위한 예측인자를 찾아내어 예측표를 작성하였다.

② 영국의 만하임(Manheim), 윌킨스(Wilkins)

회귀분석의 방법을 이용하여 재범예측표를 작성하였다.

③ 위트(Witte)와 쉬미트(Schimit)의 생존분석

재범예측에 있어 범죄의 확률뿐만 아니라 그 시점까지도 예측하고자 하는 대표적인 연구로, 생존분석이라는 통계적 방법을 사용하여 출소한 범죄자들이 범죄행위로 인하여 재수감되는 시기의 분포와 이에 영향을 미치는 요인을 밝히고자 하였다.

④ 미국의 범죄예측은 가석방예측으로부터 시작되었지만, 우리나라는 글룩부부의 범죄예측이 도입되면서 시작되었다(청소년비행예측).

3 범죄예측법의 종류

(1) 예측방법에 따른 분류

① 직관적 평가법 : 사람의 직관을 토대로 예측하는 방법

단점 : 예측자의 주관에 의존한 판단이므로 신뢰도가 낮다.

② 임상적 예측법 : 범죄자를 의학 및 심리학으로 분석하여 '임상적 경험'에 의해 범죄성향을 예측한다.

㉠ 장점 : 행위자 개인에 내재하는 특수성을 집중 관찰이 가능하다.

㉡ 단점 : 평가자의 주관 개입으로 객관성이 결여될 수 있고 비용이 많이 든다.

③ 통계적 예측법 : 예측표에 따라 범죄자의 특성을 계량화하여 점수의 많고 적음을 토대로 장래의 범행가능성을 예측한다.

㉠ 장점 : 누구나 쉽게 예측표를 통해 평가가 가능하여 객관성과 실효성이 높다.

㉡ 단점 : 범죄자 개인별 편차가 충분히 반영되지 않는다.

④ 통합적 예측법 : 직관적, 통계적 방법을 조합하여 각각의 단점을 보완한 예측법으로 많은 시간이 소요된다.

(2) 형사사법 단계별 분류

범죄의 예측은 예방단계, 수사단계, 재판단계, 교정단계 등 형사사법의 모든 단계에서 이루어질 수 있다.

① 예방단계

경찰단계에서 대부분의 예측으로 잠재적 범죄자를 사전에 식별하여 개별적으로 범죄성의 발전이나 심화 또는 범죄성의 발현 이전, 즉 범행을 사전에 예방하고자 하는 것이다.

② 수사단계

범죄수사단계에 있어서 수사의 종결 시 범죄자의 처리나 처분을 결정하기 위한 것이다.

③ 재판단계

양형과 같은 범죄자의 처분을 결정하는데 기초가 되는 범죄예측으로 이는 상당 부분 범죄자의 재범 가능성에 의해 영향을 받는데 이때 활용할 수 있는 것이 판결전조사제도이다.

④ 교정단계

범죄자의 합리적인 교화개선을 통한 재범의 방지를 목적으로 하는 것으로 합리적인 처우 방법의 선택도 역시 재범 가능성에 의해서 결정된다고 할 수 있다.

4 범죄예측의 효용과 한계

(1) 효용

① 특정 범죄자에 대한 형사정책 상의 처분이나 처우의 기초를 제공한다.
② 교도소 과밀수용의 폐해 해소와 기타 범죄예방을 위한 개입 및 전략순찰에 활용된다.
③ 가석방 심사 시 재범예측 수단에 활용된다. 또한 청소년비행의 예방을 위한 비행예측표의 작성에도 활용된다.

(2) 한계

① 기술적 측면

오류긍정과 오류부정의 두 가지 잘못된 결과가 나타날 가능성이 존재한다. 오류긍정은 개인에게, 오류부정은 사회와 그 구성원에게 피해가 돌아가게 된다.

② 윤리적 측면

범죄예측의 적용이 죄형법정주의나 책임형법의 원칙과 조화되기 어렵고, 낙인을 찍음으로써 실현되는 위험성이 있다.

참고문제

범죄예측에 관한 내용으로 가장 적절하지 않은 것은?   경찰간부 24
① 범죄예측은 크게 범죄사건예측, 범죄자예측, 범죄자신원(동일성)예측, 피해자예측 등 4가지 영역으로 구분된다.
② 현재 우리나라 경찰청에서는 CCTV를 활용한 AI인식시스템으로 프리카스(Pre-CAS)를 활용하고 있다.
③ 범죄를 예측하고 경찰활동에 체계적으로 적용한 미국 내 최초의 사례는 뉴욕경찰국(NYPD)의 공간지각시스템(DAS)이다.
④ 미국 법무부 산하 국립사법연구소(NIJ)는 예측적 경찰활동이란 "다양한 분석기법을 활용하여 경찰개입이 필요한 목표물을 통계적으로 예측함으로써 범죄를 예방하거나 해결하는 제반활동"이라고 정의하였다.

[해설]
범죄를 예측하고 경찰활동에 체계적으로 적용한 미국 내 최초의 사례는 캘리포니아주 LA경찰국과 산타크루즈 경찰서에서 시행한 프레드폴(PredPol)이다.

[정답] ③

예방이론

- 예방이론은 목적형주의에서 파생된 이론으로서 그 대상에 따라 일반예방과 특별예방으로 나뉜다.
- 일반예방은 일반인에 대한 형벌위하 내지 규범의식 강화를 수단으로 범죄예방을 추구하고, 특별예방은 범죄인 개인을 중심으로 한 범죄예방을 추구한다.
- 일반예방은 일반인에 대한 형벌위하를 추구하는 소극적 일반예방과 일반인의 규범의식 강화를 추구하는 적극적 일반예방으로 구분할 수 있다.
- 특별예방은 범죄인의 격리를 추구하는 소극적 특별예방과 범죄인의 재사회화를 추구하는 적극적 특별예방으로 구분할 수 있다.

범죄피해자론

CHAPTER

1 의의

(1) 피해자

범죄로 인하여 육체적·정신적 상처, 감정적 고통, 재산상 손실을 입거나 기본권을 중대하게 침해당한 개인 또는 집단을 의미한다.

(2) 범죄피해자

① 타인의 범죄행위로 피해를 당한 사람과 그 배우자(사실상 혼인 관계 포함), 직계친족 및 형제자매와 범죄피해 방지 및 범죄피해자 구조활동으로 피해를 당한 사람을 말한다.
② 범죄피해자 보호법 제3조는 "범죄피해자라 함은 타인의 범죄행위로 피해를 당한 사람과 그 배우자(사실상의 혼인 관계를 포함한다), 직계친족 및 형제자매를 말한다"고 정의하고 있다.

(3) 사법의 기본원칙 선언상의 피해자

1985년 UN「사법의 기본원칙 선언」에서는 피해자를 "각국의 실정형법 또는 국제적으로 승인된 규범에 반하는 작위 또는 부작위에 의하여 육체적·정신적 상처, 감정적 고통, 경제적 손실을 입었거나 기본권을 중대하게 침해당한 개인 또는 집단"이라고 정의하고 있다.

2 범죄피해자학에서의 피해자의 개념

(1) 최협의의 피해자

단순히 법률상 범죄가 성립된 경우 가해자의 상대방을 의미한다. 법률상 범죄자의 범죄가 성립하지 않으면 피해자도 성립하지 않는다는 의미의 피해자를 말한다. 즉, 범죄로 인해 직접적인 피해를 입은 피해자만을 포함하고, 간접적인 피해를 입은 자는 제외한다.

(2) 협의의 피해자

① 실질적 의미의 범죄에 대한 피해자를 의미하며 형법상 과실범 규정이 없어 처벌할 수 없는 행위에 의한 경우처럼 범죄는 성립하지 않더라도 피해를 입은 피해자이다.

② 한스 폰 헨티히는 '객관적으로는 보호법익의 침해를 받고, 주관적으로는 이러한 침해에 대해 불쾌와 고통을 느끼는 사람'으로 정의하였다.

(3) 광의의 피해자

범죄피해를 직접 당한 직접피해자뿐만 아니라 피해자와의 이해관계로 인하여 범죄공포나 피해를 느끼는 간접피해자를 포함하는 피해자개념으로 범죄피해보상제도와 관련되어 연구대상으로 하고 있다.

(4) 최광의의 피해자

멘델존이 인정한 피해자를 의미하며 피해의 원인을 불문하여 산업재해나 자연재해 나아가 본인의 과실이나 자살피해까지 포괄하는 피해자의 개념으로 일상화된 자연재해나 산업재해에 대한 국가의 책임을 강조한 점은 가치가 있으나 피해자학의 대상으로는 문제가 있는 개념이다.

〈피해자학의 독립성〉

독립과학 긍정설	• 가해자와 피해자는 행위의 동반자임을 들어 피해자학을 범죄학과 대응되는 하나의 독립과학으로 보는 견해이다. • 피해자에 대한 관심을 적극적으로 끌어내기 위해서라도 독립과학성을 인정할 필요가 있다고 주장한다(멘델존, 슈나이더 등).
독립과학 부정설	• 피해자학을 범죄학의 한 분야로 보는 견해이다. • 피해자에 대한 문제는 피해자학의 독립과학성 여부에 있는 것이 아니라, 과학적·규범적 접근을 보다 활성화시키면서 인접분야와의 밀접한 관련을 유지해 나가는 것이라고 주장한다(나겔 등).
멘델존 (Mendelsohn)	• 1940년 출간한 『범죄학에 있어서 강간과 부인사법관의 중요성』에서 강간범죄의 피해자를 연구함으로써 형사정책적으로 의미 있는 피해자학의 기초를 마련하였다. • 1947년 부카레스트시(市)에서 강연한 "새로운 생물 – 심리 – 사회학의 지평선 : 피해자학"에서 피해자학이 범죄학과 인접해 있는 독자적인 학문분야라는 점을 강조하였다. • 1956년 『피해자학』을 저술하여 처음으로 피해자학이라는 용어가 사용되기 시작하였다.
헨티히 (Hentig)	• 1941년 펴낸 논문인 "행위자와 피해자 사이의 상호작용에 관한 연구"에서 최초로 동적 관점에 근거하여 범죄자와 피해자의 상호작용으로 범죄가 발생한다고 주장하였다. 즉, 피해자도 범죄발생의 원인이 될 수 있음을 주장한 것이다. • 1948년 『범죄자와 그 피해자』를 발간하여 피해자학의 결정적인 발전에 기여하였다. 그는 피해자가 되기 쉬운 성격을 연구함으로써 피해자학을 범죄학의 실질적·체계적 보조과학으로서 자리 잡게 하였다. • 피해자의 특성을 중심으로 피해자 유형을 나누었는데, 그는 피해자가 되기 쉬운 성격을 연구하였고, 죄를 범한 자와 그로 인해 고통받는 자라는 도식으로써 "피해자의 존재가 오히려 범죄자를 만들어 낸다"고 지적하였다.
엘렌베르거 (Ellenberger)	• 1954년 『범죄자와 피해자 간의 심리학적 관계』에서 인간은 순차적으로 범죄자와 피해자가 된다고 보았다. • 피해원인이라는 개념을 제시하고, 범죄예방을 위해 피해원인의 중요성을 강조함으로써 피해자학에 대한 관심을 고조시켰다.

3 범죄피해자의 종류

(1) 직접적 범죄피해자

① 직접적인 범죄피해자란 범죄로 인하여 신체나 재산상의 피해를 직접경험한 사람을 일컫는다.

② 피해자의 지위와 행동에 따라 곧 범죄피해율이 달라질 수도 있다는 것을 알 수 있다.

③ 남성과 여성의 취약성 차이, 주거지역이라는 사회경제적 지위, 그리고 남녀 간의 지위 및 남녀 간, 연령별 행동유형의 차이가 곧 피해율의 차이를 야기시키는 주요 요인이라고 주장한다.

(2) 간접적 범죄피해자(범죄에 대한 공포)

① 어떠한 형태이든 범죄에 대한 공포는 자신이 범죄피해자가 될 확률을 추정하는 것으로서 이는 자신이 범죄피해자가 되는 것에 대한 불안과 걱정의 정도를 나타낸다.

② 범죄위험성에의 노출과 위험성의 인식, 위험성의 통제와 자기방어능력, 피해 결과의 심각성과 피해회복능력이 각각 독립적으로 범죄에 대한 공포를 유발할 수 있지만, 세 가지 요인이 상호 복합적으로 작용한 결과에 의해 나타나는 범죄의 공포이다.

③ 범죄위험성에 노출이 심하고, 상황을 통제 및 방어할 능력이 없으며, 범죄피해를 회복할 능력이 없다면 그 사람은 범죄에 대해 가장 큰 공포를 느낄 것이다.

4 범죄피해자론에 필요한 주요 개념

(1) 범죄와의 근접성(proximity to crime)

① 피해자화에 있어서 가장 중요한 개념이라고 할 수 있는 것은 범죄와의 물리적 근접성이다. 즉 범죄다발지역에 가까울수록 피해 위험성이 증대된다. 범죄다발지역에 거주하는 사람일수록 범죄피해자가 될 위험성이 많은 이유는 범죄자와의 빈번한 접촉 가능성을 증대시키기 때문이다.

② 근접성(proximity)이란 범죄의 잠재적 표적이 사는 곳과 상대적으로 많은 수의 범죄자가 발견된 지역과의 물리적 거리로 나타낼 수 있다.

③ 물리적 접근성의 척도는 도시와 농촌 등 거주지역, 소득수준이나 실업률 등 사회경제적 특성, 거주지역의 안전 인식 등이 이용되고 있다.

(2) 범죄에 대한 노출(exposure to crime)

① 범죄에 대한 노출은 개인의 범죄에 대한 취약성(vulnerability)을 나타내는 것이라고 할 수 있다. 외진 지역에 위치한 건물이나 가옥은 침입 절도에 그만큼 많이 노출하는 것이며, 위험한 시간에 위험한 지역에 처한 사람은 당연히 강도나 폭행을 당할 위험성이 높다.

② 노출의 정도는 가정 외적 활용의 특성과 수준이라는 부분에서 측정되는데, 대표적으로 개인적 주요 일상 활동·여가활동 등을 위해 야간에 외출하는 빈도나 집을 비우는 평균 시간 등이 활용된다.

(3) 표적의 매력성(target attractiveness)

① 범죄에 있어서 특정한 표적이 범죄자에게 상징적·경제적 가치가 있기 때문에 선택된다는 논리에 기초하고 있다.
② 범죄의 표적으로서 매력은 가치뿐만 아니라 물리적 저항이 적을수록 매력적인 표적이라 할 수 있다.
③ 표적의 매력성은 고가이거나 이동이 용이한 재화의 소지 여부, 공공장소에서의 보석패용 여부, 사회경제적 지위나 가족의 소득 등을 이용해서 측정된다.
④ 범죄피해의 구조적-선택모형에 의하면, 표적의 결정 시 중요한 것은 표적과 관련된 상이한 가치와 주관적 유용성이라고 한다.

(4) 보호능력(guardianship)

① 보호능력이란 피해의 대상이 될 수 있는 사람이나 물건의 범죄 발생을 미연에 방지할 수 있는 능력을 일컫는다. 대인적 또는 사회적인 면과 물리적 차원을 공히 내포하고 있다.
② 사회적 보호능력이란 가족 구성원, 이웃 주민과의 친분 또는 협조와 같은 것을 들 수 있고, 물리적 차원의 보호성은 방범시설이나 장치를 통해서 이루어질 수 있다. 또한 가로등이나 보호 등의 설치 및 기타 방범에 관한 집단활동에 참여하는 것 등도 포함한다.
③ 보호 형태의 강화는 범죄자에 대한 비용의 증대를 초래하고 범죄피해의 기회를 감소시킨다.

5 범죄피해 관련 이론

(1) 생활양식-노출이론(lifestyle-exposure theories) : 힌델링

① 개인의 직업적 활동과 여가활동을 포함하는 일상적 활동의 생활양식이 사람의 범죄피해 위험성을 결정하는 중요한 요인이 된다고 보는 이론이다.
② 젊은 사람, 남자, 미혼자, 저소득층 그리고 저학력층 등은 노년층, 여자, 기혼자, 고소득층, 고학력자보다 폭력범죄의 피해자가 될 확률이 높다.
③ 폭력범죄의 피해자가 될 확률이 높은 사람들은 가족과 보내는 시간이 적고, 외부에서 보내는 시간과 하는 일이 많으며, 범죄자 특성의 소유자와 빈번한 접촉을 하기 때문이다.

④ 생활양식에 따라 그 사람의 위험성의 노출 정도가 결정되며 생활양식에 따라 유사한 상황에 있는 다른 사람들과의 접촉을 유발시켜서 위험성의 노출 정도가 달라지며, 이에 따라 위험성도 달라진다.

참고문제

생활양식노출이론(Lifestyle-Exposure Theory)에 관한 설명으로 옳지 않은 것은 모두 몇 개인가?

⊙ 힌델랑(Hindelang)과 그의 동료들이 연구하였다.
ⓒ 개인의 방어능력(guardianship)과 노출(exposure)이 개인의 범죄피해자화에 영향을 미친다고 설명하는 이론이다.
ⓒ 남성·기혼자·저소득층 및 저학력층은 범죄피해자가 될 확률이 보다 높다고 설명한다.
ⓔ 구조적 기대에 대한 순응과 같은 거시적인 요소보다 미시적인 요소로 인해 개인의 위험노출 정도가 결정된다고 설명한다.
ⓜ 이론 초기에는 사회계층별 대인범죄를 설명하고자 시도하였으나, 이후 재산범죄와 같은 대물범죄까지 확대되었다.

① 1개　　　　　② 2개
③ 3개　　　　　④ 4개

[해설]
옳지 않은 것은 ⓒ·ⓔ이다.
⊙ 옳은 설명이다.
ⓒ 사람은 생활환경에 따라 범죄피해 위험이 높은 상황·지역·시간에 노출되는 정도가 다르므로, 범죄피해에 대한 위험부담 또한 다르다.
ⓒ 청년층, 남자, 미혼자, 저소득층, 저학력층 등은 노년층, 여자, 기혼자, 고소득층, 고학력층 등보다 범죄피해자가 될 확률이 훨씬 높다. 이는 그들이 가족과 보내는 시간보다 외부에서 보내는 시간이 더 많기 때문이다.
ⓔ 범죄기회구조의 내용으로, 범죄자와의 근접성과 범죄위험에의 노출이라는 거시적 요소를 중시한다. 인구통계학적·사회구조적 요인이 개인별 생활양식의 차이를 야기하고, 이와 같은 차이가 범죄피해 가능성의 차이로 이어진다고 본다.
ⓜ 이론 초기에는 사회계층별 폭력범죄에 대한 피해위험성의 차이를 밝히기 위해 제안되었으나, 점차 재산범죄까지 확대되었다.

[정답] ②

(2) 일상활동이론(routine activity theory)

① 코헨(Cohen)과 펠슨(Felson)이 주장한 이론으로, 범죄 발생의 세 가지 필수요건으로 범죄성향이나 경향을 가진 동기화된 범죄자(motivated offender), 범죄자가 가지거나 통제하고 싶은 적절한 표적(suitable target), 보호할 수 있는 능력 감시자의 부재(absence of capable guardianship)를 제시하였다.

② 세 가지 조건 중 어느 하나라도 부족하다면 범죄 활동은 충분히 예방될 수 없다.

③ 범죄자를 자극하거나 동기를 부여하는 구조적 조건이 변화되거나 증가되지 않더라도 매력적이고 무방비상태인 범죄표적이 늘어나는 경우 범죄율의 증가는 얼마든지 가능하다고 주장하였다.

④ 실업률, 경제적 불평등, 인종차별 등 범인성을 증대시키는 구조적 조건이 저하됨에도 불구하고 범죄율이 지속적으로 증가하고 있는 이유를 설명한다.

⑤ 범행대상물의 매력성이란 대체로 보석처럼 소형이나 고가의 물품, 고액의 현금, 신용카드를 소지하거나 보관하는 경우를 들 수 있고, 보호 능력의 부재는 주거 관계상 가족의 부재, 가정 외적 활동의 과다 등의 경우라고 할 수 있다.

⑥ 외부활동시간이나 수준이 높을수록 범죄 표적으로서 잠재적 피해자의 가시성과 접근성을 증가시키기 때문에 사람의 위험성은 증가되는 것이다. 반대로 자기 보호나 방어 수준을 높이면 위험성은 그만큼 감소하게 된다.

(3) 피해자 - 가해자 상호작용이론

범죄사건중재자가 사건해결과정에 참여하여 피해자와 가해자 상호 간의 감정과 이해관계를 전달하여 합의에 도달하게 하여 당사자들 간의 재통합을 추구한다.

(4) 구조적 선택이론

① 미스(T. D. Miethe)와 마이어(R. F. Meier)가 일상활동이론과 생활양식노출이론을 종합한 이론으로, 범행의 기회와 대상의 선택이라는 2가지 관점에서 범죄발생을 설명하였다.

② 범행의 기회와 대상의 선택
ㄱ 범행의 기회(구조적 특성) : 피해요인은 범죄와의 접근성과 노출로 구성되고, 서로 독립변수로 작용하며, 일상활동이론의 거시적 관점으로 설명하였다.
ㄴ 대상의 선택(상황적 요건) : 피해요인은 매력성과 보호가능성으로 구성되고, 서로 가변변수로 작용하며, 생활양식노출이론의 미시적 관점으로 설명하였다.

참고문제

미스(Miethe)와 마이어(Meier)의 구조적 선택이론을 구성하는 핵심개념에 포함되지 않는 것은?

2024 해경간부

① 동기화된 범죄자   ② 대상의 매력성
③ 노출의 정도   ④ 보호력의 부재

[해설]
구조적 선택이론은 일상활동이론과 생활양식노출이론을 종합한 이론으로, 사회적 상호작용의 특성과 개인의
특성이 유발하는 범행기회, 즉 근접성과 노출이 있고, 사회적·공간적 상황에서 범죄자의 주관적 선택, 대상
선택에 영향을 미치는 요인, 즉 표적의 매력성과 보호능력이 있다. 동기화된 범죄자는 관련이 없다.

[정답] ①

(5) 범인성과 범죄동기이론(theories of criminality)

① 범인성이론은 범죄의 잠재성에 관한 이론, 즉 잠재적 범법자를 만드는 충분조건의 이론이다.
② 대부분 범죄의 특수한 사례를 설명하는 데 관심을 두지 않고 현재 범죄경력을 강조하는 것과
   같이 범인성 유형을 설명하는 데 관심을 둔다.

(6) 합리적 선택이론(표적선택과정이론)

① 클라크(R. V. Clarke)와 코니쉬(D. B. Cornish)가 주장한 이론이다.
② 범죄자는 최소한의 위험과 비용으로 최대한의 효과를 얻을 수 있는 피해자를 선택한다는 이론
   으로, 개인적 요인(범행의 기회)과 상황적 요인(대상의 선택)을 고려하여 이익이 될 경우에만
   범죄를 저지른다는 내용이다. 즉, 범죄자는 합리적으로 생각하여 범죄를 선택하는 것을 중시
   한다고 주장한다.
③ 합리적 선택이론은 인간이 이성적이고 합리적이라는 고전학파 사상을 바탕으로 하고 있어 현
   대적 고전학파이론이라고도 한다.

6 새로운 피해자학의 출현

(1) 범인성이론과 피해이론의 통합

① 범인성이론과 피해이론의 통합은 범죄가 범죄 가담의 결정(범행)과 특정한 범죄피해 대상의
   선택(표적-선택)이라는 두 가지 과정을 내포하고 있음을 인식하고 있다.
② 범법자의 동기, 피해자의 특성, 그리고 사회적 여건의 연계가 이상적이거나 최적의 경우가 아
   닐 때도 범죄가 발생할 수 있다.

③ 사전 범행동기가 전혀 없었고 범행을 부추길 말한 상황이 없는 사람까지도 범행에 가담할 수 있다고 본다. 범법자, 피해자, 사회적 여건의 통합은 범죄 사건의 가능성을 증대시키지만, 둘 중 하나의 요소만 존재하더라도 가능하다.

④ 범죄 동기의 원천은 경제적 불리함, 사회적 유대의 취약함, 친범죄적 가치, 심리적 또는 생물학적 속성, 금전이나 성과 같은 일반화된 욕구, 비범죄적 대안의 존재 여부 등 다양한 요소를 포함한다.

(2) 비판피해자학

① 이 이론의 핵심은 어떻게 특정 행위가 범죄로 규정되고 왜 그렇게 되는지, 그 결과 피해자학의 전 분야가 어떻게 특정한 일련의 행동에 초점을 맞추게 되었는가의 문제라고 할 수 있다.

② 힘 있는 사람들에 의한 다수의 범죄가 형법의 대상조차 되지 않고, 그 결과 그러한 범죄의 피해자도 피해자학의 논의대상조차 되지 못하게 된다는 것이라고 지적한다.

7 범죄피해의 분류

(1) 피해자화 단계에 따른 분류

① 1차적 피해자화
범죄나 불법행위, 기타 개인·단체집단이 사회생활 중 부당한 사건에 의해 육체적, 물질적, 심리적 피해를 직접적으로 받는다.

② 2차적 피해자화
㉠ 범죄피해자가 형사절차를 통하여 받을 수 있는 피해자화로, 최초의 범죄피해에 대하여 사건 처리과정에서 수사기관이나 재판기관에서 발생하는 피해자와 그 가족들의 고통을 말한다.

㉡ 참고인 진술, 공판과정에서의 피해사실 증언, 피고인 및 변호인으로부터의 신문과정 중에 경험하는 사생활 침해 및 정신적·심리적 피해뿐만 아니라, 언론이나 지역사회로부터 겪는 피해 등이 모두 포함된다. 또한, 사생활 침해와 심리적 충격, 피해회복 지연으로 인한 경제적 손실 등도 이에 포함된다.

③ 3차적 피해자화
범죄피해로 인한 적절한 피해자 지원이나 대책을 받지 못하고 반사회적 반응을 갖게 되는 경우이다. 강간 피해자의 경우에 이러한 가해자 처벌, 피해자에 대한 정신치료 및 지원, 대책 등을 받지 못해 자살하는 경우도 있다.

④ 미국의 울프강(Wolfgang)은 개인범주의 피해자화를 제1차 피해자화, 조직규모의 피해자화를 제2차 피해자화, 사회질서 파괴자의 피해자화를 제3차 피해자화라고 하였다.

(2) 범죄피해의 양상에 따른 분류

① 신체적 피해

전형적인 범죄 피해로서 피해자 자신의 고통은 물론 유족들의 정신적 고통이 수반되는 피해 양상이다.

② 정신적 피해

육체적인 피해나 재산적 피해에 수반되는 피해로서 그 유형을 보면 정신적 공황, 심각한 스트레스로 인한 혼란, 외상 후의 스트레스 장애 등이 있다.

③ 경제적 피해

범죄로 인한 직접적인 재산상의 피해와 이로 인한 기회비용, 즉 치료비, 장례비, 노동력 상실 및 사법행정비용, 관련자의 시간적 소비 비용, 보험 비용 등이 포함된다.

(3) 멘델존(Mendelson)의 분류

멘델존은 피해자가 범죄에서 어떠한 역할을 하고 있는가를 파악하기 위해 유책의 개념을 제시하고 범죄에 대한 피해자의 유책성 정도를 기준으로 피해자를 5단계로 분류하였다.

① 제1단계 : 완전히 유책성이 없는 피해자

제1단계 유형은 이른바 순수한 피해자를 말하며 이상적인 피해자를 말한다. 영아살해죄의 영아, 약취·유인된 영아 등 판단력과 저항력이 결여되어 있는 자이다.

② 제2단계 : 유책성이 적은 피해자

무지에 의해서 인공유산을 시도하다가 사망한 임산부와 같이 유책성이 적은 피해자를 말한다.

③ 제3단계 : 가해자와 같은 정도로 유책성이 있는 피해자

3단계 유형은 자발적인 피해자를 말한다. 촉탁살인에 의한 피해자, 자살미수 피해자, 동반자살 피해자 등이 있다.

④ 제4단계 : 가해자보다 유책성이 더 인정되는 피해자

4단계 유형은 범죄자의 가해행위를 유발시킨 피해자를 말한다. 부모를 죽이려는 패륜 행위가 원인이 되어 부모에게 살해된 패륜아 등이 있다.

⑤ 제5단계 : 가장 유책성이 높은 피해자

피해망상 등 이욕적인 동기로 타인을 공격하다가 반격을 당한 피해자를 말한다. 그 양태를 정당방위의 상대자가 되는 공격적 피해자, 무고죄의 범인 같은 기만적 피해자, 피해망상으로 인한 상상적 피해자 등으로 분류된다.

(4) 레클리스(Reckless)의 피해자 모델

① 가해자 - 피해자 모델

가해자 - 피해자 모델은 피해자가 아무런 중대한 도발도 하지 않았는데도 먹이를 찾아다니는 가해자가 악의로 가해행위를 하여 피해자가 된 경우의 모델을 말하며 순수한 피해자라고 부르기도 한다.

② 피해자 - 가해자 - 피해자 모델

피해자 - 가해자 - 피해자모델은 피해자의 중대한 도발로 인하여 가해자의 범죄행위가 발생하여 피해자가 된 경우의 모델이며 이 모델의 피해자를 도발한 피해자라고 부르기도 한다.

(5) 카르멘(Karmen)의 피해자 분류

카르멘은 책임의 정도와 특성에 기초한 피해자의 분류를 종합하고 현대 사회 규범과 연계하여 피해자의 책임을 설명하고 피해자를 분류하였다.

① 비행적 피해자

ㄱ 범죄피해자가 불법행위를 하거나 사회적으로 해로운 행동을 하였다면, 그들이 받은 피해는 자신의 잘못된 행위에 대한 응보로 간주된다.

ㄴ 다른 사람을 약취하려는 마음에서 다른 사람을 속이다가 오히려 사기의 표적이 되는 사람도 비행적 피해자이다.

ㄷ 또 하나의 비행적 피해자는 피해자 자신이 범죄를 유발 내지 촉진시킨 경우를 말한다.

② 유인피해자

ㄱ 유혹하여 피해를 유발하는 강간 피해자를 의미한다. 피해자 자신의 문제보다는 범죄자에게 자신의 범죄를 정당화시키는 계기를 마련하게 한 것이 문제이다.

ㄴ 강간은 피해자가 종종 일종의 만족을 얻게 되는 조우라고 간주하도록 만든다. 따라서 이 경우에 피해자가 동정받지 못하고 나쁜 사람으로 간주되는 것이다.

ㄷ 빠르고 강하게 저항할수록 여성에 대한 비난 가능성은 적어지고, 저항의 시기와 강도가 늦어지고 약해질수록 비난의 여지가 많아진다.

③ 조심성 없는 피해자

ㄱ 귀중품을 과시하거나 야간에 외출하여 피해를 입는 피해자를 말한다.

ㄴ 가만히 있는 사람들이 범죄피해자가 되지 않는다고 주장하며, 조심성이 없어서 강도를 선동하거나 빈정대다가 폭행을 당하는 등 범죄피해자가 될 가능성을 스스로 자초한다고 간주한다.

④ 보호받을 가치가 없는 피해자

ㄱ 재산을 소유한 사람이 부의 축적과정이나 방법에서 도덕적으로 부정하여 약탈적 범죄에 표적이 된 것을 말한다.

ㄴ 피해자가 기업인 경우 피해자에 대한 동정은 더 적어지고 비난의 소리만 커진다. 소비자를 약취하며 공정경쟁을 방해하는 등 부정한 기업활동을 통해 이윤을 축적했기 때문이다.

> **범죄피해자 분류 보충**
>
> - 헨티히의 분류
>   - 일반적 피해자 : 어린이, 여성, 노인, 정신장애인 등 정신적·신체적 약자인 피해자
>   - 심리학적 피해자 : 폭군, 탐욕자, 정서불안자 등 폭력적 피해자
> - 엘렌베르거의 분류(심리학적 분류)
>   - 잠재적 피해자(피해자가 되기 쉬운 경향) : 피학대증자, 우울한 자
>   - 일반적 피해자
> - 쉐이퍼의 분류(기능중심적 분류)
>   - 무관한 피해자 : 범죄책임이 없는 유형
>   - 유발적 피해자 : 범죄에 일부 책임이 있는 유형
>   - 촉진적 피해자 : 범죄자와 책임을 공유하는 유형
>   - 연약한 피해자 : 사회적으로 나약하고 책임이 없는 유형
>   - 신체적으로 나약한 피해자 : 신체적으로 나약하고 책임이 없는 유형
>   - 자기피해자화 : 피해가 전적으로 자기책임인 유형(매춘, 약물 등)
>   - 정치적 피해자 : 책임이 없는 유형
> - 볼프강의 분류
>   - 1차 피해자화(개인범주)
>   - 2차 피해자화(조직규모)
>   - 3차 피해자화(사회질서 파괴자)
>   - 가정폭력범죄 : 범죄자와 피해자가 가장 밀접하게 연결되는 영역 → 개인적 성격의 범죄로 인식

8 피해자에 대한 보상

> **헌법 제30조**
>
> 타인의 범죄행위로 인하여 생명, 신체에 대한 피해를 받은 국민은 법률이 정하는 바에 의하여 국가로부터 구조를 받을 수 있다.

(1) 범죄피해자에 대한 공공보상제도

① 의의

  ㉠ 범죄피해자에게 공공보상이란 대체로 폭력범죄의 피해자에게 국가가 범죄로 인한 손실을 보상해 주는 것이다.

  ㉡ 마제리 프라이(Margery Fry)의 「In the Arms of the Law」라는 책에서 범죄피해자에 대한 공공의 도움을 주장한 것을 시작으로 시행된 제도이다. 처음에는 범죄로 인하여 손실된 능력에 따라 주급으로 보상되었고, 영국 내무성에 범죄손상보상위원회를 설치하기도 했다.

② 범죄피해자 공공보상제도의 특징

 ㉠ 범죄피해자가 보상받을 권리가 있다는 주장을 수용하지 않았다. 모든 시민을 모든 폭력범죄로부터 완전하게 보호할 수 없다는 현실적 배경을 기초로한다.

 ㉡ 가해자에 대해서 손상을 가하는 피해자의 권리는 범죄자검거율이 낮고 대부분의 범죄자가 빈곤층이라는 사실로 인하여 정부가 폭력범죄의 상이한 피해자 간의 형평성을 맞출 책임이 있다고 받아들인다.

 ㉢ 의무감에서가 아니라 복지의 형평성이란 차원에서 피해자의 필요성을 충족시켜 줄 수 있다는 논리이다.

 ㉣ 보상받을 자격이 있는 피해자와 그렇지 않은 피해자를 구별해야 한다. 경찰에 신고하지 않고 선동·유발·조장했거나, 가해자와 현재 관계가 지속되고 있을 경우 등은 보상의 대상에서 제외되어야 한다는 것이다.

③ 범죄피해자 공공보상제도의 한계

 ㉠ 범죄피해자의 무지

  피해자의 보상은 피해자가 신청할 경우에만 개시될 수 있는데, 대부분의 범죄피해자는 보상제도 자체를 알지 못한다.

 ㉡ 재정적 문제

  처음부터 보상의 대상을 폭력범죄의 피해자로 제한하고, 최소한의 보상을 제공하며, 소득의 손실분에 국한하는 것으로 국가가 재정적 긴축을 가지고 시작한 것으로 볼 수 있다.

 ㉢ 전혀 책임 없는 피해자(선의의 피해자)

  보상대상자를 전혀 책임이 없는 피해자로 국한하여 적용하는 것이다.

 ㉣ 공공보상의 대상의 선정

  공공보상의 대상으로 적합한 범죄가 어떤 것인가 하는 문제이다. 대체로 폭력범죄에 한정하고 있지만, 폭력범죄는 명확하게 규정하기 어렵다.

(2) 가해자에 의한 범죄피해자보상

① 의의

 ㉠ 피해자는 피해의 보상으로 이익을 얻을 수 있고, 가해자는 피해보상을 위한 노력을 통해 자기개선적 효과를 기대할 수 있어서 이익을 볼 수 있다.

 ㉡1972년 영국의 형사사법(Criminal Justice Act)에서는 보상 명령을 형벌에 대한 부가적인 처벌로 만들었고, 1982년에는 형사사법을 개정하여 보상 명령을 하나의 독립된 형벌로 만들게 되었다.

② 가해자에 의한 범죄피해자보상 장점

 ㉠ 가해자의 입장에서 자신의 범죄의 결과에 대해서 생각할 수 있는 기회를 제공하며, 보상 명령보다는 더 넓은 의미에서 배상을 제공할 수 있다.

ⓛ 피해자의 입장에서 본 장점은 보상과정에 적극적인 참여가 가능하고, 범죄자에 대해서 법원에서 보다 더 현실적인 견해와 동기를 알 수 있게 된다.

③ 가해자에 의한 범죄피해자보상 한계

㉠ 대부분의 범죄자가 체포되지 않는다.

ⓛ 체포되더라도 상당수의 범죄자는 자신의 형기로 인한 제약이나 경제적 무능력으로 인하여 범죄피해자에게 완전히 보상할 능력이 없다.

(3) 회복적 사법(Restorative Justice)과 피해자

① 의의

㉠ 가해자와 피해자는 물론 범죄 문제에 대해 일정한 이해관계를 갖고 있는 지역사회 공동체까지 범죄 사건의 해결 주체로 끌어들이며, 상호 이해, 화해, 원상회복 등을 통해 사회공동체의 평화를 회복하고자 한다.

ⓛ 회복적 사법은 전통적인 형사사법의 효과와 정당성에 대한 반성에 기초하여 범죄 문제의 해결을 위한 새로운 방법을 실험하는 과정에서 고안된 새로운 사법모델이다.

ⓒ 피해자와 가해자 또는 지역사회 구성원 등 범죄사건 관련자들이 사건 해결 과정에 능동적으로 참여하여 피해자 또는 지역사회의 손실을 복구하고 관련 당사자들의 재통합을 추구하는 일체의 범죄대응형식을 말한다.

ⓔ 사람 사이에 발생하는 갈등에 대한 해결방안을 관련 당사자들의 자발적 참여와 대화를 통해 찾아보고자 한다.

ⓜ 회복적 사법의 이념과 프로그램은 범죄 문제뿐만 아니라 민사상의 갈등, 이혼 등 가정 내의 불화, 학교나 직장에서 발생하는 성희롱이나 차별 등의 문제에도 다양하게 적용되고 있다.

② 특징

㉠ 피해자를 지원하는 것이 우선적 고려사항이다.

ⓛ 가해자가 자발적으로 참여하여 뉘우칠수록 재범의 가능성이 낮아질 수 있다.

ⓒ 사법처리 과정에서 형사사법기관이 가해자와 피해자 간의 조정과 합의를 강조한다.

③ 회복적 사법 프로그램들의 주요 유형

피해자-가해자 조정프로그램, 가족집단회합, 양형써클 등이 있다.

피해자-가해자 조정프로그램	• 가해자들이 가해행위에 대하여 책임을 지게 하는 한편 범죄피해자들의 요구에 대응하기 위해서 고안된 것 (1974년 캐나다 온타리오주의 피해자-가해자 화해프로그램으로, 가장 오래됨) • 훈련된 중재자의 도움을 받아 피해자와 가해자가 직접 또는 간접적으로 상호 간의 감정과 이해관계를 표현 전달하여 사건을 종결시키는 합의에 도달하게 함
가족집단회합	참여자는 피해자 및 가해자 쌍방의 가족과 친구뿐만 아니라 때로는 지역사회 구성원을 포함하며 소집자 또는 촉진자를 두고 회합을 통해 당사자들을 위해 바람직한 결과를 알아내고 범죄의 결과에 대처하며 범죄행위의 재발을 방지하는데 적절한 방안을 모색함(뉴질랜드 마오리족)

양형써클	판사, 검사, 변호사, 경찰관, 피해자, 가해자, 가족, 지역주민 등이 포함된 모든 참여자들이 써클을 만들어 서로 마주 보고 앉아 분쟁을 해결하고 사건을 종결할 수 있는 최선의 방법에 대한 합의를 도출하도록 토론하는 것(아메리카 인디언)

④ 회복적 사법의 목표
  ㉠ 피해의 회복
    범죄로부터 가장 큰 영향을 받은 피해자에게 더 많은 권한을 부여하고, 궁극적으로는 피해자의 회복을 중요시한다.
  ㉡ 가해자의 재통합 목표
    가해자의 재범가능성을 낮추고 재통합을 목표로 한다. 다만, 가해자 치유의 목표는 피해자 회복과 피해자를 위한 정의달성이라는 목표가 양립 가능할 경우에만 추구된다. 또한 처벌의 결정보다는 치유와 변화의 과정에 초점을 둔다.
  ㉢ 공동체 강화
    가해자와 피해자 모두 사건이 적절하게 마무리되었다고 느끼고, 지역사회로 통합되는 것을 의미한다. 또한 시민들에게 갈등과 사회문제의 해결에 참여할 수 있는 기회를 제공함으로써 스스로 공동체 의식을 강화할 수 있도록 돕는다.

◤ 유엔의 회복적 사법의 개념

대면개념 (encounter)	피해자와 가해자가 함께 만나 범죄에 대해 이야기하고, 이를 시정하기 위해 무엇을 해야 하는가에 대해 토론하는 것
배상개념 (reparative)	피해자의 공판절차 참여, 피해자에 대한 지원, 법원에 의한 회복적 조치를 통한 범죄피해 회복 등 범죄로부터 받은 피해를 회복하는 데에 초점을 맞춘 것 ※「소년법」에서 화해 · 권고규정을 두어 피해배상 등 피해자와의 화해를 권고할 수 있도록 한 것은 이에 해당
변환개념 (transformative)	가장 넓은 의미의 개념으로, 범죄원인의 구조적 · 개인적 불의(빈곤이나 차별적 교육제도 등)를 시정하여 변화시킴으로써 회복적 사법의 목표를 달성하려는 것

◤ 회복적 사법 더 알아보기

• 특징
  - 원상회복주의 또는 보상주의와 회복주의로 불리는 현대적 처벌관으로, 1970년대 후반에 이글래시(Albert Eglash)가 처음 사용한 용어에서 비롯되었다(=회복적 사법, 공동체적 사법, 합리적 사법, 적극적 사법 등).
  - 브레이스웨이트의 재통합적 수치이론(reintegrative shaming theory)은 회복적 사법의 기본적 이론 틀이다.
  - 과거 응징적 · 강제적 · 사후대응적 사법제도에 대한 반성으로부터 출발하여 범죄자들이 보다 생산적이고 책임감 있는 시민이 될 수 있도록 능력을 개발해 주어야 한다는 목표를 지향하는 적극적인 형사패러다임의 강조사상으로, 일반적인 형사사법보다 소년사법에서 중시되고 있다.

- 회복적 사법의 핵심가치는 피해자와 가해자의 욕구뿐만 아니라 지역사회의 욕구까지 반영하는 것으로, 범죄가 발생하는 여건·환경에 관심을 둔다. 또한 범죄로 인한 피해복구를 위해 중재, 협상, 화합 등을 강조하고, 피해자 권리운동의 발전과 관련이 깊다.
- 응징적 사법과 같이 단순히 피해자와 가해자의 합의와 조정을 강제하는 것이 아니라, 그들 사이에 깨어진 신뢰를 회복하도록 유도하는 것이 곧 회복적 사법이다. 회복적 사법은 가해자 중심의 형사사법정책에 대한 반성으로부터 출발하였으므로, 가해자와 피해자의 원만한 합의가 이루어졌다면, 기소나 형의 선고 시 이 점이 고려될 수 있다.
- 비판
  - 일부 피해자는 회복적 사법의 결과로 인해 더 두려워할 수도 있다. 특히 강력사건에 회복적 사법이 적용되면 가해자가 피해자에게 보복을 가할 수도 있다.
  - 피해자들은 회복적 사법의 결과로 권한불균형을 경험하게 될 수 있다. 즉, 피해자와 가해자 사이에 이미 존재하는 권한불균형을 반복하거나 영속화시킬 잠재성이 있음을 의미한다.
    피해자가 회복적 사법에 이용될 수 있다. 피해자의 참여가 단순히 가해자의 교화개선을 위한 도구로 이용될 수 있다는 것이다.
  - 일부에서는 회복적 사법이 지나치게 피해자에 대한 손상(harm)에 초점을 맞추면서 강력범죄의 핵심요소인 가해자의 정신태도를 경시하고 있다고 주장한다.
  - 공익보다는 사적 잘못(private wrong)을 지나치게 강조한다.
  - 양형에 있어서 예측가능성의 잠재적 부족도 비판대상이다. 즉, 피해자와 가해자를 회복과정에 참여시킴으로써 처분의 불균형을 초래할 수 있다(양형불균형은 법 앞에서 동등하게 보호받을 권리를 침해할 수 있다).

(4) 범죄피해자 보호법

① 범죄피해자 보호·지원이란 타인의 범죄행위로 인하여 피해를 입은 사람에 대하여 형사사법 절차에서의 권리를 보호하고, 신체적·정신적·재산적 피해를 회복할 수 있도록 지원하는 것을 말한다.

② 범죄피해자 보호법은 범죄피해자보호·지원의 기본 정책 등을 정하고, 타인의 범죄행위로 인하여 생명·신체에 피해를 받은 사람을 구조함으로써 범죄피해자의 복지 증진에 기여함을 목적으로 하고 있다(범죄피해자 보호법 제1조).

③ 이 법은 범죄피해자의 침해의 정도, 보호·지원의 필요성 등에 상응하여 상담, 의료의 제공, 관련 법령에 따른 기금, 법률구조 및 취업 관련 지원 대책이 이루어지도록 피해회복, 즉 원상회복을 위한 다양한 지원책을 규정하고 있다.

④ 범죄피해자의 당해 사건과 관련하여 수사담당자와 상담하거나 재판절차에 참여하여 진술하는 등의 형사절차상 권리 행사를 비롯하여 가해자에 대한 수사 결과, 공판기일, 재판 결과, 형 집행 및 보호관찰 집행상황 등 형사절차 관련 정보를 받을 수 있도록 근거 규정을 마련하였다.

⑤ 2010. 8. 15.부터 시행한 범죄피해자 보호법은 종전의 보호법과 구조법을 통합하면서 구조금을 사망, 장해, 중장해 구조금의 3가지로 확대 구분하였고, 구조금 지급 외에 범죄피해자의 보호지원책으로서 피해자의 '형사절차 참여 보장', '사생활의 평온과 신변의 보호'규정을 두었다.

(5) 범죄피해자 보호제도

① 배상명령제도

형사사건 피해자가 범인의 형사재판과정에서 민사적 손해 배상명령을 받을 수 있는 제도를 말한다.

② 재판절차진술권

형사사건의 피해자가 재판과정에서 진술할 수 있는 제도를 말한다.

③ 기타 범죄피해자 보호를 위한 제도

피해자 보호 · 지원을 위한 신뢰관계자의 동석, 피해자 통지제도, 사생활의 평온과 신변보호, 피해자의 법정진술권 및 진술의 비공개 등이 있다.

(6) 범죄피해자 구조금 지급제도

① 의의

범죄행위로 인하여 사망하거나 장해 · 중상해를 당하고서도 피해의 전부 또는 일부를 배상받지 못한 경우 국가가 소정의 절차에 따라 범죄피해자 또는 유가족에게 일정한 금액의 구조금을 대신 지급해주는 제도이다.

② 자격요건

㉠ 살인 등 강력범죄로 인하여 사망한 사람의 배우자, 자, 부모, 손, 조부모, 형제자매는 유족구조금을 받을 수 있다.

㉡ 범죄행위로 인하여 장애를 입은 사람이나 중상해를 입은 사람은 장해구조금 또는 중상해구조금을 받을 수 있다.

㉢ 범죄피해자와 가해자가 친족관계이거나 범죄발생에 범죄피해자의 잘못이 있을 때에는 구조금의 전부 또는 일부를 지급하지 않을 수 있으며, 범죄피해를 원인으로 국가배상법에 의한 급여 등을 받거나 가해자로부터 배상을 받은 때에는 한도 내에서 구조금 지급을 하지 않는다.

③ 지급 신청 절차

㉠ 범죄피해자의 주소지 또는 범죄발생지를 관할하는 지방검찰청의 범죄피해 구조심의회에 신청하면 된다.

㉡ 범죄피해 발생을 안 날로부터 3년, 피해가 발생한 날로부터 10년이 지나면 신청할 수 없다.

④ 구조금액

㉠ 유족구조금은 도시근로자 평균임금의 48개월분 이하의 범위 내에서 유족의 수와 연령, 생계유지 상황 등을 고려하여 지급한다.

㉡ 장해 및 중상해구조금은 중장해 또는 중상해를 당한 경우로서 평균임금의 40개월분 이하의 범위 내에서 피해자의 장해 또는 중상해의 정도와 부양가족의 수 및 생계유지 상황 등을 고려하여 지급한다.

9 피해자에 대한 사적 부조와 지원

(1) 성폭력위기센터

① 성폭력위기센터는 피해자에게 직접적인 서비스를 제공하거나, 지역사회에 대한 교육과 활동을 전개하는 일을 복합적으로 수행해 나가는 역할을 맡고 있다.

② 직접적인 서비스를 제공하는 경우는 상담이나 의료·법률서비스 등을 제공하고, 지역사회에 대한 교육과 활동은 대중교육, 형사사법기관에 대한 설득, 정치적 행동 등에 초점을 맞춘다.

③ 성폭력위기센터는 24시간 운영되며, 일차적 목표는 성폭력피해여성에게 다른 여성과 언제라도 이야기할 수 있는 장소를 제공하는 것이다.

④ 위기센터에서는 피해자(victim)라는 말을 사용하지 않고 생존자(survivor)이라는 말을 즐겨 사용한다.

(2) 여성들을 위한 피난처

① 여성들을 위한 피난처는 대부분 가정폭력으로 인한 피해 여성들을 위한 일시적인 보호소이다.

② 대부분의 피난처는 여권운동으로부터 약간의 자원봉사적 지원을 받으면서 자치적으로 운영하고 있으며, 대개는 상호지지, 권력 분할 그리고 자조 등이 주요 원리로 지켜지고 있다.

③ 피난처운동가들은 사회에서의 여성들의 지위, 가족생활의 특성, 결혼에 있어서의 여성의 위치 등에 관한 자신들의 사고와 생각에 의해서 동기부여를 받는다.

④ 협동적 형태(cooperative style)를 택하고 있어서 직원들은 자신들을 관리자로 보지 않고 동료로 보며 도움을 받는 자들에게도 동료로서 역할을 한다.

(3) 학대받는 아동을 위한 집단운동

① 피해자가 저항 능력이 없고 인식능력이 없으며 가해자의 피부양자 또는 피보호자 또는 최소한 잘 아는 관계의 사람이라는 사실 등에서 피해의 영향이 매우 심각하다는 점에서 필요하다고 주장한다.

② 아동들에게 비슷한 사정의 친구들과 함께 있게 하여 서로의 어려움과 고통을 나눌 수 있도록 지원적·지지적 환경을 제공함으로써 서로에게 결속력과 동조심을 제공할 수 있다.

(4) 피해자권리운동(victim's rights movement)

① 의의

  ㉠ 1985년 UN에서조차 피해자권리장전이라고 할 수 있는 '권력남용과 피해자에 대한 정의의 기본 원칙에 관한 포고'를 채택하였다.

ⓛ 월러(Waller)는 선언문으로부터 범죄피해자를 위한 처우의 기본 기준을 규정하는 사법정의 네 가지 원칙을 제시하였다. 행정 및 사법절차에 대한 접근, 가해자로부터의 배상, 국가로부터의 보상, 피해자에 대한 부조라고 주장하였다.

② 범죄피해자의 권리가 강화되어야 하는 이유

ⓐ 정식재판과정에서의 참여 확대보다 실질적인 면에서의 중재 등을 꾀하여 피해자의 권한을 극대화 시킬 수 있는 방법을 고려해 볼 수 있다.

ⓛ 피해자도 범죄에 관한 정보와 지식을 알 권리가 있다는 주장으로서, 피해자들이 보상제도에 대하여 많은 지식과 정보를 갖게 된다면 더 많은 보상 요구가 이루어질 것이기 때문에 피해자의 권익이 향상 될 수 있는 계기가 된다.

ⓒ 가해자에 대해서 그들의 특성과 필요에 따라 적절한 전문적 처우를 제공하려고 노력하는 현 시점에서 피해자의 책임 유무를 떠나 전문가의 도움과 지원을 받을 수 있어야 한다.

범죄피해자 보상제도의 연혁

- 고대 함무라비법전의 경우, 강도범인의 미검거 시 피해자의 재산손해나 생명손실에 대한 국가배상을 인정한 적이 있다.
- 벤담은 행위자를 추가적으로 제재하기 위하여 피해자를 위한 원상회복의무를 범죄자에게 부과하여야 한다고 주창하였고, 가로팔로는 범죄자에 대한 사회방위와 범죄자의 재사회화를 위한 강력한 수단으로 원상회복을 고려하였다.
- 영국의 여성 형벌개량가 프라이(Fry)는 「피해를 위한 정의」(1957)에서 피해자의 공적 구제에 대한 관심을 촉구하였다.
- 뉴질랜드에서 1963년 최초로 「범죄피해자보상법」을 제정·실시한 이후 영국을 비롯한 세계 각국에서 입법화하였다.
- 헌법 제30조에 근거하여 1987년 「범죄피해자 구조법」이 제정되었고, 이후 2010년 범죄피해자를 보호·지원하는 제도와 범죄피해자를 구조하는 제도를 통합하여 「범죄피해자 보호법」으로 통합하였다.
- 범죄피해자 보상제도 채택국가로는 호주, 캐나다, 북아일랜드, 미국, 일본 등이 있다.

4 형벌 및 교정보호

CHAPTER

1 형벌이론의 개요

(1) 형벌의 기능

① 처벌에 대한 예고의 기능을 수행한다.
② 응보감정을 충족·완화하는 기능을 수행한다.
③ 일반예방과 특별예방의 기능을 수행한다.

(2) 응보형주의

범죄가 법익에 대한 해악이므로 형벌 또한 이에 상응하는 해악이라는 것이다.

(3) 목적형주의

형벌은 범죄로부터 사회를 방위하고 보호하려는 목적을 위한 수단이므로 형벌 그 자체가 목적이 아니라, 형벌 이외의 목적을 달성하기 위한 것이라고 본다.

① 일반예방주의 : 형벌의 목적이 일반사회인(잠재적 범죄인)을 위하·경계하여 장차 범죄를 범하지 않도록 예방함에 있다고 보는 입장이다. 포이어바흐의 심리강제설이 대표적이다.
② 특별예방주의 : 형벌의 목적이 범죄인에 대한 위하와 개선 또는 격리에 의하여 범죄인 자신이 다시 죄를 범하지 않고 정상적인 사회인으로 복귀하도록 함에 있다고 보는 입장이다. 리스트는 범죄인을 분류하고 이에 개별화된 형벌을 적용할 것을 주장한다.

(4) 신사회방위론

① 형사정책의 기초는 개인의 보호에 있고 범죄인도 재사회화의 권리를 갖는다.
② 형벌의 필요성을 인정하고 그 내용은 사회적 보호의 객체로서의 개인과 주체로서의 사회와의 관계로서 파악해야 한다.
③ 형법체계는 불가지론의 입장에서 본 책임이 아니라 실존적 존재로서의 책임을 그 전제로 하여야 하며, 조직된 형사사법기관에 의한 형사소송법정주의를 기본으로 하여 형사체계를 개혁해야 한다.

(5) 불개입주의

① 종래 자유 박탈 등을 통하여 국가가 범죄인 처우에 대해 적극적으로 개입한 것이 오히려 인간의 존엄과 법치국가 원리에 반하는 역효과를 가져왔음을 반성하여 가급적 자유박탈처분을 피하고 각종의 처우 제도를 보다 피고인의 인권을 보장하는 방향으로 개선할 것을 주장하는 이론이다.

② 불개입주의에는 비범죄화론, 비형벌화론, 우회설 등이 있다.

2 사형

(1) 의의

① 사형은 수형자의 생명을 박탈하여 사회로부터 영구히 격리시키는 형벌로서 생명형 또는 극형이라고 한다.

② 교수, 총살, 전기의자살, 독가스살이 있으며 우리 형법은 교수형을 택하고 있고, 군형법은 총살형을 인정하고 있다.

③ 절대적 법정형으로 사형만이 규정된 범죄로는 여적죄가 있다.

④ 법관의 재량에 의하여 사형과 자유형을 선택하는 상대적 법정형으로 규정된 것은 내란죄, 내란목적살인죄, 외환유치죄, 모병이적죄, 시설제공이적죄, 시설파괴이적죄, 간첩죄, 폭발물사용죄, 현주건조물방화치사죄, 살인죄, 강간등살인죄, 강도살인죄, 해상강도살인·치사·강간죄, 상관살해죄가 있다.

현행법상 사형 규정

① 소년법상 특칙

사형 부과 금지 : 18세 미만인 소년(15년의 유기징역으로 대체)

② 형의 집행 및 수용자의 처우에 관한 법률상 사형확정자 규정

㉠ 사형확정자의 수용

㉡ 원칙 : 독거수용(예외적 혼거수용 허용)

㉢ 사형확정자가 수용된 거실은 참관 금지

③ 형사소송법상 사형집행절차

㉠ 사형의 집행 : 법무부장관의 명령에 의해 집행

㉡ 사형집행명령 : 판결 확정일로부터 6개월 이내

㉢ 집행 기간 : 법무부장관이 사형의 집행을 명한 경우 5일 이내

---

(2) 사형폐지론

① 사형제도의 비인도성을 지적하며 '법이란 이름으로 동료 인간의 목숨을 빼앗는 것이 정당한가?'라는 의문을 제시한다.

② 사형은 야만적이고 잔혹한 형벌로서 인간의 존엄과 가치를 인정하는 자유민주사회에서는 허용될 수 없다.

③ 사형은 재판적 과오(오판)를 회복할 수 없는 형벌이고, 피해자의 민사상 구제에도 도움이 되지 않고 일반 국민에 대한 위하력도 생각보다 적다.

④ 사형은 정치범과 같은 확신범의 경우 범죄예방의 효과도 없으며, 살인과 같은 흉악범죄에 대한 억제 효과가 없다. 따라서 사형은 죄인을 교화하는 교육형으로서의 형벌 목적을 달성할 수 없는 원시적이고 무의미한 형벌이다.

(3) 사형존치론

① 사형은 사람의 생명을 박탈하는 형벌이고, 생명은 인간이 본능적으로 가장 애착을 가지는 것이므로 다른 형벌이 갖지 못하는 특별한 범죄억제력이 있다.

② 사형 대신에 종신형으로 대체한다면, 사회적 비용이 과다하게 들고, 일반시민들이 지지하고 있는 제도이다.

③ 형벌의 본질은 응보에 있으므로 살인을 저지르면 사형에 처해진다는 사실은 일반 국민의 정의관념에 부합된다.

④ 사형은 피해자의 감정을 만족시키며 살인자를 사회에서 영구히 격리하는 효과가 있다.

◀ 사형 폐지론자와 존치론자

- 사형폐지론자 : 베카리아(Beccaria), 존 하워드(Howard), 페스탈로치(Pestalozzi), 앙셀(Ancel)
- 사형존치론자 : 칸트(Kant), 헤겔(Hegel), 롬브로소(Lombroso)

※ 우리 형법상 절대적 법정형이 사형만 있는 죄는 여적죄다.

〈현행 형법상 형벌의 종류〉

생명형		사형(교수형, 군형법상 총살형)
자유형	징역	수형자를 교정시설에 구치하여 정역에 복무
	금고	징역과 유사하나 정역에 복무하지 않음
	구류	수형기간이 짧다는(1일 이상 30일 미만) 점에서 징역이나 금고와 구별
명예형	자격상실	일정한 자격이 상실
	자격정지	일정한 기간동안 일정한 자격의 전부 또는 일부 정지

생명형		사형(교수형, 군형법상 총살형)
재산형	벌금	50,000원 이상으로 하며 상한은 무제한
	과료	2,000원 이상 50,000원 미만
	몰수	범죄 반복의 방지나 범죄에 대한 이득의 금지를 목적으로 범죄행위와 관련된 재산 박탈(다른 형에 부가하는 부가형이 원칙)

3 자유형

(1) 의의

① 자유형은 수형자의 신체적 자유를 박탈하는 형벌을 말한다. 자유형은 근대 형벌체계의 핵심적인 위치를 차지하고 있으며, 행형은 바로 자유형의 집행을 의미하는 것이 일반적이다.

② 자유형의 집행목적은 보안과 교화·개선을 통한 수형자의 재사회화이다. 그러나 오늘날 개선형사상에 입각한 자유형제도가 실효를 거두지 못하고 있다는 주장이 끊임없이 제기되고 있다. 이로 인하여 자유형을 개선하여야 한다는 견해가 강력히 대두되고 있다.

(2) 자유형의 종류

① 징역형 : 수형자를 교도소 내에 구치하여 정역에 복무하게 하는 것을 내용으로 하는 것으로서 자유형 중 가장 중한 형벌이다.

② 금고형 : 수형자를 교도소 내에 구치하여 자유를 제한하는 형벌이지만, 정역에 복무하지 않는다.

③ 구류형 : 교도소 내에 구치하여 집행되는데, 다만 그 기간이 1일 이상 30일 미만이다.

(3) 자유형의 문제점

① 자유형의 형벌성
자유를 박탈하는 것이 어떻게 형벌이 될 수 있는가 하는 문제는 자유형이 생긴 초기에 있었던 논의이다. 그러나 형벌의 해악성은 사람들이 일반적으로 겪고 싶어 하지 않는 데에 있다고 보면 일정 장소에 신체를 구금하는 것만으로도 충분히 형벌작용이 있다고 할 수 있다.

② 자유형의 재사회화 기능
자유형은 수형자를 사회와 격리시키는 것을 형벌 내용으로 하기 때문에 사회에 대한 적응력을 길러 줄 수 없기 때문에 재사회화의 행형목적이 자유형을 통해서 달성될 수 없다는 비판이 거세지고 있다.

③ 간접형벌문제
자유형이 수형자 가족에 대해서는 간접적 형벌의 의미를 갖는다는 문제가 있다. 가장의 수형생활이 가족에게 가져다주는 경제적·정신적 고통이 바로 그것인데, 이것은 가족이 자신의

책임과 무관하게 간접적 형벌을 받는 결과가 된다.

④ 악풍감염의 우려

현대 형사정책은 수형자를 사회와 격리시키는 것과 더불어 재사회화가 그 주요과제다. 하지만 교도소에 있으면 악풍의 감염이라 하여 오히려 교도소에서 더 많은 범죄를 배워오는 악순환이 발생한다. "재범률이 높은 것은 교도소가 범죄학교이기 때문이다"고 주장하는 사회학습이론이 이를 뒷받침한다.

(4) 자유형의 단일화론

① 의의

자유형의 단일화는 현행법상 징역, 금고, 구류의 3종류로 되어 있는 자유형을 한 가지로 통일하자는 논의를 말한다. 모든 자유형의 목적은 교육·개선에 있으므로 형벌의 내용에 따른 구별의 의미가 없다는 인식에서 비롯된 문제이다.

② 단일화를 찬성하는 입장

㉠ 징역과 금고의 구별기준인 파렴치성은 모호하고 주관적인 개념이기 때문에 형의 종류를 나누는 기준으로서 적합하지 않다고 본다. 정역에 종사하는 징역이 금고에 비해 중한 형벌이 된다는 전제는 노동을 천시하는 사고에서 비롯된 것이다.

㉡ 단일화를 찬성하는 입장의 논거

- 교정정책의 일관성을 유지해야 할 필요성이 있고, 징역과 금고의 구별기준인 파렴치성은 또 다른 낙인을 찍는 것에 지나지 않는다.
- 노동을 인간의 자연스러운 의무이자 권리로 본다면 징역과 금고를 구별해야 할 근거가 없다.
- 수형자의 약 70%가 작업에 종사하므로 자유형의 분류는 사실상 무의미하며, 행형의 개별화는 처우의 개별화를 의미하는 것이지 노력의 유무가 아니다.

③ 단일화를 반대하는 입장

㉠ 노역이 형벌과 함께 강제된다는 사실만으로도 이미 노동의 형벌성을 인정할 수 있고, 금고형이나 구금형도 징역과 구별되는 고유한 응보내용이 있다고 본다.

㉡ 단일화를 반대하는 입장의 논거

- 노동이 형벌과 함께 강제된다는 사실만으로도 이미 노동의 형벌성을 인정할 수 있다.
- 형의 종류가 다양할수록 책임에 따른 형벌의 개별화는 더욱 실현될 수 있으며, 과실범과 같은 수형자를 다른 고의범죄자와 같이 취급하는 것은 국민감정에 맞지 않는다.

(5) 부정기형

① 부정기형이란 형기를 일정하게 정함이 없이 자유형을 선고한 것을 말한다. 부정기형에는 형기의 상한과 하한을 정하는 상대적 부정기형과 아무 기간도 정하지 않는 절대적 부정기형이 있다.

② 우리나라 현행 형법은 정기형을 원칙으로 하고 있으며, 특별법인 소년법에 의하여 소년범에 대하여만 상대적 부정기형을 인정하고 있다.

③ 절대적 부정기형은 죄형법정주의의 위반으로서 허용할 수 없다. 상대적 부정기형은 책임원칙의 보장적 기능과 일반예방의 형벌 목적을 유지하는 범위 내에서의 자율적인 개선·교화라는 특별예방의 형벌 목적을 실현한다는 의미를 가진다.

(6) 단기자유형

① 의의

㉠ 단기자유형이란 구류 및 단기간의 징역 또는 금고를 말한다.

㉡ 짧은 자유형 집행으로 인해 범죄자의 사회복귀가 더 힘들어질 수 있고, 범죄의 정도에 비해 가족이 겪는 고통이 너무 크고, 범죄성향에 오염(악풍감염)될 위험성이 높으며, 수형시설의 부족 현상을 가중하고 단기형의 선고를 받아도 누범이 될 수 있는 문제가 있다.

② 단기자유형의 대체방안

㉠ 벌금형의 환형 제도의 확립과 집행유예 내지 선고유예제도의 활용

㉡ 기소유예제도의 확대 운영과 무구금 강제노동의 실시

㉢ 구금제도를 완화하고, 선행보증·거주제한을 실시하고 자유 제한을 수반하는 독자적인 보호관찰을 한다.

4 벌금형

(1) 개념 및 의의

① 벌금형은 범죄인으로 하여금 일정한 금액을 지불하도록 강제하는 형벌이다. 과료와는 금액 면에서 구별되고 몰수는 부가형인데 반하여 벌금형은 독립된 형벌인 면에서 구별된다.

② 벌금은 제3자의 대납이 허용되지 않고, 국가에 대한 채권과의 상계가 허용되지 않으며, 범인 이외의 자와 공동연대책임이 허용되지 않고, 원칙적으로 벌금의 상속은 인정되지 않는다.

(2) 현행 벌금형제도

① 현재 벌금액은 5만원 이상이고 상한에는 제한이 없다. 감경할 경우 5만원 미만으로 할 수 있다. 벌금은 판결확정일로부터 30일 이내에 납입하여야 한다.

② 벌금형 고지시 노역장 유치를 함께 명할 수 있으며 벌금을 납입하지 아니한 자는 1일 이상 3년 이하의 기간 노역장에 유치할 수 있다.

③ 벌금형은 총액벌금제도와 일시납입방법을 취하면서 이의 납입을 담보하기 위하여 노역장 유

치를 규정하고 있을 뿐, 벌금형에 관한 양형기준 또는 벌금형의 납입을 완화시킬 수 있는 제도적 장치는 마련하고 있지 않다.

(3) 벌금형의 장단점

장점	• 자유형보다는 형집행비용이 적고 구금으로 인한 실업, 가정파탄, 범죄오염 등의 위험성을 제거할 수 있다. • 단기자유형의 폐해를 제거할 수 있다. • 이욕적인 동기에 의한 범죄를 억제할 수 있고 국고의 수입을 늘릴 수 있다. • 악풍감염의 우려가 없다. • 벌금형을 탄력적으로 운영하면 빈부에 따른 정상참작이 가능하다. • 법인에 대한 적절한 형벌 수단이 된다. • 법원의 오판시 회복이 용이하고 신속한 업무처리를 할 수 있다. • 피해자와 범죄인의 명예회복적인 측면도 있다. • 형사정책상 비시설화의 도모로 인한 범죄자의 사회화에 기여한다.
단점	• 공공의 안전을 위하한다. • 인플레이션하에서는 예방력이 약하다. • 현재 벌금 미납자의 노역집행을 위한 별도의 시설이 없다. • 거액의 벌금미납자도 3년 이하의 노역으로 벌금을 대체하므로 형평성에 위배된다. • 교육, 개선작용이 미흡하여 형벌의 개별화와 거리가 멀다.

(4) 벌금형의 문제점

범죄인의 경제적 지위에 따라 형벌의 위하력에 차이가 생긴다. 즉, 빈자에게는 중벌이지만 부자에게는 무의미한 형벌이 된다.

(5) 벌금형의 개선방안

① 무구금강제노역

벌금집행관청이 벌금 징수가 불가능할 때 그 범죄인을 관·공영의 공장 또는 농장 등에서 강제노동을 하게 하는 것이 있으며, 자유노동에 의한 상환을 벌금형의 개선으로 제기하기도 한다.

② 벌금형의 집행유예제도

벌금형의 선고유예는 인정하나 집행유예는 500만 원 초과에 대해서는 인정하지 않는데 벌금형이 집행유예가 확대되어야 한다.

③ 노역장 유치에의 가석방 허용

벌금형제도의 대체방법인 노역장 유치는 단기자유형의 폐해를 초래하기 때문에 노역장 유치는 최후의 수단으로 사용되어야 한다. 노역장 유치가 최후의 수단인 만큼 그 폐해를 최소화하기 위하여 행형실적에 따라 미리 석방시킬 수 있는 제도가 마련되어야 한다.

④ 일수벌금제도의 도입

범죄인의 불법과 책임에 따라서 벌금일수를 계산하고, 1일 벌금액을 범죄인의 경제 사정을 고려하여 산정한 후 양자를 곱하여 벌금액을 정하는 제도이다. 일수벌금제도는 각 범죄인의 경제 능력에 대응하여 벌금액을 결정함으로써 사법의 평등을 기하고 벌금형의 탄력성을 확보하기 위한 방안으로 구상된 것이다.

벌금 미납자의 사회봉사 집행에 관한 특례법 요약

사회봉사 신청요건
① 대상 : 500만원 범위 내의 벌금형
  (단, 징역, 금고와 동시에 벌금을 선고받은 경우, 법원으로부터 벌금 완납까지 노역장 유치를 명받은 경우, 법원으로부터 사회봉사를 허가받지 못하거나 취소된 경우 등은 불가)
② 검사의 납부명령일로부터 30일 이내에 관할 지방검찰청 검사에게 사회봉사 신청(검사는 신청일로부터 7일 이내에 청구 여부 결정)
③ 법원은 검사로부터 청구를 받은 날부터 14일 이내에 허가 여부 결정
④ 법원으로부터 허가를 받지 못한 벌금미납자는 15일 이내에 벌금 납부
⑤ 사회봉사는 보호관찰관이 집행

---

5 몰수와 추징 등

(1) 몰수

① 범죄의 반복을 방지하고 범죄로부터 이득을 얻지 못 하게 할 목적으로 범행과 관련된 재산을 박탈하여 국고에 귀속시키는 재산형이다.
② 원칙적으로 주형에 부가하는 부가형이나 예외적으로 몰수만을 선고할 수 있으며, 형법상 몰수는 특별몰수만을 의미하며 이는 다시 임의적 몰수와 필요적 몰수로 구분된다.
③ 몰수는 일반몰수와 특별몰수가 있는데 전자는 범죄인의 재산의 전부 또는 일부를 국고에 귀속시키는 것을 말하고, 후자는 범죄와 관계되는 특정한 물건의 소유권을 국가가 취득하는 것이다.

(2) 추징

소비·분실·양도 등으로 몰수할 대상물의 전부 또는 일부를 판결 당시 사실상 또는 법률상 몰수하기 불능한 경우 몰수에 갈음하여 그 가액의 납부를 명하는 사법처분이다.

(3) 폐기

문서·도화·전자기록 등 특수매체기록 또는 유가증권의 일부가 몰수에 해당하는 때에는 그 부분을 폐기하도록 하는 것이다.

▲ **자격형(명예형)**

① 자격상실 : 사형, 무기징역(금고)을 받은 경우 상실된다.
 ㉠ 공무원이 되는 자격
 ㉡ 공법상 선거권, 피선거권
 ㉢ 법률로 요건을 정한 공법상 업무에 관한 자격
 ㉣ 법인의 이사, 감사, 지배인(업무에 관한 검사역, 재산관리인)이 되는 자격

② 자격정지 : 일정기간 동안 자격의 전부, 일부를 정지시킨다.
 ※ 당연정지 : 유기징역(금고)의 판결을 받은 자는 형 집행이 종료, 면제될 때까지 다음의 자격이 정지된다.
  − 공무원이 되는 자격
  − 공법상 선거권, 피선거권
  − 법률로 요건을 정한 공법상 업무에 관한 자격

③ 선고정지
 ※ 자격정지의 가산점(정지기간 : 1년 이상 15년 이하)
  − 유기징역(금고)에 병과된 경우 형 집행 종료, 면제된 날
  − 자격정지가 선택형인 경우 확정된 날

6 보안처분

(1) 의의

① 범죄에 대한 장래적 행위에 의한 위험성을 사전에 방지하기 위하여 형벌 이외에 형벌을 보충 또는 대체하는 의미로 국가가 시행하는 각종의 강제적 조치로서 자유의 박탈 또는 제한을 수반하는 격리 또는 개선처분을 말한다.
② 보안처분의 우선 목표는 범죄자의 개선이며 보안처분의 대상자로는 누범, 상습범, 정신병질, 알코올중독·마약중독 범죄자 등이다.
③ 책임주의원칙에 따른 형벌의 사회방위수단으로써 한계를 보충하는 의미이다.

〈보안처분과 형벌과의 관계〉

구 분	이원주의	일원주의	대체주의
의 의	형벌≠보안처분	형벌=보안처분 (정도와 분량에서만 차이)	• 선고단계 : 형벌과(이원론) • 집행단계 : 보안처분으로 대체되거나 선집행 (일원론)
주장 학자	메이어, 비르크마이어, 벨링등 응보형론자	리스트, 페리, 목적형, 교육형론자	슈토스초안

구 분	이원주의		일원주의	대체주의
	형 벌	보안처분	① 형벌 및 보안처분은 모두 사회방위처분이다. ② 형벌의 본질도 범죄인의 개선교화에 있다. ③ 형벌을 해악의 부과로만 보는 응보형론은 부당하며, 형벌도 수형자의 사회복귀에 중점을 두어야 한다.	① 요건이나 선고는 별개이지만, 범죄인의 사회복귀라는 목적을 추구하고 있으므로 집행은 대체가 가능하다. ② 집행의 순서는 보안처분이 개인적 처벌의 필요성에 적합하므로 먼저 집행하는 것이 합목적이다. ③ 보안처분이 집행된 경우 그 기간을 형기에 산입하거나 형벌집행을 않는 기능적 대체를 인정한다. ④ 현실적응성이 있고 형사정책적 고려의 이론
논 거	책임	사회적 위험성		
	범죄의 진압	범죄의 예방		
	회고적	전망적		
	응보	사회방위· 교정교육		
	형사처분적 성격이 강함	행정처분적 성격이 강함		
대체성	형벌과의 대체성은 부정, 병과는 인정		대체성으로 어느 하나만을 선고·집행하 여야 한다.	요건과 선고는 별개이지만, 집행은 대체가 가능하다.
보안처분 선고기관	행정처분이므로 행정청		형사처분이므로 법원	특별법이나 형소법에 특별규정을 두는 것이 바람직
문제점	이중처벌의 위험성 웰젤 : 상표사기 콜라우취 : 명칭사기		① 책임주의에 반할 위험성이 있다. ② 형사정책적 차원에서 양자의 중복이 문제	① 책임주의와 불일치 ② 양자의 적용범위불분명 ③ 정의의 관념에 반하는 부당한 결과를 초래한다.

(2) 종류

보안처분은 크게 대인적 보안처분과 대물적 보안처분이 있고, 대인적 보안처분에는 자유박탈적 보안처분과 자유제한적 보안처분이 있다.

대인적 보안처분	자유박탈적 보안처분	치료감호, 교정처분, 노작, 보호감호, 사회치료 등
	자유제한적 보안처분	보안관찰, 선행보증, 직업금지, 운전면허박탈, 거주제한, 국외추방, 음주점 출입금지, 거세 · 단종 등
대물적 보안처분		몰수, 영업장 폐쇄, 법인의 해산 등

7 보호관찰

(1) 의의

범죄인을 교도소나 기타의 시설에 수용하지 않고 사회생활을 영위하면서 보호관찰관의 지도 · 감독 및 원호를 통하여 개선 · 갱생시키는 제도이다. 범죄성이나 비행성을 교정하고 재범을 방지하기 위한 형사정책수단이다.

(2) 보호관찰의 개시 및 신고

보호관찰은 법원의 판결이나 결정이 확정된 때 또는 가석방 · 임시퇴원된 때부터 시작되고, 보호관찰 대상자는 주거, 직업, 생활계획, 그 밖에 필요한 사항을 관할 보호관찰소의 장에게 신고하여야 한다.

(3) 내용

① 사회봉사명령 : 법원이 유죄가 인정된 자에 대하여 일정 시간 무보수로 사회에 유익한 근로를 하도록 명하는 제도이다.

② 수강명령 : 법원이 유죄가 인정된 자에 대하여 일정 시간 동안 강의, 체험 학습, 심신훈련, 봉사활동 등 범죄성 개선을 위한 교육을 받도록 명하는 제도이다.

③ 조사업무 : 판결전조사, 청구전조사, 결정전조사, 검사로 구분되며 형사절차 또는 보호사건 절차에서 피고인 등에게 적합한 처우를 내리기 위해 피고인 등의 성격, 환경, 경력, 전과관계 등 그 인격과 환경에 관한 상황을 조사하는 제도이다.

④ 전자감독 : 특정범죄자에 대한 24시간 위치추적과 보호관찰관의 밀착 지도·감독을 통해 특정 범죄자의 재범을 억제하는 보호관찰 프로그램

⑤ 가석방 : 자유형을 집행 받고 있는 자가 개전의 정이 현저하다고 인정되는 때에는 형기만료 전이라도 조건부로 석방하는 제도로, 가석방은 수형자에게 장래의 희망을 가지도록 하여 개선을 촉진하기 위한 형사정책인 제도이다.

(4) 존스쿨(John school)

① 수강명령과 유사한 것으로 성매매 남성들을 대상으로 하는 프로그램이다. 보호관찰소에서 교육이 시행된다.

보호관찰이 적용되는 법률의 종류

적용법규	대상자(보호관찰기간)	
형법	선고유예(1년), 집행유예(유예기간; 1년 이상 5년 이하), 가석방(잔형기간; 10년 초과 X)	
소년법	단기보호관찰처분(1년), 장기보호관찰처분(2년; 1회에 한해 + 1년 가능), 임시퇴원(6개월~2년)	
치료감호법	가종료 및 치료위탁(3년)	
가정폭력범죄처벌법	보호관찰처분(6개월 이내)	
성매매처벌법		
청소년성보호법	소년법상 보호처분사건(1~2년)	2년 이상 5년 이하
전자장치부착법		
성폭력처벌법	선고유예(1년), 집행유예(유예기간)	

② 1995년에 미국 샌프란시스코의 시민단체 세이지(SAGE)가 성 관련 범죄자의 재범을 방지하기 위하여 도입한 제도이다.

③ 우리나라에서는 2005년 8월부터 서울 등 전국 13개 보호관찰소에서 시행하였다. 2006년 8월 27일에 서울보호관찰소에서 성매매사범 초범자 2명을 대상으로 처음 실시되었다.

8 소년보호의 원칙

(1) 의의

소년법상 보호처분규정은 보호사건에 대한 일반법적 성격을 가지고 있고, 형사사건에 대한 규정은 형사법에 대한 특별법적 성격을 가지고 있으며, 실체법과 절차법의 성격을 모두 가지고 있다.

(2) 실체법적 성격

① 보호주의 : 소년의 건전한 육성을 위해 보호사건에는 보호처분을, 형사처분에는 특칙을 적용한다.

② 교육주의 : 소년보호의 절차에 보호 활동의 모든 과정에서 교육적 정신이 관철되어야 한다. 따라서 소년범죄에 대해서는 처벌을 위주로 할 것이 아니라 치료·개선을 우선적으로 해야 한다.

③ 인격주의와 규범주의 : 소년보호는 소년의 인격에 내재하는 범죄적 위험성을 제거하여 소년의 건전한 육성을 목적으로 하여야 한다. 이를 위해서는 소년의 행위·태도에 나타난 개성과 환경을 중시하여 소년의 인격과 관련된 개인적 범죄 특성도 함께 고려하여야 한다.

④ 예방주의 : 소년보호는 이미 죄를 범한 소년의 처벌(억제)이 아니라 그 소년이 더 이상 범죄를 범하지 않도록 하고, 그리고 우범소년도 그 대상으로 하여 소년이 사회에 적응하지 못하는 상태에 빠지지 않도록 보호·육성하여야 한다.

(3) 절차법적 성격

① 개별주의 : 소년 개개인을 1건으로 독립해서 취급하고, 그 개성을 중시하여 범죄인에게 알맞은 처우를 전개하여야 한다.

② 직권주의 : 법원이 적극적·지도적인 입장에서 심리는 진행하는데 이는 국가의 후견적 역할이 강조되는 소년법상의 원칙의 표현이다.

③ 과학주의 : 소년범죄인의 처우를 단지 법률에만 의뢰하지 말고 정신의학·심리학·사회학 교육학 등의 전문가의 협력을 얻어 그들의 진단과 의견을 참작하여야 한다.

④ 밀행주의(비공개주의) : 인권보장이나 재범방지의 측면에서 어느 나라든지 소년심판의 비공개와 함께 기사게재·방송 등 보도를 금지 또는 제한하는 규정을 두고 있다.

⑤ 통고주의 : 전 국민의 협력으로 요보호성이 있는 소년을 조기에 발견하자는데 취지가 있다. 소년법은 보호자 또는 학교와 사회복지시설의 장도 범죄·촉법·우범소년을 관할 소년부에 통고할 수 있도록 하는 등 관련 기관의 협력이 요구된다.

◢ 데이비드 스트리트(David Street)의 소년범죄자 처우조직 유형

① 복종 및 동조(구금적 시설) 유형

구금을 강조하는 소년교정시설에서 추구, 외부통제 및 동조 강조, 강력한 직원통제와 다양한 제재 추구, 대규모 보안직원으로 구성, 적은 수의 처우 요원, 규율의 엄격한 집행, 강제된 동조성을 강요하는 준군대식 형태, 조절이 주된 기술

② 재교육 및 개선(발전) 유형

엄격한 규율과 제재가 적용되지만 복종보다 교육 강조, 훈련을 통한 변화 강조, 청소년의 태도와 행동 변화 중시, 개인적 차원의 개발에 중점, 직원은 대부분 교사로 구성, 기술습득과 가족과 같은 분위기 창출에 관심

③ 처우를 중시하는 유형

청소년의 인성변화와 심리적 재편 중시, 많은 처우요원 고용, 가장 복잡한 조직구조, 처우요원과 보완요원의 협조와 청소년의 이해 강조, 처벌은 엄격하지 않게 집행, 다양한 활동과 성취감 강조, 자기 존중심과 자기성찰 강조, 개인적 통제 및 사회적 통제 동시 강조, 개인적 문제해결에 협조, 지역사회생활 준비 강조

---

9 현행법상 소년범 대책

(1) 소년범의 분류

소년법 및 소년업무처리규칙(경찰청예규)에서는 소년은 19세 미만인 자로, 비행소년, 불량행위소년, 요보호소년으로 나누고 있으며 비행소년은 다시 범죄소년, 촉법소년, 우범소년으로 나뉜다. 여기서 불량행위소년과 요보호소년은 소년경찰의 대상이 되나 소년부의 심리대상이 되지 않는 소년을 말한다.

① 비행소년

범죄소년, 촉법소년, 우범소년 중 어느 하나에 해당되는 자

㉠ 범죄소년

14세 이상 19세 미만의 소년으로서 범죄를 저지른 범죄소년은 보호처분의 대상이 된다.

ⓛ 촉법소년

10세 이상 14세 미만의 형사미성년자로서 범죄를 저지른 촉법소년은 보호처분의 대상이 된다.

② 불량행위소년

비행소년은 아니지만 음주·흡연·싸움 기타 자기 또는 타인의 덕성을 해하는 행위를 하는 소년

③ 요보호소년

비행소년은 아니지만, 학대·혹사·방임된 소년 또는 보호자로부터 유기·이탈되었거나 그 보호자가 양육할 수 없는 경우나 기타 경찰관 직무집행법 제4조 또는 아동복지법에 따른 보호를 필요로 하는 자

④ 우범소년

㉠ 10세 이상 19세 미만의 자로서 다음에 해당하는 사유가 있고 그의 성격이나 환경에 비추어 앞으로 형벌 법령에 저촉되는 행위를 할 우려가 있는 우범소년에 해당하는 소년은 보호처분의 대상이 된다.

㉡ 행위유형

집단적으로 몰려다니며 주위 사람들에게 불안감을 조성하는 성벽이 있는 모습을 보이고, 정당한 이유 없이 가출을 한다. 술을 마시고 소란을 피우거나 유해환경에 접하는 성벽이 있는 유형이 있다.

(2) 소년보호처분의 종류 및 기간

① 보호자 또는 보호자를 대신하여 소년을 보호할 수 있는 자에게 감호 위탁 → 6개월(6개월 범위에서 1차 연장 가능) 보통 보호관찰처분을 병합

② 수강명령 (12세 이상의 소년만 해당) → 100시간 이하

③ 사회봉사명령(14세 이상의 소년만 해당) → 200시간 이하

④ 보호관찰관의 단기보호관찰 → 1년

⑤ 보호관찰관의 장기보호관찰 → 2년(1년의 범위에서 1차 연장 가능)

⑥ 아동복지시설이나 그 밖의 소년보호시설에 감호 위탁 → 6개월(6개월 범위에서 1차 연장 가능)

⑦ 병원, 요양소 또는 의료재활소년원에 위탁 → 6개월(6개월 범위에서 1차 연장 가능)

⑧ 1개월 이내의 소년원 송치 → 1개월 이내

⑨ 단기 소년원 송치 → 6개월 이하

⑩ 장기 소년원 송치(12세 이상의 소년만 해당) → 2년 이하

(3) 형사처분의 특칙

① 대상 : 비행소년 중 범죄소년에게만 해당한다.

② 조사·심리상의 배려 : 법원은 소년형사사건에 관하여 그 필요한 사항을 조사하도록 조사관에게 위촉할 수 있으며, 사건 심리에 있어서 다른 피의사건과 관련된 경우에도 심리에 지장이 없으면 그 절차를 분리하여야 한다.

③ 사형과 무기형의 완화 : 죄를 범할 당시 18세 미만인 소년에 대해서는 사형 또는 무기형으로 처할 경우에는 15년의 유기징역으로 한다.

④ 상대적 부정기형의 인정 : 소년이 법정형 장기 2년 이상의 유기형에 해당하는 죄를 범한 경우에는 그 형의 범위에서 장기와 단기를 정하여 선고한다. 다만, 장기는 10년, 단기는 5년 내의 범위에서 부정기형을 선고한다.

⑤ 분리·분계주의 : 징역 또는 금고를 선고받은 소년에 대해서는 특별히 설치된 교도소 또는 일반교도소 안에 특별히 분리된 장소에서 그 형을 집행한다.

⑥ 환형처분의 금지 : 18세 미만인 소년에게는 노역장 유치선고를 하지 못한다. 다만, 판결선고 전 구속되었거나 소년의 감호에 관하여 소년분류심사원에 위탁하는 조치가 있었을 때에는 그 구속 또는 위탁의 기간에 해당하는 기간은 노역장에 유치된 것으로 보아 판결선고 전 구금일수의 통산을 적용할 수 있다.

(4) 소년사법의 실체법적 성격

보호주의 교육주의 규범주의 목적주의	소년법은 보호적·복지적 측면과 형사법적 측면이 결합하여 조화를 이루는데, 소년법 제1조는 "반사회성(反社會性)이 있는 소년의 환경 조정과 품행 교정(矯正)을 위한 보호처분 등의 필요한 조치를 하고, 형사처분에 관한 특별조치를 함으로써 소년이 건전하게 성장하도록 돕는 것을 목적으로 한다"고 명시하여 이러한 이념을 반영하고 있다.
인격주의	소년을 보호하기 위해서는 소년의 행위·태도에서 나타난 개성과 환경을 중시해야 한다. 소년보호절차는 교육기능 및 사법기능을 동시에 수행하기 때문에 객관적 비행사실만 중요하게 취급되어서는 안 되고, 소년의 인격과 관련된 개인적 특성도 함께 고려되어야 한다. 소년법 제1조의 "반사회성이 있는 소년의 … 품행 교정을 위한 보호처분 등의 필요한 조치를 하고 … 건전하게 성장하도록 돕는 것을 목적으로 한다"는 규정과 소년에 대한 사법의 개별화를 선언하고 있는 소년법 제9조는 이러한 인격주의를 표현한 것이라고 할 수 있다.
예방주의	죄를 범한 소년뿐만 아니라 우범소년도 그 대상으로 하는 것으로, 소년법 제4조 제1항 제3호 「집단적으로 몰려다니며 주위 사람들에게 불안감을 조성하는 성벽이 있는 것, 정당한 이유 없이 가출하는 것, 술을 마시고 소란을 피우거나 유해환경에 접하는 성벽이 있는 것」 소년법의 규율대상이 된다는 규정은 예방주의를 표현한 것이라고 할 수 있다.

(5) 소년사법의 절차법적 성격

개별주의	처우개별화의 원리에 따라 개성을 중시한 구체적인 인격에 대한 처우를 강구한다. 소년법 제9조 "조사는 의학·심리학·교육학·사회학이나 그 밖의 전문적인 지식을 활용하여 소년과 보호자 또는 참고인의 품행, 경력, 가정상황, 그 밖의 환경 등을 밝히도록 노력하여야 한다"는 규정은 개별주의를 표현한 것이라 할 수 있다. 예 분리수용, 심리절차 및 집행의 분리 등

직권주의 심문주의	심리가 쟁송의 성격이 아닌 국가가 소년의 후견적 입장에서 법원이 적극적 · 지도적으로 이루어야 하고, 소년은 심판의 대상이 아닌 심리의 객체로서 대립되는 당사자 소송방식보다는 심문의 방식을 취하여야 한다.
과학주의	예방주의와 개별주의를 추구하기 위해서는 소년의 범죄환경에 대한 연구와 소년범죄자에게 어떤 종류의 형벌을 어느 정도 부과하는 것이 적당한가에 대한 연구 · 검토가 필요하다. 소년법 제12조에서 "소년부는 조사 또는 심리를 할 때에 정신건강의학과의사 · 심리학자 · 사회사업가 · 교육자나 그 밖의 전문가의 진단, 소년분류심사원의 분류심사 결과와 의견, 보호관찰소의 조사 결과와 의견 등을 고려하여야 한다"는 규정은 과학주의를 표현한 것이라 할 수 있다.

10 다이버전(Diversion) 제도

(1) 개념 및 의의

① 다이버전(전환제도)이란 범죄인의 자연스런 사회복귀와 재범방지를 위해서 사법 처리 대신에 지역사회의 보호와 관찰 등을 실시해야 한다는 제도를 말한다.

② 다이버전은 형사사법의 탈제도화라는 의미에서 낙인이론의 산물이라고 할 수 있어 범죄자의 낙인의 방지효과가 있다.

(2) 비공식 전환

① 경찰 : 범죄자를 체포할 수 있고, 훈방, 경고, 통고처분, 보호기관위탁 등의 조치를 통하여 비공식적 절차로 범죄자를 처우할 수 있다.

② 검찰 : 피해자가 손해배상 요구시 형을 감경하는 조건으로 범죄자가 피해자에게 보상하도록 조정하는 대안적 분쟁해결방식이 널리 인정되고 있으며, 선도조건부 기소유예제도, 보호관찰부 가석방, 약식명령청구 등이 대표적이다.

(3) 공식적 전환

법관은 범죄자를 지역사회의 처우, 교육, 상담프로그램에 전환시키는 조건으로 약식명령, 선고유예를 결정할 수 있고 집행유예도 선고할 수 있어 형사 사법기관의 업무량을 감소시켜 준다.

(4) 제도적 특징

① 과도한 구금형의 문제점에 대한 비판에서 비롯되었다.

② 심각한 범죄보다는 경미한 범죄에 더 유용하게 이용된다.

③ 범죄문제를 처리함에 있어 보다 경제적이다.

④ 형벌의 고통을 감소시켜 재범의 위험성을 증가시킨다는 비판이 있다.

⑤ 사회통제망의 확대와 사법절차상의 재량권 확대로 형사사법의 불평등을 초래한다.

⑥ 대상자 선정의 어려움이 따른다.

(5) 사법절차의 각 단계에 따른 형태

다이버전은 공식적 사법절차로부터 일탈 또는 회피하는 의미와 사회 내 처우 프로그램으로의 전환이라는 의미를 포함한다.

① 사법절차진입 전의 전환 : 당사자들 간의 합의, 피해자의 미신고, 학교 내에 비행사건 처리 등이 있다.
② 경찰단계의 전환 : 훈방, 경고, 통고처분, 보호기관 위탁 등이 있다.
③ 검찰단계에서의 전환 : 검찰의 기소유예, 불기소처분, 약식명령청구, 선도조건부 기소유예 등이 있다.
④ 재판단계의 전환 : 선고유예, 집행유예, 약식명령 등이 있다.
⑤ 행형 단계의 전환 : 가석방, 개방처우, 보호관찰, 주말구금, 휴일구금, 귀휴제 등이 있다(가장 넓은 의미의 다이버전이다).

11 비범죄화

(1) 개념 및 의의

① 비범죄화는 범죄화에 대칭되는 말로서 형법전에 범죄로 규정되어 있던 것을 폐지하여 범죄목록에서 삭제하는 것뿐만 아니라, 형사처벌을 하지않거나 범위를 축소하는 것이다.
② 비범죄화는 과도한 형법의 확장에 대한 반성으로 실질적인 일반예방효과와 형벌구성요건을 최소한으로 제한시키기 위한 형법의 보충성을 강화시켜주는 수단이 된다.

(2) 입법상의 비범죄화

① 법률의 폐지 또는 변경에 의하여 범죄였던 행위를 죄로 되지 않게 하는 경우이다.
② 과거 불법이었던 과외교습이 합법화된 것처럼 비범죄화와 동시에 해당 행위가 법적 · 사회적으로도 완전히 승인되는 경우이다.
③ 풍속범죄의 비범죄화와 같이 국가의 임무에 대한 인식변화와 인권신장이 일정한 행위양태에 대해 국가적 중립을 요구하는 경우이다.
④ 해당 행위의 가벌성이 법률적으로 여전히 인정되어 있음에도 형법 투입의 사회적 비용이 너무 많이 들거나 형법 이외의 다른 사회통제수단이 규율에 더 적합한 것으로 판단되기 때문에 국가가 형법의 투입을 포기하는 경우의 비범죄화가 있다.

(3) 수사(사실)상의 비범죄화

처벌법규는 존재하나 국가기관이 특정 행위를 범죄행위로 생각하지 않아 단속을 행하지 않는 경우로 대표적으로 검찰의 기소편의주의에 입각한 불기소 처분이나 경찰의 무혐의처리에 의한 비범죄화가 있다.

(4) 재판상의 비범죄화

판례의 변경을 통하여 과거에는 처벌되었던 행위를 더 이상 범죄로서 처벌하지 않는 사법상의 비범죄화를 말한다.

12 구금제도

〈교정처우모델의 요약비교〉

구분 \ 유형	구금모델	의료모델 (치료모델)	개선모델 (적응모델)	정의모델 (사법모델)	재통합모델
교정목적	범죄인 격리를 통한 사회보호	범죄인 치료를 통한 사회재적응	범죄인의 처벌로 사회를 보호	사법정의 실현	범죄인의 사회재적응
처우전략	물리적 질서	동일화	복종	교정제도 개선	내재화
교도소 역할	규율유지장소	병원의 일종	범죄인 처벌장소	형벌집행 및 자치를 위한 훈련장	유사 거주단위
교도관 역할	질서유지	질서유지	사회문화규범 강제	공정한 형벌집행	범죄인의 행동 변용
처우프로그램	육체노동 실시	심리적·내적 조건의 변용 시도	노동과 기술훈련으로 행위 교정	자치프로그램	직업훈련과 교육을 통한 사회재적응

(1) 개념 및 의의

수형자를 교도소 내에 수용하여 사회생활로부터 격리하는 제도로서 비교적 장기간에 걸친 신체의 자유에 대한 구속을 의미한다.

(2) 구금제의 주요기능

구금제도는 범죄자를 사회로부터 격리하는 기능뿐만 아니라 수형자에 대한 개선·교화 및 사회복귀기능을 갖고 있는데 오늘날은 후자가 강조되고 있다.

(3) 전통적인 시설 내 구금방식

① 독거제(獨居制) : 수형자를 교도소 내의 독방에 구금하여 수형자간의 상호 면식·접촉을 방지하려는 제도이다.

     ⊙ 수용자 간의 통모 및 범죄학습을 방지하고, 동료수형자 간의 불량한 감염을 회피하여 전
        염병 예방에 기여하고, 수용자 간의 갈등을 줄일 수 있고, 독거를 통한 반성회오의 기회
        를 제공하고 개별처우에 유리하다.

     ⓒ 사회생활에 복귀할 수형자에게 공동생활의 훈련을 시킬 수 없고, 특히 수형자자치제의 활
        용이 불가능하며, 또한 본질적으로 사회성을 갖는 인간을 고독 상태에 둠으로써 구금자의
        심리적 · 생리적 장애를 가져오게 한다는 단점도 있다.

     ⓒ 감시에 불편하고 집단적인 교육 · 작업이 어려울 뿐만 아니라 국가재정의 부담이 크다.

  ② 혼거제(混居制) : 교도소 내의 동일한 방실에 다수의 수형자를 함께 수용하는 구금방식을 말
    한다.

(4) 시설 내 처우의 변화(중간처우)

  ① 의의

     ⊙ 죄수가 시설내(교도소)처우보다는 자유를 좀 더 많이 누리지만, 보호관찰보다는 제약이
        되는 처우들을 말한다.

     ⓒ 광의의 중간처우 : 과잉구금 · 낙인 등 종래의 전통적인 구금방식인 시설 내 처우가 사회
        적응에 한계가 있음을 감안하여 시설 내 처우를 사회화하는 방식으로서 개방처우도 이에
        포함한다.

     ⓒ 협의의 중간처우 : 구금시설과 사회의 중간에 위치한 일정한 시설(중간시설)에 수형자를
        수용하고 사회생활에의 적응훈련 · 직업원조 등의 특별한 처우를 행함으로써 사회복귀를
        도모하려는 제도이다.

  ② 유형

     ⊙ 중간처우소

        ⓐ 재소자가 교도소에서 형기를 마치기 전에 교도소 이외의 시설에 수용하여 사회복귀와
           적응을 보다 용이하게 하기 위한 것이다. 이것은 재소자들이 오랫동안 교도소에서 생
           활을 하다가 갑자기 사회로 복귀할 때 발생할 수 있는 정신적 충격과 부적응현상을 완
           화시키기 위한 목적을 갖는다.

        ⓑ 중간처우소에 있는 재소자들은 어느 정도 자율성이 주어진 가운데서 집단생활을 한다.
           어떤 경우에는 중간처우소가 외부통근과 통학의 수단으로 쓰이기도 한다.

        ⓒ 다른 경우에는 마약 및 알코올중독자만을 수용하여 상담과 의학적인 치료를 동시에
           하는 형태도 있다.

     ⓒ 대리가정(foster home)

     '대리가정'은 청소년을 제대로 돌볼 보호자가 없는 경우에 가족 이외의 다른 사람에게 소
     년의 보호를 맡기는 제도이다. 이것은 대리부모로 하여금 부모의 역할을 하게 하여 비행
     청소년이 올바른 가정교육을 받을 수 있도록 유도한다.

ⓒ 부트캠프(Boot camp)

　　ⓐ 이것은 주로 비행청소년을 위한 것으로, 야외에 병영식 기초훈련장을 만들어서 청소년들을 군대식으로 교육시키는 것이다. 이것은 청소년들에게 법의 권위에 대한 복종심을 키워주기 위해서 만든 제도이다.

　　ⓑ 이곳에 수용된 청소년들은 군대식 복장과 언어를 사용하여야 한다.

　　ⓒ 비판하는 사람들은 어린 청소년에게 군대식 훈련을 시키는 것을 반대한다. 무엇보다 이 훈련이 청소년비행을 감소시키는데 큰 도움이 되지 않는다고 믿는다.

ⓔ '가택구금'

　　ⓐ 유죄판결을 받은 사람을 보호관찰관의 허락 없이 함부로 집밖으로 나가지 못하게 하는 처우이다.

　　ⓑ 전자감시장비를 이용하여 발목에 24시간 착용하고, GPS에 추적을 받는다. 아동성폭행범과 같이 법률이 정하는 특정한 성폭행범에게 주로 사용되고 있다. 범인이 학교근처 등과 같이 위험지역에 접근하면 경고신호가 중앙관제센터에 가도록 되어 있다.

(5) 개방처우

시설 내 처우에 기반을 두면서 기존 시설을 활용하는 것을 개방처우라고 한다. 그러나 광의로는 중간시설을 이용하는 중간처우를 포괄하는 개념이다.

① 개방시설(개방교도소)

　ᄀ 구금시설 자체의 폐쇄적 성격, 보안기능을 최소화한 시설을 말하는 것으로, "주벽·자물쇠·창살 또는 보안과 직원 등과 같은 어떤 물리적 수단에 의해 도주 방지를 위한 보안이 갖추어지지 않은 교도소"라고 정의된다.

　ᄂ 개방형교도소는 교정에 대해서 인도주의적으로 접근하고 재소자들의 재사회화를 돕는 데 그 목적이 있다. 또한 불필요하게 엄중한 보안시설에 수용함으로써 발생하는 경비를 절감하는 효과도 기대한다.

　ᄃ 우리나라의 경우 천안개방교도소, 군산교도소의 모범수형자 대상의 개방시설이 대표적이다.

② 반자유처우

수형자를 구금시설에 계속 구금하지 않고 일정한 시간대에만 시설 내에서 생활하게 하고 나머지 시간은 자유롭게 일반인과 사회생활을 영위하도록 하는 처우방안이다.

　ᄀ 외부통근제

　　행형성적이 양호한 수형자를 주간에는 직원의 계호 없이 교정시설 외부의 공장이나 기업체에 통근시키며, 야간과 휴일에는 시설 내에 구금하는 제도이다. 수용자가 교정시설 외에서 작업을 할 때 교도관의 감시를 받지 않으며, 일이 끝나면 교정시설로 복귀한다는 특징을 가진다.

외부 통근 작업 등(형집행법 제68조)

① 소장은 수형자의 건전한 사회복귀와 기술습득을 촉진하기 위하여 필요하면 외부기업체 등에 통근 작업하게 하거나 교정시설의 안에 설치된 외부기업체의 작업장에서 작업하게 할 수 있다.

② 외부 통근 작업 대상자의 선정기준 등에 관하여 필요한 사항은 법무부령으로 정한다.

선정기준(형집행법 시행규칙 제120조) ★

① 외부기업체에 통근하며 작업하는 수형자는 다음 각 호의 요건을 갖춘 수형자 중에서 선정한다.

1. 18세 이상 65세 미만일 것
2. 해당 작업 수행에 건강상 장애가 없을 것
3. 개방처우급 · 완화경비처우급에 해당할 것
4. 가족 · 친지 또는 법 제130조의 교정위원(이하 "교정위원"이라 한다) 등과 접견 · 편지수수 · 전화통화 등으로 연락하고 있을 것
5. 집행할 형기가 7년 미만이고 가석방이 제한되지 아니할 것

② 교정시설 안에 설치된 외부기업체의 작업장에 통근하며 작업하는 수형자는 제1항 제1호부터 제4호까지의 요건(같은 항 제3호의 요건의 경우에는 일반경비처우급에 해당하는 수형자도 포함한다)을 갖춘 수형자로서 집행할 형기가 10년 미만이거나 형기기산일부터 10년 이상이 지난 수형자 중에서 선정한다.

③ 소장은 제1항 및 제2항에도 불구하고 작업 부과 또는 교화를 위하여 특히 필요하다고 인정하는 경우에는 제1항 및 제2항의 수형자 외의 수형자에 대하여도 외부통근자로 선정할 수 있다.

선정 취소(형집행법 시행규칙 제121조)

소장은 외부통근자가 법령에 위반되는 행위를 하거나 법무부장관 또는 소장이 정하는 지켜야 할 사항을 위반한 경우에는 외부통근자 선정을 취소할 수 있다.

외부통근자 교육(형집행법 시행규칙 제122조)

소장은 외부통근자로 선정된 수형자에 대하여는 자치활동 · 행동수칙 · 안전수칙 · 작업기술 및 현장적응훈련에 대한 교육을 하여야 한다.

　　　ⓛ 주말구금제

　　　　평일에는 일반 사회인과 마찬가지로 일상생활을 영위하게 하고 주말인 토요일 저녁부터 월요일 아침까지는 구금시설에 구금하는 형의 분할집행방식으로, 재통합모델에 해당한다. 수형자의 주거나 직장에 근접한 장소에 구금시설을 설치하여야 하고, 이를 위한 소규모시설의 대량 구비 및 주말 근무 교정직원을 배치하여야 하는 등의 단점이 있다.

　　　ⓒ 귀휴제

　　　　일정한 사유와 조건 하에 기간과 행선지를 제한하여 수형자에게 외출·외박을 허가하는 제도이다. 형벌귀가제 또는 외박제라고도 한다. 오랜 교도소 생활로 인한 권태를 일부 해소하고 석방 후에 사회에 잘 적응할 수 있도록 유도하는데 그 목적이 있다.

　　　ⓔ 부부접견제도

　　　　기혼자인 재소자가 오랜 교도소 생활로 인해서 부부간의 성관계를 가지지 못함으로써 발생할 수 있는 부부간의 유대관계의 문제를 해소할 목적으로 실시하고 있다.

　　③ 개방처우의 장점

　　　ⓐ 구금의 완화에 따른 수형자의 신체적·정신적 건강의 증진에 도움을 주고, 사회 내에서의 생활을 통해 사회복귀능력을 향상시켜 사회에서 빠르게 적응할 수 있도록 한다.

　　　ⓛ 규율위반에 따른 처벌의 필요성이 감소하고, 비용절감 등 국가의 재정적 부분에 이익이 된다.

　　　ⓒ 수형자와 직원 간의 신뢰감 증대로 인하여 교정교육이 효율적으로 이루어진다.

(6) 사회 내 처우

　① 의의

　　사회 내 처우란 범죄자를 교정시설에 구금·수용하지 않고 사회 내에서 보호관찰관 등의 지도와 원호를 통하여 처우하는 제도를 말하며 비시설처우·사회내교정·지역사회교정·보호직처우 등으로 부르기도 한다.

　② 연혁

　　1841년 메사추세츠주가 범죄인의 사회복귀를 위한 보호관찰활동을 한 것을 계기로 보호관찰제도가 체계화되었다. 1978년 메사추세츠주는 최초로 보호관찰법을 제정하였는데 이 법은 처음으로 보호관찰(Pro-bation)이라는 용어를 공식적으로 사용하였으며 보호관찰제도의 대헌장(마그나카르타)이라고 불리고 있다.

　③ 사회 내 처우의 유형

　　사회 내 처우 제도에는 대표적으로 보호관찰제도, 가석방제도, 사회봉사명령제도, 수강명령제도 등이 있고 이러한 제도들은 독립적으로 작용하기도 하지만 대부분 상호보완적인 작용으로 기능하고 있다.

④ 사회 내 처우의 장단점

장점	• 수형자의 악풍감염을 해소 • 수형자의 사회적응을 쉽게 하여 자유형의 부수적인 폐해를 막을 수 있음 • 형사처벌이 부적당한 자에 대한 효과적인 대안 • 교정시설의 비용 절약, 사법기관의 형사처리의 감소로 시설의 과밀수용을 예방
단점	• 범죄자를 사회에 방출하여 사회방위의 문제점과 함께 지역사회의 반발을 가져올 수 있음 • 범죄인에 대한 불공정한 처우를 초래할 수 있음 • 새로운 처우 제도의 실현에 의해 형사사법망이 확대 · 강화, 다양화되는 문제점이 있음

13 현행 우리나라의 구금제도

(1) 시설 내 구금

① 독거수용(獨居收容)의 원칙

현행 형의 집행 및 수용자의 처우에 관한 법률에 의하면 수용자는 독거수용을 원칙으로 하고, 필요한 경우에 혼거수용을 할 수 있다고 규정하고 있다. 그러나 현실적으로는 교도 시설의 부족과 비용적 측면에서 혼거수용이 일반적으로 행해진다.

> 독거수용(형집행법 제14조)
> 수용자는 독거수용한다. 다만, 다음 각 호의 어느 하나에 해당하는 사유가 있으면 혼거수용할 수 있다.
> 1. 독거실 부족 등 시설여건이 충분하지 아니한 때
> 2. 수용자의 생명 또는 신체의 보호, 정서적 안정을 위하여 필요한 때
> 3. 수형자의 교화 또는 건전한 사회복귀를 위하여 필요한 때

② 혼거수용(混居收容)

재소자의 격증과 국가재정의 측면을 고려하여 혼거수용이 거의 행형의 실무상 원칙이 되고 있다. 혼거수용의 기준으로는 요양 기타 부득이한 사유가 있는 경우를 제외하고는 3인 이상의 자를 수용한다.

〈펜실베니아제와 오번제 비교〉

구분	펜실베니아제	오번제
① 주창자	윌리엄 펜, 벤자민 프랭클린	엘람 린즈
② 개선방법	엄정독거를 통한 정신수양	침묵과 집단훈련을 통한 재사회화
③ 목표	정직한 사람	복종적인 시민
④ 생산성	종교적 수공업사회 지향	산업사회 지향(산업교도소의 전신)
⑤ 공통점	사회로부터 격리하여 체계적이고 규칙적이며 훈육된 생활 추구	

(2) 귀휴제(歸休制)

① 형의 집행 및 수용자의 처우에 관한 법률이 실시하고 있는 귀휴제는 행형성적이 우수한 수형 자를 일정 기간 가정이나 사회에 보내어 가사를 돌보거나 출소 후 직장 문제를 해결하도록 하는 등 장기간 수형생활로 단절된 사회 사정을 접할 수 있는 기회를 줌으로써 사회적응을 보다 용이하게 하는 제도이다.

② 일반귀휴 : 교정시설의 장(교도소장 등)은 6개월 이상 복역한 수형자로서 그 형기의 3분의 1(21년 이상의 유기형 또는 무기형의 경우에는 7년)이 지나고 교정성적이 우수한 사람이 다음의 어느 하나에 해당하면 1년 중 20일 이내의 귀휴를 허가할 수 있다.

ㄱ 가족 또는 배우자의 직계존속이 위독한 때

ㄴ 질병이나 사고로 외부의료시설에의 입원이 필요한 때

ㄷ 천재지변이나 그 밖의 재해로 가족, 배우자의 직계존속 또는 수형자 본인에게 회복할 수 없는 중대한 재산상의 손해가 발생하였거나 발생할 우려가 있는 때

ㄹ 그 밖에 교화 또는 건전한 사회복귀를 위하여 법무부령으로 정하는 사유가 있는 때

③ 특별귀휴 : 교정시설의 장(교도소장 등)은 다음의 어느 하나에 해당하는 사유가 있는 수형자에 대하여는 5일 이내의 특별귀휴를 허가할 수 있다.

ㄱ 가족 또는 배우자의 직계존속이 사망한 때

ㄴ 직계비속의 혼례가 있는 때

※ 일반귀휴 및 특별귀휴 기간은 모두 형집행기간에 포함한다.

법무부령으로 정하는 귀휴사유

- 직계존속, 배우자, 배우자의 직계존속 또는 본인의 회갑일이나 고희일인 때
- 본인 또는 형제자매의 혼례가 있는 때
- 직계비속이 입대하거나 해외유학을 위하여 출국하게 된 때
- 직업훈련을 위하여 필요한 때
- 국내기능경기대회의 준비 및 참가를 위하여 필요한 때
- 출소 전 취업 또는 창업 등 사회복귀 준비를 위하여 필요한 때
- 입학식 · 졸업식 또는 시상식에 참석하기 위하여 필요한 때
- 출석수업을 위하여 필요한 때
- 각종 시험에 응시하기 위하여 필요한 때
- 그 밖에 가족과의 유대강화 또는 사회적응능력 향상을 위하여 특히 필요한 때

단원별 OX 문제

001 개방처우는 범죄자에 대한 사회내처우에 해당한다. (　　)

　정답 X 개방처우는 사회내처우가 아니라 중간처우에 해당한다.

002 형벌은 일반예방과 특별예방의 기능을 수행한다. (　　)

　정답 O

003 형벌 유형 중 금고는 재산형에 포함되지 않는다. (　　)

　정답 O

004 사회봉사명령제도는 다양한 형벌목적을 결합시킬 수 없어 자유형에 상응한 형벌 효과를 거둘 수 없다.
(다툼이 있는 경우 판례에 의함) (　　)

　정답 X 사회봉사명령제도는 우리나라의 대표적인 중간처벌제도로서 다양한 형벌목적을 결합시킬 수 있고, 자유형에 상응한 형벌 효과를 거둘 수 있다.

005 삼진아웃제는 회복적 사법의 이념에 기초한 프로그램이다. (　　)

　정답 X 회복적 사법 프로그램들의 주요 유형으로는 피해자-가해자 조정프로그램, 가족집단회합, 양형써클 등이 있다.

006 회복적 사법에서는 자발적인 피해자의 참여를 필요로 한다. (　　)

　정답 O

007 회복적 사법 프로그램으로는 피해자-가해자 중재, 가족회합 등이 있다. (　　)

　정답 O

008 국제연합(UN)은 회복적 사법의 개념을 대면, 변환, 회복(배상) 3가지 개념으로 분류하고 있다. (　　)

　정답 O

009 회복적 사법은 회복과정을 통해 피해자의 이익에 기여한다. (　　)

　정답 O

010 당사자의 참여는 회복적 사법의 핵심원리 중 하나이다. (　　)

　정답 O

011 회복적 사법은 범죄의 본질을 특정인 또는 지역사회에 대한 침해행위라고 본다. (　　)

　정답 O

012 회복적 사법에서 가해자는 책임을 수용하고 배상과 교화의 대상으로 인식된다. (   )

정답 O

013 형벌의 목적은 억제, 갱생, 응보, 교화이다. (   )

정답 O

014 회복적 사법 전략은 지역사회가 부담할 형사사법비용을 국가가 부담한다는 비판을 받는다. (   )

정답 X 전통적 형사 사법에 관한 내용이다.

015 주민자치기구를 통한 이웃감시는 환경설계를 통한 범죄예방(CPTED) 전략에 해당한다. (   )

정답 X 환경설계에 주민의 참여는 필요하지만 이웃의 감시는 목적으로 적합하지 않다.

016 조기개입은 상황적 범죄예방프로그램이 아니다. (   )

정답 O

017 CCTV 설치에 대한 비판으로 사생활 침해, 범죄의 전이, 고비용 등이 있다. (   )

정답 O

018 제프리의 범죄예방모델은 환경공학적 범죄통제모델의 예로 교정시설의 개선을 들 수 있다. (   )

정답 X 교정시설의 개선은 사회복귀모델의 예이다.

019 자연적 감시는 상업지역과 분리된 안전한 지역에 거주지를 건설해야 한다는 뉴먼(Newman)의 주장과 관련이 깊다. (   )

정답 X 뉴먼(Newman)의 CPTED는 범죄를 유발하는 물리적 환경개선을 통하여 근본적으로 범죄를 예방하는 과학적인 방법이다. 자연적 감시가 아닌 환경이 옳다.

020 차별적 기회이론은 환경설계를 통한 범죄예방전략(CPTED)와 관련이 있다. (   )

정답 X 차별적 기회이론은 물리적 환경과 관계없이 범죄를 저지르는 방법을 학습하여 범죄가 일어난다는 이론으로, 환경설계를 통한 범죄예방 전략과는 관련이 없는 이론이다.

021 깨진 유리창이론은 깨어진 유리창을 방치해 두면 그 지점을 중심으로 슬럼화가 진행된다는 이론이다. (   )

정답 O

022 깨진 유리창이론(Broken Windows Theory)을 근거로 도출된 범죄예방모델에서는 무관용원칙을 중요시한다. (   )

정답 O

023 경찰순찰은 환경설계를 통한 범죄예방(CPTED)의 전략이 아니다. (   )

정답 O

024 처벌을 강화하는 것은 상황적 범죄예방 전략에 해당한다. (   )

정답 X 상황적 범죄예방 전략은 범죄자의 범죄 실행이 어렵도록, 범죄기회를 감소시키는 방안들이 강조된다. 따라서 처벌을 강화하는 것은 상황적 범죄예방 전략에 해당되지 않는다. 상황적 범죄예방 전략으로는 경보장치 등의 물리적 안정성 증대, 울타리, 시정장치 강화 등이있다.

025 레페토는 범죄의 전이를 영역적 전이, 시간적 전이, 전술적 전이, 목표의 전이, 기능적 전이 등으로 분류하였다. (   )

정답 O

026 레페토가 제안한 전이의 유형 중 전술적 전이는 범죄자가 동종의 범죄를 저지르기 위해 새로운 수단을 사용하는 것을 말한다. (   )

정답 O

027 레페토가 제안한 전이의 유형 중 목표의 전이는 범죄자가 같은 지역에서 다른 피해자를 선택하는 것을 말한다. (   )

정답 O

028 CCTV의 증설로 인하여 차량절도범이 인접지역으로 이동해 범행을 저지르는 것은 레페토가 제안한 전이의 유형 중 영역적 전이에 해당한다. (   )

정답 O

029 미국 일부 주에서 삼진아웃제도로 상습범죄자를 매우 무겁게 처벌하는 것은 억제의 요소 중 확실성과 가장 관련이 있다. (   )

정답 X 엄격성과 관련이 있다.

030 보호감호는 공공기관인 교정당국에서 행하는 것으로 지역사회 범죄예방활동과는 거리가 멀다. (   )

정답 O

031 비공식적 사회통제의 강화를 중시하며, 지역사회의 구성원들이 적극적으로 참여하는 것이 범죄문제 해결의 열쇠라고 주장하는 이론은 집합효율성이론이다. (   )

정답 O

032 특정한 지역에서 이웃감시프로그램을 시작하자 절도범들이 인근의 다른 지역으로 이동하여 절도범죄를 행하는 현상은 범죄전이의 유형 중 시간적 전이 유형이다. (   )

정답 X 영역적 전이 유형에 해당한다.

033 브랜팅햄과 파우스트의 범죄예방에서 범죄예방교육은 3차적 범죄예방이다. (   )

> 정답 X 범죄예방교육은 1차적 범죄예방이다.

034 범죄자를 처벌함으로써 보통사람들의 범죄를 예방하는 것은 일탈예방전략 중 일반적 억제이다. (   )

> 정답 X 일탈예방전략 중 절대적 억제에 해당한다.

035 깨진 유리창이론은 기초질서 위반사범 단속과 관련이 있다. (   )

> 정답 O

036 이웃사회의 무질서는 비공식적 사회통제 참여활동을 감소시키고, 이로 인해 지역사회가 점점 더 무질서해지는 악순환에 빠져 지역사회의 붕괴로 이어지게 된다. (   )

> 정답 O

037 기존 범죄대책이 범죄자 개인에게 집중하는 개인주의적 관점을 취하는 것에 반하여 공동체적 관점으로의 전환을 주장하고 범죄예방활동의 중요성을 강조하였다. (   )

> 정답 O

038 깨진 유리창이론은 윌슨과 켈링(Wilson & Kelling)이 발표하였다. (   )

> 정답 O

039 1차적 예방은 물리적·사회적 환경 중에서 범죄원인이 되는 조건들을 개선시키는 데 초점을 두며 일반대중을 그 대상으로 한다. (   )

> 정답 O

040 개방처우에 대해 우리나라는 사법형 외부통근제도를 채택하고 있다. (   )

> 정답 X 우리나라는 대륙법계 국가 및 영국과 동일하게 석방 전 사회복귀의 일환으로 시행되는 행정형 외부통근제도를 운영하고 있다.

041 사회환경과 유사한 교정시설을 구비하여 재소자의 출소 후 원활한 사회복귀를 지원하는 교정처우모델은 재통합모델이다. (   )

> 정답 O

042 전통적 교도소는 고립주의와 퇴행성으로 인해 일반에 대한 노출을 꺼려 교정에 대한 잘못된 인식을 조장한 측면이 있다. (   )

> 정답 O

043 통계적 범죄예측방법은 범죄자의 특성을 계량화하는 방법이다. (   )

> 정답 O

044 범죄피해자가 형사사법절차를 통하여 받을 수 있는 피해자화는 제3차 피해자화이다. (　　)

> 정답 X 2차 피해자화이다. 2차 피해자화는 최초의 범죄 피해에 대하여 사건을 처리하는 과정에서 파생되는 피해자가 받게 되는 피해를 말하며 주로 수사기관이나 재판기관에서 발생하는 피해자 본인이나 가족 등의 고통이 주가 된다.

045 흉악범죄자의 무력화는 사형폐지론의 논거가 아니다. (　　)

> 정답 O

046 범죄예측이란 예방, 수사, 재판, 교정의 각 단계에서 잠재적 범죄자의 범행가능성이나 범죄자의 재범가능성을 판단하는 것이다. (　　)

> 정답 O

047 교정단계의 예측은 가석방 여부와 가석방 시기를 결정하기 위해 필요하다. (　　)

> 정답 O

048 우리나라에서 범죄예측은 청소년의 재범을 예측하기 위해서 시작되었다. (　　)

> 정답 O

049 수사단계의 예측은 선도조건부 기소유예와 같은 처분의 결정시 소년에 대한 잠재적 비행성을 판단하는 데 유용하다. (　　)

> 정답 O

050 전환이론(Diversion)의 이론적 근거는 긴장이론이다. (　　)

> 정답 X 전환이론 즉 다이버전은 형사사법의 탈제도화라는 의미에서 낙인이론의 산물이라고 할 수 있다.

051 미란다 원칙은 범죄피해자 보호제도와 거리가 멀다. (　　)

> 정답 O

052 피해자와 가해자 또는 지역사회 등 범죄사건 관련자들이 사건의 해결과정에 능동적으로 참여하여 피해자 또는 지역사회의 손실을 복구하고 관련 당사자들의 재통합을 추구하는 일체의 범죄대응 방식은 회복적 사법이다. (　　)

> 정답 O

053 전환제도(Diversion)은 형사사법의 망을 확대함으로써 효율적인 형사사법제도를 구축할 수 있는 장점을 갖는다. (　　)

> 정답 X 전환제도는 범죄자나 비행청소년을 공식절차상에 두지 않고 기소하기 전에 지역사회에서 일정한 처우를 받도록 함으로써 낙인을 줄이려는 것이다. 전환제도는 형사사법의 망을 확대시키는 것과는 거리가 멀다.

054 소년법상 형사처분의 특칙으로 절대적 부정기형을 채택하고 있다. ( )

> 정답 X 상대적 부정기형을 채택하고 있다.

055 소년법상 10세 이상 14세 미만의 소년이 형벌법령을 위반한 행위는 범죄행위이다. ( )

> 정답 X 형벌 법령에 저촉되는 행위를 한 10세 이상 14세 미만인 소년을 촉법소년이라 한다.

056 집단적으로 몰려다니며 주위 사람들에게 불안감을 조성하는 성벽이 있는 것은 소년법상 우범소년의 행위유형에 해당한다. ( )

> 정답 O

057 소년분류심사원에서의 특별교육은 소년법상 소년부 판사가 내릴 수 있는 보호처분 중 하나이다. ( )

> 정답 X 소년분류심사원에서의 특별교육은 보호처분 관련규정에 없고, 다만 보호자에 대한 특별교육에 대한 부가처분에 대한 규정은 있다.

058 소년사건에서 행위시 18세 미만인 소년범이 사형, 무기징역을 선고받으면 15년의 유기징역으로 한다. ( )

> 정답 O

059 개방시설 제도는 재통합보다는 응보에 중점을 둔 처우이다. ( )

> 정답 X 개방시설은 수형자의 도주를 막기 위한 계호설비를 철폐하고, 수형자의 책임관념에 의하여 질서를 유지하고 개선, 갱생을 꾀하는 것을 목적으로 한 형사시설이다.

060 다이버전은 소년법원의 탄생에 가장 영향을 많이 끼쳤다. ( )

> 정답 O

061 국친사상은 국가는 모든 국민의 보호자로서 부모가 없거나 있어도 자녀를 보호해줄 수 없는 경우에는 국가가 부모를 대신해서 보호를 해주어야 한다는 사상으로, 소년사법제도의 기본이념이다. ( )

> 정답 O

062 1개월 이내의 소년원 송치는 소년보호처분의 종류 중 하나이다. ( )

> 정답 O

063 사회내처우는 시설내처우에 대응하는 개념으로 시설내처우의 폐단을 극복하기 위한 형사정책적 관점에서 등장한 것이다. ( )

> 정답 O

064 형벌은 범죄피해를 회복하는 기능을 수행한다. (　　)

　정답 X 형벌은 범죄피해를 회복하는 기능을 수행하는 것이 아니라 범죄로부터 사회를 방위하고 보호하려는 범죄예방에 기여함을 목적으로 한다.

065 사회봉사명령제도는 강제노역으로서 이론상 대상자의 동의를 요한다고 하여야 할 것이나 현행법은 대상자의 동의를 요건으로 하지 않고 있다. (　　)

　정답 O

066 가해자에 대한 필요적 처벌은 회복적 사법의 핵심원리이다. (　　)

　정답 X 가해자에 대한 필요적 처벌의 경우 전통적 형사사법의 원리로서 제재와 처벌에 초점을 둔다는 점에서 회복적 사법의 핵심원리인 당사자의 자발적 참여, 피해의 회복, 사회공동체의 참여와 구별된다.

067 회복적 사법 프로그램은 피해자를 지원하는 것이 우선적 고려사항이다. (　　)

　정답 O

068 상황적 범죄예방프로그램에는 재물표시, 목표물강화, 목표물제거 등이 있다. (　　)

　정답 O

069 무력화를 통한 범죄예방은 사회복귀모델과 관련이 있다. (　　)

　정답 X 관련이 없다. 사회복귀모델은 임상적 개선방법, 지역활동, 교정시설의 개선 등을 통하여 범죄인을 재사회화하는 재범의 방지에 중점을 두고 범죄인의 비구금처우를 지향하여 행형론의 주요한 모델이 되고 있다.

070 출입차단기 설치를 통한 접근통제는 환경설계를 통한 범죄예방(CPTED) 전략에 해당한다. (　　)

　정답 O

071 상황적 범죄예방 전략에는 출입문에 인터폰 설치, CCTV설치 등이 있다. (　　)

　정답 O

072 상황적 범죄예방이론이라든가 방어공간이론은 범죄자의 범죄실행을 어렵게 하기위한 환경을 조성하거나 거주자가 그 공간을 통제 할 수 있도록 주거환경에 실제적, 상징적 방어물이나 감시기회 등을 확대시켜 놓아서 범죄가 일어나기 힘들게 만든다는 이론이다. (　　)

　정답 O

073 범죄자가 한 범죄를 그만두고, 다른 범죄유형으로 옮겨가는 것을 범죄자 전이라고 한다. (　　)

　정답 X 기능적 전이에 관한 설명이다.

074 지역 주민들 상호간의 유대·신뢰, 지역 주민들 간의 비공식적 사회통제에 대한 공유된 기대 등을 설명하는 범죄전이의 유형은 하위문화이론이다. (   )

정답 X 집합효율성이론에 관한 설명이다. 하위문화는 일반 사회구성원이 공유하는 문화와는 별도로 특정집단에서 강조되는 특수한 가치 또는 규범체계를 의미하며 대부분의 비행행위가 집단내에서 발생한다는 것을 전제로 한다.

075 브랜팅햄과 파우스트의 범죄예방 구조모델에서 감시장비설치는 1차적 범죄예방이다. (   )

정답 O

076 브랜팅햄과 파우스트(Brantingham & Faust)는 범죄예방을 1차적 범죄예방, 2차적 범죄예방, 3차적 범죄예방으로 나누었다. (   )

정답 O

077 일탈예방전략에서 무겁게 처벌받으면 그 경험이 불법행동을 반복하지 않도록 확신을 주는 것은 상황적 억제에 관한 설명이다. (   )

정답 X 특수적 억제에 관한 설명이다. 상황적 억제는 특정범죄를 저지를 기회를 줄이는 것이다.

078 깨진 유리창이론은 윌슨(Wilson)과 켈링(Kelling)이 주장한 이론이다. (   )

정답 O

079 수용자는 미결수용자를 의미한다. (   )

정답 X 수용자는 수형자와 미결수용자 모두를 포괄하는 용어이다.

080 오판의 경우 어느 정도 회복이 가능한 것은 벌금형의 장점 중 하나이다. (   )

정답 O

081 단기자유형은 수형자의 신속한 사회복귀를 촉진한다. (   )

정답 X 단기자유형 폐지 주장은 이 형벌이 실제로 수형자의 사회복귀에 아무런 도움도 주지 못할 뿐만 아니라, 오히려 범죄수법의 학습이나 재범자가 되는 데 기여하기 때문이다. 따라서 수형자의 신속한 사회복귀를 촉진하는 것에 영향을 주지 않는다.

082 사회방위를 강조하는 입장에서는 사회내처우에 대해서 비판적이다. (   )

정답 O

083 자유형의 개선방향으로 정역부과 여부를 기준으로 자유형을 세분하는 것은 현실에 맞지 않으므로 자유형을 단일화해야 한다는 주장이 있다. (   )

정답 O

084 일반인에 대한 사형집행은 법무부장관의 명령에 의하여 집행하고, 18세 미만의 자에 대하여는 사형을 집행할 수 없다. ( )

정답 O

085 자유형은 보호관찰소에서 집행한다. ( )

정답 X 자유형은 형무소 내에 구치한다.

086 사회내처우는 범죄인의 개별처우를 실현하기 위한 처우방법으로 시설내처우의 폐해를 줄이기 위한 대안으로 등장하였다. ( )

정답 O

087 아동·청소년의 성보호에 관한 법률상 신상정보 공개 고지명령의 집행권자는 여성가족부장관이다. ( )

정답 O

088 비행소년에 대한 보호처분은 개선과 교화보다 예방적 조치를 더 중시한다. ( )

정답 X 교육적·복지적 처분으로 해석하는 것이 일반적이다.

089 벌금형의 축소 및 단기자유형의 확대는 형사사법정책의 새로운 방향이다. ( )

정답 X 벌금형의 확대 및 단기자유형의 폐지 등이 새로운 방향이라 할 수 있다.

090 소년형사사법에서 소년보호는 관련 기관의 협력이 요구된다. ( )

정답 O

091 보안처분의 우선적 목적은 과거의 범죄에 대한 처벌이 아니라 장래의 재범위험을 예방하기 위한 범죄인의 교화·개선에 있다. ( )

정답 O

092 보호관찰에서 보호관찰대상자가 보호관찰의 준수사항을 위반한 경우 보호관찰을 취소해야 한다. ( )

정답 X 보호관찰대상자가 보호관찰의 준수사항을 위반한 경우 보호관찰을 취소할 수 있다.

093 소년보호에서 예방주의는 범행한 소년의 처벌이 아니라 이미 범행한 소년이 더 이상 범죄를 범하지 않도록 하는 데에 있다. ( )

정답 O

094 선별적 무능화는 경미한 범죄자나 재범의 위험성이 낮은 범죄자에게는 사회내처우를 확대하자는 전략이다. ( )

정답 O

095 벌금형의 집행은 보호관찰의 업무영역에 속한다. (　　)

> 정답 X 보호관찰의 업무영역에는 사회봉사명령, 수강명령, 조사업무, 전자감독이 있다.

096 현행법상 사회봉사명령은 집행유예를 선고하면서 사회봉사명령으로 일정액의 금전출연을 주된 내용으로 하는 사회공헌계획의 성실한 이행을 명하는 것은 허용되지 아니한다. (　　)

> 정답 O

097 금치 중인 수용자가 다른 교정시설로 이송되거나 법원 또는 검찰청 등에 출석하는 경우에는 이송기간 또는 출석기간 동안 징벌 집행이 중단되는 것으로 본다. (　　)

> 정답 X 위와 같은 경우에는 이송기간 또는 출석기간 동안 징벌 집행이 계속되는 것으로 본다.

098 법원은 성인형사피고인에게 보호관찰을 명하기 위하여 필요하다고 인정하면 그 법원의 소재지 또는 피고인의 주거지를 관할하는 보호관찰소의 장에게 판결전조사를 요구할 수 있다. (　　)

> 정답 O

099 독거수용제는 경제적 비용이 적게 소요되는 장점이 있다. (　　)

> 정답 X 단점에 해당되는 내용으로, 국가재정부담이 과중되는 단점을 갖는다.

100 민영교도소에 수용된 수용자가 작업하여 생긴 수입은 법인 또는 개인의 수입으로 한다. (　　)

> 정답 X 민영교도소의 작업수입은 국고수입으로 한다.

101 외부통근제도는 행형성적이 양호한 수용자를 주간에는 직원의 계호 없이 교정시설 외부의 민간기업체에서 취업하도록 하고, 야간과 휴일에는 시설 내에서 생활하도록 하는 제도를 말한다. (　　)

> 정답 O

102 선별적 무력화는 잘못된 긍정으로 개인의 자유와 인권을 침해할 우려가 있으며, 오류로 인하여 안전한 사람을 지속적으로 수용할 우려가 있다. (　　)

> 정답 O

103 사회적 처우 중 개방처우는 가족과의 유대가 지속될 수 있는 장점이 있다. (　　)

> 정답 O

104 전통적인 교도소는 범죄자 처우를 위해 권한의 분산과 인력 확보에 중점을 둠으로써 다른 조직에 비하여 계층적 성격이 조기에 완화되었다. (　　)

> 정답 X 범죄자 처우를 위해 권한의 분산과 인력 확보에 중점을 둔 것은 현대적 교도소의 특성이고, 조직의 보수적 특성상 다른 조직에 비하여 계층적 성격이 조기에 완화되지 못하고 있다.

105 사법모델(정의모델, 범죄통제모델)은 범죄자에게 훈육과 범죄에 상응하는 처벌을 통해 강경하게 대처해야 하며 처벌은 신속하고 공정하게 그리고 효과적으로 이루어져야한다고 본다. (　　)

정답 O

106 개방처우는 범죄학적 의의로 인도주의적 형벌, 교정교화 효과, 사회적응촉진 등을 들 수 있다. (　　)

정답 O

107 무관용 경찰활동은 경찰이 문제해결자 또는 사회봉사자라는 인식에로의 전환을 요구한다. (　　)

정답 X 경미한 일탈행위까지도 철저히 단속하여야 더 큰 범죄를 해결할 수 있다고 보는 경찰정책이다. 즉, 강력한 법집행이 이루어져야 사회의 질서도 유지된다고 보는 입장이다. 따라서 경찰이 문제해결자 또는 사회봉사자라는 인식에로의 전환을 요구한다는 설명은 옳지 않다.

108 에크와 스펠만이 제시한 탐색-분석-대응-평가 단계를 통한 경찰활동은 문제지향적 경찰활동이다. (　　)

정답 O

109 탐색(Scanning) 단계는 지역사회 문제, 쟁점, 관심사 등을 인식하고 범주화하는 단계이다. (　　)

정답 O

110 대응(Response) 단계는 경찰과 지역사회의 다양한 주체가 협력하여 분석된 문제의 원인을 제거하고 해결하는 단계이다. (　　)

정답 O

111 평가(Assessment) 단계는 대응 후의 효과성을 검토하는 단계로, 문제해결의 전 과정에 대한 문제점을 분석하고 환류를 통해 대응방안 개선을 도모한다. (　　)

정답 O

112 행형의 모델 중 수형자 자치제도는 재통합모델에 해당한다. (　　)

정답 X 주말구금제도는 평일에는 일반 사회인과 마찬가지로 일상생활을 영위하게 하고 주말인 토요일 저녁부터 일요일 아침까지는 구금시설에 구금하는 형의 분할집행방식으로, 재통합모델에 해당한다.

113 혼거수용제는 독거수용제에 비해 수용시설내 전염병 예방이 용이하다. (　　)

정답 X 독거수용제는 동료수형자 간의 불량한 감염을 회피하여 전염병예방에 기여한다.

114 주거제한처분은 현행법상 채택되고 있지 않은 보호처분이다. (　　)

정답 O

115 부정기형에 가장 적합한 처우대상자는 조직폭력사범이다. (　　)

정답 X 부정기형은 특히 소년과 상습범죄자에 대해 효과적인 제도이다.

116 선고유예에 대한 보호관찰의 기간은 1년으로 한다. (   )

　정답　O

117 다이버전(Diversion)은 보호감호도 형벌을 회피한다는 점에서 다이버전의 일종이다. (   )

　정답　X 보호감호는 형벌을 회피한다고 볼 수는 있지만 공식적 사법절차로부터의 이탈 내지 회피라고는 볼 수 없다.

118 현행법상 간통죄는 비범죄화가 되었다. (   )

　정답　O

119 비범죄화는 형법의 최후수단성이나 보충성원칙에 부합한다. (   )

　정답　O

120 코헨과 펠슨의 일상생활이론에서 범죄가 발생하기 위한 세 가지 조건은 범행동기를 지닌 자, 사회적 긴장, 하위문화의 존재이다. (   )

　정답　X 범행동기를 지닌 자, 적절한 범행대상, 유능한 감시인의 부재이다.

121 일상활동이론으로 실업률, 경제적 불평등, 인종차별 등 범인성을 증대시키는 구조적 조건이 저하됨에도 불구하고 범죄율이 지속적으로 증가하고 있는 이유를 설명할 수 있다. (   )

　정답　O

122 일상활동이론은 범죄자와 피해자의 일상활동이 특정 시간과 공간에 걸쳐 중첩되는 양식을 고려하여 범죄피해를 설명한다. (   )

　정답　O

123 다이버전은 경미한 범죄보다는 심각한 범죄에 더 유용하게 이용된다. (   )

　정답　X 심각한 범죄보다는 경미한 범죄에 더욱 유용하게 이용된다.

124 범죄피해 관련 이론에는 일상활동이론, 생활양식노출이론, 피해자-가해자 상호작용이론, 구조적-선택모형 등이 있다. (   )

　정답　O

125 생활양식 · 노출이론은 직장과 학교 등 직업활동과 여가활동을 포함한 매일의 일상적인 활동이 범죄피해에 미치는 영향에 주목하였다. (   )

　정답　O

126 피해자-가해자 상호작용이론은 피해자와 가해자의 상호작용 등을 포함한 일련의 범죄피해의 전개과정에 주목했다. (   )

　정답　O

127 자격정지는 현행 형법상 형사제재에 속하지 않는다. (　　)

　　정답 X 자격정지는 현행 형법상 형사제재에 해당하며, 대표적으로 과태료는 행정벌의 일종으로 형사제재에 해당하지 않는다.

128 총액벌금제의 채택은 현행 벌금형제도의 개선방안 중 하나이다. (　　)

　　정답 X 총액벌금제는 현행 형법이 채택하고 있는 제도이다. 범죄자의 자력을 고려하지 않고 모두 한 번에 납부해야 하기 때문에 배분적 정의를 실현할 수 없다는 문제점이 있다.

129 우리나라에서 시행되고 있는 범죄대책은 가석방, 수강명령, 사회봉사명령 등이 있다. (　　)

　　정답 O

130 전환제도(Diversion)은 형사사법기관의 업무량을 감소시켜 주는 장점을 갖는다. (　　)

　　정답 O

131 법원단계에서의 다이버전은 선고유예 · 집행유예 등이 있다. (　　)

　　정답 O

132 교도소의 현대적 기능과 관련된 개선방안에는 민영교도소의 확대, 기능별 교도소의 설치, 보안기능의 강화 등이 있다. (　　)

　　정답 X 점차 범죄인을 사회에 다시 복귀시키기 위한 기능을 하는 장소로 인식이 바뀌면서 보안기능의 강화는 해당하지 않는다.

133 자유박탈 보안처분에는 교정처분, 사회치료처분, 보호감호처분이 있고, 자유제한 보안처분에는 보호관찰이 속한다. (　　)

　　정답 O

134 벌금을 납입하지 않은 자는 1일 이상 3년 이하의 기간 노역장에 유치하여 작업에 복무하게 한다. (　　)

　　정답 O

135 레클리스(Reckless)는 피해자의 도발을 기준으로 피해자 유형을 '가해자-피해자'모델과 '피해자-가해자-피해자'모델로 분류하였다. (　　)

　　정답 O

136 멘델존은 피해자를 범죄피해자에 한정하지 않고 널리 자연재해의 피해자도 포함시켰다. (　　)

　　정답 O

137 회복적 사법에서 가해자는 책임을 수용하고 배상과 교화의 대상으로 인식된다. (　　)

　　정답 O

138 자유형과 그 집행에서 교도작업은 신청에 의해서만 과해진다. (   )

정답 X 교도작업은 징역형의 수형자에게 강제되는 징역으로서 신청에 관계없이 강제적으로 부과된다.

139 피해자학의 독립과학성의 인정은 피해자학의 과제 중 하나이다. (   )

정답 X 대부분의 학자들은 피해자학을 사실학으로서 범죄학의 한 분야로 이해하며 피해자학의 독립과학성을 부정한다.

140 가까운 장래에 비범죄화가 가능한 영역으로는 특정한 세계관을 기초로 하는 형벌구성요건, 예컨대 성범죄나 존속범죄의 가중규정을 들 수 있다. (   )

정답 O

141 보호처분은 촉법소년과 우범소년만을 대상으로 한다. (   )

정답 X 보호처분은 범죄소년, 촉법소년, 우범소년 등을 대상으로 한다.

142 사이크스가 자유형으로 인해 박탈되는 것이라고 주장한 것은 재화와 서비스, 이성관계, 자율성 등이 있다. (   )

정답 O

143 재판단계에서의 범죄예측은 양형책임을 결정하는 중요한 수단으로 작용한다. (   )

정답 O

144 상대적 부정기형은 죄형법주의에 위배된다는 견해가 지배적이다. (   )

정답 X 죄형법정주의에 위배된다는 비판을 받는 것은 절대적 부정기형제도이다.

145 과실범과 같은 수형자를 다른 고의범죄자와 같이 취급하는 것은 국민감정에 맞지 않는다는 것은 자유형 단일화를 반대하는 논거의 요지 중 하나이다. (   )

정답 O

146 비범죄화이론에서 검찰의 기소편의주의에 의한 불기소처분은 비범죄화 논의의 대상이 아니다. (   )

정답 X 검찰의 기소편의주의에 의한 불기소처분은 사실상의 비범죄화의 대표적인 유형이다.

147 범죄예측은 크게 범죄사건예측, 범죄자예측, 범죄자신원(동일성)예측, 피해자예측 등 4가지 영역으로 구분된다. (   )

정답 O

148 현재 우리나라 경찰청에서는 CCTV를 활용한 AI인식시스템으로 프리카스(Pre-CAS)를 활용하고 있다. (   )

정답 O

149 미국 법무부 산하 국립사법연구소(NIJ)는 예측적 경찰활동이란 "다양한 분석기법을 활용하여 경찰개입이 필요한 목표물을 통계적으로 예측함으로써 범죄를 예방하거나 해결하는 제반활동"이라고 정의하였다. ( )

정답 O

150 범죄예측에서 임상적 예측방법은 정신의학, 심리학 등을 바탕으로 행위자를 조사·관찰한 후 범죄를 예측하기 때문에 조사자의 주관이 개입이 될 여지가 없어 자료해석의 오류가능성이 없다. ( )

정답 X 임상적 예측방법은 조사자의 주관이 개입이 될 여지가 있어 객관성에 한계가 있다.

151 범죄피해자화의 단계 중 3차 피해자화는 범죄피해자가 형사절차를 통하여 받을 수 있는 피해자화이며, 최초의 범죄피해에 대하여 사건을 처리하는 과정에서 파생되는 피해자가 받게 되는 피해를 말한다. ( )

정답 X 2차 피해자화에 대한 설명이다. 3차 피해자화는 1,2차 범죄피해에서 적절한 피해자 지원이나 대책을 받지 못한 경우 반사회적, 비사회적 반응을 보이고 그에 관련된 피해를 말하는 것이다.

152 범죄피해자 보호법상 범죄피해자의 권리에는 사생활의 평온과 신변의 보호, 형사절차 참여보장, 범죄피해자에 대한 정보 제공 등이 있다. ( )

정답 O

153 소년범은 범죄소년, 촉법소년, 우범소년으로 분류된다. ( )

정답 O

154 소년보호처분을 받은 소년을 수용하는 곳은 소년교도소이다. ( )

정답 X 소년원이다.

155 개방시설제도는 사회내처우와 시설내처우의 중간 형태이다. ( )

정답 O

156 소년보호의 근거원리에는 인격주의, 규범주의, 예방주의, 목적주의, 과학주의, 교육주의, 협력주의, 개별주의가 있다. ( )

정답 O

157 벌금을 완납하지 않아서 노역장 유치명령을 받은 자도 수형자에 해당한다. ( )

정답 O

158 벌금형의 장점은 환형처분으로의 대체가 불가능하다. ( )

정답 X 현행법상 벌금형도 얼마든지 환형처분으로의 대체가 가능하다.

159 단기자유형은 재범위험성을 조장하는 결과를 가져온다. (　　)

정답 O

160 자유형의 개선방향으로 일정한 시설구금에 의한 자유형 집행방법을 확대해야 한다. (　　)

정답 X 현행 징역형의 집행방법은 선고된 징역형의 선고기간 동안 계속하여 구금시설에 수용하도록 되어 있는데, 이러한 방법이 수형자의 재사회화나 사회복귀에 도움이 될지 의문이다. 따라서 집행방법도 다양화할 필요가 있다.

161 사회내처우는 처우대상자가 시설 내에서 사회내처우로 옮겨가면서 사법기관과 인적·물적 부담은 더욱 가중되었다. (　　)

정답 X 사회내처우의 가장 큰 장점은 전환제도로 이용되면서 형사사법기관의 부담을 경감시키고 구금을 위한 교정시설의 운용비용을 절감하여 국가의 재정적 부담을 덜어준다는 데 있다.

162 비범죄화와 전환제도(diversion)은 구금의 비효과성에 대한 대안을 제시한다. (　　)

정답 O

163 소년형사사법에서 소년보호의 원칙은 집단적 처우를 원칙으로 한다. (　　)

정답 X 개인처우를 원칙으로 개성을 중시하여 알맞은 처우를 전개하여야 한다.

164 보안처분의 법적 성격을 이원주의로 인식하는 입장에 대해서는 행위자의 개별책임원칙에 반한다는 비판이 제기되고 있다. (　　)

정답 X 행위자의 개별책임원칙에 반한다는 비판은 형벌의 보안처분으로의 대체성을 인정하는 일원주의와 대체주의에 대한 비판이다.

165 보호관찰은 법원의 판결이나 결정이 확정된 때부터 시작된다. (　　)

정답 O

166 소년보호의 원칙에서 개별주의는 소년사건에서 소년보호조치를 취할 때 형사사건과 병합하여 1건의 사건으로 취급하는 것을 말한다. (　　)

정답 X 소년사건에서 소년보호조치를 취할 때 소년 개개인을 1건의 독립사건으로 취급한다.

167 현행법상 사회봉사명령은 소년보호사건에서 12세 이상의 소년에 대해서는 단기보호관찰과 사회봉사명령을 병합하여 처분할 수 있다. (　　)

정답 X 소년보호사건에서 14세 이상의 소년에 대해서는 단기보호관찰과 사회봉사명령을 병합하여 처분할 수 있다.

168 현행법상 보호관찰에서 징역을 선고받은 소년이 가석방된 경우에는 남은 잔여 형기 동안 보호관찰을 받는다. (　　)

정답 X 징역을 선고받은 소년이 가석방된 경우에는 시설에서 집행한 형기만큼 보호관찰을 받는다.

169 소장은 징벌집행 중인 사람에 대해서 일정한 사유가 인정되면 남은 기간의 징벌집행을 면제할 수 있다. (   )

정답 O

170 독거수용제의 장점에는 수용자간의 범죄학습을 방지, 전염병 예방에 기여, 개별처우에 편리함 등이 있다. (   )

정답 O

171 민영교도소에 대해 우리나라는 1999년 행형법에 교정시설의 민간위탁에 관한 법적 근거를 처음으로 마련하였다. (   )

정답 O

172 사회적 처우에서 갱생보호는 정신적·물질적 원조를 제공하여 건전한 사회인으로 복귀할 수 있는 기반을 조성할 수 있다. (   )

정답 X 갱생보호제도는 사회적 처우가 아니라 사회내처우에 해당된다.

173 형벌은 일반예방과 특별예방의 기능을 수행하고, 응보감정을 충족·완화하는 기능을 한다. (   )

정답 O

174 사회봉사명령제도는 자유형의 집행을 대체하기 위한 것이므로 피고인에게 일정한 금원을 출연하거나 이와 동일시할 수 있는 행위를 명하는 것은 허용할 수 없다. (   )

정답 O

175 가석방은 회복적 사법의 한 형태이다. (   )

정답 X 가석방은 징역 또는 금고의 집행 중에 있는 자가 개전의 정이 현저한 때에 형기만료 전에 조건부로 석방하는 제도다.

176 제프리의 범죄예방모델에서 사회복귀모델은 범죄인의 비구금처우를 지향한다. (   )

정답 O

177 환경설계를 통한 범죄예방(CPTED)의 기본원리에는 자연적 감시, 유지관리(이미지), 활동성의 강화, 영역성의 강화 등이 있다. (   )

정답 O

178 브랜팅햄과 파우스트의 범죄예방에서 환경설계는 2차적 범죄예방이다. (   )

정답 X 환경설계는 1차적 범죄예방이다.

179 한 지역에서 다른 지역, 일반적으로 인접지역으로의 이동은 영역적 전이에 대한 설명이다. (　　)

　　정답 O

180 깨진 유리창이론은 실천적 전략으로 지역사회 경찰활동이 등장하였다. (　　)

　　정답 X 지역사회 경찰활동은 지역사회의 필요와 요구에 부응하면서 범죄와 무질서, 범죄에 대한 공포를 축소하려는 사전예방을 강조하는 적극적이고 분권적인 접근이다.

181 일탈예방전략에서 일반적 억제는 일탈은 결국 무거운 벌을 받게 된다는 것을 믿으면 범죄를 선택하지 않는다고 설명한다. (　　)

　　정답 O

182 무관용 경찰활동은 향후 더 큰 범죄를 사전에 예방할 수 있어 범죄율 감소에 기여할 수 있다. (　　)

　　정답 O

183 독거수용제는 혼거수용제에 비해 교정예산이 많이 소요된다. (　　)

　　정답 O

184 선고유예 선고시 보호관찰, 사회봉사 또는 수강을 명할 수 있다. (　　)

　　정답 X 선고유예 선고시에는 보호관찰만 부과할 수 있으며, 사회봉사 또는 수강을 명할 수는 없다.

185 다이버전(Diversion)은 형벌의 효과에 대한 의문과 과잉처벌의 부작용에 대한 비판에서 비롯되었다. (　　)

　　정답 O

186 비범죄화의 대상으로 거론되는 피해자 없는 범죄로서 도박, 마약흡입, 환경오염행위 등을 들 수 있다. (　　)

　　정답 X 마약이나 도박에 대한 비범죄화 논의는 있어도 환경범죄에 대한 비범죄화 논의는 없다.

187 다이버전의 단점은 형벌의 고통을 감소시켜 재범률의 증가를 초래한다. (　　)

　　정답 O

188 현행 벌금형제도의 개선방안에는 과료의 과태료 전환, 불법수익몰수제도의 확대, 일수벌금제의 도입 등이 있다. (　　)

　　정답 O

189 민영교도소는 형벌을 이용하여 기업이 영리를 추구할 수 있는 장점을 갖는다. (　　)

　　정답 X 장점이 아닌 문제점으로 지적되고 있다. 이 외에도 징벌 및 무력사용의 근거, 이윤추구를 위한 수형자의 노동작업량 증가 우려 등이 문제점으로 지적되고 있다.

190 일수벌금제도는 범죄자의 경제상태를 실제로 조사한다는 것이 쉬운 일이 아니라는 점이 단점으로 지적될 수 있다. (　　)

정답 O

191 자유형의 구류의 기간은 1일 이상 30일 미만이다. (　　)

정답 O

192 법률상 비범죄화의 구체적 예로는 범죄관련자의 고소·고발기피, 경찰의 무혐의처리, 법원의 절차중단 등이 있다. (　　)

정답 X 범죄관련자의 고소·고발기피, 경찰의 무혐의처리, 법원의 절차중단 등은 사실상 비범죄화의 방법들이다.

193 통계적 예측방법은 범죄의 종합적인 측면과 개별 범죄자의 고유한 특성을 동시에 고려할 수 있지만 경험이 풍부한 전문가에 의해서만 행해져야 한다는 단점이 있다. (　　)

정답 X 통합적 예측방법(구조예측의 방법)에 대한 비판이다.

194 부정기형제도는 현행법상 성인범에 대해서는 어떠한 경우에도 부정기형을 선고할 수 없다. (　　)

정답 O

195 비범죄화이론은 입법자에 의한 법률규정 자체의 폐지만을 말한다. (　　)

정답 X 형사사법의 공식적 통제권한에는 변함이 없으면서도 일정한 행위양태에 대해 형사사법체계의 점진적 활동 축소로 이루어지는 사실상의 비범죄화도 비범죄화의 유형에 속한다.

196 회복적 사법은 법원이 분쟁해결의 전 과정을 주도한다. (　　)

정답 X 회복적 프로그램은 형사사법절차의 각 단계마다 적용가능하다. 경찰, 검찰, 법원, 교정기관은 모든 단계에서 회복적 프로그램을 검토할 수 있다.

197 소년법상 소년부 판사가 내릴 수 있는 보호처분은 1개월 이내의 소년원 송치, 소년보호시설에 감호 위탁, 보호관찰관의 장기보호관찰 등이 있다. (　　)

정답 O

198 단기자유형은 수형자에 대한 일반예방적 위하력이 약하고 특별예방적 효과도 기대하기 힘들다. (　　)

정답 O

199 보호관찰은 부가적 처분으로써 부과할 수 있을 뿐이고 독립적 처분으로 부과할 수 없다. (　　)

정답 X 보호관찰은 집행유예의 경우 부가적 처분으로써 부과할 수 있고, 보호처분의 경우에는 독립적 처분으로 부과할 수 있다.

200 선별적 무능화는 특별억제를 포기하고 일반억제를 강조하는 전략이다. (   )

> 정답 X 선별적 무능화는 중범죄자나 재범의 위험성이 높은 범죄자를 선별하여 장기간 구금하자는 전략이다. 위의 경우 특별억제와 일반억제 중 일반억제를 더 강조한 것이긴 하나 특별억제를 포기한 것은 아니라는 관점으로 보면 상대적으로 선별적 무능화와 거리가 먼 지문이다.

201 소년법상 사회봉사명령은 200시간을 초과할 수 없으며, 형법상의 사회봉사명령은 500시간을 초과할 수 없다. (   )

> 정답 O

202 징벌은 일정한 규율을 위반한 수용자에게 부과하는 불이익처분으로 일종의 형사처분의 성격을 띠고 있다. (   )

> 정답 X 징벌은 일정한 규율을 위반한 수용자에게 부과되는 불이익처분으로 일종의 질서벌의 성격을 띠고 있다. 형사처분이 아니라 행정적 조치로서의 질서벌이다.

203 부정기형제도는 단기자유형의 대체방안으로 거론되고 있다. (   )

> 정답 X 부정기형제도도 자유형에 해당하므로 단기자유형의 대체방안이 될 수 없다.

204 회복적 사법 전략은 전통적인 구금처우정책이 사회적 문제를 야기했다는 반성에서 시작되었다. (   )

> 정답 O

205 우리나라 자유형에는 징역형, 금고형, 구류형이 있다. (   )

> 정답 O

206 범죄피해자 보호법상 횡령죄는 범죄피해 구조대상에 해당하지 않는다. (   )

> 정답 O

207 심신장애상태 마약류·알코올이나 그 밖의 약물중독상태 정신성적 장애가 있는 상태 등에서 범죄행위를 한 자로서 재범의 위험성이 있고 특수한 교육·개선 및 치료가 필요하다고 인정되는 자에 대하여 적절한 치료와 보호를 하는 제도는 치료보호제도이다. (   )

> 정답 X 치료감호제도에 대한 설명이다.

PART

09

형벌론 심화

1 형벌이론

CHAPTER

01 형벌의 의의

1 의의

형벌은 국가가 범죄에 대한 법률상의 효과로써 범죄자에게 부과하는 법익박탈 행위를 말한다. 일반적으로 유죄로 인정된 범죄에 대해서는 범죄의 경중 및 재범의 위험성 등에 따라 형벌 또는 보안처분이 과해지거나, 형벌과 보안처분이 병과되기도 한다.

형벌과 보안처분

① 형벌 : 과거의 법익침해에 대한 제재를 뜻한다(협의의 형벌, 형식적 의미).
② 보안처분 : 범죄인의 위험성을 기초로 미래의 범죄예측에 대한 제재를 말한다.

---

2 형벌이론의 변천과정

(1) 프랑스혁명 이전까지는 응보형주의와 일반예방주의에 따라 가혹한 형벌집행을 통한 위하효과에 중점을 주었다.
(2) 인권존중사상과 실증주의사상 등으로 범죄인을 교화·개선하는 목적형주의와 교육형주의 및 특별예방주의가 강조되었다.
(3) 1970년대 중반 이후, 교육형주의의 효용성을 부정하면서 다시 구금을 통한 응보를 강조한 신응보형주의가 등장하였다.

02 형벌이론

형벌이론은 형벌의 본질을 어디에 두느냐에 따라 응보형주의(應報形主義)와 목적형주의(目的刑主義)로 나눌 수 있고, 범죄예방의 대상에 따라 일반예방주의와 특별예방주의로 나눌 수 있다.

1 응보형주의와 목적형주의

(1) 응보형주의(절대설, 절대주의)

① 의의

응보형주의는 형벌의 본질이 범죄에 대한 정당한 응보에 있다고 보는 사상이다. 이는 범죄에 대한 해악을 형벌에 의하여 응보하는데 그 본질이 있다고 보는 입장으로, '절대설(絶對說)'이라고도 한다. 대표적인 학자로는 칸트(Kant), 헤겔(Hegel), 빈딩(Binding) 등이 있다.

② 공과

㉠ 응보형주의는 형벌의 목적에 관한 이론이 아니라, 형벌의 본질에 관한 이론이다. 특히 응보형주의는 책임주의 및 죄형법정주의에 입각하여 형벌권의 행사를 제한하려 한 것은 형벌이론에 기여한 점이 크다.

㉡ 그러나 형벌은 책임이 있다고 하여 반드시 형벌을 과해야 하는 것은 아니며, 단순히 해악에 대해 해악으로 응보하는 것은 구체적인 명확한 기준을 제시하지 못하는 단점이 있다.

(2) 목적형주의(상대설, 상대주의)

① 목적형주의는 형벌은 그 자체가 목적이 아니라, 사회를 방어·보호하는 목적을 달성하기 위한 수단으로 보는 입장으로 '상대설'이라고 한다.

② 이는 상대주의·의사결정론·실증적·전망적(미래지향적) 관점에서 장래의 범죄를 예방하는 보안처분과 사회방위를 중시하는 이론이다.

▲ **신응보형주의**

① 신응보형주의는 1970년대 중반 이후 미국에서 활발히 전개된 형벌이론으로, 교육형주의에 입각한 수형자 처우 프로그램이 범죄자의 재범방지 및 누범방지에 실패했다는 주장에서 비롯되었다.

② 이는 수형자들의 개선 자체보다는 인간적인 조건하에서의 구금 및 응보주의를 바탕으로 한 구금위주의 교정을 주장하는 견해이다. 교육형주의의 효용성 및 수용자의 동의없는 강제교육을 부정한 반면, 적법절차보장·인간적인 처우 등 수용자의 권리보장 및 처우 프로그램의 자발적 선택과 자치활동 확충 등 교정제

도의 개선을 중시하는 정의(사법·공정) 모델의 입장이다. 이는 형벌의 목적을 응보로 보고 있어 반교정주의 성격을 지니고 있다.

③ 알렌(Allen), 모리스(Morris), 윌슨(Willson), 포겔(Fogel), 마틴슨(Martinson) 등이 주장하였다.

2 일반예방주의와 특별예방주의

(1) 일반예방주의

① 의의

일반예방주의는 범죄예방의 대상을 '일반인'에 두는 고전학파의 견해로, 형벌의 목적을 일반인에게 겁을 주어 범죄를 하지 않도록 예방하는데 두고 있다. 베카리아(C. Beccaria), 벤담(J. Bentham), 포이에르바하(Feuerbach)가 대표적인 학자이다.

② 내용

㉠ 형집행 과정에서의 일반예방(위하설) : 준엄하고 가혹한 형집행을 일반인에게 공개함으로써 범죄예방 효과를 거두는 것을 의미한다.

㉡ 형벌예고에 의한 일반예방(심리강제설) : 심리강제설은 일반예방주의를 집대성한 포이에르바하가 주장하였다. 이는 형벌의 내용을 명확히 법률에 규정하여 범죄를 범한 때에는 이익보다 더 큰 해악이 따른다는 것을 일반인에게 알려 범죄예방효과를 거두는 것을 말한다.

(2) 특별예방주의

① 기본이해

특별예방주의는 형벌예방의 대상을 '범죄인'에게 두고 있는 사상으로, 형벌의 목적은 범죄인을 교화·개선하여 다시는 죄를 범하지 않도록 하는데 있다는 견해이다. 이는 무해화를 통한 사회방위와 재사회화를 강조한 것으로, 독일의 리스트가 집대성하였다.

② 등장배경

㉠ 19C 중엽 자본주의의 발달과 함께 재범자가 급증함에 따라 자유의사를 전제로 한 응보형주의의 한계가 나타났다. 또한 자연과학의 발달로 범죄를 사회병리적 현상으로 파악하는 한편, 형벌도 과학적·실증적 방법에 의해 그 본질을 규명하려는 이론이 대두되었다.

㉡ 특별예방주의는 이탈리아의 실증주의 학자들에 의해 주장되어, 리스트의 목적형주의에 의하여 확립되었으며, 교육형주의와 사회방위이론도 이에 속한다.

3 특별예방주의 주요내용

(1) 이탈리아의 실증학파

이탈리아의 실증학파인 롬브로조 · 페리 · 가로팔로는 결정론적 관점에서 개별처우를 바탕으로 하는 특별예방주의를 주장하였다.

(2) 리스트의 목적형주의

형벌을 특별예방적 관점에서 범죄인의 재범을 방지하는데 불가결한 것으로 보았다. 리스트는 형벌의 목적을 개선 · 위하 · 무해화에 두고, 개선이 필요한 상태범죄인은 개선을, 개선이 불필요한 기회범에 대해서는 위하를, 개선이 불가능한 상태범죄인은 격리를 통하여 무해화(제거, 격리)해야 한다고 주장하였다.

(3) 교육형주의

① 의의

교육형주의는 형벌의 목적을 교육을 통한 범죄방지에 두는 이론으로, 독일의 리프만(Liepmann), 이탈리아의 란자(Lanza), 스페인의 살다나(Saldana) 등이 주장하였다.

② 주요학자

㉠ 리프만 : 범죄인을 인간으로 존중하지 않으면 안 된다는 명제 아래, "형벌은 인도적인 교육형이어야 한다"고 하였다.

㉡ 란자 : "학교에서 이성적 문맹을 퇴치하는 것과 같이 감옥(교도소)에서는 도덕적 문맹을 퇴치해야 한다"고 하며 형벌의 의의가 교육에 있음을 강조하였다.

㉢ 살다나 : "형벌은 사회에 공헌할 때 정당성이 있다"고 하며 교육형주의를 주장하였다.

③ 내용

㉠ 교육형주의는 교정의 본질을 범죄원인과 범죄인의 성격을 조사하여 그에 알맞은 교육을 실시하는 것에 두고 있어, 교정교육 프로그램 개발을 중시한다.

㉡ 교육형주의는 형벌을 교육으로 보기 때문에 형벌자체의 존엄성과 위하력이 무시되기 쉬운 점이 있다.

(4) 사회방위이론

① 의의

㉠ 사회방위이론은 단순히 법률을 통해 사회를 보호하는 소극적인 방안이 아니라, 적극적으로 범죄를 예방하고 과학적으로 범죄인을 처우하여 사회에 복귀시키는 현대적 범죄예방이론이다.

       ⓛ 초기실증주의의 숙명적 결정론과 객관주의(고전주의) 형벌이론의 회의에서 출발하여, 전
         체주의에 무력했던 소극적 개인주의 및 자유주의에 대한 반성에서 비롯되었다.

  ② 연혁

       ㉠ 프린스(A. Prins)가 리스트(Liszt)의 목적형사상 내지 특별예방이론을 바탕으로 이론적 기
         초를 마련하였다.

       ⓛ 제2차 대전 이후에는 그라마티카(이탈리아)의 '급진적 사회방위론'과 앙셀(프랑스)의 '신
         사회방위론'으로 발전하였다.

  ③ 대표적 이론

       ㉠ 그라마티카(Gramatica)의 급진적 사회방위론(단적인 주관주의, 일원론 입장) : 그라마티
         카는 「사회방위의 기초」(1961)에서 단적인 주관주의에 입각해, 행위를 기초로 하는 형벌
         을 행위자에게 적합한 보안처분으로 대체할 것을 요구하는 급진적인 사회방위이론을 주
         장하였다. 이는 형벌의 가치를 무시하고 사회방위처분만을 강조한 단적인 주관주의 입장
         인 일원적 대체주의(일원론)이다.

       ⓛ 앙셀(Ancel)의 신사회방위론(이원론 입장) : 앙셀은 지나친 사회방위는 오히려 개인의 인
         권이 무시될 위험이 있으므로, 사회보호와 범죄인의 재사회화를 동시에 고려한 신사회방
         위을 주장하였다. 이는 형벌의 가치를 인정하면서 사회방위처분을 가미해 이원적으로 범
         죄에 대처하는 이론으로, 범죄인의 인도적 처우와 재사회화를 강조하였으며, 특히 소년에
         대한 보호주의를 강조하였다.

  ④ 사회방위론의 문제점

       ㉠ 범죄인의 장래 범죄위험성에 대한 제지가 문제이다.

       ⓛ 사회적 위험이라는 개념이 모호하고 평등의 원칙에 위배될 소지가 있다.

       ⓒ 사회방위라는 미명하에 범죄인의 인도적 처우가 경시될 가능성이 많다.

       ⓔ 탈법률주의로 인한 죄형법정주의 및 법치국가 원리가 침해될 수 있다.

       ⓜ 형벌의 일반예방 효과와 위하력을 무시하고 있다.

       ⓗ 현행법의 사회방위기능을 경시하는 경향이 있다.

4   절충설(결합설)

(1) 응보형주의와 목적형주의 및 일반예방주의와 특별예방주의 이론들의 장점을 결합하여 형벌의
    본질과 목적을 설명하는 것을 절충설이라 한다.

(2) 절충설은 형벌은 본질상 해악에 대한 응보로서의 성질을 가지면서도 예방의 목적을 달성할 수
    있어야 한다는 이론이다. 즉, 책임은 형벌의 상한을 제한할 뿐이며, 형벌의 하한은 일반예방과
    특별예방의 목적에 의해 결정된다고 보는 견해로 다수설이다.

(3) 메르켈(Merkel), 히펠(Hippel) 등이 주장하였다.

응보형주의와 목적형주의

- 응보형주의 : 관념적, 회고적(과거지향적)
- 목적형주의 : 실증적, 전망적(미래지향적)

주관주의와 객관주의(형벌의 기초가 되는 범죄의 본질에 관한 이론)

- 객관주의
  외부에 나타난 행위의 결과를 기초로 형벌의 종류와 경중이 결정되어야 한다는 이론이다.
- 주관주의
  - 범죄인을 특수한 성격의 소유자로 보고, 형벌의 대상을 범죄사실이 아닌 범죄인으로 보며, 형벌의 종류와 경중도 범죄인의 악성 내지 사회적 위험성에 의하여 결정되어야 한다는 이론이다.
  - 주관주의를 범인주의, 성격주의라고도 하며, 범죄인의 반사회적 성격을 형벌의 대상으로 하는 자연과학적 결정론에 기초한 것이다.

구파(고전학파)와 신파(실증학파, 근대학파)

- 고전학파(구파) : 고전학파는 계몽주의·개인주의·자유주의사상을 배경으로 응보형사상과 일반예방주의 및 객관주의와 결합하여 법치국가적 이념 아래 형성된 이론들을 말한다. 형벌은 책임주의에 입각해 범죄행위와 균형을 이루어야 하므로 부정기형이어서는 안되며, 보안처분과는 구별되어야 한다는 입장이다.
- 근대학파(신파, 실증학파) : 19C 후반 자연과학적 방법론에 의하여 실증적으로 연구하는 이론들을 말한다. 롬브로조 등 실증학파에 의하여 주장되고, 리스트 등 근대사회학파에 의해 확립되었다. 이는 리프만·란자·살다나 등에 의해 교육형주의로 발전한 특별예방주의와 주관주의가 결합한 이론이라 할 수 있다.

〈구파(고전학파)와 신파(실증학파, 근대학파)의 비교〉

구분	고전학파	실증학파
① 시기	18C 후반 ~ 19C중엽	19C 후반 ~ 현대
② 배경	개인주의, 자유주의, 합리주의, 법치주의, 계몽주의	자연과학 발달, 실증주의, 소년범·누범 등 범죄급증
③ 인간관	자유의사론, 비결정론(Free Will, 자유의지) 정상인(이성적, 합리적, 공리적)	의사결정론, 결정론(소질과 환경의 영향) 비정상인(비이성적, 비합리적, 비공리적)
④ 범죄론	객관주의(범죄중심) (법익침해 결과 중시)	주관주의(범죄자 중심) (범죄자의 반사회적 성격 중시)
⑤ 책임론	도의적 책임론(행위 책임)	사회적 책임론(행위자 책임)
⑥ 형벌론	응보형주의, 일반예방주의	목적형, 교육형주의, 특별예방주의

구분	고전학파	실증학파
⑦ 보안처분론	이원론	일원론
⑧ 자유형	정기형제도	각종 유예제도 활용, 가석방, 상대적 부정기형, 단기자유형 제한
⑨ 처우모델	처벌 중시 구금모델, 정의모델(사법모델)	처우 중시(치료, 개선, 교화, 교정 등) 의료모델, 개선모델, 재통합모델
⑩ 주요관점	사회통제 중시 형법 등 사법제도 중시 형법개혁운동, 감옥개량운동	범죄자처우 및 사회방위 중시 범죄원인 중시 과학적(개별)처우 중시
⑪ 기여	형벌권 제한, 개인의 자유와 권리신장 형벌완화(박애주의)	형벌의 개별화, 범죄인의 재사회화, 범죄 감소

03 형벌의 정당성

1 형벌부과의 정당성

범죄자에 대한 형벌의 부과는 일반적으로 '응보적 정당성'과 '공리적 정당성'에서 그 합리성을 찾고 있다. 응보적 정당성은 과거 범죄행위에 중점을 두고 있는 반면, 공리적 정당성은 미래의 범죄예방에 중점을 두고 있다.

응보적 정당성(범죄에 대한 처벌)	공리적 정당성(예방적 차원의 처벌 : 사회보호)
• 과거지향적(사후대응적) • 도덕적 근거 • 책임에 상응한 처벌을 중시 • 처벌은 당연한 것으로 인식함	• 미래지향적(범죄예방 중시) • 경험적 논리에 근거 • 복수가 아닌 범죄의 제지를 중시 • 범죄감소에 염두를 둔 처벌을 중시

2 처벌의 목적

(1) 응보(처벌 중시)

① 범죄인이 아닌 범죄에 대한 보복적 성격이다.
② 객관주의, 절대형주의, 자유의사론에 기초하고 있다.
③ 범죄와 형벌의 형평 및 책임을 중시한다.
④ 관념적이고, 회고적(과거지향적)이다.

⑤ 처벌은 당위적이고 도덕적인 의무위반에 대한 책임이며, 책임과 비례성을 중시한다.

(2) 공리주의(범죄예방중시)

① 의의

형벌을 통한 무능력화와 범죄억제 및 사회복귀를 추구한다. 즉, 구금으로 범죄를 무력화하고, 고통을 부과하여 범죄동기를 억제하고, 범죄인을 개선·변화하여 사회에 복귀시켜 재범을 방지하는 것이 목표이다.

② 공리주의의 정당성 기준

공리주의의 정당성 기준은 무능력화, 제지(특별제지와 일반제지) 및 교화개선이다. 형벌이 공공의 안전에 기여하고(무능력화), 범죄인이 범죄를 못하도록 제지하고(특별제지), 일반인이 법을 준수토록 하고(일반제지), 재교육시켜 사회에 동조할 수 있으면(교화개선) 형벌은 정당화될 수 있다.

③ 주요학자

㉠ 베카리아 : 베카리아는 「범죄와 형벌」에서, 형벌의 목적은 사회의 복수를 대행하는 것이 아니라 사람들이 범행하지 않도록 제지하는 것이며, 형벌의 엄중성·신속성·확실성이 이러한 목적에 가장 적합한 것이라고 주장하였다.

㉡ 벤담 : 최대다수의 최대행복을 주장한 벤담은, 인간은 이성적이며, 최소한의 고통으로 최대한의 행복을 추구하므로, 범죄에 상응한 처벌은 억제효과가 있다고 하였다.

처벌의 정당성

- 응보 : 책임과 비례성 중시
- 공리 : 일반예방(일반억제), 특별예방(특별억제), 사회복귀, 무능력화, 보상주의, 회복주의

처벌의 효과

- 형벌강화 : 범죄억제 효과는 높지만 교화개선이나 사회복귀는 어렵다.
- 무능력화 : 공공(사회)의 안전은 증진시키지만 교화개선은 경시된다.
- 교화개선 : 재교육과 재사회화를 강조하지만, 공공의 안전은 의문이다.

3 공리주의 처벌이론

(1) 제지(억제)이론

① 종류

- ㉠ 일반제지 : 범죄자의 처벌이 일반대중의 법위반 방지에 기여하는 것을 뜻한다.
- ㉡ 특별제지 : 범죄자를 교화개선하여 범죄를 방지하는 것을 뜻한다.

② 제지효과 : 확실성 > 엄중성 > 신속성

- ㉠ 확실성 : 범죄에 대한 처벌을 받을 가능성 내지 확률을 뜻한다.
- ㉡ 엄중성 : 형벌의 정도 내지 강도를 뜻한다.
- ㉢ 신속성 : 범죄행위와 처벌 간의 시간적 간격을 뜻한다.

③ 제지효과 둔화 요인

인간적·인본주의 교정, 수용자의 인권신장, 처우이념의 강조, 부정기형, 적법절차 강화 등 사법부 개입(권익존중), 보호관찰과 전환제도 등이 제지효과 둔화요인이다.

(2) 교화개선(복귀)

교화개선은 범죄가 아닌 범죄자에 초점을 두고 있다. 공리주의의 1차적 목적은 사회보호이고, 교화개선은 2차적 목적이다.

(3) 무능력화

① 의의

무능력화는 범죄가 아닌 범죄자의 특성에 기초한 미래지향적인 조치로, 범죄인의 교화개선 보다 격리를 보다 중시한다.

② 종류

- ㉠ 집합적 무능력(무력)화 : 모든 강력범에게 장기형을 선고하고, 가석방을 제한하는 것을 말한다.
- ㉡ 선별적 무능력화 : 소수의 중누범자와 직업범죄자를 장기구금하는 것으로, 차별적 처벌이 문제이다.

③ 문제점 : 무능력화의 가장 큰 문제점은 범죄예측의 곤란성이다.

구분	집합적 무능력화	선별적 무능력화
① 대상	모든 강력범죄자에 대해 장기형	소수의 중누범자에 대해 장기형
② 내용	• 가석방 요건을 강화하여 가석방을 지연함 • 정기형하에서 장기형을 강제하는 법률 제정 • 선시제도의 가산점을 줄여 석방시기 지연	• 과학적 방법으로 재범의 위험성이 높은 자 구금 • 위험성이 높은 범죄자일수록 장기간 구금 • 부정기형제도와 궤를 같이함
③ 공통점	범죄예방이 목적임(교화개선이 아님), 구금을 전제로 함	

▲ **응보 · 억제 · 교화개선이 상호 갈등적인 이유**

서로 목표가 다르고, 수단이 다르기 때문이다.

▲ **응보, 일반제지, 무능력화 비교**

• 응보 : 과거지향적, 범죄에 상응한 처벌(책임)을 중시
• 일반제지 : 범죄 특성에 기초, 일반인이 대상
• 무능력화 : 미래지향적, 사회방위 목적, 범죄자의 특성에 기초, 특별제지의 일종

★ 응보, 제지(억제), 무력화 등은 모두 수용을 전제로 하는 경우가 많다.

04 범죄행위에 대한 관점

JUSTICE

1 기본이해

(1) 범죄행위에 대한 관점으로는 자유의사론(비결정론), 결정론(실증주의), 상황적 결정론, 범죄의 무작위성, 동태적 관점 등이 있다.

(2) 범죄가 개인의 자유로운 선택의 결과인지, 통제할 수 없는 요인에 의해 결정되는 것인지에 따라 범죄의 원인과 책임의 소재 및 처벌이 결정된다.

(3) 범죄원인은 하나의 개별적 관점이 아닌, 상호복합적 관점에서 이해하는 것이 바람직하다.

2 범죄행위에 대한 관점

(1) 비결정론(자유의사론, 고전주의 입장)

① 의의
    개인의 자유의사인 선택의 자유에 대한 책임(처벌)을 강조한 이론으로, 범죄자는 도덕적 장애자로서 처벌하며, 범죄의 책임에 상응한 처벌을 중시한다. 맛차(Matza)의 잠재적 마리화나 흡연자에 대한 연구가 대표적이다. (흡연은 선택의 결과)

② 범죄통제전략
    고전주의 입장으로, 처벌을 가장 적절한 범죄통제 대책으로 본다.

(2) 결정론(의사결정론, 실증주의 입장)

① 의의

통제가 불가능한 사회적·생물학적 요인에 의해 범죄가 자행된 것으로 보는 이론으로, 범죄자는 사회적 병약자이므로 처벌보다는 치료나 처우의 대상으로 본다.

② 내용

㉠ 생물학적 결정론 : 정신질환 등 개인적 소질에서 범죄원인을 찾는 가장 극단적인 결정론이지만, 분실물의 습득 등 상황적인 우연의 요소도 일부 가미한다.

㉡ 심리학적 결정론 : 초기아동기의 경험 및 콤플렉스를 중심으로 범죄원인을 설명하는 프로이드의 정신분석을 통한 인성이론이 대표적이다.

㉢ 사회학적 결정론 : 범죄를 나쁜 환경에 의한 학습의 결과로 보는 입장으로, 서덜랜드의 차별적 접촉이론이 대표적이다.

③ 범죄통제전략

㉠ 결정론은 환경개선과 재사회화 등 비처벌적인 이념을 강조한다.

㉡ 사회환경적 요인을 중시하면서 개별적 교정에 치중한다.

㉢ 범죄자만의 변화와 개선만으로는 성공하기 어려우며, 범죄자와 지역사회가 동시에 변화하여 재통합을 할 수 있을 때 성공적인 교정이 될 수 있다.

처벌과 처우

① 처벌(범죄, 행위) : 자유의사에 기초한 것으로, 책임에 상응하는 처벌을 강조한다.
② 처우(범죄자, 행위자) : 결정론의 입장에서 개별적인 치료와 교정을 중시한다.

---

(3) 상황적 결정론

① 의의

범죄는 상황적 압력과 여건 및 범행의 기회 등 전적으로 행위자 이외의 요인에 의해 이루어지는 것으로 보는 이론이다. 청소년들이 범죄적 상황으로 표류하기 때문에 비행을 한다는 맛차의 표류이론이 대표적이다.

② 범죄통제전략

㉠ 범죄적 상황의 통제와 범죄적 상황의 회피가 범죄통제전략이다.

㉡ 상황의 통제는 범죄를 유발할 수 있는 상황을 예방하는 것으로, 자동차 도난방지장치 설치, 가로등 조도조정, 범죄다발지역 순찰강화 등과 같은 환경개선이 필요하다.

㉢ 상황의 회피는 사람들을 범죄적 환경에 처하지 않게 하는 것으로, 위험지역 통행 제한이나 금지 등 대부분 긴급상황에서만 제한적으로 활용하고 있다.

　　② 상황의 통제와 회피는 범죄를 다른 지역으로 대체하는 효과가 있다.
　③ 특징
　　③ 상황적 결정론은 범죄자보다는 '범죄적 상황'을 중시하는 이론이다.
　　ⓒ 상황적 범죄는 대체로 비직업적인 초보자나 아마추어에 의해 행해지고, 전문적·직업적 범죄와는 관련이 적다.
　　ⓒ 폭력·살인은 상황적인 요소가 강하고, 절도·횡령은 계획적인 요소가 강하다.

05 형벌의 종류

1 현행법상 형벌의 종류(9가지)

「형법」상 형벌의 종류로는 사형, 징역, 금고, 자격상실, 자격정지, 벌금, 구류, 과료, 몰수가 있다.

2 주형과 부가형

(1) **주형(主刑)** : 주형은 독립하여 선고하는 형벌을 말한다.

(2) **부가형(附加刑)** : 부가형은 주형에 부과하여 과하는 형벌을 말한다. 몰수는 원칙으로 부가형이며, 그 외의 형벌은 주형에 해당한다.

3 현대 형벌의 지도원리

(1) 일반예방효과(심리적 강제효과)가 있다.
(2) 수형자(범죄자)의 교화개선을 촉구(특별예방적 기능)하는 효과가 있다.
(3) 일반인의 법과 도의교육 효과가 있다.
(4) 도덕의 퇴폐화방지 효과가 있다.
(5) 건설적인 사회건설에 기여한다.
(6) 사형벌(私刑罰)을 방지한다.

사형제도

CHAPTER

사형은 범죄인의 생명을 박탈하는 형벌이라 흔히 생명형 또는 극형이라고 하며, 형벌제도상 가장 오래된 역사를 가지고 있다. 고대에 이를수록 더 흔히 사용해 왔으며, 집행방법도 극히 잔인하고 공개적이었다. 하지만 오늘날에는 사형을 선고하는 인원도 점차 감소하고 집행방법도 완화되어 비공개(밀행)를 원칙으로 하고 있으며, 사형제도를 전면적으로 폐지하는 국가도 갈수록 늘어나고 있다.

01 사형존폐론(사형폐지론, 사형존치론, 시기상조론)

JUSTICE

1 사형폐지론

(1) 기본이해

사형은 형벌 중 가장 오래되고 극단적인 것이므로 어느 시대에든 폐지론이 있었다고 할 수 있다. 사형폐지론자로는 토마스 모어, 베카리아, 존 하워드, 리프만, 서덜랜드 등이 있다.

(2) 주장자

① 토마스 모어(Thomas More) : 16C 초 「유토피아」에서 사형제도 폐지를 제창하였다.
② 베카리아(C. Beccaria) : 18C 후반 「범죄와 형벌」에서 "사형보다는 자유박탈이 더 효과적이다"라고 하며 사형제도 폐지를 주장하였다. 베카리아의 사형폐지 주장과 인도주의사상의 영향으로 점차 사형의 적용범위를 제한하거나 사형제도 자체를 폐지하는 경향이 나타나게 되었다.
③ 존 하워드(J. Howard) : 「감옥상태론」에서 베카리아의 주장에 동조하였다.
④ 리프만(Liepmann) : 교육형주의자로서 사형보다는 교육을 중시하였다.

(3) 주장내용

① 사형은 야만스러운 제도로 인도주의에 반한다.
② 법률만능, 형벌만능은 신뢰할 수 없다.

③ 오판의 경우 구제가 불가능하다.

④ 형벌이 준엄하여도 범죄예방에 도움이 되지 않는다.

⑤ 범죄원인의 사회환경적 요인을 무시하고 오직 범죄인에게만 돌리고 있다.

⑥ 사형은 현대적 교정이념에 반하며, 개선적·교육적 기능을 갖지 못한다.

⑦ 주권재민의 법치국가에서 국가는 사형에 처할 권리가 없다.

⑧ 사형을 폐지한 나라에서 범죄가 증가하였다는 실증적 증거를 찾을 수 없다.

⑨ 사형은 피해자에 대한 손해보상 내지 구제적인 측면에서 도움이 되지 않는다.

⑩ 사형은 그 자체가 위헌이다. (Furman v. Georgia 판결, 미국 1972년)

2 사형존치론

(1) 의의

① 일반적으로 형벌의 위하력, 국민감정, 교정경비 등의 견지에서 사형존치를 주장한다.

② 대표적인 학자로는 칸트(Kant), 헤겔(Hegel), 루소(Rousseau), 로크(Locke) 등 계몽주의 사상가들을 들 수 있다.

③ 그 외 롬브로조(Lombroso), 메츠거(Mezger), 블랙스톤(Blackstone) 등도 사형존치를 주장하였다.

(2) 주장내용

① 사형제도의 위하력인 일반예방 효과로써의 범죄억제력을 인정한다.

② 흉악범은 사형 이외에는 법익보호 목적을 달성할 수 없고, 사회방위를 위해서도 필요하다.

③ 살인범의 생명은 박탈당할 수 있다는 것은 일반 국민들이 갖고 있는 법적 확신이다.

④ 3심제 등을 통해 신중하게 사법제도를 운영하고 있어 오판의 우려는 거의 없다.

⑤ 사형을 통한 범죄예방효과를 무기형으로는 달성할 수 없다.

⑥ 사형은 피해자나 일반인의 피해감정을 국가가 대신하여 해소해 주는 효과가 있다.

⑦ 무기형에 대한 대체는 국가재정의 부담을 초래하며, 무기형이 사형보다 반드시 인도적이라고는 보기 어렵다.

⑧ 사형제도는 위헌이 아니다. (Gregg v. Georgia 판결, 미국 1977년)

(3) 개선방안

사형제도의 문제점을 해결하기 위한 방안으로는, 유예기간을 경과한 모범적인 사형확정자 감형(무기 등), 종신무기형, 가석방을 인정하는 무기형, 장기유기형 등을 활용하자는 주장이 있다.

▲ **사형의 위하력에 대한 실증적 연구**

① 셀린(Sellin) : 미국에서 사형을 존치한 주와 폐지한 주의 살인을 비교하여 사형의 범죄억제 효과를 부인하였다.
② 엘리히(Ehrlich) : 사형의 범죄억제력 효과를 인정하였다.

3 시기상조설

(1) 기본이해

사형제도는 폐지되어야 하지만, 현실적 여건을 고려해 점진적 · 제한적으로 폐지하자는 견해이다. 대표적인 학자로는 프랑켈(Frankel), 폴(Voll), 슈미트(Schmidt) 등이 있다.

(2) 주장내용

① 사형은 폐지되어야 하지만, 여러 가지 여건을 감안하여 점진적 · 제한적으로 폐지하는 것이 바람직하다.
② 사형존폐는 이론에 관한 문제가 아니라 정치 · 사회환경 등과 관련된 사회문제이다.
③ 일반 사회인이 문화적으로 성숙되면 사형의 유용성은 자연적으로 감소된다.
④ 현실적인 우리나라의 상황에서는 사형폐지는 시기상조라는 입장이 다수설이다.

▲ **관련판례**

• 현재 우리의 상황에서 볼 때 사형폐지는 아직 시기상조이다(대판 1967.9.12.).
• 우리나라의 실정과 국민의 도덕적 감정을 고려하여 사형을 합헌으로 인정한다(대판 1987.3.8.).
• 사형제도는 위헌이 아니다(헌재 1996.11.28.).
• 사형제도는 헌법에 위반되지 아니한다(헌재 2010.2.25.).

4 합리적 운영방안

(1) 사형을 선고할 수 있는 범죄유형을 최대한 제한하여 운영한다.
(2) 사형선고 시 신중을 기하고, 오판을 최소화하기 위해 판결 전 조사제도를 활용한다.
(3) 사형선고를 받은 사람에게는 유예기간을 두어 개선의 정도를 참작하여 감형 등을 활용하는 방안이 필요하다.

① 우리나라는 법적으로는 아직 사형제 시행 국가이다. 하지만 1997.12.30. 이후 사형을 집행하지 않고 있다. 10년 동안 사형을 집행하지 않으면 국제인권단체 엠네스티(국제사면위원회)가 인정하는 사실상 사형제 폐지국으로 분류된다. 이 국가들 중에 사형을 집행한 국가는 단 한 나라도 없다.
② 국제사면위원회는 2008년 1월부터 우리나라를 사실상 사형제 폐지국으로 보고 있다.
③ 영국·독일·프랑스 등 유럽지역 국가들을 비롯한 130여 국가가 사형제를 폐지했거나 집행하지 않고 있는 반면, 미국·일본·중국·러시아·폴란드·태국·아랍국가 등에서는 아직 사형제를 유지하고 있다.
④ 2006년 5월 국가인권위원회는 국가기관으로는 처음으로 사형제 폐지를 공식 권고한 바 있다.

02 사형집행의 종류 및 집행방법

JUSTICE

1 사형집행의 종류

사형 집행방법으로는 교살·총살·참살·전기살·가스살·독약살(사약)·석형(돌을 던져 살해 : 아랍지역) 등이 있다. 그 중에 가스살이 신속성과 인도성에 기여하며, 최근에는 무통주사에 의한 처형(미국 텍사스 주 등)도 점차 확대되고 있는 추세에 있다.

2 「형법」상 사형을 과할 수 있는 범죄

(1) 절대적 법정형 : 여적죄
(2) 상대적 법정형 : 내란죄, 외환유치죄, 폭발물사용죄, 살인죄 등이 있다.

특별법

「형법」 이외의 특별법에 사형을 과할 수 있는 범죄가 다수 규정되어 있다.

3 현행법상 사형집행방법

(1) 의의

「형법」(교수형)과 「군형법」(총살형)에 사형집행방법이 규정되어 있다. 우리나라는 일반인에 대해서는 교수형, 군인에 대해서는 총살의 방법으로 사형을 집행한다.

(2) 관련규정

> **사형(「형법」제66조)**
> 사형은 교정시설 안에서 교수하여 집행한다.
>
> **사형집행(「군형법」제3조)**
> 제3조(사형 집행)
> 사형은 소속 군 참모총장이 지정한 장소에서 총살로써 집행한다.

4 현행법상 사형 관련규정

(1) 「소년법」상 특칙

> **사형 및 무기형의 완화(「소년법」제59조)**
> 죄를 범할 당시 18세 미만인 소년에 대하여 사형 또는 무기형(無期刑)으로 처할 경우에는 15년의 유기징역으로 한다.

(2) 「형사소송법」

> **사형의 집행(「형사소송법」제463조)**
> 사형은 법무부장관의 명령에 의하여 집행한다.
>
> **사형판결확정과 소송기록의 제출(「형사소송법」제464조)**
> 사형을 선고한 판결이 확정한 때에는 검사는 지체없이 소송기록을 법무부장관에게 제출하여야 한다.

사형집행명령의 시기(「형사소송법」 제465조)

① 사형집행의 명령은 판결이 확정된 날로부터 6월 이내에 하여야 한다.

② 상소권회복의 청구, 재심의 청구 또는 비상상고의 신청이 있는 때에는 그 절차가 종료할 때까지의 기간은 전항의 기간에 산입하지 아니한다.

사형집행의 기간(「형사소송법」 제466조)

법무부장관이 사형의 집행을 명한 때에는 5일 이내에 집행하여야 한다.

사형집행의 참여(「형사소송법」 제467조)

① 사형의 집행에는 검사와 검찰청서기관과 교도소장 또는 구치소장이나 그 대리자가 참여하여야 한다.

② 검사 또는 교도소장 또는 구치소장의 허가가 없으면 누구든지 형의 집행장소에 들어가지 못한다.

사형집행조서(「형사소송법」 제468조)

사형의 집행에 참여한 검찰청서기관은 집행조서를 작성하고 검사와 교도소장 또는 구치소장이나 그 대리자와 함께 기명날인 또는 서명하여야 한다.

사형집행의 정지(「형사소송법」 제469조)

① 사형선고를 받은 사람이 심신의 장애로 의사능력이 없는 상태이거나 임신 중인 여자인 때에는 법무부장관의 명령으로 집행을 정지한다.

② 제1항에 따라 형의 집행을 정지한 경우에는 심신장애의 회복 또는 출산 후에 법무부장관의 명령에 의하여 형을 집행한다.

(3) 「형집행법」

사형확정자의 수용(법 제89조)

① 사형확정자는 독거수용한다. 다만, 자살방지, 교육·교화프로그램, 작업, 그 밖의 적절한 처우를 위하여 필요한 경우에는 법무부령으로 정하는 바에 따라 혼거수용할 수 있다.

② 사형확정자가 수용된 거실은 참관할 수 없다.

개인상담 등(법 제90조)

① 소장은 사형확정자의 심리적 안정 및 원만한 수용생활을 위하여 교육 또는 교화프로그램을

실시하거나 신청에 따라 작업을 부과할 수 있다.

② 사형확정자에 대한 교육·교화프로그램, 작업, 그 밖의 처우에 필요한 사항은 법무부령으로 정한다.

사형의 집행(법 제91조)

① 사형은 교정시설의 사형장에서 집행한다.

② 공휴일과 토요일에는 사형을 집행하지 아니한다.

3 자유형제도

CHAPTER

자유형은 광의로는 국외추방·유형·거주지제한·구금형 등 범죄인의 자유권을 박탈 또는 제한하는 형벌을 말하며, 협의로는 신체를 구금하여 자유를 박탈하는 형벌을 말한다. 오늘날은 자유형이라고 하면 협의를 뜻하고, 형벌제도 중 가장 중요한 위치를 차지하고 있으며, 형법에는 징역·금고·구류 3종류가 있다.

01 자유형의 의의

JUSTICE

1 의의

(1) 고대에는 사형과 신체형이 형벌의 중심이었다. 그러다 근세에 이르러 비로소 자유형이 형벌체계 중 가장 중요한 지위를 차지하게 되어 막둥이 형벌이라고도 한다.

(2) 자유를 박탈하는 것은 인간에게 최대의 고통이므로, 자유형은 형벌을 고통 또는 해악으로 보는 응보형주의에도 부응하고, 형벌을 교화개선적 기능으로 보는 목적형주의 내지 교육형주의 입장에도 부응하는 가장 좋은 사회방위수단이라 할 수 있다.

2 자유형의 연혁

(1) 근세 이전에도 구금시설이 있었으나, 이는 수사나 재판의 절차를 확보하고 형벌을 집행하기 위한 미결구금의 형태로 이용되었을 뿐, 형벌의 한 종류로 인정되지는 않았다.

(2) 범죄인의 개선교화를 목적으로 하는 근대적인 자유형은 16C 말 유럽 각지의 도시에 설치된 '노역장'에서 그 기원을 찾고 있다. 노역장은 자본주의가 발전하면서 도시에 부랑자·걸인·매춘부·불량소년 등이 급증하자, 이들을 구금해 개선교화하고 값싼 노동력을 확보하기 위한 방안으로 시도되었다.

(3) 1555년 런던에 브라이드 웰(Bride Well) 교정원이 최초로 설립되었고, 1595년에 설치된 네덜 란드의 암스테르담 징치장이 대표적이다. 1704년 교황 클레멘스 11세는 산 미켈레 수도원 내 에 '소년감화원'을 설치하여 불량청소년의 인성교육과 직업훈련을 실시하였다. 그 후 자유형의 교육 개선적 기능은 응보형사상의 영향으로 후퇴하였다.

(4) 그러다 1777년 존 하워드(John Howard)가 「감옥상태론」을 저술해 당시 감옥의 폐해를 비판 하면서 그 개선방향을 제시하여 감옥개량운동이 일어났다.

3 자유형의 발전

(1) 자유형은 노동을 통한 범죄인의 개선이라는 교육형주의 관점에서 시작되었다.
(2) 19C 말 실증주의학파(결정론)의 영향으로 범죄자에 맞는 개별처우 및 과학적 처우가 강조되면 서 자유형이 발전하였다.
(3) 자유형은 구금주의(응보) ⇒ 자유구금(자유박탈) ⇒ 교정주의 순으로 변화 · 발전하였다.

4 자유형의 효과

(1) 범죄인을 사회로부터 격리시켜 자유를 박탈하고, 법적 해악으로서의 징벌성을 충족시킨다.
(2) 범죄인에게 원칙적으로 노동을 강제하여 교화개선시켜 건전한 사회인으로 육성시킨다.
(3) 범죄인을 구속함으로써 장래의 범죄적 위험을 차단하는 사회방위 역할을 한다.
(4) 자유형은 사회 일반인에게는 일방예방기능, 범죄인에게는 특별예방기능을 한다.
(5) 오늘날의 자유형은 응보주의에서 교화개선을 추구하는 방안을 중심으로 추구하고 있다.

▲ **자유형의 효과**

응보와 일반예방 효과 + 교육 및 특별예방 효과

5 자유형 집행방식

(1) 구금주의

① 구금주의는 특정한 시설에 구금하여 자유를 박탈하는 고통을 주어 일반예방효과를 거둠과 동 시에 적극적으로 교화개선을 실시하여 사회복귀를 도모하는 것을 말한다.

② 구금제도는 구금방식에 따라 엄정독거제·완화독거제·혼거제 등으로 분류하며, 우리나라는 독거제가 원칙이며, 예외적으로 혼거제를 채택하고 있다.

(2) 유형주의

과거에는 국외추방·유배형 등이 있었지만, 현재는 역사적 의의만 남아 있다.

02 자유형의 종류와 기간

JUSTICE

1 자유형의 종류

현행 「형법」상 자유형의 종류로는 징역·금고·구류 3종류가 있다.

2 내용

(1) 징역

① 징역은 자유형 중에서 가장 무거운 형벌로 정역에 복무하게 하며, 종류로는 유기징역과 무기징역이 있다.
② 기간은 유기징역의 경우 1개월 이상 30년 이하(가중 시 50년까지 가능), 무기징역의 경우 기간의 제한이 없다.

(2) 금고

① 금고는 정역을 부과하지 않는 점에서 징역과 다르다.
② 수형자를 교도소에 구금하여 자유를 박탈하는 것과 형기는 징역과 같다.
③ 신청에 따른 작업은 가능하며, 실제로 70% 이상이 신청에 따른 작업을 하고 있다.

(3) 구류

① 구류도 자유형의 일종이므로 본질적으로는 징역 및 금고와 같지만, 기간이 단기라는 점이 다르다.
② 기간은 1일 이상 30일 미만이다. (이하가 아님에 유의할 것)
③ 구류도 정역을 부과하지 않지만, 신청에 따른 작업은 가능하다는 점에서는 금고와 같다.

④ 주로 「경범죄처벌법」 위반이 대부분이라 일반적으로 경찰서 유치장에서 집행하고 있다.

⑤ 구류는 기간이 단기라 교화개선 효과를 거두기 어려울 뿐만 아니라 악풍감염 등의 우려가 있으므로, 벌금형·사회봉사명령 등으로 대체할 필요가 있다.

(4) 관련규정

> ### 징역 또는 금고의 기간(「형법」 제42조)
> 징역 또는 금고는 무기 또는 유기로 하고 유기는 1개월 이상 30년 이하로 한다. 단, 유기징역 또는 유기금고에 대하여 형을 가중하는 때에는 50년까지로 한다.
>
> ### 구류(「형법」 제46조)
> 구류는 1일 이상 30일 미만으로 한다.

▍자유형 관련 내용

- 조선시대 자유형 : 도형(유기징역, 자유형과 가장 유사함)과 유형(무기금고)이 있었다.
- UN 피구금자처우 최저기준 규칙 : 자유형 집행기준을 규정한 국제적 규칙이다.

▍신청에 따른 작업

- 신청에 따른 작업(법 제67조) : 소장은 금고형 또는 구류형의 집행 중에 있는 사람에 대하여는 신청에 따라 작업을 부과할 수 있다.
- 작업과 교화(법 제86조 ①) : 소장은 미결수용자에 대하여는 신청에 따라 교육 또는 교화프로그램을 실시하거나 작업을 부과할 수 있다.
- 작업(시행규칙 제153조 ①) : 소장은 사형확정자가 작업을 신청하면 교도관회의와 심의를 거쳐 교정시설안에서 실시하는 작업을 부과할 수 있다. 이 경우 부과하는 작업은 심리적 안정과 원만한 수용생활을 도모하는 데 적합한 것이어야 한다.

03 자유형의 개선방안

1 의의

자유형의 개선방안으로는 단기자유형 폐지, 자유형 단일화, 부정기형제도 도입 등이 거론되고 있다.

2 자유형의 단일화

(1) 의의

① 자유형의 단일화는 목적형·교육형주의 입장에서 자유형의 내용에 따른 구별을 없애고, 단지 자유박탈을 내용으로 하는 형벌로 단일화하자는 견해이다.
② 일반적으로 자유형의 단일화는 징역과 금고의 구별을 없애고 단일화함을 말한다.
　　㉠ 광의(완전 단일화론) : 징역·금고·구류 3종 모두 단일화하는 것을 말한다.
　　㉡ 협의(부분적 단일화론) : 징역·금고 2종의 구별을 없애고 단일화하는 것을 말한다.

(2) 배경

① 1872년 런던에서 개최된 제1회 국제형무회의(1929년 국제형법 및 형무회의로 개칭)에서 처음으로 자유형의 단일화 문제가 제기되었다.
② 1878년 스톡홀름에서 개최된 '제2회 국제형무회의'에서 자유형의 단일화를 의결하였다.
③ 제2차 대전 이후 영국·독일·오스트리아·스위스·스웨덴·헝가리 등 많은 국가들이 입법으로 명문화하여 자유형을 단일화하였다.

(3) 자유형 단일화 찬성론

① 자유형의 이념을 범죄인의 교화개선에 두는 한 징역과 금고를 구별할 실익이 없다.
② 교정정책의 일관성을 유지하기 위해 단일화가 필요하다.
③ 징역과 금고의 구별은 노동천시사상에서 비롯된 구시대적 발상에서 비롯되었다.
④ 징역형은 파렴치범, 금고형은 비파렴치범이라는 구별이 곤란하고, 입법적으로도 쉽지 않다.
⑤ 징역형을 받은 사람은 모두 파렴치범이라는 낙인이 수형자의 교화개선에 방해가 된다.
⑥ 법률에 윤리적 개념을 지나치게 도입한 것은 적절하지 않다.
⑦ 형을 집행할 때 개별적·합목적성 관점에서 결정할 사항을 사전에 확정하는 것은 잘못이다.
⑧ 금고 수형자 대부분이 신청에 따른 작업을 하고 있어 양자를 구별할 실익이 없다.

(4) 자유형 단일화 반대론

① 형의 종류도 범죄에 대한 기본적인 평가의 차이를 둘 필요가 있다.
② 형벌의 종류가 다양할수록 형벌의 개별화를 실현하는데 도움이 된다.
③ 정치범 등 비파렴치범에 대한 대우는 국민의 법적 확신이다.
④ 파렴치범의 구별은 상대적이기는 하지만 구별이 불가능한 것은 아니다.
⑤ 현재의 분류처우가 낙후되어 있어, 형종의 선택을 교정단계로 미룰 수 없다.
⑥ 자유형은 교육적인 목적 및 응보적 측면도 있어 그 내용을 구별할 필요가 있다.

3 단기자유형 폐지 문제

(1) 의의

단기자유형은 말 그대로 형기가 짧은 자유형을 말한다. 그 기간은 3월·6월·1년 이하의 형을 각각 주장하기도 하지만, 일반적으로 단기자유형은 '6월 이하의 형'을 말한다.

> **단기자유형에 대한 견해**
>
> 독일의 리스트(Liszt)가 처음으로 단기자유형의 폐해를 지적하였다. 이탈리아의 뽀레스타(Poresta)는 "수형자의 개선을 위해서는 너무나 짧은 기간이지만 그를 부패시키는 데에는 충분한 기간이다"고 하며 이를 지적하였다.

(2) 단기자유형 폐지 논의

1872년 제1회 '국제형무회의'에서 폐지하기로 결의한 이후, 여러 차례에 걸쳐 비판적 검토와 함께 폐지를 지적해 왔다.

(3) 단기자유형의 문제점

① 비교적 죄질이 경한 범죄를 범한 자나 초범자에게는 과하는 것이 보통이다.
② 국제형법 및 형무회의에서 여러 차례 비판적 검토와 함께 폐해를 지적하였다.
③ 기간이 짧아 수형자를 교화개선시키는 특별예방적 효과가 거의 없다.
④ 형기가 짧아 정신적 고통 및 위하력이 약해 일반예방적 효과도 미약하다.
⑤ 전과자로 낙인이 되면 사회복귀가 어렵고, 재범의 위험성도 그 만큼 커진다.
⑥ 단기수형자 가족의 경제적 파탄과 정신적 부담을 초래한다.
⑦ 악풍에 감염될 우려가 있고, 과다수용으로 인한 수용시설 부족현상을 초래한다.

⑧ 교육형주의자는 특별예방적 효과가 없음을 이유로 단기자유형의 폐지를 주장한다.

(4) 단기자유형 대체방안

① 보호관찰제도 활용

독자적 보호관찰, 사회봉사명령, 선행보증(보호관찰의 기원), 가택구금, 거주제한 등을 수반하는 보호관찰제도를 활용하면 사회내 처우로 전환할 수 있다.

② 유예제도 활용

기소유예, 선고유예, 집행유예를 활용하면 범죄인을 조속히 사회에 복귀시킬 수 있다.

③ 벌금형 활용

벌금형을 과할 수 있는 범위를 확대하고, 피고인의 재산상태에 상응한 벌금형 도입이 필요하다.

④ 구금제도 완화

주말구금, 휴일구금, 단속구금, 반구금제, 충격구금, 병영식캠프, 무구금강제노역 등과 같은 구금이 완화된 사회적 처우 및 중간처벌을 활용할 수 있다.

⑤ 피해배상제도 활용

피해배상을 명하고, 피해자의 의사를 존중하는 방안을 강구하면 형을 완화할 수 있다.

단기자유형의 대체방안

단기자유형의 대체방안은 시설내 수용이 아닌 주로 사회내 처우와 구금이 완화된 사회적 처우 및 중간처벌 형태로 이루어지고 있다.

단기자유형의 효용성

- 단기자유형이 반드시 부정적인 효과만을 초래하는 것은 아니다.
- 청소년범죄, 경제사범, 교통범죄 등에 있어서는 효과적인 형벌수단이 될 수 있다.
- 단기자유형을 활용한 혼합양형제도를 운영하는 국가들이 늘어가고 있는 추세이다.

단기자유형 활용 예

- 영국 : 청소년에 대한 단기수용소의 3S 요법(Short, Sharp, Shock)
- 미국
  - Shock Probation : 단기자유형 집행 후 보호관찰에 회부
  - Shock Parole : 단기자유형 집행 후 가석방 실시
  - Split Sentencing : 형의 일부에 대해 집행유예 선고

- Boot Camp : 병영식 캠프 운영(병영훈련 등을 통한 비행성 교정)
- Work Camp : 육체노동을 통한 비보안 주거형으로 운영(회복적사법으로 활용 : 노동으로 인한 보수를 피해자에 대한 보상으로 활용하도록 함)
- 독일 : 주말구금 등 소년구금에 주로 활용하고 있다.

누진처우와 부정기형

시설내처우 형태인 누진처우와 부정기형제도는 단기자유형의 대체방안이 아니다.

4 부정기형 도입 문제

(1) 의의

부정기형은 자유형의 기간을 정하지 않고 수형자의 교화개선 정도인 교정성적에 따라 추후에 집행을 종료(석방을 결정)하는 것을 말한다.

(2) 종류

① 절대적 부정기형
전혀 형기를 정하지 않고 선고하는 것은 죄형법정주의 원칙상 허용되지 않는다.
② 상대적 부정기형
장기와 단기로 기간을 정하여 형을 선고하는 것으로, 우리나라는 소년범에 대해서만 인정하고 있다.

형기 상한선과 형기 하한선

- 형기 상한선은 인권침해를 방지할 수 있고, 형기 하한선은 조기석방을 예방할 수 있다.
- 교육형주의자, 개선론자 : 형기의 상한과 하한의 범위를 넓게 잡으려 한다(교화개선 효과 중시).
- 책임주의론자, 응보론자 : 형기의 상한과 하한의 범위를 좁게 잡으려 한다(책임에 상응한 처벌 중시).

(3) 배경

① 부정기형은 19C 초 교육형주의자에 의해 제창되었다.
② 그 후 19C 말 미국의 드와이트(Dwight), 브록웨이(Brockway), 와인즈(Wines), 산본(Sanborn)

등이 아메리카감옥협회를 조직해 부정기형 운동을 전개하여, 1877년 뉴욕의 '엘마이라 (Elmira)감화원'에서 형기의 상한을 정한 '상대적 부정기형'을 최초로 실시하였다.

③ 부정기형은 형벌개별화의 필연적 결과이며 범죄로부터 사회를 방위하는 가장 유력한 방법 중의 하나라는 것이 부정기형 도입의 주요논거이다.

(4) 찬성론

① 개선목적을 달성할 수 있는 가장 적합한 방법이다. (형벌개별화원칙에 부응)
② 초범자나 범죄성이 계속되지 않는 자에게는 수형기간을 단축하는 이점이 있다.
③ 상습자와 누범자는 장기구금으로 인한 사회방위 효과가 있다.
④ 교정단계에서 범죄성을 재평가함으로써 형량의 불균형을 시정할 수 있다.
⑤ 노력여하에 따라 석방기일을 당길 수 있어 개선의욕을 촉진할 수 있고 교화개선 목적에 적합하다.
⑥ 부정기형 자체가 범죄인에게 위하효과가 있고, 개선정도에 따라 석방하므로 사회와 수형자 모두에게 유익하다.

(5) 반대론

① 석방시기 결정이 교정기관에 달려 있고, 교정시설 내의 교화개선 효과가 의문스럽다.
② 실제 운영상 장기수용으로 인한 인권침해의 우려가 있다.
③ 개선의 판단기준이 모호하고, 교도관과 수형자 간에 결탁할 우려가 있다.
④ 정직한 수형자보다는 오히려 교활한 수형자에게 유리할 수 있다.
⑤ 불확실한 형기는 수형자에게는 긴장감을 주고 그 가족에게는 불안감을 줄 수 있다.
⑥ 사회적 약자에게 불리하게 작용할 수 있어 불공정 시비가 발생할 소지가 있다.

(6) 운영실태

① 외국
미국의 일부 주에서 부정기형을 운영하고 있지만, 다른 나라에서는 소년범에 대한 상대적 부정기형 이외, 성인범죄자에 대해 적용하는 예가 거의 없다.

② 우리나라
㉠ 「소년법」

부정기형(「소년법」 제60조)
① 소년이 법정형으로 장기 2년 이상의 유기형(有期刑)에 해당하는 죄를 범한 경우에는 그 형의 범위에서 장기와 단기를 정하여 선고한다. 다만, 장기는 10년, 단기는 5년을

초과하지 못한다(특정강력범의 경우 장기는 15년, 단기는 7년까지 가능함).

② 소년의 특성에 비추어 상당하다고 인정되는 때에는 그 형을 감경할 수 있다.

③ 형의 집행유예나 선고유예를 선고할 때에는 제1항을 적용하지 아니한다.

④ 소년에 대한 부정기형을 집행하는 기관의 장은 형의 단기가 지난 소년범의 행형(行刑) 성적이 양호하고 교정의 목적을 달성하였다고 인정되는 경우에는 관할 검찰청 검사의 지휘에 따라 그 형의 집행을 종료시킬 수 있다.

ⓛ 「형법」 : 현행 「형법」은 정기형을 원칙으로 하고 있다. 하지만 형기 중에 가석방이 인정되므로 실질적으로는 형기를 부정기화하고 있다고 할 수 있다. 이는 선고단계가 아닌 형 집행 단계에서 형기의 부정기화제도를 인정한 것이다.

각종 유예제도

CHAPTER

유예제도는 단기자유형의 폐해를 피하려는 취지에서, 검사가 재량에 의해 기소를 하지 않거나, 법관이 형을 선고 또는 집행하지 아니하고도 형벌의 목적을 달성할 수 있도록 고안된 제도이다. 종류로는 기소유예·선고유예·집행유예가 있으며, 범죄인의 조속한 사회복귀를 도모할 수 있어 형사정책적으로 중요한 의미를 지니고 있다.

01 기소유예제도

1 의의

(1) 기소유예는 충분한 범죄혐의가 있고 소송조건이 구비되었지만, 「형법」 제51조(양형의 조건)를 참작하여 검사의 재량에 의해 공소제기를 하지 않는 처분을 말한다.
(2) 기소유예는 범죄의 혐의가 없거나 소송조건을 갖추지 못한 경우에 내리는 협의의 불기소처분과 피의자 등의 소재불명으로 수사절차를 일시 중지하는 기소중지와 구별된다.

양형의 조건(「형법」 제51조)
형을 정함에 있어서는 다음 사항을 참작하여야 한다.
1. 범인의 연령, 성행, 지능과 환경
2. 피해자에 대한 관계
3. 범행의 동기, 수단과 결과
4. 범행 후의 정황

---

2 장점

(1) 기소 전의 단계에서 사회복귀가 가능하므로 단기자유형의 폐해를 방지할 수 있다.
(2) 개별사건에 대한 구체적 정의실현과 실질적 공평추구에 필요한 탄력성을 제공할 수 있다.
(3) 합리적인 공소제기로 일반인의 신뢰를 얻을 수 있다.
(4) 공소제기 자체의 일반예방효과와 특별예방효과를 증대시킬 수 있다.
(5) 재판으로 인한 폐해를 감소시키고 법원 및 교정기관의 부담을 경감시킨다.

3 단점

(1) 범죄인에 대한 처분을 검찰의 행정적 처분에 맡기는 것은 옳지 않다.
(2) 정치적 개입이나 부당한 불기소처분 등 검사가 사건을 자의적으로 처리할 우려가 있다.
(3) 무죄결정이 아니라, 기소 자체만을 유예하는 것이므로 법적 안정성이 침해될 수 있다.

02 선고유예제도

JUSTICE

1 기본이해

(1) 내용

① 법원이 비교적 경미한 범죄인에 대하여 일정기간 형의 선고를 유예하고, 그 유예기간(2년)이
   실효됨이 없이 경과하면 면소된 것으로 간주하는 제도이다.
② 처벌의 오점이 남지 않아 피고인의 사회복귀를 용이하게 하는 특별예방적 목적을 달성하기
   위해 책임주의를 양보한 것이라 할 수 있다.
③ 유죄판결이지만 형을 선고하지 않고 일정기간 유예한다는 점에서 「형법」상의 제재 중 가장
   가벼운 제재라고 할 수 있어, 사회복귀 효과가 크다.
④ 재산형과 자유형의 폐해를 방지할 수 있어 형벌대용방안으로 적합하다.

(2) 구별

① 선고유예는 형의 선고 자체를 유예한다는 점에서, 형을 선고하되 집행만을 유예하는 집행유예
   와 구별된다.

② 우리나라는 일단 유죄판결을 하고 형의 선고만을 유예한다. 주문이 아닌 판결이유에 형의 종류나 기간 등을 정해 놓으며, 벌금형의 경우 벌금액 뿐만 아니라 환형유치처분까지 정해둔다.

2 연혁

(1) 영국

① 재판관이 유죄가 확정된 개선가능한 소년범이나 초범에게 판결의 선고를 유예하는 대신, 서약제도를 활용하여 조건부로 석방하는 것이 관행처럼 되어 왔다.
② 그러다 1842년 콕스(E. Cox) 판사에 의해 보호관찰제도와 결합되면서 프로베이션(Probation)제도로 정착되었다.
③ 그 후 1907년 「보호관찰법」에 입법화되고, 1948년 「형사재판법」에 의해 정비되었다.

(2) 미국

① 1841년 보스턴의 존 오거스터스(J. Augustus)가 범죄인의 보증인을 자원하여 재판관에게 선고유예토록 하고 이를 감독·지도하면서 비롯되었다.
② 1878년 보스턴 시가 소재한 매사추세츠주에서 처음으로 입법화하였다.

(3) 영미법계

단순히 유죄판결만 하고 형의 종류나 기간은 정하지 않고 보호관찰을 실시하고 있다.

3 현행법(「형법」)상 선고유예제도

(1) 법적 성격

법원에 의한 조건부 사면 성격이다.

(2) 선고유예 요건

선고유예의 요건(「형법」 제59조)
① 1년 이하의 징역이나 금고, 자격정지 또는 벌금의 형을 선고할 경우에 제51조의 사항을 고려하여 뉘우치는 정상이 뚜렷할 때에는 그 형의 선고를 유예할 수 있다. 다만, 자격정지 이상의 형을 받은 전과가 있는 사람에 대해서는 예외로 한다.

② 형을 병과할 경우에도 형의 전부 또는 일부에 대하여 선고를 유예할 수 있다.

★ 선고유예
　① 대상 : 1년 이하의 징역이나 금고, 자격정지, 벌금형
　② 선고유예는 주형과 부가형을 포함한 처단형 전체에 대해 할 수 있다.
　　㉠ 주형을 선고유예 하는 경우 : 부가형인 몰수나 추징도 선고유예할 수 있다.
　　㉡ 주형을 선고유예 하지 않는 경우 : 몰수나 추징만을 선고유예할 수 없다. (몰수와 추징은 선고유예 대상이 아님)
　③ 징역형과 벌금형을 병과하는 경우에 징역형은 집행을 유예하고, 벌금형의 선고만 유예할 수 있다.

(3) 보호관찰

보호관찰(「형법」 제59조의2)

① 형의 선고를 유예하는 경우에 재범방지를 위하여 지도 및 원호가 필요한 때에는 보호관찰을 받을 것을 명할 수 있다.
② 제1항의 규정에 의한 보호관찰의 기간은 1년으로 한다.

① 선고유예의 보호관찰 기간은 1년으로 정해져 있다.
② 선고유예는 집행유예와는 달리 사회봉사명령이나 수강명령제도가 없다.

(4) 선고유예의 효과

선고유예의 효과(「형법」 제60조)

형의 선고유예를 받은 날로부터 2년을 경과한 때에는 면소된 것으로 간주한다.

(5) 선고유예의 실효

선고유예의 실효(「형법」 제61조)

① 형의 선고유예를 받은 자가 유예기간 중 자격정지 이상의 형에 처한 판결이 확정되거나 자격정지 이상의 형에 처한 전과가 발견된 때에는 유예한 형을 선고한다.
② 제59조의2의 규정에 의하여 보호관찰을 명한 선고유예를 받은 자가 보호관찰기간중에 준수사항을 위반하고 그 정도가 무거운 때에는 유예한 형을 선고할 수 있다.

① 선고유예제도에는 실효(필요적 실효, 임의적 실효)제도만 있고, 취소제도는 없다.
② 보호관찰 준수사항을 위반하고 그 정도가 무거워도, 유예한 형을 선고해야만 선고유예가 실효된다.

03 집행유예제도

1 의의

(1) 집행유예제도는 유죄에 대한 형을 선고하면서 일정기간 형의 집행을 유예하고 그 기간을 특정한 사고없이 경과한 때에는, 형을 선고한 효력이 상실되어 형의 선고가 없었던 것과 같은 효과를 부여하는 제도를 말한다.
(2) 이는 범죄인을 사회에 복귀시켜 구금으로 인한 폐해를 방지하고, 범죄인에게 심리적 압박을 가하여 개선을 촉진하게 함으로써 특별예방 목적을 실현할 수 있는 제도이다.
(3) 집행유예기간 경과 시 형의 선고효력이 상실(실효)되어 전과가 남지 않는다.
(4) 집행유예 선고 시 보호관찰, 사회봉사명령, 수강명령을 동시에 선고할 수 있다.

2 연혁

집행유예제도는 영미법계에서 발전한 보호관찰제도가 유럽에 도입되면서 변형된 것으로, 유럽에서 처음으로 입법화한 것은 벨기에의 「가석방 및 조건부 유죄판결에 관한 법률」이다.

3 법적 성격

(1) 영미의 보호관찰(Probation) 회부

형을 선고하지 않고 단순히 유죄판결만 하여 보호관찰에 회부한 후, 보호관찰 기간이 무사히 경과하면 형을 선고하지 않고, 보호관찰 준수사항을 위반하는 경우에는 법관이 재량으로 형을 선고하는 제도를 말한다.

(2) 조건부 유죄판결

집행유예기간이 무사히 경과하면 형의 선고의 효력을 상실시키는 제도를 말한다. 프랑스·벨기에 등에서 실시하고 있으며, 우리나라도 이에 해당한다.

(3) 조건부 사면

집행유예 기간이 경과하면 행정기관이 사면처분하여 형의 집행을 면제시키고, 그 후 법원이 형의 선고를 면제하는 제도를 말한다. 독일 등에서 실시하고 있다.

4 현행법상 집행유예제도

(1) 성격 : 조건부 유죄판결의 성격이다.

(2) 집행유예의 요건

> **집행유예의 요건(「형법」 제62조)**
> ① 3년 이하의 징역이나 금고 또는 500만원 이하의 벌금의 형을 선고할 경우에 제51조(양형의 조건)의 사항을 참작하여 그 정상에 참작할 만한 사유가 있는 때에는 1년 이상 5년 이하의 기간 형의 집행을 유예할 수 있다. 다만, 금고 이상의 형을 선고한 판결이 확정된 때부터 그 집행을 종료하거나 면제된 후 3년까지의 기간에 범한 죄에 대하여 형을 선고하는 경우에는 그러하지 아니하다.
> ② 형을 병과할 경우에는 그 형의 일부에 대하여 집행을 유예할 수 있다.

① 집행유예 대상 : 3년 이하의 징역이나 금고의 형을 선고할 경우
  • 자격정지, 구류, 과료는 집행유예를 선고하지 못한다.
② 집행유예 기간 : 1년 이상 5년 이하의 기간
③ 형을 병과하는 경우 : 그 형의 일부에 대하여 집행을 유예할 수 있다.

(3) 보호관찰, 사회봉사, 수강명령(「형법」 제62조의2)

> **보호관찰, 사회봉사, 수강명령(「형법」 제62조의2)**
> ① 형의 집행을 유예하는 경우에는 보호관찰을 받을 것을 명하거나 사회봉사 또는 수강을 명할 수 있다.
> ② 제1항의 규정에 의한 보호관찰의 기간은 집행을 유예한 기간으로 한다. 다만, 법원은 유예기간의 범위내에서 보호관찰기간을 정할 수 있다.
> ③ 사회봉사명령 또는 수강명령은 집행유예기간내에 이를 집행한다.

• 사회봉사명령은 500시간, 수강명령은 200시간의 범위내에서 법원이 그 기간을 정하여야 한다.

(4) 집행유예의 실효 및 취소

> **집행유예의 실효(「형법」 제63조)**
> 집행유예의 선고를 받은 자가 유예기간 중 고의로 범한 죄로 금고 이상의 실형을 선고받아

그 판결이 확정된 때에는 집행유예의 선고는 효력을 잃는다.

집행유예의 취소(「형법」 제64조)

① 집행유예의 선고를 받은 후 제62조 단행의 사유가 발각된 때에는 집행유예의 선고를 취소한다.
② 제62조의2(보호관찰시 준수사항)의 규정에 의하여 보호관찰이나 사회봉사 또는 수강을 명한 집행유예를 받은 자가 준수사항이나 명령을 위반하고 그 정도가 무거운 때에는 집행유예의 선고를 취소할 수 있다.

(5) 집행유예의 효과(「형법」 제65조)

집행유예의 효과(「형법」 제65조)

집행유예의 선고를 받은 후 그 선고의 실효 또는 취소됨이 없이 유예기간을 경과한 때에는 형의 선고는 효력을 잃는다.

〈선고유예, 집행유예, 가석방 요약〉

구분	선고유예	집행유예	가석방
① 대상	1년 이하 징역, 금고, 자격정지, 벌금형	3년 이하 징역, 금고 500만원 이하의 벌금	무기(20년 경과), 유기(형기의 1/3 경과)
② 요건	개전의 정상이 현저한 때, 자격정지 이상 전과가 없는 때	정상에 참작할 만한 사유, 금고 이상 형의 집행종료·면제 후 3년 경과	행상이 양호하여 개전의 정이 현저한 때, 벌금·과료 병과 시 완납
③ 기간	2년	1년 이상 5년 이하	무기(10년), 유기(잔형기)
④ 결정	법원의 재량	법원의 재량	행정처분
⑤ 효과	면소 간주	형의 선고 효력 상실	형집행 종료 간주
⑥ 보안처분	보호관찰(1년), 임의적	보호관찰(집행유예기간, 법원 별도지정 가능), 사회봉사(집행유예기간 내), 수강명령(집행유예기간 내), 임의적	보호관찰(가석방기간 중 실시), 필요적(단, 불필요 인정 시 제외 가능)
⑦ 실효	유예기간 중 자격정지 이상 형 확정, 자격정지 이상 전과 발견, 준수사항 위반하고 정도가 무거운 때	고의로 범한 죄로 금고 이상 실형 확정(과실범 제외)	가석방 중 금고 이상 형 확정(과실범 제외)
⑧ 취소	없음	금고 이상의 형 집행종료 또는 면제 후 3년 이내 범한 죄에 대해 형을 선고한 것이 발각된 때(필요적) 준수사항이나 명령을 위반하고 정도가 무거운 때(임의적)	감시에 관한 규칙 위배, 준수 사항 위반하고 정도가 무거운 때(임의적)

재산형제도

CHAPTER

재산형은 국가가 범인으로부터 일정한 재산적 이익을 박탈하는 것을 내용으로 하는 형벌이며, 최근에는 단기자유형의 대체방안으로 각광을 받고 있다. 현행 「형법」상 재산형의 종류로는 벌금·과료·몰수가 있다.

01 재산형의 연혁

(1) 벌금이 주형의 하나로 널리 채택된 것은 19C 후반부터이며, 최근에는 단기자유형의 대체방안으로 각광을 받고 있다.
(2) 현행 「형법」상 재산형으로는 벌금·과료·몰수 3종이 있으며, 가장 대표적이고 광범위하게 활용되고 있는 것은 벌금형이다.
(3) 벌금과 과료는 금전상 제재인 반면, 몰수는 부가적인 성격을 지니고 있는 재산형이다.

02 벌금과 과료

1 기본이해

(1) 벌금과 과료는 금액·노역장 유치기간·선고유예 가능여부 등에 차이가 있지만, 모두 금전상 제재를 가하는 것이다.
(2) 재산형은 단기자유형의 대체방안으로 각광을 받고 있지만, 개인적인 경제적 능력의 차이를 고려하지 않은 형평성의 문제와 재범방지효과에 대한 회의적인 측면도 있다.

〈벌금과 과료 요약〉

구분	벌금	과료
① 금액	5만원 이상(상한은 없음), 감경 시 5만원 미만 가능	2천원 이상 5만원 미만
② 노역장 유치기간	1일 이상 3년 이하	1일 이상 30일 미만(이하가 아님)
③ 선고유예	가능	불가능
④ 납입기간	벌금과 과료는 판결확정일부터 30일 내에 납입하여야 한다.	

2 벌금 및 과료 관련규정(형법)

벌금(「형법」 제45조)

벌금은 5만원 이상으로 한다. 다만, 감경하는 경우에는 5만원 미만으로 할 수 있다.

과료(「형법」 제47조)

과료는 2천원 이상 5만원 미만으로 한다.

벌금과 과료(「형법」 제69조)

① 벌금과 과료는 판결확정일로부터 30일내에 납입하여야 한다. 단, 벌금을 선고할 때에는 동시에 그 금액을 완납할 때까지 노역장에 유치할 것을 명할 수 있다.

② 벌금을 납입하지 아니한 자는 1일 이상 3년 이하, 과료를 납입하지 아니한 자는 1일 이상 30일 미만의 기간 노역장에 유치하여 작업에 복무하게 한다.

노역장 유치(「형법」 제70조)

① 벌금이나 과료를 선고할 때에는 이를 납입하지 아니하는 경우의 노역장 유치기간을 정하여 동시에 선고하여야 한다.

② 선고하는 벌금이 1억원 이상 5억원 미만인 경우에는 300일 이상, 5억원 이상 50억원 미만인 경우에는 500일 이상, 50억원 이상인 경우에는 1천일 이상의 노역장 유치기간을 정하여야 한다.

유치일수의 공제(「형법」 제71조)

벌금이나 과료의 선고를 받은 사람이 그 금액의 일부를 납입한 경우에는 벌금 또는 과료액과 노역장 유치기간의 일수(日數)에 비례하여 납입금액에 해당하는 일수를 뺀다.

★ 벌금의 형의 시효기간은 5년이고 실효기간은 2년이며 과료는 시효기간이 1년 실효기간은 완납과 동시이다.

★ 환형처분 금지(「소년법」 제62조)

  18세 미만인 소년에게는 「형법」 제70조(노역장 유치)에 따른 유치선고를 하지 못한다. 다만, 판결선고 전 구속되었거나 소년분류심사원에 위탁의 조치가 있었을 때에는 그 구속 또는 위탁의 기간에 해당하는 기간은 노역장에 유치한 것으로 보아 「형법」 제57조(판결 전 구금일수의 통산)를 적용할 수 있다.

3 벌금형의 성격

(1) **일신전속적** : 제3자의 대납이 허용되지 않는다.

(2) **상계금지** : 범죄인이 소유하고 있는 국가에 대한 채권과 상계되지 않는다.

(3) **개별책임** : 다수인이 벌금을 납입하는 경우에도 공동연대 책임을 지지 않는다.

(4) **상속금지** : 원칙적으로 벌금은 상속되지 않으므로 범죄인이 사망하면 소멸한다. 다만, 「형사소송법」에 그 예외를 인정하고 있다.

(5) **벌금 상속금지 예외규정(「형사소송법」)**

> **상속재산에 대한 집행(「형사소송법」 제478조)**
> 몰수 또는 조세, 전매 기타 공과에 관한 법령에 의하여 재판한 벌금 또는 추징은 그 재판을 받은 자가 재판확정 후 사망한 경우에는 그 상속재산에 대하여 집행할 수 있다.
>
> **합병 후 법인에 대한 집행(「형사소송법」 제479조)**
> 법인에 대하여 벌금 ,과료, 몰수, 추징, 소송비용 또는 비용배상을 명한 경우에 법인이 그 재판확정 후 합병에 의하여 소멸한 때에는 합병 후 존속한 법인 또는 합병에 의하여 설립된 법인에 대하여 집행할 수 있다.

4 벌금형의 장점

(1) 구금으로 인한 경제적 폐해 및 범죄오염을 제거할 수 있다.
(2) 국고수입을 늘릴 수 있고, 이를 범죄방지대책에 활용할 수 있다.
(3) 범죄인의 사회복귀를 도모하고, 범죄인과 피해자의 명예를 존중할 수 있다.
(4) 반복하여 부과하여도 자유형에 비해 수형자에 대한 형벌감응성이 약화되지 않는다.
(5) 경미한 과실범 등에게 주의의무를 환기시키는데 효과적이다.
(6) 기업·회사 등 법인에 대한 효과적인 제재수단이 될 수 있다.
(7) 이욕에 의한 범죄에 있어서는 자유형에 못지않은 고통과 교육적 효과를 가진다.

(8) 오판 시 회복이 가능하고 소송경제상 도움이 된다.

(9) 범죄인과 피해자에 대한 정상참작 및 탄력적인 운영이 가능하다.

(10) 단기자유형의 대체방안으로 활용할 수 있다.

(11) 다른 처벌수단과 연계하여 부가적으로 활용할 수 있다.

5 벌금형의 단점

(1) 범죄인을 석방하므로 사회보호기능과 일반예방기능이 떨어진다.

(2) 벌금을 친족 등 제3자가 납부하게 되면 형벌로서의 효과가 매우 약화된다.

(3) 화폐가치의 변동에 따라 범죄예방력에 영향을 미칠 수 있다.

(4) 금액이 같아도 빈부의 차이에 따라 형벌의 효과가 달라질 수 있다.

(5) 벌금 미납자의 노역집행을 위한 별도시설이 구비되어 있지 않다.

(6) 거액의 벌금도 노역장 유치기간이 3년 이하이기 때문에 형평성에 위배된다.

(7) 교육개선 작용이 미흡하여 형벌의 개별화가 곤란하다.

(8) 벌금 미납 시 본연의 목적을 달성하기 어렵다.

6 현행 벌금제도

(1) 과형인원의 절대다수가 벌금형을 선고받고 있다.

(2) 우리나라는 총액벌금형제도를 운영하고 있어 빈부의 차이가 고려되지 않아 형평성에 문제가 있다.

7 개선안

(1) 총액벌금제 대신에 일수벌금제를 도입해 탄력적으로 운영할 필요가 있다.

(2) 500만원 이하의 벌금형에 대해 집행유예제도를 도입하였지만 범위를 확대할 필요가 있다.

(3) 교도소에 수용하는 노역장유치 대신 사회봉사명령 등 대체자유형을 적극 활용해야 한다.

(4) 환자·노약자 등 작업이 곤란한 사람들은 노역장유치 처분 시 신중을 기해야 한다.

(5) 노역장에 유치되어도, 가석방제도와 같이 조기에 석방할 수 있는 제도가 필요하다.

(6) 벌금형 선고 시 법관이 분납 또는 연납하게 할 수 있는 규정을 도입할 필요가 있다.

▲ **벌금 등 분할납부 규정 정비**

- 현재 「재산형 등에 관한 검찰집행사무규칙」 제12조(일부납부 등)에 의해 벌금 등을 분할납부 또는 납부연기할 수 있는 규정을, 「형사소송법」에 법률로 규정하여 법제화하였다.
- 「형사소송법」 제477조 제6항(재산형 등의 집행): 벌금, 과료, 추징, 과태료, 소송비용 또는 비용배상의 분할납부, 납부연기 및 납부대행기관을 통한 납부 등 납부방법에 필요한 사항은 법무부령으로 정한다.

▲ **총액벌금제**

- 범행을 기준으로 일정한 금액을 부과하는 것을 원칙으로 하는 벌금제도를 말한다.
- 빈부의 격차가 고려되지 않아 배분적 정의 및 형평성에 문제가 있다.

03 일수벌금제

1 기본이해

(1) 의의

① 총액벌금제에 대비되는 개념인 일수벌금제는 행위자의 불법과 책임량에 대응한 일수(日數)를 먼저 정하고, 1일의 벌금액은 본인의 경제상태 내지 지불능력을 고려하여 벌금형을 부과하는 방식이다.

② 일수벌금제는 책임주의와 희생동등의 원칙과의 조화를 추구하는 것이 근본적인 취지이다.

(2) 내용

① 먼저 행위자의 불법과 책임에 따라 일수를 판단한다.

② 1일의 벌금액은 수입·자산·부양가족 등 행위자의 경제사정을 고려하여 산정한다.

③ 벌금액 = 일수(전체일수) × 1일의 벌금액(개별적으로 산정)

2 연혁

(1) 1910년 스웨덴의 타이렌(Thyren) 교수가 주장하여 포르투갈에서 처음으로 실시하였으며, 스칸

디나비아 여러 국가들을 중심으로 발전하여 스칸디나비아식이라고도 한다.

(2) 포르투갈, 핀란드, 스웨덴, 덴마크, 독일, 오스트리아 등에서 실시하고 있다.

3 장점

(1) 일수는 경제력과 관계없이 불법과 책임에 의해 산정되므로 공평성을 유지할 수 있다.

(2) 경제적 사정을 고려해 벌금액을 산정하므로 미납자를 줄일 수 있다.

(3) 일수가 이미 정해져 있어 환형유치 기간이 명확하다.

(4) 벌금형의 탄력적 운영, 벌금형의 위하력 강화, 배분적 정의 실현에 적합하다.

(5) 형벌의 개별화 취지에 부합한다.

(6) 책임주의와 희생동등의 원칙과 조화를 이룰 수 있다.

(7) 벌금형을 자유형에 더 가까이 접근시킨 제도이다.

4 단점

(1) 양형에 경제적 능력을 지나치게 강조하고 있다.

(2) 법관이 자의적으로 1일의 벌금액을 산정할 우려가 있다.

(3) 개인의 경제력을 정확하게 조사하는 것은 현실적으로 매우 어렵다.

(4) 운영 편의상 벌금액의 총액을 먼저 정하고 역으로 일수를 산정할 우려가 있다.

(5) 범죄와 관련이 없는 재산을 주요변수로 삼는 것은 책임주의에 부합하지 않는다.

● 벌금 미납자의 사회봉사 집행에 관한 특례법

제1조(목적)
이 법은 「형법」 제69조제2항의 벌금 미납자에 대한 노역장 유치를 사회봉사로 대신하여 집행할 수 있는 특례와 절차를 규정함으로써 경제적인 이유로 벌금을 낼 수 없는 사람의 노역장 유치로 인한 구금을 최소화하여 그 편익을 도모함을 목적으로 한다.

제2조(정의)
이 법에서 사용하는 용어의 뜻은 다음과 같다.
1. "벌금 미납자"란 법원으로부터 벌금을 선고받아 확정되었는데도 그 벌금을 내지 아니한 사람을 말한다.

2. "사회봉사"란 보호관찰관이 지정한 일시와 장소에서 공공의 이익을 위하여 실시하는 무보수 근로를 말한다.

3. "사회봉사 대상자"란 벌금 미납자의 신청에 따른 검사의 청구로 법원이 사회봉사를 허가한 사람을 말한다.

제3조(국가의 책무)

국가는 경제적인 이유로 인한 노역장 유치를 최소화하기 위하여 벌금 미납자에 대한 사회봉사 집행 등에 관한 시책을 적극적으로 수립·시행하여야 한다.

제4조(사회봉사의 신청)

① 대통령령(500만원범위내)으로 정한 금액 범위 내의 벌금형이 확정된 벌금 미납자는 검사의 납부명령일부터 30일 이내에 주거지를 관할하는 지방검찰청(지방검찰청지청을 포함한다. 이하 같다)의 검사에게 사회봉사를 신청할 수 있다. 다만, 검사로부터 벌금의 일부납부 또는 납부연기를 허가받은 자는 그 허가기한 내에 사회봉사를 신청할 수 있다.

② 제1항에도 불구하고 다음 각 호의 어느 하나에 해당하는 사람은 사회봉사를 신청할 수 없다.

1. 징역 또는 금고와 동시에 벌금을 선고받은 사람

2. 「형법」 제69조제1항 단서에 따라 법원으로부터 벌금 선고와 동시에 벌금을 완납할 때까지 노역장에 유치할 것을 명받은 사람

3. 다른 사건으로 형 또는 구속영장이 집행되거나 노역장에 유치되어 구금 중인 사람

4. 사회봉사를 신청하는 해당 벌금에 대하여 법원으로부터 사회봉사를 허가받지 못하거나 취소당한 사람. 다만, 사회봉사 불허가 사유가 소멸한 경우에는 그러하지 아니하다.

③ 제1항의 사회봉사를 신청할 때에 필요한 서류 및 제출방법에 관한 사항은 대통령령으로 정하되, 신청서식 및 서식에 적을 내용 등은 법무부령으로 정한다.

제5조(사회봉사의 청구)

① 제4조제1항의 신청을 받은 검사는 사회봉사 신청인(이하 "신청인"이라 한다)이 제6조제2항 각 호의 요건에 해당하지 아니하는 때에는 법원에 사회봉사의 허가를 청구하여야 한다.

② 검사는 사회봉사의 청구 여부를 결정하기 위하여 필요한 경우 신청인에게 출석 또는 자료의 제출을 요구하거나, 신청인의 동의를 받아 공공기관, 민간단체 등에 벌금 납입 능력 확인에 필요한 자료의 제출을 요구할 수 있다.

③ 신청인이 정당한 이유 없이 검사의 출석 요구나 자료제출 요구를 거부한 경우 검사는 신청을 기각할 수 있다.

④ 검사는 신청일부터 7일 이내에 사회봉사의 청구 여부를 결정하여야 한다. 다만, 제2항에 따른 출석 요구, 자료제출 요구에 걸리는 기간은 위 기간에 포함하지 아니한다.

⑤ 검사는 사회봉사의 신청을 기각한 때에는 이를 지체 없이 신청인에게 서면으로 알려야 한다.

⑥ 사회봉사의 신청을 기각하는 검사의 처분에 대한 이의신청에 관하여는 「형사소송법」 제489조를 준용한다.

제6조(사회봉사 허가)

① 법원은 검사로부터 사회봉사 허가 청구를 받은 날부터 14일 이내에 벌금 미납자의 경제적 능력, 사회봉사 이행에 필요한 신체적 능력, 주거의 안정성 등을 고려하여 사회봉사 허가 여부를 결정한다. 다만, 제3항에 따른 출석 요구, 자료제출 요구에 걸리는 기간은 위 기간에 포함하지 아니한다.

② 다음 각 호의 어느 하나에 해당하는 경우에는 사회봉사를 허가하지 아니한다.

  1. 제4조제1항에 따른 벌금의 범위를 초과하거나 신청 기간이 지난 사람이 신청을 한 경우
  2. 제4조제2항에 따라 사회봉사를 신청할 수 없는 사람이 신청을 한 경우
  3. 정당한 사유 없이 제3항에 따른 법원의 출석 요구나 자료제출 요구를 거부한 경우
  4. 신청인이 일정한 수입원이나 재산이 있어 벌금을 낼 수 있다고 판단되는 경우
  5. 질병이나 그 밖의 사유로 사회봉사를 이행하기에 부적당하다고 판단되는 경우

③ 법원은 사회봉사 허가 여부를 결정하기 위하여 필요한 경우 신청인에게 출석 또는 자료의 제출을 요구하거나 신청인의 동의를 받아 공공기관, 민간단체 등에 벌금 납입 능력 확인에 필요한 자료의 제출을 요구할 수 있다.

④ 법원은 사회봉사를 허가하는 경우 벌금 미납액에 의하여 계산된 노역장 유치 기간에 상응하는 사회봉사시간을 산정하여야 한다. 다만, 산정된 사회봉사시간 중 1시간 미만은 집행하지 아니한다.

⑤ 사회봉사를 허가받지 못한 벌금 미납자는 그 결정을 고지받은 날부터 15일 이내에 벌금을 내야 하며, 위의 기간 내에 벌금을 내지 아니할 경우 노역장에 유치한다. 다만, 사회봉사 불허가에 관한 통지를 받은 날부터 15일이 지나도록 벌금을 내지 아니한 사람 중 「형법」 제69조제1항에 따른 벌금 납입기간이 지나지 아니한 사람의 경우에는 그 납입기간이 지난 후 노역장에 유치한다.

제7조(사회봉사 허가 여부에 대한 통지)

① 법원은 제6조제1항의 결정을 검사와 신청인에게 서면으로 알려야 한다.

② 법원은 사회봉사를 허가하는 경우 그 확정일부터 3일 이내에 사회봉사 대상자의 주거지를 관할하는 보호관찰소(보호관찰지소를 포함한다. 이하 같다)의 장에게 사회봉사 허가서, 판결문 등본, 약식명령 등본 등 사회봉사 집행에 필요한 서류를 송부하여야 한다.

제8조(사회봉사의 신고)

① 사회봉사 대상자는 법원으로부터 사회봉사 허가의 고지를 받은 날부터 10일 이내에 사회봉사 대상자의 주거지를 관할하는 보호관찰소의 장에게 주거, 직업, 그 밖에 대통령령으로 정하는 사항을 신고하여야 한다.

② 사회봉사 대상자로부터 제1항의 신고를 받은 보호관찰소의 장은 사회봉사 대상자에게 사회봉사의 내용, 준수사항, 사회봉사 종료 및 취소 사유 등에 대하여 고지하여야 한다.

제9조(사회봉사의 집행담당자)

① 사회봉사는 보호관찰관이 집행한다. 다만, 보호관찰관은 그 집행의 전부 또는 일부를 국공립기관이나 그 밖의 단체 또는 시설의 협력을 받아 집행할 수 있다.

② 검사는 보호관찰관에게 사회봉사 집행실태에 대한 관련 자료의 제출을 요구할 수 있고, 집행방법 및 내용이 부적당하다고 인정하는 경우에는 이에 대한 변경을 요구할 수 있다.

③ 보호관찰관은 검사로부터 제2항의 변경 요구를 받으면 그에 따라 사회봉사의 집행방법 및 내용을 변경하여 집행하여야 한다.

제10조(사회봉사의 집행)

① 보호관찰관은 사회봉사 대상자의 성격, 사회경력, 범죄의 원인 및 개인적 특성 등을 고려하여 사회봉사의 집행분야를 정하여야 한다.

② 사회봉사는 1일 9시간을 넘겨 집행할 수 없다. 다만, 사회봉사의 내용상 연속집행의 필요성이 있어 보호관찰관이 승낙하고 사회봉사 대상자가 분명히 동의한 경우에만 연장하여 집행할 수 있다.(1일 총13시간을 초과금지)

③ 사회봉사의 집행시간은 사회봉사 기간 동안의 집행시간을 합산하여 시간 단위로 인정한다. 다만, 집행시간을 합산한 결과 1시간 미만이면 1시간으로 인정한다.

④ 집행 개시 시기와 그 밖의 사회봉사 집행기준에 관한 사항은 대통령령으로 정하되, 구체적인 절차 및 서식에 적을 내용 등은 법무부령으로 정한다.

제11조(사회봉사의 집행기간)

사회봉사의 집행은 사회봉사가 허가된 날부터 6개월 이내에 마쳐야 한다. 다만, 보호관찰관은 특별한 사정이 있으면 검사의 허가를 받아 6개월의 범위에서 한 번 그 기간을 연장하여 집행할 수 있다.

제12조(사회봉사 대상자의 벌금 납입)

① 사회봉사 대상자는 사회봉사의 이행을 마치기 전에 벌금의 전부 또는 일부를 낼 수 있다.

② 사회봉사 집행 중에 벌금을 내려는 사회봉사 대상자는 보호관찰소의 장으로부터 사회봉사

집행확인서를 발급받아 주거지를 관할하는 지방검찰청의 검사에게 제출하여야 한다.

③ 제2항의 사회봉사집행확인서를 제출받은 검사는 미납한 벌금에서 이미 집행한 사회봉사시간에 상응하는 금액을 공제하는 방법으로 남은 벌금을 산정하여 사회봉사 대상자에게 고지한다.

④ 검사는 사회봉사 대상자가 벌금을 전부 또는 일부 낸 경우 그 사실을 지체 없이 사회봉사를 집행 중인 보호관찰소의 장에게 통보하여야 한다.

⑤ 사회봉사 대상자가 미납벌금의 일부를 낸 경우 검사는 법원이 결정한 사회봉사시간에서 이미 납입한 벌금에 상응하는 사회봉사시간을 공제하는 방법으로 남은 사회봉사시간을 다시 산정하여 사회봉사 대상자와 사회봉사를 집행 중인 보호관찰소의 장에게 통보하여야 한다.

제13조(사회봉사 이행의 효과)

이 법에 따른 사회봉사를 전부 또는 일부 이행한 경우에는 집행한 사회봉사시간에 상응하는 벌금액을 낸 것으로 본다.

제14조(사회봉사 허가의 취소)

① 사회봉사 대상자가 다음 각 호의 어느 하나에 해당하는 경우 보호관찰소 관할 지방검찰청의 검사는 보호관찰소의 장의 신청에 의하여 사회봉사 허가의 취소를 법원에 청구한다.

  1. 정당한 사유 없이 제8조제1항의 신고를 하지 아니하는 경우

  2. 제11조의 기간 내에 사회봉사를 마치지 아니한 경우

  3. 정당한 사유 없이 「보호관찰 등에 관한 법률」 제62조제2항의 준수사항을 위반하거나 구금 등의 사유로 사회봉사를 계속 집행하기에 적당하지 아니하다고 판단되는 경우

② 제1항의 취소신청이 있는 경우 보호관찰관은 사회봉사의 집행을 중지하여야 한다. 다만, 제1항의 취소신청에 따라 사회봉사의 집행이 중지된 기간은 제11조의 기간에 포함하지 아니한다.

③ 제1항의 청구를 받은 법원은 사회봉사 대상자의 의견을 듣거나 필요한 자료의 제출을 요구할 수 있다.

④ 법원은 제1항의 청구가 있는 날부터 14일 이내에 사회봉사 취소 여부를 결정한다. 다만, 사회봉사 대상자의 의견을 듣거나 필요한 자료의 제출 요구 등에 걸리는 기간은 위 기간에 포함하지 아니한다.

⑤ 법원은 제4항의 결정을 검사와 사회봉사 대상자에게 서면으로 알려야 한다.

⑥ 제5항의 고지를 받은 검사는 보호관찰소의 장에게 지체 없이 서면으로 알려야 한다.

⑦ 사회봉사 허가가 취소된 사회봉사 대상자는 취소통지를 받은 날부터 7일 이내에 남은 사회봉사시간에 해당하는 미납벌금을 내야 하며, 그 기간 내에 미납벌금을 내지 아니하면 노역

장에 유치한다.

⑧ 사회봉사의 취소를 구하는 보호관찰소의 장의 신청 또는 검사의 취소청구가 받아들여지지 아니하는 경우 보호관찰관은 지체 없이 사회봉사를 집행하여야 한다.

제15조(사회봉사의 종료)

① 사회봉사는 다음 각 호의 어느 하나에 해당하는 경우에 종료한다.

　　1. 사회봉사의 집행을 마친 경우

　　2. 사회봉사 대상자가 벌금을 완납한 경우

　　3. 제14조에 따라 사회봉사 허가가 취소된 경우

　　4. 사회봉사 대상자가 사망한 경우

② 보호관찰소의 장은 사회봉사 대상자가 제1호 또는 제4호에 해당되면 사회봉사 대상자의 주거지를 관할하는 지방검찰청의 검사에게 지체 없이 통보하여야 한다.

04 몰수와 추징　　　　　JUSTICE

1 몰수

(1) 의의

① 몰수는 범죄의 반복을 방지하거나 범죄로부터 이득을 보지 못하게 할 목적으로 범행과 관련된 재산을 박탈하여 국고에 귀속시키는 재산형을 말한다.

② 몰수의 종류로는 일반몰수와 특별몰수가 있고, 재량유무에 따라 임의적 몰수와 필요적 몰수로 나눌 수 있다.

(2) 몰수의 종류

① 일반몰수와 특별몰수

　　㉠ 일반몰수 : 범죄인의 전 재산을 국가에 귀속시키는 것으로 19C에 이르러 거의 폐지되었다.

　　㉡ 특별몰수 : 범죄와 관련된 특정물건을 국고에 귀속시키는 것으로, 일반적으로 몰수라 함은 특별몰수를 뜻한다.

▶ **「형법」상 필요적 몰수**

뇌물 또는 뇌물에 공할 금품(제134조), 아편·모르핀이나 그 화합물 또는 아편흡식기구(제206조), 배임수재죄(제 357조)에 의하여 범인이 취득한 재물은 필요적 몰수를 인정하고 있다.

(3) 법적성질

몰수는 형식적으로 「형법」상 형벌의 한 종류이지만, 실질적으로는 대물적 보안처분에 해당한다는 것이 판례와 다수설의 입장이다.

(4) 관련규정(「형법」)

몰수의 대상과 추칭(「형법」 제48조)

① 범인 외의 자의 소유에 속하지 아니하거나 범죄 후 범인 외의 자가 사정을 알면서 취득한 다음 각 호의 물건은 전부 또는 일부를 몰수할 수 있다.

  1. 범죄행위에 제공하였거나 제공하려고 한 물건
  2. 범죄행위로 인하여 생겼거나 취득한 물건
  3. 제1호 또는 제2호의 대가로 취득한 물건

② 제1항 각 호의 물건을 몰수할 수 없을 때에는 그 가액(價額)을 추징한다.

③ 문서, 도화(圖畵), 전자기록(電磁記錄) 등 특수매체기록 또는 유가증권의 일부가 몰수의 대상이 된 경우에는 그 부분을 폐기한다.

몰수의 부가성(「형법」 제49조)

몰수는 타형에 부가하여 과한다. 단, 행위자에게 유죄의 재판을 아니할 때에도 몰수의 요건이 있는 때에는 몰수만을 선고할 수 있다.

몰수, 추징(「형법」 제134조)

범인 또는 사정을 아는 제3자가 받은 뇌물 또는 뇌물로 제공하려고 한 금품은 몰수한다. 이를 몰수할 수 없을 경우에는 그 가액을 추징한다.

① 몰수는 다른 형벌을 부가하여 과하는 것이 원칙이다.
② 압수한 물건만의 몰수를 위한 공소제기는 안 된다.
③ 검사가 불기소처분을 하는 경우에 압수물을 몰수할 수 없다.
④ 검사가 공소를 제기하지 않고 몰수나 추징을 하는 것은 불고불리의 원칙에 반한다.
⑤ 검사가 기소 시 몰수를 청구하지 않아도 법원이 직권으로 몰수할 수 있다.
⑥ 판례는 권리나 이익에 대한 몰수도 인정하고 있다.

⑦ 범인 이외의 자에게 속하는 물건은 몰수 할 수 없지만, 공범의 경우에는 몰수할 수 있다고 판시하였다.

유죄판결을 하지 않는 경우의 몰수

판례는 선고유예를 예로 들고 있다. 책임능력 결여로 무죄판결을 하는 경우에도 몰수가 가능할 수 있다.

---

2 추징

(1) 추징은 몰수할 대상물의 전부 또는 일부를 몰수하기 불가능한 때에 그 가액의 납부를 명하는 사법처분의 일종을 말한다.
(2) 사법처분(「형법」상 형벌이 아님)의 일종이지만, 실질적으로는 부가형의 성격을 지니고 있다.
(3) 1심에서 추징 않은 것을 항소심에서 추징하면 불이익변경금지의 원칙에 위배된다.

환형처분

벌금은 환형처분(노역장 유치처분)이 가능하지만, 추징은 환형처분이 불가능하다.

과료, 과태료, 추징 구분

① 과료 : 형벌(재산형)
② 과태료 : 행정벌, 징계처분
③ 추징 : 「형법」상 형벌이 아님(사법처분임), 실질적으로는 부가형 성질임

명예형제도

CHAPTER

명예형은 범죄인의 일정한 권리나 법적능력을 박탈 또는 제한하는 형벌로 권리박탈형(자격형)이라고도 하며, 형법상으로는 자격상실과 자격정지 두 가지가 있다.

01 명예형의 종류

JUSTICE

1 치욕형(오욕형)

(1) 근대 이전에는 신체에 먹물로 낙인을 하거나 공개사죄명령 등이 있었다.
(2) 현재에도 일부국가에서는 소년에 대한 보호처분이나 행정상 징계처분의 일종으로 공개견책 등이 행해지고 있다.

2 권리박탈형(자격형)

(1) 권리박탈형으로는 선거권과 피선거권 등의 권리를 박탈하는 명예상실, 현재의 공직을 박탈하는 공직상실, 의사·변호사 등의 자격과 경영권을 박탈·제한하는 직업금지 등 3가지 유형이 있다.
(2) 「형법」상으로는 자격상실과 자격정지 2가지가 있다.

3 관련규정

형의 선고와 자격상실, 자격정지(「형법」 제43조)
① 사형, 무기징역 또는 무기금고의 판결을 받은 자는 다음에 기재한 자격을 상실한다.

1. 공무원이 되는 자격

2. 공법상의 선거권과 피선거권

3. 법률로 요건을 정한 공법상의 업무에 관한 자격

4. 법인의 이사, 감사 또는 지배인 기타 법인의 업무에 관한 검사역이나 재산관리인이 되는 자격

② 유기징역 또는 유기금고의 판결을 받은 자는 그 형의 집행이 종료하거나 면제될 때까지 전항 제1호 내지 제3호에 기재된 자격이 정지된다. 다만, 다른 법률에 특별한 규정이 있는 경우에는 그 법률에 따른다. (※ 당연정지 : 제4호는 적용 안됨)

[2016. 1. 6. 법률 제13719호에 의하여 2014. 1. 28. 헌법재판소에서 위헌 및 헌법불합치 결정된 이 조 제2항을 개정함.]

※ 위헌 결정(2014.1.28. 2013헌마105) : 「형법」 제43조 제2항 중 유기징역 또는 유기금고의 판결을 받아 그 형의 집행이 종료되지 아니한 자의 '공법상의 선거권'에 관한 부분은 「헌법」에 합치되지 아니한다.

※ 개정(2016.1.6.) : 헌법재판소에서 위헌 및 헌법불합치 결정된 이 조 제2항을 개정하여 단서 조항을 추가함.(단서 조항에 따라 「공직선거법」 제18조 제1항 제2호에서는 1년 이상의 징역 또는 금고의 형에 대하여 선거권을 제한하고 있기 때문에, 1년 미만의 징역 또는 금고의 형을 선고 받은 수형자는 선거권 행사가 가능하다. 또한 집행유예기간 중에 있는 사람도 선거권 행사가 가능하다.)

자격정지(형법 제44조)

① 전조에 기재한 자격의 전부 또는 일부에 대한 정지는 1년 이상 15년 이하로 한다.

② 유기징역 또는 유기금고에 자격정지를 병과한 때에는 징역 또는 금고의 집행을 종료하거나 면제된 날로부터 정지기간을 기산한다.

02 자격상실과 자격정지

1 자격상실

(1) 의의

자격상실은 사형·무기징역·무기금고의 형을 받은 경우, 별도의 형 선고 없이 부대적 효력으로 당연히 상실되는 자격을 말한다.

(2) 당연히 상실되는 자격

공무원이 되는 자격, 공법상의 선거권과 피선거권, 법률로 요건을 정한 공법상의 업무에 관한 자격, 법인의 이사 또는 감사 또는 지배인, 기타 법인의 업무에 관한 검사역·재산관리인이 되는 자격

2 자격정지

(1) 의의

① 자격정지는 특정한 자격의 전부 또는 일부를 일정기간 동안 정지시키는 것을 말한다.
② 「형법」에는 자격정지를 선택형 또는 병과형으로 규정하고 있으며, 종류로는 당연정지와 선고정지가 있다.

(2) 당연정지

① 의의 : 유기징역 또는 유기금고 판결을 받는 자는 그 형의 집행이 종료하거나 면제될 때까지 당연히 자격이 정지되는 것을 말한다.
② 당연히 정지되는 자격 : 공무원이 되는 자격, 공법상의 선거권과 피선거권, 법률로 요건을 정한 공법상의 업무에 관한 자격(법인과 관련된 자격은 정지 안됨)

(3) 선고정지

① 판결 선고에 의해 자격의 전부 또는 일부를 정지시키는 것을 말한다.
② 정지기간 : 1년 이상~15년 이하

▲ **기간**

① 징역 : 1월 이상~30년 이하(가중 시 50년까지 가능)
② 벌금(노역유치 기간) : 1일 이상~3년 이하
③ 자격정지 : 1년 이상~15년 이하
④ 구류 : 1일 이상~30일 미만

---

(4) 자격정지의 기산점

① 징역(금고)형에 자격정지를 병과한 경우(병과형)
징역 또는 금고의 집행을 종료하거나 면제된 날부터 정지기간을 기산한다.

② 자격정지가 선택형인 경우(선택형)

자격정지가 확정된 날부터 정지기간을 기산한다.

「소년법」상 특칙(제67조 : 자격에 관한 법령의 적용)

소년이었을 때 범한 죄에 의하여 형을 선고받은 자가 그 집행을 종료하거나 면제 받은 경우 자격에 관한 법령을 적용할 때에는 장래에 향하여 형의 선고를 받지 아니한 것으로 본다.

조선시대의 명예형

① 조선시대에는 명예형 또는 자격형의 일종으로 윤형(금고, 규형)이 있었다.
② 금고 : 일정기간 또는 영구히 관직 취임자격이나 승려의 신분을 박탈하는 것을 말한다.
③ 규형 : 관직에 있는 자가 죄를 범한 경우, 현직에서 해임 · 관직강등 또는 관원명부에서 제명하는 것을 말한다.

---

3 명예형의 문제점

(1) 명예형은 일반예방효과 및 특별예방효과를 거두기 어려운 점이 있다.
(2) 명예형은 주관적인 성격을 지니고 있어 효과를 확인하기 어렵고 개인적인 편차가 크다.
(3) 범죄자라는 불명예와 별도로 개인의 명예를 박탈하는 것은 이중적 처벌에 해당한다.
(4) 범죄와 무관한 병역의무 면제 등은 오히려 범죄자의 의무를 해소시키는 결과가 된다.
(5) 자격정지를 병과할 경우 사회복귀에 지장을 초래할 수 있다.
(6) 공무원이 되는 자격이나 선거권 박탈 등은 과잉금지의 원칙에 반할 우려가 있다.

7 형의 경중과 실효

CHAPTER

01 형의 경중

1 관련규정

형의 경중(「형법」제50조)
① 형의 경중은 제41조 각 호의 순서에 따른다. 다만, 무기금고와 유기징역은 무기금고를 무거운 것으로 하고 유기금고의 장기가 유기징역의 장기를 초과하는 때에는 유기금고를 무거운 것으로 한다.
② 같은 종류의 형은 장기가 긴 것과 다액이 많은 것을 무거운 것으로 하고 장기 또는 다액이 같은 경우에는 단기가 긴 것과 소액이 많은 것을 무거운 것으로 한다.
③ 제1항 및 제2항을 제외하고는 죄질과 범정(犯情)을 고려하여 경중을 정한다.

2 형의 경중(「형법」: 9가지)

사형 ⇒ 징역 ⇒ 금고 ⇒ 자격상실 ⇒ 자격정지 ⇒ 벌금 ⇒ 구류 ⇒ 과료 ⇒ 몰수

02 형의 시효 등

1 형의 시효

(1) 형의 시효는 형을 선고받은 자가 재판이 확정된 후 그 형을 집행받지 않고, 일정한 기간이 경과

한 때에 그 집행이 면제되는 것을 말한다.

(2) 형의 시효는 판결이 확정된 날로부터 진행되고, 시효의 완성으로 형의 집행이 면제된다.

(3) 형의 시효가 경과하면 형의 선고 자체는 유효하지만 형의 집행면제 효과가 발생한다.

2 공소시효

공소시효는 범죄행위가 종료한 후 공소가 제기됨이 없이 일정기간 경과하면 그 범죄에 관한 국가의 형사소추권(검사의 공소권)이 소멸되는 것을 말한다.

3 형의 소멸

(1) 형의 소멸은 유죄판결이 확정되어 발생한 국가의 형벌권(형의 집행권)이 소멸되는 것을 말한다.

(2) 형의 소멸사유로는 형의 집행종료·면제, 선고유예·집행유예 기간 경과, 가석방 기간 경과, 시효완성, 사망, 사면, 형의 실효와 복권 등이 있다.

4 형의 실효

(1) 형의 실효는 수형인이 자격정지 이상의 형을 받음이 없이 형의 집행이 종료하거나 면제된 날로부터 일정기간이 지나면, 처음부터 형의 선고를 받지 않은 것과 같은 동일한 결과를 가져오게 하는 것을 말한다.

(2) 즉, 전과자의 정상적인 사회복귀를 위하여 전과사실(형의 선고의 법률상의 효과)을 말소시켜 주는 것을 말한다. (전과말소제도)

(3) 이를 위해 「형법」에 형의 실효(제81조) 및 복권(제82조)에 관한 규정을 두고 있으며, 특별법으로는 「형의 실효 등에 관한 법률」이 있다.

5 관련규정(「형법」)

제77조(시효의 효과)

형(사형은 제외한다)을 선고받은 자에 대해서는 시효가 완성되면 그 집행이 면제된다.

제78조(형의 시효의 기간)

시효는 형을 선고하는 재판이 확정된 후 그 집행을 받지 아니하고 다음 각 호의 구분에 따른 기간이 지나면 완성된다.

1. 삭제 〈2023.8.8.〉
2. 무기의 징역 또는 금고 : 20년
3. 10년 이상의 징역 또는 금고 : 15년
4. 3년 이상의 징역이나 금고 또는 10년 이상의 자격정지 : 10년
5. 3년 미만의 징역이나 금고 또는 5년 이상의 자격정지 : 7년
6. 5년 미만의 자격정지, 벌금, 몰수 또는 추징 : 5년
7. 구류 또는 과료 : 1년

제79조(시효의 정지)

① 시효는 형의 집행의 유예나 정지 또는 가석방 기타 집행할 수 없는 기간은 진행되지 아니한다.
② 시효는 형이 확정된 후 그 형의 집행을 받지 아니한 사람이 형의 집행을 면할 목적으로 국외에 있는 기간 동안은 진행되지 아니한다.

제80조(시효의 중단)

시효는 징역, 금고 및 구류의 경우에는 수형자를 체포한 때, 벌금, 과료, 몰수 및 추징의 경우에는 강제처분을 개시한 때에 중단된다.

제83조(기간의 계산)

연(年) 또는 월(月)로 정한 기간은 연 또는 월 단위로 계산한다.

제84조(형기의 기산)

① 형기는 판결이 확정된 날로부터 기산한다.
② 징역, 금고, 구류와 유치에 있어서는 구속되지 아니한 일수는 형기에 산입하지 아니한다.

제85조(형의 집행과 시효기간의 초일)

형의 집행과 시효기간의 초일은 시간을 계산함이 없이 1일로 산정한다.

제86조(석방일)

석방은 형기종료일에 하여야 한다.

03 전과말소제도

1 의의

전과(前科)라는 말은 법률상 용어가 아닌 일상적인 용어로 유죄판결을 받은 사실을 의미하며, 전과기록이라 함은 수형인명부, 수형인명표 및 범죄경력자료를 말한다.

2 현행법상 전과말소제도

(1) 「형법」(재판상 실효)

> **형의 실효(제81조)**
> 징역 또는 금고의 집행을 종료하거나 집행이 면제된 자가 피해자의 손해를 보상하고 자격정지 이상의 형을 받음이 없이 7년을 경과한 때에는 본인 또는 검사의 신청에 의하여 그 재판의 실효를 선고할 수 있다.
>
> **복권(제82조)**
> 자격정지의 선고를 받은 자가 피해자의 손해를 보상하고 자격정지 이상의 형을 받음이 없이 정지기간의 2분의 1을 경과한 때에는 본인 또는 검사의 신청에 의하여 자격의 회복을 선고할 수 있다.

★ 형의 실효 : 형의 실효에 관한 재판이 확정되면 형의 선고에 의한 법적 효과는 장래에 향하여 소멸한다.

(2) 「형의 실효 등에 관한 법률」(당연실효)

> **정의(제2조)**
> "전과기록"이란 수형인명부, 수형인명표 및 범죄경력자료를 말한다.
>
> **형의 실효(제7조)**
> ① 수형인이 자격정지 이상의 형을 받지 아니하고 형의 집행을 종료하거나 그 집행이 면제된 날부터 다음 각 호의 구분에 따른 기간이 경과한 때에 그 형은 실효된다. 다만, 구류(拘留)와 과료(科料)는 형의 집행을 종료하거나 그 집행이 면제된 때에 그 형이 실효된다.

1. 3년을 초과하는 징역 · 금고: 10년
2. 3년 이하의 징역 · 금고: 5년
3. 벌금: 2년

② 하나의 판결로 여러 개의 형이 선고된 경우에는 각 형의 집행을 종료하거나 그 집행이 면제된 날부터 가장 무거운 형에 대한 제1항의 기간이 경과한 때에 형의 선고는 효력을 잃는다. 다만, 제1항제1호 및 제2호를 적용할 때 징역과 금고는 같은 종류의 형으로 보고 각 형기를 합산한다.

판결 전 조사제도와 양형의 합리화

CHAPTER

01 판결 전 조사제도

1 의의

판결 전 조사제도는 판결 전에 개별 범죄자에게 형의 종류나 양 및 보안처분 등의 적합한 처우를 하기 위하여 범죄자의 개별특성 및 생활환경 등을 면밀히 조사하여 재판에 활용하는 것을 말한다.

2 연혁

판결 전 조사제도는 미국에서 보호관찰관에게 피고인에 대한 과학적 조사를 의뢰하여 이를 기초로 법관이 재판을 선고한 것에서 유래하였다. 1911년 미국 일리노이주 시카고시에서 처음 실시하였으며, 1940년 「표준관찰보호법」에서 공식화되었다.

3 절차

일반적으로 소송절차이분론(유·무죄 인정절차, 양형절차)에 의해 유죄로 인정된 자를 대상으로 하며, 판결 전 조사제도는 보호관찰제도와 밀접한 관련이 있으며, 판결 전에 조사한다.

4 유용성

(1) 법관의 편견과 예단을 차단하여 적절한 판결과 양형합리화에 도움을 준다.
(2) 변호인의 변호활동을 보완하는 기능을 하며, 피고인의 인권보장에 기여한다.

(3) 피고인의 환경을 개선할 기회를 제공하며, 자력갱생의 지침을 제공한다.

(4) 보호관찰시 범죄인 처우의 지침으로 활용할 수 있다.

(5) 교정시설에서는 수용자의 개별처우 자료로 활용할 수 있다.

(6) 무죄판결 시에는 조사가 불필요하므로 소송경제에 도움이 될 수도 있다.

5 비판

(1) 조사결과에 대한 피고인측의 반대신문권 확보문제와 공개여부가 문제로 지적되고 있다.

(2) 상습범의 경우 피고인의 인격조사는 이미 유무죄의 판단단계에서 논해질 수밖에 없다.

(3) 직권주의의 부활 및 재판의 신속한 진행을 저해하는 등 소송경제에 반한다.

(4) 공정한 조사가 이루어지지 않은 경우 양형의 합리화에 역행할 수도 있다.

6 우리나라의 판결 전 조사제도

(1) 형사사건

판결 전 조사(「보호관찰 등에 관한 법률」 제19조)

① 법원은 피고인에 대하여 「형법」 제59조의2(선고유예) 및 제62조의2(집행유예)에 따른 보호관찰, 사회봉사 또는 수강을 명하기 위하여 필요하다고 인정하면 그 법원의 소재지(所在地) 또는 피고인의 주거지를 관할하는 보호관찰소의 장에게 범행 동기, 직업, 생활환경, 교우관계, 가족상황, 피해회복 여부 등 피고인에 관한 사항의 조사를 요구할 수 있다(성인과 소년 모두 가능).

조사의 위촉(소년법 제56조)

법원은 소년에 대한 형사사건에 관하여 필요한 사항을 조사하도록 조사관에게 위촉할 수 있다.

(2) 보호사건

조사명령(「소년법」 제11조)

① 소년부 판사는 조사관에게 사건 본인, 보호자 또는 참고인의 심문이나 그 밖에 필요한 사항을 조사하도록 명할 수 있다.

② 소년부는 제4조제3항에 따라 통고된 소년을 심리할 필요가 있다고 인정하면 그 사건을 조사하여야 한다.

결정 전 조사(「보호관찰 등에 관한 법률」 제19조의2)

① 법원은 「소년법」 제12조에 따라 소년 보호사건에 대한 조사 또는 심리를 위하여 필요하다고 인정하면 그 법원의 소재지 또는 소년의 주거지를 관할하는 보호관찰소의 장에게 소년의 품행, 경력, 가정상황, 그 밖의 환경 등 필요한 사항에 관한 조사를 의뢰할 수 있다.

② 제1항의 의뢰를 받은 보호관찰소의 장은 지체 없이 조사하여 서면으로 법원에 통보하여야 하며, 조사를 위하여 필요한 경우에는 소년 또는 관계인을 소환하여 심문하거나 소속 보호관찰관으로 하여금 필요한 사항을 조사하게 할 수 있다.

★ 검사의 결정 전 조사(「소년법」 제49조의2 제1항)

검사는 소년 피의사건에 대하여 소년부 송치, 공소제기, 기소유예 등의 처분을 결정하기 위하여 필요하다고 인정하면 피의자의 주거지 또는 검찰청 소재지를 관할하는 보호관찰소의 장, 소년분류심사원장 또는 소년원장(보호관찰소장 등)에게 피의자의 품행, 경력, 생활환경이나 그밖에 필요한 사항에 관한 조사를 요구할 수 있다.

7 향후과제

(1) 판결 전 조사제도의 활용을 확대 적용할 필요가 있다.
(2) 인적 자원과 물적 설비를 확충해 전문적이고 과학적인 조사가 될 수 있도록 해야 한다.
(3) 판결 전 조사제도에 관한 인식을 새롭게 하여 객관적이고 공정한 조사가 되도록 해야 한다.

02 양형의 합리화

JUSTICE

1 의의

법관이 형사사건이 유죄로 인정되는 경우에 실체재판을 통하여 구제적인 형벌의 종류와 정도를 정하는 것을 형의 양정 또는 양형(量刑)이라고 한다. 양형은 행위자의 개별적인 책임과 균형을 이루는 범위 내에서 정해져야 한다는 책임주의원칙을 전제로 하고 있다.

> **양형인자(「형법」제51조)**
> ① 범인의 연령, 성행, 지능과 환경   ② 피해자에 대한 관계
> ③ 범행의 동기, 수단과 결과   ④ 범행 후의 정황

2 양형의 문제점

(1) 의의

① 부적절한 양형은 재범의 원인이 되는 등 형벌의 목적에 반하는 결과를 가져 올 수 있어, 일반 적으로 법관의 자의적이거나 균형을 잃은 양형을 제한하기 위한 일정한 표준을 두고 있다.
② 현행「형법」에는 양형인자 이외 다른 규정은 없지만 정상을 참작할 수 있는 것이 있으면 모두 활용이 가능하다.

(2) 문제점

현행「형법」에는 양형조건만 예시적으로 열거하고 있어 적용할 때 개인차가 많이 생길 수 있고, 법관에게 재량을 너무 많이 부여하고 있어 양형의 합리화에 부적절한 점이 있다.

(3) 우리나라의 양형위원회

① 2007. 1.26.「법원조직법」개정 시 양형위원회 규정을 신설하여, 2007.4.27. 대법원에 양형 위원회를 설립하였다.
② 살인, 강도, 성범죄, 뇌물, 횡령, 배임, 위증, 무고 등의 범죄에 대한 양형기준을 마련하여 시행 하고 있다.

3 양형의 합리화 방안

(1) 양형지침서(Sentencing Guidelines) 또는 적응예측표 활용
(2) 양형위원회 설치
(3) 판결 전 조사제도 활용
(4) 소송절차이분화(유무죄 인정절차, 양형절차)
(5) 검사 구형의 합리화
(6) 판결서에 양형의 이유명시

(7) 양형부당에 대한 상고사유 완화 등

양형에 관한 이론

① 유일점이론(유일형이론)

책임은 언제나 고정되고 정해진 크기이므로, 정당한 형벌이란 항상 하나일 수밖에 없다는 이론을 말한다. 책임을 중시하여 범죄 예방목적을 고려하지 않은 단점이 있다.

② 범주(범위)이론(판단여지이론, 재량여지이론, 책임범주이론)

책임과 일치하는 정확한 형벌은 결정할 수 없고, 형벌은 그 하한과 상한에 책임에 적합한 범위가 있으므로 그 범위에서 특별예방과 일반예방을 고려하여야 한다는 이론을 말한다. 법관의 재량에 의하여 조정될 수 있어 실용적인 측면이 있다.

③ 단계이론(위가이론)

평가단계를 나누어, 형량결정은 불법과 책임에 비례하여 결정하고, 형의 종류와 집행여부는 예방적 목적을 고려하여 판단해야 한다는 이론을 말한다. 양형에 관한 목적을 약화시킬 수 있는 단점이 있다.

④ 특별예방형 위가이론

응보형론을 배제한 채 책임을 상한선으로 하고, 법질서 방위라는 적극적 일반예방 목적을 하한선으로 한 뒤, 구체적으로 형을 양정할 경우 특별예방 목적의 우위를 주장하는 이론을 말한다.

참고문제

우리나라의 현행 양형기준제도에 대한 설명으로 가장 옳지 않은 것은?   해경간부 24

① 양형기준은 법적 구속력을 갖지 아니한다.
② 법정형-처단형-선고형의 3단계 과정을 거쳐서 이루어진다.
③ 특별양형인자들이 일반양형인자들보다 더 중요하게 고려된다.
④ 형량범위 결정 시 해당 특별양형인자의 개수보다 그 내용과 질을 더 중요하게 고려한다.

[해설]
③ 특별양형인자는 해당 범죄유형의 형량에 큰 영향력을 미치는 인자로서 권고형량을 결정하는 데 사용되고, 일반양형인자는 결정된 권고형량 범위 내에서 선고형을 정하는 데 사용되므로, 특별양형인자들이 일반양형인자들보다 더 중요하게 고려된다.
④ 특별양형인자의 내용과 질보다 그 개수를 더 중요하게 고려한다.

[정답] ④

범죄대책에 대한 설명으로 적절한 것은 모두 몇 개인가?   경찰간부 25

ⓐ 국가는 모든 국민의 보호자이며 부모가 없는 경우나 있더라도 자녀를 보호해 줄 수 없는 경우, 국가가 나서서 대신 보호해 주어야 한다는 소년보호제도의 기본이념은 국친사상이다.
ⓑ 우리나라의 양형기준은 효력이 발생된 이후에 법원에 공소제기된 범죄에 대하여 내·외국인 모두에게 적용되며, 모든 범죄에서 미수에 대해서는 적용되지 않고 기수에 대해서만 적용된다.

© 수사단계에서의 피의자 신상공개는 피의자의 재범방지 및 범죄예방 등을 위하여 필요한 경우에 활용하므로 보안처분에 해당한다.
② 우리나라에서는 소년형사범을 대상으로만 판결 전 조사가 이루어지고 있다.
⑩ 「개인정보 보호법」에 따르면, 고정형 영상정보처리기기 운영자는 고정형 영상정보처리기기의 설치목적과 다른 목적으로 고정형 영상정보처리기기를 임의로 조작하거나 다른 곳을 비춰서는 아니 되며, 녹음기능은 사용할 수 없다.

① 1개　　　　　　　　　　　② 2개
③ 3개　　　　　　　　　　　④ 4개

[해설]
적절한 것은 ⊙·⑩ 2개이다.
⊙ 옳은 설명이다.
© 우리나라의 양형기준은 효력이 발생된 이후에 법원에 공소제기된 범죄에 대하여 내·외국인 모두에게 적용되며, 살인을 제외한 범죄에서 미수에 대해서는 적용되지 않고 기수에 대해서만 적용된다.
© 수사단계에서의 피의자 신상공개는 피의자에게 법원이 확정한 형사제재가 아니므로 보안처분에 해당하지 않는다. 그에 반해 성범죄자 신상공개는 성범죄를 저지르고 유죄판결이 확정된 자에게 선고와 함께 법관에 의해 이루어지므로, 일종의 보안처분의 성격을 가진다.
② 판결 전 조사는 소년형사범뿐만 아니라 성인형사범도 그 대상으로 하고 있다(보호관찰 등에 관한 법률 제19조 제1항).
⑩ 개인정보 보호법 제25조 제5항

[정답] ②

PART

10

보안처분론
심화

1 보안처분 일반론

CHAPTER

01 보안처분의 의의와 연혁

J U S T I C E

1 의의

(1) 보안처분은 범죄로부터 사회를 방위하는데 형벌만으로 불충분하거나 부적당한 경우에 국가가 범죄인이나 범죄위험성이 있는 자에게 형벌 이외의 방법으로 행하는 범죄예방처분을 말한다.

(2) 형벌과 보안처분은 형사상 제재라는 점에서는 같다. 하지만 형벌은 응보·속죄·일반예방적 기능을 가지는 반면, 보안처분은 개선·보안·특별예방적 기능을 가지는 점에서 구별된다.

2 개념

(1) **보안처분** : 적용범위에 따라 광의의 보안처분과 협의의 보안처분으로 구별할 수 있다.

(2) **광의의 보안처분**

광의의 보안처분은 범죄의 예방과 진압을 위하여 국가가 행하는 형벌 이외의 모든 강제처분을 말한다. 이는 양육능력이 없는 부모의 친권박탈·선행보증 등과 같은 처분도 포함되므로, 반드시 범죄행위를 전제로 하는 것은 아니다.

(3) **협의의 보안처분**

협의의 보안처분은 범죄의 예방과 진압을 위하여 범죄인 또는 범죄의 위험성이 있는 자에 대하여 일정한 범죄행위나 촉법행위 등과 같은 범죄행위를 전제로 과하는 강제처분을 말한다.

3 보안처분의 필요성

(1) 형벌은 과거의 범죄행위에 대한 사후적 조치이므로 형벌만으로 사회를 방위하는데 한계가 있다.

(2) 형사미성년자(14세 미만)·심신상실자 등과 같은 책임무능력자로부터 사회를 방위하고 이들을 보호하기 위해서도 형벌 이외의 처분이 필요하다.

(3) 알코올 중독자·우범자 등과 같이 장래에 범죄인으로 발전될 위험성이 있는 자를 특별예방하고 교화개선하기 위한 사전예방 조치가 필요하다.

4 연혁

(1) 고대국가

정치범의 국외추방, 절도범의 수족절단 및 성범죄자에 대한 성기절단 등이 있었다.

(2) 중세국가

사형, 신체상해형, 부정기 보안구금, 노역장유치 등이 있었다.

(3) 근대초기 경찰국가

증거가 아닌 범죄혐의만 있어도 처벌하는 혐의형과 보안감치 및 개선구금 조치를 인정하였다.

(4) 카롤리나 형법전(1532년)

범죄행동이 예상되고 장래를 보장할 수 없는 경우 부정기의 보안처분을 인정하였다. 하지만 이는 형벌과 보안처분의 관계가 명확하지 않고 미결구금으로서의 성격이 강하여, 현대적 의미의 보안처분과는 상당한 거리가 있다.

02 보안처분 주장자

JUSTICE

1 의의

18C 말 독일의 클라인(Klein)이 보안처분이론을 최초로 정립하고 주장하였다. 하지만 당시의 인권

사상 및 포이에르바하(Feuerbach)를 중심으로 한 죄형법정주의(법치국가시대)와 완고한 응보형사
상으로 빛을 보지 못했다.

그 후 1세기를 경과한 19C 말 실증학파의 발흥과 초기자본주의 사회의 폐단으로 범죄가 급증함에
따라, 전통적인 형벌의 한계를 인식하고 새로운 사회방위수단을 강구하면서 보안처분사상이 다시
부각되었다.

2 대표적 학자

(1) 클라인(E. F. Klein, 1744 ~ 1810)

① 일반예방 및 응보목적의 형벌제도와 개개인의 위험에 대응한 특별예방 및 교화개선이 목적인
보안처분과의 본질적 차이점을 인정하면서 그 필요성을 역설하였다.

② 형벌과 보안처분을 구별한 보안처분에 관한 이론 및 개념을 최초로 정립하여, 보안처분의 독
자성을 강조하고, 보안처분을 반드시 해악적인 것으로는 보지 않았다.

③ 이원론의 입장에서 특별예방을 위한 보안처분사상을 프로이센 일반 란트법의 형법분야에 도
입하였다.

(2) 페리(Ferri)의 형벌대용물 사상

① 페리는 범죄의 사회적 원인을 중시하는 사회적 결정론의 입장에서, 형벌보다 사회정책을 통한
범죄예방을 주장하면서, 종래의 도덕적 책임론 대신 사회적 책임론 및 위험성의 원리를 제창
하였다.

② 1921년 「형법에 있어서의 새로운 지평선」에서 형사책임 및 형벌없는 형법전(보안처분) 제정
을 주장하였는데, 이는 일원론적 입장에서 보안처분과 형벌의 등가성을 내세우며 형벌 이외의
형벌대용물사상을 주장한 것이다.

③ 또한 그는 형벌 대신 '제재'라는 말을 사용하여 형벌과 보안처분의 구별을 없애고, 상대적 또
는 절대적·부정기형을 내용으로 하는 보안처분을 주장하였다.

(3) 리스트(Liszt)의 목적형주의

① 1883년 「형법에 있어서의 목적형사상」(마부르그 강령 :Marburg Program)에서, 실증학파
(신파) 입장에서 보안처분사상을 전개하였다.

② 형벌과 보안처분을 일원론적 입장에서 파악하여, 형벌로 특별예방 효과가 없는 개선불가능한
자에 대한 보안처분을 주장하였다.

③ 행위자에 대한 특별예방을 목적으로 하는 목적형주의에 기초하여, 범죄진압형을 사회방위형
으로 전환할 것을 역설하였다.

(4) 칼 슈토스(Carl Stoss)의 이원주의

① 리스트 사상을 구체화하여 보안처분제도를 형법전에 처음으로 도입하였다. (스위스 형법 예비 초안 작성)
② 신파와 구파의 학설을 절충하여 형벌 이외에 보안처분을 새로 규정하고, 이원론적 입장에서 응보형론에 기반을 두면서도 형벌과는 분리된 보안처분제도를 인정하였다.

보안처분 입법화

• 칼 슈토스의 초안을 최초로 채택해 입법화한 것은 영국의 「범죄예방법」(1908년)이다.
• 보안처분을 인정하지 않는 국가도 소년법에는 예외없이 채택하고 있다.

일원론자와 이원론자

• 보안처분 일원론자 : 페리, 리스트
• 보안처분 이원론자 : 클라인, 칼슈토스

---

3 보안처분의 특징

(1) 형벌로 사회복귀나 사회방위가 불가능하거나 부적당한 경우에 실시한다.
(2) 형벌을 대체 또는 보충하기 위해 과하는 형벌 이외의 강제조치이다.
(3) 책임과는 무관하게 행위자의 장래의 위험성에 대한 국가의 예방조치이다.
(4) 행위자의 개선(특별예방·재사회화)과 사회방위를 주목적으로 하는 제재수단이다.

---

03 보안처분의 기본원리(보안처분의 한계)   JUSTICE

1 의의

(1) 보안처분 기본원리로는 '보안처분 법정주의'와 보안처분의 정당성의 기준인 '비례의 원칙'을 들 수 있다.

(2) 보안처분 법정주의는 "보안처분의 종류·요건·효과 등을 법률로 미리 정해두어야 한다"는 원칙을 말하며, 비례의 원칙은 "개인의 인권침해는 사회방위와 균형을 이루어야 한다"는 원칙을 말한다.

2 보안처분 법정주의

(1) 의의

보안처분은 형벌은 아니지만, 대상자의 법익을 박탈 또는 제한하는 형벌에 버금가는 형사제재이므로, 기본권 보장의 측면에서 형벌과 마찬가지로 죄형법정주의가 적용되어야 한다는 것을 말한다.

(2) 내용

① 종류

보안처분 법정주의로는 관습법 금지의 원칙, 유추해석 금지의 원칙, 소급효 금지의 원칙, 절대적 부정기형 금지의 원칙 등이 있다.

② 내용

㉠ 관습법 금지의 원칙 : 보안처분은 형벌에 버금가는 법익을 박탈 또는 제한하는 형사제재이기 때문에 형벌에 준하는 엄격한 법정주의가 요구되므로, 관습법은 보안처분의 법원이 될 수 없다.

㉡ 유추해석 금지의 원칙 : 보안처분은 장래의 위험성에 대한 합목적성인 조치라는 점을 강조하는 입장에서는 유추해석이 허용된다는 견해도 있지만, 보안처분의 형벌적 특성과 인권 보장을 위해 유추해석은 금지되어야 한다는 것이 다수설이다.

㉢ 소급효 금지의 원칙 : 보안처분은 형벌적 자유제한을 수반하는 형사제재에 속하기 때문에 소급효가 금지되어야 한다는 것이 일반적인 견해이다.

㉣ 절대적 부정기형 금지의 원칙 : 보안처분은 대상자의 범죄적 위험성에 기초한 합목적인 제재수단이므로 원칙적으로는 부정기형이어야 한다. 하지만 개인의 자유를 무제한 제한할 수 있는 절대적 부정기형은 죄형법정주의에 어긋나므로 허용될 수 없다. 가능한 필요최소한의 상한선을 엄격하게 규정하면서 정기적인 심사과정을 두어 최소화할 필요가 있다.

(3) 보안처분 법정주의의 한계

보안처분은 장래의 위험성에 대한 합목적인 조치라는 입장에서 살펴보면, 죄형법정주의 원리를 그대로 적용하는 데는 한계가 있지만, 개인의 기본적 보장과 보안처분의 합목적성이 조화를 이룰 수 있도록 함께 고려되어야 한다.

3 보안처분의 정당성

(1) 의의

보안처분의 정당성이란, 범죄인의 개선과 보안처분은 행위자가 저지른 범행과 그에게 예상되는 범죄의 의미와 위험성의 정도와 비례해야 한다는 의미이다. 이는 곧 보안처분에 의한 개인의 인권침해는 사회방위와 균형을 이루어야 함을 뜻한다.

(2) 내용

① 보안처분의 정당성(비례의 원칙)

보안처분의 정당성의 기준은 "개인의 인권침해는 사회방위와 균형을 이루어야 한다"는 '비례의 원칙'이다.

② 비례의 원칙 내용

㉠ 적합성의 원칙 : 자유제한은 사회보호 및 사회복귀에 적합하고 유용한 것이어야 한다.

㉡ 필요성의 원칙 : 수단의 선택은 필요한 최소한의 침해에 그친 수단이어야 한다.

㉢ 균형성의 원칙(협의의 비례성의 원칙) : 침해와 결과 사이에 균형과 조화를 이루어야 한다.

4 보안처분의 적용요건(전제조건)

(1) 행위자가 형벌적응성이 없어야 한다.

(2) 위험성에 대한 판단은 장래의 가정적 판단이며, 위험성의 정도는 개연성이 있을 정도이어야 한다.

(3) 보안처분은 위법한 행위의 존재는 요구되지만, 반드시 유책할 필요는 없다(심신장애인, 약물중독자 등).

(4) 보안처분에 대한 판단은 선고 또는 시행되는 시점이 기준이다(범행시가 아님).

04 보안처분의 법적 성질

1 보안처분의 법적 성질에 관한 견해

(1) 응보형주의 입장(이원론)

이원론적 관점에서 형벌과 보안처분의 법적 성질을 본질적으로 구별한다.

(2) 교육형주의 및 목적형주의 입장(일원론)

일원론적 관점에서 사회방위라는 측면에서 형벌과 보안처분의 법적 성질을 동일하게 본다.

(3) 대체주의 입장(제한적 이원론)

일원론과 이원론을 절충한 입장이다.

2 이원론(응보형주의)

(1) 기본이해

① 이원론은 형벌의 본질을 응보에 있다고 보는 입장에서 주장하는 이론이다.
② 형벌과 보안처분의 법적 성격을 본질적으로 다르게 본다.
③ 형벌과 보안처분을 동시에 선고하고 중복적으로 집행될 수 있다.
④ 보안처분은 형벌을 보충하는 것이므로 부정기적이며, 일반적으로 형벌의 집행종료 후에 보안처분을 집행한다.
⑤ 형벌과 보안처분의 대체성은 부정하지만, 병과하는 것은 인정한다.
⑥ 이원론적 입장에서의 보안처분은 일종의 행정처분이므로 그 선고는 행정청이 한다.
⑦ 클라인(Klein), 메이어(Mayer), 비르크마이어(Birkmeyer), 벨링(Beling) 등이 주장하였다.

(2) 주장논거

① 형벌은 규범적 비난이자 응보인 반면, 보안처분은 사회방위와 범죄인의 교정교화를 목적으로 한다.
② 형벌의 기초는 책임을 전제로 하지만, 보안처분은 행위자의 사회적 위험성이다.
③ 형벌은 범죄를 전제로 하지만, 보안처분은 위험한 성격에 착안한 것이다.

④ 형벌은 과거의 범죄에 대한 진압이지만, 보안처분은 장래에 대한 범죄의 예방이다.

⑤ 형벌은 과거의 범죄에 대한 형사처분이지만, 보안처분은 장래의 위험에 대한 행정처분이다.

⑥ 형벌은 일반예방이 목적이고, 보안처분은 특별예방이 목적이다.

(3) 이원론의 문제점

이원론은 형벌과 보안처분을 병과하는 이중처벌 및 이로 인한 가혹한 처벌이 문제이고, 보안처분은 선고기관이 행정청이라 남용의 우려가 있다.

(4) 비판

사회방위와 행위자의 교화개선이라는 미명하에 형벌과 보안처분을 병과하면 가중처벌하게 되는 결과를 가져오므로, 상품사기 또는 명칭사기라는 비판을 받고 있다.

3 일원론(교육형주의, 목적형주의)

(1) 기본이해

① 형벌과 보안처분은 모두 사회방위와 범죄인의 개선·교육을 목적으로 하고, 행위자의 반사회적 위험성을 기초로 과하는 사회방위처분으로 보아, 양자는 본질적인 차이가 없다고 한다.

② 양자 간에는 대체가 가능하므로, 형벌과 보안처분 가운데 어느 하나만을 선택적으로 선고하여 집행해야 한다.

③ 보안처분은 형사처분의 성격을 가지므로 선고는 법원에서 하여야 한다.

④ 목적형주의 및 교육형주의를 주장한 리스트·페리·락신(Roxin) 등이 주장하였으며, 스웨덴·영국·벨기에·덴마크 등에서 이를 채택하고 있다.

(2) 주장논거

① 형벌도 개선 및 격리를 목적으로 하므로 넓은 의미의 보안처분이라 할 수 있다.

② 다만, 보안처분은 행위자가 형벌적응성이 없는 경우에 형벌을 대신하여 과하는 것으로 정도와 분량의 차이만 있을 뿐이다.

③ 고전적 응보형의 입장은 부당하며, 형벌도 수형자의 사회복귀에 중점을 두어야 한다.

(3) 문제점

행위자의 개별책임 뿐만 아니라 반사회적 위험성까지 가미하여 제재를 가하면 책임주의에 반하며, 형벌과 보안처분이 중복되는 경우 일원론의 타당성에 대한 의문이 생길 수 있다.

4 대체주의(제한적 이원론)

(1) 기본이해

① 형벌은 책임의 정도에 따라 선고하되, 그 집행단계에서는 형벌을 보안처분과 대체하거나 보안처분의 집행이 종료된 후에 형벌을 집행하는 제도로 제한적 이원론이라고 한다.

② 형벌과 보안처분의 요건과 선고는 별개로 보지만 집행은 대체할 수 있다고 본다.

③ 형벌과 보안처분의 동시선고가 가능하다. (병과가 가능함)

④ 보안처분 집행기간은 형기에 산입한다.

⑤ 범죄인의 사회복귀를 위해서는 보안처분을 형벌보다 먼저 집행하는 것이 합리적이다. (보안처분 우선집행주의)

⑥ 보안처분과 형벌은 선고의 내용과 절차가 별개이므로, 특별법을 제정하거나 형사소송법에 특별규정을 두는 것이 바람직하다.

⑦ 칼 슈토스(Carl Stoss)가 주장한 이래 스위스·독일 등의 형법에서 이를 채택하였다.

(2) 주장논거

① 형사정책상 형벌과 보안처분에는 별 차이가 없다.

② 보안처분도 자유박탈 내지 제한을 뜻하므로, 형벌의 목적을 달성할 수 있다.

③ 이중적 처벌의 폐단이 있는 이원주의를 배제할 수 있다.

④ 이론보다 형사정책적 측면을 고려한 가장 현실적응성이 뛰어난 이론이다.

(3) 문제점

① 형벌과 보안처분의 대체가 책임주의에 합치되지 않는다.

② 형벌과 보안처분의 한계가 명확하지 않다.

③ 보안처분을 받는 자가 더 유리할 수도 있어 정의관념에 반한다.

형벌과 보안처분의 대체성

일원론자들은 형벌과 보안처분의 대체성을 인정하는 반면, 이원론자들은 이를 부정하는 입장이다.

보호관찰과 보안처분

- 보호관찰 : 갱생보호가 목적, 법원이 선고, 영미에서 발달, 사회내 처우가 원칙
- 보안처분 : 사회방위처분, 행정기관(원칙), 대륙계 국가에서 발달, 시설내 처우가 원칙

> ### ◀ 형벌과 보안처분
>
> - 형벌 : 도덕적 책임주의, 범죄진압, 회고적, 형사처분, 응보적
> - 보안처분 : 사회적 책임주의, 범죄예방, 전망적, 행정처분, 사회방위와 교정교육

〈보안처분이론 요약〉

구분	이원론(이원주의)	일원론(일원주의)	대체주의
① 의의	형벌과 보안처분을 구별	형벌과 보안처분을 동일시	선고단계 : 이원론 집행단계 : 일원론
② 학자	클라인, 메이어, 비르크메이어, 베링 (응보형주의자)	리스트, 페리, 락신(목적형, 교육형, 사회방위론자)	칼 슈토스
③ 논거	형벌(응보) 보안처분(사회방위, 교정교육)	형벌과 보안처분 동일시 (모두 사회방위 처분)	현실적응성 있음, 형사정책적 측면 고려
④ 대체성	대체성 부정, 병과는 인정	대체성 인정, 어느 하나만 선고해 집행	요건과 선고는 별개, 집행 시 대체성 인정
⑤ 선고기관	행정처분(행정청)	형사처분(법원)	특별법이나 형소법에 특별규정
⑥ 문제점	이중처벌 위험 상품사기 또는 명칭사기	책임주의에 반함, 중복 시 문제가 됨	책임주의와 불일치, 양자 적용범위 불 분명, 정의관념에 반할 우려

05 보안처분의 종류 JUSTICE

1 의의

보안처분은 연령에 따라 소년에 대한 보안처분과 성년에 대한 보안처분으로 구별한다. 또한 대상에 따라 대인적 보안처분과 대물적 보안처분으로 구분하고, 그 중 대인적 보안처분은 자유를 제한하는 정도에 따라 자유를 박탈하는 보안처분과 자유를 제한하는 보안처분으로 구별한다.

2 연령에 의한 구분

(1) 소년에 대한 보안처분 : 「소년법」(보호처분)

(2) 성년에 대한 보안처분 : 「치료감호 등에 관한 법률」(치료감호, 치료명령), 「보안관찰법」(보안관찰) 등

3 대상에 의한 구분

(1) 대인적 보안처분

① 자유박탈 보안처분(시설에 수용하여 자유를 박탈하는 처분)

- ㉠ 치료감호처분 : 대상자를 치료감호소 등에 일정기간 수용하여 치료하는 처분
- ㉡ 교정처분 : 알코올·마약중독자 등을 교정소 또는 금단시설 등에 수용하여 습벽을 치료하는 처분
- ㉢ 노동시설수용처분 : 부랑자 등을 노동시설에 수용하여 일정한 작업에 종사하게 하는 처분
- ㉣ 사회치료처분 : 정신병질자 등을 사회치료시설에 수용하여 치료하는 처분

② 자유제한 보안처분(시설에 수용하지 않고 자유를 제한하는 처분)

- ㉠ 보호관찰 : 사회 내에서 보호관찰기관의 지도와 원호를 받게 하는 처분
- ㉡ 사회봉사·수강명령 : 사회 내에서 무보수 봉사 또는 교육 등을 받도록 하는 처분
- ㉢ 선행보증 : 위반 시 보증금의 몰수라는 심리적 압박을 통해 선행을 확보하는 처분
- ㉣ 직업(작업)금지 : 직업이나 영업을 일정기간 금지시키는 처분
- ㉤ 거주제한 : 일정한 범죄자에게 주거를 제한하는 보안처분(가택구금 등)
- ㉥ 국외추방 : 외국인 범죄자를 자국으로 추방하는 처분(「출입국관리법」을 위반한 자, 금고 이상의 형을 선고받고 석방된 외국인)
- ㉦ 음주점 출입금지 : 범죄원인이 음주의 과음에 있는 자에게 과하는 처분
- ㉧ 운전면허박탈 : 운전 부적합 자에 대한 운전면허를 취소하는 처분
- ㉨ 단종·거세 : 생식능력을 제거하거나 성생활까지 불가능하게 하는 처분

(2) 대물적 보안처분(몰수, 영업소 폐쇄, 법인 해산)

① 몰수 : 형벌과 보안처분 양면적 성격이 있지만 대물적 보안처분으로 보는 것이 다수설이다.

② 영업소 폐쇄 : 범죄에 이용되는 영업소를 일시적 또는 영구적으로 폐쇄시키는 처분이다.

③ 법인 해산 : 범죄와 관련된 법인조직의 해산을 명하는 처분이다.

현행법상 보안처분

CHAPTER

〈현행법상 보안처분 정리〉

법률	종류	내용
①「치료감호 등에 관한 법률」	치료감호	• 심신장애인 · 정신성적장애인 성폭력범죄자 : 15년 • 약물중독자 : 2년 • 특정 살인범죄자 : 2년 범위 3회 연장 가능
	보호관찰	가종료 · 치료위탁 시 3년(연장 ×)
	치료명령	보호관찰 기간 내(선고유예자, 집행유예자)
②「보안관찰법」	보안관찰	기간 2년(제한 없이 갱신 가능)
③「보호관찰 등에 관한 법률」	보호관찰	선고유예, 집행유예, 가석방, 임시퇴원, 기타 다른 법령
	사회봉사 · 수강명령	집행유예, 소년법, 기타 다른 법령
④「형법」	보호관찰	선고유예, 집행유예, 가석방된 자
	사회봉사 · 수강명령	집행유예
⑤「소년법」	보호처분	① 보호자 또는 보호자를 대신하는 자에게 감호위탁(6월, 6월 이내 1차 연장 가능) ② 수강명령(12세 이상, 100시간 이내) ③ 사회봉사명령(14세 이상, 200시간 이내) ④ 단기 보호관찰(1년, 연장 ×) ⑤ 장기 보호관찰(2년, 1년 범위 1차 연장 가능) ⑥ 아동복지시설이나 소년보호시설에 감호위탁(6월, 6월 이내 1차 연장 가능) ⑦ 병원, 요양소, 의료재활소년원에 위탁(6월, 6월 이내 1차 연장 가능) ⑧ 1개월 이내의 소년원 송치 ⑨ 단기 소년원 송치(6월 이내, 연장 ×) ⑩ 장기 소년원 송치(12세 이상, 2년 이내, 연장 ×) ※ 위탁 및 감호위탁(6월, 6월 이내 1차 연장 가능)
⑥「국가보안법」	감시 · 보도	공소보류자에 대한 감시 · 보도
⑦「성매매 알선 등 행위의 처벌에 관한 법률」	보호처분	보호처분기간 : 6월 사회봉사 · 수강명령 : 100시간 이내

법률	종류	내용
⑧ 「가정폭력범죄의 처벌 등에 관한 특례법」	보호처분	보호처분기간 : 6월 초과 × 사회봉사 · 수강명령 : 200시간 이내
⑨ 「마약류관리에 관한 법률」	마약중독자의 치료보호	검사기간 1개월 이내, 치료보호기간 12월 이내
⑩ 「아동 · 청소년의 성보호에 관한 법률」	수강명령 또는 이수명령, 보호처분	수강명령 또는 성폭력 치료프로그램 이수명령 : 500시간 이내
⑪ 「전자장치 부착 등에 관한 법률」	전자장치 부착, 치료프로그램 이수	① 1년 이상 30년 이하, 보호관찰 ② 치료프로그램 이수명령 : 500시간 이내
⑫ 「성폭력범죄자의 성충동 약물치료에 관한 법률」	보호관찰, 성충동 약물치료	보호관찰, 약물치료명령 : 15년 이내(19세 이상)
⑬ 「성폭력범죄의 처벌 등에 관한 특례법」	보호관찰, 수강(이수)	보호관찰, 수강 또는 이수명령 : 500시간 이내
⑭ 「스토킹범죄의 처벌 등에 관한 법률」	보호관찰, 수강(이수)	보호관찰, 수강 또는 이수명령 : 200시간 이내

02 「치료감호 등에 관한 법률」

JUSTICE

1 「치료감호 등에 관한 법률」(치료감호, 치료명령, 보호관찰)

〈치료감호제도 정리〉

대상자	심신장애자	금고 이상의 형에 해당하는 죄를 범한 때		
	약물중독자	금고 이상의 형에 해당하는 죄를 범한 때		
	정신성적 장애인	금고 이상의 형에 해당하는 성폭력범죄를 지은 자		
청구	① 사유 : 치료의 필요성과 재범의 위험성 ② 전문가의 감정 여부 : 심신장애인, 약물중독자는 참고, 정신성적 장애인은 필수 청구 ③ 청구시기 : 항소심 변론 종결 시, 합의부 ④ 독립청구 : 심신상실자, 반의사불벌죄, 친고죄, 기소유예자 ⑤ 검사의 청구가 없는 치료감호는 법원에서 선고할 수 없고, 청구를 요청할 수는 있음				
치료감호 영장	① 보호구속 사유 → 검사 청구 → 관할지방법원 판사 발부 ㉠ 일정한 주거가 없을 때 ㉡ 증거를 인멸할 염려가 있을 때 ㉢ 도망가거나 도망할 염려가 있을 때 ② 치료감호 청구만을 하는 때에는 구속영장은 치료감호영장으로 보며 그 효력을 잃지 아니함				
치료감호 집행	심신장애, 정신성적 장애인	최대 15년		
	약물중독자	최대 2년		
	집행순서	치료감호 먼저 집행, 치료기간 형기산입		
	살인범죄자 치료감호 기간 연장	① 법원은 검사의 청구로 3회까지 매회 2년 범위 연장결정 가능 ② 검사의 청구 : 치료감호 종료 6개월 전 ③ 법원의 결정 : 치료감호 종료 3개월 전		

종료·가종료 치료 위탁 심사	가종료 종료심사	① 집행 개시 후 매 6개월마다 심사 ② 가종료됐거나 치료위탁 한 경우 보호관찰 개시 : 3년 ③ 치료위탁·가종료자의 종료 심사 : 매 6개월마다 심사
	치료위탁 가종료	
	치료위탁신청	① 독립청구된 자 : 1년 경과 후 위탁 ② 형벌병과시 : 치료기간이 형기 경과한 때
	재집행	① 금고 이상 형에 해당되는 죄를 지은 때(과실 제외) ② 보호관찰에 관한 지시·감독 위반 ③ 증상 악화되어 치료감호 필요
	피치료감호자 등의 종료심사 심청	치료감호의 집행이 시작된 날부터 6개월이 지난 후 가능 신청이 기각된 경우 6개월이 지난 후 다시 신청 가능
청구 시효		판결 확정 없이 치료 청구시부터 15년
보호관찰		① 기간 : 3년 ② 대상자 신고의무 : 출소 후 10일 이내 ③ 종료 : 기간 종료, 치료감호 재수용, 금고 이상 형의 집행을 받게 된 때에는 종료되지 않고 계속 진행
유치		① 요건 : 가종료의 취소 신청, 치료 위탁의 취소 신청 ② 절차 : 보호관찰소장 → 검사(구인된 때부터 48시간 이내 유치허가 청구) → 지방법원 판사 허가 → 보호관찰소장 　　24시간 이내 검사에게 유치사유 신청 → 검사는 48시간 이내에 치료감호심의위원회에 가종료 등 취소 신청 ③ 구인한 날부터 30일 + 1회 20일 연장 가능 + 유치기간 치료감호 기간에 산입
시효 (집행 면제)		심신장애인 및 정신성적 장애인에 해당하는 자의 치료감호는 10년
		약물중독자에 해당하는 자의 치료감호는 7년
실효	재판상 실효	집행종료·면제된 자가 피해자의 피해를 보상하고 자격정지 이상의 형이나 치료감 호를 선고받지 아니하고 7년이 지났을 때에 본인이나 검사의 신청에 의함
	당연 실효	집행종료·면제된 자가 자격정지 이상의 형이나 치료감호를 선고받지 아니하고 10 년이 지났을 때
피치료감호자등 격리사유		① 자신이나 다른 사람을 위험에 이르게 할 가능성이 뚜렷하게 높은 경우 ② 중대한 범법행위 또는 규율위반 행위를 한 경우 ③ 수용질서를 문란케 하는 중대한 행위를 한 경우

〈치료명령제도 정리〉

대상	① 통원치료 필요와 재범의 위험성 ② 심신미약자와 알코올중독자 및 약물중독자로 금고 이상의 형에 해당하는 죄를 지은 자
선고·집행유예시 치료명령	① 보호관찰 병과(선고유예 1년, 집행유예 유예기간) ② 치료기간은 보호관찰기간을 초과할 수 없음
집행	① 검사의 지휘를 받아 보호관찰관이 집행 ② 정신보건전문요원 등 전문가에 의한 인지행동 치료 등 심리치료 프로그램의 실시 등의 방법으로 집행
치료기관의 지정	법무부장관 지정
준수사항위반	선고유예 실효 또는 집행유예 취소
비용부담	원칙 본인부담, 예외 국가부담

제1조(목적)

이 법은 심신장애 상태, 마약류·알코올이나 그 밖의 약물중독 상태, 정신성적(精神性的) 장애가 있는 상태 등에서 범죄행위를 한 자로서 재범(再犯)의 위험성이 있고 특수한 교육·개선 및 치료가 필요하다고 인정되는 자에 대하여 적절한 보호와 치료를 함으로써 재범을 방지하고 사회복귀를 촉진하는 것을 목적으로 한다.

제2조(치료감호대상자)

① 이 법에서 "치료감호대상자"란 다음 각 호의 어느 하나에 해당하는 자로서 치료감호시설에서 치료를 받을 필요가 있고 재범의 위험성이 있는 자를 말한다.
  1. 「형법」 제10조제1항(심신상실자)에 따라 벌하지 아니하거나 같은 조 제2항(심신미약자)에 따라 형을 감경할 수 있는 심신장애인으로서 금고 이상의 형에 해당하는 죄를 지은 자
  2. 마약·향정신성의약품·대마, 그 밖에 남용되거나 해독(害毒)을 끼칠 우려가 있는 물질이나 알코올을 식음(食飮)·섭취·흡입·흡연 또는 주입받는 습벽이 있거나 그에 중독된 자로서 금고 이상의 형에 해당하는 죄를 지은 자
  3. 소아성기호증(小兒性嗜好症), 성적가학증(性的加虐症) 등 성적 성벽(性癖)이 있는 정신성적 장애인으로서 금고 이상의 형에 해당하는 성폭력범죄를 지은 자
② 제1항제2호의 남용되거나 해독을 끼칠 우려가 있는 물질에 관한 자세한 사항은 대통령령으로 정한다.

제2조의3(치료명령대상자)

이 법에서 "치료명령대상자"란 다음 각 호의 어느 하나에 해당하는 자로서 통원치료를 받을 필요가 있고 재범의 위험성이 있는 자를 말한다.
1. 「형법」 제10조제2항에 따라 형을 감경할 수 있는 심신장애인으로서 금고 이상의 형에 해당하는 죄를 지은 자
2. 알코올을 식음하는 습벽이 있거나 그에 중독된 자로서 금고 이상의 형에 해당하는 죄를 지은 자
3. 마약·향정신성의약품·대마, 그 밖에 대통령령으로 정하는 남용되거나 해독을 끼칠 우려가 있는 물질을 식음·섭취·흡입·흡연 또는 주입받는 습벽이 있거나 그에 중독된 자로서 금고 이상의 형에 해당하는 죄를 지은 자

제3조(관할)

① 치료감호사건의 토지관할은 치료감호사건과 동시에 심리하거나 심리할 수 있었던 사건의 관할에 따른다.

② 치료감호사건의 제1심 재판관할은 지방법원합의부 및 지방법원지원 합의부로 한다. 이 경우 치료감호가 청구된 치료감호대상자(이하 "피치료감호청구인"이라 한다)에 대한 치료감호사건과 피고사건의 관할이 다른 때에는 치료감호사건의 관할에 따른다.

제4조(검사의 치료감호 청구)

① 검사는 치료감호대상자가 치료감호를 받을 필요가 있는 경우 관할 법원에 치료감호를 청구할 수 있다.

② 치료감호대상자에 대한 치료감호를 청구할 때에는 정신건강의학과 등의 전문의의 진단이나 감정(鑑定)을 참고하여야 한다. 다만, 제2조제1항제3호(정신성적장애인)에 따른 치료감호대상자에 대하여는 정신건강의학과 등의 전문의의 진단이나 감정을 받은 후 치료감호를 청구하여야 한다.

⑤ 검사는 공소제기한 사건의 항소심 변론종결시까지 치료감호를 청구할 수 있다.

⑥ 법원은 치료감호 청구를 받으면 지체 없이 치료감호청구서의 부본을 피치료감호청구인이나 그 변호인에게 송달하여야 한다. 다만, 공소제기와 동시에 치료감호 청구를 받았을 때에는 제1회 공판기일 전 5일까지, 피고사건 심리 중에 치료감호 청구를 받았을 때에는 다음 공판기일 전 5일까지 송달하여야 한다.

⑦ 법원은 공소제기된 사건의 심리결과 치료감호를 할 필요가 있다고 인정할 때에는 검사에게 치료감호 청구를 요구할 수 있다.

제6조(치료감호영장)

① 치료감호대상자에 대하여 치료감호를 할 필요가 있다고 인정되고 다음 각 호의 어느 하나에 해당하는 사유가 있을 때에는 검사는 관할 지방법원 판사에게 청구하여 치료감호영장을 발부받아 치료감호대상자를 보호구속[보호구금(保護拘禁)과 보호구인(保護拘引)을 포함한다. 이하 같다]할 수 있다.

1. 일정한 주거가 없을 때
2. 증거를 인멸할 염려가 있을 때
3. 도망하거나 도망할 염려가 있을 때

제7조(치료감호의 독립 청구)

검사는 다음 각 호의 어느 하나에 해당하는 경우에는 공소를 제기하지 아니하고 치료감호만을 청구할 수 있다.

1. 피의자가 「형법」 제10조제1항(심신상실자)에 해당하여 벌할 수 없는 경우
2. 고소·고발이 있어야 논할 수 있는 죄에서 그 고소·고발이 없거나 취소된 경우 또는 피해자의 명시적인 의사에 반(反)하여 논할 수 없는 죄에서 피해자가 처벌을 원하지 아니한다는

의사표시를 하거나 처벌을 원한다는 의사표시를 철회한 경우(친고죄와 반의사불벌죄)

3. 피의자에 대하여 「형사소송법」 제247조(기소유예)에 따라 공소를 제기하지 아니하는 결정을 한 경우

제8조(치료감호 청구와 구속영장의 효력)

구속영장에 의하여 구속된 피의자에 대하여 검사가 공소를 제기하지 아니하는 결정을 하고 치료감호 청구만을 하는 때에는 구속영장은 치료감호영장으로 보며 그 효력을 잃지 아니한다.

제9조(피치료감호청구인의 불출석)

법원은 피치료감호청구인이 「형법」 제10조제1항에 따른 심신장애로 공판기일의 출석이 불가능한 경우에는 피치료감호청구인의 출석 없이 개정(開廷)할 수 있다.

제16조(치료감호의 내용)

① 치료감호를 선고받은 자(이하 "피치료감호자"라 한다)에 대하여는 치료감호시설에 수용하여 치료를 위한 조치를 한다.

② 피치료감호자를 치료감호시설에 수용하는 기간은 다음 각 호의 구분에 따른 기간을 초과할 수 없다.

　　1. 제2조제1항제1호(심신장애인) 및 제3호(정신성적장애인)에 해당하는 자 : 15년

　　2. 제2조제1항제2호(약물중독자)에 해당하는 자 : 2년

③ 「전자장치 부착 등에 관한 법률」 제2조제3호의2에 따른 살인범죄(이하 "살인범죄"라 한다)를 저질러 치료감호를 선고받은 피치료감호자가 살인범죄를 다시 범할 위험성이 있고 계속 치료가 필요하다고 인정되는 경우에는 법원은 치료감호시설의 장의 신청에 따른 검사의 청구로 3회까지 매회 2년의 범위에서 제2항 각 호의 기간을 연장하는 결정을 할 수 있다.

④ 치료감호시설의 장은 정신건강의학과 등 전문의의 진단이나 감정을 받은 후 제3항의 신청을 하여야 한다.

⑤ 제3항에 따른 검사의 청구는 제2항 각 호의 기간 또는 제3항에 따라 연장된 기간이 종료하기 6개월 전까지 하여야 한다.

⑥ 제3항에 따른 법원의 결정은 제2항 각 호의 기간 또는 제3항에 따라 연장된 기간이 종료하기 3개월 전까지 하여야 한다.

제16조의2(치료감호시설)

① 제16조제1항의 "치료감호시설"이란 다음 각 호의 시설을 말한다.

　　1. 국립법무병원

2. 국가가 설립 · 운영하는 국립정신의료기관 중 법무부장관이 지정하는 기관(이하 "지정
   법무병원"이라 한다)

제17조(집행 지휘)

① 치료감호의 집행은 검사가 지휘한다.

② 제1항에 따른 지휘는 판결서등본을 첨부한 서면으로 한다.

제18조(집행 순서 및 방법)

치료감호와 형(刑)이 병과(倂科)된 경우에는 치료감호를 먼저 집행한다. 이 경우 치료감호의
집행기간은 형 집행기간에 포함한다.

제20조(치료감호 내용 등의 공개)

이 법에 따른 치료감호의 내용과 실태는 대통령령으로 정하는 바에 따라 공개하여야 한다.
이 경우 피치료감호자나 그의 보호자가 동의한 경우 외에는 피치료감호자의 개인신상에 관한
것은 공개하지 아니한다.

제22조(가종료 등의 심사 · 결정)

제37조에 따른 치료감호심의위원회는 피치료감호자에 대하여 치료감호 집행을 시작한 후 매
6개월마다 치료감호의 종료 또는 가종료(假終了) 여부를 심사 · 결정하고, 가종료 또는 치료위
탁된 피치료감호자에 대하여는 가종료 또는 치료위탁 후 매 6개월마다 종료 여부를 심사 · 결
정한다.

제23조(치료의 위탁)

① 제37조에 따른 치료감호심의위원회는 치료감호만을 선고받은 피치료감호자에 대한 집행
   이 시작된 후 1년이 지났을 때에는 상당한 기간을 정하여 그의 법정대리인, 배우자, 직계
   친족, 형제자매(이하 "법정대리인 등"이라 한다)에게 치료감호시설 외에서의 치료를 위탁
   할 수 있다.

② 제37조에 따른 치료감호심의위원회는 치료감호와 형이 병과되어 형기(刑期)에 상당하는
   치료감호를 집행받은 자에 대하여는 상당한 기간을 정하여 그 법정대리인 등에게 치료감
   호시설 외에서의 치료를 위탁할 수 있다.

③ 제1항이나 제2항에 따라 치료위탁을 결정하는 경우 치료감호심의위원회는 법정대리인 등
   으로부터 치료감호시설 외에서의 입원 · 치료를 보증하는 내용의 서약서를 받아야 한다.

제24조(치료감호의 집행정지)

피치료감호자에 대하여 「형사소송법」 제471조제1항 각 호의 어느 하나에 해당하는 사유가

있을 때에는 같은 조에 따라 검사는 치료감호의 집행을 정지할 수 있다. 이 경우 치료감호의 집행이 정지된 자에 대한 관찰은 형집행정지자에 대한 관찰의 예에 따른다.

제29조(근로보상금 등의 지급)

근로에 종사하는 피치료감호자에게는 근로의욕을 북돋우고 석방 후 사회정착에 도움이 될 수 있도록 법무부장관이 정하는 바에 따라 근로보상금을 지급하여야 한다.

제30조(처우개선의 청원)

① 피치료감호자 등이나 법정대리인 등은 법무부장관에게 피치료감호자 등의 처우개선에 관한 청원(請願)을 할 수 있다.

제31조(운영실태 등 점검)

법무부장관은 연 2회 이상 치료감호시설의 운영실태 및 피치료감호자 등에 대한 처우상태를 점검하여야 한다.

제32조(보호관찰)

① 피치료감호자가 다음 각 호의 어느 하나에 해당하게 되면 「보호관찰 등에 관한 법률」에 따른 보호관찰(이하 "보호관찰"이라 한다)이 시작된다.
  1. 피치료감호자에 대한 치료감호가 가종료되었을 때
  2. 피치료감호자가 치료감호시설 외에서 치료받도록 법정대리인 등에게 위탁되었을 때
② 보호관찰의 기간은 3년으로 한다.
③ 보호관찰을 받기 시작한 자(이하 "피보호관찰자"라 한다)가 다음 각 호의 어느 하나에 해당하게 되면 보호관찰이 종료된다.
  1. 보호관찰기간이 끝났을 때
  2. 보호관찰기간이 끝나기 전이라도 제37조에 따른 치료감호심의위원회의 치료감호의 종료결정이 있을 때
  3. 보호관찰기간이 끝나기 전이라도 피보호관찰자가 다시 치료감호 집행을 받게 되어 재수용되었을 때

제33조(피보호관찰자의 준수사항)

① 피보호관찰자는 「보호관찰 등에 관한 법률」 제32조제2항에 따른 준수사항을 성실히 이행하여야 한다.
② 제37조에 따른 치료감호심의위원회는 피보호관찰자의 치료경과 및 특성 등에 비추어 필요하다고 판단되면 제1항에 따른 준수사항 외에 다음 각 호의 사항 중 전부 또는 일부를 따

로 보호관찰기간 동안 특별히 지켜야 할 준수사항으로 부과할 수 있다.

1. 주기적인 외래치료 및 처방받은 약물의 복용 여부에 관한 검사
2. 야간 등 재범의 기회나 충동을 줄 수 있는 특정 시간대의 외출 제한
3. 재범의 기회나 충동을 줄 수 있는 특정지역·장소에 출입 금지
4. 피해자 등 재범의 대상이 될 우려가 있는 특정인에게 접근 금지
5. 일정한 주거가 없는 경우 거주 장소 제한
6. 일정량 이상의 음주 금지
7. 마약 등 중독성 있는 물질 사용 금지
8. 「마약류 관리에 관한 법률」에 따른 마약류 투약, 흡연, 섭취 여부에 관한 검사
9. 그 밖에 피보호관찰자의 생활상태, 심신상태나 거주지의 환경 등으로 보아 피보호관찰자가 준수할 수 있고 그 자유를 부당하게 제한하지 아니하는 범위에서 피보호관찰자의 재범 방지 또는 치료감호의 원인이 된 질병·습벽의 재발 방지를 위하여 필요하다고 인정되는 사항

③ 제37조에 따른 치료감호심의위원회는 피보호관찰자가 제1항 또는 제2항의 준수사항을 위반하거나 상당한 사정변경이 있는 경우에는 직권 또는 보호관찰소의 장의 신청에 따라 준수사항 전부 또는 일부의 추가·변경 또는 삭제에 관하여 심사하고 결정할 수 있다.

④ 제1항부터 제3항까지의 규정에 따른 준수사항은 서면으로 고지하여야 한다.

⑤ 보호관찰소의 장은 피보호관찰자가 제1항부터 제3항까지의 준수사항을 위반하거나 위반할 위험성이 있다고 인정할 상당한 이유가 있는 경우에는 준수사항의 이행을 촉구하고 제22조에 따른 가종료 또는 제23조에 따른 치료의 위탁(이하 "가종료 등"이라 한다)의 취소 등 불리한 처분을 받을 수 있음을 경고할 수 있다.

제33조의2(유치 및 유치기간 등)

① 보호관찰소의 장은 제33조에 따른 준수사항을 위반한 피보호관찰자를 구인(拘引)할 수 있다. 이 경우 피보호관찰자의 구인에 대해서는 「보호관찰 등에 관한 법률」 제39조(구인사유) 및 제40조(긴급구인)를 준용한다.

② 보호관찰소의 장은 다음 각 호의 어느 하나에 해당하는 신청을 검사에게 요청할 필요가 있다고 인정하는 경우에는 구인한 피보호관찰자를 교도소, 구치소 또는 치료감호시설에 유치할 수 있다.

1. 제22조에 따른 가종료의 취소 신청
2. 제23조에 따른 치료 위탁의 취소 신청

③ 보호관찰소의 장은 제2항에 따라 피보호관찰자를 유치하려는 경우에는 검사에게 신청하여 검사의 청구로 관할 지방법원 판사의 허가를 받아야 한다. 이 경우 검사는 피보호관찰자가

구인된 때부터 48시간 이내에 유치허가를 청구하여야 한다.

④ 보호관찰소의 장은 유치허가를 받은 때부터 24시간 이내에 검사에게 가종료 등의 취소 신청을 요청하여야 한다.

⑤ 검사는 보호관찰소의 장으로부터 제4항에 따른 신청을 받았을 경우에 그 이유가 타당하다고 인정되면 48시간 이내에 제37조에 따른 치료감호심의위원회에 가종료 등의 취소를 신청하여야 한다.

⑥ 보호관찰소의 장이 제2항에 따라 피보호관찰자를 유치할 수 있는 기간은 구인한 날부터 30일로 한다. 다만, 보호관찰소의 장은 제5항에 따른 검사의 신청이 있는 경우에 제37조에 따른 치료감호심의위원회의 심사에 필요하면 검사에게 신청하여 검사의 청구로 관할 지방법원 판사의 허가를 받아 20일의 범위에서 한 차례만 유치기간을 연장할 수 있다.

⑦ 보호관찰소의 장은 다음 각 호의 어느 하나에 해당하는 경우에는 유치를 해제하고 피보호관찰자를 즉시 석방하여야 한다.

  1. 제37조에 따른 치료감호심의위원회가 제43조제1항에 따른 검사의 가종료 등의 취소 신청을 기각한 경우

  2. 검사가 제43조제3항에 따른 보호관찰소의 장의 가종료 등의 취소 신청에 대한 요청을 기각한 경우

⑧ 제2항에 따라 유치된 피보호관찰자에 대하여 가종료 등이 취소된 경우에는 그 유치기간을 치료감호기간에 산입한다

제34조(피보호관찰자 등의 신고 의무)

① 피보호관찰자나 법정대리인 등은 대통령령으로 정하는 바에 따라 출소 후의 거주 예정지나 그 밖에 필요한 사항을 미리 치료감호시설의 장에게 신고하여야 한다.

② 피보호관찰자나 법정대리인 등은 출소 후 10일 이내에 주거, 직업, 치료를 받는 병원, 피보호관찰자가 등록한 「정신건강증진 및 정신질환자 복지서비스 지원에 관한 법률」 제3조제3호에 따른 정신건강복지센터(이하 "정신건강복지센터"라 한다), 그 밖에 필요한 사항을 보호관찰관에게 서면으로 신고하여야 한다.

제35조(치료감호의 종료)

① 제32조제1항제1호 또는 제2호(보호관찰기간이끝나면)에 해당하는 경우에는 보호관찰기간이 끝나면 피보호관찰자에 대한 치료감호가 끝난다.

② 제37조에 따른 치료감호심의위원회는 피보호관찰자의 관찰성적 및 치료경과가 양호하면 보호관찰기간이 끝나기 전에 보호관찰의 종료를 결정할 수 있다.

제36조(가종료 취소와 치료감호의 재집행)

제37조에 따른 치료감호심의위원회는 피보호관찰자(제32조제1항제3호에 따라 치료감호기간 만료 후 피보호관찰자가 된 사람은 제외한다)가 다음 각 호의 어느 하나에 해당할 때에는 결정으로 가종료 등을 취소하고 다시 치료감호를 집행할 수 있다.

1. 금고 이상의 형에 해당하는 죄를 지은 때. 다만, 과실범은 제외한다.
2. 제33조의 준수사항이나 그 밖에 보호관찰에 관한 지시·감독을 위반하였을 때
3. 제32조제1항제1호에 따라 피보호관찰자가 된 사람이 증상이 악화되어 치료감호가 필요하다고 인정될 때

제37조(치료감호심의위원회)

① 치료감호 및 보호관찰의 관리와 집행에 관한 사항을 심사·결정하기 위하여 법무부에 치료감호심의위원회(이하 "위원회"라 한다)를 둔다.
② 위원회는 판사, 검사, 법무부의 고위공무원단에 속하는 일반직공무원 또는 변호사의 자격이 있는 6명 이내의 위원과 정신건강의학과 등 전문의의 자격이 있는 3명 이내의 위원으로 구성하고, 위원장은 법무부차관으로 한다.
③ 위원회는 다음 각 호의 사항을 심사·결정한다.
   1. 피치료감호자에 대한 치료감호시설 간 이송에 관한 사항
   2. 피치료감호자에 대한 치료의 위탁·가종료 및 그 취소와 치료감호 종료 여부에 관한 사항
   3. 피보호관찰자에 대한 준수사항의 부과 및 준수사항 전부 또는 일부의 추가·변경 또는 삭제에 관한 사항
   4. 피치료감호자에 대한 치료감호기간 만료 시 보호관찰 개시에 관한 사항
   5. 그 밖에 제1호부터 제4호까지에 관련된 사항
④ 위원회에는 전문적 학식과 덕망이 있는 자 중에서 위원장의 제청으로 법무부장관이 위촉하는 자문위원을 둘 수 있다.
⑤ 위원회의 위원 중 공무원이 아닌 위원은 「형법」과 그 밖의 법률에 따른 벌칙을 적용할 때에는 공무원으로 본다.

제44조(피치료감호자 등의 심사신청)

① 피치료감호자와 그 법정대리인 등은 피치료감호자가 치료감호를 받을 필요가 없을 정도로 치유되었음을 이유로 치료감호의 종료 여부를 심사·결정하여 줄 것을 위원회에 신청할 수 있다.
② 제1항에 따른 신청을 할 때에는 심사신청서와 심사신청이유에 대한 자료를 제출하여야 한다.

③ 제1항에 따른 신청은 치료감호의 집행이 시작된 날부터 6개월이 지난 후에 하여야 한다. 신청이 기각된 경우에는 6개월이 지난 후에 다시 신청할 수 있다.

④ 위원회는 제1항에 따른 신청에 대한 심사를 마친 때에는 지체 없이 심사 기준과 그 결정 이유를 피치료감호자와 법정대리인 등에게 통보하여야 한다. 제44조의2(선고유예 시 치료명령 등)

제44조의2(선고유예 시 치료명령 등)

① 법원은 치료명령대상자에 대하여 형의 선고 또는 집행을 유예하는 경우에는 치료기간을 정하여 치료를 받을 것을 명할 수 있다.

② 제1항의 치료를 명하는 경우 보호관찰을 병과하여야 한다.

③ 제2항에 따른 보호관찰기간은 선고유예의 경우에는 1년, 집행유예의 경우에는 그 유예기간으로 한다. 다만, 법원은 집행유예 기간의 범위에서 보호관찰기간을 정할 수 있다.

④ 제1항의 치료기간은 제3항에 따른 보호관찰기간을 초과할 수 없다.

제44조의3(판결 전 조사)

① 법원은 제44조의2에 따른 치료를 명하기 위하여 필요하다고 인정하면 피고인의 주거지 또는 그 법원의 소재지를 관할하는 보호관찰소의 장에게 범죄의 동기, 피고인의 신체적·심리적 특성 및 상태, 가정환경, 직업, 생활환경, 병력(病歷), 치료비용 부담능력, 재범위험성 등 피고인에 관한 사항의 조사를 요구할 수 있다.

② 제1항의 요구를 받은 보호관찰소의 장은 지체 없이 이를 조사하여 서면으로 해당 법원에 알려야 한다. 이 경우 필요하다고 인정하면 피고인이나 그 밖의 관계인을 소환하여 심문하거나 소속 보호관찰관에게 필요한 사항을 조사하게 할 수 있다.

③ 보호관찰소의 장은 제2항의 조사를 위하여 필요하다고 인정하면 국공립 기관이나 그 밖의 단체에 사실을 알아보거나 관련 자료의 열람 등 협조를 요청할 수 있다.

제44조의4(전문가의 진단 등)

법원은 제44조의2에 따른 치료를 명하기 위하여 필요하다고 인정하는 때에는 정신건강의학과 전문의에게 피고인의 정신적 상태, 알코올 의존도 등에 대한 진단을 요구할 수 있다.

제44조의5(준수사항)

치료명령을 받은 사람은 다음 각 호의 사항을 준수하여야 한다.

1. 보호관찰관의 지시에 따라 성실히 치료에 응할 것
2. 보호관찰관의 지시에 따라 인지행동 치료 등 심리치료 프로그램을 성실히 이수할 것

제44조의6(치료명령의 집행)

① 치료명령은 검사의 지휘를 받아 보호관찰관이 집행한다.

제44조의8(선고유예의 실효 등)

① 법원은 제44조의2에 따라 치료를 명한 선고유예를 받은 사람이 정당한 사유 없이 치료기간 중에 제44조의5의 준수사항을 위반하고 그 정도가 무거운 때에는 유예한 형을 선고할 수 있다.

② 법원은 제44조의2에 따라 치료를 명한 집행유예를 받은 사람이 정당한 사유 없이 치료기간 중에 제44조의5의 준수사항을 위반하고 그 정도가 무거운 때에는 집행유예의 선고를 취소할 수 있다.

③ 치료명령대상자에 대한 경고·구인·긴급구인·유치·선고유예의 실효 및 집행유예의 취소 등에 대하여는 「보호관찰 등에 관한 법률」 제38조부터 제45조까지, 제45조의2, 제46조 및 제47조를 준용한다.

제44조의9(비용부담)

① 제44조의2에 따른 치료명령을 받은 사람은 치료기간 동안 치료비용을 부담하여야 한다. 다만, 치료비용을 부담할 경제력이 없는 사람의 경우에는 국가가 비용을 부담할 수 있다.

제45조(치료감호 청구의 시효)

① 치료감호 청구의 시효는 치료감호가 청구된 사건과 동시에 심리하거나 심리할 수 있었던 죄에 대한 공소시효기간이 지나면 완성된다.

② 치료감호가 청구된 사건은 판결의 확정 없이 치료감호가 청구되었을 때부터 15년이 지나면 청구의 시효가 완성된 것으로 본다.

제46조(치료감호의 시효)

① 피치료감호자는 그 판결이 확정된 후 집행을 받지 아니하고 다음 각 호의 구분에 따른 기간이 지나면 시효가 완성되어 집행이 면제된다.
   1. 제2조제1항제1호(심신장애인) 및 제3호(정신성적장애인)에 해당하는 자의 치료감호 : 10년
   2. 제2조제1항제2호(약물중독자)에 해당하는 자의 치료감호 : 7년

② 시효는 치료감호의 집행정지 기간 또는 가종료 기간이나 그 밖에 집행할 수 없는 기간에는 진행되지 아니한다.

③ 시효는 피치료감호자를 체포함으로써 중단된다.

제47조(치료감호의 선고와 자격정지)

피치료감호자는 그 치료감호의 집행이 종료되거나 면제될 때까지 다음 각 호의 자격이 정지된다.

1. 공무원이 될 자격
2. 공법상의 선거권과 피선거권
3. 법률로 요건을 정한 공법상 업무에 관한 자격

제48조(치료감호의 실효)

① 치료감호의 집행을 종료하거나 집행이 면제된 자가 피해자의 피해를 보상하고 자격정지 이상의 형이나 치료감호를 선고받지 아니하고 7년이 지났을 때에는 본인이나 검사의 신청에 의하여 그 재판의 실효(失效)를 선고할 수 있다. 이 경우 「형사소송법」 제337조를 준용한다.

② 치료감호의 집행을 종료하거나 집행이 면제된 자가 자격정지 이상의 형이나 치료감호를 선고받지 아니하고 10년이 지났을 때에는 그 재판이 실효된 것으로 본다.

★ 「치료감호 등에 관한 법률」: 보호관찰, 치료명령, 관련내용만 규정되어 있음.(사회봉사 · 수강명령 관련규정은 없음)

▌**「사회보호법」의 폐지와 경과규정**

• 「사회보호법」 폐지 : 2005.8.4. 「사회보호법」이 폐지될 때, 부칙에 경과규정을 두어 「사회보호법」이 폐지되기 전에 이미 확정된 보호감호 판결의 효력은 유지토록 하였다. 「사회보호법」이 폐지되기 전에 보호감호가 확정된 일부 피보호감호자들은 현재 특정 교정시설에 수용되어 있다.
• 이미 선고된 보호감호 판결 및 집행에 관한 경과조치(폐지된 「사회보호법」 부칙 제2조)
「사회보호법」이 폐지 전에 이미 확정된 보호감호판결의 효력은 유지되고, 그 확정판결에 따른 보호감호 집행에 관하여는 종전의 「사회보호법」에 따른다. 다만, 보호감호의 관리와 집행에 관한 사회보호위원회의 권한은 「치료감호 등에 관한 법률」(구 「치료감호법」)에 따른 치료감호심의위원회가 행사한다.

---

03 보호관찰제도의 의의

JUSTICE

1 의의

(1) 보호관찰은 자유형의 반성에서 비롯되었으며, 범죄자를 교정시설에 수용하지 아니하고 일상적인 사회생활을 하게 하면서 재범에 빠지지 않도록 지도 · 감독 및 원호하는 사회내 처우 방법을 말한다.

(2) 보호관찰의 방법은 범죄인에 대한 지도·감독 및 원호가 주요소이며, 범죄인에 대한 공적인 처우방법이라는 점에서 복지사업이나 사회사업과는 구별된다.

2 보호관찰의 개념

(1) 협의의 보호관찰

선고유예자와 집행유예자에 대한 보호관찰을 의미한다.

(2) 광의의 보호관찰

협의의 보호관찰과 사회봉사명령 및 수강명령 등을 포함하며, 일반적으로 보호관찰이라고 하면 광의의 보호관찰을 의미한다.

3 보호관찰제도의 유형

(1) 프로베이션(Probation)

① 유죄가 인정되는 범죄자에 대하여 형을 선고유예 또는 집행유예하면서 재범방지 및 재사회화를 달성하기 위해 보호관찰을 실시하는 것을 프로베이션(Probation : 협의의 보호관찰)이라고 한다.
② 영미에서의 보호관찰제도는 선고유예 및 집행유예제도와 결합해 발전해 왔다.

(2) 페롤(Parole)

① 페롤(Parole)은 보호관찰을 조건으로 가석방(교도소)하거나 임시퇴원(소년원)하는 것을 말한다. 영미법계 국가에서는 일찍부터 가석방을 실시하면서 필요적·유권적 보호관찰을 실시해왔다.
② 대륙법계 국가에서는 누진제에 의한 가석방제도에 관심을 두어 프로베이션(Probation)과 페롤(Parole) 모두 실시하지 않고 있다가, 그 필요성이 대두되어 뒤늦게 도입하였다.

4 영미법과 대륙법의 보호관찰

(1) 영미법계

유죄를 인정한 후, 형의 선고 또는 집행을 유예하면서 보호관찰에 회부하는 제도로 보호관찰의 기원이 되었다.

(2) 대륙법계

형의 선고유예나 집행유예와는 별도의 처우수단인 조건부 판결 또는 조건부 특사의 형태로 이루어져 왔다.

5 연혁

(1) 최초의 보호관찰

① 1841년 미국의 매사추세츠주 보스턴시에서 제화점을 경영하며 금주협회회원으로 활동하던 민간독지가 존 오거스터스(J. Augustus, 1789 ~ 1855)가 최초로 프로베이션(Probation)이라는 용어를 사용하여 그를 최초의 보호관찰관으로 부르고 있다.

② 약 2,000명의 알콜중독자 등에게 형의 선고유예를 받게 한 후 근면한 시민으로 사회에 복귀시켰으며, 케이스 워크(Case Work) 방법을 첨가하여 보호관찰제도의 원형을 완성하였다.

(2) 현대적 의미의 보호관찰(Probation)

1878년 매사추세츠주에서 최초로 보호관찰에 관한 성문법을 제정하여, 국가가 채용한 보호관찰관에 의한 공식적(강제적) 보호관찰을 시행하였다.

6 보호관찰의 기능과 법적 성격

(1) 기능

보호관찰은 처벌기능, 재활기능, 범죄통제 및 억제기능, 지역사회통합 기능을 가진다.

(2) 법적성격

① 보안처분설 : 범죄의 특별예방을 목적으로 하는 보안처분의 일종으로 보는 견해로, 통설과 판례의 입장이다.

② 변형된 형집행설 : 준수사항을 위반하면 재구금할 수 있어, 자유형의 변형 또는, 대체수단으로 보는 견해이다.

③ 독립된 제재수단설 : 형벌도 보안처분도 아닌 제3의 형법적 제재방법으로 보는 견해이다.

> **보안처분과 보호관찰**
>
> • 보안처분 : 시설내처우를 원칙으로 하며, 책임무능력자 등에 대한 사회방위처분을 말한다.
> • 보호관찰 : 사회내처우를 원칙으로 하며, 범죄인의 갱생보호를 목적으로 한다.

7 보호관찰제도의 장단점

(1) 장점

① 구금처분에 대한 유용한 대안이며, 과밀수용 해소 및 부정적 낙인을 피할 수 있다.
② 효율적인 사회내 처우가 가능하며, 구금비용 절감에 따른 재정부담이 감소한다.
③ 사회적 유대와 접촉을 지속할 수 있어 범죄자의 사회복귀를 용이하게 한다.
④ 일반시민들을 보호할 수 있고, 범죄자의 자유를 극대화시킬 수 있다.
⑤ 범죄인의 자기 책임의식을 촉진·강화하여 적극적인 자기변화를 추구할 수 있다.
⑥ 선고유예와 집행유예를 효율적으로 활용할 수 있는 수단이다.
⑦ 소년과 부녀자에 대한 효율적인 처우수단이 될 수 있고, 시민들의 협조를 얻을 수 있다(누범과 강력범에 대해 보호관찰을 실시하면 범죄 위험성이 높다).

(2) 단점

① 범죄자에게 관대한 반면, 사회의 안전을 해할 우려가 있다.
② 보호관찰 대상자가 너무 많으면 지도·감독과 원호보다는 처벌 위주로 운영되기 쉽다.
③ 보호관찰에 필요한 충분한 재원과 전문인력을 확보하기 어렵다.
④ 대상자 선발 시 자의나 독선이 개입될 우려가 있다.
⑤ 범죄자의 자발성과 보호관찰의 강제성 사이에 모순이 야기될 수 있다.
⑥ 효과가 의문이고 형사사법망 확대라는 문제점이 있다.

> **미국의 랜드(Rand) 연구소의 연구결과**
>
> 거의 모든 보호관찰대상자가 다시 체포되었다고 한다.

8 보호관찰의 종류

(1) 집중감독(감시) 보호관찰

갱집단이나 약물중독자 등 일부 강력범죄자까지 대상으로 하며, 1주에 5회 이상 집중적인 접촉관찰과 전자추적장치를 부착해 제한구역을 벗어나면 즉시 감응장치가 작동토록 하여 추적·관찰하는 것을 말한다.

(2) 충격보호관찰

주로 형의 유예 처분을 받은 초범자를 대상으로 하며, 3 ~ 6개월간 병영식 캠프 등에 수용해 극기훈련과 준법교육을 실시한 후 일반 보호관찰로 전환하는 것을 말한다.

(3) 음주운전 보호관찰

음주자 차량에 감시장치를 부착하거나 수시로 소변검사를 실시하여 음주운전을 억제하고 금주교육을 실시하는 것을 말한다.

(4) 교통사범 보호관찰

교통범죄자에 대해 일정기간 운전실습과 교통관련 집단교육을 실시하는 것을 말한다.

9 보호관찰관의 유형(Ohlin)

(1) 처벌적 보호관찰관

처벌과 위협 등 범죄자의 통제와 감시를 중시하는 것을 말한다.

(2) 보호적 보호관찰관

범죄자에 대한 지원과 칭찬 및 질책을 병행하는 보호자적인 역할을 하는 것을 말한다.

(3) 복지적 보호관찰관

범죄자에 대한 복지향상과 원호를 중시하는 것을 말한다.

(4) 수동적 보호관찰관

범죄자에게 최소한 개입하는 것으로 통제와 지원이 모두 소극적이다.

보호관찰관의 유형	주요 특징
처벌적 보호관찰관	위협과 처벌을 수단으로 범죄자를 사회에 동조하도록 강요하고 사회의 보호, 범죄자의 통제 그리고 범죄자에 대한 체계적 의심 등 강조
보호적 보호관찰관	• 사회와 범죄자의 보호 양자 사이를 망설이는 유형 • 주로 직접적인 지원이나 강연 또는 칭찬과 꾸중의 방법을 이용 • 사회와 범죄자의 입장을 번갈아 편들기 때문에 어정쩡한 입장에 처하기 쉬움
복지적 보호관찰관	• 자신의 목표를 범죄자에 대한 복지의 향상에 두고 범죄자의 능력과 한계를 고려하여 적응할 수 있도록 도움을 줌 • 범죄자의 개인적 적응 없이는 사회의 보호도 있을 수 없다고 믿음
수동적 보호관찰관	자신의 임무를 단지 최소한의 노력을 요하는 것으로 인식하는 사람

10 보호관찰관의 모형(Smykla)

(1) 전통적 모형

만능적인 보호관찰관으로 지도·감독과 원호 등 다양한 기능을 수행하지만 통제를 더 중시한다.

(2) 프로그램 모형

보호관찰관이 직접 전문가적 역할을 수행하지만, 개인에 의한 부분처우라서 한계가 있다.

(3) 옹호모형

원호와 변화를 중시하여 전문적인 사회적 서비스를 받을 수 있도록 주선한다.

(4) 중개모형

대상자에게 중개의 방법으로 외부자원을 적극적으로 활용하면서 전문적인 보호관찰을 받을 수 있게 하는 것을 말한다. 중개모형은 오늘날 가장 바람직한 유형으로 평가받고 있다.

전통적 모형	내부자원 활용 + 대상자에 대해서 지도·감독에서 보도원호에 이르기까지 다양한 기능을 수행하나 통제가 더 강조됨
프로그램 모형	내부적으로 해결하고 관찰관이 전문가로 기능하기 때문에 대상자를 분류하여 관찰관의 전문성에 따라 배정하게 됨
옹호모형	외부자원을 적극 활용하여 관찰대상자에게 다양하고 전문적인 사회적 서비스를 제공받을 수 있도록 무작위로 배정된 대상자들을 사회기관에 위탁하는 것을 주요 일과로 삼고 있음

중개모형	사회자원의 개발과 중개의 방법으로 외부자원을 적극 활용하여 대상자가 전문적인 보호관찰을 받을 수 있게 하는 것

▶ 케이스워크제도(Case Works System)

보호관찰관과 대상자가 1:1로 접촉하며 적합한 처우방안을 강구하는 것을 말한다.

▶ 집중접근제도(Team Approach System)

각 분야의 전문가로 구성된 여러 보호관찰관들이 담당분야별로 대상자를 분석하면서 적절한 처우방안을 강구해 나가는 것을 말한다.

04 우리나라의 보호관찰제도

1 연혁

(1) 「소년법」 개정 및 「보호관찰법」 제정

① 1963년 「소년법」을 개정하면서 소년보호사건에 보호처분의 형태로 처음 법제화하였다.
② 1988년 「소년법」이 개정되면서 「보호관찰법」이 제정되었다.
③ 1989.7.1.부터 소년범에 대해 전면적인 보호관찰을 실시하였다.

(2) (구) 「사회보호법」 개정

성인범죄자에 대해서는 1989.3.25. (구) 「사회보호법」을 개정하면서 보호감호 가출소자 및 치료감호 치료위탁자에 대하여 처음으로 보호관찰을 실시하였다.

(3) 「성폭력범죄의 처벌 및 피해자보호 등에 관한 법률」 제정

① 1993년 「성폭력범죄의 처벌 및 피해자보호 등에 관한 법률」이 제정되어, 1994.4.1.부터 성인 및 소년 성폭력범에 대한 선고유예·집행유예 선고자 및 가석방자에 대해 보호관찰을 실시하였다.
② 2010.4.15. 전부개정 시 「성폭력 범죄의 처벌 등에 관한 특례법」및 「성폭력방지 및 피해자보호 등에 관한 법률」로 분리되면서, 앞의 특례법에 이를 규정하고 있다.

(4) 「형법」개정 및 「보호관찰 등에 관한 법률」제정

① 「형법」

1995년 「형법」을 개정하면서 성인범에 대해서도 선고유예·집행유예 선고자 및 가석방자에게 보호관찰을 명할 수 있도록 하였으며, 개정 당시 유예기간을 두어 1997.1.1.부터 보호관찰을 실시토록 하였다.

② 「보호관찰 등에 관한 법률」

㉠ 1995년 「갱생보호법」과 「보호관찰법」이 「보호관찰 등에 관한 법률」로 통합되었다.

㉡ 1995년 「형법」이 개정됨에 따라, 1996년 「보호관찰 등에 관한 법률」을 전부개정하여 이를 반영하였다.

(5) 「가정폭력범죄의 처벌 등에 관한 특례법」제정

1997년 「가정폭력범죄의 처벌 등에 관한 특례법」을 제정하면서, 보호처분으로 보호관찰·사회봉사·수강명령 등을 규정하고, 1998.7.1.부터 시행하였다.

(6) 「사회보호법」폐지 및 「치료감호 등에 관한 법률」제정

2005.8.4. 「사회보호법」이 폐지되면서 「치료감호 등에 관한 법률」(구「치료감호법」)이 제정되어, 치료감호 가종료자 및 치료위탁자(법정대리인 등)를 대상으로 보호관찰을 실시하고 있다.

(7) 기타

그 외 「보안관찰법」, 「청소년의 성보호에 관한 법률」, 「성매매알선 등 행위의 처벌에 관한 법률」 등에 보호관찰을 규정하고 있다.

2 보호관찰 관련 법률

「보호관찰 등에 관한 법률」 이외에, 「형법」, 「소년법」, 「치료감호 등에 관한 법률」, 「보안관찰법」, 「가정폭력범죄의 처벌 등에 관한 특례법」, 「아동·청소년의 성보호에 관한 법률」, 「성매매알선 등 행위의 처벌에 관한 법률」, 「성폭력범죄자의 성충동 약물치료에 관한 법률」, 「특정범죄자에 대한 보호관찰 및 전자장치 부착 등에 관한 법률」 등에 보호관찰을 규정하고 있다.

▶ **「치료감호 등에 관한 법률」 및 「보안관찰법」**

보호관찰과 사회봉사·수강명령은 일반적으로 법률에 함께 규정하고 있지만, 「치료감호 등에 관한 법률」과 「보안관찰법」(보안관찰)에는 보호관찰만 규정하고 있다. 이는 정신질환자·약물중독자 및 사상범 등에게 사회봉사·수강명령을 부과하는 것은 부적합한 것으로 이해할 수 있다.

05 보호관찰 등에 관한 법률 JUSTICE

1 보호관찰

(1) 목적

> **제1조(목적)**
> 이 법은 죄를 지은 사람으로서 재범 방지를 위하여 보호관찰, 사회봉사, 수강(受講) 및 갱생보호(更生保護) 등 체계적인 사회 내 처우가 필요하다고 인정되는 사람을 지도하고 보살피며 도움으로써 건전한 사회 복귀를 촉진하고, 효율적인 범죄예방 활동을 전개함으로써 개인 및 공공의 복지를 증진함과 아울러 사회를 보호함을 목적으로 한다.

(2) 국민의 협력 등

> **제2조(국민의 협력 등)**
> ① 모든 국민은 제1조의 목적을 달성하기 위하여 그 지위와 능력에 따라 협력하여야 한다.
> ② 국가와 지방자치단체는 죄를 지은 사람의 건전한 사회 복귀를 위하여 보호선도 사업을 육성할 책임을 진다.
> ③ 국가는 이 법의 집행과정에서 보호관찰을 받을 사람 등의 인권이 부당하게 침해되지 않도록 주의하여야 한다.

(3) 대상자

> **제3조(대상자)**
> ① 보호관찰을 받을 사람(이하 "보호관찰 대상자"라 한다)은 다음 각 호와 같다.

1. 「형법」 제59조의2에 따라 보호관찰을 조건으로 형의 선고유예를 받은 사람
2. 「형법」 제62조의2에 따라 보호관찰을 조건으로 형의 집행유예를 선고받은 사람
3. 「형법」 제73조의2 또는 이 법 제25조에 따라 보호관찰을 조건으로 가석방되거나 임시 퇴원된 사람
4. 「소년법」 제32조제1항제4호(단기보호관찰) 및 제5호(장기보호관찰)의 보호처분을 받은 사람
5. 다른 법률에서 이 법에 따른 보호관찰을 받도록 규정된 사람

② 사회봉사 또는 수강을 하여야 할 사람(이하 "사회봉사·수강명령 대상자"라 한다)은 다음 각 호와 같다.

1. 「형법」 제62조의2에 따라 사회봉사 또는 수강을 조건으로 형의 집행유예를 선고받은 사람
2. 「소년법」 제32조에 따라 사회봉사명령 또는 수강명령을 받은 사람
3. 다른 법률에서 이 법에 따른 사회봉사 또는 수강을 받도록 규정된 사람

③ 갱생보호를 받을 사람(이하 "갱생보호 대상자"라 한다)은 형사처분 또는 보호처분을 받은 사람으로서 자립갱생을 위한 숙식 제공, 주거 지원, 창업 지원, 직업훈련 및 취업 지원 등 보호의 필요성이 인정되는 사람으로 한다.

(4) 보호관찰의 기간

제30조(보호관찰의 기간)

보호관찰 대상자는 다음 각 호의 구분에 따른 기간에 보호관찰을 받는다.

1. 보호관찰을 조건으로 형의 선고유예를 받은 사람: 1년
2. 보호관찰을 조건으로 형의 집행유예를 선고받은 사람: 그 유예기간. 다만, 법원이 보호관찰 기간을 따로 정한 경우에는 그 기간
3. 가석방자 : 「형법」 제73조의2 또는 「소년법」 제66조에 규정된 기간
4. 임시퇴원자 : 퇴원일부터 6개월 이상 2년 이하의 범위에서 심사위원회가 정한 기간
5. 「소년법」 제32조제1항제4호 및 제5호의 보호처분을 받은 사람: 그 법률에서 정한 기간
6. 다른 법률에 따라 이 법에서 정한 보호관찰을 받는 사람: 그 법률에서 정한 기간

★ 보호관찰의 기간
- 선고유예 : 1년
- 집행유예 : 그 유예기간(법원이 보호관찰 기간을 따로 정한 경우에는 그 기간)
- 가석방자 : 「형법」(무기 : 10년, 유기형 : 남은 형기(10년 초과 할 수 없음))
- 임시퇴원자 : 6개월 이상 2년 이하의 범위에서 심사위원회가 정한 기간
- 「소년법」상 보호처분
  1) 단기보호관찰 : 1년

2) 장기보호관찰 : 2년, 1년의 범위에서 한 번 연장할 수 있음
• 「치료감호 등에 관한 법률」 : 3년(가종료 또는 법정대리인 등에게 위탁)

(5) 준수사항

제32조(보호관찰 대상자의 준수사항)

① 보호관찰 대상자는 보호관찰관의 지도·감독을 받으며 준수사항을 지키고 스스로 건전한 사회인이 되도록 노력하여야 한다.

② 보호관찰 대상자는 다음 각 호의 사항을 지켜야 한다.

1. 주거지에 상주(常住)하고 생업에 종사할 것
2. 범죄로 이어지기 쉬운 나쁜 습관을 버리고 선행(善行)을 하며 범죄를 저지를 염려가 있는 사람들과 교제하거나 어울리지 말 것
3. 보호관찰관의 지도·감독에 따르고 방문하면 응대할 것
4. 주거를 이전(移轉)하거나 1개월 이상 국내외 여행을 할 때에는 미리 보호관찰관에게 신고할 것

③ 법원 및 심사위원회는 판결의 선고 또는 결정의 고지를 할 때에는 제2항의 준수사항 외에 범죄의 내용과 종류 및 본인의 특성 등을 고려하여 필요하면 보호관찰 기간의 범위에서 기간을 정하여 다음 각 호의 사항을 특별히 지켜야 할 사항으로 따로 과(科)할 수 있다.

1. 야간 등 재범의 기회나 충동을 줄 수 있는 특정 시간대의 외출 제한
2. 재범의 기회나 충동을 줄 수 있는 특정 지역·장소의 출입 금지
3. 피해자 등 재범의 대상이 될 우려가 있는 특정인에 대한 접근 금지
4. 범죄행위로 인한 손해를 회복하기 위하여 노력할 것
5. 일정한 주거가 없는 자에 대한 거주장소 제한
6. 사행행위에 빠지지 아니할 것
7. 일정량 이상의 음주를 하지 말 것
8. 마약 등 중독성 있는 물질을 사용하지 아니할 것
9. 「마약류관리에 관한 법률」상의 마약류 투약, 흡연, 섭취 여부에 관한 검사에 따를 것
10. 그 밖에 보호관찰 대상자의 재범 방지를 위하여 필요하다고 인정되어 대통령령으로 정하는 사항

④ 보호관찰 대상자가 제2항 또는 제3항의 준수사항을 위반하거나 사정변경의 상당한 이유가 있는 경우에는 법원은 보호관찰소의 장의 신청 또는 검사의 청구에 따라, 심사위원회는 보호관찰소의 장의 신청에 따라 각각 준수사항의 전부 또는 일부를 추가, 변경하거나 삭제할 수 있다.

⑤ 제2항부터 제4항까지의 준수사항은 서면으로 고지하여야 한다.

시행령 제19조(특별준수사항)

법 제32조제3항제10호에서 "대통령령으로 정하는 사항"이란 다음 각 호의 사항을 말한다.

1. 운전면허를 취득할 때까지 자동차(원동기장치자전거를 포함한다) 운전을 하지 않을 것
2. 직업훈련, 검정고시 등 학과교육 또는 성행(性行: 성품과 행실)개선을 위한 교육, 치료 및 처우 프로그램에 관한 보호관찰관의 지시에 따를 것
3. 범죄와 관련이 있는 특정 업무에 관여하지 않을 것
4. 성실하게 학교수업에 참석할 것
5. 정당한 수입원에 의하여 생활하고 있음을 입증할 수 있는 자료를 정기적으로 보호관찰관에게 제출할 것
6. 흉기나 그 밖의 위험한 물건을 소지 또는 보관하거나 사용하지 아니할 것
7. 가족의 부양 등 가정생활에 있어서 책임을 성실히 이행할 것
8. 그 밖에 보호관찰 대상자의 생활상태, 심신의 상태, 범죄 또는 비행의 동기, 거주지의 환경 등으로 보아 보호관찰 대상자가 준수할 수 있고 자유를 부당하게 제한하지 아니하는 범위에서 개선·자립에 도움이 된다고 인정되는 구체적인 사항

(6) 보호관찰심사위원회

제5조(설치)

① 보호관찰에 관한 사항을 심사·결정하기 위하여 법무부장관 소속으로 보호관찰 심사위원회(이하 "심사위원회"라 한다)를 둔다.
② 심사위원회는 고등검찰청 소재지 등 대통령령으로 정하는 지역에 설치한다.

제6조(관장 사무)

심사위원회는 이 법에 따른 다음 각 호의 사항을 심사·결정한다.

1. 가석방과 그 취소에 관한 사항
2. 임시퇴원, 임시퇴원의 취소 및 보호소년의 퇴원(이하 "퇴원"이라 한다)에 관한 사항
3. 보호관찰의 임시해제와 그 취소에 관한 사항
4. 보호관찰의 정지와 그 취소에 관한 사항
5. 가석방 중인 사람의 부정기형의 종료에 관한 사항
6. 이 법 또는 다른 법령에서 심사위원회의 관장 사무로 규정된 사항
7. 제1호부터 제6호까지의 사항과 관련된 사항으로서 위원장이 회의에 부치는 사항

제7조(구성)

① 심사위원회는 위원장을 포함하여 5명 이상 9명 이하의 위원으로 구성한다.

② 심사위원회의 위원장은 고등검찰청 검사장 또는 고등검찰청 소속 검사 중에서 법무부장관이 임명한다.

③ 심사위원회의 위원은 판사, 검사, 변호사, 보호관찰소장, 지방교정청장, 교도소장, 소년원장 및 보호관찰에 관한 지식과 경험이 풍부한 사람 중에서 법무부장관이 임명하거나 위촉한다.

④ 심사위원회의 위원 중 3명 이내의 상임위원을 둔다.

제8조(위원의 임기)

위원의 임기는 2년으로 하되, 연임할 수 있다. 다만, 공무원인 비상임위원의 임기는 그 직위에 있는 기간으로 한다.

제10조(위원의 신분 등)

① 상임위원은 고위공무원단에 속하는 일반직공무원 또는 4급 공무원으로서 「국가공무원법」 제26조의5에 따른 임기제공무원으로 한다.

② 상임위원이 아닌 위원은 명예직으로 한다. 다만, 예산의 범위에서 법무부령으로 정하는 바에 따라 여비나 그 밖의 수당을 지급할 수 있다.

제11조(심사)

① 심사위원회는 심사자료에 의하여 제6조 각 호의 사항을 심사한다.

② 심사위원회는 심사에 필요하다고 인정하면 보호관찰 대상자와 그 밖의 관계인을 소환하여 심문하거나 상임위원 또는 보호관찰관에게 필요한 사항을 조사하게 할 수 있다.

③ 심사위원회는 심사에 필요하다고 인정하면 국공립기관이나 그 밖의 단체에 사실을 알아보거나 관계 자료의 제출을 요청할 수 있다

제12조(의결 및 결정)

① 심사위원회의 회의는 재적위원 과반수의 출석으로 개의하고, 출석위원 과반수의 찬성으로 의결한다.

② 제1항에도 불구하고 회의를 개최할 시간적 여유가 없는 등 부득이한 경우로서 대통령령으로 정하는 경우에는 서면으로 의결할 수 있다. 이 경우 재적위원 과반수의 찬성으로 의결한다.

③ 심사위원회의 회의는 비공개로 한다.

④ 결정은 이유를 붙이고 심사한 위원이 서명 또는 기명날인한 문서로 한다.

제12조의2(벌칙 적용에서 공무원 의제)

심사위원회의 위원 중 공무원이 아닌 사람은 「형법」 제127조 및 제129조부터 제132조까지의 규정을 적용할 때에는 공무원으로 본다.

(7) 보호관찰소

제14조(보호관찰소의 설치)

① 보호관찰, 사회봉사, 수강 및 갱생보호에 관한 사무를 관장하기 위하여 법무부장관 소속으로 보호관찰소를 둔다.
② 보호관찰소의 사무 일부를 처리하게 하기 위하여 그 관할 구역에 보호관찰지소를 둘 수 있다.

제15조(보호관찰소의 관장 사무)

보호관찰소(보호관찰지소를 포함한다. 이하 같다)는 다음 각 호의 사무를 관장한다.
1. 보호관찰, 사회봉사명령 및 수강명령의 집행
2. 갱생보호
3. 검사가 보호관찰관이 선도(善導)함을 조건으로 공소제기를 유예하고 위탁한 선도 업무
4. 제18조에 따른 범죄예방 자원봉사위원에 대한 교육훈련 및 업무지도
5. 범죄예방활동
6. 이 법 또는 다른 법령에서 보호관찰소의 관장 사무로 규정된 사항

제16조(보호관찰관)

① 보호관찰소에는 사무를 처리하기 위하여 보호관찰관을 둔다.
② 보호관찰관은 형사정책학, 행형학, 범죄학, 사회사업학, 교육학, 심리학, 그 밖에 보호관찰에 필요한 전문적 지식을 갖춘 사람이어야 한다.

제18조(범죄예방 자원봉사위원)

① 범죄예방활동을 하고, 보호관찰활동과 갱생보호사업을 지원하기 위하여 범죄예방 자원봉사위원(이하 "범죄예방위원"이라 한다)을 둘 수 있다.
② 법무부장관은 법무부령으로 정하는 바에 따라 범죄예방위원을 위촉한다.
③ 범죄예방위원의 명예와 이 법에 따른 활동은 존중되어야 한다.
④ 범죄예방위원은 명예직으로 하되, 예산의 범위에서 직무수행에 필요한 비용의 전부 또는 일부를 지급할 수 있다.

⑤ 범죄예방위원의 위촉 및 해촉, 정원, 직무의 구체적 내용, 조직, 비용의 지급, 그 밖에 필요한 사항은 법무부령으로 정한다.

★ 범죄예방 자원봉사위원(범죄예방위원) : 범죄예방활동 + 보호관찰활동과 갱생보호사업을 지원

★ 검사의 선도위탁(「보호관찰 등에 관한 법률」 제15조 제3호)
   검사가 보호관찰관이 선도함을 조건으로 공소제기를 유예하고 위탁한 선도 업무인 검사의 선도위탁은, 규정상 대상자가 성년과 소년을 불문한다는 점에서, 소년을 대상으로 실시하는 선도조건부 기소유예제도와 구별된다.

(8) 판결 전 조사, 결정 전 조사

제19조(판결 전 조사)

① 법원은 피고인에 대하여 「형법」 제59조의2 및 제62조의2에 따른 보호관찰, 사회봉사 또는 수강을 명하기 위하여 필요하다고 인정하면 그 법원의 소재지(所在地) 또는 피고인의 주거지를 관할하는 보호관찰소의 장에게 범행 동기, 직업, 생활환경, 교우관계, 가족상황, 피해회복 여부 등 피고인에 관한 사항의 조사를 요구할 수 있다.

② 제1항의 요구를 받은 보호관찰소의 장은 지체 없이 이를 조사하여 서면으로 해당 법원에 알려야 한다. 이 경우 필요하다고 인정하면 피고인이나 그 밖의 관계인을 소환하여 심문하거나 소속 보호관찰관에게 필요한 사항을 조사하게 할 수 있다.

③ 법원은 제1항의 요구를 받은 보호관찰소의 장에게 조사진행상황에 관한 보고를 요구할 수 있다.

제19조의2(결정 전 조사)

① 법원은 「소년법」 제12조에 따라 소년 보호사건에 대한 조사 또는 심리를 위하여 필요하다고 인정하면 그 법원의 소재지 또는 소년의 주거지를 관할하는 보호관찰소의 장에게 소년의 품행, 경력, 가정상황, 그 밖의 환경 등 필요한 사항에 관한 조사를 의뢰할 수 있다.

② 제1항의 의뢰를 받은 보호관찰소의 장은 지체 없이 조사하여 서면으로 법원에 통보하여야 하며, 조사를 위하여 필요한 경우에는 소년 또는 관계인을 소환하여 심문하거나 소속 보호관찰관으로 하여금 필요한 사항을 조사하게 할 수 있다.

★ 판결 전 조사와 결정 전 조사의 차이점
   • 판결 전 조사(형사 피고인) : 법원은 피고인에 대하여 보호관찰, 사회봉사 또는 수강을 명하기 위하여 필요하다고 인정하면 관할 보호관찰소의 장에게 피고인에 대한 사항의 조사를 요구할 수 있다.
   • 결정 전 조사(소년 보호사건) : 법원은 소년 보호사건에 대한 조사 또는 심리를 위하여 필요한 경우 관할 보호관찰소의 장에게 필요한 사항에 관한 조사를 의뢰할 수 있다.

(9) 판결의 통지 등

제20조(판결의 통지 등)

① 법원은 「형법」 제59조의2(선고유예) 또는 제62조의2(집행유예)에 따라 보호관찰을 명하는 판결이 확정된 때부터 3일 이내에 판결문 등본 및 준수사항을 적은 서면을 피고인의 주거지를 관할하는 보호관찰소의 장에게 보내야 한다.

② 제1항의 경우 법원은 그 의견이나 그 밖에 보호관찰에 참고가 될 수 있는 자료를 첨부할 수 있다.

③ 법원은 제1항의 통지를 받은 보호관찰소의 장에게 보호관찰 상황에 관한 보고를 요구할 수 있다.

제21조(교도소장 등의 통보의무)

① 교도소·구치소·소년교도소의 장은 징역 또는 금고의 형을 선고받은 소년(이하 "소년수형자"라 한다)이 「소년법」 제65조 각 호의 기간을 지나면 그 교도소·구치소·소년교도소의 소재지를 관할하는 심사위원회에 그 사실을 통보하여야 한다.

② 소년원장은 보호소년이 수용된 후 6개월이 지나면 그 소년원의 소재지를 관할하는 심사위원회에 그 사실을 통보하여야 한다.

★ 통보의무
- 교정시설의 장 : 소년수형자가 「소년법」상 규정된 가석방 기간이 지나면 관할 심사위원회에 그 사실을 통보하여야 한다.
- 소년원장 : 보호소년이 수용된 후 6개월이 지나면 그 소년원의 소재지를 관할하는 심사위원회에 그 사실을 통보하여야 한다.

(10) 가석방·퇴원 및 임시퇴원의 신청 등

제22조(가석방·퇴원 및 임시퇴원의 신청)

① 교도소·구치소·소년교도소 및 소년원(이하 "수용기관"이라 한다)의 장은 「소년법」 제65조 각 호의 기간이 지난 소년수형자 또는 수용 중인 보호소년에 대하여 법무부령으로 정하는 바에 따라 관할 심사위원회에 가석방, 퇴원 또는 임시퇴원 심사를 신청할 수 있다.

② 제1항의 신청을 할 때에는 제26조 또는 제27조에 따라 통지받은 환경조사 및 환경개선활동 결과를 고려하여야 한다.

제23조(가석방·퇴원 및 임시퇴원의 심사와 결정)

① 심사위원회는 제22조제1항에 따른 신청을 받으면 소년수형자에 대한 가석방 또는 보호소년에 대한 퇴원·임시퇴원이 적절한지를 심사하여 결정한다.

② 심사위원회는 제21조에 따른 통보를 받은 사람에 대하여는 제22조제1항에 따른 신청이 없
는 경우에도 직권으로 가석방·퇴원 및 임시퇴원이 적절한지를 심사하여 결정할 수 있다.

③ 심사위원회는 제1항 또는 제2항에 따라 소년수형자의 가석방이 적절한지를 심사할 때에는
보호관찰의 필요성을 심사하여 결정한다.

④ 심사위원회는 제1항부터 제3항까지의 규정에 따라 심사·결정을 할 때에는 본인의 인격,
교정성적, 직업, 생활태도, 가족관계 및 재범 위험성 등 모든 사정을 고려하여야 한다.

제24조(성인수형자에 대한 보호관찰의 심사와 결정)

① 심사위원회는 「형의 집행 및 수용자의 처우에 관한 법률」 제122조에 따라 가석방되는 사
람에 대하여 보호관찰의 필요성을 심사하여 결정한다.

② 심사위원회는 제1항에 따른 보호관찰심사를 할 때에는 제28조에 따른 보호관찰 사안조사
결과를 고려하여야 한다.

★ 수용기관의 장 : 「소년법」상 가석방 관련 기간이 지난 소년수형자 또는 수용 중인 보호소년에 대하여 관할 심사위원회에 가
석방, 퇴원 또는 임시퇴원 심사를 신청할 수 있다(환경조사 및 환경개선활동 결과를 고려하여야 한다).

★ 심사위원회 : 「형집행법」에 따라 가석방되는 사람(성인수형자)에 대하여 보호관찰의 필요성을 심사하여 결정한다.

★ 소년수형자와 성년수형자의 가석방 신청
  • 소년수형자(보호관찰심사위원회), 성년수형자(가석방심사위원회)
  • 보호관찰 필요성 심사 : 소년·성년수형자 모두 보호관찰심사위원회에서 심사·결정한다.

(11) 법무부장관의 허가

제25조(법무부장관의 허가)

심사위원회는 제23조에 따른 심사 결과 가석방, 퇴원 또는 임시퇴원이 적절하다고 결정한 경
우 및 제24조에 따른 심사 결과 보호관찰이 필요없다고 결정한 경우에는 결정서에 관계 서류
를 첨부하여 법무부장관에게 이에 대한 허가를 신청하여야 하며, 법무부장관은 심사위원회의
결정이 정당하다고 인정하면 이를 허가할 수 있다.

★ 심사 결과 가석방, 퇴원 또는 임시퇴원이 적절하다고 결정한 경우 및 보호관찰이 필요없다고 결정한 경우 : 법무부장관에게
이에 대한 허가를 신청하여야 한다.

(12) 환경조사 및 환경개선활동(소년이 대상임)

제26조(환경조사)

① 수용기관·병원·요양소·「보호소년 등의 처우에 관한 법률」에 따른 의료재활소년원의 장

은 소년수형자 및 「소년법」 제32조제1항제7호·제9호·제10호의 보호처분 중 어느 하나에 해당하는 처분을 받은 사람(이하 "수용자"라 한다)을 수용한 경우에는 지체 없이 거주예정지를 관할하는 보호관찰소의 장에게 신상조사서를 보내 환경조사를 의뢰하여야 한다. (제8호제외)

② 제1항에 따라 환경조사를 의뢰받은 보호관찰소의 장은 수용자의 범죄 또는 비행의 동기, 수용 전의 직업, 생활환경, 교우관계, 가족상황, 피해회복 여부, 생계대책 등을 조사하여 수용기관의 장에게 알려야 한다. 이 경우 필요하다고 인정하면 수용자를 면담하거나 관계인을 소환하여 심문(審問)하거나 소속 보호관찰관에게 필요한 사항을 조사하게 할 수 있다.

제27조(환경개선활동)

① 보호관찰소의 장은 제26조에 따른 환경조사 결과에 따라 수용자의 건전한 사회 복귀를 촉진하기 위하여 필요하다고 인정하면 본인의 동의를 얻거나 가족·관계인의 협력을 받아 본인의 환경개선을 위한 활동을 할 수 있다.

② 보호관찰소의 장은 제1항에 따른 환경개선활동을 위하여 필요하다고 인정하면 수용기관의 장에게 수용자의 면담 등 필요한 협조를 요청할 수 있다.

③ 보호관찰소의 장은 제1항에 따른 환경개선활동의 결과를 수용기관의 장과 수용기관의 소재지를 관할하는 심사위원회에 알려야 한다.

(13) 보호관찰 사안조사(성년수형자 중 가석방 적격심사신청 대상자)

제28조(성인수형자에 대한 보호관찰 사안조사)

① 교도소·구치소·소년교도소의 장은 징역 또는 금고 이상의 형을 선고받은 성인(이하 "성인수형자"라 한다)에 대하여 「형의 집행 및 수용자의 처우에 관한 법률」 제121조에 따라 가석방심사위원회에 가석방 적격심사신청을 할 때에는 신청과 동시에 가석방 적격심사신청 대상자의 명단과 신상조사서를 해당 교도소·구치소·소년교도소의 소재지를 관할하는 심사위원회에 보내야 한다.

② 심사위원회는 교도소·구치소·소년교도소의 장으로부터 가석방 적격심사신청 대상자의 명단과 신상조사서를 받으면 해당 성인수형자를 면담하여 직접 제26조제2항 전단에 규정된 사항, 석방 후의 재범 위험성 및 사회생활에 대한 적응 가능성 등에 관한 조사(이하 "보호관찰 사안조사"라 한다)를 하거나 교도소·구치소·소년교도소의 소재지 또는 해당 성인수형자의 거주예정지를 관할하는 보호관찰소의 장에게 그 자료를 보내 보호관찰 사안조사

를 의뢰할 수 있다.

③ 제2항에 따라 보호관찰 사안조사를 의뢰받은 보호관찰소의 장은 지체 없이 보호관찰 사안
조사를 하고 그 결과를 심사위원회에 통보하여야 한다.

④ 교도소·구치소·소년교도소의 장은 심사위원회 또는 보호관찰소의 장으로부터 보호관찰
사안조사를 위하여 성인수형자의 면담 등 필요한 협조 요청을 받으면 이에 협조하여야 한다.

★ 보호관찰사안조사 : 성년수형자를 가석방 적격심사신청을 할 때 보호관찰 실시유무를 판단하기 위해 실시하는 제도임.

(14) 보호관찰의 개시 등

제29조(보호관찰의 개시 및 신고)

① 보호관찰은 법원의 판결이나 결정이 확정된 때 또는 가석방·임시퇴원된 때부터 시작된다.

② 보호관찰 대상자는 대통령령으로 정하는 바에 따라 주거, 직업, 생활계획, 그 밖에 필요한
사항을 관할 보호관찰소의 장에게 신고하여야 한다.

제31조(보호관찰 담당자)

보호관찰은 보호관찰 대상자의 주거지를 관할하는 보호관찰소 소속 보호관찰관이 담당한다.

★ 보호관찰의 개시 : 법원의 판결이나 결정이 확정된 때 또는 가석방·임시퇴원된 때부터 시작된다(보호관찰 : 보호관찰관이
담당한다).

(15) 지도·감독 및 원호

제33조(지도·감독)

① 보호관찰관은 보호관찰 대상자의 재범을 방지하고 건전한 사회 복귀를 촉진하기 위하여
필요한 지도·감독을 한다.

② 제1항의 지도·감독 방법은 다음 각 호와 같다.

1. 보호관찰 대상자와 긴밀한 접촉을 가지고 항상 그 행동 및 환경 등을 관찰하는 것
2. 보호관찰 대상자에게 제32조의 준수사항을 이행하기에 적절한 지시를 하는 것
3. 보호관찰 대상자의 건전한 사회 복귀를 위하여 필요한 조치를 하는 것

제33조의2(분류처우)

① 보호관찰소의 장은 범행 내용, 재범위험성 등 보호관찰 대상자의 개별적 특성을 고려하여
그에 알맞은 지도·감독의 방법과 수준에 따라 분류처우를 하여야 한다.

② 제1항에 따른 분류처우에 관하여 필요한 사항은 대통령령으로 정한다.

제34조(원호)

① 보호관찰관은 보호관찰 대상자가 자조(自助)의 노력을 할 때에는 그의 개선과 자립을 위하여 필요하다고 인정되는 적절한 원호(援護)를 한다.

② 제1항의 원호의 방법은 다음 각 호와 같다.

1. 숙소 및 취업의 알선
2. 직업훈련 기회의 제공
3. 환경의 개선
4. 보호관찰 대상자의 건전한 사회 복귀에 필요한 원조의 제공

제35조(응급구호)

보호관찰소의 장은 보호관찰 대상자에게 부상, 질병, 그 밖의 긴급한 사유가 발생한 경우에는 대통령령으로 정하는 바에 따라 필요한 구호를 할 수 있다.

(16) 보호관찰 대상자에 대한 통제

제37조(보호관찰 대상자 등의 조사)

① 보호관찰소의 장은 보호관찰을 위하여 필요하다고 인정하면 보호관찰 대상자나 그 밖의 관계인을 소환하여 심문하거나 소속 보호관찰관에게 필요한 사항을 조사하게 할 수 있다.

② 보호관찰소의 장은 보호관찰을 위하여 필요하다고 인정하면 국공립기관이나 그 밖의 단체에 사실을 알아보거나 관련 자료의 열람 등 협조를 요청할 수 있다.

③ 제1항과 제2항의 직무를 담당하는 사람은 직무상 비밀을 엄수하고, 보호관찰 대상자 및 관계인의 인권을 존중하며, 보호관찰 대상자의 건전한 사회 복귀에 방해되는 일이 없도록 주의하여야 한다.

제38조(경고)

보호관찰소의 장은 보호관찰 대상자가 제32조의 준수사항을 위반하거나 위반할 위험성이 있다고 인정할 상당한 이유가 있는 경우에는 준수사항의 이행을 촉구하고 형의 집행 등 불리한 처분을 받을 수 있음을 경고할 수 있다.

제39조(구인)

① 보호관찰소의 장은 보호관찰 대상자가 제32조의 준수사항을 위반하였거나 위반하였다고

의심할 상당한 이유가 있고, 다음 각 호의 어느 하나에 해당하는 사유가 있는 경우에는 관할 지방검찰청의 검사에게 신청하여 검사의 청구로 관할 지방법원 판사의 구인장을 발부받아 보호관찰 대상자를 구인(拘引)할 수 있다.

1. 일정한 주거가 없는 경우
2. 제37조제1항에 따른 소환에 따르지 아니한 경우
3. 도주한 경우 또는 도주할 염려가 있는 경우

② 제1항의 구인장은 검사의 지휘에 따라 보호관찰관이 집행한다. 다만, 보호관찰관이 집행하기 곤란한 경우에는 사법경찰관리에게 집행하게 할 수 있다.

제40조(긴급구인)

① 보호관찰소의 장은 제32조의 준수사항을 위반한 보호관찰 대상자가 제39조제1항 각 호의 어느 하나에 해당하는 사유가 있는 경우로서 긴급하여 제39조에 따른 구인장을 발부받을 수 없는 경우에는 그 사유를 알리고 구인장 없이 그 보호관찰 대상자를 구인할 수 있다. 이 경우 긴급하다 함은 해당 보호관찰 대상자를 우연히 발견한 경우 등과 같이 구인장을 발부받을 시간적 여유가 없는 경우를 말한다.

② 보호관찰소의 장은 제1항에 따라 보호관찰 대상자를 구인한 경우에는 긴급구인서를 작성하여 즉시 관할 지방검찰청 검사의 승인을 받아야 한다.

③ 보호관찰소의 장은 제2항에 따른 승인을 받지 못하면 즉시 보호관찰 대상자를 석방하여야 한다.

제41조(구인 기간)

보호관찰소의 장은 제39조 또는 제40조에 따라 보호관찰 대상자를 구인하였을 때에는 제42조에 따라 유치(留置) 허가를 청구한 경우를 제외하고는 구인한 때부터 48시간 이내에 석방하여야 한다. 다만, 제42조제2항에 따른 유치 허가를 받지 못하면 즉시 보호관찰 대상자를 석방하여야 한다.

제42조(유치)

① 보호관찰소의 장은 다음 각 호의 신청이 필요하다고 인정되면 제39조 또는 제40조에 따라 구인한 보호관찰 대상자를 수용기관 또는 소년분류심사원에 유치할 수 있다.

1. 제47조에 따른 보호관찰을 조건으로 한 형(벌금형을 제외한다)의 선고유예의 실효(失效) 및 집행유예의 취소 청구의 신청
2. 제48조에 따른 가석방 및 임시퇴원의 취소 신청
3. 제49조에 따른 보호처분의 변경 신청

② 제1항에 따른 유치를 하려는 경우에는 보호관찰소의 장이 검사에게 신청하여 검사의 청구로 관할 지방법원 판사의 허가를 받아야 한다. 이 경우 검사는 보호관찰 대상자가 구인된 때부터 48시간 이내에 유치 허가를 청구하여야 한다.

③ 보호관찰소의 장은 유치 허가를 받은 때부터 24시간 이내에 제1항 각 호의 신청을 하여야 한다.

④ 검사는 보호관찰소의 장으로부터 제1항제1호의 신청을 받고 그 이유가 타당하다고 인정되면 48시간 이내에 관할 지방법원에 보호관찰을 조건으로 한 형의 선고유예의 실효 또는 집행유예의 취소를 청구하여야 한다.

제43조(유치기간)

① 제42조에 따른 유치의 기간은 제39조제1항 또는 제40조제1항에 따라 구인한 날부터 20일로 한다.

② 법원은 제42조제1항제1호 또는 제3호에 따른 신청이 있는 경우에 심리(審理)를 위하여 필요하다고 인정되면 심급마다 20일의 범위에서 한 차례만 유치기간을 연장할 수 있다.

③ 보호관찰소의 장은 제42조제1항제2호에 따른 신청이 있는 경우에 심사위원회의 심사에 필요하면 검사에게 신청하여 검사의 청구로 지방법원 판사의 허가를 받아 10일의 범위에서 한 차례만 유치기간을 연장할 수 있다.

제44조(유치의 해제)

보호관찰소의 장은 다음 각 호의 어느 하나에 해당하는 경우에는 유치를 해제하고 보호관찰 대상자를 즉시 석방하여야 한다.

1. 검사가 제47조제1항에 따른 보호관찰소의 장의 신청을 기각한 경우
2. 법원이 제47조제1항에 따른 검사의 청구를 기각한 경우
3. 심사위원회가 제48조에 따른 보호관찰소의 장의 신청을 기각한 경우
4. 법무부장관이 제48조에 따른 심사위원회의 신청을 허가하지 아니한 경우
5. 법원이 제49조에 따른 보호관찰소의 장의 신청을 기각한 경우

제45조(유치기간의 형기 산입)

제42조에 따라 유치된 사람에 대하여 보호관찰을 조건으로 한 형의 선고유예가 실효되거나 집행유예가 취소된 경우 또는 가석방이 취소된 경우에는 그 유치기간을 형기에 산입한다.

★ 보호관찰 대상자의 통제 : 경고, 구인, 긴급구인, 유치가 있음
★ 유치기간 : 법원의 허가를 받은 날부터 20일로 한다.
  • 선고유예의 실효 및 집행유예의 취소 청구 또는 보호처분의 변경 신청 : 심급마다 20일의 범위에서 한 차례만 연장할 수 있다.
  • 가석방 및 임시퇴원의 취소 신청 : 10일의 범위에서 한 차례만 연장할 수 있다.

(17) 보호장구와 선고유예의 실효 및 집행유예의 취소 등

46조의2(보호장구의 사용)

① 보호관찰소 소속 공무원은 보호관찰 대상자가 다음 각 호의 어느 하나에 해당하고, 정당한 직무집행 과정에서 필요하다고 인정되는 상당한 이유가 있으면 제46조의3제1항에 따른 보호장구를 사용할 수 있다.

    1. 제39조 및 제40조에 따라 구인 또는 긴급구인한 보호관찰 대상자를 보호관찰소에 인치 하거나 수용기관 등에 유치하기 위해 호송하는 때

    2. 제39조 및 제40조에 따라 구인 또는 긴급구인한 보호관찰 대상자가 도주하거나 도주할 우려가 있는 때

    3. 위력으로 보호관찰소 소속 공무원의 정당한 직무집행을 방해하는 때

    4. 자살·자해 또는 다른 사람에 대한 위해의 우려가 큰 때

    5. 보호관찰소 시설의 설비·기구 등을 손괴하거나 그 밖에 시설의 안전 또는 질서를 해칠 우려가 큰 때

② 보호장구를 사용하는 경우에는 보호관찰 대상자의 나이, 신체적·정신적 건강상태 및 보호 관찰 집행 상황 등을 고려하여야 한다.

③ 그 밖에 보호장구의 사용절차 및 방법 등에 관하여 필요한 사항은 법무부령으로 정한다

제46조의3(보호장구의 종류 및 사용요건)

① 보호장구의 종류는 다음 각 호와 같다.

    1. 수갑

    2. 포승

    3. 보호대(帶)

    4. 가스총

    5. 전자충격기

② 보호장구의 종류별 사용요건은 다음 각 호와 같다.

    1. 수갑·포승·보호대(帶) : 제46조의2제1항제1호부터 제5호까지의 어느 하나에 해당하 는 때

    2. 가스총 : 제46조의2제1항제2호부터 제5호까지의 어느 하나에 해당하는 때

    3. 전자충격기 : 제46조의2제1항제2호부터 제5호까지의 어느 하나에 해당하는 경우로서 상황이 긴급하여 다른 보호장구만으로는 그 목적을 달성할 수 없는 때

제47조(보호관찰을 조건으로 한 형의 선고유예의 실효 및 집행유예의 취소)

① 「형법」 제61조제2항에 따른 선고유예의 실효 및 같은 법 제64조제2항에 따른 집행유예의

취소는 검사가 보호관찰소의 장의 신청을 받아 법원에 청구한다.

② 제1항의 실효 및 취소절차에 관하여는 「형사소송법」 제335조를 준용한다.

제48조(가석방 및 임시퇴원의 취소)

① 심사위원회는 가석방 또는 임시퇴원된 사람이 보호관찰기간 중 제32조의 준수사항을 위반하고 위반 정도가 무거워 보호관찰을 계속하기가 적절하지 아니하다고 판단되는 경우에는 보호관찰소의 장의 신청을 받거나 직권으로 가석방 및 임시퇴원의 취소를 심사하여 결정할 수 있다.

② 심사위원회는 제1항에 따른 심사 결과 가석방 또는 임시퇴원을 취소하는 것이 적절하다고 결정한 경우에는 결정서에 관계 서류를 첨부하여 법무부장관에게 이에 대한 허가를 신청하여야 하며, 법무부장관은 심사위원회의 결정이 정당하다고 인정되면 이를 허가할 수 있다.

제49조(보호처분의 변경)

① 보호관찰소의 장은 「소년법」 제32조제1항제4호 또는 제5호의 보호처분에 따라 보호관찰을 받고 있는 사람이 보호관찰 기간 중 제32조의 준수사항을 위반하고 그 정도가 무거워 보호관찰을 계속하기 적절하지 아니하다고 판단되면 보호관찰소 소재지를 관할하는 법원에 보호처분의 변경을 신청할 수 있다.

② 제1항에 따른 보호처분의 변경을 할 경우 신청대상자가 19세 이상인 경우에도 「소년법」 제2조 및 제38조제1항에도 불구하고 같은 법 제2장의 보호사건 규정을 적용한다.

제50조(부정기형의 종료 등)

① 「소년법」 제60조제1항에 따라 형을 선고받은 후 가석방된 사람이 그 형의 단기(短期)가 지나고 보호관찰의 목적을 달성하였다고 인정되면 같은 법 제66조에서 정한 기간 전이라도 심사위원회는 보호관찰소의 장의 신청을 받거나 직권으로 형의 집행을 종료한 것으로 결정할 수 있다.

② 임시퇴원자가 임시퇴원이 취소되지 아니하고 보호관찰 기간을 지난 경우에는 퇴원된 것으로 본다.

★ 선고유예 실효 및 집행유예 취소 : 검사가 보호관찰소의 장의 신청을 받아 법원에 청구

★ 가석방 및 임시퇴원 취소 : 보호관찰심사위원회 심사 · 결정 ⇒ 법무부장관에게 허가 신청

★ 보호처분 변경 : 보호관찰소의 장 ⇒ 법원에 보호처분 변경 신청

(18) 보호관찰의 종료, 임시해제 및 정지

제51조(보호관찰의 종료)

① 보호관찰은 보호관찰 대상자가 다음 각 호의 어느 하나에 해당하는 때에 종료한다.

1. 보호관찰 기간이 지난 때

2. 「형법」 제61조에 따라 보호관찰을 조건으로 한 형의 선고유예가 실효되거나 같은 법 제63조 또는 제64조에 따라 보호관찰을 조건으로 한 집행유예가 실효되거나 취소된 때

3. 제48조 또는 다른 법률에 따라 가석방 또는 임시퇴원이 실효되거나 취소된 때

4. 제49조에 따라 보호처분이 변경된 때

5. 제50조에 따른 부정기형 종료 결정이 있는 때

6. 제53조에 따라 보호관찰이 정지된 임시퇴원자가 「보호소년 등의 처우에 관한 법률」 제43조제1항의 나이(22세)가 된 때

7. 다른 법률에 따라 보호관찰이 변경되거나 취소·종료된 때

② 보호관찰 대상자가 보호관찰 기간 중 금고 이상의 형의 집행을 받게 된 때에는 해당 형의 집행기간 동안 보호관찰 대상자에 대한 보호관찰 기간은 계속 진행되고, 해당 형의 집행이 종료·면제되거나 보호관찰 대상자가 가석방된 경우 보호관찰 기간이 남아있는 때에는 그 잔여기간 동안 보호관찰을 집행한다.

제52조(임시해제)

① 심사위원회는 보호관찰 대상자의 성적이 양호할 때에는 보호관찰소의 장의 신청을 받거나 직권으로 보호관찰을 임시해제할 수 있다.

② 임시해제 중에는 보호관찰을 하지 아니한다. 다만, 보호관찰 대상자는 준수사항을 계속하여 지켜야 한다.

③ 심사위원회는 임시해제 결정을 받은 사람에 대하여 다시 보호관찰을 하는 것이 적절하다고 인정되면 보호관찰소의 장의 신청을 받거나 직권으로 임시해제 결정을 취소할 수 있다.

④ 제3항에 따라 임시해제 결정이 취소된 경우에는 그 임시해제 기간을 보호관찰 기간에 포함한다.

제53조(보호관찰의 정지)

① 심사위원회는 가석방 또는 임시퇴원된 사람이 있는 곳을 알 수 없어 보호관찰을 계속할 수 없을 때에는 보호관찰소의 장의 신청을 받거나 직권으로 보호관찰을 정지하는 결정(이하 "정지결정"이라 한다)을 할 수 있다.

② 심사위원회는 제1항에 따라 보호관찰을 정지한 사람이 있는 곳을 알게 되면 즉시 그 정지를 해제하는 결정(이하 "정지해제결정"이라 한다)을 하여야 한다.

③ 보호관찰 정지 중인 사람이 제39조 또는 제40조에 따라 구인된 경우에는 구인된 날에 정지해제결정을 한 것으로 본다.

④ 형기 또는 보호관찰 기간은 정지결정을 한 날부터 그 진행이 정지되고, 정지해제결정을 한 날부터 다시 진행된다.

⑤ 심사위원회는 제1항에 따라 정지결정을 한 후 소재 불명이 천재지변이나 그 밖의 부득이한 사정 등 보호관찰 대상자에게 책임이 있는 사유로 인한 것이 아닌 것으로 밝혀진 경우에는 그 정지결정을 취소하여야 한다. 이 경우 정지결정은 없었던 것으로 본다.

★ 임시해제 : 보호관찰을 하지 않음, 준수사항은 계속됨, 임시해제 기간은 보호관찰 기간에 포함한다.

(19) 보호관찰사건의 이송 등

제54조(직무상 비밀과 증언 거부)

심사위원회 및 보호관찰소의 직원이거나 직원이었던 사람이 다른 법률에 따라 증인으로 신문(訊問)을 받는 경우에는 그 직무상 알게 된 다른 사람의 비밀에 대하여 증언을 거부할 수 있다. 다만, 본인의 승낙이 있거나 중대한 공익상 필요가 있는 경우에는 그러하지 아니하다

제55조(보호관찰사건의 이송)

보호관찰소의 장은 보호관찰 대상자가 주거지를 이동한 경우에는 새 주거지를 관할하는 보호관찰소의 장에게 보호관찰사건을 이송할 수 있다

55조의2(기부금품의 접수)

① 보호관찰소의 장은 기관·단체 또는 개인이 보호관찰 대상자에 대한 원호 등을 위하여 보호관찰소에 자발적으로 기탁하는 금품을 접수할 수 있다.

② 기부자에 대한 영수증 발급, 기부금품의 용도 지정, 장부의 열람, 그 밖에 필요한 사항은 대통령령으로 정한다.

제55조의4(범죄경력자료 등의 조회 요청)

① 법무부장관은 이 법에 따른 보호관찰의 집행이 종료된 사람의 재범 여부를 조사하고 보호관찰명령의 효과를 평가하기 위하여 필요한 경우에는 그 집행이 종료된 때부터 3년 동안 관계 기관에 그 사람에 관한 범죄경력자료와 수사경력자료에 대한 조회를 요청할 수 있다.

② 제1항의 요청을 받은 관계 기관의 장은 정당한 사유 없이 이를 거부해서는 아니 된다.

2 사회봉사명령제도

(1) 개념

① 사회봉사명령이란 법원이 비교적 죄질이 가벼운 범죄자나 비행소년을 교도소나 소년원에 구금하는 대신 정상적인 사회생활을 영위하게 하면서 일정기간 무보수로 사회봉사활동을 하도록 명령하는 제도를 말한다.

② 단기자유형의 대체, 과밀수용해소, 형벌의 다양화, 구금에 대한 회의, 범죄자와 사회의 재통합, 사회에 대한 배상 및 보호관찰에 따른 부수적인 처분 등의 이유로 도입되었다.

③ 사회봉사명령제도는 보호관찰 이래 최대의 형벌개혁으로 평가받고 있다.

(2) 기능

① 처벌적 기능

범죄자의 여가를 박탈하여 일정기간 동안 무보수로 지정된 노동에 종사하게 하는 처벌적 기능을 지니고 있다.

② 속죄적 기능

범죄자가 직접 땀을 흘리며 사회를 위해 봉사하는 과정을 통해 참된 삶의 의미를 생각하게 되면, 자신의 범죄행위를 스스로 반성하게 하는 기능과 함께 속죄할 수 있는 기회를 부여할 수 있다.

③ 배상적 기능

피해자나 지역사회를 위한 봉사활동을 하게 함으로써 범죄로 인해 야기된 피해를 배상하게 하는 기능과 함께, 사회적 이익을 위해 봉사하기 때문에 사회사업적 기능도 한다.

④ 범죄자와 사회의 재통합 기능

범죄자에게 봉사활동을 하게 함으로써 범죄자와 사회의 화해 및 사회재통합을 이룩하게 하는 기능 및 사회복귀를 촉진하게 하는 기능을 한다.

(3) 사회봉사명령의 성격에 대한 학설

① 구금회피수단설

사회봉사명령제도를 과잉구금에 대처하기 위한 구금회피의 수단으로 보는 견해이다.

② 사회적 책임설

범죄인에게 봉사활동을 통하여 사회적 책임을 환기시키고 사회에 보상할 기회를 제공하는 제도로 보는 견해이다.

③ 봉사정신 자각설

범죄인에게 자원봉사의 소중한 정신을 배우게 하고 봉사활동의 숭고한 가치를 깨닫게 하는 제도로 보는 견해이다.
④ 구금대체수단설
주로 단기나 중기의 구금형에 대한 대체수단으로 보는 것으로 '최근의 유력한 견해'이다.

(4) 연혁

① 사회봉사제도는 1960년대에 영국에서 당사자의 동의를 기초로 한 자유노동으로 자유형을 대체시켜 과밀수용을 해소하려는 시도에서 비롯하였다.
② 1970년 영국의 '형벌제도에 대한 자문위원회'가 작성한 비구금형벌과 반구금형벌 보고서(우튼보고서)에서 사회봉사명령제도의 도입을 제시하였다.
③ 사회봉사명령제도는 보호관찰보다는 형벌적 성격이 강하면서 단기구금형을 대체할 수 있는 장점이 있어, 1972년 「형사재판법」에 최초로 도입된 후 영국 전역 및 여러 나라로 전파되었다.
④ 영국·프랑스·포르투갈 등은 사회봉사명령을 독립된 형벌로 인정하고 있는 반면, 우리나라를 비롯한 독일 등은 집행유예 등에 따른 보호관찰의 조건으로 인정하고 있다.

〈보호관찰과 사회봉사명령 비교〉

보호관찰	사회봉사명령
① 지도·원조를 받는 수동적 객체로 처우	① 사회에 봉사활동을 하는 능동적 주체로 전환
② 처우의 중점을 지도나 원조에 둠	② 처우의 중점을 봉사활동 중심의 통제로 바꿈
③ 범죄인의 관리통제 기능 미약	③ 범죄인의 관리통제 기능을 사회로 대체
④ 인적·물적 자원 등 비용이 과다	④ 보호관찰보다 비용이 저렴
⑤ 처벌적 측면보다 범죄방지를 중시	⑤ 자유형에 상응한 처벌효과가 있음
⑥ 전통적인 사회내 처우의 기본형태	⑥ 구금형과 비구금적 처우의 간격을 줄임

3 수강명령제도

(1) 개념

① 수강명령은 유죄가 인정된 범죄인이나 비행소년을 교화개선하기 위해 일정한 기간 강의나 교육을 받도록 명하는 것을 말한다.
② 영국에서 비행소년들로 하여금 단기간 동안 강한충격(Short-sharp-shock)을 받도록 하자는 취지에 창안되어, 1948년 영국의 「형사재판법」에 21세 미만자를 대상으로 도입하였다.
③ 주로 주말을 이용해 비행소년들의 여가시간을 박탈함으로써 범죄기회를 감소시키는 한편 건전한 여가활용 습관을 익히도록 하는 것이 목적이며, 심성개발 훈련·인간관계개선·성교육·약물남용 폐해교육 등을 실시한다.
④ 우리나라는 형법과 소년법에 의한 수강명령이 절대다수이고 실제 수강시간은 50시간 이하가

대부분이며, 영국의 주간학교(주간센터)와 같이 보호관찰소에 출석하거나 위탁된 교육 프로그램에 참가하는 형식으로 운영하고 있다.

(2) 수강명령 제한 대상자

① 수강명령은 격리할 필요가 있거나, 범죄전력이 있는 범죄자 및 과거 수용전력이 있는 자들에게는 특별한 사정이 없는 한 허용되지 않는 것이 원칙이다.

② 마약·알코올 중독자 등 특별한 치료를 요하는 자는 사회봉사명령 보다 수강명령이 더 적합하다.

4 우리나라의 사회봉사 및 수강명령제도

(1) 연혁

① 우리나라의 사회봉사 및 수강명령제도는 1988.12.31. 개정된 「소년법」에 따라 1989.7.1.부터 시행하였으며, 1995.12.29. 개정된 「형법」에 따라 1997.1.1.부터 성인에게도 이를 시행하고 있다.

② 「소년법」과 「형법」 외에, 「보호관찰 등에 관한 법률」, 「가정폭력범죄의 처벌 등에 관한 특례법」 등에 사회봉사명령과 수강명령을 규정하고 있다.

(2) 특징

① 우리나라의 사회봉사명령과 수강명령은 당사자의 동의를 전제로 하고 있지 않다.

② 보호관찰관이 집행을 담당하므로 민간독지가에 의한 처우의 성격은 없다.

③ 「형법」은 "형의 집행을 유예하는 경우에는 보호관찰을 받을 것을 명하거나 사회봉사 또는 수강을 명할 수 있다"고 규정하고 있어, 사회봉사와 수강명령은 보호관찰과 독립적인 관계에 있다. 다만 실무상으로는 대체로 병과하여 운영하고 있다.

④ 2007.12.21. 「소년법」을 개정하면서 사회봉사 및 수강명령을 보호관찰에 따른 부수적인 보호처분에서, 독립된 보호처분으로 부과할 수 있도록 하였다.

(3) 사회봉사와 수강명령의 장단점

① 장점

ㄱ 범죄자라는 낙인을 회피할 수 있고, 범죄자의 사회복귀를 도모할 수 있다.

ㄴ 봉사활동을 통해 사회의 응보감정 약화 및 범죄에 대한 속죄와 사회적 책임감을 고양시킨다.

ㄷ 범죄자와 사회와의 연대를 강화하고 범죄자의 재사회화를 촉진할 수 있다.

ㄹ 시설내 처우 및 다른 사회내 처우보다 경제적이다.

　　ⓜ 보호관찰에 대한 부수적 처분 및 독립된 형벌로 활용할 수 있어 형벌의 다양화에 기여한다.

　　ⓗ 범죄자에 상응한 개별처우를 할 수 있어 범죄예방 및 감소에 기여한다.

　　ⓢ 사회전문가에 의한 처우가 가능하고, 자원봉사자의 참여를 확대할 수 있다.

　　ⓞ 범죄인을 수동적 객체에서 사회에 봉사하는 능동적 주체로 전환시킬 수 있다.

　　ⓩ 봉사활동을 통한 형벌의 엄격함을 유지할 수 있고, 민간독지가의 참여 및 확대가 가능하다.

　　ⓩ 수강명령은 대상자의 여가를 박탈하는 처벌효과가 있고, 건전한 여가활용 습관을 갖도록 할 수 있어 교육적·개선적 효과를 얻을 수 있다.

② 단점

　　㉠ 지역과 국가마다 상이하여 일반적으로 통용되는 기준 및 통일성이 미흡하다.

　　㉡ 지역사회에 기반을 둔 다른 처우와 같이 유용성을 실증하기 어려운 점이 있다.

　　㉢ 단기자유형의 대체방안으로 기대만큼 제대로 활용되지 못하고 있다.

　　㉣ 사회봉사명령 위반 시 처리기준이 명확하게 확립되어 있지 않다.

　　㉤ 법관의 사회봉사 시간 산정기준 및 대상자 선정이 불명확하고, 공정한 운용이 어렵다.

　　㉥ 정상적인 직업활동을 저해할 우려가 있고, 다른 좋지 못한 낙인으로 간주될 수 있다.

(4) 사회봉사와 수강명령의 내용

① 사회봉사명령

　자연보호활동, 식물원봉사활동, 도서관봉사활동, 문화재봉사활동, 장애인 및 노약자 시설 봉사활동 등이 있다.

② 수강명령

　약물남용의 폐해에 대한 교육, 인간관계 개선교육, 올바른 성관념을 위한 성교육, 심성개발 훈련 교육 등이 있다.

(5) 관련 법률

「보호관찰 등에 관한 법률」 이외에, 「형법」, 「소년법」, 「가정폭력범죄의 처벌 등에 관한 특례법」, 「아동·청소년의 성보호에 관한 법률」, 「성매매알선 등 행위의 처벌에 관한 법률」 등에 사회봉사·수강명령을 규정하고 있다.

(6) 「보호관찰 등에 관한 법률」

① 대상자 및 범위

제3조(대상자)

① 보호관찰을 받을 사람(이하 "보호관찰 대상자"라 한다)은 다음 각 호와 같다.

1. 「형법」 제59조의2에 따라 보호관찰을 조건으로 형의 선고유예를 받은 사람
2. 「형법」 제62조의2에 따라 보호관찰을 조건으로 형의 집행유예를 선고받은 사람
3. 「형법」 제73조의2 또는 이 법 제25조에 따라 보호관찰을 조건으로 가석방되거나 임시퇴원된 사람
4. 「소년법」 제32조제1항제4호 및 제5호의 보호처분을 받은 사람
5. 다른 법률에서 이 법에 따른 보호관찰을 받도록 규정된 사람

② 사회봉사 또는 수강을 하여야 할 사람(이하 "사회봉사·수강명령 대상자"라 한다)은 다음 각 호와 같다.

1. 「형법」 제62조의2에 따라 사회봉사 또는 수강을 조건으로 형의 집행유예를 선고받은 사람
2. 「소년법」 제32조에 따라 사회봉사명령 또는 수강명령을 받은 사람
3. 다른 법률에서 이 법에 따른 사회봉사 또는 수강을 받도록 규정된 사람

③ 갱생보호를 받을 사람(이하 "갱생보호 대상자"라 한다)은 형사처분 또는 보호처분을 받은 사람으로서 자립갱생을 위한 숙식 제공, 주거 지원, 창업 지원, 직업훈련 및 취업 지원 등 보호의 필요성이 인정되는 사람으로 한다.

제59조(사회봉사명령·수강명령의 범위)

① 법원은 「형법」 제62조의2에 따른 사회봉사를 명할 때에는 500시간, 수강을 명할 때에는 200시간의 범위에서 그 기간을 정하여야 한다. 다만, 다른 법률에 특별한 규정이 있는 경우에는 그 법률에서 정하는 바에 따른다.
② 법원은 제1항의 경우에 사회봉사·수강명령 대상자가 사회봉사를 하거나 수강할 분야와 장소 등을 지정할 수 있다.

② 판결의 통지 등

제60조(판결의 통지 등)

① 법원은 「형법」 제62조의2에 따른 사회봉사 또는 수강을 명하는 판결이 확정된 때부터 3일 이내에 판결문 등본 및 준수사항을 적은 서면을 피고인의 주거지를 관할하는 보호관찰소의 장에게 보내야 한다.
② 제1항의 경우에 법원은 그 의견이나 그 밖에 사회봉사명령 또는 수강명령의 집행에 참고가 될 만한 자료를 첨부할 수 있다.
③ 법원 또는 법원의 장은 제1항의 통지를 받은 보호관찰소의 장에게 사회봉사명령 또는 수강명령의 집행상황에 관한 보고를 요구할 수 있다.

③ 집행담당자

제61조(사회봉사 · 수강명령 집행 담당자)

① 사회봉사명령 또는 수강명령은 보호관찰관이 집행한다. 다만, 보호관찰관은 국공립기관이나 그 밖의 단체에 그 집행의 전부 또는 일부를 위탁할 수 있다.

② 보호관찰관은 사회봉사명령 또는 수강명령의 집행을 국공립기관이나 그 밖의 단체에 위탁한 때에는 이를 법원 또는 법원의 장에게 통보하여야 한다.

③ 법원은 법원 소속 공무원으로 하여금 사회봉사 또는 수강할 시설 또는 강의가 사회봉사 · 수강명령 대상자의 교화 · 개선에 적당한지 여부와 그 운영 실태를 조사 · 보고하도록 하고, 부적당하다고 인정하면 그 집행의 위탁을 취소할 수 있다.

④ 보호관찰관은 사회봉사명령 또는 수강명령의 집행을 위하여 필요하다고 인정하면 국공립기관이나 그 밖의 단체에 협조를 요청할 수 있다.

④ 사회봉사 · 수강명령 준수사항

제62조(사회봉사 · 수강명령 대상자의 준수사항)

① 사회봉사 · 수강명령 대상자는 대통령령으로 정하는 바에 따라 주거, 직업, 그 밖에 필요한 사항을 관할 보호관찰소의 장에게 신고하여야 한다.

② 사회봉사 · 수강명령 대상자는 다음 각 호의 사항을 준수하여야 한다.

1. 보호관찰관의 집행에 관한 지시에 따를 것

2. 주거를 이전하거나 1개월 이상 국내외여행을 할 때에는 미리 보호관찰관에게 신고할 것

③ 법원은 판결의 선고를 할 때 제2항의 준수사항 외에 대통령령으로 정하는 범위에서 본인의 특성 등을 고려하여 특별히 지켜야 할 사항을 따로 과(科)할 수 있다.

④ 제2항과 제3항의 준수사항은 서면으로 고지하여야 한다.

⑤ 사회봉사 · 수강명령의 종료

제63조(사회봉사 · 수강의 종료)

① 사회봉사 · 수강은 사회봉사 · 수강명령 대상자가 다음 각 호의 어느 하나에 해당하는 때에 종료한다.

1. 사회봉사명령 또는 수강명령의 집행을 완료한 때

2. 형의 집행유예 기간이 지난 때

3. 「형법」 제63조 또는 제64조에 따라 사회봉사 · 수강명령을 조건으로 한 집행유예의

선고가 실효되거나 취소된 때

4. 다른 법률에 따라 사회봉사·수강명령이 변경되거나 취소·종료된 때

② 사회봉사·수강명령 대상자가 사회봉사·수강명령 집행 중 금고 이상의 형의 집행을 받게 된 때에는 해당 형의 집행이 종료·면제되거나 사회봉사·수강명령 대상자가 가석방된 경우 잔여 사회봉사·수강명령을 집행한다.

5 갱생보호

(1) 갱생보호의 개념

① 협의의 갱생보호

협의의 갱생보호는 교도소·소년원 등의 수용시설에서 형사처분이나 보호처분을 집행받고 출소하는 자를 후견·지도·보호하는 활동을 말하며, 이를 석방자보호 또는 사법보호라고도 한다.

② 광의의 갱생보호

광의의 갱생보호는 협의의 갱생보호를 포함한 일체의 법적 구금상태에서 벗어난 자(집행유예·선고유예·기소유예 등)를 대상으로 후견·지도·보호하는 활동을 말하며, 범죄자를 건전한 사회인으로 복귀할 수 있도록 조력하는 일체의 보호활동을 뜻한다.

(2) 갱생보호의 연혁

① 미국

㉠ 갱생보호는 신파형벌이론(목적형·교육형주의)과 기독교의 박애사상의 영향을 받아 탄생되었다.

㉡ 1776년 미국에서 리차드 위스터(R. Wister)가 '불행한 수형자를 돕기 위한 필라델피아 협회'를 결성해 처음으로 출소자보호를 위한 민간인의 조직적인 활동을 시작하였다.

㉢ 1789년 '교도소의 열악한 상태를 완화하기 위한 필라델피아 협회'로 명칭을 바꾼 후 존 오거스터스(J. Augustus)를 중심으로 행형개량과 갱생보호에 힘쓰게 되었다. 그 후 출소자보호운동이 상당한 호응을 얻어 각국으로 전파되어 교도소협의를 창설하는 등 많은 단체들이 활발한 활동을 하고 있다.

② 영국

영국은 보호관찰부 유예(Probation) 및 보호관찰부 가석방(Parole)과 결부된 유권적 갱생보호 형태로 발전하였다. 1862년 「갱생보호법」을 제정하고, 1907년 「범죄자보호관찰법」에 의

한 유권적 갱생보호에 해당하는 보호관찰(Probation)을 실시하고, 1936년 전국석방수형자 원조협회를 창설하였다.

③ 독일

독일은 국가를 중심으로 한 갱생보호 활동을 전개하였다. 1867년 브란덴부르크에 국영방직 공장을 설립하여 부랑자·전과자·걸인 등을 수용하여 그 노동력을 산업에 활용하였다. 1826년 교도소 협회, 1827년 수형자 개선을 위한 협회를 조직하여 갱생보호활동을 전개하였다.

④ 국제적 관심

　㉠ 신시내티선언

　　갱생보호에 관한 국제회의의 효시는 1870년 미국 교도소협회가 개최한 국제회의인 신시내티선언이다. 이 회의에서 "범죄자에 대한 국가의 책임으로서 개선 이외에 취업의 기회를 주어야 하며, 잃어버린 사회적 지위를 회복시켜야 주어야 한다"는 지침을 만들어 채택하였다.

　㉡ 1872년 국제형무회의(1929년 국제형법 및 형무회의로 개칭)

　　갱생보호사업에 대한 국제적인 협력의 중요성을 합의하고 갱생보호를 위한 민간단체의 필요성을 강조하였다.

　㉢ 1960년 제2회 UN 범죄방지 및 범죄자처우회의

　　수형자의 가족에 대한 원조를 포함한 석방자처우 및 사후보호, 사회내 처우를 위한 최저기준 등을 논의하였다.

⑤ 우리나라

　㉠ 1961년 「갱생보호법」을 제정하여 도청단위로 갱생보호회를 설립하고, 각 교도소 소재지에 갱생보호소가 설립되었다.

　㉡ 1988년 「보호관찰법」을 제정하면서 부분적으로 유권적 갱생보호가 가능하게 되었다.

　㉢ 1995년 「보호관찰 등에 관한 법률」을 제정하면서 기존의 「보호관찰법」과 「갱생보호법」을 통합하고 종전의 갱생보호회를 한국갱생보호공단으로 개칭하였다.

　㉣ 2008년 한국갱생보호공단을 한국법무보호복지공단으로 개칭하였다.

(3) 갱생보호의 의의

① 의의

　㉠ 출소자들의 현실적응 및 정상적인 사회복귀에 기여하는 교도소와 사회의 가교 역할을 한다.

　㉡ 출소자를 사회가 이웃으로 받아주지 않는 사회지체현상을 극복하고 해소할 수 있다.

　㉢ 열등감과 소외감을 갖기 쉬운 출소자의 심리적 지체해소 및 자립의식을 고취할 수 있다.

　㉣ 생활기반이 취약한 출소자들에게 경제적 자립기반을 조성하여 안정된 생활을 하게 할 수 있다.

ⓓ 출소자 주변의 우범자들로부터 보호하고 재범을 방지하는 데 기여한다.

누범배란기간

출소 후 2~3개월은 특히 범죄를 범하기 쉬워 이를 누범배란기간이라고 한다.

갱생보호의 주목적

재범방지, 자립의식 고취 및 경제적 자립기반 조성이 목적이다.

---

② 갱생보호의 법적 성질
  ㉠ 임의적 갱생보호(비유권적 갱생보호)
    ⓐ 출소자의 신청이나 동의를 전제로 물질적·정신적 원조를 제공하는 것을 말한다.
    ⓑ 인도주의와 봉사정신에 바탕을 둔 사회사업적 성격이 강한 비유권적 보호활동이다.
  ㉡ 강제적 갱생보호(필요적·유권적 갱생보호)
    ⓐ 출소자의 신청이나 동의없이 국가의 권한과 필요에 의해 강제적으로 일정기간 보호하
      는 것으로, 갱생보호를 형사사법제도의 일환으로 실시하는 강제적·유권적·필요적
      보호활동을 말한다.
    ⓑ 영미법계 국가의 보호관찰부 유예제도와 대륙법계 국가의 보호관찰부 가석방이 이에
      해당한다.
③ 갱생보호의 종류
  ㉠ 사후보호(After-care)
    형기종료 등으로 출소한 자를 원호하는 것으로 가장 전통적이고 고전적인 형태의 갱생
    보호제도이다.
  ㉡ 보호관찰부 집행유예(Probation)
    형의 선고나 집행을 유예하는 대신 유예기간 중 보호관찰을 받게 하면서 보호활동을 하
    는 것을 말한다.
  ㉢ 보호관찰부 가석방(Parole)
    가석방 또는 임시퇴원으로 출소한 자를 보호관찰을 받게 하면서 보호활동을 하는 것을
    말한다.

(4) 현행법(보호관찰 등에 관한 법률)상 갱생보호

① 임의적 갱생보호 원칙

제66조(갱생보호의 신청 및 조치)

① 갱생보호 대상자와 관계 기관은 보호관찰소의 장, 제67조제1항에 따라 갱생보호사업 허가를 받은 자 또는 제71조에 따른 한국법무보호복지공단에 갱생보호 신청을 할 수 있다.

② 제1항의 신청을 받은 자는 지체 없이 보호가 필요한지 결정하고 보호하기로 한 경우에는 그 방법을 결정하여야 한다.

③ 제1항의 신청을 받은 자가 제2항에 따라 보호결정을 한 경우에는 지체 없이 갱생보호에 필요한 조치를 하여야 한다.

제15조제2호(보호관찰소의 관장 사무)

갱생보호에 관한 사무는 보호관찰소가 사무를 관장한다.

★ 갱생보호 : 우리나라는 신청에 의한 임의적 갱생보호를 원칙으로 하고 있다.

★ 갱생보호 신청 : 1) 보호관찰소의 장, 2) 갱생보호사업 허가를 받은 자, 3) 한국법무보호복지공단에 신청

② 갱생보호 대상자

제3조(대상자)

갱생보호를 받을 사람(이하 "갱생보호 대상자"라 한다)은 형사처분 또는 보호처분을 받은 사람으로서 자립갱생을 위한 숙식 제공, 주거 지원, 창업 지원, 직업훈련 및 취업 지원 등 보호의 필요성이 인정되는 사람으로 한다.

시행령 제40조(갱생보호)

① 법 제65조제1항에 따른 갱생보호는 갱생보호를 받을 사람(이하 "갱생보호 대상자"라 한다)이 친족 또는 연고자 등으로부터 도움을 받을 수 없거나 이들의 도움만으로는 충분하지 아니한 경우에 한하여 행한다.

② 갱생보호를 하는 경우에는 미리 갱생보호 대상자로 하여금 자립계획을 수립하게 할 수 있다.

③ 운영기준

제4조(운영의 기준)

보호관찰, 사회봉사, 수강 또는 갱생보호는 해당 대상자의 교화, 개선 및 범죄예방을 위하여 필요하고도 적절한 한도 내에서 이루어져야 하며, 대상자의 나이, 경력, 심신상태, 가정환경, 교우관계, 그 밖의 모든 사정을 충분히 고려하여 가장 적합한 방법으로 실시되어야 한다.

④ 갱생보호의 방법

제65조(갱생보호의 방법)

① 갱생보호는 다음 각 호의 방법으로 한다.

  1. 숙식 제공

  2. 주거 지원

  3. 창업 지원

  4. 직업훈련 및 취업 지원

  5. 출소예정자 사전상담

  6. 갱생보호 대상자의 가족에 대한 지원

  7. 심리상담 및 심리치료

  8. 사후관리

  9. 그 밖에 갱생보호 대상자에 대한 자립 지원

② 제1항 각 호의 구체적인 내용은 대통령령으로 정한다.

③ 제71조에 따른 한국법무보호복지공단 또는 제67조에 따라 갱생보호사업의 허가를 받은 자는 제1항 각 호의 갱생보호활동을 위하여 갱생보호시설을 설치·운영할 수 있다.

④ 제3항의 갱생보호시설의 기준은 법무부령으로 정한다.

시행령 제41조(숙식 제공)

① 법 제65조제1항제1호에 따른 숙식 제공은 생활관 등 갱생보호시설에서 갱생보호 대상자에게 숙소·음식물 및 의복 등을 제공하고 정신교육을 하는 것으로 한다.

② 제1항의 규정에 의한 숙식제공은 6월을 초과할 수 없다. 다만, 필요하다고 인정하는 때에는 매회 6월의 범위내에서 3회에 한하여 그 기간을 연장할 수 있다.

③ 제1항의 규정에 의하여 숙식을 제공한 경우에는 법무부장관이 정하는 바에 의하여 소요된 최소한의 비용을 징수할 수 있다.

⑤ 갱생보호사업자

제67조(갱생보호사업의 허가)

① 갱생보호사업을 하려는 자는 법무부령으로 정하는 바에 따라 법무부장관의 허가를 받아야 한다. 허가받은 사항을 변경하려는 경우에도 또한 같다.

② 법무부장관은 갱생보호사업의 허가를 할 때에는 사업의 범위와 허가의 기간을 정하거나 그 밖에 필요한 조건을 붙일 수 있다.

제70조의2(청문)

법무부장관은 제70조에 따라 갱생보호사업의 허가를 취소하거나 정지하려는 경우에는 청문을 하여야 한다.

⑥ 한국법무보호복지공단

제71조(한국법무보호복지공단의 설립)

갱생보호사업을 효율적으로 추진하기 위하여 한국법무보호복지공단(이하 "공단"이라 한다)을 설립한다.

제76조(임원 및 그 임기)

① 공단에 이사장 1명을 포함한 15명 이내의 이사와 감사 2명을 둔다.

② 이사장은 법무부장관이 임명하고, 그 임기는 3년으로 하되 연임할 수 있다. 다만, 임기가 만료된 이사장은 그 후임자가 임명될 때까지 그 직무를 행한다.

③ 이사는 갱생보호사업에 열성이 있고, 학식과 덕망이 있는 사람 중에서 이사장의 제청에 의하여 법무부장관이 임명하거나 위촉하며, 임기는 3년으로 하되 연임할 수 있다. 다만, 공무원인 이사의 임기는 그 직위에 있는 동안으로 한다.

④ 감사는 이사장의 제청에 의하여 법무부장관이 임명하며, 임기는 2년으로 하되 연임할 수 있다.

제82조(공단의 사업)

공단은 그 목적을 달성하기 위하여 다음 각 호의 사업을 한다.

1. 갱생보호
2. 갱생보호제도의 조사·연구 및 보급·홍보
3. 갱생보호사업을 위한 수익사업
4. 공단의 목적 달성에 필요한 사업

⑦ 갱생보호사업의 지원

> ### 제94조(보조금)
> 국가나 지방자치단체는 사업자와 공단에 대하여 보조할 수 있다.
>
> ### 제95조(조세감면)
> 국가나 지방자치단체는 갱생보호사업에 대하여 「조세특례제한법」 및 「지방세특례제한법」에서 정하는 바에 따라 국세 또는 지방세를 감면할 수 있다.
>
> ### 제96조(수익사업)
> ① 사업자 또는 공단은 갱생보호사업을 위하여 수익사업을 하려면 사업마다 법무부장관의 승인을 받아야 한다. 이를 변경할 때에도 또한 같다.
> ② 법무부장관은 수익사업을 하는 사업자 또는 공단이 수익을 갱생보호사업 외의 사업에 사용한 경우에는 수익사업의 시정이나 정지를 명할 수 있다.
>
> ### 제97조(감독)
> ① 법무부장관은 사업자와 공단을 지휘·감독한다.

⑧ 갱생보호의 문제점과 개선방안
  ㉠ 문제점
    ⓐ 갱생보호가 임의적이라 제대로 실효성을 거두기 어려운 점이 있다.
    ⓑ 갱생보호에 대한 국가적 관심과 재정지원이 빈약하다.
    ⓒ 갱생보호를 위한 전문인력이 절대적으로 부족하다.
    ⓓ 갱생보호에 대한 국민들의 관심과 협조가 부족한 편이다.
    ⓔ 갱생보호가 중간처우 내지 사회내 처우와 연결이 미약하다.
  ㉡ 개선방안
    ⓐ 강제적 갱생보호제도를 도입해 확대할 필요가 있다.
    ⓑ 다양한 지도 및 지원방안을 개발해야 한다.
    ⓒ 범죄예방위원의 전문화가 필요하다.
    ⓓ 갱생보호를 중간처우 및 사회내 처우와 연결하여 확대 실시해야 한다.
    ⓔ 전문직원을 양성하여 갱생보호활동을 전문화해야 한다.
    ⓕ 생업지원금과 여비지급을 현실화하기 위한 재원확보가 필요하다.
    ⓖ 복지시설(생활관 등)을 늘이고 직업훈련 및 취업알선을 확대해 나가야 한다.
    ⓗ 국가의 재정지원을 확대해 갱생보호활동을 확대해 나가야 한다.
    ⓘ 교정기관과 긴밀한 협력관계를 형성해 대상자를 확대해 나가야 한다.

전자장치 부착 등에 관한 법률   JUSTICE

1 전자감시제도정리

분류	판결선고에 의한 부착명령 집행	가석방 및 가종료자 등의 부착집행	집행유예시 부착명령 집행
대상자	① 성폭력범죄자(임의적) ② 미성년자 대상 유괴범죄자, 살인범죄자(초범은 임의적, 재범 이상은 필요적) ③ 강도범죄자(임의적) ④ 스토킹범죄자(임의적)	① 보호관찰조건부 가석방(필요적) ② 특정범죄 이외의 범죄로 형의 집행 중 가석방된 자의 가석방 기간의 전부 또는 일부기간(임의적) ③ 보호관찰조건부 가종료, 치료위탁, 가출소(임의적)	특정범죄자로 집행유예 시 보호관찰 대상자 (보호관찰 없는 부착명령 위법)
처분기관	법원의 부착명령판결	관련 위원회의 결정	법원의 부착명령판결
기간	① 법정형의 상한이 사형 또는 무기징역인 특정범죄 : 10년 이상 30년 이하 ② 법정형 중 징역형의 하한이 3년 이상의 유기징역인 특정범죄(①에 해당하는 특정범죄는 제외) : 3년 이상 20년 이하 ③ 법정형 중 징역형의 하한이 3년 미만의 유기징역인 특정범죄(① 또는 ②에 해당하는 특정범죄는 제외) : 1년 이상 10년 이하	보호관찰기간의 범위에서 기간을 정하여	집행유예 시의 보호관찰기간의 범위에서 기간을 정하여
집행권자	검사의 지휘를 받아 보호관찰관이 집행	보호관찰관	검사의 지휘를 받아 보호관찰관이 집행
집행개시 시점	① 형집행 종료, 면제, 가석방되는 날 ② 치료감호의 집행종료, 가종료되는 날	① 가석방되는 날 ② 치료감호의 치료위탁, 가종료, 가출소되는 날	법원판결이 확정된 때부터
종료사유	① 부착명령기간이 경과한 때 ② 부착명령과 함께 선고한 형이 사면되어 그 선고의 효력을 상실하게 된 때	① 가석방기간이 경과하거나 가석방이 실효 또는 취소된 때 ② 가종료자 등의 부착기간이 경과하거나 보호관찰이 종료된 때 ③ 가석방된 형이 사면되어 형의 선고의 효력을 상실하게 된 때	① 부착명령기간이 경과한 때 ② 집행유예가 실효 또는 취소된 때 ③ 집행유예된 형이 사면되어 형의 선고의 효력을 상실하게 된 때
형 집행 후 보호관찰	① 특정범죄에 대한 재범의 위험성이 있는 자에 대한 검사의 청구(항소심 변론 종결시까지) ② 금고 이상의 선고형에 해당하고 보호관찰명령의 청구가 이유 있다고 인정하는 때 : 2년 이상 5년 이하의 범위 내 선고 (검사의 청구 또는 법원의 직권 명령 가능) ③ 치료 프로그램의 이수에 대한 준수사항 : 300시간의 범위 ④ 준수사항 위반시 1년 범위 내에서 보호관찰명령 연장 가능(10일 이내 출석, 7일 이상 여행 허가 등) ⑤ 형 집행 종료 · 면제 · 가석방되는 날, 치료감호 집행 종료 · 가종료되는 날부터 집행		

기타	① 검사의 청구 : 항소심 변론종결 시까지 하여야 한다. ② 특정범죄사건에 대하여 판결의 확정 없이 공소가 제기된 때부터 15년이 경과한 경우에는 부착명령을 청구할 수 없다. ③ 주거이전 등 허가 :피부착자는 주거를 이전하거나 7일 이상의 국내여행을 하거나 출국할 때에는 미리 보호관찰관의 허가를 받아야 한다. (10일 이내에 보호관찰소 출석) ④ 임시해제 신청: 집행이 개시된 날부터 3개월이 경과한 후에 신청이 기각된 경우에는 기각된 날부터 3개월이 경과한 후에 다시 신청할 수 있다. (임시해제기간은 부착명령기간에 산입 안 됨) ⑤ 준수사항 위반 등 위반시 1년 범위 내 연장 가능 ⑥ 19세 미만에 대한 선고는 가능하나, 부착은 19세부터 가능하다. ⑦ 19세 미만의 사람에 대하여 특정범죄를 저지른 경우 부착기간 하한의 2배 가중 가능 ⑧ 보석과 전자장치 부착 　㉠ 법원은 보석조건으로 피고인에게 전자장치 부착명령 가능 　㉡ 보호관찰소의 장은 피고인의 보석조건 이행 상황을 법원에 정기적으로 통지 　㉢ 보호관찰소의 장은 피고인이 전자장치 부착명령을 위반한 경우 및 보석조건을 위반하였음을 확인한 경우 지체 없이 법원과 검사에게 통지 　㉣ 구속영장의 효력이 소멸한 경우, 보석이 취소된 경우, 보석조건이 변경되어 전자장치를 부착할 필요가 없게 되는 경우엔 전자장치의 부착이 종료

2 「전자장치 부착 등에 관한 법률」

제1장 총칙

제1조(목적)

이 법은 수사·재판·집행 등 형사사법 절차에서 전자장치를 효율적으로 활용하여 불구속재판을 확대하고, 범죄인의 사회복귀를 촉진하며, 범죄로부터 국민을 보호함을 목적으로 한다.

제2조(정의)

이 법에서 사용하는 용어의 정의는 다음과 같다.

1. "특정범죄"란 성폭력범죄, 미성년자 대상 유괴범죄, 살인범죄, 강도범죄 및 스토킹범죄를 말한다.

3의4. "스토킹범죄"란 「스토킹범죄의 처벌 등에 관한 법률」 제18조제1항 및 제2항의 죄를 말한다.

4. "위치추적 전자장치(이하 "전자장치"라 한다)"란 전자파를 발신하고 추적하는 원리를 이용하여 위치를 확인하거나 이동경로를 탐지하는 일련의 기계적 설비로서 대통령령으로 정하는 것을 말한다.

제3조(국가의 책무)

국가는 이 법의 집행과정에서 국민의 인권이 부당하게 침해되지 아니하도록 주의하여야 한다.

제4조(적용 범위)

만 19세 미만의 자에 대하여 부착명령을 선고한 때에는 19세에 이르기까지 이 법에 따른 전자장치를 부착할 수 없다.

제2장 징역형 종료 이후의 전자장치 부착

제5조(전자장치 부착명령의 청구)

① 검사는 다음 각 호의 어느 하나에 해당하고, 성폭력범죄를 다시 범할 위험성이 있다고 인정되는 사람에 대하여 전자장치를 부착하도록 하는 명령(이하 "부착명령"이라 한다)을 법원에 청구할 수 있다.

  1. 성폭력범죄로 징역형의 실형을 선고받은 사람이 그 집행을 종료한 후 또는 집행이 면제된 후 10년 이내에 성폭력범죄를 저지른 때

  2. 성폭력범죄로 이 법에 따른 전자장치를 부착받은 전력이 있는 사람이 다시 성폭력범죄를 저지른 때

  3. 성폭력범죄를 2회 이상 범하여(유죄의 확정판결을 받은 경우를 포함한다) 그 습벽이 인정된 때

  4. 19세 미만의 사람에 대하여 성폭력범죄를 저지른 때

  5. 신체적 또는 정신적 장애가 있는 사람에 대하여 성폭력범죄를 저지른 때

② 검사는 미성년자 대상 유괴범죄를 저지른 사람으로서 미성년자 대상 유괴범죄를 다시 범할 위험성이 있다고 인정되는 사람에 대하여 부착명령을 법원에 청구할 수 있다. 다만, 유괴범죄로 징역형의 실형 이상의 형을 선고받아 그 집행이 종료 또는 면제된 후 다시 유괴범죄를 저지른 경우에는 부착명령을 청구하여야 한다.

③ 검사는 살인범죄를 저지른 사람으로서 살인범죄를 다시 범할 위험성이 있다고 인정되는 사람에 대하여 부착명령을 법원에 청구할 수 있다. 다만, 살인범죄로 징역형의 실형 이상의 형을 선고받아 그 집행이 종료 또는 면제된 후 다시 살인범죄를 저지른 경우에는 부착명령을 청구하여야 한다.

④ 검사는 다음 각 호의 어느 하나에 해당하고 강도범죄를 다시 범할 위험성이 있다고 인정되는 사람에 대하여 부착명령을 법원에 청구할 수 있다.

  1. 강도범죄로 징역형의 실형을 선고받은 사람이 그 집행을 종료한 후 또는 집행이 면제된 후 10년 이내에 다시 강도범죄를 저지른 때

  2. 강도범죄로 이 법에 따른 전자장치를 부착하였던 전력이 있는 사람이 다시 강도범죄를 저지른 때

  3. 강도범죄를 2회 이상 범하여(유죄의 확정판결을 받은 경우를 포함한다) 그 습벽이 인정된 때

⑤ 검사는 다음 각 호의 어느 하나에 해당하고 스토킹범죄를 다시 범할 위험성이 있다고 인정되는 사람에 대하여 부착명령을 법원에 청구할 수 있다.

    1. 스토킹범죄로 징역형의 실형을 선고받은 사람이 그 집행을 종료한 후 또는 집행이 면제된 후 10년 이내에 다시 스토킹범죄를 저지른 때

    2. 스토킹범죄로 이 법에 따른 전자장치를 부착하였던 전력이 있는 사람이 다시 스토킹범죄를 저지른 때

    3. 스토킹범죄를 2회 이상 범하여(유죄의 확정판결을 받은 경우를 포함한다) 그 습벽이 인정된 때

⑥ 제1항부터 제5항까지의 규정에 따른 부착명령의 청구는 공소가 제기된 특정범죄사건의 항소심 변론종결 시까지 하여야 한다.

⑦ 법원은 공소가 제기된 특정범죄사건을 심리한 결과 부착명령을 선고할 필요가 있다고 인정하는 때에는 검사에게 부착명령의 청구를 요구할 수 있다.

⑧ 제1항부터 제5항까지의 규정에 따른 특정범죄사건에 대하여 판결의 확정 없이 공소가 제기된 때부터 15년이 경과한 경우에는 부착명령을 청구할 수 없다.

제6조(조사)

① 검사는 부착명령을 청구하기 위하여 필요하다고 인정하는 때에는 피의자의 주거지 또는 소속 검찰청(지청을 포함한다. 이하 같다) 소재지를 관할하는 보호관찰소(지소를 포함한다. 이하 같다)의 장에게 범죄의 동기, 피해자와의 관계, 심리상태, 재범의 위험성 등 피의자에 관하여 필요한 사항의 조사를 요청할 수 있다.

⑤ 검사는 부착명령을 청구함에 있어서 필요한 경우에는 피의자에 대한 정신감정이나 그 밖에 전문가의 진단 등의 결과를 참고하여야 한다.

제7조(부착명령 청구사건의 관할)

① 부착명령 청구사건의 관할은 부착명령 청구사건과 동시에 심리하는 특정범죄사건의 관할에 따른다.

② 부착명령 청구사건의 제1심 재판은 지방법원 합의부(지방법원지원 합의부를 포함한다. 이하 같다)의 관할로 한다.

제9조(부착명령의 판결 등)

① 법원은 부착명령 청구가 이유 있다고 인정하는 때에는 다음 각 호에 따른 기간의 범위 내에서 부착기간을 정하여 판결로 부착명령을 선고하여야 한다. 다만, 19세 미만의 사람에 대하여 특정범죄를 저지른 경우에는 부착기간 하한을 다음 각 호에 따른 부착기간 하한의 2배로 한다.

1. 법정형의 상한이 사형 또는 무기징역인 특정범죄: 10년 이상 30년 이하
2. 법정형 중 징역형의 하한이 3년 이상의 유기징역인 특정범죄(제1호에 해당하는 특정범죄는 제외한다): 3년 이상 20년 이하
3. 법정형 중 징역형의 하한이 3년 미만의 유기징역인 특정범죄(제1호 또는 제2호에 해당하는 특정범죄는 제외한다): 1년 이상 10년 이하

② 여러 개의 특정범죄에 대하여 동시에 부착명령을 선고할 때에는 법정형이 가장 중한 죄의 부착기간 상한의 2분의 1까지 가중하되, 각 죄의 부착기간의 상한을 합산한 기간을 초과할 수 없다. 다만, 하나의 행위가 여러 특정범죄에 해당하는 경우에는 가장 중한 죄의 부착기간을 부착기간으로 한다.

③ 부착명령을 선고받은 사람은 부착기간 동안 「보호관찰 등에 관한 법률」에 따른 보호관찰을 받는다.

④ 법원은 다음 각 호의 어느 하나에 해당하는 때에는 판결로 부착명령 청구를 기각하여야 한다.
   1. 부착명령 청구가 이유 없다고 인정하는 때
   2. 특정범죄사건에 대하여 무죄(심신상실을 이유로 치료감호가 선고된 경우는 제외한다)·면소·공소기각의 판결 또는 결정을 선고하는 때
   3. 특정범죄사건에 대하여 벌금형을 선고하는 때
   4. 특정범죄사건에 대하여 선고유예 또는 집행유예를 선고하는 때(제28조제1항에 따라 전자장치 부착을 명하는 때를 제외한다)

⑤ 부착명령 청구사건의 판결은 특정범죄사건의 판결과 동시에 선고하여야 한다.

⑥ 부착명령 선고의 판결이유에는 요건으로 되는 사실, 증거의 요지 및 적용 법조를 명시하여야 한다.

⑦ 부착명령의 선고는 특정범죄사건의 양형에 유리하게 참작되어서는 아니 된다.

⑧ 특정범죄사건의 판결에 대하여 상소 및 상소의 포기·취하가 있는 때에는 부착명령 청구사건의 판결에 대하여도 상소 및 상소의 포기·취하가 있는 것으로 본다. 상소권회복 또는 재심의 청구나 비상상고가 있는 때에도 또한 같다.

⑨ 제8항에도 불구하고 검사 또는 피부착명령청구자 및 「형사소송법」 제340조·제341조에 규정된 자는 부착명령에 대하여 독립하여 상소 및 상소의 포기·취하를 할 수 있다. 상소권회복 또는 재심의 청구나 비상상고의 경우에도 또한 같다.

제9조의2(준수사항)

① 법원은 제9조제1항에 따라 부착명령을 선고하는 경우 부착기간의 범위에서 준수기간을 정하여 다음 각 호의 준수사항 중 하나 이상을 부과할 수 있다. 다만, 제4호의 준수사항은

500시간의 범위에서 그 기간을 정하여야 한다.

1. 야간, 이동·청소년의 통학시간 등 특정 시간대의 외출제한
2. 어린이 보호구역 등 특정지역·장소에의 출입금지 및 접근금지

2의2. 주거지역의 제한

3. 피해자 등 특정인에의 접근금지
4. 특정범죄 치료 프로그램의 이수
5. 마약 등 중독성 있는 물질의 사용금지
6. 그 밖에 부착명령을 선고받는 사람의 재범방지와 성행교정을 위하여 필요한 사항

제10조(부착명령 판결 등에 따른 조치)

① 법원은 제9조에 따라 부착명령을 선고한 때에는 그 판결이 확정된 날부터 3일 이내에 부착명령을 선고받은 자(이하 "피부착명령자"라 한다)의 주거지를 관할하는 보호관찰소의 장에게 판결문의 등본을 송부하여야 한다.

② 교도소, 소년교도소, 구치소, 국립법무병원 및 군교도소의 장(이하 "교도소장 등"이라 한다)은 피부착명령자가 석방되기 5일 전까지 피부착명령자의 주거지를 관할하는 보호관찰소의 장에게 그 사실을 통보하여야 한다.

제12조(집행지휘)

① 부착명령은 검사의 지휘를 받아 보호관찰관이 집행한다.

② 제1항에 따른 지휘는 판결문 등본을 첨부한 서면으로 한다.

제13조(부착명령의 집행)

① 부착명령은 특정범죄사건에 대한 형의 집행이 종료되거나 면제·가석방되는 날 또는 치료감호의 집행이 종료·가종료되는 날 석방 직전에 피부착명령자의 신체에 전자장치를 부착함으로써 집행한다. 다만, 다음의 경우에는 각 호의 구분에 따라 집행한다.

1. 부착명령의 원인이 된 특정범죄사건이 아닌 다른 범죄사건으로 형이나 치료감호의 집행이 계속될 경우에는 부착명령의 원인이 된 특정범죄사건이 아닌 다른 범죄사건에 대한 형의 집행이 종료되거나 면제·가석방 되는 날 또는 치료감호의 집행이 종료·가종료 되는 날부터 집행한다.
2. 피부착명령자가 부착명령 판결 확정 시 석방된 상태이고 미결구금일수 산입 등의 사유로 이미 형의 집행이 종료된 경우에는 부착명령 판결 확정일부터 부착명령을 집행한다.

② 제1항제2호에 따라 부착명령을 집행하는 경우 보호관찰소의 장은 피부착명령자를 소환할 수 있으며, 피부착명령자가 소환에 따르지 아니하는 때에는 관할 지방검찰청의 검사에게 신청하여 부착명령 집행장을 발부받아 구인할 수 있다.

③ 보호관찰소의 장은 제2항에 따라 피부착명령자를 구인한 경우에는 부착명령의 집행을 마친 즉시 석방하여야 한다.

④ 부착명령의 집행은 신체의 완전성을 해하지 아니하는 범위 내에서 이루어져야 한다.

⑤ 부착명령이 여러 개인 경우 확정된 순서에 따라 집행한다.

⑥ 다음 각 호의 어느 하나에 해당하는 때에는 부착명령의 집행이 정지된다.

1. 부착명령의 집행 중 다른 죄를 범하여 구속영장의 집행을 받아 구금된 때

2. 부착명령의 집행 중 다른 죄를 범하여 금고 이상의 형의 집행을 받게 된 때

3. 가석방 또는 가종료된 자에 대하여 전자장치 부착기간 동안 가석방 또는 가종료가 취소되거나 실효된 때

⑦ 제6항제1호에도 불구하고 구속영장의 집행을 받아 구금된 후에 다음 각 호의 어느 하나에 해당하는 사유로 구금이 종료되는 경우 그 구금기간 동안에는 부착명령이 집행된 것으로 본다. 다만, 제1호 및 제2호의 경우 법원의 판결에 따라 유죄로 확정된 경우는 제외한다.

1. 사법경찰관이 불송치결정을 한 경우

2. 검사가 혐의없음, 죄가안됨, 공소권없음 또는 각하의 불기소처분을 한 경우

3. 법원의 무죄, 면소, 공소기각 판결 또는 공소기각결정이 확정된 경우

⑧ 제6항에 따라 집행이 정지된 부착명령의 잔여기간에 대하여는 다음 각 호의 구분에 따라 집행한다.

1. 제6항제1호의 경우에는 구금이 해제되거나 금고 이상의 형의 집행을 받지 아니하게 확정된 때부터 그 잔여기간을 집행한다.

2. 제6항제2호의 경우에는 그 형의 집행이 종료되거나 면제된 후 또는 가석방된 때부터 그 잔여기간을 집행한다.

3. 제6항제3호의 경우에는 그 형이나 치료감호의 집행이 종료되거나 면제된 후 그 잔여기간을 집행한다.

⑨ 제1항부터 제8항까지 규정된 사항 외에 부착명령의 집행 및 정지에 관하여 필요한 사항은 대통령령으로 정한다.

제14조(피부착자의 의무)

① 전자장치가 부착된 자(이하 "피부착자"라 한다)는 전자장치의 부착기간 중 전자장치를 신체에서 임의로 분리·손상, 전파 방해 또는 수신자료의 변조, 그 밖의 방법으로 그 효용을 해하여서는 아니 된다.

② 피부착자는 특정범죄사건에 대한 형의 집행이 종료되거나 면제·가석방되는 날부터 10일 이내에 주거지를 관할하는 보호관찰소에 출석하여 대통령령으로 정하는 신상정보 등을 서면으로 신고하여야 한다.

③ 피부착자는 주거를 이전하거나 7일 이상의 국내여행을 하거나 출국할 때에는 미리 보호관찰관의 허가를 받아야 한다.

제14조의2(부착기간의 연장 등)

① 피부착자가 다음 각 호의 어느 하나에 해당하는 경우에는 법원은 보호관찰소의 장의 신청에 따른 검사의 청구로 1년의 범위에서 부착기간을 연장하거나 제9조의2제1항의 준수사항을 부과, 추가, 변경 또는 삭제하는 결정을 할 수 있다.
   1. 정당한 사유 없이 「보호관찰 등에 관한 법률」 제32조에 따른 준수사항을 위반한 경우
   2. 정당한 사유 없이 제14조제2항을 위반하여 신고하지 아니한 경우
   3. 정당한 사유 없이 제14조제3항을 위반하여 허가를 받지 아니하고 주거 이전·국내여행 또는 출국을 하거나, 거짓으로 허가를 받은 경우
   4. 정당한 사유 없이 제14조제3항에 따른 출국허가 기간까지 입국하지 아니한 경우
② 제1항 각 호에 규정된 사항 외의 사정변경이 있는 경우에도 법원은 상당한 이유가 있다고 인정되면 보호관찰소의 장의 신청에 따른 검사의 청구로 제9조의2제1항의 준수사항을 추가, 변경 또는 삭제하는 결정을 할 수 있다.

제17조(부착명령의 임시해제 신청 등)

① 보호관찰소의 장 또는 피부착자 및 그 법정대리인은 해당 보호관찰소를 관할하는 심사위원회에 부착명령의 임시해제를 신청할 수 있다.
② 제1항의 신청은 부착명령의 집행이 개시된 날부터 3개월이 경과한 후에 하여야 한다. 신청이 기각된 경우에는 기각된 날부터 3개월이 경과한 후에 다시 신청할 수 있다.
③ 제2항에 따라 임시해제의 신청을 할 때에는 신청서에 임시해제의 심사에 참고가 될 자료를 첨부하여 제출하여야 한다.

제18조(부착명령 임시해제의 심사 및 결정)

① 심사위원회는 임시해제를 심사할 때에는 피부착자의 인격, 생활태도, 부착명령 이행상황 및 재범의 위험성에 대하여 보호관찰관 등 전문가의 의견을 고려하여야 한다.
② 심사위원회는 임시해제의 심사를 위하여 필요한 때에는 보호관찰소의 장으로 하여금 필요한 사항을 조사하게 하거나 피부착자나 그 밖의 관계인을 직접 소환·심문 또는 조사할 수 있다.
③ 제2항의 요구를 받은 보호관찰소의 장은 필요한 사항을 조사하여 심사위원회에 통보하여야 한다.
④ 심사위원회는 피부착자가 부착명령이 계속 집행될 필요가 없을 정도로 개선되어 재범의 위험성이 없다고 인정하는 때에는 부착명령의 임시해제를 결정할 수 있다. 이 경우 피부착

자로 하여금 주거이전 상황 등을 보호관찰소의 장에게 정기적으로 보고하도록 할 수 있다.

⑤ 심사위원회는 부착명령의 임시해제를 하지 아니하기로 결정한 때에는 결정서에 그 이유를 명시하여야 한다.

⑥ 제4항에 따라 부착명령이 임시해제된 경우에는 제9조제3항에 따른 보호관찰과 제9조의2에 따른 준수사항 및 「아동·청소년의 성보호에 관한 법률」 제61조제3항에 따른 보호관찰이 임시해제된 것으로 본다. 다만, 심사위원회에서 보호관찰 또는 준수사항 부과가 필요하다고 결정한 경우에는 그러하지 아니하다.

제19조(임시해제의 취소 등)

① 보호관찰소의 장은 부착명령이 임시해제된 자가 특정범죄를 저지르거나 주거이전 상황 등의 보고에 불응하는 등 재범의 위험성이 있다고 판단되는 때에는 심사위원회에 임시해제의 취소를 신청할 수 있다. 이 경우 심사위원회는 임시해제된 자의 재범의 위험성이 현저하다고 인정될 때에는 임시해제를 취소하여야 한다.

② 제1항에 따라 임시해제가 취소된 자는 잔여 부착명령기간 동안 전자장치를 부착하여야 하고, 부착명령할 때 개시된 보호관찰을 받아야 하며, 부과된 준수사항(준수기간이 종료되지 않은 경우에 한정한다)을 준수하여야 한다. 이 경우 임시해제기간은 부착명령기간에 산입하지 아니한다.

제20조(부착명령 집행의 종료)

제9조에 따라 선고된 부착명령은 다음 각 호의 어느 하나에 해당하는 때에 그 집행이 종료된다.
1. 부착명령기간이 경과한 때
2. 부착명령과 함께 선고한 형이 사면되어 그 선고의 효력을 상실하게 된 때
3. 삭제
4. 부착명령이 임시해제된 자가 그 임시해제가 취소됨이 없이 잔여 부착명령기간을 경과한 때

제2장의2 형 집행 종류 후의 보호관찰

제21조(부착명령의 시효)

① 피부착명령자는 그 판결이 확정된 후 집행을 받지 아니하고 함께 선고된 특정범죄사건의 형의 시효가 완성되면 그 집행이 면제된다.

② 부착명령의 시효는 피부착명령자를 체포함으로써 중단된다.

제21조의2(보호관찰명령의 청구)

검사는 다음 각 호의 어느 하나에 해당하는 사람에 대하여 형의 집행이 종료된 때부터 「보호

관찰 등에 관한 법률」에 따른 보호관찰을 받도록 하는 명령(이하 "보호관찰명령"이라 한다)을 법원에 청구할 수 있다.

1. 성폭력범죄를 저지른 사람으로서 성폭력범죄를 다시 범할 위험성이 있다고 인정되는 사람
2. 미성년자 대상 유괴범죄를 저지른 사람으로서 미성년자 대상 유괴범죄를 다시 범할 위험성이 있다고 인정되는 사람
3. 살인범죄를 저지른 사람으로서 살인범죄를 다시 범할 위험성이 있다고 인정되는 사람
4. 강도범죄를 저지른 사람으로서 강도범죄를 다시 범할 위험성이 있다고 인정되는 사람
5. 스토킹범죄를 저지른 사람으로서 스토킹범죄를 다시 범할 위험성이 있다고 인정되는 사람

제21조의3(보호관찰명령의 판결)

① 법원은 제21조의2 각 호의 어느 하나에 해당하는 사람이 금고 이상의 선고형에 해당하고 보호관찰명령의 청구가 이유 있다고 인정하는 때에는 2년 이상 5년 이하의 범위에서 기간을 정하여 보호관찰명령을 선고하여야 한다.
② 법원은 제1항에도 불구하고 제9조제4항제1호에 따라 부착명령 청구를 기각하는 경우로서 제21조의2 각 호의 어느 하나에 해당하여 보호관찰명령을 선고할 필요가 있다고 인정하는 때에는 직권으로 제1항에 따른 기간을 정하여 보호관찰명령을 선고할 수 있다.

제21조의4(준수사항)

① 법원은 제21조의3에 따라 보호관찰명령을 선고하는 경우 제9조의2제1항 각 호의 준수사항 중 하나 이상을 부과할 수 있다. 다만, 제9조의2제1항제4호의 준수사항은 300시간의 범위에서 그 기간을 정하여야 한다.
② 제1항 본문에도 불구하고 법원은 성폭력범죄를 저지른 사람(19세 미만의 사람을 대상으로 성폭력범죄를 저지른 사람으로 한정한다) 또는 스토킹범죄를 저지른 사람에 대해서는 제21조의3에 따라 보호관찰명령을 선고하는 경우 제9조의2제1항제3호를 포함하여 준수사항을 부과하여야 한다.

제21조의5(보호관찰명령의 집행)

보호관찰명령은 특정범죄사건에 대한 형의 집행이 종료되거나 면제·가석방되는 날 또는 치료감호 집행이 종료·가종료되는 날부터 집행한다. 다만, 보호관찰명령의 원인이 된 특정범죄사건이 아닌 다른 범죄사건으로 형이나 치료감호의 집행이 계속될 경우에는 보호관찰명령의 원인이 된 특정범죄사건이 아닌 다른 범죄사건에 대한 형의 집행이 종료되거나 면제·가석방되는 날 또는 치료감호의 집행이 종료·가종료되는 날부터 집행한다.

제21조의6(보호관찰대상자의 의무)

① 보호관찰대상자는 특정범죄사건에 대한 형의 집행이 종료되거나 면제·가석방되는 날부터 10일 이내에 주거지를 관할하는 보호관찰소에 출석하여 서면으로 신고하여야 한다.

② 보호관찰대상자는 주거를 이전하거나 7일 이상의 국내여행을 하거나 출국할 때에는 미리 보호관찰관의 허가를 받아야 한다.

제21조의7(보호관찰 기간의 연장 등)

① 보호관찰대상자가 정당한 사유 없이 제21조의4 또는 「보호관찰 등에 관한 법률」 제32조에 따른 준수사항을 위반하거나 제21조의6에 따른 의무를 위반한 때에는 법원은 보호관찰소의 장의 신청에 따른 검사의 청구로 다음 각 호의 결정을 할 수 있다.

1. 1년의 범위에서 보호관찰 기간의 연장
2. 제21조의4에 따른 준수사항의 추가 또는 변경

② 제1항 각 호의 처분은 병과할 수 있다.

③ 제1항에 규정된 사항 외의 사정변경이 있는 경우에도 법원은 상당한 이유가 있다고 인정하면 보호관찰소의 장의 신청에 따른 검사의 청구로 제21조의4에 따른 준수사항을 추가, 변경 또는 삭제하는 결정을 할 수 있다.

제3장 가석방 및 가종료 등과 전자장치 부착

제22조(가석방과 전자장치 부착)

① 제9조에 따른 부착명령 판결을 선고받지 아니한 특정 범죄자로서 형의 집행 중 가석방되어 보호관찰을 받게 되는 자는 준수사항 이행 여부 확인 등을 위하여 가석방기간 동안 전자장치를 부착하여야 한다. 다만, 심사위원회가 전자장치 부착이 필요하지 아니하다고 결정한 경우에는 그러하지 아니하다.

② 심사위원회는 특정범죄 이외의 범죄로 형의 집행 중 가석방되어 보호관찰을 받는 사람의 준수사항 이행 여부 확인 등을 위하여 가석방 예정자의 범죄내용, 개별적 특성 등을 고려하여 가석방 기간의 전부 또는 일부의 기간을 정하여 전자장치를 부착하게 할 수 있다.

③ 심사위원회는 제1항 및 제2항의 결정을 위하여 가석방 예정자에 대한 전자장치 부착의 필요성과 적합성 여부 등을 조사하여야 한다.

④ 심사위원회는 제1항 및 제2항에 따라 전자장치를 부착하게 되는 자의 주거지를 관할하는 보호관찰소의 장에게 가석방자의 인적사항 등 전자장치 부착에 필요한 사항을 즉시 통보하여야 한다.

⑤ 교도소장 등은 제1항 및 제2항에 따른 가석방 예정자가 석방되기 5일 전까지 그의 주거지를 관할하는 보호관찰소의 장에게 그 사실을 통보하여야 한다.

제23조(가종료 등과 전자장치 부착)

① 「치료감호법」 제37조에 따른 치료감호심의위원회(이하 "치료감호심의위원회"라 한다)는 제9조에 따른 부착명령 판결을 선고받지 아니한 특정 범죄자로서 치료감호의 집행 중 가종료 또는 치료위탁되는 피치료감호자나 보호감호의 집행 중 가출소되는 피보호감호자(이하 "가종료자 등"이라 한다)에 대하여 「치료감호법」 또는 「사회보호법」(법률 제7656호로 폐지되기 전의 법률을 말한다)에 따른 준수사항 이행 여부 확인 등을 위하여 보호관찰 기간의 범위에서 기간을 정하여 전자장치를 부착하게 할 수 있다.

② 치료감호심의위원회는 제1항에 따라 전자장치 부착을 결정한 경우에는 즉시 피부착결정자의 주거지를 관할하는 보호관찰소의 장에게 통보하여야 한다.

③ 치료감호시설의 장·보호감호시설의 장 또는 교도소의 장은 가종료자 등이 가종료 또는 치료위탁되거나 가출소되기 5일 전까지 가종료자 등의 주거지를 관할하는 보호관찰소의 장에게 그 사실을 통보하여야 한다.

제24조(전자장치의 부착)

① 전자장치 부착은 보호관찰관이 집행한다.

② 전자장치는 다음 각 호의 어느 하나에 해당하는 때 석방 직전에 부착한다.

  1. 가석방되는 날
  2. 가종료 또는 치료위탁되거나 가출소되는 날. 다만, 제23조제1항에 따른 피치료감호자에게 치료감호와 병과된 형의 잔여 형기가 있거나 치료감호의 원인이 된 특정범죄사건이 아닌 다른 범죄사건으로 인하여 집행할 형이 있는 경우에는 해당 형의 집행이 종료·면제되거나 가석방되는 날 부착한다.

③ 전자장치 부착집행 중 보호관찰 준수사항 위반으로 유치허가장의 집행을 받아 유치된 때에는 부착집행이 정지된다. 이 경우 심사위원회가 보호관찰소의 장의 가석방 취소신청을 기각한 날 또는 법무부장관이 심사위원회의 허가신청을 불허한 날부터 그 잔여기간을 집행한다.

제25조(부착집행의 종료)

제22조 및 제23조에 따른 전자장치 부착은 다음 각 호의 어느 하나에 해당하는 때에 그 집행이 종료된다.

1. 가석방 기간이 경과하거나 가석방이 실효 또는 취소된 때
2. 가종료자 등의 부착기간이 경과하거나 보호관찰이 종료된 때
3. 가석방된 형이 사면되어 형의 선고의 효력을 상실하게 된 때
4. 삭제

제4장 형의 집행유예와 전자장치 부착

제28조(형의 집행유예와 부착명령)

① 법원은 특정범죄를 범한 자에 대하여 형의 집행을 유예하면서 보호관찰을 받을 것을 명할 때에는 보호관찰 기간의 범위 내에서 기간을 정하여 준수사항의 이행여부 확인 등을 위하여 전자장치를 부착할 것을 명할 수 있다.

② 법원은 제1항에 따른 부착명령기간 중 소재지 인근 의료기관에서의 치료, 지정 상담시설에서의 상담치료 등 대상자의 재범방지를 위하여 필요한 조치들을 과할 수 있다.

③ 법원은 제1항에 따른 전자장치 부착을 명하기 위하여 필요하다고 인정하는 때에는 피고인의 주거지 또는 그 법원의 소재지를 관할하는 보호관찰소의 장에게 범죄의 동기, 피해자와의 관계, 심리상태, 재범의 위험성 등 피고인에 관하여 필요한 사항의 조사를 요청할 수 있다.

제29조(부착명령의 집행)

① 부착명령은 전자장치 부착을 명하는 법원의 판결이 확정된 때부터 집행한다.

② 부착명령의 집행 중 보호관찰 준수사항 위반으로 유치허가장의 집행을 받아 유치된 때에는 부착명령 집행이 정지된다. 이 경우 검사가 보호관찰소의 장의 집행유예 취소신청을 기각한 날 또는 법원이 검사의 집행유예취소청구를 기각한 날부터 그 잔여기간을 집행한다.

제30조(부착명령 집행의 종료)

제28조의 부착명령은 다음 각 호의 어느 하나에 해당하는 때에 그 집행이 종료된다.

1. 부착명령기간이 경과한 때
2. 집행유예가 실효 또는 취소된 때
3. 집행유예된 형이 사면되어 형의 선고의 효력을 상실하게 된 때
4. 삭제

제32조(전자장치 부착기간의 계산)

① 전자장치 부착기간은 이를 집행한 날부터 기산하되, 초일은 시간을 계산함이 없이 1일로 산정한다.

② 다음 각 호의 어느 하나에 해당하는 기간은 전자장치 부착기간에 산입하지 아니한다. 다만, 보호관찰이 부과된 사람의 전자장치 부착기간은 보호관찰 기간을 초과할 수 없다.

　1. 피부착자가 제14조제1항을 위반하여 전자장치를 신체로부터 분리하거나 손상하는 등 그 효용을 해한 기간

　2. 피부착자의 치료, 출국 또는 그 밖의 적법한 사유로 전자장치가 신체로부터 일시적으로

분리된 후 해당 분리사유가 해소된 날부터 정당한 사유 없이 전자장치를 부착하지 아니한 기간

제33조(전자장치 부착 임시해제의 의제)

보호관찰이 임시해제된 경우에는 전자장치 부착이 임시해제된 것으로 본다.

제36조(벌칙)

③ 수신자료(스토킹행위자 수신자료를 포함한다)를 관리하는 자가 제16조제2항 또는 제31조의8제2항을 위반한 때에는 1년 이상의 유기징역에 처한다.

제5장 보석과 전자장치 부착

제31조의2(보석과 전자장치 부착)

① 법원은 「형사소송법」 제98조제9호에 따른 보석조건으로 피고인에게 전자장치 부착을 명할 수 있다.

② 법원은 제1항에 따른 전자장치 부착을 명하기 위하여 필요하다고 인정하면 그 법원의 소재지 또는 피고인의 주거지를 관할하는 보호관찰소의 장에게 피고인의 직업, 경제력, 가족상황, 주거상태, 생활환경 및 피해회복 여부 등 피고인에 관한 사항의 조사를 의뢰할 수 있다.

③ 제2항의 의뢰를 받은 보호관찰소의 장은 지체 없이 조사하여 서면으로 법원에 통보하여야 하며, 조사를 위하여 필요한 경우에는 피고인이나 그 밖의 관계인을 소환하여 심문하거나 소속 보호관찰관에게 필요한 사항을 조사하게 할 수 있다.

④ 보호관찰소의 장은 제3항의 조사를 위하여 필요하다고 인정하면 국공립 기관이나 그 밖의 단체에 사실을 알아보거나 관련 자료의 열람 등 협조를 요청할 수 있다.

제31조의3(전자장치 부착의 집행)

① 법원은 제31조의2제1항(보석)에 따라 전자장치 부착을 명한 경우 지체 없이 그 결정문의 등본을 피고인의 주거지를 관할하는 보호관찰소의 장에게 송부하여야 한다.

② 제31조의2제1항에 따라 전자장치 부착명령을 받고 석방된 피고인은 법원이 지정한 일시까지 주거지를 관할하는 보호관찰소에 출석하여 신고한 후 보호관찰관의 지시에 따라 전자장치를 부착하여야 한다.

③ 보호관찰소의 장은 제31조의2제1항에 따른 피고인의 보석조건 이행 여부 확인을 위하여 적절한 조치를 하여야 한다.

④ 전자장치 부착 집행의 절차 및 방법 등에 관한 사항은 대통령령으로 정한다.

제31조의4(보석조건 이행 상황 등 통지)

① 보호관찰소의 장은 제31조의2제1항에 따른 피고인의 보석조건 이행 상황을 법원에 정기적으로 통지하여야 한다.

② 보호관찰소의 장은 피고인이 제31조의2제1항에 따른 전자장치 부착명령을 위반한 경우 및 전자장치 부착을 통하여 피고인에게 부과된 주거의 제한 등 「형사소송법」에 따른 다른 보석조건을 위반하였음을 확인한 경우 지체 없이 법원과 검사에게 이를 통지하여야 한다.

③ 제2항에 따른 통지를 받은 법원은 「형사소송법」 제102조에 따라 피고인의 보석조건을 변경하거나 보석을 취소하는 경우 이를 지체 없이 보호관찰소의 장에게 통지하여야 한다.

④ 제1항부터 제3항까지의 규정에 따른 통지의 절차 및 방법 등에 관한 사항은 대통령령으로 정한다.

07 성폭력범죄자의 성충동 약물치료에 관한 법률 JUSTICE

1 치료명령제도의 대상 · 기간 · 집행 · 비용 · 임시해제 · 종료 정리

구분	판결에 의한 치료명령	수형자에 대한 법원의 결정	가종료자 등의 치료감호심의위원회의 결정
대상	사람을 성폭행한 19세 이상인 자로 성도착증 환자	사람을 성폭행한 징역형 이상의 성도착증 환자로 치료에 동의한 자	성도착증 환자(결정일 전 6개월 이내에 실시한 정신건강의학과 전문의의 진단 또는 감정 결과 반드시 참작)
기간	15년 범위 내 법원 선고	15년 범위 내 법원결정고지	보호관찰기간의 범위 내 치료감호심사위원회 결정
관할	지방법원 합의부(지원 합의부 포함)	지방법원 합의부(지원 합의부 제외)	치료감호심사위원회
집행	검사 지휘 보호관찰관 집행	검사 지휘 보호관찰관 집행	보호관찰관 집행
비용	국가부담	본인부담 원칙, 예외 가능 (본인의 동의에 의함)	국가부담
통보	① 석방되기 3개월 전까지 보호관찰소장 통보 ② 석방되기 5일 전까지 보호관찰소장 통보	석방되기 5일 전까지 보호관찰소장 통보	석방되기 5일 전까지 보호관찰소장 통보
집행시기	석방되기 전 2개월 이내	석방되기 전 2개월 이내	석방되기 전 2개월 이내
임시해제	① 치료명령이 개시된 후 6개월 경과, 기각되면 6개월 경과 후에 신청 ② 준수사항도 동시에 임시해제됨 ③ 임시해제기간은 치료명령기간에 산입되지 않음		

	① 판결 확정 후 집행 없이 형의 시효 기간 경과 ② 판결 확정 후 집행 없이 치료감호의 시효 완성	치료명령 결정이 확정된 후 집행을 받지 아니하고 10년 경과하면 시효 완성	없음
치료명령 시효	① 판결 확정 후 집행 없이 형의 시효 기간 경과 ② 판결 확정 후 집행 없이 치료감호의 시효 완성	치료명령 결정이 확정된 후 집행을 받지 아니하고 10년 경과하면 시효 완성	없음
종료	① 기간경과 ② 사면(형선고 효력 상실) ③ 임시해제기간 경과	① 기간 경과 ② 사면(형선고 효력 상실) ③ 임시해제기간 경과	① 기간 경과 ② 보호관찰기간 경과 및 종료 ③ 임시해제기간 경과
기타	① 청구시기 : 항소심 변론종결 시까지 ② 주거 이전 또는 7일 이상의 국내여행을 하거나 출국할 때에는 보호관찰관의 허가 ③ 치료명령의 집행면제 신청 　㉠ 징역형과 함께 치료명령을 받은 사람 등 : 주거지 또는 현재지 관할 지방법원(지원 포함)에 면제신청(치료감호 　　집행 중인 경우 치료명령 집행면제를 신청할 수 없음) 　㉡ 면제신청 기간 : 징역형 집행종료되기 전 12개월부터 9개월까지 　㉢ 법원의 결정 : 징역형 집행종료되기 3개월 전까지(집행면제 여부 결정에 대한 항고 가능) 　㉣ 치료감호심사위원회의 치료명령 집행 면제 : 징역형과 함께 치료명령을 받은 사람의 경우 형기가 남아 있지 아니 　　하거나 9개월 미만의 기간이 남아 있는 사람에 한정하여 집행면제 결정		

2 「성폭력범죄자의 성충동 약물치료에 관한 법률」

[약물치료명령의 청구 및 판결]

제1조(목적)

이 법은 사람에 대하여 성폭력범죄를 저지른 성도착증 환자로서 성폭력범죄를 다시 범할 위험성이 있다고 인정되는 사람에 대하여 성충동 약물치료를 실시하여 성폭력범죄의 재범을 방지하고 사회복귀를 촉진하는 것을 목적으로 한다.

제2조(정의)

이 법에서 사용하는 용어의 뜻은 다음과 같다.

1. "성도착증 환자"란 「치료감호 등에 관한 법률」 제2조제1항제3호에 해당하는 사람 및 정신건강의학과 전문의의 감정에 의하여 성적 이상 습벽으로 인하여 자신의 행위를 스스로 통제할 수 없다고 판명된 사람을 말한다.
2. "성폭력범죄"란 다음 각 목의 범죄를 말한다.
   가. 「아동·청소년의 성보호에 관한 법률」 제7조(아동·청소년에 대한 강간·강제추행 등)부터 제10조(강간 등 살인·치사)까지의 죄
   나. 「성폭력범죄의 처벌 등에 관한 특례법」 제3조(특수강도강간 등)부터 제13조(통신매체를 이용한 음란행위)까지의 죄 및 제15조(미수범)의 죄(제3조부터 제9조까지의 미수범만을 말한다)

다. 「형법」제297조(강간) · 제297조의2(유사강간) · 제298조(강제추행) · 제299조(준강간, 준강제추행) · 제300조(미수범) · 제301조(강간 등 상해 · 치상) · 제301조의2(강간 등 살인 · 치사) · 제302조(미성년자 등에 대한 간음) · 제303조(업무상위력 등에 의한 간음) · 제305조(미성년자에 대한 간음, 추행) · 제339조(강도강간), 제340조(해상강도) 제3항(사람을 강간한 죄만을 말한다) 및 제342조(미수범)의 죄(제339조 및 제340조제3항 중 사람을 강간한 죄의 미수범만을 말한다)

라. 가목부터 다목까지의 죄로서 다른 법률에 따라 가중 처벌되는 죄

3. "성충동 약물치료"(이하 "약물치료"라 한다)란 비정상적인 성적 충동이나 욕구를 억제하기 위한 조치로서 성도착증 환자에게 약물 투여 및 심리치료 등의 방법으로 도착적인 성기능을 일정기간 동안 약화 또는 정상화하는 치료를 말한다.

제3조(약물치료의 요건)

약물치료는 다음 각 호의 요건을 모두 갖추어야 한다.

1. 비정상적 성적 충동이나 욕구를 억제하거나 완화하기 위한 것으로서 의학적으로 알려진 것일 것
2. 과도한 신체적 부작용을 초래하지 아니할 것
3. 의학적으로 알려진 방법대로 시행될 것

제4조(치료명령의 청구)

① 검사는 사람에 대하여 성폭력범죄를 저지른 성도착증 환자로서 성폭력범죄를 다시 범할 위험성이 있다고 인정되는 19세 이상의 사람에 대하여 약물치료명령(이하 "치료명령"이라고 한다)을 법원에 청구할 수 있다.

② 검사는 치료명령 청구대상자(이하 "치료명령 피청구자"라 한다)에 대하여 정신건강의학과 전문의의 진단이나 감정을 받은 후 치료명령을 청구하여야 한다.

③ 제1항에 따른 치료명령의 청구는 공소가 제기되거나 치료감호가 독립청구된 성폭력범죄사건(이하 "피고사건"이라 한다)의 항소심 변론종결시까지 하여야 한다.

④ 법원은 피고사건의 심리결과 치료명령을 할 필요가 있다고 인정하는 때에는 검사에게 치료명령의 청구를 요구할 수 있다.

⑤ 피고사건에 대하여 판결의 확정 없이 공소가 제기되거나 치료감호가 독립청구된 때부터 15년이 지나면 치료명령을 청구할 수 없다.

⑥ 제2항에 따른 정신건강의학과 전문의의 진단이나 감정에 필요한 사항은 대통령령으로 정한다.

제5조(조사)

① 검사는 치료명령을 청구하기 위하여 필요하다고 인정하는 때에는 치료명령 피청구자의 주거지 또는 소속 검찰청(지청을 포함한다. 이하 같다) 소재지를 관할하는 보호관찰소(지소를 포함한다. 이하 같다)의 장에게 범죄의 동기, 피해자와의 관계, 심리상태, 재범의 위험성 등 치료명령 피청구자에 관하여 필요한 사항의 조사를 요청할 수 있다.

② 제1항의 요청을 받은 보호관찰소의 장은 조사할 보호관찰관을 지명하여야 한다.

③ 제2항에 따라 지명된 보호관찰관은 검사의 지휘를 받아 지체 없이 필요한 사항을 조사한 후 검사에게 조사보고서를 제출하여야 한다.

제6조(치료명령 청구사건의 관할)

① 치료명령 청구사건의 관할은 치료명령 청구사건과 동시에 심리하는 피고사건의 관할에 따른다.

② 치료명령 청구사건의 제1심 재판은 지방법원 합의부(지방법원지원 합의부를 포함한다. 이하 같다)의 관할로 한다.

제8조(치료명령의 판결 등)

① 법원은 치료명령 청구가 이유 있다고 인정하는 때에는 15년의 범위에서 치료기간을 정하여 판결로 치료명령을 선고하여야 한다.

② 치료명령을 선고받은 사람(이하 "치료명령을 받은 사람"이라 한다)은 치료기간 동안 「보호관찰 등에 관한 법률」에 따른 보호관찰을 받는다.

③ 법원은 다음 각 호의 어느 하나에 해당하는 때에는 판결로 치료명령 청구를 기각하여야 한다.

1. 치료명령 청구가 이유 없다고 인정하는 때
2. 피고사건에 대하여 무죄(심신상실을 이유로 치료감호가 선고된 경우는 제외한다) · 면소 · 공소기각의 판결 또는 결정을 선고하는 때
3. 피고사건에 대하여 벌금형을 선고하는 때
4. 피고사건에 대하여 선고를 유예하거나 집행유예를 선고하는 때

④ 치료명령 청구사건의 판결은 피고사건의 판결과 동시에 선고하여야 한다.

⑤ 치료명령 선고의 판결 이유에는 요건으로 되는 사실, 증거의 요지 및 적용 법조를 명시하여야 한다.

⑥ 치료명령의 선고는 피고사건의 양형에 유리하게 참작되어서는 아니 된다.

⑦ 피고사건의 판결에 대하여 「형사소송법」에 따른 상소 및 상소의 포기 · 취하가 있는 때에는 치료명령 청구사건의 판결에 대하여도 상소 및 상소의 포기 · 취하가 있는 것으로 본다. 상

소권회복 또는 재심의 청구나 비상상고가 있는 때에도 또한 같다.

⑧ 검사 또는 치료명령 피청구자 및 「형사소송법」 제340조 · 제341조에 규정된 사람은 치료 명령에 대하여 독립하여 「형사소송법」에 따른 상소 및 상소의 포기 · 취하를 할 수 있다. 상소권회복 또는 재심의 청구나 비상상고의 경우에도 또한 같다.

제8조의2(치료명령의 집행 면제 신청 등)

① 징역형과 함께 치료명령을 받은 사람 및 그 법정대리인은 주거지 또는 현재지를 관할하는 지방법원(지원을 포함한다. 이하 같다)에 치료명령이 집행될 필요가 없을 정도로 개선되어 성폭력범죄를 다시 범할 위험성이 없음을 이유로 치료명령의 집행 면제를 신청할 수 있다. 다만, 징역형과 함께 치료명령을 받은 사람이 치료감호의 집행 중인 경우에는 치료명령의 집행 면제를 신청할 수 없다.

② 제1항 본문에 따른 신청은 치료명령의 원인이 된 범죄에 대한 징역형의 집행이 종료되기 전 12개월부터 9개월까지의 기간에 하여야 한다. 다만, 치료명령의 원인이 된 범죄가 아닌 다른 범죄를 범하여 징역형의 집행이 종료되지 아니한 경우에는 그 징역형의 집행이 종료되기 전 12개월부터 9개월까지의 기간에 하여야 한다.

③ 징역형과 함께 치료명령을 받은 사람은 제1항 본문에 따른 치료명령의 집행 면제를 신청할 때에는 신청서에 치료명령의 집행 면제의 심사에 참고가 될 자료를 첨부하여 제출하여야 한다.

④ 법원은 제1항 본문의 신청을 받은 경우 징역형의 집행이 종료되기 3개월 전까지 치료명령의 집행 면제 여부를 결정하여야 한다.

⑤ 법원은 제4항에 따른 결정을 하기 위하여 필요한 경우에는 그 법원의 소재지를 관할하는 보호관찰소의 장에게 치료명령을 받은 사람의 교정성적, 심리상태, 재범의 위험성 등 필요한 사항의 조사를 요청할 수 있다. 이 경우 조사에 관하여는 제5조를 준용하며, "검사"는 "법원"으로 본다.

⑥ 법원은 제4항에 따른 결정을 하기 위하여 필요한 때에는 치료명령을 받은 사람에 대하여 정신건강의학과 전문의의 진단이나 감정을 받게 할 수 있다.

⑦ 제1항에 따른 치료명령 집행 면제 신청사건의 관할에 관하여는 제6조제2항을 준용한다.

⑧ 징역형과 함께 치료명령을 받은 사람 및 그 법정대리인은 제4항의 결정에 대하여 항고(抗告)를 할 수 있다.

⑨ 제8항의 항고에 관하여는 제22조제5항부터 제11항까지를 준용한다. 이 경우 "성폭력 수형자"는 "치료명령을 받은 사람"으로 본다.

제8조의3(치료감호심의위원회의 치료명령 집행 면제 등)

① 「치료감호 등에 관한 법률」 제37조에 따른 치료감호심의위원회(이하 "치료감호심의위원 회"라 한다)는 같은 법 제16조제1항에 따른 피치료감호자 중 치료명령을 받은 사람(피치료 감호자 중 징역형과 함께 치료명령을 받은 사람의 경우 형기가 남아 있지 아니하거나 9개 월 미만의 기간이 남아 있는 사람에 한정한다)에 대하여 같은 법 제22조 또는 제23조에 따른 치료감호의 종료·가종료 또는 치료위탁 결정을 하는 경우에 치료명령의 집행이 필요 하지 아니하다고 인정되면 치료명령의 집행을 면제하는 결정을 하여야 한다.

② 치료감호심의위원회는 제1항의 결정을 하기 위하여 필요한 경우에는 치료명령을 받은 사 람에 대하여 정신건강의학과 전문의의 진단이나 감정을 받게 할 수 있다.

제8조의4(치료명령의 집행 면제 결정 통지)

법원 또는 치료감호심의위원회는 제8조의2제4항 또는 제8조의3제1항에 따라 치료명령의 집 행 면제에 관한 결정을 한 때에는 지체 없이 신청인 또는 피치료감호자, 신청인 또는 피치료 감호자의 주거지를 관할하는 보호관찰소의 장, 교도소·구치소 또는 치료감호시설의 장에게 결정문 등본을 송부하여야 한다.

제9조(전문가의 감정 등)

법원은 제4조제2항에 따른 정신건강의학과 전문의의 진단 또는 감정의견만으로 치료명령 피 청구자의 성도착증 여부를 판단하기 어려울 때에는 다른 정신건강의학과 전문의에게 다시 진 단 또는 감정을 명할 수 있다

제10조(준수사항)

① 치료명령을 받은 사람은 치료기간 동안 「보호관찰 등에 관한 법률」 제32조제2항 각 호(제 4호는 제외한다)의 준수사항과 다음 각 호의 준수사항을 이행하여야 한다.
  1. 보호관찰관의 지시에 따라 성실히 약물치료에 응할 것
  2. 보호관찰관의 지시에 따라 정기적으로 호르몬 수치 검사를 받을 것
  3. 보호관찰관의 지시에 따라 인지행동 치료 등 심리치료 프로그램을 성실히 이수할 것

② 법원은 제8조제1항에 따라 치료명령을 선고하는 경우 「보호관찰 등에 관한 법률」 제32조 제3항 각 호의 준수사항을 부과할 수 있다.

제11조(치료명령 판결 등의 통지)

① 법원은 제8조제1항에 따라 치료명령을 선고한 때에는 그 판결이 확정된 날부터 3일 이내 에 치료명령을 받은 사람의 주거지를 관할하는 보호관찰소의 장에게 판결문의 등본과 준 수사항을 적은 서면을 송부하여야 한다.

② 교도소, 소년교도소, 구치소 및 치료감호시설의 장은 치료명령을 받은 사람이 석방되기 3 개월 전까지 치료명령을 받은 사람의 주거지를 관할하는 보호관찰소의 장에게 그 사실을 통보하여야 한다.

제12조(국선변호인 등)
치료명령 청구사건에 관하여는 「형사소송법」 제282조 및 제283조를 준용한다.

제13조(집행지휘)
① 치료명령은 검사의 지휘를 받아 보호관찰관이 집행한다.
② 제1항에 따른 지휘는 판결문 등본을 첨부한 서면으로 한다.

제14조(치료명령의 집행)
① 치료명령은 「의료법」에 따른 의사의 진단과 처방에 의한 약물 투여, 「정신건강증진 및 정신질환자 복지서비스 지원에 관한 법률」에 따른 정신보건전문요원 등 전문가에 의한 인지행동 치료 등 심리치료 프로그램의 실시 등의 방법으로 집행한다.
② 보호관찰관은 치료명령을 받은 사람에게 치료명령을 집행하기 전에 약물치료의 효과, 부작용 및 약물치료의 방법·주기·절차 등에 관하여 충분히 설명하여야 한다.
③ 치료명령을 받은 사람이 형의 집행이 종료되거나 면제·가석방 또는 치료감호의 집행이 종료·가종료 또는 치료위탁으로 석방되는 경우 보호관찰관은 석방되기 전 2개월 이내에 치료명령을 받은 사람에게 치료명령을 집행하여야 한다.
④ 다음 각 호의 어느 하나에 해당하는 때에는 치료명령의 집행이 정지된다.
   1. 치료명령의 집행 중 구속영장의 집행을 받아 구금된 때
   2. 치료명령의 집행 중 금고 이상의 형의 집행을 받게 된 때
   3. 가석방 또는 가종료·가출소된 자에 대하여 치료기간 동안 가석방 또는 가종료·가출소가 취소되거나 실효된 때

제15조(치료명령을 받은 사람의 의무)
① 치료명령을 받은 사람은 치료기간 중 상쇄약물의 투약 등의 방법으로 치료의 효과를 해하여서는 아니 된다.
② 치료명령을 받은 사람은 형의 집행이 종료되거나 면제·가석방 또는 치료감호의 집행이 종료·가종료 또는 치료위탁되는 날부터 10일 이내에 주거지를 관할하는 보호관찰소에 출석하여 서면으로 신고하여야 한다.
③ 치료명령을 받은 사람은 주거 이전 또는 7일 이상의 국내여행을 하거나 출국할 때에는 미리 보호관찰관의 허가를 받아야 한다.

제16조(치료기간의 연장 등)

① 치료 경과 등에 비추어 치료명령을 받은 사람에 대한 약물치료를 계속 하여야 할 상당한 이유가 있거나 다음 각 호의 어느 하나에 해당하는 사유가 있으면 법원은 보호관찰소의 장의 신청에 따른 검사의 청구로 치료기간을 결정으로 연장할 수 있다. 다만, 종전의 치료기간을 합산하여 15년을 초과할 수 없다.

1. 정당한 사유 없이 「보호관찰 등에 관한 법률」 제32조제2항(제4호는 제외한다) 또는 제3항에 따른 준수사항을 위반한 경우
2. 정당한 사유 없이 제15조제2항을 위반하여 신고하지 아니한 경우
3. 거짓으로 제15조제3항의 허가를 받거나, 정당한 사유 없이 제15조제3항을 위반하여 허가를 받지 아니하고 주거 이전, 국내여행 또는 출국을 하거나 허가기간 내에 귀국하지 아니한 경우

제17조(치료명령의 임시해제 신청 등)

① 보호관찰소의 장 또는 치료명령을 받은 사람 및 그 법정대리인은 해당 보호관찰소를 관할하는 「보호관찰 등에 관한 법률」 제5조에 따른 보호관찰 심사위원회(이하 "심사위원회"라 한다)에 치료명령의 임시해제를 신청할 수 있다.

② 제1항의 신청은 치료명령의 집행이 개시된 날부터 6개월이 지난 후에 하여야 한다. 신청이 기각된 경우에는 기각된 날부터 6개월이 지난 후에 다시 신청할 수 있다.

③ 임시해제의 신청을 할 때에는 신청서에 임시해제의 심사에 참고가 될 자료를 첨부하여 제출하여야 한다.

제18조(치료명령 임시해제의 심사 및 결정)

① 심사위원회는 임시해제를 심사할 때에는 치료명령을 받은 사람의 인격, 생활태도, 치료명령 이행상황 및 재범의 위험성에 대한 전문가의 의견 등을 고려하여야 한다.

② 심사위원회는 임시해제의 심사를 위하여 필요한 때에는 보호관찰소의 장으로 하여금 필요한 사항을 조사하게 하거나 치료명령을 받은 사람이나 그 밖의 관계인을 직접 소환·심문 또는 조사할 수 있다.

③ 제2항의 요구를 받은 보호관찰소의 장은 필요한 사항을 조사하여 심사위원회에 통보하여야 한다.

④ 심사위원회는 치료명령을 받은 사람이 치료명령이 계속 집행될 필요가 없을 정도로 개선되어 죄를 다시 범할 위험성이 없다고 인정하는 때에는 치료명령의 임시해제를 결정할 수 있다.

⑤ 심사위원회는 치료명령의 임시해제를 하지 아니하기로 결정한 때에는 결정서에 그 이유를

명시하여야 한다.

⑥ 제4항에 따라 치료명령이 임시해제된 경우에는 제10조제1항 각 호 및 같은 조 제2항에 따른 준수사항이 임시해제된 것으로 본다.

제19조(임시해제의 취소 등)

① 보호관찰소의 장은 치료명령이 임시해제된 사람이 성폭력범죄를 저지르거나 주거 이전 상황 등의 보고에 불응하는 등 재범의 위험성이 있다고 판단되는 때에는 심사위원회에 임시해제의 취소를 신청할 수 있다. 이 경우 심사위원회는 임시해제된 사람의 재범의 위험성이 현저하다고 인정될 때에는 임시해제를 취소하여야 한다.

② 임시해제가 취소된 사람은 잔여 치료기간 동안 약물치료를 받아야 한다. 이 경우 임시해제 기간은 치료기간에 산입하지 아니한다

제20조(치료명령 집행의 종료)

제8조제1항에 따라 선고된 치료명령은 다음 각 호의 어느 하나에 해당하는 때에 그 집행이 종료된다.

1. 치료기간이 지난 때
2. 치료명령과 함께 선고한 형이 사면되어 그 선고의 효력을 상실하게 된 때
3. 치료명령이 임시해제된 사람이 그 임시해제가 취소됨이 없이 잔여 치료기간을 지난 때

제21조(치료명령의 시효)

① 치료명령을 받은 사람은 그 판결이 확정된 후 집행을 받지 아니하고 함께 선고된 피고사건의 형의 시효 또는 치료감호의 시효가 완성되면 그 집행이 면제된다.

② 치료명령의 시효는 치료명령을 받은 사람을 체포함으로써 중단된다.

[수형자, 가종료자 등에 대한 치료명령]

제22조(성폭력 수형자에 대한 치료명령 청구)

① 검사는 사람에 대하여 성폭력범죄를 저질러 징역형 이상의 형이 확정되었으나 제8조제1항에 따른 치료명령이 선고되지 아니한 수형자(이하 "성폭력 수형자"라 한다) 중 성도착증 환자로서 성폭력범죄를 다시 범할 위험성이 있다고 인정되고 약물치료를 받는 것을 동의하는 사람에 대하여 그의 주거지 또는 현재지를 관할하는 지방법원에 치료명령을 청구할 수 있다.

③ 제2항제6호의 결정에 따른 치료기간은 15년을 초과할 수 없다.

제23조(가석방)

① 수용시설의 장은 제22조제2항제6호의 결정이 확정된 성폭력 수형자에 대하여 법무부령으로 정하는 바에 따라 「형의 집행 및 수용자의 처우에 관한 법률」 제119조의 가석방심사위원회에 가석방 적격심사를 신청하여야 한다.

② 가석방심사위원회는 성폭력 수형자의 가석방 적격심사를 할 때에는 치료명령이 결정된 사실을 고려하여야 한다.

제24조(비용부담)

① 제22조제2항제6호의 치료명령의 결정을 받은 사람은 치료기간 동안 치료비용을 부담하여야 한다. 다만, 치료비용을 부담할 경제력이 없는 사람의 경우에는 국가가 비용을 부담할 수 있다.

② 비용부담에 관하여 필요한 사항은 대통령령으로 정한다.

제25조(가종료 등과 치료명령)

① 「치료감호 등에 관한 법률」 제37조에 따른 치료감호심의위원회(이하 "치료감호심의위원회"라 한다)는 성폭력범죄자 중 성도착증 환자로서 치료감호의 집행 중 가종료 또는 치료위탁되는 피치료감호자나 보호감호의 집행 중 가출소되는 피보호감호자(이하 "가종료자 등"이라 한다)에 대하여 보호관찰 기간의 범위에서 치료명령을 부과할 수 있다.

② 치료감호심의위원회는 제1항에 따라 치료명령을 부과하는 결정을 할 경우에는 결정일 전 6개월 이내에 실시한 정신건강의학과 전문의의 진단 또는 감정 결과를 반드시 참작하여야 한다.

③ 치료감호심의위원회는 제1항에 따라 치료명령을 부과하는 결정을 한 경우에는 즉시 가종료자 등의 주거지를 관할하는 보호관찰소의 장에게 통보하여야 한다.

제26조(준수사항)

치료감호심의위원회는 제25조에 따른 치료명령을 부과하는 경우 치료기간의 범위에서 준수기간을 정하여 「보호관찰 등에 관한 법률」 제32조제3항 각 호의 준수사항 중 하나 이상을 부과할 수 있다.

제27조(치료명령의 집행)

보호관찰관은 가종료자 등이 가종료·치료위탁 또는 가출소 되기 전 2개월 이내에 치료명령을 집행하여야 한다. 다만, 치료감호와 형이 병과된 가종료자의 경우 집행할 잔여 형기가 있는 때에는 그 형의 집행이 종료되거나 면제되어 석방되기 전 2개월 이내에 치료명령을 집행하여야 한다.

제28조(치료명령 집행의 종료)

제25조에 따른 약물치료는 다음 각 호의 어느 하나에 해당하는 때에 그 집행이 종료된다.

1. 치료기간이 지난 때
2. 가출소·가종료·치료위탁으로 인한 보호관찰 기간이 경과하거나 보호관찰이 종료된 때

제30조(치료기간의 계산)

치료기간은 최초로 성 호르몬 조절약물을 투여한 날 또는 제14조제1항에 따른 심리치료 프로그램의 실시를 시작한 날부터 기산하되, 초일은 시간을 계산함이 없이 1일로 산정한다.

제31조(치료명령 등 집행전담 보호관찰관의 지정)

보호관찰소의 장은 소속 보호관찰관 중에서 다음 각 호의 사항을 전담하는 보호관찰관을 지정하여야 한다.

1. 치료명령을 청구하기 위하여 필요한 치료명령 피청구자에 대한 조사
2. 치료명령의 집행
3. 치료명령을 받은 사람의 재범방지와 건전한 사회복귀를 위한 치료 등 필요한 조치의 부과
4. 그 밖에 치료명령을 받은 사람의 「보호관찰 등에 관한 법률」 등에 따른 준수사항 이행 여부 확인 등 치료명령을 받은 사람에 대한 지도·감독 및 원호

08 스토킹범죄의 처벌 등에 관한 법률   JUSTICE

1 스토킹처벌법 정리

사법경찰관리 현장응급조치	① 스토킹행위의 제지, 향후 스토킹행위의 중단통보 및 스토킹행위를 지속적 또는 반복적으로 할 경우, 처벌 서면경고 ② 스토킹행위자와 피해자 등의 분리 및 범죄수사 ③ 피해자 등에 대한 긴급응급조치 및 잠정조치 요청의 절차 등 안내 ④ 스토킹 피해 관련 상담소 또는 보호시설로의 피해자 등 인도(동의한 경우)	단, 긴급응급조치의 기간은 1개월 초과 ×	응급조치 변경	① 긴급응급조치 대상자나 대리인은 취소 또는 종류변경을 사경에 신청 가능 ② 상대방이나 대리인은 상대방 등의 주거 등을 옮긴 경우, 사경에 긴급응급조치 변경신청 가능 ③ 상대방이나 대리인은 긴급응급조치가 필요하지 않은 경우, 취소신청 가능 ④ 사경은 직권 또는 신청에 의해 긴급조치를 취소할 수 있고, 지방법원 판사의 승인을 받아 종류변경 가능 ※ 통지와 고지 ① 상대방 등이나 대리인은 취소 또는
사법경찰관 긴급응급조치	① 스토킹행위의 상대방 등이나 그 주거 등으로부터 100m 이내의		

(직권 또는 피해자 등 요청)	접근금지 ② 스토킹행위의 상대방 등에 대한 전기통신을 이용한 접근금지			변경취지 통지 ② 긴급조치 대상자는 취소 또는 변경조치내용 및 불복방법 등 고지
검사의 잠정조치 (청구)	검사는 스토킹범죄가 재발될 우려가 있다고 인정하면 직권 또는 사경의 신청에 따라 잠정조치 청구할 수 있음	-		① 피해자, 동거인, 가족, 법정대리인은 2호(100m 이내 접근금지)결정 있은 후 주거 등 옮긴 경우, 법원에 잠정조치결정 변경신청 가능 ② 스토킹행위자나 그 법정대리인은 잠정조치 취소 또는 종류변경을 법원에 신청 가능 ③ 검사는 직권이나 사경의 신청에 따라 기간연장 또는 종류변경 청구 가능, 필요하지 않은 경우 취소청구도 가능 ④ 법원은 결정할 수 있고, 고지하여야 함
법원의 잠정조치	① 피해자에 대한 스토킹범죄 중단에 관한 서면경고 ② 피해자 또는 그의 동거인, 가족이나 그 주거 등으로부터 100m 이내의 접근금지 ③ 피해자 또는 그의 동거인, 가족에 대한 전기통신을 이용한 접근금지 ④ 전자장치의 부착 ⑤ 국가경찰관서의 유치장 또는 구치소 유치	①·②·③·④는 3개월 초과 × (두 차례에 한정하여 각 3개월의 범위에서 연장 가능 ⑤는 1개월 초과 ×	잠정조치 변경신청	

★ 긴급응급조치의 효력상실
  1. 긴급응급조치에서 정한 기간이 지난 때
  2. 법원이 긴급응급조치 대상자에게 다음의 결정을 한 때 – 긴급응급조치에 따른 피해자 등 100m 이내 접근금지결정, 주거 등 장소 100m 이내 접근금지결정, 전기통신이용 접근금지결정(사경에서 법원으로 주체가 바뀌게 됨)
★ 잠정조치의 효력상실 : 스토킹행위자에 대한 검사의 불기소처분, 사경이 불송치결정한 때

2 「스토킹범죄의 처벌 등에 관한 법률」

제1장 총칙

제1조(목적)

이 법은 스토킹범죄의 처벌 및 그 절차에 관한 특례와 스토킹범죄 피해자에 대한 보호절차를 규정함으로써 피해자를 보호하고 건강한 사회질서의 확립에 이바지함을 목적으로 한다.

제2조(정의)

이 법에서 사용하는 용어의 뜻은 다음과 같다.
1. "스토킹행위"란 상대방의 의사에 반(反)하여 정당한 이유 없이 다음 각 목의 어느 하나에 해당하는 행위를 하여 상대방에게 불안감 또는 공포심을 일으키는 것을 말한다.
   가. 상대방 또는 그의 동거인, 가족(이하 "상대방등"이라 한다)에게 접근하거나 따라다니거나 진로를 막아서는 행위
   나. 상대방등의 주거, 직장, 학교, 그 밖에 일상적으로 생활하는 장소(이하 "주거등"이라 한다) 또는 그 부근에서 기다리거나 지켜보는 행위

다. 상대방등에게 우편·전화·팩스 또는 「정보통신망 이용촉진 및 정보보호 등에 관한 법률」 제2조 제1항 제1호의 정보통신망(이하 "정보통신망"이라 한다)을 이용하여 물건이나 글·말·부호·음향·그림·영상·화상(이하 "물건등"이라 한다)을 도달하게 하거나 정보통신망을 이용하는 프로그램 또는 전화의 기능에 의하여 글·말·부호·음향·그림·영상·화상이 상대방등에게 나타나게 하는 행위

라. 상대방등에게 직접 또는 제3자를 통하여 물건등을 도달하게 하거나 주거등 또는 그 부근에 물건등을 두는 행위

마. 상대방등의 주거등 또는 그 부근에 놓여져 있는 물건등을 훼손하는 행위

바. 다음의 어느 하나에 해당하는 상대방등의 정보를 정보통신망을 이용하여 제3자에게 제공하거나 배포 또는 게시하는 행위

　　1) 「개인정보 보호법」 제2조 제1호의 개인정보

　　2) 「위치정보의 보호 및 이용 등에 관한 법률」 제2조 제2호의 개인위치정보

　　3) 1) 또는 2)의 정보를 편집·합성 또는 가공한 정보(해당 정보주체를 식별할 수 있는 경우로 한정한다)

사. 정보통신망을 통하여 상대방등의 이름, 명칭, 사진, 영상 또는 신분에 관한 정보를 이용하여 자신이 상대방등인 것처럼 가장하는 행위

2. "스토킹범죄"란 지속적 또는 반복적으로 스토킹행위를 하는 것을 말한다.

3. "피해자"란 스토킹범죄로 직접적인 피해를 입은 사람을 말한다.

4. "피해자등"이란 피해자 및 스토킹행위의 상대방을 말한다.

제2장 스토킹범죄 등의 처리절차

제3조(스토킹행위 신고 등에 대한 응급조치)

사법경찰관리는 진행 중인 스토킹행위에 대하여 신고를 받은 경우 즉시 현장에 나가 다음 각 호의 조치를 하여야 한다.

1. 스토킹행위의 제지, 향후 스토킹행위의 중단 통보 및 스토킹행위를 지속적 또는 반복적으로 할 경우 처벌 서면경고

2. 스토킹행위자와 피해자등의 분리 및 범죄수사

3. 피해자등에 대한 긴급응급조치 및 잠정조치 요청의 절차 등 안내

4. 스토킹 피해 관련 상담소 또는 보호시설로의 피해자등 인도(피해자등이 동의한 경우만 해당한다)

제4조(긴급응급조치) ★

① 사법경찰관은 스토킹행위 신고와 관련하여 스토킹행위가 지속적 또는 반복적으로 행하여질 우려가 있고 스토킹범죄의 예방을 위하여 긴급을 요하는 경우 스토킹행위자에게 직권

으로 또는 스토킹행위의 상대방이나 그 법정대리인 또는 스토킹행위를 신고한 사람의 요청에 의하여 다음 각 호에 따른 조치를 할 수 있다.

1. 스토킹행위의 상대방등이나 그 주거등으로부터 <u>100미터 이내의 접근 금지</u>
2. 스토킹행위의 상대방등에 대한 「전기통신기본법」 제2조 제1호의 전기통신을 이용한 접근 금지

② 사법경찰관은 제1항에 따른 조치(이하 "긴급응급조치"라 한다)를 하였을 때에는 즉시 스토킹행위의 요지, 긴급응급조치가 필요한 사유, 긴급응급조치의 내용 등이 포함된 긴급응급조치결정서를 작성하여야 한다.

제5조(긴급응급조치의 승인 신청)

① <u>사법경찰관은 긴급응급조치를 하였을 때에는 <u>지체 없이</u> 검사에게 해당 긴급응급조치에 대한 사후승인을 지방법원 판사에게 청구하여 줄 것을 신청하여야 한다.

② 제1항의 신청을 받은 검사는 긴급응급조치가 있었던 때부터 <u>48시간</u> 이내에 지방법원 판사에게 해당 긴급응급조치에 대한 사후승인을 청구한다. 이 경우 제4조 제2항에 따라 작성된 긴급응급조치결정서를 첨부하여야 한다.

③ 지방법원 판사는 스토킹행위가 지속적 또는 반복적으로 행하여지는 것을 예방하기 위하여 필요하다고 인정하는 경우에는 제2항에 따라 청구된 긴급응급조치를 승인할 수 있다.

④ 사법경찰관은 검사가 제2항에 따라 긴급응급조치에 대한 사후승인을 청구하지 아니하거나 지방법원 판사가 제2항의 청구에 대하여 <u>사후승인을 하지 아니한 때에는 즉시 그 긴급응급조치를 취소하여야 한다.</u>

⑤ 긴급응급조치기간은 <u>1개월을 초과할 수 없다.</u>

제6조(긴급응급조치의 통지 등)

① 사법경찰관은 긴급응급조치를 하는 경우에는 스토킹행위의 상대방등이나 그 법정대리인에게 통지하여야 한다.

② 사법경찰관은 긴급응급조치를 하는 경우에는 해당 긴급응급조치의 대상자(이하 "긴급응급조치대상자"라 한다)에게 조치의 내용 및 불복방법 등을 고지하여야 한다.

제7조(긴급응급조치의 변경 등)

① 긴급응급조치대상자나 그 법정대리인은 긴급응급조치의 취소 또는 그 종류의 변경을 사법경찰관에게 신청할 수 있다.

② <u>스토킹행위의 상대방등이나 그 법정대리인은 제4조 제1항 제1호의 긴급응급조치가 있은 후 스토킹행위의 상대방등이 주거등을 옮긴 경우에는 사법경찰관에게 긴급응급조치의 변경을 신청할 수 있다.</u>

③ 스토킹행위의 상대방이나 그 법정대리인은 긴급응급조치가 필요하지 아니한 경우에는 사

법경찰관에게 해당 긴급응급조치의 취소를 신청할 수 있다.

④ 사법경찰관은 정당한 이유가 있다고 인정하는 경우에는 직권으로 또는 제1항부터 제3항까지의 규정에 따른 신청에 의하여 해당 긴급응급조치를 취소할 수 있고, <u>지방법원 판사의 승인을 받아 긴급응급조치의 종류를 변경</u>할 수 있다.

⑤ 사법경찰관은 제4항에 따라 긴급응급조치를 취소하거나 그 종류를 변경하였을 때에는 스토킹행위의 상대방등 및 긴급응급조치대상자 등에게 다음 각 호의 구분에 따라 통지 또는 고지하여야 한다.

1. 스토킹행위의 상대방등이나 그 법정대리인 : 취소 또는 변경의 취지 통지
2. 긴급응급조치대상자 : 취소 또는 변경된 조치의 내용 및 불복방법 등 고지

⑥ 긴급응급조치(제4항에 따라 그 종류를 변경한 경우를 포함한다. 이하 이 항에서 같다)는 다음 각 호의 어느 하나에 해당하는 때에 그 효력을 상실한다.

1. 긴급응급조치에서 정한 기간이 지난 때
2. 법원이 긴급응급조치대상자에게 다음 각 목의 결정을 한 때(스토킹행위의 상대방과 같은 사람을 피해자로 하는 경우로 한정한다)
   가. 제4조 제1항 제1호의 긴급응급조치에 따른 스토킹행위의 상대방등과 같은 사람을 피해자 또는 그의 동거인, 가족으로 하는 제9조 제1항 제2호에 따른 조치의 결정
   나. 제4조 제1항 제1호의 긴급응급조치에 따른 주거등과 같은 장소를 피해자 또는 그의 동거인, 가족의 주거등으로 하는 제9조 제1항 제2호에 따른 조치의 결정
   다. 제4조 제1항 제2호의 긴급응급조치에 따른 스토킹행위의 상대방등과 같은 사람을 피해자 또는 그의 동거인, 가족으로 하는 제9조 제1항 제3호에 따른 조치의 결정

제8조(잠정조치의 청구)

① 검사는 스토킹범죄가 재발될 우려가 있다고 인정하면 직권 또는 사법경찰관의 신청에 따라 법원에 제9조 제1항 각 호의 조치를 청구할 수 있다.

② 피해자 또는 그 법정대리인은 검사 또는 사법경찰관에게 제1항에 따른 조치의 청구 또는 그 신청을 요청하거나, 이에 관하여 의견을 진술할 수 있다.

③ 사법경찰관은 제2항에 따른 신청 요청을 받고도 제1항에 따른 신청을 하지 아니하는 경우에는 검사에게 그 사유를 보고하여야 하고, 피해자 또는 그 법정대리인에게 그 사실을 지체 없이 알려야 한다.

④ 검사는 제2항에 따른 청구 요청을 받고도 제1항에 따른 청구를 하지 아니하는 경우에는 피해자 또는 그 법정대리인에게 그 사실을 지체 없이 알려야 한다.

제9조(스토킹행위자에 대한 잠정조치) ★

① 법원은 스토킹범죄의 원활한 조사·심리 또는 피해자 보호를 위하여 필요하다고 인정하는 경우에는 결정으로 스토킹행위자에게 다음 각 호의 어느 하나에 해당하는 조치(이하 "잠정

조치"라 한다)를 할 수 있다.

1. 피해자에 대한 스토킹범죄 중단에 관한 서면 경고

2. 피해자 또는 그의 동거인, 가족이나 그 주거등으로부터 100미터 이내의 접근 금지

3. 피해자 또는 그의 동거인, 가족에 대한 「전기통신기본법」 제2조 제1호의 전기통신을 이용한 접근 금지

3의2. 「전자장치 부착 등에 관한 법률」 제2조 제4호의 위치추적 전자장치(이하 "전자장치"라 한다)의 부착

4. 국가경찰관서의 유치장 또는 구치소에의 유치

② 제1항 각 호의 잠정조치는 병과할 수 있다.

③ 법원은 제1항 제3호의2 또는 제4호의 조치에 관한 결정을 하기 전 잠정조치의 사유를 판단하기 위하여 필요하다고 인정하는 때에는 검사, 스토킹행위자, 피해자, 기타 참고인으로부터 의견을 들을 수 있다. 의견을 듣는 방법과 절차, 그 밖에 필요한 사항은 대법원규칙으로 정한다.

④ 제1항 제3호의2에 따라 전자장치가 부착된 사람은 잠정조치기간 중 전자장치의 효용을 해치는 다음 각 호의 행위를 하여서는 아니 된다.

1. 전자장치를 신체에서 임의로 분리하거나 손상하는 행위

2. 전자장치의 전파를 방해하거나 수신자료를 변조하는 행위

3. 제1호 및 제2호에서 정한 행위 외에 전자장치의 효용을 해치는 행위

⑤ 법원은 잠정조치를 결정한 경우에는 검사와 피해자 또는 그의 동거인, 가족, 그 법정대리인에게 통지하여야 한다.

⑥ 법원은 제1항 제4호에 따른 잠정조치를 한 경우에는 스토킹행위자에게 변호인을 선임할 수 있다는 것과 제12조에 따라 항고할 수 있다는 것을 고지하고, 다음 각 호의 구분에 따른 사람에게 해당 잠정조치를 한 사실을 통지하여야 한다.

1. 스토킹행위자에게 변호인이 있는 경우 : 변호인

2. 스토킹행위자에게 변호인이 없는 경우 : 법정대리인 또는 스토킹행위자가 지정하는 사람

⑦ 제1항 제2호·제3호 및 제3호의2에 따른 잠정조치기간은 3개월, 같은 항 제4호에 따른 잠정조치기간은 1개월을 초과할 수 없다. 다만, 법원은 피해자의 보호를 위하여 그 기간을 연장할 필요가 있다고 인정하는 경우에는 결정으로 제1항 제2호·제3호 및 제3호의2에 따른 잠정조치에 대하여 두 차례에 한정하여 각 3개월의 범위에서 연장할 수 있다.

잠정조치	기간	연장
① 피해자에 대한 스토킹범죄 중단에 관한 서면 경고	–	–
② 피해자 또는 그의 동거인, 가족이나 그 주거등으로부터 100미터 이내의 접근 금지	3개월을 초과할 수 없다.	두 차례에 한정하여 각 3개월의 범위에서 연장할 수 있다.

③ 피해자 또는 그의 동거인, 가족에 대한 「전기통신기본법」 제2조 제1호의 전기통신을 이용한 접근 금지	-	-
④ 「전자장치 부착 등에 관한 법률」 제2조 제4호의 위치추적 전자장치의 부착	-	-
⑤ 국가경찰관서의 유치장 또는 구치소에의 유치	1개월을 초과할 수 없다.	-

제10조(잠정조치의 집행 등)

① 법원은 잠정조치 결정을 한 경우에는 법원공무원, 사법경찰관리, 구치소 소속 교정직공무원 또는 보호관찰관으로 하여금 집행하게 할 수 있다.

② 제1항에 따라 잠정조치 결정을 집행하는 사람은 스토킹행위자에게 잠정조치의 내용, 불복방법 등을 고지하여야 한다.

③ 피해자 또는 그의 동거인, 가족, 그 법정대리인은 제9조 제1항 제2호의 잠정조치 결정이 있은 후 피해자 또는 그의 동거인, 가족이 주거등을 옮긴 경우에는 법원에 잠정조치 결정의 변경을 신청할 수 있다.

④ 제3항의 신청에 따른 변경 결정의 스토킹행위자에 대한 고지에 관하여는 제2항을 준용한다.

⑤ 제1항부터 제4항까지에서 규정한 사항 외에 제9조 제1항 제3호의2에 따른 잠정조치 결정의 집행 등에 관하여는 「전자장치 부착 등에 관한 법률」 제5장의2에 따른다.

제11조(잠정조치의 변경 등)

① 스토킹행위자나 그 법정대리인은 잠정조치 결정의 취소 또는 그 종류의 변경을 법원에 신청할 수 있다.

② 검사는 수사 또는 공판과정에서 잠정조치가 계속 필요하다고 인정하는 경우에는 직권이나 사법경찰관의 신청에 따라 법원에 해당 잠정조치기간의 연장 또는 그 종류의 변경을 청구할 수 있고, 잠정조치가 필요하지 아니하다고 인정하는 경우에는 직권이나 사법경찰관의 신청에 따라 법원에 해당 잠정조치의 취소를 청구할 수 있다.

③ 법원은 정당한 이유가 있다고 인정하는 경우에는 직권 또는 제1항의 신청이나 제2항의 청구에 의하여 결정으로 해당 잠정조치의 취소, 기간의 연장 또는 그 종류의 변경을 할 수 있다.

④ 법원은 제3항에 따라 잠정조치의 취소, 기간의 연장 또는 그 종류의 변경을 하였을 때에는 검사와 피해자 및 스토킹행위자 등에게 다음 각 호의 구분에 따라 통지 또는 고지하여야 한다.

1. 검사, 피해자 또는 그의 동거인, 가족, 그 법정대리인 : 취소, 연장 또는 변경의 취지 통지

2. 스토킹행위자 : 취소, 연장 또는 변경된 조치의 내용 및 불복방법 등 고지

3. 제9조 제6항 각 호의 구분에 따른 사람 : 제9조 제1항 제4호에 따른 잠정조치를 한

사실

⑤ 잠정조치 결정(제3항에 따라 잠정조치기간을 연장하거나 그 종류를 변경하는 결정을 포함한다. 이하 제12조 및 제14조에서 같다)은 스토킹행위자에 대해 검사가 불기소처분을 한 때 또는 사법경찰관이 불송치결정을 한 때에 그 효력을 상실한다.

제12조(항고)

① 검사, 스토킹행위자 또는 그 법정대리인은 긴급응급조치 또는 잠정조치에 대한 결정이 다음 각 호의 어느 하나에 해당하는 경우에는 항고할 수 있다.

1. 해당 결정에 영향을 미친 법령의 위반이 있거나 중대한 사실의 오인이 있는 경우
2. 해당 결정이 현저히 부당한 경우

② 제1항에 따른 항고는 그 결정을 고지받은 날부터 7일 이내에 하여야 한다.

제13조(항고장의 제출)

① 제12조에 따른 항고를 할 때에는 원심법원에 항고장을 제출하여야 한다.
② 항고장을 받은 법원은 3일 이내에 의견서를 첨부하여 기록을 항고법원에 보내야 한다.

제14조(항고의 재판)

① 항고법원은 항고의 절차가 법률에 위반되거나 항고가 이유 없다고 인정하는 경우에는 결정으로 항고를 기각하여야 한다.
② 항고법원은 항고가 이유 있다고 인정하는 경우에는 원결정을 취소하고 사건을 원심법원에 환송하거나 다른 관할법원에 이송하여야 한다. 다만, 환송 또는 이송하기에 급박하거나 그 밖에 필요하다고 인정할 때에는 원결정을 파기하고 스스로 적절한 잠정조치 결정을 할 수 있다.

제15조(재항고)

① 항고의 기각 결정에 대해서는 그 결정이 법령에 위반된 경우에만 대법원에 재항고를 할 수 있다.
② 제1항에 따른 재항고의 기간, 재항고장의 제출 및 재항고의 재판에 관하여는 제12조 제2항, 제13조 및 제14조를 준용한다.

제16조(집행의 부정지)

항고와 재항고는 결정의 집행을 정지하는 효력이 없다.

제17조(스토킹범죄의 피해자에 대한 전담조사제)

① 검찰총장은 각 지방검찰청 검사장에게 스토킹범죄 전담 검사를 지정하도록 하여 특별한 사정이 없으면 스토킹범죄 전담 검사가 피해자를 조사하게 하여야 한다.
② 경찰관서의 장(국가수사본부장, 시·도경찰청장 및 경찰서장을 의미한다. 이하 같다)은 스

토킹범죄 전담 사법경찰관을 지정하여 특별한 사정이 없으면 스토킹범죄 전담 사법경찰관이 피해자를 조사하게 하여야 한다.

③ 검찰총장 및 경찰관서의 장은 제1항의 스토킹범죄 전담 검사 및 제2항의 스토킹범죄 전담 사법경찰관에게 스토킹범죄의 수사에 필요한 전문지식과 피해자 보호를 위한 수사방법 및 수사절차 등에 관한 교육을 실시하여야 한다.

제17조의2(피해자 등에 대한 신변안전조치)

법원 또는 수사기관이 피해자등 또는 스토킹범죄를 신고(고소·고발을 포함한다. 이하 이 조에서 같다)한 사람을 증인으로 신문하거나 조사하는 경우의 신변안전조치에 관하여는 「특정범죄신고자 등 보호법」 제13조 및 제13조의2를 준용한다. 이 경우 "범죄신고자등"은 "피해자등 또는 스토킹범죄를 신고한 사람"으로 본다.

제17조의3(피해자등의 신원과 사생활 비밀 누설 금지)

① 다음 각 호의 어느 하나에 해당하는 업무를 담당하거나 그에 관여하는 공무원 또는 그 직에 있었던 사람은 피해자등의 주소, 성명, 나이, 직업, 학교, 용모, 인적사항, 사진 등 피해자등을 특정하여 파악할 수 있게 하는 정보 또는 피해자등의 사생활에 관한 비밀을 공개하거나 다른 사람에게 누설하여서는 아니 된다.

1. 제3조에 따른 조치에 관한 업무
2. 긴급응급조치의 신청, 청구, 승인, 집행 또는 취소·변경에 관한 업무
3. 잠정조치의 신청, 청구, 결정, 집행 또는 취소·기간연장·변경에 관한 업무
4. 스토킹범죄의 수사 또는 재판에 관한 업무

② 누구든지 피해자등의 동의를 받지 아니하고 피해자등의 주소, 성명, 나이, 직업, 학교, 용모, 인적사항, 사진 등 피해자등을 특정하여 파악할 수 있게 하는 정보를 신문 등 인쇄물에 싣거나 「방송법」 제2조 제1호에 따른 방송 또는 정보통신망을 통하여 공개하여서는 아니 된다.

제17조의4(피해자에 대한 변호사 선임의 특례)

① 피해자 및 그 법정대리인은 형사절차상 입을 수 있는 피해를 방어하고 법률적 조력을 보장받기 위하여 변호사를 선임할 수 있다.

② 제1항에 따라 선임된 변호사(이하 이 조에서 "변호사"라 한다)는 검사 또는 사법경찰관의 피해자 및 그 법정대리인에 대한 조사에 참여하여 의견을 진술할 수 있다. 다만, 조사 도중에는 검사 또는 사법경찰관의 승인을 받아 의견을 진술할 수 있다.

③ 변호사는 피의자에 대한 구속 전 피의자심문, 증거보전절차, 공판준비기일 및 공판절차에 출석하여 의견을 진술할 수 있다. 이 경우 필요한 절차에 관한 구체적 사항은 대법원규칙

으로 정한다.

④ 변호사는 증거보전 후 관계 서류나 증거물, 소송계속 중의 관계 서류나 증거물을 열람하거나 복사할 수 있다.

⑤ 변호사는 형사절차에서 피해자 및 법정대리인의 대리가 허용될 수 있는 모든 소송행위에 대한 포괄적인 대리권을 가진다.

⑥ 검사는 피해자에게 변호사가 없는 경우 국선변호사를 선정하여 형사절차에서 피해자의 권익을 보호할 수 있다.

제3장 벌칙

제18조(스토킹범죄)

① 스토킹범죄를 저지른 사람은 3년 이하의 징역 또는 3천만원 이하의 벌금에 처한다.

② 흉기 또는 그 밖의 위험한 물건을 휴대하거나 이용하여 스토킹범죄를 저지른 사람은 5년 이하의 징역 또는 5천만원 이하의 벌금에 처한다.

③ 삭제 〈2023.7.11.〉

제19조(형벌과 수강명령 등의 병과) ★

① 법원은 스토킹범죄를 저지른 사람에 대하여 유죄판결(선고유예는 제외한다)을 선고하거나 약식명령을 고지하는 경우에는 200시간의 범위에서 다음 각 호의 구분에 따라 재범 예방에 필요한 수강명령(「보호관찰 등에 관한 법률」에 따른 수강명령을 말한다. 이하 같다) 또는 스토킹 치료프로그램의 이수명령(이하 "이수명령"이라 한다)을 병과할 수 있다.

1. 수강명령 : 형의 집행을 유예할 경우에 그 집행유예기간 내에서 병과
2. 이수명령 : 벌금형 또는 징역형의 실형을 선고하거나 약식명령을 고지할 경우에 병과

② 법원은 스토킹범죄를 저지른 사람에 대하여 형의 집행을 유예하는 경우에는 제1항에 따른 수강명령 외에 그 집행유예기간 내에서 보호관찰 또는 사회봉사 중 하나 이상의 처분을 병과할 수 있다.

③ 제1항에 따른 수강명령 또는 이수명령의 내용은 다음 각 호와 같다.

1. 스토킹 행동의 진단·상담
2. 건전한 사회질서와 인권에 관한 교육
3. 그 밖에 스토킹범죄를 저지른 사람의 재범 예방을 위하여 필요한 사항

④ 제1항에 따른 수강명령 또는 이수명령은 다음 각 호의 구분에 따라 각각 집행한다.

1. 형의 집행을 유예할 경우 : 그 집행유예기간 내
2. 벌금형을 선고하거나 약식명령을 고지할 경우 : 형 확정일부터 6개월 이내
3. 징역형의 실형을 선고할 경우 : 형기 내

⑤ 제1항에 따른 수강명령 또는 이수명령이 벌금형 또는 형의 집행유예와 병과된 경우에는 보호관찰소의 장이 집행하고, 징역형의 실형과 병과된 경우에는 교정시설의 장이 집행한다. 다만, 징역형의 실형과 병과된 이수명령을 모두 이행하기 전에 석방 또는 가석방되거나 미결구금일수 산입 등의 사유로 형을 집행할 수 없게 된 경우에는 보호관찰소의 장이 남은 이수명령을 집행한다.

⑥ 형벌에 병과하는 보호관찰, 사회봉사, 수강명령 또는 이수명령에 관하여 이 법에서 규정한 사항 외에는 「보호관찰 등에 관한 법률」을 준용한다.

시행령 제2조(스토킹범죄를 저지른 사람의 재범 예방을 위한 시책 마련)

법무부장관은 「스토킹범죄의 처벌 등에 관한 법률」(이하 "법"이라 한다) 제19조 제1항에 따른 수강명령과 스토킹 치료프로그램 이수명령의 실시에 필요한 프로그램의 개발과 관련 전문인력의 양성 등 스토킹범죄를 저지른 사람의 재범 예방을 위한 시책을 마련해야 한다.

제20조(벌칙)

① 다음 각 호의 어느 하나에 해당하는 사람은 3년 이하의 징역 또는 3천만원 이하의 벌금에 처한다.

   1. 제9조 제4항을 위반하여 전자장치의 효용을 해치는 행위를 한 사람
   2. 제17조의3 제1항을 위반하여 피해자등의 주소, 성명, 나이, 직업, 학교, 용모, 인적사항, 사진 등 피해자등을 특정하여 파악할 수 있게 하는 정보 또는 피해자등의 사생활에 관한 비밀을 공개하거나 다른 사람에게 누설한 사람
   3. 제17조의3 제2항을 위반하여 피해자등의 주소, 성명, 나이, 직업, 학교, 용모, 인적사항, 사진 등 피해자등을 특정하여 파악할 수 있게 하는 정보를 신문 등 인쇄물에 싣거나 「방송법」 제2조 제1호에 따른 방송 또는 정보통신망을 통하여 공개한 사람

② 제9조 제1항 제2호 또는 제3호의 잠정조치를 이행하지 아니한 사람은 2년 이하의 징역 또는 2천만원 이하의 벌금에 처한다.

③ 긴급응급조치(검사가 제5조 제2항에 따른 긴급응급조치에 대한 사후승인을 청구하지 아니하거나 지방법원 판사가 같은 조 제3항에 따른 승인을 하지 아니한 경우는 제외한다)를 이행하지 아니한 사람은 1년 이하의 징역 또는 1천만원 이하의 벌금에 처한다.

④ 제19조 제1항에 따라 이수명령을 부과받은 후 정당한 사유 없이 보호관찰소의 장 또는 교정시설의 장의 이수명령 이행에 관한 지시에 따르지 아니하여 「보호관찰 등에 관한 법률」 또는 「형의 집행 및 수용자의 처우에 관한 법률」에 따른 경고를 받은 후 다시 정당한 사유 없이 이수명령 이행에 관한 지시를 따르지 아니한 경우에는 다음 각 호에 따른다.

   1. 벌금형과 병과된 경우에는 500만원 이하의 벌금에 처한다.
   2. 징역형의 실형과 병과된 경우에는 1년 이하의 징역 또는 1천만원 이하의 벌금에 처한다.

제21조

삭제 〈2023.7.11.〉

PART

11

소년범죄론 심화

소년보호

CHAPTER

01 소년보호의 의의

JUSTICE

1 의의

(1) 소년보호는 범죄소년과 비행소년을 건전하게 성장하도록 하는 것이 궁극적인 목표이다.
(2) 구체적으로는 문제된 소년을 개별적으로 관찰하여 범인성 인격과 환경을 개선하여 소년을 보호 육성함과 함께 가정 및 사회환경을 적절히 조정하여 소년과 사회를 범죄로부터 보호하는 일련의 활동을 말한다.
(3) 소년은 성장발육기 및 인격형성 단계에 놓여 있어, 모든 형사사법절차에 있어 성년범죄인과 구별하여 특별한 보호와 처우를 할 필요가 있다.

2 근대의 소년보호 특징

(1) 인도주의와 과학주의를 내세운 실증주의의 발달과 19C 소년재판소의 확립은 소년보호의 결정적인 계기가 되었다.
(2) 소년보호는, 단지 개인 또는 단체의 일이 아닌, 국가 주요정책의 일환으로 실시한 것이 근대적 소년보호의 특징이다. 이는 소년을 형벌의 대상으로 보지 않고, 국가가 소년의 부모된 입장(국친사상)에서 보호할 책임이 있다는 형평법사상을 바탕으로 한 것이다.
(3) 19C 말부터 20C 초에 걸쳐 소년보호에 대해 진지하게 논의되면서 점차 제도화되었다.

3 소년비행의 특징

(1) 사춘기 청소년의 특징

① 청소년은 공격적 · 관능적 · 파괴적 · 반항적이며 정서적 갈등현상을 보인다.

② 공상이 많고, 비현실적이고, 감수성이 예민하고, 모방성이 심하다.

③ 어른과 동등하게 되고 싶어 과시욕을 보이고, 은어를 사용하는 특징을 지니고 있다.

(2) 소년비행의 특징

① 범죄동기가 자기중심적이고, 행동이 충동적이며, 범죄수단이 비계획적이다.

② 범행은 주로 조폭범(粗暴犯)이 많고, 재산범 특히 절도범이 많다.

③ 단독범보다는 공범의 형태가 현저한 집단적 범죄에 주로 가담한다.

(3) 소년비행의 가정적 요인

양친의 존부 및 양친의 자녀에 대한 애정태도, 가족 간의 결합도 및 애정관계, 무원칙한 가정교육과 자녀에 대한 무관심, 사회적 지위가 낮은 부모의 권위상실 등이 소년비행의 원인으로 지적되고 있다.

(4) 글룩부부의 비행소년 예측연구

글룩부부는 범죄행위는 좌절과 충격을 안겨 준 어린시절의 경험에서 비롯되었다고 하면서, 비행가능 가족의 특성을 아래와 같이 제시하였다.

① 아버지의 일관성이 없는 과도한 징벌

② 어머니의 부적절한 감독

③ 무관심하거나 적개심이 있는 부모

④ 응집력이 없는 가족 등

02 소년범죄의 동향 JUSTICE

1 소년범죄의 특징

(1) 의의

제2차 대전 이후 1970년대까지 청소년범죄의 격증은 세계적 현상이었다.

(2) 제2회(1960년) UN 범죄방지 및 범죄자처우회의에서 지적한 소년비행의 새로운 양상

① 알코올·마약 기타 약품과 관계있는 비행이 증가

② 조폭범(粗暴犯)의 증가

　㉠ 청소년의 범죄 중 폭력범의 비중이 매우 높다.

　㉡ 조폭범은 상해와 폭행 및 마음 내키는 대로 건물 등을 손괴하는 행위 등을 말한다.

③ 성범죄의 증가

추행·강간 등 성에 관한 비행이 많고, 성적 윤리와 성적 비행에 큰 변화가 나타났다.

④ 집단비행의 증가

집단으로 행하는 범죄가 많고, 특히 깡패 기타 불량배와 관련 있는 비행이 많다.

⑤ 중류 이상 가정출신 소년의 비행화 경향

⑥ 소년비행의 저연령화

특히 12 ~ 13세의 연소한 아동의 비행이 증가하였다.

⑦ 스피드 스릴을 추구하는 범죄 증가

재물이 목적이 아니라, 단지 타고 다닐 목적이나 무단으로 타고 달아나는 범죄가 증가하였다.

⑧ 이유없는 비행의 증가

특별한 이유나 동기가 없고 어른이 이해하기 어려운 범죄가 증가하였다.

2 우리나라 소년범죄의 특징

(1) 일반적인 경향

① 폭력화 경향

② 소년범의 누범·상습화 경향

③ 집단화 경향

④ 범죄연령의 저연령화 경향

⑤ 학생범죄와 여성범죄 증가 경향

⑥ 중류층이상 가정출신자 증가 경향

(2) 최근의 경향

① 전체 범죄인 중 소년범 비율이 지속적으로 증가해 오다가, 1999년부터 소년범 비율이 감소하기 시작하여 2005년에 최저를 기록한 이후 다소 증가하는 경향이 있다.

② 최근에는 친부모 모두가 있는 소년범이 80%에 이르고 있다. 이는 친부모의 존재가 반드시 소년범죄에 억제효과가 있는 것으로 보기 어려운 반면, 맞벌이부부와 같은 가정적 특성이 반영된 것으로 볼 수 있다.

③ 소년범죄는 직업별로 학생이 가장 많고 절대다수를 차지하고 있다. 이는 학생수가 절대적으로

많은 것이 주요원인이다.

④ 범죄원인으로는 이욕에 의한 것보다 우연으로 발생한 것이 많다. 소년범죄는 우발적, 호기심 등 즉흥적이고 충동적인 원인으로 많이 발생한다.

⑤ 소년범죄는 재산범인 절도가 가장 많고, 그 다음이 폭력 순이다.

03 소년범죄의 대책

1 의의

(1) 소년범죄 내지 소년비행에 대한 대책은 크게 규범적 대책과 사회적 대책으로 나눌 수 있다.

(2) 규범적 대책은 소년법 또는 소년재판법 등 형사사법상의 소년보호를 의미하며, 사회적 대책은 심리학 및 정신의학적 측면에서 개별 소년이 지닌 문제를 해결함과 함께, 가정·학교·사회 등의 환경을 개선하는 것을 뜻한다.

2 소년사법의 발전

(1) 영미법계

① 영미법계 국가에서의 소년사법은 형평법(衡平法) 사상인 국친이론(國親理論)을 바탕으로 발전하였다.

② 형평법과 국친이론은, 국가가 소년을 형벌의 대상으로 보지 않고, 소년의 부모된 입장에서, 보호와 후견의 대상으로 보는 사상에 기초하고 있으며, 후견을 요하는 소년, 방임된 소년, 부조를 요하는 소년, 기타 비행소년 등을 대상으로 하고 있다.

③ 미국의 「소년재판소법」은 비행소년에 한정하지 않고, 널리 보호를 요하는 일체의 아동을 포함하고 있다.

(2) 대륙법계

형사정책 이론인 교육형주의 사상에 입각하여 소년의 교화개선에 중점을 두면서 발전해 왔다. 즉, 소년심판의 사법적 기능을 중시하면서 개념을 점차 확대해 사회복지이념과 후견사상을 도입하였다.

> **소년사법**
>
> ① 소년사법의 이론적 근거는 형평법사상인 국친이론과 교육형주의에 입각한 사상이다.
> ② 소년사법은 소년의 보호적 측면을 강조한 것이지, 일반예방이나 사회방위 개념을 강조한 것이 아니므로, 소년범죄 대책과 비교적 무관한 것은 일반예방과 사회방위 개념이다.

3 소년법 제정

(1) 미국

① 미국에서는 19C 중엽부터 소년을 성년과 구별하여 특별한 처우를 할 것을 제창하였다.
② 1899년 일리노이주에서 세계 최초로 「소년재판소법」을 제정하여 시카고에 '소년법원'을 개설하였다. 「소년재판소법」의 기본원리는, "소년범죄자는 형벌이 아닌 보호와 지도에 두고 적절한 개별처우계획을 채택하는 것"이다.
③ 1903년 덴버 소년재판소의 린제이(B. B. Lindsey) 판사는 비행소년 뿐만 아니라 소년문제에 책임이 있는 성인에 대해서도 소년법원이 관할권을 갖는 덴버방식(가정식 방식)을 채택하였다.

> **로스코 파운드(Roscoe Pound)**
>
> • "소년법원 운동은 마그나카르타(대헌장) 이래 최대의 진보이다"라고 하였다.
> • 보스탈(Borstal)은 '보호' 또는 '피난시설'이라는 뜻으로, 영국 켄트(Kent)지방 로체스터시 인근 마을인 보스탈의 이름을 따서 보스탈 교도소(Borstal Prison)라고 하였다. 1897년 브라이스(E. R. Brise)에 의해 창안되어 초기에는 철저한 분류수용을 도입하고, 엄격한 규율하에 중노동을 실시하였으며, 출소 후에는 조직적으로 관찰하였다. 이후 16세에서 21세 사이의 범죄소년을 수용하여 직업훈련, 학과교육 및 상담치료 등으로 교정·교화를 실시하였다. 특히 성인과 분리한 소년시설로 운영했던 것에서 일반화되어 오늘날 '소년원'을 일컫는 말로 사용되고 있다.

(2) 영국

1847년 「소년범죄인법」을 제정하였으며, 법률상 범죄소년 또는 우범소년만을 관할하는 전담법원을 설치하지 않고 약식재판소(간이재판절차)에서 이를 담당하고 있다. 이는 재판소의 권한을 최소한으로 축소한 반면, 처우의 탄력화와 철저한 보호주의 및 부모와 사회사업가의 협력을 중시한 것이다.

4 소년법제의 현대적 동향

(1) 소년사법의 국제화

① 국제적 관심

소년범죄 문제는 국제적 관심사로서 2차대전 이후 UN을 중심으로 활발한 활동을 하였다.

② 1985년 제7차 UN 범죄방지 및 범죄자처우회의

소년사법운영에 관한 UN 최저기준규칙(북경 Rule)을 채택하였다.

③ 1990년 제8차 UN 범죄방지 및 범죄자처우회의

소년비행방지에 관한 UN 가이드라인(리야드 지침 : Riyadh Guideline)을 채택하고, 자유를 박탈당한 청소년 보호를 위한 UN 규칙을 마련하였다.

리야드 지침의 기본원칙

1. 청소년비행 예방은 사회 범죄예방의 본질적인 부분이다.
2. 청소년비행의 예방을 위하여 어린시절부터 인격을 존중하고 조화롭게 성장할 수 있도록 사회 모두가 노력해야 한다.
3. 청소년은 단순한 사회화나 통제의 대상이 아닌, 능동적 역할과 함께 사회의 동반자가 되어야 한다.
4. 청소년에 대한 복지가 모든 예방적 계획의 초점이 되어야 한다.
5. 청소년의 발전에 심각한 손상을 주지 않고, 타인에게 해를 끼치지 않는 행동에 대해서 범죄시하거나 형벌을 부과해서는 안 된다.
6. 비행예방에 대한 전향적인 정책, 체계적 연구 및 정교한 수단에 대한 필요성과 중요성을 인식해야 한다.

---

(2) 범죄인처우 관념의 변화

① 사회복귀와 재범방지 차원에서의 특별예방사상이 대두되었다.

② 사회내 처우를 중시하고, 형벌의 개별화, 과학화 및 사회화를 추구하고 있다.

(3) 비범죄화와 전환(Diversion)

① 형법의 탈도덕화 경향과 낙인이론의 영향으로 비행소년을 가능한 형사절차에 개입시키지 않고 건전하게 육성하려는 방향으로 나아가고 있다.

② 소년법원운동을 형사사법상 '제1혁명' 이라고 한다면, 4D이론을 '제2혁명'이라고 할 정도로 중시하고 있다.

  ㉠ 4D이론

    ⓐ 비범죄화(Decriminalization)

    ⓑ 비형벌화(Depenalization)

ⓒ 비시설수용화(탈시설화, 비시설내 처우, Deinstitutionalization)

ⓓ 전환(Diversion)

ⓛ 5D이론(4D이론 + 적법절차)

ⓐ 비범죄화

ⓑ 비형벌화

ⓒ 비시설수용화

ⓓ 전환

ⓔ 적법절차(Due process)

(4) 적법절차 보장

① 소년법제의 복지적·후견적 기능을 강조하다보니 적법절차가 상대적으로 소홀하게 되어, 이에 대한 반성으로 적법절차를 강조하고 있다.

② 미국의 갈트 판결과 우리나라 「소년법」 제10조(진술거부권의 고지)는 적법절차를 보장한 것이다.

③ 국친사상에 의한 소년보호절차의 적법절차 보장은 갈트판결에 의해 확립되었다.

▲ **갈트(Gault) 판결(1967년, 미국)**

① 15세의 갈트 소년이, 이웃에 음란성 전화를 했다는 이유만으로, 소년법원이 완전히 비공식적인 절차를 거쳐 성년이 될 때까지 불량소년 수용기관에 수용한 사건이다.

② 갈트 판결에서 제시된 적법절차

1. 심리 전에 비행사실을 고지할 것

2. 변호인 선임을 보장할 것

3. 진술거부권을 인정하고 사전에 고지할 것

4. 증인에 대한 대질 및 반대신문권을 보장하고 전문증거의 채택을 제한할 것

5. 심리절차를 기록하여 사실인정의 결론과 처분결정의 이유를 명시할 것

---

(5) 청년사건의 형사사건화

18 ~ 20세는 소년이 아닌 성년으로 보고 일반형사사건으로 처리해 범죄에 강력히 대응하는 경향이 있다. 1970년대에 범죄통제모델(사법정의모델 입장)이 등장하면서, 소년을 단순한 보호의 대상이 아닌, 책임과 권리의 주체로서 자신의 범죄에 대한 책임을 져야한다는 경향이 대두되었다.

(6) 소년범죄에 대한 처벌의 이원화

중한 범죄자에게는 형사처분을 하고, 경한 범죄자에게는 전환이나 보호처분을 선택하는 경향이 있다.

(7) 형사사법망 확대경향

형벌의 다양화 등으로 기존의 수단과 다른 공식적 개입수단이 증가해 국가에 의해 통제되고 규제되는 인원이 늘어나는 경향이 있다.

(8) 민간인 참여확대

선도조건부 기소유예 등 각종 사회내 처우가 활성화되면서 민간인 참여가 확대되고 있다.

04 소년교정모델

1 소년사법모델의 변천

(1) 교정주의 모델(Correctionalism)

① 교정주의 모델은 19C와 20C 초 형사사법정책을 주도해 온 기본이념으로, 실증주의 범죄학적 관점에서 개인의 범죄성 인성과 환경을 교화 · 개선하는 것을 주내용으로 한다.
② 교정주의의 대표적 정책모델로는 보호관찰 · 사회봉사명령 등과 같은 사회내 처우 및 소년법원, 부정기형제도 등을 들 수 있다.

(2) 사회반응이론 모델(Social Reaction Theory)

1960년대 이론으로, 범죄를 통제하는 사회의 규범자체 또는 통제작용에서 범죄의 원인을 찾는 이론이다. 낙인이론이 대표적이며 불개입주의 및 반교정주의를 초래하기 쉽다.

(3) 정의모델(Justice Model)

① 범죄에 대한 강력한 대응을 요구하는 모델로 1970년대 후반 미국을 중심으로 발전하였다.
② 범죄에 대한 온정주의와 방임주의를 비판하고, 죄형균형주의에 입각한 응보사상을 내세우고 있다. 이는 고전학파의 응보적 일반예방주의와는 개념상 차이가 있지만, 형벌의 목적을 응보의 대가로 보는 점은 같다.
③ 강력한 사법통제에 의한 범죄문제 해결을 추구하고 있어, 교정주의의 쇠퇴현상을 초래할 수 있다.

2 바툴라스(Bartollas)와 밀러(Miller)의 소년교정의 모형

(1) 의료모형(Medical Model)

① 결정론적 입장에서 범죄자를 처벌의 대상이 아닌 치료와 보호의 대상으로 보는 입장으로, 범죄자의 교정을 질병치료와 같이 생각하는 이론이다.

② 비행소년과 정상소년의 근본적인 차이를 인정하며, 국친사상의 입장에서 소년보호를 주장하고, 정신의학이나 심리학 등 인간관계 학문을 교정에 도입하는 실증주의 입장이다.

③ 의료모형은 심리극·감수성훈련 등 심리적 측면을 중시한다.

(2) 조정(적응) 모형(Adjustment Model)

① 범죄소년을 합리적인 선택과 책임있는 결정을 할 수 있는 존재로 보아 결정론을 부인하며, 범죄자와 '사회의 재통합'을 이루는 데 초점을 두고 있다.

② 조정모델은 현실요법·환경요법·집단지도상호작용·교류분석·긍정적 동료문화 등 상담자에 의한 처우기법을 중시한다.

(3) 범죄통제 모형(Crime Control Model)

① 범죄소년에게 훈육과 처벌을 통해 강경하게 대처해 나가는 모형으로, 범죄자가 아닌 범죄에 상응한 처벌을 주장하며, "처벌은 신속하고 공정하고 효과적이어야 한다"는 '사법정의모델'의 입장이다.

② 범죄통제 모형은 지역사회의 보호가 소년보호에 우선하기 때문에, 비행소년의 지역사회교정을 반대하는 입장이다.

(4) 최소제한 모형(Least-restrictive Model)

① 낙인이론에 근거하여 비행소년에 대한 형사사법 개입을 최소화해야 한다는 입장으로, 모든 절차적 권리를 보장하고 비시설적 처우를 중시한다.

② 낙인의 부정적 영향, 소년교정의 비인간성, 소년교정의 아마추어화가 소년비행을 확산시켰다고 하며 기존의 이론을 비판하였다.

3 클로워드(Cloward)와 오린(Ohlin)의 청소년의 비행적 하위문화

(1) 범죄적 하위문화

성인범죄자와 긴밀한 관계를 유지하고, 조직적이고 직업적인 비행 및 범죄행위에 가담하는 등, 범죄행위가 용인·장려되는 지역에서 발생한다.

(2) 갈등적(충동적) 하위문화

욕구불만을 패싸움으로 해소하는 등 주로 집단적인 폭력 등을 자행하지만, 직장을 갖거나 결혼을 하면 정상적인 생활을 한다.

(3) 도피적(퇴행적) 하위문화

자포자기하는 이중실패자로, 마약 · 알코올 섭취자 등의 행위를 말한다.

▸ **차별적 기회구조이론(클로워드, 오린)**

① 동조형, ② 개혁형(범죄적 하위문화), ③ 공격형(갈등적 하위문화), ④ 도피형(도피적 하위문화)

▸ **데이비드 스트리트(David Street)의 소년범죄자 처우조직 유형**

1. 복종 및 동조(구금적 시설) 유형
   구금을 강조하는 소년교정시설에서 추구, 외부통제 및 동조 강조, 강력한 직원통제와 다양한 제재 추구, 대규모 보안직원으로 구성, 적은 수의 처우 요원, 규율의 엄격한 집행, 강제된 동조성을 강요하는 준군대식 형태, 조절이 주된 기술
2. 재교육 및 개선(발전) 유형
   엄격한 규율과 제재가 적용되지만 복종보다 교육 강조, 훈련을 통한 변화 강조, 청소년의 태도와 행동변화 중시, 개인적 차원의 개발에 중점, 직원은 대부분 교사로 구성, 기술습득과 가족과 같은 분위기 창출에 관심
3. 처우를 중시하는 유형
   청소년의 인성변화와 심리적 재편 중시, 많은 처우요원 고용, 가장 복잡한 조직구조, 처우요원과 보완요원의 협조와 청소년의 이해 강조, 처벌은 엄격하지 않게 집행, 다양한 활동과 성취감 강조, 자기 존중심과 자기성찰 강조, 개인적 통제 및 사회적 통제 동시 강조, 개인적 문제해결에 협조, 지역사회생활 준비 강조

---

05 소년비행의 원인과 대책

JUSTICE

1 소년비행의 원인

현대사회의 문제상황 속에서 청소년 비행도 증가하고 있어, 청소년은 사회적 환경의 희생자적인 측면이 있다. 오늘날 소년비행의 가장 큰 원인은 도시화의 급격한 진행, 고유한 가정적 기능의 저하, 학교기능의 약화, 가치관의 변화와 다양화, 매스컴과 인터넷의 부정적인 영향 등 현대사회의 특징이라 할 수 있다.

2 소년비행의 대책

(1) 소년비행 예방을 위한 사회 전체적인 공감대 형성이 필요하다.
(2) 사회 전체적인 차원에서 예방활동을 강화해 나가야 한다.
(3) 일시적이고 개별적인 단속보다는, 지속적인 계몽활동과 지도를 전개해 나가야 한다.
(4) 유해환경에 대한 규제강화 및 접촉을 차단할 수 있는 제도적 장치를 마련해야 한다.
(5) 비행소년에 대한 적절한 지도와 선도 및 다양한 사회내 처우 방안을 강구해야 한다.

3 비행소년에 대한 사회내 처우 형태

(1) 청소년봉사국(Youth Service Bureau)

1967년 '법의 집행과 형사사법의 운영에 관한 대통령 자문위원회'가 제안한 제도이며, 사법절차로부터 청소년을 사회내 처우로 전환시키기 위해 설치된 비강제적 · 독립적 공공기관이다.

(2) 대리가정(Foster Homes)

소년법원이나 가정법원에서 비행소년을 실제가정이 아닌 대리 또는 양육가정에 보내어 보호와 훈련을 받도록 하는 것을 말한다.

(3) 집단가정(Group Homes)

가족과 같은 분위기에서 가정과 같은 생활을 중시하는 비보안적 거주 프로그램이다.

(4) 주간처우(Day Treatment)

주간에는 교육을 행하고, 야간에는 가정으로 돌려보낸다. 거주 프로그램에 비해 강제성이 적고 비처벌지향적이며, 부모의 관심과 참여를 고조시킬 수 있다.

(5) 극기훈련(야외실습 : Outward Bound Program)

참여자로 하여금 경험을 통해 스스로 배우고 느낄 수 있게 하는 실험적 학습환경 프로그램으로, 황야에서의 생존 프로그램 등 극기훈련을 중심으로 행해지고 있다.

소년법과 범죄대책

CHAPTER

01 소년보호 관련 법률

JUSTICE

1 우리나라의 소년보호 관련규정

구분	명칭	적용범위
①「형법」	형사미성년자 아동	14세 미만 16세 미만(아동혹사죄의 객체)
②「소년법」	소년	19세 미만
③「청소년보호법」	청소년	19세 미만
④「아동·청소년의 성보호에 관한 법률」	아동·청소년	19세 미만
⑤「아동복지법」	아동	18세 미만
⑥「근로기준법」	연소자	18세 미만

> **「청소년기본법」 제3조 제1호**
>
> "청소년이라 함은 9세 이상 24세 이하의 자를 말한다. 다만, 다른 법률에서 청소년에 대한 적용을 달리할 필요가 있는 경우에는 따로 정할 수 있다."

2 우리나라의 「소년법」 제정

(1) 1958.7.24. 인도주의·복리주의·형사정책적 관점에 입각하여 「소년법」을 제정하였다.

(2) 1963년 소년 전문법원인 '가정법원'을 설치하였다.

(3) 2007.12.21. 대폭 개정된 후 현재에 이르고 있다.

3 「소년법」상 소년의 구분

구분	내용
① 범죄소년	죄를 범한 14세 이상 19세 미만의 소년(* 형사미성년자 : 14세 미만)
② 촉법소년	형벌 법령에 저촉되는 행위를 한 10세 이상 14세 미만의 소년(형사책임능력이 없어 형사처벌은 불가능하고 보호처분만 가능함)
③ 우범소년	다음에 해당하는 사유가 있고 그의 성격이나 환경에 비추어 앞으로 형벌 법령에 저촉되는 행위를 할 우려가 있는 10세 이상의 소년 1. 집단적으로 몰려다니며 주위 사람들에게 불안감을 조성하는 성벽이 있는 것 2. 정당한 이유 없이 가출하는 것 3. 술을 마시고 소란을 피우거나 유해환경에 접하는 성벽이 있는 것

02 소년법상 소년보호의 원칙

JUSTICE

1 우리나라 「소년법」의 특징

(1) 「소년법」상 보호처분 규정은 보호사건에 대한 일반법적 성격을 지니고 있고, 형사사건에 대한 규정은 형사법에 대한 특별법적 성격을 가지고 있다.
(2) 「소년법」은 보호사건의 보호처분과 형사처분의 특칙을 정하고 있어 실체법과 절차법적 성격 모두를 지니고 있다.
(3) 「소년법」상 소년과 소년보호 대상이 서로 다르다.
　① 「소년법」상 소년 : 19세 미만(제2조 : 이 법에서 소년이란 19세 미만인 자를 말한다)
　② 소년보호의 대상 : 10세 이상 19세 미만의 우범소년·촉법소년·범죄소년
(4) 우리나라는 소년사건에 관해 검사선의주의를 채택하고 있다.
(5) 보호처분을 다양화하고 항고 및 재항고를 인정하고 있다.
(6) 소년보호사건은 소년부(가정법원소년부 또는 지방법원소년부) 관할로 하고 있다.

2 실체법적 성격

(1) 보호주의

소년이 건전하게 성장하도록 돕기 위해 보호사건에는 보호처분을, 형사사건에는 「소년법」의 특칙을 적용해 소년을 보호하고 있다.

(2) 교육주의

교육주의는 보호주의를 실현하는 원칙으로 소년보호의 전 과정에 나타나고 있다.

(3) 인격주의

「소년법」상의 소년의 개념은 사법개별화의 원리에 따른 인격주의의 표현이며, 소년보호는 소년의 인격에 내재하고 있는 범죄적 위험성을 제거하는 것을 말한다.

(4) 규범주의(목적주의)

소년이 건전하게 성장하도록 돕는 것을 「소년법」의 목적으로 하고 있다.

(5) 예방주의

죄를 범한 소년 이외 우범소년과 촉법소년을 「소년법」의 대상으로 하고 있는 것은 예방주의의 표현이다.

3 절차법적 성격

(1) 개별주의

처우의 개별화의 원리에 의해 심리절차와 집행을 분리하여 소년 개개인을 1개 사건으로 독립하여 처리하고 있다. 조사는 의학·심리학·교육학·사회학이나 그 밖의 전문적인 지식을 활용하여 소년과 보호자 또는 참고인의 품성·경력·가정상황 그 밖의 환경 등을 밝히도록 노력하여야 한다고 규정한 「소년법」 제9조(조사방침)는 개별주의의 표현이다.

(2) 직권주의

법원이 쟁송의 성격이 아닌 적극적·지도적 입장에서 심리를 진행한다. 이는 국가의 후견적 역할을 강조한 「소년법」상 원칙을 표현한 것이다.

(3) 심문주의

소년은 심판의 당사자가 아니라 심리의 객체로 취급받는다. 이는 소년심리의 목적이 과형보다는 보호에 있기 때문이다.

(4) 과학주의

범죄 또는 비행의 원인을 명확하게 파악하여 적절하게 처우하기 위해서는 과학주의가 필요하다. 소년부는 조사 또는 심리를 할 때에 정신건강의학과 의사 · 심리학자 · 사회사업가 · 교육자나 그 밖의 전문가의 진단, 소년분류심사원의 분류심사 결과와 의견, 보호관찰소의 조사 결과와 의견 등을 고려하여야 한다는 「소년법」 제12조(전문가의 진단)은 과학주의를 표현한 것이다.

(5) 협력주의(원조주의)

소년을 효율적으로 보호하기 위해 국가는 물론이고 소년의 보호자를 비롯한 각종 단체들이 서로 협력하는 것을 말한다. 소년부판사는 그 직무에 관하여 모든 행정기관 · 학교 · 병원, 그 밖의 공사단체에 필요한 원조와 협력을 요구할 수 있다는 「소년법」 제28조(원조 · 협력)은 협력주의(원조주의)를 표현한 것이다.

(6) 밀행주의

문제소년이라는 사실을 노출시키지 않고 건전하게 성장할 수 있도록 보호하는 것을 말한다. 소년보호사건의 심리는 공개하지 아니한다고 규정한 「소년법」 제24조(심리의 방식)와, 조사 또는 심리 중에 있는 보호사건 및 형사사건의 방송 규제를 규정한 「소년법」 제68조(보도금지)는 밀행주의를 표현한 것이다.

(7) 통고주의

① 비행소년(범죄소년 · 촉법소년 · 우범소년)을 발견한 보호자 또는 학교 · 사회복지시설 · 보호관찰소(지소 포함)의 장은 이를 관할 소년부에 통고할 수 있다고 규정한 「소년법」 제4조 ③은 통고주의를 표현한 것이다.
② 통고주의는 전국민의 협력으로 대상소년을 조기에 발견하는데 그 취지가 있으며, 이는 일종의 공중소추적 성격을 띠고 있어, 사회화된 사법의 한 원리로 볼 수 있다.

▌ **참고문제**

소년보호의 원칙에 관한 설명으로 가장 적절하지 않은 것은?   경행2차 24
① 밀행주의와 협력주의는 절차법적 성격을 가진다.
② 소년범죄자에 대한 사회 내 처우는 보호주의 및 예방주의와 관련이 있다.
③ 「소년법」 제24조 제2항에서 규정한 심리의 비공개는 인격주의와 관련이 있다.
④ 소년분류심사원의 분류심사는 과학주의와 관련이 있다.

[해설]
① 개별주의, 직권주의, 심문주의, 과학주의, 협력주의, 밀행주의 및 통고주의는 절차법적 성격을 가지고 보

호주의, 규범주의, 목적주의, 교육주의, 인격주의 및 예방주의는 실체법적 성격을 가진다.
② 옳은 지문이다.
③ 심리의 비공개는 밀행주의와 관련이 있다.
④ 과학주의는 소년범에 대해 보다 과학적인 교육과 보호를 위해 조사·심리·처우의 단계에서 심리학, 의학, 교육학, 사회학 등 과학적이고 전문적인 지식을 활용하여야 한다는 원칙이다.

구분	내용
인격주의	소년의 객관적 비행사실보다는 그의 인격적 특성을 중요시하여 인격에 내재된 범죄의 위험성을 제거하는 데 힘써야 한다는 원칙
예방주의	소년범에 대해 과거의 비행에 대한 처벌보다는 장래의 범죄를 예방하는 데 중점을 두어야 한다는 원칙
개별주의	범죄인 처우의 개별화 이념에 따라 각각의 소년을 독립적으로 취급하고, 그 소년의 개별적인 특성에 알맞은 처우를 하여야 한다는 원칙
과학주의	소년범에 대해 보다 과학적인 교육과 보호를 위해 조사·심리·처우의 단계에서 심리학, 의학, 교육학, 사회학 등 과학적이고 전문적인 지식을 활용하여야 한다는 원칙
교육주의	교육적 관점에서 소년에 대한 처벌보다는 교화·개선에 중점을 두고 보호처분 등을 통해 소년을 건전하게 육성하자는 원칙
협력주의	소년의 보호를 위해 국가뿐만 아니라, 보호자, 시민단체 등 사회 전체가 협력하여야 한다는 원칙
밀행주의	소년범에 대한 사회적 비난 또는 낙인의 결과를 초래하는 것을 방지하기 위해 소년범의 처리과정을 외부에 노출시켜서는 안 된다는 원칙

[정답] ③

소년범죄 및 소년사법제도에 대한 적절한 설명은 모두 몇 개인가?   경찰간부 25

> ㉠ 촉법소년과 우범소년에 해당하는 소년이 있을 때에는 경찰서장은 직접 관할 소년부에 송치하여야 한다.
> ㉡ 소년보호사건의 심리는 공개하지 아니한다. 다만, 중요 강력범죄의 경우에는 공개할 수 있다.
> ㉢ 소년보호사건의 기록과 증거물은 소년부 판사의 허가를 받은 경우에만 열람하거나 등사할 수 있으며, 보조인이 심리개시 결정 후에 소년보호사건의 기록과 증거물을 열람하는 경우에 소년부 판사의 허가를 받아야 한다.
> ㉣ 형벌법령에 저촉되는 행위를 한 10세 이상 14세 미만인 소년도 「소년법」의 규율대상으로 하는 것은 비밀주의와 직접 관련이 있는 규정이다.

① 0개   ② 1개   ③ 2개   ④ 3개

[해설]
㉠만이 적절한 설명이다.
㉠ 소년법 제4조 제2항
㉡ 소년보호사건의 심리는 공개하지 아니한다. 다만, 소년부 판사는 적당하다고 인정하는 자에게 참석을 허가할 수 있다(동법 제24조 제2항).
㉢ 소년보호사건의 기록과 증거물은 소년부 판사의 허가를 받은 경우에만 열람하거나 등사할 수 있다. 다만, 보조인이 심리개시 결정 후에 소년보호사건의 기록과 증거물을 열람하는 경우에는 소년부 판사의 허가를 받지 아니하여도 된다(동법 제30조의2).
㉣ 예방주의와 관련이 있는 규정이다.

[정답] ②

03   법원선의주의와 검사선의주의   JUSTICE

1   의의

소년사건의 처리절차에 관한 선결권의 귀속주체에 따라 법원선의주의와 검사선의주의로 나눈다. 일반적으로 보호처분 우선주의에서는 '법원선의주의'를, 형사처분 우선주의에서는 '검사선의주의'가 지배하고 있다. 우리나라에서는 검사선의주의를 채택하고 있다.

2   법원선의주의

법원선의주의란 검사가 모든 소년사건을 소년법원에 송치하고 소년법원이 우선 결정권을 행사하는 소년사법 체계를 말한다.

3   검사선의주의

(1) 장 점

    ① 형사정책적 입장에서 형벌과 보호처분을 효과적으로 조화시킬 수 있다.
    ② 검사가 조기에 사법처리 여부 등을 결정하면 비행소년의 불안감을 완화할 수 있다.
    ③ 법원의 업무를 경감할 수 있다.
    ④ 전국적인 일관된 기준을 정립하는데 법원보다는 검사가 유리하다.
    ⑤ 검사는 행정부 소속이므로 소년복지를 위한 행정적 조치를 강구하기 유리하다.

(2) 단점

    ① 검사는 선도보다는 처벌을 우선시하는 경향이 있다.
    ② 검사가 선의권을 행사하더라도 법원이 통제할 수밖에 없어 절차중복 및 처리가 지연될 수 있다.
    ③ 비행소년의 인격과 환경 등 필수적인 조사를 소홀히 할 우려가 있다.

4 검사선의주의에 대한 예외

(1) 경찰의 송치(「소년법」 제4조 ②)

촉법소년과 우범소년은 경찰서장이 직접 관할 소년부에 송치하여야 한다.

(2) 보호자 등의 소년부 통고(「소년법」 제4조 ③)

비행소년(범죄소년·촉법소년·우범소년)을 발견한 보호자 등은 관할 소년부에 통고할 수 있다.

(3) 검사의 보호처분 회부 제한(「소년법」 제49조 ②·③)

검사가 소년부에 송치한 사건을 소년부는 검사에게 송치(역송)할 수 있지만, 검사는 이를 소년부에 다시 송치(재역송)할 수 없다.

(4) 부당한 선의권 행사 제한

검사가 기소한 피고사건을 법원이 심리한 결과 보호처분에 해당할 사유가 있다고 인정하면 결정으로써 사건을 관할 소년부에 송치하여야 한다.

(5) 경찰의 훈방 등

경미한 사건은 경찰이 독자적으로 훈방·선도하거나 즉결심판에 회부할 수 있다.

5 경찰의 소년사건 처리

(1) 의의

소년에 대한 사법처리는 보호자 또는 학교·사회복지시설·보호관찰소의 장이 비행소년을 소년부에 통고하는 매우 예외적인 경우 외에는 일반적으로 경찰에 의해 개시된다.

(2) 소년부 송치(보호처분)

경찰서장은 촉법소년이나 우범소년을 발견한 때에는 직접 소년부에 송치하여야 한다.

(3) 검사에게 송치(형사사건)

경찰이 범죄소년을 수사한 때에는 검사에게 송치하여야 한다.

(4) 훈방 · 즉심

경찰은 소년경찰직무요강에 의거 불량행위 소년에 대해 현장에서 훈방할 수 있고, 「즉결심판법」에 따라 범죄소년을 즉심으로 처리할 수 있다. 하지만 범죄소년은 특별법인 「소년법」에 의해 처리하는 것이 바람직하다.

6 검사의 소년사건 처리

(1) 의의

검사는 비행소년에 대한 사법처리 여부 및 절차를 선택할 수 있다(검사선의주의).

(2) 불기소처분

범죄혐의가 없거나, 죄가 안되거나, 공소권이 없는 경우

(3) 선도조건부 기소유예

재범가능성이 희박하고 선도의 필요성이 있는 경우

(4) 보호관찰소 선도위탁

연령과 동기 · 수단 및 결과 등 제반사정을 고려하여 전문적인 선도가 요구되는 범죄자인 경우

(5) 소년부 송치

검사는 소년에 대한 피의사건을 수사한 결과 보호처분에 해당하는 사유가 있다고 인정한 경우

(6) 공소제기

동기와 죄질이 금고 이상의 형사처분을 할 필요가 있다고 인정할 때

◤ 선도조건부 기소유예

- 의의 : 검사가 14세 이상 18세 미만의 소년범죄를 수사한 결과 범죄내용이 다소 중하더라도 개선가능성이 있으면, 민간인인 선도위원(원칙 : 범죄예방위원에게 위탁)의 선도를 조건으로 기소유예처분을 하는 것을 말한다.
- 연혁
  - 1978년 광주지방검찰청에서 처음 실시하였다.
  - 1981년 「소년선도보호지침(법무부훈령)이 제정된 후 전국적으로 실시하였다.

- 대상 : 범죄내용의 경중에 관계없이 재범가능성이 희박한 18세 미만의 범죄소년
- 요건
  - 범죄의 혐의를 받는 소년이 범죄행위 시 14세 이상이고 범죄사실을 인정할 충분한 증거가 있어 협의의 불기소처분의 대상이 아니면서 선도보호의 필요성이 있어야 한다.
  - 처분시 18세 이상의 범죄소년, 공안사범, 마약사범, 흉악범, 조직적 또는 상습적 폭력배, 치기배, 현저한 파렴치범 등은 원칙적으로 대상에서 제외한다.
- 선도기간 : 선도기간은 1년 또는 6월이며, 3개월씩 2차에 걸쳐 연장할 수 있다.
- 의의
  - 검찰의 기소재량과 선의권을 바탕으로 한 소년에 대한 대표적인 전환(Diversion)제도이다.
  - 법적근거가 미약하다는 비판이 있어, 「소년법」개정 시(2007.12.21.) 이를 법제화 하고 내용을 다양화하였다.

「소년법」 제49조의3(조건부 기소유예)

검사는 피의자에 대하여 다음 각 호에 해당하는 선도(善導) 등을 받게 하고, 피의사건에 대한 공소를 제기하지 아니할 수 있다. 이 경우 소년과 소년의 친권자·후견인 등 법정대리인의 동의를 받아야 한다.
1. 범죄예방자원봉사위원의 선도
2. 소년의 선도·교육과 관련된 단체·시설에서의 상담·교육·활동 등

검사의 보호관찰소 선도조건부 기소유예(보호관찰소 선도위탁)

- 연혁
  - 「보호관찰 등에 관한 법률」 제15조 제3호(검사가 보호관찰관이 선도함을 조건으로 공소제기를 유예하고 위탁한 선도 업무) 및 「형사소송법」 제247조(기소편의주의)의 규정에 의하여 실시하고 있다.
  - 보호관찰소장이 선도대상자를 담당할 보호관찰관을 지정하여 선도하고 있다.
- 선도조건부 기소유예와의 차이
  - 선도조건부 기소유예 : 18세 미만의 범죄소년을 주된 대상으로 한다.
  - 보호관찰소 선도유예처분 : 연령과 범죄의 동기, 수단 및 결과 등 제반사정을 고려하여 전문적인 선도가 요구되는 범죄자를 대상으로 한다.

자원보호자제도

- 「소년법」 제32조 제1항 제1호(보호자 또는 보호자를 대신하여 소년을 보호할 수 있는 자에게 감호위탁)처분 시 무조건 보호자에게 돌려보내기 보다는, 관심 있는 민간인과 연결시켜 6개월 동안 선도하는 방법을 말한다.
- 서울가정법원에서 처음으로 시행하였다.

소년법

CHAPTER 3

J U S T I C E

01 소년사건 절차도

- 총칙
- 보호사건(통칙, 조사심리, 보호처분, 항고)
- 형사사건(통칙, 심판)
- 벌칙

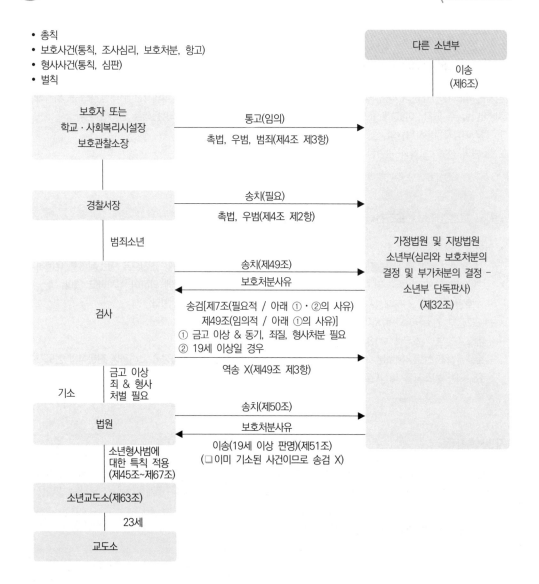

총칙

JUSTICE

제1조(목적)

이 법은 반사회성(反社會性)이 있는 소년의 환경 조정과 품행 교정(矯正)을 위한 보호처분 등의 필요한 조치를 하고, 형사처분에 관한 특별조치를 함으로써 소년이 건전하게 성장하도록 돕는 것을 목적으로 한다.

제2조(소년 및 보호자)

이 법에서 "소년"이란 19세 미만인 자를 말하며, "보호자"란 법률상 감호교육(監護敎育)을 할 의무가 있는 자 또는 현재 감호하는 자를 말한다.

---

03 보호사건

JUSTICE

1 통칙

제3조(관할 및 직능)

① 소년 보호사건의 관할은 소년의 행위지, 거주지 또는 현재지로 한다.

② 소년 보호사건은 가정법원소년부 또는 지방법원소년부[이하 "소년부(少年部)"라 한다]에 속한다.

③ 소년 보호사건의 심리(審理)와 처분 결정은 소년부 단독판사가 한다.

제4조(보호의 대상과 송치 및 통고)

① 다음 각 호의 어느 하나에 해당하는 소년은 소년부의 보호사건으로 심리한다.

1. 죄를 범한 소년(범죄소년)

2. 형벌 법령에 저촉되는 행위를 한 10세 이상 14세 미만인 소년(촉법소년)

3. 다음 각 목에 해당하는 사유가 있고 그의 성격이나 환경에 비추어 앞으로 형벌 법령에 저촉되는 행위를 할 우려가 있는 10세 이상인 소년(우범소년)

   가. 집단적으로 몰려다니며 주위 사람들에게 불안감을 조성하는 성벽(性癖)이 있는 것

   나. 정당한 이유 없이 가출하는 것

　　다. 술을 마시고 소란을 피우거나 유해환경에 접하는 성벽이 있는 것

② 제1항제2호(촉법소년) 및 제3호(우범소년)에 해당하는 소년이 있을 때에는 경찰서장은 직접 관할 소년부에 송치(送致)하여야 한다.

③ 제1항 각 호의 어느 하나에 해당하는 소년을 발견한 보호자 또는 학교·사회복리시설·보호관찰소(보호관찰지소를 포함한다. 이하 같다)의 장은 이를 관할 소년부에 통고할 수 있다.

제5조(송치서)

소년 보호사건을 송치하는 경우에는 송치서에 사건 본인의 주거·성명·생년월일 및 행위의 개요와 가정 상황을 적고, 그 밖의 참고자료를 첨부하여야 한다.

제6조(이송)

① 보호사건을 송치받은 소년부는 보호의 적정을 기하기 위하여 필요하다고 인정하면 결정(決定)으로써 사건을 다른 관할 소년부에 이송할 수 있다.

② 소년부는 사건이 그 관할에 속하지 아니한다고 인정하면 결정으로써 그 사건을 관할 소년부에 이송하여야 한다.

제7조(형사처분 등을 위한 관할 검찰청으로의 송치)

① 소년부는 조사 또는 심리한 결과 금고 이상의 형에 해당하는 범죄 사실이 발견된 경우 그 동기와 죄질이 형사처분을 할 필요가 있다고 인정하면 결정으로써 사건을 관할 지방법원에 대응한 검찰청 검사에게 송치하여야 한다.

② 소년부는 조사 또는 심리한 결과 사건의 본인이 19세 이상인 것으로 밝혀진 경우에는 결정으로써 사건을 관할 지방법원에 대응하는 검찰청 검사에게 송치하여야 한다. 다만, 제51조(송치한법원에 이송)에 따라 법원에 이송하여야 할 경우에는 그러하지 아니하다.

제8조(통지)

소년부는 제6조와 제7조에 따른 결정을 하였을 때에는 지체 없이 그 사유를 사건 본인과 그 보호자에게 알려야 한다.

★ 보호사건(소년부 단독판사)
- 대상 : 범죄소년, 촉법소년, 우범소년
- 경찰서장의 소년부 송치 : 촉법 및 우범소년은 책임능력 및 구성요건이 결여되어 검사가 송치할 수 없으므로, 경찰서장이 직접 관할 소년부에 송치하여야 한다(※ 촉법·우범소년: 강제규정).
- 소년부 통고 : 범죄·촉법·우범소년을 발견한 보호자 또는 학교·사회복리시설·보호관찰소의 장은 이를 관할 소년부에 통고할 수 있다(※ 범죄·촉법·우범소년 : 통고, 임의규정).

2 조사

제9조(조사 방침)

조사는 의학·심리학·교육학·사회학이나 그 밖의 전문적인 지식을 활용하여 소년과 보호자 또는 참고인의 품행, 경력, 가정 상황, 그 밖의 환경 등을 밝히도록 노력하여야 한다.

제10조(진술거부권의 고지)

소년부 또는 조사관이 범죄 사실에 관하여 소년을 조사할 때에는 미리 소년에게 불리한 진술을 거부할 수 있음을 알려야 한다.

제11조(조사명령)

① 소년부 판사는 조사관에게 사건 본인, 보호자 또는 참고인의 심문이나 그 밖에 필요한 사항을 조사하도록 명할 수 있다.

② 소년부는 제4조제3항에 따라 통고된 소년을 심리할 필요가 있다고 인정하면 그 사건을 조사하여야 한다.

★ 조사명령(제11조 ①)과 조사의 위촉(제56조)
 • 소년부 판사는 조사관에게 사건, 본인 등 필요한 사항을 조사하도록 명할 수 있다.
 • 법원은 소년에 대한 형사사건에 관하여 필요한 사항을 조사하도록 조사관에게 위촉할 수 있다.

3 심리

제12조(전문가의 진단)

소년부는 조사 또는 심리를 할 때에 정신건강의학과의사·심리학자·사회사업가·교육자나 그 밖의 전문가의 진단, 소년 분류심사원의 분류심사 결과와 의견, 보호관찰소의 조사결과와 의견 등을 고려하여야 한다.

제13조(소환 및 동행영장)

① 소년부 판사는 사건의 조사 또는 심리에 필요하다고 인정하면 기일을 지정하여 사건 본인이나 보호자 또는 참고인을 소환할 수 있다.

② 사건 본인이나 보호자가 정당한 이유 없이 소환에 응하지 아니하면 소년부 판사는 동행영장을 발부할 수 있다.

제14조(긴급동행영장)

소년부 판사는 사건 본인을 보호하기 위하여 긴급조치가 필요하다고 인정하면 제13조제1항에 따른 소환 없이 동행영장을 발부할 수 있다.

제15조(동행영장의 방식)

동행영장에는 다음 각 호의 사항을 적고 소년부 판사가 서명날인하여야 한다.

1. 소년이나 보호자의 성명
2. 나이
3. 주거
4. 행위의 개요
5. 인치(引致)하거나 수용할 장소
6. 유효기간 및 그 기간이 지나면 집행에 착수하지 못하며 영장을 반환하여야 한다는 취지
7. 발부연월일

제16조(동행영장의 집행)

① 동행영장은 조사관이 집행한다.
② 소년부 판사는 소년부 법원서기관·법원사무관·법원주사·법원주사보나 보호관찰관 또는 사법경찰관리에게 동행영장을 집행하게 할 수 있다.
③ 동행영장을 집행하면 지체 없이 보호자나 보조인에게 알려야 한다.

4 보조인 및 국선보조인 선임

제17조(보조인 선임)

① 사건 본인이나 보호자는 소년부 판사의 허가를 받아 보조인을 선임할 수 있다.
② 보호자나 변호사를 보조인으로 선임하는 경우에는 제1항의 허가를 받지 아니하여도 된다.
③ 보조인을 선임함에 있어서는 보조인과 연명날인한 서면을 제출하여야 한다. 이 경우 변호사가 아닌 사람을 보조인으로 선임할 경우에는 위 서면에 소년과 보조인과의 관계를 기재하여야 한다.
④ 소년부 판사는 보조인이 심리절차를 고의로 지연시키는 등 심리진행을 방해하거나 소년의 이익에 반하는 행위를 할 우려가 있다고 판단하는 경우에는 보조인 선임의 허가를 취소할 수 있다.

⑤ 보조인의 선임은 심급마다 하여야 한다.

⑥ 「형사소송법」 중 변호인의 권리의무에 관한 규정은 소년 보호사건의 성질에 위배되지 아니하는 한 보조인에 대하여 준용한다.

제17조의2(국선보조인)

① 소년이 소년분류심사원에 위탁된 경우 보조인이 없을 때에는 법원은 변호사 등 적정한 자를 보조인으로 선정하여야 한다.

② 소년이 소년분류심사원에 위탁되지 아니하였을 때에도 다음의 경우 법원은 직권에 의하거나 소년 또는 보호자의 신청에 따라 보조인을 선정할 수 있다.

1. 소년에게 신체적·정신적 장애가 의심되는 경우
2. 빈곤이나 그 밖의 사유로 보조인을 선임할 수 없는 경우
3. 그 밖에 소년부 판사가 보조인이 필요하다고 인정하는 경우

③ 제1항과 제2항에 따라 선정된 보조인에게 지급하는 비용에 대하여는 「형사소송비용 등에 관한 법률」을 준용한다.

5 임시조치

제18조(임시조치)

① 소년부 판사는 사건을 조사 또는 심리하는 데에 필요하다고 인정하면 소년의 감호에 관하여 결정으로써 다음 각 호의 어느 하나에 해당하는 조치를 할 수 있다.

1. 보호자, 소년을 보호할 수 있는 적당한 자 또는 시설에 위탁(3월 이내, 1회 연장 가능)
2. 병원이나 그 밖의 요양소에 위탁(3월 이내, 1회 연장 가능)
3. 소년분류심사원에 위탁(1월 이내, 1회 연장 가능)

② 동행된 소년 또는 제52조제1항에 따라 인도된 소년에 대하여는 도착한 때로부터 24시간 이내에 제1항의 조치를 하여야 한다.

③ 제1항제1호 및 제2호의 위탁기간은 3개월을, 제1항제3호의 위탁기간은 1개월을 초과하지 못한다. 다만, 특별히 계속 조치할 필요가 있을 때에는 한 번에 한하여 결정으로써 연장할 수 있다.

④ 제1항제1호 및 제2호의 조치를 할 때에는 보호자 또는 위탁받은 자에게 소년의 감호에 관한 필요 사항을 지시할 수 있다.

⑤ 소년부 판사는 제1항의 결정을 하였을 때에는 소년부 법원서기관·법원사무관·법원주사·법원주사보, 소년분류심사원 소속 공무원, 교도소 또는 구치소 소속 공무원, 보호관찰관 또는 사법경찰관리에게 그 결정을 집행하게 할 수 있다.

⑥ 제1항의 조치(임시조치)는 언제든지 결정으로써 취소하거나 변경할 수 있다.

6 심리 개시 및 불개시 결정

제19조(심리 불개시의 결정)

① 소년부 판사는 송치서와 조사관의 조사보고에 따라 사건의 심리를 개시(開始)할 수 없거나 개시할 필요가 없다고 인정하면 심리를 개시하지 아니한다는 결정을 하여야 한다. 이 결정은 사건 본인과 보호자에게 알려야 한다.

② 사안이 가볍다는 이유로 심리를 개시하지 아니한다는 결정을 할 때에는 소년에게 훈계하거나 보호자에게 소년을 엄격히 관리하거나 교육하도록 고지할 수 있다.

③ 제1항의 결정이 있을 때에는 제18조의 임시조치는 취소된 것으로 본다.

④ 소년부 판사는 소재가 분명하지 아니하다는 이유로 심리를 개시하지 아니한다는 결정을 받은 소년의 소재가 밝혀진 경우에는 그 결정을 취소하여야 한다.

제20조(심리 개시의 결정)

① 소년부 판사는 송치서와 조사관의 조사보고에 따라 사건을 심리할 필요가 있다고 인정하면 심리 개시 결정을 하여야 한다.

② 제1항의 결정은 사건 본인과 보호자에게 알려야 한다. 이 경우 심리 개시 사유의 요지와 보조인을 선임할 수 있다는 취지를 아울러 알려야 한다.

제29조(불처분 결정)

① 소년부 판사는 심리 결과 보호처분을 할 수 없거나 할 필요가 없다고 인정하면 그 취지의 결정을 하고, 이를 사건 본인과 보호자에게 알려야 한다.

7 심리절차

제21조(심리 기일의 지정)

① 소년부 판사는 심리 기일을 지정하고 본인과 보호자를 소환하여야 한다. 다만, 필요가 없
다고 인정한 경우에는 보호자는 소환하지 아니할 수 있다.

② 보조인이 선정된 경우에는 보조인에게 심리 기일을 알려야 한다.

제22조(기일 변경)

소년부 판사는 직권에 의하거나 사건 본인, 보호자 또는 보조인의 청구에 의하여 심리 기일을
변경할 수 있다. 기일을 변경한 경우에는 이를 사건 본인, 보호자 또는 보조인에게 알려야 한다.

제23조(심리의 개시)

① 심리 기일에는 소년부 판사와 서기가 참석하여야 한다.

② 조사관, 보호자 및 보조인은 심리 기일에 출석할 수 있다.

제24조(심리의 방식)

① 심리는 친절하고 온화하게 하여야 한다.

② 심리는 공개하지 아니한다. 다만, 소년부 판사는 적당하다고 인정하는 자에게 참석을 허가
할 수 있다.

제25조(의견의 진술)

① 조사관, 보호자 및 보조인은 심리에 관하여 의견을 진술할 수 있다.

② 제1항의 경우에 소년부 판사는 필요하다고 인정하면 사건 본인의 퇴장을 명할 수 있다.

제26조(증인신문, 감정, 통역 · 번역)

① 소년부 판사는 증인을 신문(訊問)하고 감정(鑑定)이나 통역 및 번역을 명할 수 있다.

제27조(검증, 압수, 수색)

① 소년부 판사는 검증, 압수 또는 수색을 할 수 있다.

제28조(원조, 협력)

① 소년부 판사는 그 직무에 관하여 모든 행정기관, 학교, 병원, 그 밖의 공사단체(公私團體)에
필요한 원조와 협력을 요구할 수 있다.

② 제1항의 요구를 거절할 때에는 정당한 이유를 제시하여야 한다.

제30조의2(기록의 열람·등사)

소년 보호사건의 기록과 증거물은 소년부 판사의 허가를 받은 경우에만 열람하거나 등사할 수 있다. 다만, 보조인이 심리 개시 결정 후에 소년 보호사건의 기록과 증거물을 열람하는 경우에는 소년부 판사의 허가를 받지 아니하여도 된다.

제25조의2(피해자 등의 진술권)

소년부 판사는 피해자 또는 그 법정대리인·변호인·배우자·직계친족·형제자매(이하 이 조에서 "대리인등"이라 한다)가 의견진술을 신청할 때에는 피해자나 그 대리인등에게 심리 기일에 의견을 진술할 기회를 주어야 한다. 다만, 다음 각 호의 어느 하나에 해당하는 경우에는 그러하지 아니하다.
1. 신청인이 이미 심리절차에서 충분히 진술하여 다시 진술할 필요가 없다고 인정되는 경우
2. 신청인의 진술로 심리절차가 현저하게 지연될 우려가 있는 경우

제25조의3(화해권고)

① 소년부 판사는 소년의 품행을 교정하고 피해자를 보호하기 위하여 필요하다고 인정하면 소년에게 피해 변상 등 피해자와의 화해를 권고할 수 있다.
② 소년부 판사는 제1항의 화해를 위하여 필요하다고 인정하면 기일을 지정하여 소년, 보호자 또는 참고인을 소환할 수 있다.
③ 소년부 판사는 소년이 제1항의 권고에 따라 피해자와 화해하였을 경우에는 보호처분을 결정할 때 이를 고려할 수 있다.

★ 보호사건
① 보호사건의 심리는 형사사건이 아니므로 검사와는 무관하다.
② 보호사건의 심리는 공개하지 않지만, 형사사건은 일반형사사건과 같이 당연히 공개해야 한다.
③ 보호사건은 비공개심리, 비형식심리, 개별심리, 직접심리 등 철저한 직권심리가 적용된다.
④ 심리 불개시 결정, 심리 개시 결정 및 불처분 결정이 있을 때에는 본인과 보호자에게 알려야 한다.

04 보호처분

JUSTICE

1 보호처분

(1) 소년에 대한 보안처분을 특히 보호처분이라고 한다. 이는 교화개선 및 보호를 위한 소년의 환경 조정과 품행교정에 필요한 처분을 말한다.

(2) 보호처분은 비행소년에 대한 교육적·복지적 성격과 사법적 판단(소년부 단독판사)에 따른 징벌적·강제적 성격을 갖는 비자의적 처분이다.
(3) 비행소년의 건전한 성장과 교화 및 사회방위 측면을 지닌 복합적 성격의 처분이지만, 소년의 건전한 성장과 교화를 바탕으로 출발하였다.
(4) 소년의 보호처분은 그 소년의 장래의 신상에 어떠한 영향도 미치지 아니한다.

2 차이점

(1) 보안처분과 보호처분은 대상자들을 교화개선하여 사회에 복귀시키는 것을 목적으로 하는 공통점이 있지만, 보호처분은 보안처분과는 달리 격리나 보안을 중시하지 않는다는 점에서 구별된다.
(2) 형벌은 특별예방 뿐만 아니라 일반예방이나 응보의 목적도 지니고 있는 반면, 보호처분은 특별예방에 치중하고 있어 일반예방이나 응보적 측면이 매우 미약하다는 점에서 구별된다.

3 보호처분 요약

처분종류	내용	기간	전부 또는 일부 병합
① 1호 처분	보호자 등에게 감호위탁	6월, (6월의 범위, 1차 연장가능)	수강명령, 사회봉사명령, 단기 보호관찰, 장기 보호관찰
② 2호 처분	수강명령 (12세 이상)	100시간 이내	보호자 등 감호위탁, 사회봉사명령, 단기 보호관찰, 장기 보호관찰
③ 3호 처분	사회봉사명령 (14세 이상)	200시간 이내	보호자 등 감호위탁, 수강명령, 단기 보호관찰, 장기 보호관찰
④ 4호 처분	단기 보호관찰	1년 〈연장 안됨〉	보호자 등 감호위탁, 수강명령, 사회봉사명령, 소년보호시설 등에 감호위탁
⑤ 5호 처분	장기 보호관찰	2년, (1년의 범위, 1차 연장가능)	보호자 등에게 감호위탁, 수강명령, 사회봉사명령, 소년보호시설 등에 감호위탁, 1개월 이내 소년원 송치
⑥ 6호 처분	소년보호시설 등에 감호 위탁	6월, (6월의 범위, 1차 연장가능)	단기 보호관찰, 장기 보호관찰
⑦ 7호 처분	병원, 요양소, 의료재활소년원에위탁	6월, (6월의 범위, 1차 연장가능)	–
⑧ 8호 처분	1개월 이내 소년원 송치	1월 이내	장기 보호관찰
⑨ 9호 처분	단기 소년원 송치	6월 이내 〈연장 안됨〉	–
⑩ 10호 처분	장기 소년원 송치 (12세 이상)	2년 이내 〈연장 안됨〉	–

★ 보호처분
  • 병합이 안 되는 보호처분 : 7호(의료재활소년원에위탁), 9호(단기 소년원 송치), 10호(장기 소년원 송치)

• 14세 이상 : 3호 처분(사회봉사명령)
• 12세 이상 : 2호 처분(수강명령), 10호처분(장기 소년원 송치)

4 보호처분의 결정

제32조(보호처분의 결정)

① 소년부 판사는 심리 결과 보호처분을 할 필요가 있다고 인정하면 결정으로써 다음 각 호의 어느 하나에 해당하는 처분을 하여야 한다.

1. 보호자 또는 보호자를 대신하여 소년을 보호할 수 있는 자에게 감호 위탁
2. 수강명령
3. 사회봉사명령
4. 보호관찰관의 단기(短期) 보호관찰
5. 보호관찰관의 장기(長期) 보호관찰
6. 「아동복지법」에 따른 아동복지시설이나 그 밖의 소년보호시설에 감호 위탁
7. 병원, 요양소 또는 「보호소년 등의 처우에 관한 법률」에 따른 의료재활소년원에 위탁
8. 1개월 이내의 소년원 송치
9. 단기 소년원 송치
10. 장기 소년원 송치

② 다음 각 호 안의 처분 상호 간에는 그 전부 또는 일부를 병합할 수 있다.

1. 제1항제1호 · 제2호 · 제3호 · 제4호 처분
2. 제1항제1호 · 제2호 · 제3호 · 제5호 처분
3. 제1항제4호 · 제6호 처분
4. 제1항제5호 · 제6호 처분
5. 제1항제5호 · 제8호 처분

③ 제1항제3호(사회봉사명령)의 처분은 14세 이상의 소년에게만 할 수 있다.

④ 제1항제2호(수강명령) 및 제10호(장기보호관찰)의 처분은 12세 이상의 소년에게만 할 수 있다.

⑤ 제1항 각 호의 어느 하나에 해당하는 처분을 한 경우 소년부는 소년을 인도하면서 소년의 교정에 필요한 참고자료를 위탁받는 자나 처분을 집행하는 자에게 넘겨야 한다.

⑥ 소년의 보호처분은 그 소년의 장래 신상에 어떠한 영향도 미치지 아니한다.

제32조의2(보호관찰처분에 따른 부가처분 등)

① 제32조제1항제4호(단기보호관찰) 또는 제5호(장기보호관찰)의 처분을 할 때에 3개월 이내

의 기간을 정하여 「보호소년 등의 처우에 관한 법률」에 따른 대안교육 또는 소년의 상담·선도·교화와 관련된 단체나 시설에서의 상담·교육을 받을 것을 동시에 명할 수 있다.

② 제32조제1항제4호 또는 제5호의 처분을 할 때에 1년 이내의 기간을 정하여 야간 등 특정 시간대의 외출을 제한하는 명령을 보호관찰대상자의 준수 사항으로 부과할 수 있다.

③ 소년부 판사는 가정상황 등을 고려하여 필요하다고 판단되면 보호자에게 소년원·소년분류심사원 또는 보호관찰소 등에서 실시하는 소년의 보호를 위한 특별교육을 받을 것을 명할 수 있다.

제34조(몰수의 대상)

① 소년부 판사는 제4조제1항제1호(범죄소년)·제2호(촉법소년)에 해당하는 소년에 대하여 제32조의 처분을 하는 경우에는 결정으로써 물건을 몰수할 수 있다.

5 보호처분의 기간

제33조(보호처분의 기간)

① 제32조제1항제1호·제6호·제7호의 위탁기간은 6개월로 하되, 소년부 판사는 결정으로써 6개월의 범위에서 한 번에 한하여 그 기간을 연장할 수 있다. 다만, 소년부 판사는 필요한 경우에는 언제든지 결정으로써 그 위탁을 종료시킬 수 있다.

② 제32조제1항제4호의 단기 보호관찰기간은 1년으로 한다.

③ 제32조제1항제5호의 장기 보호관찰기간은 2년으로 한다. 다만, 소년부 판사는 보호관찰관의 신청에 따라 결정으로써 1년의 범위에서 한 번에 한하여 그 기간을 연장할 수 있다.

④ 제32조제1항제2호의 수강명령은 100시간을, 제32조제1항제3호의 사회봉사명령은 200시간을 초과할 수 없으며, 보호관찰관이 그 명령을 집행할 때에는 사건 본인의 정상적인 생활을 방해하지 아니하도록 하여야 한다.

⑤ 제32조제1항제9호에 따라 단기로 소년원에 송치된 소년의 보호기간은 6개월을 초과하지 못한다.

⑥ 제32조제1항제10호에 따라 장기로 소년원에 송치된 소년의 보호기간은 2년을 초과하지 못한다.

⑦ 제32조제1항제6호부터 제10호까지의 어느 하나에 해당하는 처분을 받은 소년이 시설위탁이나 수용 이후 그 시설을 이탈하였을 때에는 위 처분기간은 진행이 정지되고, 재위탁 또는 재수용된 때로부터 다시 진행한다.

6 보호처분의 변경 등

제35조(결정의 집행)

소년부 판사는 제32조제1항 또는 제32조의2에 따른 처분 결정을 하였을 때에는 조사관, 소년부 법원서기관 · 법원사무관 · 법원주사 · 법원주사보, 보호관찰관, 소년원 또는 소년분류심사원 소속 공무원, 그 밖에 위탁 또는 송치받을 기관 소속의 직원에게 그 결정을 집행하게 할 수 있다.

제37조(처분의 변경)

① 소년부 판사는 위탁받은 자나 보호처분을 집행하는 자의 신청에 따라 결정으로써 제32조의 보호처분과 제32조의2의 부가처분을 변경할 수 있다. 다만, 제32조제1항제1호(보호자 등에게 감호위탁) · 제6호(소년보호시설등에감호위탁) · 제7호(의료재활소년원에위탁)의 보호처분(위탁처분)과 제32조의2제1항의 부가처분(대안교육 또는 상담.교육)은 직권으로 변경할 수 있다.

② 제1항에 따른 결정을 집행할 때에는 제35조를 준용한다.

③ 제1항의 결정은 지체 없이 사건 본인과 보호자에게 알리고 그 취지를 위탁받은 자나 보호처분을 집행하는 자에게 알려야 한다.

제38조(보호처분의 취소)

① 보호처분이 계속 중일 때에 사건 본인이 처분 당시 19세 이상인 것으로 밝혀진 경우에는 소년부 판사는 결정으로써 그 보호처분을 취소하고 다음의 구분에 따라 처리하여야 한다.
　　1. 검사 · 경찰서장의 송치 또는 제4조제3항의 통고에 의한 사건인 경우에는 관할 지방법원에 대응하는 검찰청 검사에게 송치한다.
　　2. 제50조에 따라 법원이 송치한 사건인 경우에는 송치한 법원에 이송한다.

② 제4조제1항제1호 · 제2호의 소년(범죄,촉법소년)에 대한 보호처분이 계속 중일 때에 사건 본인이 행위 당시 10세 미만으로 밝혀진 경우 또는 제4조제1항제3호(우범소년)의 소년에 대한 보호처분이 계속 중일 때에 사건 본인이 처분 당시 10세 미만으로 밝혀진 경우에는 소년부 판사는 결정으로써 그 보호처분을 취소하여야 한다.

제39조(보호처분과 유죄판결)

보호처분이 계속 중일 때에 사건 본인에 대하여 유죄판결이 확정된 경우에 보호처분을 한 소년부 판사는 그 처분을 존속할 필요가 없다고 인정하면 결정으로써 보호처분을 취소할 수 있다.

제40조(보호처분의 경합)

보호처분이 계속 중일 때에 사건 본인에 대하여 새로운 보호처분이 있었을 때에는 그 처분을 한 소년부 판사는 이전의 보호처분을 한 소년부에 조회하여 어느 하나의 보호처분을 취소하여야 한다.

★ 보호처분의 취소
- 행위 또는 처분 당시 10세 미만, 19세 이상 : 보호처분을 취소하여야 한다.
- 보호처분이 계속 중일 때에 유죄판결이 확정된 경우 : 보호처분을 취소할 수 있다.
- 보호처분이 계속 중일 때에 새로운 보호처분이 있었을 때 : 어느 하나의 보호처분을 취소하여야 한다.

7 항고 및 재항고

제43조(항고)
① 제32조에 따른 보호처분의 결정 및 제32조의2에 따른 부가처분 등의 결정 또는 제37조의 보호처분·부가처분 변경 결정이 다음 각 호의 어느 하나에 해당하면 사건 본인·보호자·보조인 또는 그 법정대리인은 관할 가정법원 또는 지방법원 본원 합의부에 항고할 수 있다.
  1. 해당 결정에 영향을 미칠 법령 위반이 있거나 중대한 사실 오인(誤認)이 있는 경우
  2. 처분이 현저히 부당한 경우
② 항고를 제기할 수 있는 기간은 7일로 한다.

제44조(항고장의 제출)
① 항고를 할 때에는 항고장을 원심(原審) 소년부에 제출하여야 한다.
② 항고장을 받은 소년부는 3일 이내에 의견서를 첨부하여 항고법원에 송부하여야 한다.

제45조(항고의 재판)
① 항고법원은 항고 절차가 법률에 위반되거나 항고가 이유 없다고 인정한 경우에는 결정으로써 항고를 기각하여야 한다.
② 항고법원은 항고가 이유가 있다고 인정한 경우에는 원결정(原決定)을 취소하고 사건을 원소년부에 환송(還送)하거나 다른 소년부에 이송하여야 한다. 다만, 환송 또는 이송할 여유가 없이 급하거나 그 밖에 필요하다고 인정한 경우에는 원결정을 파기하고 불처분 또는 보호처분의 결정을 할 수 있다.
③ 제2항에 따라 항고가 이유가 있다고 인정되어 보호처분의 결정을 다시 하는 경우에는 원결정에 따른 보호처분의 집행 기간은 그 전부를 항고에 따른 보호처분의 집행 기간에 산입(제32조제1항제8호·제9호·제10호 처분 상호 간에만 해당한다)한다.

제46조(집행 정지)

항고는 결정의 집행을 정지시키는 효력이 없다.

제47조(재항고)

① 항고를 기각하는 결정에 대하여는 그 결정이 법령에 위반되는 경우에만 대법원에 재항고를 할 수 있다.

② 제1항의 재항고에 관하여는 제43조제2항(7일) 및 제45조제3항(집행기간산입)을 준용한다.

05 형사사건

1 의의

(1) 소년 형사사건은, 소년 보호사건과는 달리, 죄를 범한 14세 이상 19세 미만의 소년에 대하여 형사처분을 과할 목적으로 행하는 제재를 말한다.
(2) 「소년법」 제48조에 소년에 대한 형사사건에 관하여는 「소년법」에 특별한 규정이 없으면 일반형사사건의 예에 따른다고 규정되어 있다. 이렇게 소년에 대한 형사처분도 형벌에 의한 제재라는 점에서 일반 형사사건과 바탕을 같이하고 있다. 하지만 그 대상이 소년이라는 점을 감안하여 여러 가지 특칙을 규정하고 있다.

2 소년 형사사건의 특칙

(1) 조사·심리상의 배려
(2) 사형과 무기형의 완화
(3) 상대적 부정기형 인정
(4) 환형처분의 금지
(5) 집행 시 분리주의
(6) 가석방 조건의 완화 및 가석방 기간의 종료에 관한 특칙
(7) 자격에 관한 법령의 적용

3 소년 형사사건 통칙 규정

제48조(준거법례)

소년에 대한 형사사건에 관하여는 이 법에 특별한 규정이 없으면 일반 형사사건의 예에 따른다.

제49조(검사의 송치)

① 검사는 소년에 대한 피의사건을 수사한 결과 보호처분에 해당하는 사유가 있다고 인정한 경우에는 사건을 관할 소년부에 송치하여야 한다.

② 소년부는 제1항에 따라 송치된 사건을 조사 또는 심리한 결과 그 동기와 죄질이 금고 이상의 형사처분을 할 필요가 있다고 인정할 때에는 결정으로써 해당 검찰청 검사에게 송치할 수 있다.

③ 제2항에 따라 송치한 사건은 다시 소년부에 송치할 수 없다(역송금지).

제50조(법원의 송치)

법원은 소년에 대한 피고사건을 심리한 결과 보호처분에 해당할 사유가 있다고 인정하면 결정으로써 사건을 관할 소년부에 송치하여야 한다.

제51조(이송)

소년부는 제50조에 따라 송치받은 사건을 조사 또는 심리한 결과 사건의 본인이 19세 이상인 것으로 밝혀지면 결정으로써 송치한 법원에 사건을 다시 이송하여야 한다.

제52조(소년부 송치 시의 신병 처리)

① 제49조제1항이나 제50조에 따른 소년부 송치결정이 있는 경우에는 소년을 구금하고 있는 시설의 장은 검사의 이송 지휘를 받은 때로부터 법원 소년부가 있는 시·군에서는 24시간 이내에, 그 밖의 시·군에서는 48시간 이내에 소년을 소년부에 인도하여야 한다. 이 경우 구속영장의 효력은 소년부 판사가 제18조제1항에 따른 소년의 감호에 관한 결정을 한 때에 상실한다.

② 제1항에 따른 인도와 결정은 구속영장의 효력기간 내에 이루어져야 한다.

제53조(보호처분의 효력)

제32조의 보호처분을 받은 소년에 대하여는 그 심리가 결정된 사건은 다시 공소를 제기하거나 소년부에 송치할 수 없다. 다만, 제38조제1항제1호의 경우에는 공소를 제기할 수 있다.

제54조(공소시효의 정지)

제20조에 따른 심리 개시 결정이 있었던 때로부터 그 사건에 대한 보호처분의 결정이 확정될 때까지 공소시효는 그 진행이 정지된다.

제55조(구속영장의 제한)

① 소년에 대한 구속영장은 부득이한 경우가 아니면 발부하지 못한다.

② 소년을 구속하는 경우에는 특별한 사정이 없으면 다른 피의자나 피고인과 분리하여 수용하여야 한다.

4 검사의 결정 전 조사 및 조건부 기소유예

제49조의2(검사의 결정 전 조사)

① 검사는 소년 피의사건에 대하여 소년부 송치, 공소제기, 기소유예 등의 처분을 결정하기 위하여 필요하다고 인정하면 피의자의 주거지 또는 검찰청 소재지를 관할하는 보호관찰소의 장, 소년분류심사원장 또는 소년원장(이하 "보호관찰소장등"이라 한다)에게 피의자의 품행, 경력, 생활환경이나 그 밖에 필요한 사항에 관한 조사를 요구할 수 있다.

② 제1항의 요구를 받은 보호관찰소장등은 지체 없이 이를 조사하여 서면으로 해당 검사에게 통보하여야 하며, 조사를 위하여 필요한 경우에는 소속 보호관찰관·분류심사관 등에게 피의자 또는 관계인을 출석하게 하여 진술요구를 하는 등의 방법으로 필요한 사항을 조사하게 할 수 있다.

③ 제2항에 따른 조사를 할 때에는 미리 피의자 또는 관계인에게 조사의 취지를 설명하여야 하고, 피의자 또는 관계인의 인권을 존중하며, 직무상 비밀을 엄수하여야 한다.

④ 검사는 보호관찰소장등으로부터 통보받은 조사 결과를 참고하여 소년피의자를 교화·개선하는 데에 가장 적합한 처분을 결정하여야 한다.

제49조의3(조건부 기소유예)

검사는 피의자에 대하여 다음 각 호에 해당하는 선도(善導) 등을 받게 하고, 피의사건에 대한 공소를 제기하지 아니할 수 있다. 이 경우 소년과 소년의 친권자·후견인 등 법정대리인의 동의를 받아야 한다.

1. 범죄예방자원봉사위원의 선도
2. 소년의 선도·교육과 관련된 단체·시설에서의 상담·교육·활동 등

5 소년 형사사건의 특칙

(1) 조사 · 심리상의 배려

제56조(조사의 위촉)

법원은 소년에 대한 형사사건에 관하여 필요한 사항을 조사하도록 조사관에게 위촉할 수 있다.

제57조(심리의 분리)

소년에 대한 형사사건의 심리는 다른 피의사건과 관련된 경우에도 심리에 지장이 없으면 그 절차를 분리하여야 한다.

제58조(심리의 방침)

① 소년에 대한 형사사건의 심리는 친절하고 온화하게 하여야 한다.
② 제1항의 심리에는 소년의 심신상태, 품행, 경력, 가정상황, 그 밖의 환경 등에 대하여 정확한 사실을 밝힐 수 있도록 특별히 유의하여야 한다.

(2) 사형과 무기형의 완화

제59조(사형 및 무기형의 완화)

죄를 범할 당시 18세 미만인 소년에 대하여 사형 또는 무기형(無期刑)으로 처할 경우에는 15년의 유기징역으로 한다.

★ 「특정강력범죄 처벌에 관한 특례법」 제4조(소년에 대한 형)
  ① 특정강력범죄를 범한 당시 18세 미만인 소년을 사형 또는 무기형에 처하여야 할 때에는 「소년법」 제59조에도 불구하고 그 형을 20년의 유기징역으로 한다.
  ② 특정강력범죄를 범한 소년에 대하여 부정기형을 선고할 때에는 「소년법」 제60조 ① 단서에도 불구하고 장기는 15년, 단기는 7년을 초과하지 못한다.

(3) 상대적 부정기형의 인정

제60조(부정기형)

① 소년이 법정형으로 장기 2년 이상의 유기형(有期刑)에 해당하는 죄를 범한 경우에는 그 형의 범위에서 장기와 단기를 정하여 선고한다. 다만, 장기는 10년, 단기는 5년을 초과하지

못한다.

② 소년의 특성에 비추어 상당하다고 인정되는 때에는 그 형을 감경할 수 있다.

③ 형의 집행유예나 선고유예를 선고할 때에는 제1항(부정기형)을 적용하지 아니한다.

④ 소년에 대한 부정기형을 집행하는 기관의 장은 형의 단기가 지난 소년범의 행형(行刑) 성적이 양호하고 교정의 목적을 달성하였다고 인정되는 경우에는 관할 검찰청 검사의 지휘에 따라 그 형의 집행을 종료시킬 수 있다.

★ 부정기형
① 실형을 선고할 경우에만 부정기형을 선고할 수 있다(집행유예 · 선고유예 시 부정기형 선고 안 됨).
② 부정기형의 기준은 판결선고 시가 기준이다.

★ 판례(대판 1983.4.26, 83도524)
죄를 범한 때에 18세 미만인 소년 등과 같이 특별한 규정이 없으면, 판결선고 시가 기준이다.

(4) 환형처분의 금지

제62조(환형처분의 금지)

18세 미만인 소년에게는 「형법」 제70조(노역장유치)에 따른 유치선고를 하지 못한다. 다만, 판결선고 전 구속되었거나 제18조제1항제3호(소년분류심사원)의 조치가 있었을 때에는 그 구속 또는 위탁의 기간에 해당하는 기간은 노역장(勞役場)에 유치된 것으로 보아 「형법」 제57조(미결선고 전 구금일수 산입)를 적용할 수 있다.

제61조(미결구금일수의 산입)

제18조제1항제3호(소년분류심사원)의 조치가 있었을 때에는 그 위탁기간은 「형법」 제57조제1항의 판결선고 전 구금일수(拘禁日數)로 본다.

(5) 집행 시 분리주의

제63조(징역 · 금고의 집행)

징역 또는 금고를 선고받은 소년에 대하여는 특별히 설치된 교도소 또는 일반 교도소 안에 특별히 분리된 장소에서 그 형을 집행한다. 다만, 소년이 형의 집행 중에 23세가 되면 일반 교도소에서 집행할 수 있다.

제64조(보호처분과 형의 집행)

보호처분이 계속 중일 때에 징역, 금고 또는 구류를 선고받은 소년에 대하여는 먼저 그 형을 집행한다.

(6) 가석방 조건의 완화 및 가석방 기간 종료에 관한 특칙

제65조(가석방)

징역 또는 금고를 선고받은 소년에 대하여는 다음 각 호의 기간이 지나면 가석방(假釋放)을 허가할 수 있다.

1. 무기형의 경우에는 5년
2. 15년 유기형의 경우에는 3년
3. 부정기형의 경우에는 단기의 3분의 1

제66조(가석방 기간의 종료)

징역 또는 금고를 선고받은 소년이 가석방된 후 그 처분이 취소되지 아니하고 가석방 전에 집행을 받은 기간과 같은 기간이 지난 경우에는 형의 집행을 종료한 것으로 한다(가석방 전 복역기간이 형기의 50% 미만인 경우).

다만, 제59조의 형기(15년유기징역) 또는 제60조제1항(부정기형)에 따른 장기의 기간이 먼저 지난 경우에는 그 때에 형의 집행을 종료한 것으로 한다(가석방 전 복역기간이 형기의 50% 이상인 경우).

★ 가석방
  성년은 가석방 실효 및 취소규정이 있는 반면, 「소년법」에는 취소규정만 있다.

(7) 자격에 관한 법령의 적용

제67조(자격에 관한 법령의 적용)

① 소년이었을 때 범한 죄에 의하여 형의 선고 등을 받은 자에 대하여 다음 각 호의 경우 자격에 관한 법령을 적용할 때 장래에 향하여 형의 선고를 받지 아니한 것으로 본다.
  1. 형을 선고받은 자가 그 집행을 종료하거나 면제받은 경우
  2. 형의 선고유예나 집행유예를 선고받은 경우
② 제1항에도 불구하고 형의 선고유예가 실효되거나 집행유예가 실효·취소된 때에는 그 때에 형을 선고받은 것으로 본다.

6 비행예방 기본규정

제67조의2(비행 예방정책)

법무부장관은 제4조제1항에 해당하는 자(이하 "비행소년"이라 한다)가 건전하게 성장하도록 돕기 위하여 다음 각 호의 사항에 대한 필요한 조치를 취하여야 한다.

1. 비행소년이 건전하게 성장하도록 돕기 위한 조사·연구·교육·홍보 및 관련 정책의 수립·시행
2. 비행소년의 선도·교육과 관련된 중앙행정기관·공공기관 및 사회단체와의 협조체계의 구축 및 운영

06 소년보호를 위한 벌칙

JUSTICE

제68조(보도 금지)

① 이 법에 따라 조사 또는 심리 중에 있는 보호사건이나 형사사건에 대하여는 성명·연령·직업·용모 등으로 비추어 볼 때 그 자가 당해 사건의 당사자라고 미루어 짐작할 수 있는 정도의 사실이나 사진을 신문이나 그 밖의 출판물에 싣거나 방송할 수 없다.
② 제1항을 위반한 다음 각 호의 자는 1년 이하의 징역 또는 1천만원 이하의 벌금에 처한다.
　1. 신문 : 편집인 및 발행인
　2. 그 밖의 출판물 : 저작자 및 발행자
　3. 방송 : 방송편집인 및 방송인

제69조(나이의 거짓 진술)

성인(成人)이 고의로 나이를 거짓으로 진술하여 보호처분이나 소년 형사처분을 받은 경우에는 1년 이하의 징역에 처한다.

제70조(조회 응답)

① 소년 보호사건과 관계있는 기관은 그 사건 내용에 관하여 재판, 수사 또는 군사상 필요한 경우 외의 어떠한 조회에도 응하여서는 아니 된다.
② 제1항을 위반한 자는 1년 이하의 징역 또는 1천만원 이하의 벌금에 처한다.

제71조(소환의 불응 및 보호자 특별교육명령 불응)

다음 각 호의 어느 하나에 해당하는 자에게는 300만원 이하의 과태료를 부과한다.

1. 제13조제1항에 따른 소환에 정당한 이유 없이 응하지 아니한 자
2. 제32조의2제3항의 특별교육명령에 정당한 이유 없이 응하지 아니한 자

★ 소년의 형기 등 기준
① 형기종료 : 부정기형인 경우 장기를 기준으로 한다.
② 가석방 시의 형기 : 부정기형은 단기를 기준으로 한다.
③ 항소심에서 성인이 된 경우 : 정기형을 선고한다(부정기형 선고 안 됨. 선고 시가 기준임).
④ 상고심에서 성인이 된 경우 : 부정기형을 정기형으로 선고할 수 없다(상고심은 법률심의).

〈소년보호사건과 소년형사사건의 비교〉

구별	보호처분	형사처분
① 연령	10세 이상, 19세 미만	14세 이상 19세 미만
② 심리대상	범죄소년, 촉법소년, 우범소년	범죄소년
③ 법적 제재	보호처분	형벌
④ 1심법원	법원 소년부(단독판사)	형사법원
⑤ 심리구조	직권주의	당사자주의
⑥ 검사의 재판 관여	관여할 수 없음	당연 관여
⑦ 재판공개	비공개	공개
⑧ 적용법률	「소년법」	「형법」, 「형소법」, 「소년법」
⑨ 진술거부권	인정	인정
⑩ 변론	필요적 또는 임의적 보조인	필요적 변론(국선변호인)
⑪ 조사	소년부 판사의 조사명령, 검사의 결정 전 조사	법원의 조사위촉, 법원의 판결 전 조사
⑫ 미결구금	소년분류심사원 등(임시조치)	구치소
⑬ 교정시설	소년원	소년교도소

〈소년원과 소년교도소 비교〉

구분	소년원(보호처분)	소년교도소(형사처분)
① 처분성	법원 소년부	형사법원
② 적용법률	「보호소년 등의 처우에 관한 법률」	「형집행법」
③ 처분의 종류	보호처분	형벌
④ 시설	소년원	소년교도소
⑤ 수용대상	범죄소년, 촉법소년, 우범소년	범죄소년
⑥ 수용기관	교육훈련기관	자유형 집행기관
⑦ 사회복귀	퇴원 · 임시퇴원	석방 · 가석방

보호소년 등의 처우에 관한 법률

CHAPTER

1 의의

2010. 5. 4. 소년원·소년분류심사원의 다양한 임무와 기능을 포괄할 수 있도록 하기 위해 (구) 「소년원법」을 「보호소년 등의 처우에 관한 법률」로 법명을 변경하면서 보호소년 등의 인권보장을 강화하는 한편, 「소년법」과 연계하여 관련규정을 정비한 후 현재에 이르고 있다.

2 「보호소년 등의 처우에 관한 법률」 주요내용

제1장 총칙

제1조(목적)

이 법은 보호소년 등의 처우 및 교정교육과 소년원과 소년분류심사원의 조직, 기능 및 운영에 관하여 필요한 사항을 규정함을 목적으로 한다.

제1조의2(정의)

이 법에서 사용하는 용어의 뜻은 다음과 같다.

1. "보호소년"이란 「소년법」 제32조제1항제7호부터 제10호까지의 규정에 따라 가정법원소년부 또는 지방법원소년부(이하 "법원소년부"라 한다)로부터 위탁되거나 송치된 소년을 말한다.
2. "위탁소년"이란 「소년법」 제18조제1항제3호(임시조치중 소년분류심사원위탁조치)에 따라 법원소년부로부터 위탁된 소년을 말한다.
3. "유치소년"이란 「보호관찰 등에 관한 법률」 제42조제1항에 따라 유치(留置)된 소년을 말한다.
4. "보호소년등"이란 보호소년, 위탁소년 또는 유치소년을 말한다.

제2조(처우의 기본원칙)

① 소년원장 또는 소년분류심사원장(이하 "원장"이라 한다)은 보호소년등을 처우할 때에 인권 보호를 우선적으로 고려하여야 하며, 그들의 심신 발달 과정에 알맞은 환경을 조성하고 안 정되고 규율있는 생활 속에서 보호소년등의 성장 가능성을 최대한으로 신장시킴으로써 사 회적응력을 길러 건전한 청소년으로서 사회에 복귀할 수 있도록 하여야 한다.

② 보호소년에게는 품행의 개선과 진보의 정도에 따라 점차 향상된 처우를 하여야 한다.

제3조(임무)

① 소년원은 보호소년을 수용하여 교정교육을 하는 것을 임무로 한다.

② 소년분류심사원은 다음 각 호의 임무를 수행한다.

1. 위탁소년의 수용과 분류심사
2. 유치소년의 수용과 분류심사
3. 「소년법」 제12조에 따른 전문가 진단의 일환으로 법원소년부가 상담조사를 의뢰한 소 년의 상담과 조사
4. 「소년법」 제49조의2에 따라 소년 피의사건에 대하여 검사가 조사를 의뢰한 소년의 품 행 및 환경 등의 조사
5. 제1호부터 제4호까지의 규정에 해당되지 아니하는 소년으로서 소년원장이나 보호관찰 소장이 의뢰한 소년의 분류심사

제4조(관장 및 조직)

① 소년원과 소년분류심사원은 법무부장관이 관장한다.

② 소년원과 소년분류심사원의 명칭, 위치, 직제(職制), 그 밖에 필요한 사항은 대통령령으로 정한다.

제5조(소년원의 분류 등)

① 법무부장관은 보호소년의 처우상 필요하다고 인정하면 대통령령으로 정하는 바에 따라 소 년원을 초·중등교육, 직업능력개발훈련, 의료재활 등 기능별로 분류하여 운영하게 할 수 있다.

② 법무부장관은 제1항에 따라 의료재활 기능을 전문적으로 수행하는 소년원을 의료재활소년 원으로 운영한다.

제6조(소년원 등의 규모 등)

① 신설하는 소년원 및 소년분류심사원은 수용정원이 150명 이내의 규모가 되도록 하여야 한다. 다만, 소년원 및 소년분류심사원의 기능·위치나 그 밖의 사정을 고려하여 그 규모

를 증대할 수 있다.

② 보호소년등의 개별적 특성에 맞는 처우를 위하여 소년원 및 소년분류심사원에 두는 생활실은 대통령령으로 정하는 바에 따라 소규모로 구성하여야 한다.

③ 소년원 및 소년분류심사원의 생활실이나 그 밖의 수용생활을 위한 설비는 그 목적과 기능에 맞도록 설치되어야 한다.

④ 소년원 및 소년분류심사원의 생활실은 보호소년등의 건강한 생활과 성장을 위하여 적정한 수준의 공간과 채광·통풍·난방을 위한 시설이 갖추어져야 한다.

제2장 수용 · 보호

제7조(수용절차)

① 보호소년등을 소년원이나 소년분류심사원에 수용할 때에는 법원소년부의 결정서, 법무부장관의 이송허가서 또는 지방법원 판사의 유치허가장에 의하여야 한다.

② 원장은 새로 수용된 보호소년등에 대하여 지체 없이 건강진단과 위생에 필요한 조치를 하여야 한다.

③ 원장은 새로 수용된 보호소년등의 보호자나 보호소년등이 지정하는 자(이하 "보호자등"이라 한다)에게 지체 없이 수용 사실을 알려야 한다.

제8조(분류처우)

① 원장은 보호소년등의 정신적·신체적 상황 등 개별적 특성을 고려하여 생활실을 구분하는 등 적합한 처우를 하여야 한다.

② 보호소년등은 다음 각 호의 기준에 따라 분리 수용한다.

    1. 남성과 여성

    2. 보호소년, 위탁소년 및 유치소년

③ 「소년법」 제32조제1항제7호의 처분을 받은 보호소년은 의료재활소년원에 해당하는 소년원에 수용하여야 한다.

④ 원장은 보호소년등이 희망하거나 특별히 보호소년등의 개별적 특성에 맞는 처우가 필요한 경우 보호소년등을 혼자 생활하게 할 수 있다.

제9조(보호처분의 변경 등)

① 소년원장은 보호소년이 다음 각 호의 어느 하나에 해당하는 경우에는 소년원 소재지를 관할하는 법원소년부에 「소년법」 제37조에 따른 보호처분의 변경을 신청할 수 있다.

    1. 중환자로 판명되어 수용하기 위험하거나 장기간 치료가 필요하여 교정교육의 실효를 거두기가 어렵다고 판단되는 경우

2. 심신의 장애가 현저하거나 임신 또는 출산(유산·사산한 경우를 포함한다), 그 밖의 사유로 특별한 보호가 필요한 경우

3. 시설의 안전과 수용질서를 현저히 문란하게 하는 보호소년에 대한 교정교육을 위하여 보호기간을 연장할 필요가 있는 경우

② 소년분류심사원장은 위탁소년이 제1항 각 호의 어느 하나에 해당하는 경우에는 위탁 결정을 한 법원소년부에「소년법」제18조에 따른 임시조치의 취소, 변경 또는 연장에 관한 의견을 제시할 수 있다.

③ 소년분류심사원장은 유치소년이 제1항제1호 또는 제2호에 해당하는 경우에는 유치 허가를 한 지방법원 판사 또는 소년분류심사원 소재지를 관할하는 법원소년부에 유치 허가의 취소에 관한 의견을 제시할 수 있다.

④ 제3항에 따른 의견 제시 후 지방법원 판사 또는 법원소년부 판사의 유치 허가 취소 결정이 있으면 소년분류심사원장은 그 유치소년을 관할하는 보호관찰소장에게 이를 즉시 통보하여야 한다.

⑤ 제1항에 따른 보호처분의 변경을 할 경우 보호소년이 19세 이상인 경우에도「소년법」제2조 및 제38조제1항에도 불구하고 보호사건 규정을 적용한다.

제10조(원장의 면접)

원장은 보호소년등으로부터 처우나 일신상의 사정에 관한 의견을 듣기 위하여 수시로 보호소년등과 면접을 하여야 한다.

제11조(청원)

보호소년등은 그 처우에 대하여 불복할 때에는 법무부장관에게 문서로 청원할 수 있다.

제12조(이송)

① 소년원장은 분류수용, 교정교육상의 필요, 그 밖의 이유로 보호소년을 다른 소년원으로 이송하는 것이 적당하다고 인정하면 법무부장관의 허가를 받아 이송할 수 있다.

②「소년법」제32조제1항제7호의 처분을 받은 보호소년은 의료재활소년원에 해당하지 아니하는 소년원으로 이송할 수 없다.

제13조(비상사태 등의 대비)

① 원장은 천재지변이나 그 밖의 재난 또는 비상사태에 대비하여 계획을 수립하고 보호소년등에게 대피훈련 등 필요한 훈련을 실시하여야 한다.

② 원장은 천재지변이나 그 밖의 재난 또는 비상사태가 발생한 경우에 그 시설 내에서는 안전한 대피방법이 없다고 인정될 때에는 보호소년등을 일시적으로 적당한 장소로 긴급 이송

할 수 있다.

제14조(사고 방지 등)

① 원장은 보호소년등이 이탈, 난동, 폭행, 자해(自害), 그 밖의 사고를 일으킬 우려가 있을 때에는 이를 방지하는 데에 필요한 조치를 하여야 한다.

② 보호소년등이 소년원이나 소년분류심사원을 이탈하였을 때에는 그 소속 공무원이 재수용할 수 있다.

제14조의2(보호장비의 사용)

① 보호장비의 종류는 다음 각 호와 같다.
1. 수갑
2. 포승(捕繩)
3. 가스총
4. 전자충격기
5. 머리보호장비
6. 보호대(保護帶)

② 원장은 다음 각 호의 어느 하나에 해당하는 경우에는 소속 공무원으로 하여금 보호소년등에 대하여 수갑, 포승 또는 보호대를 사용하게 할 수 있다.
1. 이탈·난동·폭행·자해·자살을 방지하기 위하여 필요한 경우
2. 법원 또는 검찰의 조사·심리, 이송, 그 밖의 사유로 호송하는 경우
3. 그 밖에 소년원·소년분류심사원의 안전이나 질서를 해칠 우려가 현저한 경우

③ 원장은 다음 각 호의 어느 하나에 해당하는 경우에는 소속 공무원으로 하여금 보호소년등에 대하여 수갑, 포승 또는 보호대 외에 가스총이나 전자충격기를 사용하게 할 수 있다.
1. 이탈, 자살, 자해하거나 이탈, 자살, 자해하려고 하는 때
2. 다른 사람에게 위해를 가하거나 가하려고 하는 때
3. 위력으로 소속 공무원의 정당한 직무집행을 방해하는 때
4. 소년원·소년분류심사원의 설비·기구 등을 손괴하거나 손괴하려고 하는 때
5. 그 밖에 시설의 안전 또는 질서를 크게 해치는 행위를 하거나 하려고 하는 때

④ 제3항에 따라 가스총이나 전자충격기를 사용하려면 사전에 상대방에게 이를 경고하여야 한다. 다만, 상황이 급박하여 경고할 시간적인 여유가 없는 때에는 그러하지 아니하다.

⑤ 원장은 보호소년등이 자해할 우려가 큰 경우에는 소속 공무원으로 하여금 보호소년등에게 머리보호장비를 사용하게 할 수 있다.

⑥ 보호장비는 필요한 최소한의 범위에서 사용하여야 하며, 보호장비를 사용할 필요가 없게

되었을 때에는 지체 없이 사용을 중지하여야 한다.

⑦ 보호장비는 징벌의 수단으로 사용되어서는 아니 된다.

⑧ 보호장비의 사용방법 및 관리에 관하여 필요한 사항은 법무부령으로 정한다.

제14조의3(전자장비의 설치 · 운영)

① 소년원 및 소년분류심사원에는 보호소년등의 이탈 · 난동 · 폭행 · 자해 · 자살, 그 밖에 보호소년등의 생명 · 신체를 해치거나 시설의 안전 또는 질서를 해치는 행위(이하 이 조에서 "자해등"이라 한다)를 방지하기 위하여 필요한 최소한의 범위에서 전자장비를 설치하여 운영할 수 있다.

② 보호소년등이 사용하는 목욕탕, 세면실 및 화장실에 전자영상장비를 설치하여 운영하는 것은 자해등의 우려가 큰 때에만 할 수 있다. 이 경우 전자영상장비로 보호소년등을 감호할 때에는 여성인 보호소년등에 대해서는 여성인 소속 공무원만, 남성인 보호소년등에 대해서는 남성인 소속 공무원만이 참여하여야 한다.

③ 제1항 및 제2항에 따라 전자장비를 설치 · 운영할 때에는 보호소년등의 인권이 침해되지 아니하도록 하여야 한다.

④ 전자장비의 종류 · 설치장소 · 사용방법 및 녹화기록물의 관리 등에 필요한 사항은 법무부령으로 정한다.

제14조의4(규율 위반 행위)

보호소년등은 다음 각 호의 행위를 하여서는 아니 된다.

1. 「형법」, 「폭력행위 등 처벌에 관한 법률」, 그 밖의 형사 법률에 저촉되는 행위
2. 생활의 편의 등 자신의 요구를 관철할 목적으로 자해하는 행위
3. 소년원 · 소년분류심사원의 안전 또는 질서를 해칠 목적으로 단체를 조직하거나 그 단체에 가입하거나 다중을 선동하는 행위
4. 금지물품을 반입하거나 이를 제작 · 소지 · 사용 · 수수(授受) · 교환 또는 은닉하는 행위
5. 정당한 사유 없이 교육 등을 거부하거나 게을리하는 행위
6. 그 밖에 시설의 안전과 질서 유지를 위하여 법무부령으로 정하는 규율을 위반하는 행위

제15조(징계)

① 원장은 보호소년등이 제14조의4 각 호의 어느 하나에 해당하는 행위를 하면 제15조의2제1항에 따른 보호소년등처우 · 징계위원회의 의결에 따라 다음 각 호의 어느 하나에 해당하는 징계를 할 수 있다.

   1. 훈계
   2. 원내 봉사활동

3. 서면 사과

4. 20일 이내의 텔레비전 시청 제한

5. 20일 이내의 단체 체육활동 정지

6. 20일 이내의 공동행사 참가 정지

7. 20일 이내의 기간 동안 지정된 실(室) 안에서 근신하게 하는 것

② 제1항제3호부터 제6호까지의 처분은 함께 부과할 수 있다.

③ 제1항제7호(20일이내근신)의 처분은 14세 미만의 보호소년 등에게는 부과하지 못한다.

④ 원장은 제1항제7호(근신)의 처분을 받은 보호소년등에게 개별적인 체육활동 시간을 보장하여야 한다. 이 경우 매주 1회 이상 실외운동을 할 수 있도록 하여야 한다.

⑤ 제1항제7호의 처분을 받은 보호소년등에게는 그 기간 중 같은 항 제4호부터 제6호까지의 처우 제한이 함께 부과된다. 다만, 원장은 보호소년등의 교화 또는 건전한 사회복귀를 위하여 특히 필요하다고 인정하면 텔레비전 시청, 단체 체육활동 또는 공동행사 참가를 허가할 수 있다.

⑥ 소년원장은 보호소년이 제1항 각 호의 어느 하나에 해당하는 징계를 받은 경우에는 법무부령으로 정하는 기준에 따라 교정성적 점수를 빼야 한다.

⑦ 징계는 당사자의 심신상황을 고려하여 교육적으로 하여야 한다.

⑧ 원장은 보호소년등에게 제1항에 따라 징계를 한 경우에는 지체 없이 그 사실을 보호자에게 통지하여야 한다.

⑨ 원장은 징계를 받은 보호소년등의 보호자와 상담을 할 수 있다.

제15조의2(보호소년등처우 · 징계위원회)

① 보호소년등의 처우에 관하여 원장의 자문에 응하게 하거나 징계대상자에 대한 징계를 심의 · 의결하기 위하여 소년원 및 소년분류심사원에 보호소년등처우 · 징계위원회를 둔다.

② 제1항에 따른 보호소년등처우 · 징계위원회(이하 "위원회"라 한다)는 위원장을 포함한 5명 이상 11명 이하의 위원으로 구성하고, 민간위원은 1명 이상으로 한다.

③ 위원회가 징계대상자에 대한 징계를 심의 · 의결하는 경우에는 1명 이상의 민간위원이 해당 심의 · 의결에 참여하여야 한다.

④ 위원회는 소년보호에 관한 학식과 경험이 풍부한 외부인사로부터 의견을 들을 수 있다.

⑤ 제1항부터 제4항까지에서 규정한 사항 외에 위원회의 구성과 운영 등에 필요한 사항은 대통령령으로 정한다.

⑥ 위원회의 위원 중 공무원이 아닌 사람은 「형법」 제127조 및 제129조부터 제132조까지의 규정을 적용할 때에는 공무원으로 본다.

제16조(포상)

① 원장은 교정성적이 우수하거나 품행이 타인의 모범이 되는 보호소년등에게 포상을 할 수 있다.

② 원장은 제1항에 따라 포상을 받은 보호소년등에게는 특별한 처우를 할 수 있다.

제17조(급여품 등)

① 보호소년등에게는 의류, 침구, 학용품, 그 밖에 처우에 필요한 물품을 주거나 대여한다.

② 보호소년등에게는 주식, 부식, 음료, 그 밖의 영양물을 제공하되, 그 양은 보호소년등이 건강을 유지하고 심신의 발육을 증진하는 데에 필요한 정도이어야 한다.

③ 제1항 및 제2항에 따른 급여품과 대여품의 종류와 수량의 기준은 법무부령으로 정한다.

제18조(면회 · 편지 · 전화통화)

① 원장은 비행집단과 교제하고 있다고 의심할 만한 상당한 이유가 있는 경우 등 보호소년등의 보호 및 교정교육에 지장이 있다고 인정되는 경우 외에는 보호소년등의 면회를 허가하여야 한다. 다만, 제15조제1항제7호(근신)의 징계를 받은 보호소년등에 대한 면회는 그 상대방이 변호인이나 보조인(이하 "변호인등"이라 한다) 또는 보호자인 경우에 한정하여 허가할 수 있다.

② 보호소년등이 면회를 할 때에는 소속 공무원이 참석하여 보호소년등의 보호 및 교정교육에 지장이 없도록 지도할 수 있다. 이 경우 소속 공무원은 보호소년등의 보호 및 교정교육에 지장이 있다고 인정되는 경우에는 면회를 중지할 수 있다.

③ 제2항 전단에도 불구하고 보호소년등이 변호인등과 면회를 할 때에는 소속 공무원이 참석하지 아니한다. 다만, 보이는 거리에서 보호소년등을 지켜볼 수 있다.

④ 원장은 공동으로 비행을 저지른 관계에 있는 사람의 편지인 경우 등 보호소년등의 보호 및 교정교육에 지장이 있다고 인정되는 경우에는 보호소년등의 편지 왕래를 제한할 수 있으며, 편지의 내용을 검사할 수 있다.

⑤ 제4항에도 불구하고 보호소년등이 변호인등과 주고받는 편지는 제한하거나 검사할 수 없다. 다만, 상대방이 변호인등임을 확인할 수 없는 때에는 예외로 한다.

⑥ 원장은 공범 등 교정교육에 해가 된다고 인정되는 사람과의 전화통화를 제한하는 등 보호소년등의 보호 및 교정교육에 지장을 주지 아니하는 범위에서 가족 등과 전화통화를 허가할 수 있다.

⑦ 제1항과 제2항에 따른 면회 허가의 제한과 면회 중지, 제4항에 따른 편지 왕래의 제한 및 제6항에 따른 전화통화의 제한 사유에 관한 구체적인 범위는 대통령령으로 정한다.

⑧ 제6항에 따른 전화통화를 위하여 소년원 및 소년분류심사원에 설치하는 전화기의 운영에

필요한 사항은 법무부장관이 정한다.

제19조(외출)

소년원장은 보호소년에게 다음 각 호의 어느 하나에 해당하는 사유가 있을 때에는 본인이나 보호자등의 신청에 따라 또는 직권으로 외출을 허가할 수 있다.

1. 직계존속이 위독하거나 사망하였을 때
2. 직계존속의 회갑 또는 형제자매의 혼례가 있을 때
3. 천재지변이나 그 밖의 사유로 가정에 인명 또는 재산상의 중대한 피해가 발생하였을 때
4. 병역, 학업, 질병 등의 사유로 외출이 필요할 때
5. 그 밖에 교정교육상 특히 필요하다고 인정할 때

제20조(환자의 치료)

① 원장은 보호소년등이 질병에 걸리면 지체 없이 적정한 치료를 받도록 하여야 한다.
② 원장은 소년원이나 소년분류심사원에서 제1항에 따른 치료를 하는 것이 곤란하다고 인정되면 외부 의료기관에서 치료를 받게 할 수 있다.
③ 원장은 보호소년등이나 그 보호자등이 자비(自費)로 치료받기를 원할 때에는 이를 허가할 수 있다.
④ 소년원 및 소년분류심사원에 근무하는 간호사는 「의료법」 제27조에도 불구하고 야간 또는 공휴일 등 의사가 진료할 수 없는 경우 대통령령으로 정하는 경미한 의료행위를 할 수 있다.

제20조의2(진료기록부 등의 관리)

① 소년원 및 소년분류심사원에 근무하는 의사와 간호사는 보호소년등에 대한 진료기록부, 간호기록부, 그 밖의 진료에 관한 기록(이하 "진료기록부등"이라 한다)을 소년원과 소년분류심사원의 정보를 통합적으로 관리하기 위하여 법무부장관이 운영하는 정보시스템에 입력하여야 한다.
② 법무부장관은 진료기록부등을 법무부령으로 정하는 바에 따라 보존하여야 한다.

제20조의3(출원생의 외래진료)

① 의료재활소년원장은 의료재활소년원 출원생(出院生)이 외래진료를 신청하는 경우 의료재활소년원에서 검사, 투약 등 적절한 진료 및 치료를 받도록 할 수 있다.
② 법무부장관은 의료재활소년원 출원생이 신청하는 경우 「치료감호 등에 관한 법률」 제16조의2제1항제2호에 따른 법무부장관이 지정하는 기관에서 외래진료를 받도록 할 수 있다. 이 경우 법무부장관은 예산의 범위에서 진료비용을 지원할 수 있다.
③ 제1항 및 제2항에 따른 외래진료의 기간과 방법 및 진료비용 지원 등에 필요한 사항은

법무부령으로 정한다.

제21조(감염병의 예방과 응급조치)

① 원장은 소년원이나 소년분류심사원에서 감염병이 발생하거나 발생할 우려가 있을 때에는 이에 대한 상당한 조치를 하여야 한다.

② 원장은 보호소년등이 감염병에 걸렸을 때에는 지체 없이 격리 수용하고 필요한 응급조치를 하여야 한다.

제22조(금품의 보관 및 반환)

① 원장은 보호소년등이 갖고 있던 금전, 의류, 그 밖의 물품을 보관하는 경우에는 이를 안전하게 관리하고 보호소년등에게 수령증을 내주어야 한다.

② 원장은 보호소년등의 퇴원, 임시퇴원, 사망, 이탈 등의 사유로 금품을 계속 보관할 필요가 없게 되었을 때에는 본인이나 보호자등에게 반환하여야 한다.

③ 제2항에 따라 반환되지 아니한 금품은 퇴원, 임시퇴원, 사망, 이탈 등의 사유가 발생한 날부터 1년 이내에 본인이나 보호자등이 반환 요청을 하지 아니하면 국고에 귀속하거나 폐기한다.

제23조(친권 또는 후견)

원장은 미성년자인 보호소년등이 친권자나 후견인이 없거나 있어도 그 권리를 행사할 수 없을 때에는 법원의 허가를 받아 그 보호소년등을 위하여 친권자나 후견인의 직무를 행사할 수 있다.

제3장 분류심사

제24조(분류심사)

① 분류심사는 제3조제2항에 해당하는 소년의 신체, 성격, 소질, 환경, 학력 및 경력 등에 대한 조사를 통하여 비행 또는 범죄의 원인을 규명하여 심사대상인 소년의 처우에 관하여 최선의 지침을 제시함을 목적으로 한다.

② 분류심사를 할 때에는 심리학·교육학·사회학·사회복지학·범죄학·의학 등의 전문적인 지식과 기술에 근거하여 보호소년등의 신체적·심리적·환경적 측면 등을 조사·판정하여야 한다.

제25조(분류심사관)

① 제3조제2항에 따른 임무를 수행하기 위하여 소년분류심사원에 분류심사관을 둔다.

② 분류심사관은 제24조제2항에 따른 학문적 소양과 전문지식을 갖추어야 한다.

제26조(청소년심리검사 등)

소년분류심사원장은 「청소년기본법」 제3조제1호에 따른 청소년이나 그 보호자가 적성검사 등 진로탐색을 위한 청소년심리검사 또는 상담을 의뢰하면 이를 할 수 있다. 이 경우에는 법무부장관이 정하는 바에 따라 실비를 받을 수 있다.

제27조(분류심사 결과 등의 통지)

① 소년분류심사원장은 제3조제2항제1호부터 제4호까지의 규정에 따른 분류심사 또는 조사 결과와 의견 등을 각각 법원소년부 또는 검사에게 통지하여야 한다.

② 소년분류심사원장은 제3조제2항제1호부터 제3호까지에 규정된 소년이 보호처분의 결정을 받으면 그 소년의 분류심사 결과 및 의견 또는 상담조사 결과 및 의견을 지체 없이 그 처분을 집행하는 소년원이나 보호관찰소에서 정보시스템으로 열람할 수 있도록 통지하여야 한다.

③ 소년분류심사원장은 제3조제2항제5호에 따른 분류심사 또는 제26조에 따른 청소년심리검사 등을 하였을 때에는 그 결과를 각각 분류심사 또는 심리검사 등을 의뢰한 자에게 통지하고 필요한 의견을 제시할 수 있다.

제4장 교정교육 등

제28조(교정교육의 원칙)

소년원의 교정교육은 규율있는 생활 속에서 초·중등교육, 직업능력개발훈련, 인성교육, 심신의 보호·지도 등을 통하여 보호소년이 전인적인 성장·발달을 이루고 사회생활에 원만하게 적응할 수 있도록 하여야 한다.

제29조(학교의 설치·운영)

법무부장관은 대통령령으로 정하는 바에 따라 소년원에 「초·중등교육법」 제2조제1호부터 제4호까지의 학교(이하 "소년원학교"라 한다)를 설치·운영할 수 있다.

제29조의2(「초·중등교육법」에 관한 특례)

① 소년원학교에 대하여는 「초·중등교육법」 제4조, 제10조, 제11조, 제18조, 제18조의2, 제30조의2, 제30조의3, 제31조, 제31조의2, 제32조부터 제34조까지, 제34조의2 및 제63조부터 제65조까지의 규정을 적용하지 아니한다.

② 소년원학교에 대하여 「초·중등교육법」 제6조부터 제9조까지의 규정을 적용할 때에는 "교육부장관"을 "법무부장관"으로 본다.

③ 교육부장관은 「교육기본법」 및 「초·중등교육법」에 관한 사항(제1항에 따라 적용이 배제되는 사항은 제외한다)에 대하여 법무부장관에게 필요한 권고를 할 수 있으며, 법무부장관

은 정당한 사유를 제시하지 아니하는 한 이에 따라야 한다.

제29조의3(「학교폭력예방 및 대책에 관한 법률」에 관한 특례)

소년원학교에 대해서는 「학교폭력예방 및 대책에 관한 법률」 제12조부터 제16조까지, 제16조의2, 제17조, 제17조의2 및 제18조부터 제20조까지의 규정을 적용하지 아니한다.

제30조(교원 등)

① 소년원학교에는 「초·중등교육법」 제21조제2항에 따른 자격을 갖춘 교원을 두되, 교원은 일반직공무원으로 임용할 수 있다.

② 제1항에 따라 일반직공무원으로 임용된 교원의 경력·연수 및 직무 수행 등에 관하여 필요한 사항은 대통령령으로 정한다. 이 경우 「교육기본법」 및 「교육공무원법」에 따라 임용된 교원과 동등한 처우를 받도록 하여야 한다.

③ 제1항과 제2항에도 불구하고 소년원학교의 교장(이하 "소년원학교장"이라 한다)은 소년원학교가 설치된 소년원의 장이, 교감은 그 소년원의 교육과정을 총괄하는 부서의 장으로서 대통령령으로 정하는 자가 겸직할 수 있다.

④ 소년원학교장은 소년원학교의 교육과정을 원활하게 운영하기 위하여 필요하면 관할 교육청의 장에게 소년원학교 교사와 다른 중·고등학교 교사간 교환수업 등 상호 교류협력을 요청할 수 있다.

제31조(학적관리)

① 보호소년이 소년원학교에 입교하면 「초·중등교육법」에 따라 입학·전학 또는 편입학한 것으로 본다.

② 「초·중등교육법」 제2조의 학교에서 재학하던 중 소년분류심사원에 위탁되거나 유치된 소년 및 「소년법」 제32조제1항제8호의 처분을 받은 소년의 수용기간은 그 학교의 수업일수로 계산한다.

③ 소년원학교장은 보호소년이 입교하면 그 사실을 보호소년이 최종적으로 재학했던 학교[이하 "전적학교(前籍學校)"라 한다]의 장에게 통지하고 그 보호소년의 학적에 관한 자료를 보내줄 것을 요청할 수 있다.

④ 제3항에 따른 요청을 받은 전적학교의 장은 교육의 계속성을 유지하는 데에 필요한 학적사항을 지체 없이 소년원학교장에게 보내야 한다.

제32조(다른 학교로의 전학·편입학)

보호소년이 소년원학교에서 교육과정을 밟는 중에 소년원에서 퇴원하거나 임시퇴원하여 전적학교 등 다른 학교에 전학이나 편입학을 신청하는 경우 전적학교 등 다른 학교의 장은 정당한 사유를 제시하지 아니하는 한 이를 허가하여야 한다.

제33조(통학)

소년원장은 교정성적이 양호한 보호소년의 원활한 학업 연계를 위하여 필요하다고 판단되면 보호소년을 전적학교 등 다른 학교로 통학하게 할 수 있다.

제34조(전적학교의 졸업장 수여)

① 소년원학교에서 교육과정을 마친 보호소년이 전적학교의 졸업장 취득을 희망하는 경우 소년원학교장은 전적학교의 장에게 학적사항을 통지하고 졸업장의 발급을 요청할 수 있다.
② 제1항에 따른 요청을 받은 전적학교의 장은 정당한 사유를 제시하지 아니하는 한 졸업장을 발급하여야 한다. 이 경우 그 보호소년에 관한 소년원학교의 학적사항은 전적학교의 학적사항으로 본다.

제35조(직업능력개발훈련)

① 소년원의 직업능력개발훈련은 「국민 평생 직업능력 개발법」으로 정하는 바에 따른다.
② 소년원장은 법무부장관의 허가를 받아 산업체의 기술지원이나 지원금으로 직업능력개발훈련을 실시하거나 소년원 외의 시설에서 직업능력개발훈련을 실시할 수 있다.
③ 고용노동부장관은 보호소년의 직업능력개발훈련에 관하여 법무부장관에게 필요한 권고를 할 수 있다.

제36조(직업능력개발훈련교사)

직업능력개발훈련을 실시하는 소년원에는 「국민 평생 직업능력 개발법」으로 정한 자격을 갖춘 직업능력개발훈련교사를 둔다.

제37조(통근취업)

① 소년원장은 보호소년이 직업능력개발훈련과정을 마쳤을 때에는 산업체에 통근취업하게 할 수 있다.
② 소년원장은 보호소년이 제1항에 따라 취업을 하였을 때에는 해당 산업체로 하여금 「근로기준법」을 지키게 하고, 보호소년에게 지급되는 보수는 전부 본인에게 지급하여야 한다.

제38조(안전관리)

① 소년원장은 직업능력개발훈련을 실시할 때 보호소년에게 해롭거나 위험한 일을 하게 하여서는 아니 된다.
② 소년원장은 직업능력개발훈련을 실시할 때 기계, 기구, 재료, 그 밖의 시설 등에 의하여 보호

소년에게 위해가 발생할 우려가 있으면 이를 방지하는 데에 필요한 조치를 하여야 한다.

제39조(생활지도)

원장은 보호소년등의 자율성을 높이고 각자가 당면한 문제를 스스로 해결하여 사회생활에 적응할 수 있는 능력을 기르도록 생활지도를 하여야 한다.

제40조(특별활동)

소년원장은 보호소년의 취미와 특기를 신장하고 집단생활의 경험을 통하여 민주적이고 협동적인 생활태도를 기르도록 특별활동지도를 하여야 한다.

제41조(교육계획 등)

① 소년원장은 보호소년의 연령, 학력, 적성, 진로, 교정의 난이도 등을 고려하여 처우과정을 정하고 교정목표를 조기에 달성할 수 있도록 교육계획을 수립·시행하여야 한다.
② 소년원장은 제1항의 교육계획에 따른 교육과정을 운영하고 법무부장관이 정하는 바에 따라 그 결과를 평가하여 출원(出院), 포상 등 보호소년의 처우에 반영할 수 있다.

제42조(장학지도)

법무부장관은 교정교육 성과를 평가하고 개선하기 위하여 소속 공무원으로 하여금 장학지도를 하게 할 수 있다.

제42조의2(대안교육 및 비행예방 등)

① 소년원 및 소년분류심사원은 청소년 등에게 비행예방 및 재범방지 또는 사회적응을 위한 체험과 인성 위주의 교육을 실시하기 위하여 다음 각 호의 교육과정(이하 "대안교육과정"이라 한다)을 운영한다.
　1.「소년법」제32조의2제1항에 따라 법원소년부 판사가 명한 대안교육
　2.「소년법」제49조의3제2호에 따라 검사가 의뢰한 상담·교육·활동 등
　3.「초·중등교육법」제18조에 따른 징계대상인 학생으로서 각급학교의 장이 의뢰한 소년의 교육
　4.「학교폭력예방 및 대책에 관한 법률」제15조제3항에 따른 학교폭력 예방교육과 같은 법 제17조에 따른 가해학생 및 보호자 특별교육
② 원장은 행정기관, 지방자치단체, 학교, 그 밖의 단체 등과 협력하여 지역사회의 청소년 비행을 예방하기 위하여 적극 노력하여야 한다.
③ 대안교육과정의 운영에 필요한 사항은 법무부령으로 정한다.

제42조의3(보호자교육)

① 소년원과 소년분류심사원은 「소년법」 제32조의2제3항에 따라 교육명령을 받은 보호자 또는 보호소년등의 보호자를 대상으로 역할개선 중심의 보호자교육과정을 운영한다.

② 제1항에 따른 보호자교육의 절차 및 방법 등에 관하여 필요한 사항은 대통령령으로 정한다.

제5장 출원

제43조(퇴원)

① 소년원장은 보호소년이 22세가 되면 퇴원시켜야 한다.

② 소년원장은 「소년법」 제32조제1항제8호 또는 같은 법 제33조제1항·제5항·제6항에 따라 수용상한기간에 도달한 보호소년은 즉시 퇴원시켜야 한다.

③ 소년원장은 교정성적이 양호하며 교정의 목적을 이루었다고 인정되는 보호소년(「소년법」 제32조제1항제8호에 따라 송치된 보호소년은 제외한다)에 대하여는 「보호관찰 등에 관한 법률」에 따른 보호관찰심사위원회에 퇴원을 신청하여야 한다.

④ 위탁소년 또는 유치소년의 소년분류심사원 퇴원은 법원소년부의 결정서에 의하여야 한다.

제44조(임시퇴원)

소년원장은 교정성적이 양호한 자 중 보호관찰의 필요성이 있다고 인정되는 보호소년(「소년법」 제32조제1항제8호에 따라 송치된 보호소년은 제외한다)에 대하여는 「보호관찰 등에 관한 법률」 제22조제1항에 따라 보호관찰심사위원회에 임시퇴원을 신청하여야 한다.

제44조의2(보호소년의 출원)

소년원장은 제43조제3항 및 제44조의 신청에 대하여 「보호관찰 등에 관한 법률」 제25조에 따른 법무부장관의 퇴원·임시퇴원 허가를 통보받으면 해당 허가서에 기재되어 있는 출원예정일에 해당 보호소년을 출원시켜야 한다. 다만, 제46조에 따라 계속 수용하는 경우(제45조제3항의 경우를 포함한다)에는 그러하지 아니하다.

제45조(보호소년의 인도)

① 소년원장은 보호소년의 퇴원 또는 임시퇴원이 허가되면 지체 없이 보호자등에게 보호소년의 인도에 관하여 알려야 한다.

② 소년원장은 퇴원 또는 임시퇴원이 허가된 보호소년을 보호자등에게 직접 인도하여야 한다. 다만, 보호소년의 보호자등이 없거나 제44조의2 본문에 따른 출원예정일부터 10일 이내에 보호자등이 인수하지 아니하면 사회복지단체, 독지가, 그 밖의 적당한 자에게 인도할 수 있다.

③ 제2항 단서에 따라 사회복지단체 등에 인도되기 전까지의 보호소년에 대해서는 제46조제 1항에 따른 계속 수용에 준하여 처우한다.

제45조의2(사회정착지원)

① 원장은 출원하는 보호소년등의 성공적인 사회정착을 위하여 장학·원호·취업알선 등 필요한 지원을 할 수 있다.

② 제1항에 따른 사회정착지원(이하 이 조에서 "사회정착지원"이라 한다)의 기간은 6개월 이내로 하되, 6개월 이내의 범위에서 한 번에 한하여 그 기간을 연장할 수 있다.

③ 원장은 제51조에 따른 소년보호협회 및 제51조의2에 따른 소년보호위원에게 사회정착지원에 관한 협조를 요청할 수 있다.

④ 사회정착지원의 절차와 방법 등에 관하여 필요한 사항은 법무부령으로 정한다.

제46조(퇴원자 또는 임시퇴원자의 계속 수용)

① 퇴원 또는 임시퇴원이 허가된 보호소년이 질병에 걸리거나 본인의 편익을 위하여 필요하면 본인의 신청에 의하여 계속 수용할 수 있다.

② 소년원장은 제1항에 따른 계속 수용의 사유가 소멸되면 지체 없이 보호소년을 보호자등에게 인도하여야 한다.

③ 소년원장은 제1항에 따라 임시퇴원이 허가된 보호소년을 계속 수용할 때에는 그 사실을 보호관찰소장에게 통지하여야 한다.

제47조(물품 또는 귀가여비의 지급)

소년원장은 보호소년이 퇴원허가 또는 임시퇴원허가를 받거나 「소년법」 제37조제1항에 따라 처분변경 결정을 받았을 때에는 필요한 경우 물품 또는 귀가여비를 지급할 수 있다.

제48조(임시퇴원 취소자의 재수용)

① 소년원장은 「보호관찰 등에 관한 법률」 제48조에 따라 임시퇴원이 취소된 자는 지체 없이 재수용하여야 한다.

② 제1항에 따라 재수용된 자의 수용기간은 수용상한기간 중 남은 기간으로 한다.

③ 제1항에 따라 재수용된 자는 새로 수용된 보호소년에 준하여 처우를 한다.

제6장 보칙

제49조(방문 허가 등)

① 보호소년등에 대한 지도, 학술연구, 그 밖의 사유로 소년원이나 소년분류심사원을 방문하려는 자는 그 대상 및 사유를 구체적으로 밝혀 원장의 허가를 받아야 한다.

② 소년원이나 소년분류심사원을 방문하지 아니하고 설문조사를 하려는 자는 미리 그 내용을 원장과 협의하여야 한다.

제50조(협조 요청)

① 원장은 제3조에 따른 교정교육, 분류심사 또는 조사에 특히 필요하다고 인정하면 행정기관, 학교, 병원, 그 밖의 단체에 대하여 필요한 협조를 요청할 수 있다.
② 제1항의 요청을 거절할 때에는 정당한 이유를 제시하여야 한다.

제50조의2(청소년심리상담실)

① 소년분류심사원장은 제26조에 따른 업무를 처리하기 위하여 청소년심리상담실을 설치·운영할 수 있다.
② 제1항에 따른 청소년심리상담실의 설치와 운영에 필요한 사항은 법무부령으로 정한다.

제51조(소년보호협회)

① 보호소년등을 선도하기 위하여 법무부장관 감독하에 소년 선도에 관하여 학식과 경험이 풍부한 인사로 구성되는 소년보호협회를 둘 수 있다.
② 소년보호협회의 설치, 조직, 그 밖의 운영에 필요한 사항은 대통령령으로 정한다.
③ 국가는 소년보호협회에 보조금을 지급할 수 있다.
④ 국가는 보호소년등의 교정교육과 사회복귀 지원 및 청소년 비행예방을 위하여 필요하다고 인정하는 경우에는 「국유재산법」에도 불구하고 소년보호협회에 소년원, 소년분류심사원 및 「보호관찰 등에 관한 법률」 제14조에 따른 보호관찰소의 시설, 그 밖에 대통령령으로 정하는 국유재산을 무상으로 대부하거나 사용허가할 수 있다.
⑤ 제4항에 따라 국유재산을 무상으로 대부하거나 사용허가하는 경우 그 기간은 「국유재산법」 제35조제1항 또는 같은 법 제46조제1항에서 정하는 바에 따른다.
⑥ 제5항의 대부기간 또는 사용허가기간이 끝난 국유재산에 대해서는 그 대부기간 또는 사용허가기간을 초과하지 아니하는 범위에서 종전의 대부계약 또는 사용허가를 갱신할 수 있다.
⑦ 국가나 지방자치단체는 소년보호협회에 대하여 「조세특례제한법」 및 「지방세특례제한법」에서 정하는 바에 따라 국세 또는 지방세를 감면할 수 있다.

제51조의2(소년보호위원)

① 보호소년등의 교육 및 사후지도를 지원하기 위하여 소년보호위원을 둘 수 있다.
② 소년보호위원은 명예직으로 하며, 법무부장관이 위촉한다.
③ 소년보호위원에게는 예산의 범위에서 직무수행에 필요한 비용의 전부 또는 일부를 지급할 수 있다.

④ 소년보호위원의 위촉·해촉 및 자치조직 등에 관하여 필요한 사항은 법무부령으로 정한다.

제52조(소년분류심사원이 설치되지 아니한 지역에서의 소년분류심사원의 임무수행)

소년분류심사원이 설치되지 아니한 지역에서는 소년분류심사원이 설치될 때까지 소년분류심사원의 임무는 소년원이 수행하고, 위탁소년 및 유치소년은 소년원의 구획된 장소에 수용한다.

제53조(기부금품의 접수)

① 원장은 기관·단체 또는 개인이 보호소년등에 대한 적절한 처우, 학업 지원 및 보호소년등의 사회 정착 등을 위하여 소년원이나 소년분류심사원에 자발적으로 기탁하는 금품을 접수할 수 있다.
② 기부자에 대한 영수증 발급, 기부금품의 용도 지정, 장부의 열람, 그 밖에 필요한 사항은 대통령령으로 정한다.

제54조(범죄경력자료 등의 조회 요청)

① 법무부장관은 제43조제1항 및 제2항에 따라 소년원에서 퇴원한 보호소년의 재범 여부를 조사하고 소년원 교정교육의 효과를 평가하기 위하여 보호소년이 같은 조 제1항 및 제2항에 따라 퇴원한 때부터 3년 동안 관계 기관에 그 소년에 관한 범죄경력자료와 수사경력자료에 대한 조회를 요청할 수 있다.
② 제1항의 요청을 받은 관계 기관의 장은 정당한 사유 없이 이를 거부해서는 아니 된다.

CHAPTER 5 청소년 관련 법률 등

1 「청소년 기본법」

제1조(목적)

이 법은 청소년의 권리 및 책임과 가정·사회·국가·지방자치단체의 청소년에 대한 책임을 정하고 청소년정책에 관한 기본적인 사항을 규정함을 목적으로 한다.

제3조(정의)

이 법에서 사용하는 용어의 뜻은 다음과 같다.

1. 청소년이란 "9세 이상 24세 이하"인 사람을 말한다. 다만, 다른 법률에서 청소년에 대한 적용을 다르게 할 필요가 있는 경우에는 따로 정할 수 있다.
2. "청소년육성"이란 청소년활동을 지원하고 청소년의 복지를 증진하며 근로 청소년을 보호하는 한편, 사회 여건과 환경을 청소년에게 유익하도록 개선하고 청소년을 보호하여 청소년에 대한 교육을 보완함으로써 청소년의 균형 있는 성장을 돕는 것을 말한다.
3. "청소년활동"이란 청소년의 균형 있는 성장을 위하여 필요한 활동과 이러한 활동을 소재로 하는 수련활동·교류활동·문화활동 등 다양한 형태의 활동을 말한다.
4. "청소년복지"란 청소년이 정상적인 삶을 누릴 수 있는 기본적인 여건을 조성하고 조화롭게 성장·발달할 수 있도록 제공되는 사회적·경제적 지원을 말한다.
5. "청소년보호"란 청소년의 건전한 성장에 유해한 물질·물건·장소·행위 등 각종 청소년 유해 환경을 규제하거나 청소년의 접촉 또는 접근을 제한하는 것을 말한다.
6. "청소년시설"이란 청소년활동·청소년복지 및 청소년보호에 제공되는 시설을 말한다.
7. "청소년지도자"란 다음 각 목의 사람을 말한다.
   가. 제21조에 따른 청소년지도사
   나. 제22조에 따른 청소년상담사
   다. 청소년시설, 청소년단체 및 청소년 관련 기관에서 청소년육성에 필요한 업무에 종사하는 사람

8. "청소년단체"란 청소년육성을 주된 목적으로 설립된 법인이나 대통령령으로 정하는 단체를 말한다.

제9조(청소년정책의 총괄 · 조정)

청소년정책은 여성가족부장관이 관계 행정기관의 장과 협의하여 총괄 · 조정한다.

제13조(청소년육성에 관한 기본계획의 수립)

① 여성가족부장관은 관계 중앙행정기관의 장과 협의한 후 제10조에 따른 청소년정책위원회의 심의를 거쳐 청소년육성에 관한 기본계획(이하 "기본계획"이라 한다)을 5년마다 수립하여야 한다.
② 기본계획에는 다음 각 호의 사항이 포함되어야 한다.
  1. 이전의 기본계획에 관한 분석 · 평가
  2. 청소년육성에 관한 기본방향
  3. 청소년육성에 관한 추진목표
  4. 청소년육성에 관한 기능의 조정
  5. 청소년육성의 분야별 주요 시책
  6. 청소년육성에 필요한 재원의 조달방법
  7. 그 밖에 청소년육성을 위하여 특히 필요하다고 인정되는 사항
③ 여성가족부장관은 기본계획을 수립한 때에는 지체 없이 이를 국회 소관 상임위원회에 보고하여야 한다.

2 「청소년 보호법」

제1조(목적)

이 법은 청소년에게 유해한 매체물과 약물 등이 청소년에게 유통되는 것과 청소년이 유해한 업소에 출입하는 것 등을 규제하고 청소년을 유해한 환경으로부터 보호 · 구제함으로써 청소년이 건전한 인격체로 성장할 수 있도록 함을 목적으로 한다.

제2조(정의)

1. "청소년"이란 만 19세 미만인 사람을 말한다. 다만, 만 19세가 되는 해의 1월 1일을 맞이한 사람은 제외한다.

제7조(청소년유해매체물의 심의 · 결정)

① 청소년보호위원회는 매체물이 청소년에게 유해한지를 심의하여 청소년에게 유해하다고 인정되는 매체물을 청소년유해매체물로 결정하여야 한다. 다만, 다른 법령에 따라 해당 매체물의 윤리성 · 건전성을 심의할 수 있는 기관(이하 "각 심의기관"이라 한다)이 있는 경우에는 예외로 한다.

제29조(청소년 고용 금지 및 출입 제한 등)

① 청소년유해업소의 업주는 청소년을 고용하여서는 아니 된다. 청소년유해업소의 업주가 종업원을 고용하려면 미리 나이를 확인하여야 한다.

② 청소년 출입 · 고용금지업소의 업주와 종사자는 출입자의 나이를 확인하여 청소년이 그 업소에 출입하지 못하게 하여야 한다.

③ 제2조제5호나목2)(청소년고용금지업소)의 숙박업을 운영하는 업주는 종사자를 배치하거나 대통령령으로 정하는 설비 등을 갖추어 출입자의 나이를 확인하고 제30조제8호의 우려가 있는 경우에는 청소년의 출입을 제한하여야 한다.

④ 청소년유해업소의 업주와 종사자는 제1항부터 제3항까지에 따른 나이 확인을 위하여 필요한 경우 주민등록증이나 그 밖에 나이를 확인할 수 있는 증표(이하 이 항에서 "증표"라 한다)의 제시를 요구할 수 있으며, 증표 제시를 요구받고도 정당한 사유 없이 증표를 제시하지 아니하는 사람에게는 그 업소의 출입을 제한할 수 있다.

⑤ 제2항에도 불구하고 청소년이 친권자등을 동반할 때에는 대통령령으로 정하는 바에 따라 출입하게 할 수 있다. 다만, 「식품위생법」에 따른 식품접객업 중 대통령령으로 정하는 업소의 경우에는 출입할 수 없다.

⑥ 청소년유해업소의 업주와 종사자는 그 업소에 대통령령으로 정하는 바에 따라 청소년의 출입과 고용을 제한하는 내용을 표시하여야 한다.

제31조(청소년 통행금지 · 제한구역의 지정 등)

① 특별자치시장 · 특별자치도지사 · 시장 · 군수 · 구청장(구청장은 자치구의 구청장을 말하며, 이하 "시장 · 군수 · 구청장"이라 한다)은 청소년 보호를 위하여 필요하다고 인정할 경우 청소년의 정신적 · 신체적 건강을 해칠 우려가 있는 구역을 청소년 통행금지구역 또는 청소년 통행제한구역으로 지정하여야 한다.

② 시장 · 군수 · 구청장은 청소년 범죄 또는 탈선의 예방 등 특별한 이유가 있으면 대통령령으로 정하는 바에 따라 시간을 정하여 제1항에 따라 지정된 구역에 청소년이 통행하는 것을 금지하거나 제한할 수 있다.

③ 제1항과 제2항에 따른 청소년 통행금지구역 또는 통행제한구역의 구체적인 지정기준과 선

도 및 단속 방법 등은 조례로 정하여야 한다. 이 경우 관할 경찰관서 및 학교 등 해당 지역의 관계 기관과 지역 주민의 의견을 반영하여야 한다.

④ 시장·군수·구청장 및 관할 경찰서장은 청소년이 제2항을 위반하여 청소년 통행금지구역 또는 통행제한구역을 통행하려고 할 때에는 통행을 막을 수 있으며, 통행하고 있는 청소년은 해당 구역 밖으로 나가게 할 수 있다.

제36조(청소년보호위원회의 설치)

다음 각 호의 사항에 관하여 심의·결정하기 위하여 여성가족부장관 소속으로 청소년보호위원회(이하 이 장에서 "위원회"라 한다)를 둔다.

1. 청소년유해매체물, 청소년유해약물등, 청소년유해업소 등의 심의·결정 등에 관한 사항
2. 제54조제1항에 따른 과징금 부과에 관한 사항
3. 여성가족부장관이 청소년보호를 위하여 필요하다고 인정하여 심의를 요청한 사항
4. 그 밖에 다른 법률에서 위원회가 심의·결정하도록 정한 사항

제37조(위원회의 구성)

① 위원회는 위원장 1명을 포함한 11명 이내의 위원으로 구성하되, 고위공무원단에 속하는 공무원 중 여성가족부장관이 지명하는 청소년 업무 담당 공무원 1명을 당연직 위원으로 한다.

② 위원회의 위원장은 청소년 관련 경험과 식견이 풍부한 사람 중에서 여성가족부장관의 제청으로 대통령이 임명하고, 그 밖의 위원은 다음 각 호의 어느 하나에 해당하는 사람 중에서 위원장의 추천을 받아 여성가족부장관의 제청으로 대통령이 임명하거나 위촉한다.

1. 판사, 검사 또는 변호사로 5년 이상 재직한 사람
2. 대학이나 공인된 연구기관에서 부교수 이상 또는 이에 상당하는 직에 있거나 있었던 사람으로서 청소년 관련 분야를 전공한 사람
3. 3급 또는 3급 상당 이상의 공무원이나 고위공무원단에 속하는 공무원과 공공기관에서 이에 상당하는 직에 있거나 있었던 사람으로서 청소년 관련 업무에 실무 경험이 있는 사람
4. 청소년 시설·단체 및 각급 교육기관 등에서 청소년 관련 업무를 10년 이상 담당한 사람

3 「아동·청소년의 성보호에 관한 법률」

제1장 총칙

제1조(목적)

이 법은 아동·청소년대상 성범죄의 처벌과 절차에 관한 특례를 규정하고 피해아동·청소년을 위한 구제 및 지원 절차를 마련하며 아동·청소년대상 성범죄자를 체계적으로 관리함으로써 아동·청소년을 성범죄로부터 보호하고 아동·청소년이 건강한 사회구성원으로 성장할 수 있도록 함을 목적으로 한다.

제2조(정의)

이 법에서 사용하는 용어의 뜻은 다음과 같다.

1. "아동·청소년"이란 19세 미만의 자를 말한다. 다만, 19세에 도달하는 연도의 1월 1일을 맞이한 자는 제외한다.

제20조(공소시효에 관한 특례)

① 아동·청소년대상 성범죄의 공소시효는 「형사소송법」 제252조제1항에도 불구하고 해당 성범죄로 피해를 당한 아동·청소년이 성년에 달한 날부터 진행한다.

② 제7조의 죄는 디엔에이(DNA)증거 등 그 죄를 증명할 수 있는 과학적인 증거가 있는 때에는 공소시효가 10년 연장된다.

③ 13세 미만의 사람 및 신체적인 또는 정신적인 장애가 있는 아동·청소년에 대하여 다음 각 호의 죄를 범한 경우에는 제1항과 제2항에도 불구하고 「형사소송법」 제249조부터 제253조까지 및 「군사법원법」 제291조부터 제295조까지에 규정된 공소시효를 적용하지 아니한다.

   1. 「형법」 제297조(강간), 제298조(강제추행), 제299조(준강간, 준강제추행), 제301조(강간등 상해·치상), 제301조의2(강간등 살인·치사) 또는 제305조(미성년자에 대한 간음, 추행)의 죄

   2. 제9조 및 제10조의 죄

   3. 「성폭력범죄의 처벌 등에 관한 특례법」 제6조제2항, 제7조제2항·제5항, 제8조, 제9조의 죄

④ 다음 각 호의 죄를 범한 경우에는 제1항과 제2항에도 불구하고 「형사소송법」 제249조부터 제253조까지 및 「군사법원법」 제291조부터 제295조까지에 규정된 공소시효를 적용하지 아니한다.

   1. 「형법」 제301조의2(강간등 살인·치사)의 죄(강간등 살인에 한정한다)

2. 제10조제1항 및 제11조제1항의 죄

3. 「성폭력범죄의 처벌 등에 관한 특례법」 제9조제1항의 죄

제21조(형벌과 수강명령 등의 병과)

① 법원은 아동·청소년대상 성범죄를 범한 「소년법」 제2조의 소년에 대하여 형의 선고를 유예하는 경우에는 반드시 보호관찰을 명하여야 한다.

② 법원은 아동·청소년대상 성범죄를 범한 자에 대하여 유죄판결을 선고하거나 약식명령을 고지하는 경우에는 500시간의 범위에서 재범예방에 필요한 수강명령 또는 성폭력 치료프로그램의 이수명령(이하 "이수명령"이라 한다)을 병과(倂科)하여야 한다. 다만, 수강명령 또는 이수명령을 부과할 수 없는 특별한 사정이 있는 경우에는 그러하지 아니하다.

③ 아동·청소년대상 성범죄를 범한 자에 대하여 제2항의 수강명령은 형의 집행을 유예할 경우에 그 집행유예기간 내에서 병과하고, 이수명령은 벌금 이상의 형을 선고하거나 약식명령을 고지할 경우에 병과한다. 다만, 이수명령은 아동·청소년대상 성범죄자가 「전자장치부착 등에 관한 법률」 제9조의2제1항제4호에 따른 성폭력 치료 프로그램의 이수명령을 부과받은 경우에는 병과하지 아니한다.

④ 법원이 아동·청소년대상 성범죄를 범한 사람에 대하여 형의 집행을 유예하는 경우에는 제2항에 따른 수강명령 외에 그 집행유예기간 내에서 보호관찰 또는 사회봉사 중 하나 이상의 처분을 병과할 수 있다.

⑤ 제2항에 따른 수강명령 또는 이수명령은 형의 집행을 유예할 경우에는 그 집행유예기간 내에, 벌금형을 선고할 경우에는 형 확정일부터 6개월 이내에, 징역형 이상의 실형(實刑)을 선고할 경우에는 형기 내에 각각 집행한다. 다만, 수강명령 또는 이수명령은 아동·청소년대상 성범죄를 범한 사람이 「성폭력범죄의 처벌 등에 관한 특례법」 제16조에 따른 수강명령 또는 이수명령을 부과받은 경우에는 병과하지 아니한다.

⑥ 제2항에 따른 수강명령 또는 이수명령이 형의 집행유예 또는 벌금형과 병과된 경우에는 보호관찰소의 장이 집행하고, 징역형 이상의 실형과 병과된 경우에는 교정시설의 장이 집행한다. 다만, 징역형 이상의 실형과 병과된 수강명령 또는 이수명령을 모두 이행하기 전에 석방 또는 가석방되거나 미결구금일수 산입 등의 사유로 형을 집행할 수 없게 된 경우에는 보호관찰소의 장이 남은 수강명령 또는 이수명령을 집행한다.

제26조(영상물의 촬영·보존 등)

① 아동·청소년대상 성범죄 피해자의 진술내용과 조사과정은 비디오녹화기 등 영상물 녹화장치로 촬영·보존하여야 한다.

② 제1항에 따른 영상물 녹화는 피해자 또는 법정대리인이 이를 원하지 아니하는 의사를 표시

한 때에는 촬영을 하여서는 아니 된다. 다만, 가해자가 친권자 중 일방인 경우는 그러하지 아니하다.

③ 제1항에 따른 영상물 녹화는 조사의 개시부터 종료까지의 전 과정 및 객관적 정황을 녹화하여야 하고, 녹화가 완료된 때에는 지체 없이 그 원본을 피해자 또는 변호사 앞에서 봉인하고 피해자로 하여금 기명날인 또는 서명하게 하여야 한다.

④ 검사 또는 사법경찰관은 피해자가 제1항의 녹화장소에 도착한 시각, 녹화를 시작하고 마친 시각, 그 밖에 녹화과정의 진행경과를 확인하기 위하여 필요한 사항을 조서 또는 별도의 서면에 기록한 후 수사기록에 편철하여야 한다.

⑤ 검사 또는 사법경찰관은 피해자 또는 법정대리인이 신청하는 경우에는 영상물 촬영과정에서 작성한 조서의 사본을 신청인에게 교부하거나 영상물을 재생하여 시청하게 하여야 한다.

⑥ 제1항부터 제4항까지의 절차에 따라 촬영한 영상물에 수록된 피해자의 진술은 공판준비기일 또는 공판기일에 피해자 또는 조사과정에 동석하였던 신뢰관계에 있는 자의 진술에 의하여 그 성립의 진정함이 인정된 때에는 증거로 할 수 있다.

⑦ 누구든지 제1항에 따라 촬영한 영상물을 수사 및 재판의 용도 외에 다른 목적으로 사용하여서는 아니 된다.

제27조(증거보전의 특례)

① 아동·청소년대상 성범죄의 피해자, 그 법정대리인 또는 경찰은 피해자가 공판기일에 출석하여 증언하는 것에 현저히 곤란한 사정이 있을 때에는 그 사유를 소명하여 제26조에 따라 촬영된 영상물 또는 그 밖의 다른 증거물에 대하여 해당 성범죄를 수사하는 검사에게 「형사소송법」 제184조제1항에 따른 증거보전의 청구를 할 것을 요청할 수 있다.

② 제1항의 요청을 받은 검사는 그 요청이 상당한 이유가 있다고 인정하는 때에는 증거보전의 청구를 하여야 한다.

제28조(신뢰관계에 있는 사람의 동석)

① 법원은 아동·청소년대상 성범죄의 피해자를 증인으로 신문하는 경우에 검사, 피해자 또는 법정대리인이 신청하는 경우에는 재판에 지장을 줄 우려가 있는 등 부득이한 경우가 아니면 피해자와 신뢰관계에 있는 사람을 동석하게 하여야 한다.

② 제1항은 수사기관이 제1항의 피해자를 조사하는 경우에 관하여 준용한다.

③ 제1항 및 제2항의 경우 법원과 수사기관은 피해자와 신뢰관계에 있는 사람이 피해자에게 불리하거나 피해자가 원하지 아니하는 경우에는 동석하게 하여서는 아니 된다.

제38조(성매매 피해아동·청소년에 대한 조치 등)

① 「성매매알선 등 행위의 처벌에 관한 법률」 제21조제1항에도 불구하고 제13조제1항의 죄

의 상대방이 된 아동·청소년에 대하여는 보호를 위하여 처벌하지 아니한다.

② 검사 또는 사법경찰관은 성매매 피해아동·청소년을 발견한 경우 신속하게 사건을 수사한 후 지체 없이 여성가족부장관 및 제47조의2에 따른 성매매 피해아동·청소년 지원센터를 관할하는 특별시장·광역시장·특별자치시장·도지사·특별자치도지사(이하 "시·도지사"라 한다)에게 통지하여야 한다.

③ 여성가족부장관은 제2항에 따른 통지를 받은 경우 해당 성매매 피해아동·청소년에 대하여 다음 각 호의 어느 하나에 해당하는 조치를 하여야 한다.

1. 제45조에 따른 보호시설 또는 제46조에 따른 상담시설과의 연계
2. 제47조의2에 따른 성매매 피해아동·청소년 지원센터에서 제공하는 교육·상담 및 지원 프로그램 등의 참여

제41조(피해아동·청소년 등을 위한 조치의 청구)

검사는 성범죄의 피해를 받은 아동·청소년을 위하여 지속적으로 위해의 배제와 보호가 필요하다고 인정하는 경우 법원에 제1호의 보호관찰과 함께 제2호부터 제5호까지의 조치를 청구할 수 있다. 다만, 「전자장치 부착 등에 관한 법률」 제9조의2제1항제2호 및 제3호에 따라 가해자에게 특정지역 출입금지 등의 준수사항을 부과하는 경우에는 그러하지 아니하다.

1. 가해자에 대한 「보호관찰 등에 관한 법률」에 따른 보호관찰
2. 피해를 받은 아동·청소년의 주거 등으로부터 가해자를 분리하거나 퇴거하는 조치
3. 피해를 받은 아동·청소년의 주거, 학교, 유치원 등으로부터 100미터 이내에 가해자 또는 가해자의 대리인의 접근을 금지하는 조치
4. 「전기통신기본법」 제2조제1호의 전기통신이나 우편물을 이용하여 가해자가 피해를 받은 아동·청소년 또는 그 보호자와 접촉을 하는 행위의 금지
5. 제45조에 따른 보호시설에 대한 보호위탁결정 등 피해를 받은 아동·청소년의 보호를 위하여 필요한 조치

제42조(피해아동·청소년 등에 대한 보호처분의 판결 등)

① 법원은 제41조에 따른 보호처분의 청구가 이유 있다고 인정할 때에는 6개월의 범위에서 기간을 정하여 판결로 보호처분을 선고하여야 한다.

② 제41조 각 호의 보호처분은 병과할 수 있다.

③ 검사는 제1항에 따른 보호처분 기간의 연장이 필요하다고 인정하는 경우 법원에 그 기간의 연장을 청구할 수 있다. 이 경우 보호처분 기간의 연장 횟수는 3회 이내로 하고, 연장기간은 각각 6개월 이내로 한다.

④ 보호처분 청구사건의 판결은 아동·청소년대상 성범죄 사건의 판결과 동시에 선고하여야 한다.

⑤ 피해자 또는 법정대리인은 제41조제1호 및 제2호의 보호처분 후 주거 등을 옮긴 때에는 관할 법원에 보호처분 결정의 변경을 신청할 수 있다.

제44조(가해아동 · 청소년의 처리)

① 10세 이상 14세 미만의 아동 · 청소년이 제2조제2호나목 및 다목의 죄와 제7조의 죄를 범한 경우에 수사기관은 신속히 수사하고, 그 사건을 관할 법원 소년부에 송치하여야 한다.

② 14세 이상 16세 미만의 아동 · 청소년이 제1항의 죄를 범하여 그 사건이 관할 법원 소년부로 송치된 경우 송치받은 법원 소년부 판사는 그 아동 · 청소년에게 다음 각 호의 어느 하나에 해당하는 보호처분을 할 수 있다.

1. 「소년법」 제32조제1항 각 호의 보호처분
2. 「청소년 보호법」 제35조의 청소년 보호 · 재활센터에 선도보호를 위탁하는 보호처분

③ 사법경찰관은 제1항에 따른 가해아동 · 청소년을 발견한 경우 특별한 사정이 없으면 그 사실을 가해아동 · 청소년의 법정대리인 등에게 통지하여야 한다.

④ 판사는 제1항 및 제2항에 따라 관할 법원 소년부에 송치된 가해아동 · 청소년에 대하여 「소년법」 제32조제1항제4호 또는 제5호의 처분을 하는 경우 재범예방에 필요한 수강명령을 하여야 한다.

⑤ 검사는 가해아동 · 청소년에 대하여 소년부 송치 여부를 검토한 결과 소년부 송치가 적절하지 아니한 경우 가해아동 · 청소년으로 하여금 재범예방에 필요한 교육과정이나 상담과정을 마치게 하여야 한다.

제4장 성범죄로 유죄판결이 확정된 자의 신상정보 공개와 취업제한 등

제49조(등록정보의 공개)

① 법원은 다음 각 호의 어느 하나에 해당하는 자에 대하여 판결로 제4항의 공개정보를 「성폭력범죄의 처벌 등에 관한 특례법」 제45조제1항의 등록기간 동안 정보통신망을 이용하여 공개하도록 하는 명령(이하 "공개명령"이라 한다)을 등록대상 사건의 판결과 동시에 선고하여야 한다. 다만, 피고인이 아동 · 청소년인 경우, 그 밖에 신상정보를 공개하여서는 아니 될 특별한 사정이 있다고 판단하는 경우에는 그러하지 아니하다.

④ 제1항에 따라 공개하도록 제공되는 등록정보(이하 "공개정보"라 한다)는 다음 각 호와 같다.

1. 성명
2. 나이
3. 주소 및 실제거주지(「도로명주소법」 제2조제3호에 따른 도로명 및 같은 조 제5호에 따른 건물번호까지로 한다)
4. 신체정보(키와 몸무게)

5. 사진

6. 등록대상 성범죄 요지(판결일자, 죄명, 선고형량을 포함한다)

7. 성폭력범죄 전과사실(죄명 및 횟수)

8. 「전자장치 부착 등에 관한 법률」에 따른 전자장치 부착 여부

⑤ 공개정보의 구체적인 형태와 내용에 관하여는 대통령령으로 정한다.

⑥ 공개정보를 정보통신망을 이용하여 열람하고자 하는 자는 실명인증 절차를 거쳐야 한다.

⑦ 실명인증, 공개정보 유출 방지를 위한 기술 및 관리에 관한 구체적인 방법과 절차는 대통령령으로 정한다.

제50조(등록정보의 고지)

① 법원은 공개대상자 중 다음 각 호의 어느 하나에 해당하는 자에 대하여 판결로 제49조에 따른 공개명령 기간 동안 제4항에 따른 고지정보를 제5항에 규정된 사람에 대하여 고지하도록 하는 명령(이하 "고지명령"이라 한다)을 등록대상 성범죄 사건의 판결과 동시에 선고하여야 한다. 다만, 피고인이 아동·청소년인 경우, 그 밖에 신상정보를 고지하여서는 아니 될 특별한 사정이 있다고 판단하는 경우에는 그러하지 아니하다.

1. 아동·청소년대상 성범죄를 저지른 자

2. 「성폭력범죄의 처벌 등에 관한 특례법」 제2조제1항제3호·제4호, 같은 조 제2항(제1항 제3호·제4호에 한정한다), 제3조부터 제15조까지의 범죄를 저지른 자

3. 제1호 또는 제2호의 죄를 범하였으나 「형법」 제10조제1항에 따라 처벌할 수 없는 자로서 제1호 또는 제2호의 죄를 다시 범할 위험성이 있다고 인정되는 자

② 고지명령을 선고받은 자(이하 "고지대상자"라 한다)는 공개명령을 선고받은 자로 본다.

③ 고지명령은 다음 각 호의 기간 내에 하여야 한다.

1. 집행유예를 선고받은 고지대상자는 신상정보 최초 등록일부터 1개월 이내

2. 금고 이상의 실형을 선고받은 고지대상자는 출소 후 거주할 지역에 전입한 날부터 1개월 이내

3. 고지대상자가 다른 지역으로 전출하는 경우에는 변경정보 등록일부터 1개월 이내

④ 제1항에 따라 고지하여야 하는 고지정보는 다음 각 호와 같다.

1. 고지대상자가 이미 거주하고 있거나 전입하는 경우에는 제49조제4항의 공개정보. 다만, 제49조제4항제3호에 따른 주소 및 실제거주지는 상세주소를 포함한다.

2. 고지대상자가 전출하는 경우에는 제1호의 고지정보와 그 대상자의 전출 정보

⑤ 제4항의 고지정보는 고지대상자가 거주하는 읍·면·동의 아동·청소년이 속한 세대의 세대주와 다음 각 호의 자에게 고지한다.

1. 「영유아보육법」에 따른 어린이집의 원장 및 육아종합지원센터·시간제보육서비스지정

기관의 장

2. 「유아교육법」에 따른 유치원의 장

3. 「초·중등교육법」 제2조에 따른 학교의 장

4. 읍·면사무소와 동 주민센터의 장(경계를 같이 하는 읍·면 또는 동을 포함한다)

5. 「학원의 설립·운영 및 과외교습에 관한 법률」 제2조제2호에 따른 교습소의 장, 같은 조 제3호에 따른 개인과외교습자 및 제2조의2에 따른 학교교과교습학원의 장

6. 「아동복지법」 제52조제1항에 따른 아동복지시설 중 다음 각 목의 시설의 장

　　가. 아동양육시설

　　나. 아동일시보호시설

　　다. 아동보호치료시설

　　라. 공동생활가정

　　마. 지역아동센터

7. 「청소년복지 지원법」 제31조에 따른 청소년복지시설의 장

8. 「청소년활동 진흥법」 제10조제1호에 따른 청소년수련시설의 장

제51조(고지명령의 집행)

① 고지명령의 집행은 여성가족부장관이 한다.

② 법원은 고지명령의 판결이 확정되면 판결문 등본을 판결이 확정된 날부터 14일 이내에 법무부장관에게 송달하여야 하며, 법무부장관은 제50조제3항에 따른 기간 내에 고지명령이 집행될 수 있도록 최초등록 및 변경등록 시 고지대상자, 고지기간 및 같은 조 제4항 각 호에 규정된 고지정보를 지체 없이 여성가족부장관에게 송부하여야 한다.

③ 법무부장관은 고지대상자가 출소하는 경우 출소 1개월 전까지 다음 각 호의 정보를 여성가족부장관에게 송부하여야 한다.

1. 고지대상자의 출소 예정일

2. 고지대상자의 출소 후 거주지 상세주소

④ 여성가족부장관은 제50조제4항에 따른 고지정보를 관할구역에 거주하는 아동·청소년이 속한 세대의 세대주와 다음 각 호의 자에게 우편·이동통신단말장치 등 여성가족부령으로 정하는 바에 따라 송부하고, 읍·면 사무소 또는 동(경계를 같이 하는 읍·면 또는 동을 포함한다) 주민센터 게시판에 30일간 게시하는 방법으로 고지명령을 집행한다.

1. 「영유아보육법」에 따른 어린이집의 원장 및 육아종합지원센터·시간제보육서비스지정 기관의 장

2. 「유아교육법」에 따른 유치원의 장

3. 「초·중등교육법」 제2조에 따른 학교의 장

4. 읍·면사무소와 동 주민센터의 장(경계를 같이 하는 읍·면 또는 동을 포함한다)

5. 「학원의 설립·운영 및 과외교습에 관한 법률」 제2조제2호에 따른 교습소의 장, 제2조 제3호에 따른 개인과외교습자 및 제2조의2에 따른 학교교과교습학원의 장

6. 「아동복지법」 제52조제1항에 따른 아동복지시설 중 다음 각 목의 시설의 장

    가. 아동양육시설

    나. 아동일시보호시설

    다. 아동보호치료시설

    라. 공동생활가정

    마. 지역아동센터

7. 「청소년복지 지원법」 제31조에 따른 청소년복지시설의 장

8. 「청소년활동 진흥법」 제10조제1호에 따른 청소년수련시설의 장

⑤ 여성가족부장관은 제4항에 따른 고지명령의 집행 이후 관할구역에 출생신고·입양신고· 전입신고가 된 아동·청소년이 속한 세대의 세대주와 관할구역에 설립·설치된 다음 각 호의 자로서 고지대상자의 고지정보를 송부받지 못한 자에 대하여 제50조제4항에 따른 고 지정보를 우편·이동통신단말장치 등 여성가족부령으로 정하는 바에 따라 송부한다.

1. 「영유아보육법」에 따른 어린이집의 원장 및 육아종합지원센터·시간제보육서비스지정 기관의 장

2. 「유아교육법」에 따른 유치원의 장

3. 「초·중등교육법」 제2조에 따른 학교의 장

4. 「학원의 설립·운영 및 과외교습에 관한 법률」 제2조제2호에 따른 교습소의 장, 제2조 제3호에 따른 개인과외교습자 및 제2조의2에 따른 학교교과교습학원의 장

5. 「아동복지법」 제52조제1항에 따른 아동복지시설 중 다음 각 목의 시설의 장

    가. 아동양육시설

    나. 아동일시보호시설

    다. 아동보호치료시설

    라. 공동생활가정

    마. 지역아동센터

6. 「청소년복지 지원법」 제31조에 따른 청소년복지시설의 장

7. 「청소년활동 진흥법」 제10조제1호에 따른 청소년수련시설의 장

⑥ 여성가족부장관은 고지명령의 집행에 관한 업무 중 제4항 및 제5항에 따른 송부 및 게시판 게시 업무를 고지대상자가 실제 거주하는 읍·면사무소의 장 또는 동 주민센터의 장에게 위임할 수 있다.

⑦ 제6항에 따른 위임을 받은 읍·면사무소의 장 또는 동 주민센터의 장은 송부 및 게시판

게시 업무를 집행하여야 한다.

⑧ 삭제 〈2023.4.11.〉

⑨ 고지명령의 집행 및 고지절차 등에 필요한 사항은 여성가족부령으로 정한다.

제52조(공개명령의 집행)

① 공개명령은 여성가족부장관이 정보통신망을 이용하여 집행한다.

② 법원은 공개명령의 판결이 확정되면 판결문 등본을 판결이 확정된 날부터 14일 이내에 법무부장관에게 송달하여야 하며, 법무부장관은 제49조제2항에 따른 공개기간 동안 공개명령이 집행될 수 있도록 최초등록 및 변경등록 시 공개대상자, 공개기간 및 같은 조 제4항 각 호에 규정된 공개정보를 지체 없이 여성가족부장관에게 송부하여야 한다.

③ 공개명령의 집행·공개절차·관리 등에 관한 세부사항은 대통령령으로 정한다.

제56조(아동·청소년 관련 기관 등에의 취업제한 등)

① 법원은 아동·청소년대상 성범죄 또는 성인대상 성범죄(이하 "성범죄"라 한다)로 형 또는 치료감호를 선고하는 경우에는 판결(약식명령을 포함한다. 이하 같다)로 그 형 또는 치료감호의 전부 또는 일부의 집행을 종료하거나 집행이 유예·면제된 날(벌금형을 선고받은 경우에는 그 형이 확정된 날)부터 일정기간(이하 "취업제한 기간"이라 한다) 동안 시설·아동·청소년 관련 기관 등을 운영하거나 아동·청소년 관련 기관 등에 취업 또는 사실상 노무를 제공할 수 없도록 하는 명령(이하 "취업제한 명령"이라 한다)을 성범죄 사건의 판결과 동시에 선고(약식명령의 경우에는 고지)하여야 한다. 다만, 재범의 위험성이 현저히 낮은 경우, 그 밖에 취업을 제한하여서는 아니 되는 특별한 사정이 있다고 판단하는 경우에는 그러하지 아니한다.

제5장 보호관찰

제61조(보호관찰)

① 검사는 아동·청소년대상 성범죄를 범하고 재범의 위험성이 있다고 인정되는 사람에 대하여는 형의 집행이 종료한 때부터 「보호관찰 등에 관한 법률」에 따른 보호관찰을 받도록 하는 명령(이하 "보호관찰명령"이라 한다)을 법원에 청구하여야 한다. 다만, 검사가 「전자장치 부착 등에 관한 법률」 제21조의2에 따른 보호관찰명령을 청구한 경우에는 그러하지 아니하다.

② 법원은 공소가 제기된 아동·청소년대상 성범죄 사건을 심리한 결과 보호관찰명령을 선고할 필요가 있다고 인정하는 때에는 검사에게 보호관찰명령의 청구를 요청할 수 있다.

③ 법원은 아동·청소년대상 성범죄를 범한 사람이 금고 이상의 선고형에 해당하고 보호관찰

명령 청구가 이유있다고 인정하는 때에는 2년 이상 5년 이하의 범위에서 기간을 정하여 보호관찰명령을 병과하여 선고하여야 한다.

④ 법원은 보호관찰을 명하기 위하여 필요한 때에는 피고인의 주거지 또는 소속 법원(지원을 포함한다. 이하 같다) 소재지를 관할하는 보호관찰소(지소를 포함한다. 이하 같다)의 장에게 범죄 동기, 피해자와의 관계, 심리상태, 재범의 위험성 등 피고인에 관하여 필요한 사항의 조사를 요청할 수 있다. 이 경우 보호관찰소의 장은 지체 없이 이를 조사하여 서면으로 해당 법원에 통보하여야 한다.

⑤ 보호관찰 기간은 보호관찰을 받을 자(이하 "보호관찰 대상자"라 한다)의 형의 집행이 종료한 날부터 기산하되, 보호관찰 대상자가 가석방된 경우에는 가석방된 날부터 기산한다.

제62조(보호관찰 대상자의 보호관찰 기간 연장 등)

① 보호관찰 대상자가 보호관찰 기간 중에 「보호관찰 등에 관한 법률」 제32조에 따른 준수사항을 위반하는 등 재범의 위험성이 증대한 경우에 법원은 보호관찰소의 장의 신청에 따른 검사의 청구로 제61조제3항에 따른 5년을 초과하여 보호관찰의 기간을 연장할 수 있다.

② 제1항의 준수사항은 재판장이 재판정에서 설명하고 서면으로도 알려 주어야 한다.

형의 집행 및 수용자의 처우에 관한 법률
(약칭 : 형집행법) [시행 2022.12.27.]

제1편 총칙

제1조(목적)

이 법은 수형자의 교정교화와 건전한 사회복귀를 도모하고, 수용자의 처우와 권리 및 교정시설의 운영에 관하여 필요한 사항을 규정함을 목적으로 한다.

제2조(정의)

이 법에서 사용하는 용어의 뜻은 다음과 같다.

1. "수용자"란 수형자·미결수용자·사형확정자 등 법률과 적법한 절차에 따라 교도소·구치소 및 그 지소(이하 "교정시설"이라 한다)에 수용된 사람을 말한다.
2. "수형자"란 징역형·금고형 또는 구류형의 선고를 받아 그 형이 확정되어 교정시설에 수용된 사람과 벌금 또는 과료를 완납하지 아니하여 노역장 유치명령을 받아 교정시설에 수용된 사람을 말한다.
3. "미결수용자"란 형사피의자 또는 형사피고인으로서 체포되거나 구속영장의 집행을 받아 교정시설에 수용된 사람을 말한다.
4. "사형확정자"란 사형의 선고를 받아 그 형이 확정되어 교정시설에 수용된 사람을 말한다.

제3조(적용범위)

이 법은 교정시설의 구내와 교도관이 수용자를 계호(戒護)하고 있는 그 밖의 장소로서 교도관의 통제가 요구되는 공간에 대하여 적용한다.

제4조(인권의 존중)

이 법을 집행하는 때에 수용자의 인권은 최대한으로 존중되어야 한다.

제5조(차별금지)

수용자는 합리적인 이유 없이 성별, 종교, 장애, 나이, 사회적 신분, 출신지역, 출신국가, 출신민족, 용모 등 신체조건, 병력(病歷), 혼인 여부, 정치적 의견 및 성적(性的) 지향 등을 이유로 차별받지 아니한다.

제5조의2(기본계획의 수립)

① 법무부장관은 이 법의 목적을 효율적으로 달성하기 위하여 5년마다 형의 집행 및 수용자 처우에 관한 기본계획(이하 "기본계획"이라 한다)을 수립하고 추진하여야 한다.

② 기본계획에는 다음 각 호의 사항이 포함되어야 한다.

1. 형의 집행 및 수용자 처우에 관한 기본 방향
2. 인구·범죄의 증감 및 수사 또는 형 집행의 동향 등 교정시설의 수요 증감에 관한 사항
3. 교정시설의 수용 실태 및 적정한 규모의 교정시설 유지 방안
4. 수용자에 대한 처우 및 교정시설의 유지·관리를 위한 적정한 교도관 인력 확충 방안
5. 교도작업과 직업훈련의 현황, 수형자의 건전한 사회복귀를 위한 작업설비 및 프로그램의 확충 방안
6. 수형자의 교육·교화 및 사회적응에 필요한 프로그램의 추진방향
7. 수용자 인권보호 실태와 인권 증진 방안
8. 교정사고의 발생 유형 및 방지에 필요한 사항
9. 형의 집행 및 수용자 처우와 관련하여 관계 기관과의 협력에 관한 사항
10. 그 밖에 법무부장관이 필요하다고 인정하는 사항

③ 법무부장관은 기본계획을 수립 또는 변경하려는 때에는 법원, 검찰 및 경찰 등 관계 기관과 협의하여야 한다.

④ 법무부장관은 기본계획을 수립하기 위하여 실태조사와 수요예측 조사를 실시할 수 있다.

⑤ 법무부장관은 기본계획을 수립하기 위하여 필요하다고 인정하는 경우에는 관계 기관의 장에게 필요한 자료를 요청할 수 있다. 이 경우 자료를 요청받은 관계 기관의 장은 특별한 사정이 없으면 요청에 따라야 한다.

제5조의3(협의체의 설치 및 운영)

① 법무부장관은 형의 집행 및 수용자 처우에 관한 사항을 협의하기 위하여 법원, 검찰 및 경찰 등 관계 기관과 협의체를 설치하여 운영할 수 있다.

② 제1항에 따른 협의체의 설치 및 운영 등에 필요한 사항은 대통령령으로 정한다.

제6조(교정시설의 규모 및 설비)

① 신설하는 교정시설은 수용인원이 500명 이내의 규모가 되도록 하여야 한다. 다만, 교정시설의 기능·위치나 그 밖의 사정을 고려하여 그 규모를 늘릴 수 있다.

② 교정시설의 거실·작업장·접견실이나 그 밖의 수용생활을 위한 설비는 그 목적과 기능에 맞도록 설치되어야 한다. 특히, 거실은 수용자가 건강하게 생활할 수 있도록 적정한 수준의 공간과 채광·통풍·난방을 위한 시설이 갖추어져야 한다.

③ 법무부장관은 수용자에 대한 처우 및 교정시설의 유지·관리를 위한 적정한 인력을 확보하여야 한다.

제7조(교정시설 설치·운영의 민간위탁)

① 법무부장관은 교정시설의 설치 및 운영에 관한 업무의 일부를 법인 또는 개인에게 위탁할 수 있다.

② 제1항에 따라 위탁을 받을 수 있는 법인 또는 개인의 자격요건, 교정시설의 시설기준, 수용대
상자의 선정기준, 수용자 처우의 기준, 위탁절차, 국가의 감독, 그 밖에 필요한 사항은 따로
법률로 정한다.

제8조(교정시설의 순회점검)

법무부장관은 교정시설의 운영, 교도관의 복무, 수용자의 처우 및 인권실태 등을 파악하기 위
하여 매년 1회 이상 교정시설을 순회점검하거나 소속 공무원으로 하여금 순회점검하게 하여야
한다.

제9조(교정시설의 시찰 및 참관)

① 판사와 검사는 직무상 필요하면 교정시설을 시찰할 수 있다.

② 제1항의 판사와 검사 외의 사람은 교정시설을 참관하려면 학술연구 등 정당한 이유를 명시하
여 교정시설의 장(이하 "소장"이라 한다)의 허가를 받아야 한다.

제10조(교도관의 직무)

이 법에 규정된 사항 외에 교도관의 직무에 관하여는 따로 법률로 정한다.

제2편 수용자의 처우

제1장 수용

제11조(구분수용)

① 수용자는 다음 각 호에 따라 구분하여 수용한다.

1. 19세 이상 수형자: 교도소

2. 19세 미만 수형자: 소년교도소

3. 미결수용자: 구치소

4. 사형확정자: 교도소 또는 구치소. 이 경우 구체적인 구분 기준은 법무부령으로 정한다.

② 교도소 및 구치소의 각 지소에는 교도소 또는 구치소에 준하여 수용자를 수용한다.

제12조(구분수용의 예외)

① 다음 각 호의 어느 하나에 해당하는 사유가 있으면 교도소에 미결수용자를 수용할 수 있다.

1. 관할 법원 및 검찰청 소재지에 구치소가 없는 때

2. 구치소의 수용인원이 정원을 훨씬 초과하여 정상적인 운영이 곤란한 때

3. 범죄의 증거인멸을 방지하기 위하여 필요하거나 그 밖에 특별한 사정이 있는 때

② 취사 등의 작업을 위하여 필요하거나 그 밖에 특별한 사정이 있으면 구치소에 수형자를 수용
할 수 있다.

③ 수형자가 소년교도소에 수용 중에 19세가 된 경우에도 교육·교화프로그램, 작업, 직업훈련
등을 실시하기 위하여 특히 필요하다고 인정되면 23세가 되기 전까지는 계속하여 수용할 수

있다.

④ 소장은 특별한 사정이 있으면 제11조의 구분수용 기준에 따라 다른 교정시설로 이송하여야 할 수형자를 6개월을 초과하지 아니하는 기간 동안 계속하여 수용할 수 있다.

제13조(분리수용)

① 남성과 여성은 분리하여 수용한다.

② 제12조에 따라 수형자와 미결수용자, 19세 이상의 수형자와 19세 미만의 수형자를 같은 교정시설에 수용하는 경우에는 서로 분리하여 수용한다.

제14조(독거수용)

수용자는 독거수용한다. 다만, 다음 각 호의 어느 하나에 해당하는 사유가 있으면 혼거수용할 수 있다.

1. 독거실 부족 등 시설여건이 충분하지 아니한 때
2. 수용자의 생명 또는 신체의 보호, 정서적 안정을 위하여 필요한 때
3. 수형자의 교화 또는 건전한 사회복귀를 위하여 필요한 때

제15조(수용거실 지정)

소장은 수용자의 거실을 지정하는 경우에는 죄명·형기·죄질·성격·범죄전력·나이·경력 및 수용생활 태도, 그 밖에 수용자의 개인적 특성을 고려하여야 한다.

제16조(신입자의 수용 등)

① 소장은 법원·검찰청·경찰관서 등으로부터 처음으로 교정시설에 수용되는 사람(이하 "신입자"라 한다)에 대하여는 집행지휘서, 재판서, 그 밖에 수용에 필요한 서류를 조사한 후 수용한다.

② 소장은 신입자에 대하여는 지체 없이 신체·의류 및 휴대품을 검사하고 건강진단을 하여야 한다.

③ 신입자는 제2항에 따라 소장이 실시하는 검사 및 건강진단을 받아야 한다.

제16조의2(간이입소절차)

다음 각 호의 어느 하나에 해당하는 신입자의 경우에는 법무부장관이 정하는 바에 따라 간이입소절차를 실시한다.

1. 「형사소송법」 제200조의2, 제200조의3 또는 제212조에 따라 체포되어 교정시설에 유치된 피의자
2. 「형사소송법」 제201조의2제10항 및 제71조의2에 따른 구속영장 청구에 따라 피의자 심문을 위하여 교정시설에 유치된 피의자

제17조(고지사항)

신입자 및 다른 교정시설로부터 이송되어 온 사람에게는 말이나 서면으로 다음 각 호의 사항을

알려 주어야 한다.

1. 형기의 기산일 및 종료일
2. 접견·편지, 그 밖의 수용자의 권리에 관한 사항
3. 청원, 「국가인권위원회법」에 따른 진정, 그 밖의 권리구제에 관한 사항
4. 징벌·규율, 그 밖의 수용자의 의무에 관한 사항
5. 일과(日課) 그 밖의 수용생활에 필요한 기본적인 사항

제18조(수용의 거절)

① 소장은 다른 사람의 건강에 위해를 끼칠 우려가 있는 감염병에 걸린 사람의 수용을 거절할 수 있다.
② 소장은 제1항에 따라 수용을 거절하였으면 그 사유를 지체 없이 수용지휘기관과 관할 보건소장에게 통보하고 법무부장관에게 보고하여야 한다.

제19조(사진촬영 등)

① 소장은 신입자 및 다른 교정시설로부터 이송되어 온 사람에 대하여 다른 사람과의 식별을 위하여 필요한 한도에서 사진촬영, 지문채취, 수용자 번호지정, 그 밖에 대통령령으로 정하는 조치를 하여야 한다.
② 소장은 수용목적상 필요하면 수용 중인 사람에 대하여도 제1항의 조치를 할 수 있다.

제20조(수용자의 이송)

① 소장은 수용자의 수용·작업·교화·의료, 그 밖의 처우를 위하여 필요하거나 시설의 안전과 질서유지를 위하여 필요하다고 인정하면 법무부장관의 승인을 받아 수용자를 다른 교정시설로 이송할 수 있다.
② 법무부장관은 제1항의 이송승인에 관한 권한을 대통령령으로 정하는 바에 따라 지방교정청장에게 위임할 수 있다.

제21조(수용사실의 알림)

소장은 신입자 또는 다른 교정시설로부터 이송되어 온 사람이 있으면 그 사실을 수용자의 가족(배우자, 직계 존속·비속 또는 형제자매를 말한다. 이하 같다)에게 지체 없이 알려야 한다. 다만, 수용자가 알리는 것을 원하지 아니하면 그러하지 아니하다.

제2장 물품지급

제22조(의류 및 침구 등의 지급)

① 소장은 수용자에게 건강유지에 적합한 의류·침구, 그 밖의 생활용품을 지급한다.
② 의류·침구, 그 밖의 생활용품의 지급기준 등에 관하여 필요한 사항은 법무부령으로 정한다.

제23조(음식물의 지급)

① 소장은 수용자에게 건강상태, 나이, 부과된 작업의 종류, 그 밖의 개인적 특성을 고려하여 건강 및 체력을 유지하는 데에 필요한 음식물을 지급한다.
② 음식물의 지급기준 등에 관하여 필요한 사항은 법무부령으로 정한다.

제24조(물품의 자비구매)

① 수용자는 소장의 허가를 받아 자신의 비용으로 음식물·의류·침구, 그 밖에 수용생활에 필요한 물품을 구매할 수 있다.
② 물품의 자비구매 허가범위 등에 관하여 필요한 사항은 법무부령으로 정한다.

제3장 금품관리

제25조(휴대금품의 보관 등)

① 소장은 수용자의 휴대금품을 교정시설에 보관한다. 다만, 휴대품이 다음 각 호의 어느 하나에 해당하는 것이면 수용자로 하여금 자신이 지정하는 사람에게 보내게 하거나 그 밖에 적당한 방법으로 처분하게 할 수 있다.
1. 썩거나 없어질 우려가 있는 것
2. 물품의 종류·크기 등을 고려할 때 보관하기에 적당하지 아니한 것
3. 사람의 생명 또는 신체에 위험을 초래할 우려가 있는 것
4. 시설의 안전 또는 질서를 해칠 우려가 있는 것
5. 그 밖에 보관할 가치가 없는 것
② 소장은 수용자가 제1항 단서에 따라 처분하여야 할 휴대품을 상당한 기간 내에 처분하지 아니하면 폐기할 수 있다.

제26조(수용자가 지니는 물품 등)

① 수용자는 편지·도서, 그 밖에 수용생활에 필요한 물품을 법무부장관이 정하는 범위에서 지닐 수 있다.
② 소장은 제1항에 따라 법무부장관이 정하는 범위를 벗어난 물품으로서 교정시설에 특히 보관할 필요가 있다고 인정하지 아니하는 물품은 수용자로 하여금 자신이 지정하는 사람에게 보내게 하거나 그 밖에 적당한 방법으로 처분하게 할 수 있다.
③ 소장은 수용자가 제2항에 따라 처분하여야 할 물품을 상당한 기간 내에 처분하지 아니하면 폐기할 수 있다.

제27조(수용자에 대한 금품 전달)

① 수용자 외의 사람이 수용자에게 금품을 건네줄 것을 신청하는 때에는 소장은 다음 각 호의 어느 하나에 해당하지 아니하면 허가하여야 한다.

1. 수형자의 교화 또는 건전한 사회복귀를 해칠 우려가 있는 때
2. 시설의 안전 또는 질서를 해칠 우려가 있는 때

② 소장은 수용자 외의 사람이 수용자에게 주려는 금품이 제1항 각 호의 어느 하나에 해당하거나 수용자가 금품을 받지 아니하려는 경우에는 해당 금품을 보낸 사람에게 되돌려 보내야 한다.

③ 소장은 제2항의 경우에 금품을 보낸 사람을 알 수 없거나 보낸 사람의 주소가 불분명한 경우에는 금품을 다시 가지고 갈 것을 공고하여야 하며, 공고한 후 6개월이 지나도 금품을 돌려달라고 청구하는 사람이 없으면 그 금품은 국고에 귀속된다.

④ 소장은 제2항 또는 제3항에 따른 조치를 하였으면 그 사실을 수용자에게 알려 주어야 한다.

제28조(유류금품의 처리)

① 소장은 사망자 또는 도주자가 남겨두고 간 금품이 있으면 사망자의 경우에는 그 상속인에게, 도주자의 경우에는 그 가족에게 그 내용 및 청구절차 등을 알려 주어야 한다. 다만, 썩거나 없어질 우려가 있는 것은 폐기할 수 있다.

② 소장은 상속인 또는 가족이 제1항의 금품을 내어달라고 청구하면 지체 없이 내어주어야 한다. 다만, 제1항에 따른 알림을 받은 날(알려줄 수가 없는 경우에는 청구사유가 발생한 날)부터 1년이 지나도 청구하지 아니하면 그 금품은 국고에 귀속된다.

제29조(보관금품의 반환 등)

① 소장은 수용자가 석방될 때 제25조에 따라 보관하고 있던 수용자의 휴대금품을 본인에게 돌려주어야 한다. 다만, 보관품을 한꺼번에 가져가기 어려운 경우 등 특별한 사정이 있어 수용자가 석방 시 소장에게 일정 기간 동안(1개월 이내의 범위로 한정한다) 보관품을 보관하여 줄 것을 신청하는 경우에는 그러하지 아니하다.

② 제1항 단서에 따른 보관 기간이 지난 보관품에 관하여는 제28조를 준용한다. 이 경우 "사망자" 및 "도주자"는 "피석방자"로, "금품"은 "보관품"으로, "상속인" 및 "가족"은 "피석방자 본인 또는 가족"으로 본다.

제4장 위생과 의료

제30조(위생 · 의료 조치의무)

소장은 수용자가 건강한 생활을 하는 데에 필요한 위생 및 의료상의 적절한 조치를 하여야 한다.

제31조(청결유지)

소장은 수용자가 사용하는 모든 설비와 기구가 항상 청결하게 유지되도록 하여야 한다.

제32조(청결의무)

① 수용자는 자신의 신체 및 의류를 청결히 하여야 하며, 자신이 사용하는 거실 · 작업장, 그 밖의 수용시설의 청결유지에 협력하여야 한다.

② 수용자는 위생을 위하여 머리카락과 수염을 단정하게 유지하여야 한다.

제33조(운동 및 목욕)

① 소장은 수용자가 건강유지에 필요한 운동 및 목욕을 정기적으로 할 수 있도록 하여야 한다.

② 운동시간·목욕횟수 등에 관하여 필요한 사항은 대통령령으로 정한다.

제34조(건강검진)

① 소장은 수용자에 대하여 건강검진을 정기적으로 하여야 한다.

② 건강검진의 횟수 등에 관하여 필요한 사항은 대통령령으로 정한다.

제35조(감염병 등에 관한 조치)

소장은 감염병이나 그 밖에 감염의 우려가 있는 질병의 발생과 확산을 방지하기 위하여 필요한 경우 수용자에 대하여 예방접종·격리수용·이송, 그 밖에 필요한 조치를 하여야 한다.

제36조(부상자 등 치료)

① 소장은 수용자가 부상을 당하거나 질병에 걸리면 적절한 치료를 받도록 하여야 한다.

② 제1항의 치료를 위하여 교정시설에 근무하는 간호사는 야간 또는 공휴일 등에 「의료법」 제27조에도 불구하고 대통령령으로 정하는 경미한 의료행위를 할 수 있다.

제37조(외부의료시설 진료 등)

① 소장은 수용자에 대한 적절한 치료를 위하여 필요하다고 인정하면 교정시설 밖에 있는 의료시설(이하 "외부의료시설"이라 한다)에서 진료를 받게 할 수 있다.

② 소장은 수용자의 정신질환 치료를 위하여 필요하다고 인정하면 법무부장관의 승인을 받아 치료감호시설로 이송할 수 있다.

③ 제2항에 따라 이송된 사람은 수용자에 준하여 처우한다.

④ 소장은 제1항 또는 제2항에 따라 수용자가 외부의료시설에서 진료받거나 치료감호시설로 이송되면 그 사실을 그 가족(가족이 없는 경우에는 수용자가 지정하는 사람)에게 지체 없이 알려야 한다. 다만, 수용자가 알리는 것을 원하지 아니하면 그러하지 아니하다.

⑤ 소장은 수용자가 자신의 고의 또는 중대한 과실로 부상 등이 발생하여 외부의료시설에서 진료를 받은 경우에는 그 진료비의 전부 또는 일부를 그 수용자에게 부담하게 할 수 있다.

제38조(자비치료)

소장은 수용자가 자신의 비용으로 외부의료시설에서 근무하는 의사(이하 "외부의사"라 한다)에게 치료받기를 원하면 교정시설에 근무하는 의사(공중보건의사를 포함하며, 이하 "의무관"이라 한다)의 의견을 고려하여 이를 허가할 수 있다.

제39조(진료환경 등)

① 교정시설에는 수용자의 진료를 위하여 필요한 의료 인력과 설비를 갖추어야 한다.

② 소장은 정신질환이 있다고 의심되는 수용자가 있으면 정신건강의학과 의사의 진료를 받을 수

있도록 하여야 한다.

③ 외부의사는 수용자를 진료하는 경우에는 법무부장관이 정하는 사항을 준수하여야 한다.

④ 교정시설에 갖추어야 할 의료설비의 기준에 관하여 필요한 사항은 법무부령으로 정한다.

제40조(수용자의 의사에 반하는 의료조치)

① 소장은 수용자가 진료 또는 음식물의 섭취를 거부하면 의무관으로 하여금 관찰·조언 또는 설득을 하도록 하여야 한다.

② 소장은 제1항의 조치에도 불구하고 수용자가 진료 또는 음식물의 섭취를 계속 거부하여 그 생명에 위험을 가져올 급박한 우려가 있으면 의무관으로 하여금 적당한 진료 또는 영양보급 등의 조치를 하게 할 수 있다.

제5장 접견·편지수수(便紙授受) 및 전화통화

제41조(접견)

① 수용자는 교정시설의 외부에 있는 사람과 접견할 수 있다. 다만, 다음 각 호의 어느 하나에 해당하는 사유가 있으면 그러하지 아니하다.

1. 형사 법령에 저촉되는 행위를 할 우려가 있는 때

2. 「형사소송법」이나 그 밖의 법률에 따른 접견금지의 결정이 있는 때

3. 수형자의 교화 또는 건전한 사회복귀를 해칠 우려가 있는 때

4. 시설의 안전 또는 질서를 해칠 우려가 있는 때

② 수용자의 접견은 접촉차단시설이 설치된 장소에서 하게 한다. 다만, 다음 각 호의 어느 하나에 해당하는 경우에는 접촉차단시설이 설치되지 아니한 장소에서 접견하게 한다.

1. 미결수용자(형사사건으로 수사 또는 재판을 받고 있는 수형자와 사형확정자를 포함한다)가 변호인(변호인이 되려는 사람을 포함한다. 이하 같다)과 접견하는 경우

2. 수용자가 소송사건의 대리인인 변호사와 접견하는 경우 등 수용자의 재판청구권 등을 실질적으로 보장하기 위하여 대통령령으로 정하는 경우로서 교정시설의 안전 또는 질서를 해칠 우려가 없는 경우

③ 제2항에도 불구하고 다음 각 호의 어느 하나에 해당하는 경우에는 접촉차단시설이 설치되지 아니한 장소에서 접견하게 할 수 있다.

1. 수용자가 미성년자인 자녀와 접견하는 경우

2. 그 밖에 대통령령으로 정하는 경우

④ 소장은 다음 각 호의 어느 하나에 해당하는 사유가 있으면 교도관으로 하여금 수용자의 접견 내용을 청취·기록·녹음 또는 녹화하게 할 수 있다.

1. 범죄의 증거를 인멸하거나 형사 법령에 저촉되는 행위를 할 우려가 있는 때

2. 수형자의 교화 또는 건전한 사회복귀를 위하여 필요한 때

3. 시설의 안전과 질서유지를 위하여 필요한 때

⑤ 제4항에 따라 녹음·녹화하는 경우에는 사전에 수용자 및 그 상대방에게 그 사실을 알려 주어야 한다.

⑥ 접견의 횟수·시간·장소·방법 및 접견내용의 청취·기록·녹음·녹화 등에 관하여 필요한 사항은 대통령령으로 정한다.

제42조(접견의 중지 등)

교도관은 접견 중인 수용자 또는 그 상대방이 다음 각 호의 어느 하나에 해당하면 접견을 중지할 수 있다.

1. 범죄의 증거를 인멸하거나 인멸하려고 하는 때
2. 제92조의 금지물품을 주고받거나 주고받으려고 하는 때
3. 형사 법령에 저촉되는 행위를 하거나 하려고 하는 때
4. 수용자의 처우 또는 교정시설의 운영에 관하여 거짓사실을 유포하는 때
5. 수형자의 교화 또는 건전한 사회복귀를 해칠 우려가 있는 행위를 하거나 하려고 하는 때
6. 시설의 안전 또는 질서를 해하는 행위를 하거나 하려고 하는 때

제43조(편지수수)

① 수용자는 다른 사람과 편지를 주고받을 수 있다. 다만, 다음 각 호의 어느 하나에 해당하는 사유가 있으면 그러하지 아니하다.

1. 「형사소송법」이나 그 밖의 법률에 따른 편지의 수수금지 및 압수의 결정이 있는 때
2. 수형자의 교화 또는 건전한 사회복귀를 해칠 우려가 있는 때
3. 시설의 안전 또는 질서를 해칠 우려가 있는 때

② 제1항 각 호 외의 부분 본문에도 불구하고 같은 교정시설의 수용자 간에 편지를 주고받으려면 소장의 허가를 받아야 한다.

③ 소장은 수용자가 주고받는 편지에 법령에 따라 금지된 물품이 들어 있는지 확인할 수 있다.

④ 수용자가 주고받는 편지의 내용은 검열받지 아니한다. 다만, 다음 각 호의 어느 하나에 해당하는 사유가 있으면 그러하지 아니하다.

1. 편지의 상대방이 누구인지 확인할 수 없는 때
2. 「형사소송법」이나 그 밖의 법률에 따른 편지검열의 결정이 있는 때
3. 제1항제2호 또는 제3호에 해당하는 내용이나 형사 법령에 저촉되는 내용이 기재되어 있다고 의심할 만한 상당한 이유가 있는 때
4. 대통령령으로 정하는 수용자 간의 편지인 때

⑤ 소장은 제3항 또는 제4항 단서에 따라 확인 또는 검열한 결과 수용자의 편지에 법령으로 금지된 물품이 들어 있거나 편지의 내용이 다음 각 호의 어느 하나에 해당하면 발신 또는 수신을 금지할 수 있다.

1. 암호·기호 등 이해할 수 없는 특수문자로 작성되어 있는 때

2. 범죄의 증거를 인멸할 우려가 있는 때

3. 형사 법령에 저촉되는 내용이 기재되어 있는 때

4. 수용자의 처우 또는 교정시설의 운영에 관하여 명백한 거짓사실을 포함하고 있는 때

5. 사생활의 비밀 또는 자유를 침해할 우려가 있는 때

6. 수형자의 교화 또는 건전한 사회복귀를 해칠 우려가 있는 때

7. 시설의 안전 또는 질서를 해칠 우려가 있는 때

⑥ 소장이 편지를 발송하거나 내어주는 경우에는 신속히 하여야 한다.

⑦ 소장은 제1항 단서 또는 제5항에 따라 발신 또는 수신이 금지된 편지는 그 구체적인 사유를 서면으로 작성해 관리하고, 수용자에게 그 사유를 알린 후 교정시설에 보관한다. 다만, 수용자가 동의하면 폐기할 수 있다.

⑧ 편지발송의 횟수, 편지 내용물의 확인방법 및 편지 내용의 검열절차 등에 관하여 필요한 사항은 대통령령으로 정한다.

제44조(전화통화)

① 수용자는 소장의 허가를 받아 교정시설의 외부에 있는 사람과 전화통화를 할 수 있다.

② 제1항에 따른 허가에는 통화내용의 청취 또는 녹음을 조건으로 붙일 수 있다.

③ 제42조는 수용자의 전화통화에 관하여 준용한다.

④ 제2항에 따라 통화내용을 청취 또는 녹음하려면 사전에 수용자 및 상대방에게 그 사실을 알려주어야 한다.

⑤ 전화통화의 허가범위, 통화내용의 청취·녹음 등에 관하여 필요한 사항은 법무부령으로 정한다.

제6장 종교와 문화

제45조(종교행사의 참석 등)

① 수용자는 교정시설의 안에서 실시하는 종교의식 또는 행사에 참석할 수 있으며, 개별적인 종교상담을 받을 수 있다.

② 수용자는 자신의 신앙생활에 필요한 책이나 물품을 지닐 수 있다.

③ 소장은 다음 각 호의 어느 하나에 해당하는 사유가 있으면 제1항 및 제2항에서 규정하고 있는 사항을 제한할 수 있다.

1. 수형자의 교화 또는 건전한 사회복귀를 위하여 필요한 때

2. 시설의 안전과 질서유지를 위하여 필요한 때

④ 종교행사의 종류·참석대상·방법, 종교상담의 대상·방법 및 종교도서·물품을 지닐 수 있는 범위 등에 관하여 필요한 사항은 법무부령으로 정한다.

제46조(도서비치 및 이용)

소장은 수용자의 지식함양 및 교양습득에 필요한 도서를 비치하고 수용자가 이용할 수 있도록 하여야 한다.

제47조(신문등의 구독)

① 수용자는 자신의 비용으로 신문·잡지 또는 도서(이하 "신문등" 이라 한다)의 구독을 신청할 수 있다.

② 소장은 제1항에 따라 구독을 신청한 신문등이 「출판문화산업 진흥법」에 따른 유해간행물인 경우를 제외하고는 구독을 허가하여야 한다.

③ 제1항에 따라 구독을 신청할 수 있는 신문등의 범위 및 수량은 법무부령으로 정한다.

제48조(라디오 청취와 텔레비전 시청)

① 수용자는 정서안정 및 교양습득을 위하여 라디오 청취와 텔레비전 시청을 할 수 있다.

② 소장은 다음 각 호의 어느 하나에 해당하는 사유가 있으면 수용자에 대한 라디오 및 텔레비전의 방송을 일시 중단하거나 개별 수용자에 대하여 라디오 및 텔레비전의 청취 또는 시청을 금지할 수 있다.

1. 수형자의 교화 또는 건전한 사회복귀를 해칠 우려가 있는 때
2. 시설의 안전과 질서유지를 위하여 필요한 때

③ 방송설비·방송프로그램·방송시간 등에 관하여 필요한 사항은 법무부령으로 정한다.

제49조(집필)

① 수용자는 문서 또는 도화(圖畵)를 작성하거나 문예·학술, 그 밖의 사항에 관하여 집필할 수 있다. 다만, 소장이 시설의 안전 또는 질서를 해칠 명백한 위험이 있다고 인정하는 경우는 예외로 한다.

② 제1항에 따라 작성 또는 집필한 문서나 도화를 지니거나 처리하는 것에 관하여는 제26조를 준용한다.

③ 제1항에 따라 작성 또는 집필한 문서나 도화가 제43조제5항 각 호의 어느 하나에 해당하면 제43조제7항을 준용한다.

④ 집필용구의 관리, 집필의 시간·장소, 집필한 문서 또는 도화의 외부반출 등에 관하여 필요한 사항은 대통령령으로 정한다.

제7장 특별한 보호

제50조(여성수용자의 처우)

① 소장은 여성수용자에 대하여 여성의 신체적·심리적 특성을 고려하여 처우하여야 한다.

② 소장은 여성수용자에 대하여 건강검진을 실시하는 경우에는 나이·건강 등을 고려하여 부인과

질환에 관한 검사를 포함시켜야 한다.

③ 소장은 생리 중인 여성수용자에 대하여는 위생에 필요한 물품을 지급하여야 한다.

④ 삭제

제51조(여성수용자 처우 시의 유의사항)

① 소장은 여성수용자에 대하여 상담·교육·작업 등(이하 이 조에서 "상담등"이라 한다)을 실시하는 때에는 여성교도관이 담당하도록 하여야 한다. 다만, 여성교도관이 부족하거나 그 밖의 부득이한 사정이 있으면 그러하지 아니하다.

② 제1항 단서에 따라 남성교도관이 1인의 여성수용자에 대하여 실내에서 상담등을 하려면 투명한 창문이 설치된 장소에서 다른 여성을 입회시킨 후 실시하여야 한다.

제52조(임산부인 수용자의 처우)

① 소장은 수용자가 임신 중이거나 출산(유산·사산을 포함한다)한 경우에는 모성보호 및 건강유지를 위하여 정기적인 검진 등 적절한 조치를 하여야 한다.

② 소장은 수용자가 출산하려고 하는 경우에는 외부의료시설에서 진료를 받게 하는 등 적절한 조치를 하여야 한다.

제53조(유아의 양육)

① 여성수용자는 자신이 출산한 유아를 교정시설에서 양육할 것을 신청할 수 있다. 이 경우 소장은 다음 각 호의 어느 하나에 해당하는 사유가 없으면, 생후 18개월에 이르기까지 허가하여야 한다.

1. 유아가 질병·부상, 그 밖의 사유로 교정시설에서 생활하는 것이 특히 부적당하다고 인정되는 때
2. 수용자가 질병·부상, 그 밖의 사유로 유아를 양육할 능력이 없다고 인정되는 때
3. 교정시설에 감염병이 유행하거나 그 밖의 사정으로 유아양육이 특히 부적당한 때

② 소장은 제1항에 따라 유아의 양육을 허가한 경우에는 필요한 설비와 물품의 제공, 그 밖에 양육을 위하여 필요한 조치를 하여야 한다.

제53조의2(수용자의 미성년 자녀 보호에 대한 지원)

① 소장은 신입자에게 「아동복지법」 제15조에 따른 보호조치를 의뢰할 수 있음을 알려주어야 한다.

② 소장은 수용자가 「아동복지법」 제15조에 따른 보호조치를 의뢰하려는 경우 보호조치 의뢰가 원활하게 이루어질 수 있도록 지원하여야 한다.

③ 제1항에 따른 안내 및 제2항에 따른 보호조치 의뢰 지원의 방법·절차, 그 밖에 필요한 사항은 법무부장관이 정한다.

제54조(수용자에 대한 특별한 처우)

① 소장은 노인수용자에 대하여 나이·건강상태 등을 고려하여 그 처우에 있어 적정한 배려를

하여야 한다.

② 소장은 장애인수용자에 대하여 장애의 정도를 고려하여 그 처우에 있어 적정한 배려를 하여야 한다.

③ 소장은 외국인수용자에 대하여 언어·생활문화 등을 고려하여 적정한 처우를 하여야 한다.

④ 소장은 소년수용자에 대하여 나이·적성 등을 고려하여 적정한 처우를 하여야 한다.

⑤ 노인수용자·장애인수용자·외국인수용자 및 소년수용자에 대한 적정한 배려 또는 처우에 관하여 필요한 사항은 법무부령으로 정한다.

제8장 수형자의 처우

제1절 통칙

제55조(수형자 처우의 원칙)

수형자에 대하여는 교육·교화프로그램, 작업, 직업훈련 등을 통하여 교정교화를 도모하고 사회생활에 적응하는 능력을 함양하도록 처우하여야 한다.

제56조(개별처우계획의 수립 등)

① 소장은 제62조의 분류처우위원회의 의결에 따라 수형자의 개별적 특성에 알맞은 교육·교화프로그램, 작업, 직업훈련 등의 처우에 관한 계획(이하 "개별처우계획"이라 한다)을 수립하여 시행한다.

② 소장은 수형자가 스스로 개선하여 사회에 복귀하려는 의욕이 고취되도록 개별처우계획을 정기적으로 또는 수시로 점검하여야 한다.

제57조(처우)

① 수형자는 제59조의 분류심사의 결과에 따라 그에 적합한 교정시설에 수용되며, 개별처우계획에 따라 그 특성에 알맞은 처우를 받는다.

② 교정시설은 도주방지 등을 위한 수용설비 및 계호의 정도(이하 "경비등급"이라 한다)에 따라 다음 각 호로 구분한다. 다만, 동일한 교정시설이라도 구획을 정하여 경비등급을 달리할 수 있다.

1. 개방시설 : 도주방지를 위한 통상적인 설비의 전부 또는 일부를 갖추지 아니하고 수형자의 자율적 활동이 가능하도록 통상적인 관리·감시의 전부 또는 일부를 하지 아니하는 교정시설

2. 완화경비시설 : 도주방지를 위한 통상적인 설비 및 수형자에 대한 관리·감시를 일반경비시설보다 완화한 교정시설

3. 일반경비시설 : 도주방지를 위한 통상적인 설비를 갖추고 수형자에 대하여 통상적인 관리·감시를 하는 교정시설

4. 중(重)경비시설 : 도주방지 및 수형자 상호 간의 접촉을 차단하는 설비를 강화하고 수형자에

대한 관리 · 감시를 엄중히 하는 교정시설

③ 수형자에 대한 처우는 교화 또는 건전한 사회복귀를 위하여 교정성적에 따라 상향 조정될 수 있으며, 특히 그 성적이 우수한 수형자는 개방시설에 수용되어 사회생활에 필요한 적정한 처우를 받을 수 있다.

④ 소장은 가석방 또는 형기 종료를 앞둔 수형자 중에서 법무부령으로 정하는 일정한 요건을 갖춘 사람에 대해서는 가석방 또는 형기 종료 전 일정 기간 동안 지역사회 또는 교정시설에 설치된 개방시설에 수용하여 사회적응에 필요한 교육, 취업지원 등의 적정한 처우를 할 수 있다.

⑤ 수형자는 교화 또는 건전한 사회복귀를 위하여 교정시설 밖의 적당한 장소에서 봉사활동 · 견학, 그 밖에 사회적응에 필요한 처우를 받을 수 있다.

⑥ 학과교육생 · 직업훈련생 · 외국인 · 여성 · 장애인 · 노인 · 환자 · 소년(19세 미만인 자를 말한다), 제4항에 따른 처우(이하 "중간처우"라 한다)의 대상자, 그 밖에 별도의 처우가 필요한 수형자는 법무부장관이 특히 그 처우를 전담하도록 정하는 시설(이하 "전담교정시설"이라 한다)에 수용되며, 그 특성에 알맞은 처우를 받는다. 다만, 전담교정시설의 부족이나 그 밖의 부득이한 사정이 있는 경우에는 예외로 할 수 있다.

⑦ 제2항 각 호의 시설의 설비 및 계호의 정도에 관하여 필요한 사항은 대통령령으로 정한다.

제58조(외부전문가의 상담 등)

소장은 수형자의 교화 또는 건전한 사회복귀를 위하여 필요하면 교육학 · 교정학 · 범죄학 · 사회학 · 심리학 · 의학 등에 관한 학식 또는 교정에 관한 경험이 풍부한 외부전문가로 하여금 수형자에 대한 상담 · 심리치료 또는 생활지도 등을 하게 할 수 있다.

제2절 분류심사

제59조(분류심사)

① 소장은 수형자에 대한 개별처우계획을 합리적으로 수립하고 조정하기 위하여 수형자의 인성, 행동특성 및 자질 등을 과학적으로 조사 · 측정 · 평가(이하 "분류심사"라 한다)하여야 한다. 다만, 집행할 형기가 짧거나 그 밖의 특별한 사정이 있는 경우에는 예외로 할 수 있다.

② 수형자의 분류심사는 형이 확정된 경우에 개별처우계획을 수립하기 위하여 하는 심사와 일정한 형기가 지나거나 상벌 또는 그 밖의 사유가 발생한 경우에 개별처우계획을 조정하기 위하여 하는 심사로 구분한다.

③ 소장은 분류심사를 위하여 수형자를 대상으로 상담 등을 통한 신상에 관한 개별사안의 조사, 심리 · 지능 · 적성 검사, 그 밖에 필요한 검사를 할 수 있다.

④ 소장은 분류심사를 위하여 외부전문가로부터 필요한 의견을 듣거나 외부전문가에게 조사를 의뢰할 수 있다.

⑤ 이 법에 규정된 사항 외에 분류심사에 관하여 필요한 사항은 법무부령으로 정한다.

제60조(관계기관등에 대한 사실조회 등)

① 소장은 분류심사와 그 밖에 수용목적의 달성을 위하여 필요하면 수용자의 가족 등을 면담하거나 법원·경찰관서, 그 밖의 관계 기관 또는 단체(이하 "관계기관등"이라 한다)에 대하여 필요한 사실을 조회할 수 있다.

② 제1항의 조회를 요청받은 관계기관등의 장은 특별한 사정이 없으면 지체 없이 그에 관하여 답하여야 한다.

제61조(분류전담시설)

법무부장관은 수형자를 과학적으로 분류하기 위하여 분류심사를 전담하는 교정시설을 지정·운영할 수 있다.

제62조(분류처우위원회)

① 수형자의 개별처우계획, 가석방심사신청 대상자 선정, 그 밖에 수형자의 분류처우에 관한 중요 사항을 심의·의결하기 위하여 교정시설에 분류처우위원회(이하 이 조에서 "위원회"라 한다)를 둔다.

② 위원회는 위원장을 포함한 5명 이상 7명 이하의 위원으로 구성하고, 위원장은 소장이 되며, 위원은 위원장이 소속 기관의 부소장 및 과장(지소의 경우에는 7급 이상의 교도관) 중에서 임명한다.

③ 위원회는 그 심의·의결을 위하여 외부전문가로부터 의견을 들을 수 있다.

④ 이 법에 규정된 사항 외에 위원회에 관하여 필요한 사항은 법무부령으로 정한다.

제3절 교육과 교화프로그램

제63조(교육)

① 소장은 수형자가 건전한 사회복귀에 필요한 지식과 소양을 습득하도록 교육할 수 있다.

② 소장은 「교육기본법」 제8조의 의무교육을 받지 못한 수형자에 대하여는 본인의 의사·나이·지식정도, 그 밖의 사정을 고려하여 그에 알맞게 교육하여야 한다.

③ 소장은 제1항 및 제2항에 따른 교육을 위하여 필요하면 수형자를 중간처우를 위한 전담교정시설에 수용하여 다음 각 호의 조치를 할 수 있다.

1. 외부 교육기관에의 통학
2. 외부 교육기관에서의 위탁교육

④ 교육과정·외부통학·위탁교육 등에 관하여 필요한 사항은 법무부령으로 정한다.

제64조(교화프로그램)

① 소장은 수형자의 교정교화를 위하여 상담·심리치료, 그 밖의 교화프로그램을 실시하여야 한다.

② 소장은 제1항에 따른 교화프로그램의 효과를 높이기 위하여 범죄원인별로 적절한 교화프로그램의 내용, 교육장소 및 전문인력의 확보 등 적합한 환경을 갖추도록 노력하여야 한다.

③ 교화프로그램의 종류·내용 등에 관하여 필요한 사항은 법무부령으로 정한다.

제4절 작업과 직업훈련

제65조(작업의 부과)

① 수형자에게 부과하는 작업은 건전한 사회복귀를 위하여 기술을 습득하고 근로의욕을 고취하는 데에 적합한 것이어야 한다.

② 소장은 수형자에게 작업을 부과하려면 나이·형기·건강상태·기술·성격·취미·경력·장래 생계, 그 밖의 수형자의 사정을 고려하여야 한다.

제66조(작업의무)

수형자는 자신에게 부과된 작업과 그 밖의 노역을 수행하여야 할 의무가 있다.

제67조(신청에 따른 작업)

소장은 금고형 또는 구류형의 집행 중에 있는 사람에 대하여는 신청에 따라 작업을 부과할 수 있다.

제68조(외부 통근 작업 등)

① 소장은 수형자의 건전한 사회복귀와 기술습득을 촉진하기 위하여 필요하면 외부기업체 등에 통근 작업하게 하거나 교정시설의 안에 설치된 외부기업체의 작업장에서 작업하게 할 수 있다.

② 외부 통근 작업 대상자의 선정기준 등에 관하여 필요한 사항은 법무부령으로 정한다.

제69조(직업능력개발훈련)

① 소장은 수형자의 건전한 사회복귀를 위하여 기술 습득 및 향상을 위한 직업능력개발훈련(이하 "직업훈련"이라 한다)을 실시할 수 있다.

② 소장은 수형자의 직업훈련을 위하여 필요하면 외부의 기관 또는 단체에서 훈련을 받게 할 수 있다.

③ 직업훈련 대상자의 선정기준 등에 관하여 필요한 사항은 법무부령으로 정한다.

제70조(집중근로에 따른 처우)

① 소장은 수형자의 신청에 따라 제68조의 작업, 제69조제2항의 훈련, 그 밖에 집중적인 근로가 필요한 작업을 부과하는 경우에는 접견·전화통화·교육·공동행사 참가 등의 처우를 제한할 수 있다. 다만, 접견 또는 전화통화를 제한한 때에는 휴일이나 그 밖에 해당 수용자의 작업이 없는 날에 접견 또는 전화통화를 할 수 있게 하여야 한다.

② 소장은 제1항에 따라 작업을 부과하거나 훈련을 받게 하기 전에 수형자에게 제한되는 처우의

내용을 충분히 설명하여야 한다.

제71조(작업시간 등)

① 1일의 작업시간(휴식 · 운동 · 식사 · 접견 등 실제 작업을 실시하지 않는 시간을 제외한다. 이하 같다)은 8시간을 초과할 수 없다.

② 제1항에도 불구하고 취사 · 청소 · 간병 등 교정시설의 운영과 관리에 필요한 작업의 1일 작업시간은 12시간 이내로 한다.

③ 1주의 작업시간은 52시간을 초과할 수 없다. 다만, 수형자가 신청하는 경우에는 1주의 작업시간을 8시간 이내의 범위에서 연장할 수 있다.

④ 제2항 및 제3항에도 불구하고 19세 미만 수형자의 작업시간은 1일에 8시간을, 1주에 40시간을 초과할 수 없다.

⑤ 공휴일 · 토요일과 대통령령으로 정하는 휴일에는 작업을 부과하지 아니한다. 다만, 다음 각호의 어느 하나에 해당하는 경우에는 작업을 부과할 수 있다.

1. 제2항에 따른 교정시설의 운영과 관리에 필요한 작업을 하는 경우
2. 작업장의 운영을 위하여 불가피한 경우
3. 공공의 안전이나 공공의 이익을 위하여 긴급히 필요한 경우
4. 수형자가 신청하는 경우

제72조(작업의 면제)

① 소장은 수형자의 가족 또는 배우자의 직계존속이 사망하면 2일간, 부모 또는 배우자의 제삿날에는 1일간 해당 수형자의 작업을 면제한다. 다만, 수형자가 작업을 계속하기를 원하는 경우는 예외로 한다.

② 소장은 수형자에게 부상 · 질병, 그 밖에 작업을 계속하기 어려운 특별한 사정이 있으면 그 사유가 해소될 때까지 작업을 면제할 수 있다.

제73조(작업수입 등)

① 작업수입은 국고수입으로 한다.

② 소장은 수형자의 근로의욕을 고취하고 건전한 사회복귀를 지원하기 위하여 법무부장관이 정하는 바에 따라 작업의 종류, 작업성적, 교정성적, 그 밖의 사정을 고려하여 수형자에게 작업장려금을 지급할 수 있다.

③ 제2항의 작업장려금은 석방할 때에 본인에게 지급한다. 다만, 본인의 가족생활 부조, 교화 또는 건전한 사회복귀를 위하여 특히 필요하면 석방 전이라도 그 전부 또는 일부를 지급할 수 있다.

제74조(위로금 · 조위금)

① 소장은 수형자가 다음 각 호의 어느 하나에 해당하면 법무부장관이 정하는 바에 따라 위로금 또는 조위금을 지급한다.

1. 작업 또는 직업훈련으로 인한 부상 또는 질병으로 신체에 장해가 발생한 때

2. 작업 또는 직업훈련 중에 사망하거나 그로 인하여 사망한 때

② 위로금은 본인에게 지급하고, 조위금은 그 상속인에게 지급한다.

제75조(다른 보상·배상과의 관계)

위로금 또는 조위금을 지급받을 사람이 국가로부터 동일한 사유로 「민법」이나 그 밖의 법령에 따라 제74조의 위로금 또는 조위금에 상당하는 금액을 지급받은 경우에는 그 금액을 위로금 또는 조위금으로 지급하지 아니한다.

제76조(위로금·조위금을 지급받을 권리의 보호)

① 제74조의 위로금 또는 조위금을 지급받을 권리는 다른 사람 또는 법인에게 양도하거나 담보로 제공할 수 없으며, 다른 사람 또는 법인은 이를 압류할 수 없다.

② 제74조에 따라 지급받은 금전을 표준으로 하여 조세와 그 밖의 공과금(公課金)을 부과하여서는 아니 된다.

제5절 귀휴

제77조(귀휴)

① 소장은 6개월 이상 형을 집행받은 수형자로서 그 형기의 3분의 1(21년 이상의 유기형 또는 무기형의 경우에는 7년)이 지나고 교정성적이 우수한 사람이 다음 각 호의 어느 하나에 해당하면 1년 중 20일 이내의 귀휴를 허가할 수 있다.

1. 가족 또는 배우자의 직계존속이 위독한 때
2. 질병이나 사고로 외부의료시설에의 입원이 필요한 때
3. 천재지변이나 그 밖의 재해로 가족, 배우자의 직계존속 또는 수형자 본인에게 회복할 수 없는 중대한 재산상의 손해가 발생하였거나 발생할 우려가 있는 때
4. 그 밖에 교화 또는 건전한 사회복귀를 위하여 법무부령으로 정하는 사유가 있는 때

② 소장은 다음 각 호의 어느 하나에 해당하는 사유가 있는 수형자에 대하여는 제1항에도 불구하고 5일 이내의 특별귀휴를 허가할 수 있다.

1. 가족 또는 배우자의 직계존속이 사망한 때
2. 직계비속의 혼례가 있는 때

③ 소장은 귀휴를 허가하는 경우에 법무부령으로 정하는 바에 따라 거소의 제한이나 그 밖에 필요한 조건을 붙일 수 있다.

④ 제1항 및 제2항의 귀휴기간은 형 집행기간에 포함한다.

제78조(귀휴의 취소)

소장은 귀휴 중인 수형자가 다음 각 호의 어느 하나에 해당하면 그 귀휴를 취소할 수 있다.

1. 귀휴의 허가사유가 존재하지 아니함이 밝혀진 때
2. 거소의 제한이나 그 밖에 귀휴허가에 붙인 조건을 위반한 때

제9장 미결수용자의 처우

제79조(미결수용자 처우의 원칙)

미결수용자는 무죄의 추정을 받으며 그에 합당한 처우를 받는다.

제80조(참관금지)

미결수용자가 수용된 거실은 참관할 수 없다.

제81조(분리수용)

소장은 미결수용자로서 사건에 서로 관련이 있는 사람은 분리수용하고 서로 간의 접촉을 금지하여야 한다.

제82조(사복착용)

미결수용자는 수사 · 재판 · 국정감사 또는 법률로 정하는 조사에 참석할 때에는 사복을 착용할 수 있다. 다만, 소장은 도주우려가 크거나 특히 부적당한 사유가 있다고 인정하면 교정시설에서 지급하는 의류를 입게 할 수 있다.

제83조(이발)

미결수용자의 머리카락과 수염은 특히 필요한 경우가 아니면 본인의 의사에 반하여 짧게 깎지 못한다.

제84조(변호인과의 접견 및 편지수수)

① 제41조제4항에도 불구하고 미결수용자와 변호인과의 접견에는 교도관이 참여하지 못하며 그 내용을 청취 또는 녹취하지 못한다. 다만, 보이는 거리에서 미결수용자를 관찰할 수 있다.

② 미결수용자와 변호인 간의 접견은 시간과 횟수를 제한하지 아니한다.

③ 제43조제4항 단서에도 불구하고 미결수용자와 변호인 간의 편지는 교정시설에서 상대방이 변호인임을 확인할 수 없는 경우를 제외하고는 검열할 수 없다.

제85조(조사 등에서의 특칙)

소장은 미결수용자가 징벌대상자로서 조사받고 있거나 징벌집행 중인 경우에도 소송서류의 작성, 변호인과의 접견 · 편지수수, 그 밖의 수사 및 재판 과정에서의 권리행사를 보장하여야 한다.

제86조(작업과 교화)

① 소장은 미결수용자에 대하여는 신청에 따라 교육 또는 교화프로그램을 실시하거나 작업을 부과할 수 있다.

② 제1항에 따라 미결수용자에게 교육 또는 교화프로그램을 실시하거나 작업을 부과하는 경우에는 제63조부터 제65조까지 및 제70조부터 제76조까지의 규정을 준용한다.

제87조(유치장)

경찰관서에 설치된 유치장은 교정시설의 미결수용실로 보아 이 법을 준용한다.

제88조(준용규정)

형사사건으로 수사 또는 재판을 받고 있는 수형자와 사형확정자에 대하여는 제82조, 제84조 및 제85조를 준용한다.

제10장 사형확정자

제89조(사형확정자의 수용)

① 사형확정자는 독거수용한다. 다만, 자살방지, 교육·교화프로그램, 작업, 그 밖의 적절한 처우를 위하여 필요한 경우에는 법무부령으로 정하는 바에 따라 혼거수용할 수 있다.

② 사형확정자가 수용된 거실은 참관할 수 없다.

제90조(개인상담 등)

① 소장은 사형확정자의 심리적 안정 및 원만한 수용생활을 위하여 교육 또는 교화프로그램을 실시하거나 신청에 따라 작업을 부과할 수 있다.

② 사형확정자에 대한 교육·교화프로그램, 작업, 그 밖의 처우에 필요한 사항은 법무부령으로 정한다.

제91조(사형의 집행)

① 사형은 교정시설의 사형장에서 집행한다.

② 공휴일과 토요일에는 사형을 집행하지 아니한다.

제11장 안전과 질서

제92조(금지물품)

① 수용자는 다음 각 호의 물품을 지녀서는 아니 된다.

1. 마약·총기·도검·폭발물·흉기·독극물, 그 밖에 범죄의 도구로 이용될 우려가 있는 물품

2. 무인비행장치, 전자·통신기기, 그 밖에 도주나 다른 사람과의 연락에 이용될 우려가 있는 물품

3. 주류·담배·화기·현금·수표, 그 밖에 시설의 안전 또는 질서를 해칠 우려가 있는 물품

4. 음란물, 사행행위에 사용되는 물품, 그 밖에 수형자의 교화 또는 건전한 사회복귀를 해칠 우려가 있는 물품

② 제1항에도 불구하고 소장이 수용자의 처우를 위하여 허가하는 경우에는 제1항제2호의 물품을 지닐 수 있다.

제93조(신체검사 등)

① 교도관은 시설의 안전과 질서유지를 위하여 필요하면 수용자의 신체·의류·휴대품·거실 및

작업장 등을 검사할 수 있다.

② 수용자의 신체를 검사하는 경우에는 불필요한 고통이나 수치심을 느끼지 아니하도록 유의하여야 하며, 특히 신체를 면밀하게 검사할 필요가 있으면 다른 수용자가 볼 수 없는 차단된 장소에서 하여야 한다.

③ 교도관은 시설의 안전과 질서유지를 위하여 필요하면 교정시설을 출입하는 수용자 외의 사람에 대하여 의류와 휴대품을 검사할 수 있다. 이 경우 출입자가 제92조의 금지물품을 지니고 있으면 교정시설에 맡기도록 하여야 하며, 이에 따르지 아니하면 출입을 금지할 수 있다.

④ 여성의 신체·의류 및 휴대품에 대한 검사는 여성교도관이 하여야 한다.

⑤ 소장은 제1항에 따라 검사한 결과 제92조의 금지물품이 발견되면 형사 법령으로 정하는 절차에 따라 처리할 물품을 제외하고는 수용자에게 알린 후 폐기한다. 다만, 폐기하는 것이 부적당한 물품은 교정시설에 보관하거나 수용자로 하여금 자신이 지정하는 사람에게 보내게 할 수 있다.

제94조(전자장비를 이용한 계호)

① 교도관은 자살·자해·도주·폭행·손괴, 그 밖에 수용자의 생명·신체를 해하거나 시설의 안전 또는 질서를 해하는 행위(이하 "자살등"이라 한다)를 방지하기 위하여 필요한 범위에서 전자장비를 이용하여 수용자 또는 시설을 계호할 수 있다. 다만, 전자영상장비로 거실에 있는 수용자를 계호하는 것은 자살등의 우려가 큰 때에만 할 수 있다.

② 제1항 단서에 따라 거실에 있는 수용자를 전자영상장비로 계호하는 경우에는 계호직원·계호시간 및 계호대상 등을 기록하여야 한다. 이 경우 수용자가 여성이면 여성교도관이 계호하여야 한다.

③ 제1항 및 제2항에 따라 계호하는 경우에는 피계호자의 인권이 침해되지 아니하도록 유의하여야 한다.

④ 전자장비의 종류·설치장소·사용방법 및 녹화기록물의 관리 등에 관하여 필요한 사항은 법무부령으로 정한다.

제95조(보호실 수용)

① 소장은 수용자가 다음 각 호의 어느 하나에 해당하면 의무관의 의견을 고려하여 보호실(자살 및 자해 방지 등의 설비를 갖춘 거실을 말한다. 이하 같다)에 수용할 수 있다.

1. 자살 또는 자해의 우려가 있는 때
2. 신체적·정신적 질병으로 인하여 특별한 보호가 필요한 때

② 수용자의 보호실 수용기간은 15일 이내로 한다. 다만, 소장은 특히 계속하여 수용할 필요가 있으면 의무관의 의견을 고려하여 1회당 7일의 범위에서 기간을 연장할 수 있다.

③ 제2항에 따라 수용자를 보호실에 수용할 수 있는 기간은 계속하여 3개월을 초과할 수 없다.

④ 소장은 수용자를 보호실에 수용하거나 수용기간을 연장하는 경우에는 그 사유를 본인에게 알려 주어야 한다.

⑤ 의무관은 보호실 수용자의 건강상태를 수시로 확인하여야 한다.

⑥ 소장은 보호실 수용사유가 소멸한 경우에는 보호실 수용을 즉시 중단하여야 한다.

제96조(진정실 수용)

① 소장은 수용자가 다음 각 호의 어느 하나에 해당하는 경우로서 강제력을 행사하거나 제98조의 보호장비를 사용하여도 그 목적을 달성할 수 없는 경우에만 진정실(일반 수용거실로부터 격리되어 있고 방음설비 등을 갖춘 거실을 말한다. 이하 같다)에 수용할 수 있다.

1. 교정시설의 설비 또는 기구 등을 손괴하거나 손괴하려고 하는 때

2. 교도관의 제지에도 불구하고 소란행위를 계속하여 다른 수용자의 평온한 수용생활을 방해하는 때

② 수용자의 진정실 수용기간은 24시간 이내로 한다. 다만, 소장은 특히 계속하여 수용할 필요가 있으면 의무관의 의견을 고려하여 1회당 12시간의 범위에서 기간을 연장할 수 있다.

③ 제2항에 따라 수용자를 진정실에 수용할 수 있는 기간은 계속하여 3일을 초과할 수 없다.

④ 진정실 수용자에 대하여는 제95조제4항부터 제6항까지의 규정을 준용한다.

제97조(보호장비의 사용)

① 교도관은 수용자가 다음 각 호의 어느 하나에 해당하면 보호장비를 사용할 수 있다.

1. 이송·출정, 그 밖에 교정시설 밖의 장소로 수용자를 호송하는 때

2. 도주·자살·자해 또는 다른 사람에 대한 위해의 우려가 큰 때

3. 위력으로 교도관의 정당한 직무집행을 방해하는 때

4. 교정시설의 설비·기구 등을 손괴하거나 그 밖에 시설의 안전 또는 질서를 해칠 우려가 큰 때

② 보호장비를 사용하는 경우에는 수용자의 나이, 건강상태 및 수용생활 태도 등을 고려하여야 한다.

③ 교도관이 교정시설의 안에서 수용자에 대하여 보호장비를 사용한 경우 의무관은 그 수용자의 건강상태를 수시로 확인하여야 한다.

제98조(보호장비의 종류 및 사용요건)

① 보호장비의 종류는 다음 각 호와 같다.

1. 수갑

2. 머리보호장비

3. 발목보호장비

4. 보호대(帶)

5. 보호의자

6. 보호침대

7. 보호복

8. 포승

② 보호장비의 종류별 사용요건은 다음 각 호와 같다.

1. 수갑·포승 : 제97조제1항제1호부터 제4호까지의 어느 하나에 해당하는 때

2. 머리보호장비 : 머리부분을 자해할 우려가 큰 때

3. 발목보호장비·보호대·보호의자 : 제97조제1항제2호부터 제4호까지의 어느 하나에 해당하는 때

4. 보호침대·보호복 : 자살·자해의 우려가 큰 때

③ 보호장비의 사용절차 등에 관하여 필요한 사항은 대통령령으로 정한다.

제99조(보호장비 남용 금지)

① 교도관은 필요한 최소한의 범위에서 보호장비를 사용하여야 하며, 그 사유가 없어지면 사용을 지체 없이 중단하여야 한다.

② 보호장비는 징벌의 수단으로 사용되어서는 아니 된다.

제100조(강제력의 행사)

① 교도관은 수용자가 다음 각 호의 어느 하나에 해당하면 강제력을 행사할 수 있다.

1. 도주하거나 도주하려고 하는 때

2. 자살하려고 하는 때

3. 자해하거나 자해하려고 하는 때

4. 다른 사람에게 위해를 끼치거나 끼치려고 하는 때

5. 위력으로 교도관의 정당한 직무집행을 방해하는 때

6. 교정시설의 설비·기구 등을 손괴하거나 손괴하려고 하는 때

7. 그 밖에 시설의 안전 또는 질서를 크게 해치는 행위를 하거나 하려고 하는 때

② 교도관은 수용자 외의 사람이 다음 각 호의 어느 하나에 해당하면 강제력을 행사할 수 있다.

1. 수용자를 도주하게 하려고 하는 때

2. 교도관 또는 수용자에게 위해를 끼치거나 끼치려고 하는 때

3. 위력으로 교도관의 정당한 직무집행을 방해하는 때

4. 교정시설의 설비·기구 등을 손괴하거나 하려고 하는 때

5. 교정시설에 침입하거나 하려고 하는 때

6. 교정시설의 안(교도관이 교정시설의 밖에서 수용자를 계호하고 있는 경우 그 장소를 포함한다)에서 교도관의 퇴거요구를 받고도 이에 따르지 아니하는 때

③ 제1항 및 제2항에 따라 강제력을 행사하는 경우에는 보안장비를 사용할 수 있다.

④ 제3항에서 "보안장비"란 교도봉·가스분사기·가스총·최루탄 등 사람의 생명과 신체의 보호, 도주의 방지 및 시설의 안전과 질서유지를 위하여 교도관이 사용하는 장비와 기구를 말한다.

⑤ 제1항 및 제2항에 따라 강제력을 행사하려면 사전에 상대방에게 이를 경고하여야 한다. 다만, 상황이 급박하여 경고할 시간적인 여유가 없는 때에는 그러하지 아니하다.

⑥ 강제력의 행사는 필요한 최소한도에 그쳐야 한다.

⑦ 보안장비의 종류, 종류별 사용요건 및 사용절차 등에 관하여 필요한 사항은 법무부령으로 정한다.

제101조(무기의 사용)

① 교도관은 다음 각 호의 어느 하나에 해당하는 사유가 있으면 수용자에 대하여 무기를 사용할 수 있다.

1. 수용자가 다른 사람에게 중대한 위해를 끼치거나 끼치려고 하여 그 사태가 위급한 때

2. 수용자가 폭행 또는 협박에 사용할 위험물을 지니고 있어 교도관이 버릴 것을 명령하였음에도 이에 따르지 아니하는 때

3. 수용자가 폭동을 일으키거나 일으키려고 하여 신속하게 제지하지 아니하면 그 확산을 방지하기 어렵다고 인정되는 때

4. 도주하는 수용자에게 교도관이 정지할 것을 명령하였음에도 계속하여 도주하는 때

5. 수용자가 교도관의 무기를 탈취하거나 탈취하려고 하는 때

6. 그 밖에 사람의 생명·신체 및 설비에 대한 중대하고도 뚜렷한 위험을 방지하기 위하여 무기의 사용을 피할 수 없는 때

② 교도관은 교정시설의 안(교도관이 교정시설의 밖에서 수용자를 계호하고 있는 경우 그 장소를 포함한다)에서 자기 또는 타인의 생명·신체를 보호하거나 수용자의 탈취를 저지하거나 건물 또는 그 밖의 시설과 무기에 대한 위험을 방지하기 위하여 급박하다고 인정되는 상당한 이유가 있으면 수용자 외의 사람에 대하여도 무기를 사용할 수 있다.

③ 교도관은 소장 또는 그 직무를 대행하는 사람의 명령을 받아 무기를 사용한다. 다만, 그 명령을 받을 시간적 여유가 없으면 그러하지 아니하다.

④ 제1항 및 제2항에 따라 무기를 사용하려면 공포탄을 발사하거나 그 밖에 적당한 방법으로 사전에 상대방에 대하여 이를 경고하여야 한다.

⑤ 무기의 사용은 필요한 최소한도에 그쳐야 하며, 최후의 수단이어야 한다.

⑥ 사용할 수 있는 무기의 종류, 무기의 종류별 사용요건 및 사용절차 등에 관하여 필요한 사항은 법무부령으로 정한다.

제102조(재난 시의 조치)

① 천재지변이나 그 밖의 재해가 발생하여 시설의 안전과 질서유지를 위하여 긴급한 조치가 필요하면 소장은 수용자로 하여금 피해의 복구나 그 밖의 응급용무를 보조하게 할 수 있다.

② 소장은 교정시설의 안에서 천재지변이나 그 밖의 사변에 대한 피난의 방법이 없는 경우에는 수용자를 다른 장소로 이송할 수 있다.

③ 소장은 제2항에 따른 이송이 불가능하면 수용자를 일시 석방할 수 있다.

④ 제3항에 따라 석방된 사람은 석방 후 24시간 이내에 교정시설 또는 경찰관서에 출석하여야 한다.

제103조(수용을 위한 체포)

① 교도관은 수용자가 도주 또는 제134조 각 호의 어느 하나에 해당하는 행위(이하 "도주등"이라 한다)를 한 경우에는 도주 후 또는 출석기한이 지난 후 72시간 이내에만 그를 체포할 수 있다.

② 교도관은 제1항에 따른 체포를 위하여 긴급히 필요하면 도주등을 하였다고 의심할 만한 상당한 이유가 있는 사람 또는 도주등을 한 사람의 이동경로나 소재를 안다고 인정되는 사람을 정지시켜 질문할 수 있다.

③ 교도관은 제2항에 따라 질문을 할 때에는 그 신분을 표시하는 증표를 제시하고 질문의 목적과 이유를 설명하여야 한다.

④ 교도관은 제1항에 따른 체포를 위하여 영업시간 내에 공연장·여관·음식점·역, 그 밖에 다수인이 출입하는 장소의 관리자 또는 관계인에게 그 장소의 출입이나 그 밖에 특히 필요한 사항에 관하여 협조를 요구할 수 있다.

⑤ 교도관은 제4항에 따라 필요한 장소에 출입하는 경우에는 그 신분을 표시하는 증표를 제시하여야 하며, 그 장소의 관리자 또는 관계인의 정당한 업무를 방해하여서는 아니 된다.

제104조(마약류사범 등의 관리)

① 소장은 마약류사범·조직폭력사범 등 법무부령으로 정하는 수용자에 대하여는 시설의 안전과 질서유지를 위하여 필요한 범위에서 다른 수용자와의 접촉을 차단하거나 계호를 엄중히 하는 등 법무부령으로 정하는 바에 따라 다른 수용자와 달리 관리할 수 있다.

② 소장은 제1항에 따라 관리하는 경우에도 기본적인 처우를 제한하여서는 아니 된다.

제12장 규율과 상벌

제105조(규율 등)

① 수용자는 교정시설의 안전과 질서유지를 위하여 법무부장관이 정하는 규율을 지켜야 한다.

② 수용자는 소장이 정하는 일과시간표를 지켜야 한다.

③ 수용자는 교도관의 직무상 지시에 따라야 한다.

제106조(포상)

소장은 수용자가 다음 각 호의 어느 하나에 해당하면 법무부령으로 정하는 바에 따라 포상할 수 있다.

1. 사람의 생명을 구조하거나 도주를 방지한 때
2. 제102조제1항에 따른 응급용무에 공로가 있는 때
3. 시설의 안전과 질서유지에 뚜렷한 공이 인정되는 때
4. 수용생활에 모범을 보이거나 건설적이고 창의적인 제안을 하는 등 특히 포상할 필요가 있다고 인정되는 때

제107조(징벌)

소장은 수용자가 다음 각 호의 어느 하나에 해당하는 행위를 하면 제111조의 징벌위원회의 의결에 따라 징벌을 부과할 수 있다.

1. 「형법」, 「폭력행위 등 처벌에 관한 법률」, 그 밖의 형사 법률에 저촉되는 행위
2. 수용생활의 편의 등 자신의 요구를 관철할 목적으로 자해하는 행위
3. 정당한 사유 없이 작업·교육·교화프로그램 등을 거부하거나 태만히 하는 행위
4. 제92조의 금지물품을 지니거나 반입·제작·사용·수수·교환·은닉하는 행위
5. 다른 사람을 처벌받게 하거나 교도관의 직무집행을 방해할 목적으로 거짓 사실을 신고하는 행위
6. 그 밖에 시설의 안전과 질서유지를 위하여 법무부령으로 정하는 규율을 위반하는 행위

제108조(징벌의 종류)

징벌의 종류는 다음 각 호와 같다.

1. 경고
2. 50시간 이내의 근로봉사
3. 3개월 이내의 작업장려금 삭감
4. 30일 이내의 공동행사 참가 정지
5. 30일 이내의 신문열람 제한
6. 30일 이내의 텔레비전 시청 제한
7. 30일 이내의 자비구매물품(의사가 치료를 위하여 처방한 의약품을 제외한다) 사용 제한
8. 30일 이내의 작업 정지(신청에 따른 작업에 한정한다)
9. 30일 이내의 전화통화 제한
10. 30일 이내의 집필 제한
11. 30일 이내의 편지수수 제한
12. 30일 이내의 접견 제한
13. 30일 이내의 실외운동 정지
14. 30일 이내의 금치(禁置)

제109조(징벌의 부과)

① 제108조제4호부터 제13호까지의 처분은 함께 부과할 수 있다.
② 수용자가 다음 각 호의 어느 하나에 해당하면 제108조제2호부터 제14호까지의 규정에서 정한 징벌의 장기의 2분의 1까지 가중할 수 있다.

1. 2 이상의 징벌사유가 경합하는 때
2. 징벌이 집행 중에 있거나 징벌의 집행이 끝난 후 또는 집행이 면제된 후 6개월 내에 다시 징벌사유에 해당하는 행위를 한 때

③ 징벌은 동일한 행위에 관하여 거듭하여 부과할 수 없으며, 행위의 동기 및 경중, 행위 후의 정황, 그 밖의 사정을 고려하여 수용목적을 달성하는 데에 필요한 최소한도에 그쳐야 한다.

④ 징벌사유가 발생한 날부터 2년이 지나면 이를 이유로 징벌을 부과하지 못한다.

제110조(징벌대상자의 조사)

① 소장은 징벌사유에 해당하는 행위를 하였다고 의심할 만한 상당한 이유가 있는 수용자(이하 "징벌대상자"라 한다)가 다음 각 호의 어느 하나에 해당하면 조사기간 중 분리하여 수용할 수 있다.

1. 증거를 인멸할 우려가 있는 때
2. 다른 사람에게 위해를 끼칠 우려가 있거나 다른 수용자의 위해로부터 보호할 필요가 있는 때

② 소장은 징벌대상자가 제1항 각 호의 어느 하나에 해당하면 접견·편지수수·전화통화·실외운동·작업·교육훈련, 공동행사 참가, 중간처우 등 다른 사람과의 접촉이 가능한 처우의 전부 또는 일부를 제한할 수 있다.

제111조(징벌위원회)

① 징벌대상자의 징벌을 결정하기 위하여 교정시설에 징벌위원회(이하 이 조에서 "위원회"라 한다)를 둔다.

② 위원회는 위원장을 포함한 5명 이상 7명 이하의 위원으로 구성하고, 위원장은 소장의 바로 다음 순위자가 되며, 위원은 소장이 소속 기관의 과장(지소의 경우에는 7급 이상의 교도관) 및 교정에 관한 학식과 경험이 풍부한 외부인사 중에서 임명 또는 위촉한다. 이 경우 외부위원 은 3명 이상으로 한다.

③ 위원회는 소장의 징벌요구에 따라 개회하며, 징벌은 그 의결로써 정한다.

④ 위원이 징벌대상자의 친족이거나 그 밖에 공정한 심의·의결을 기대할 수 없는 특별한 사유가 있는 경우에는 위원회에 참석할 수 없다.

⑤ 징벌대상자는 위원에 대하여 기피신청을 할 수 있다. 이 경우 위원회의 의결로 기피 여부를 결정하여야 한다.

⑥ 위원회는 징벌대상자가 위원회에 출석하여 충분한 진술을 할 수 있는 기회를 부여하여야 하며, 징벌대상자는 서면 또는 말로써 자기에게 유리한 사실을 진술하거나 증거를 제출할 수 있다.

⑦ 위원회의 위원 중 공무원이 아닌 사람은 「형법」 제127조 및 제129조부터 제132조까지의 규정을 적용할 때에는 공무원으로 본다.

제111조의2(징벌대상행위에 관한 양형 참고자료 통보)

소장은 미결수용자에게 징벌을 부과한 경우에는 그 징벌대상행위를 양형(量刑) 참고자료로 작성하여 관할 검찰청 검사 또는 관할 법원에 통보할 수 있다.

제112조(징벌의 집행)

① 징벌은 소장이 집행한다.

② 소장은 징벌집행을 위하여 필요하다고 인정하면 수용자를 분리하여 수용할 수 있다.

③ 제108조제14호의 처분을 받은 사람에게는 그 기간 중 같은 조 제4호부터 제12호까지의 처우 제한이 함께 부과된다. 다만, 소장은 수용자의 권리구제, 수형자의 교화 또는 건전한 사회복귀를 위하여 특히 필요하다고 인정하면 집필·편지수수 또는 접견을 허가할 수 있다.

④ 소장은 제108조제14호의 처분을 받은 사람에게 다음 각 호의 어느 하나에 해당하는 사유가 있어 필요하다고 인정하는 경우에는 건강유지에 지장을 초래하지 아니하는 범위에서 실외운동을 제한할 수 있다.

1. 도주의 우려가 있는 경우

2. 자해의 우려가 있는 경우

3. 다른 사람에게 위해를 끼칠 우려가 있는 경우

4. 그 밖에 시설의 안전 또는 질서를 크게 해칠 우려가 있는 경우로서 법무부령으로 정하는 경우

⑤ 소장은 제108조제13호에 따른 실외운동 정지를 부과하는 경우 또는 제4항에 따라 실외운동을 제한하는 경우라도 수용자가 매주 1회 이상 실외운동을 할 수 있도록 하여야 한다.

⑥ 소장은 제108조제13호 또는 제14호의 처분을 집행하는 경우에는 의무관으로 하여금 사전에 수용자의 건강을 확인하도록 하여야 하며, 집행 중인 경우에도 수시로 건강상태를 확인하여야 한다.

제113조(징벌집행의 정지·면제)

① 소장은 질병이나 그 밖의 사유로 징벌집행이 곤란하면 그 사유가 해소될 때까지 그 집행을 일시 정지할 수 있다.

② 소장은 징벌집행 중인 사람이 뉘우치는 빛이 뚜렷한 경우에는 그 징벌을 감경하거나 남은 기간의 징벌집행을 면제할 수 있다.

제114조(징벌집행의 유예)

① 징벌위원회는 징벌을 의결하는 때에 행위의 동기 및 정황, 교정성적, 뉘우치는 정도 등 그 사정을 고려할 만한 사유가 있는 수용자에 대하여 2개월 이상 6개월 이하의 기간 내에서 징벌의 집행을 유예할 것을 의결할 수 있다.

② 소장은 징벌집행의 유예기간 중에 있는 수용자가 다시 제107조의 징벌대상행위를 하여 징벌이 결정되면 그 유예한 징벌을 집행한다.

③ 수용자가 징벌집행을 유예받은 후 징벌을 받음이 없이 유예기간이 지나면 그 징벌의 집행은 종료된 것으로 본다.

제115조(징벌의 실효 등)

① 소장은 징벌의 집행이 종료되거나 집행이 면제된 수용자가 교정성적이 양호하고 법무부령으

로 정하는 기간 동안 징벌을 받지 아니하면 법무부장관의 승인을 받아 징벌을 실효시킬 수 있다.

② 제1항에도 불구하고 소장은 수용자가 교정사고 방지에 뚜렷한 공로가 있다고 인정되면 분류처우위원회의 의결을 거친 후 법무부장관의 승인을 받아 징벌을 실효시킬 수 있다.

③ 이 법에 규정된 사항 외에 징벌에 관하여 필요한 사항은 법무부령으로 정한다.

제13장 권리구제

제116조(소장 면담)

① 수용자는 그 처우에 관하여 소장에게 면담을 신청할 수 있다.

② 소장은 수용자의 면담신청이 있으면 다음 각 호의 어느 하나에 해당하는 사유가 있는 경우를 제외하고는 면담을 하여야 한다.

1. 정당한 사유 없이 면담사유를 밝히지 아니하는 때
2. 면담목적이 법령에 명백히 위배되는 사항을 요구하는 것인 때
3. 동일한 사유로 면담한 사실이 있음에도 불구하고 정당한 사유 없이 반복하여 면담을 신청하는 때
4. 교도관의 직무집행을 방해할 목적이라고 인정되는 상당한 이유가 있는 때

③ 소장은 특별한 사정이 있으면 소속 교도관으로 하여금 그 면담을 대리하게 할 수 있다. 이 경우 면담을 대리한 사람은 그 결과를 소장에게 지체 없이 보고하여야 한다.

④ 소장은 면담한 결과 처리가 필요한 사항이 있으면 그 처리결과를 수용자에게 알려야 한다.

제117조(청원)

① 수용자는 그 처우에 관하여 불복하는 경우 법무부장관·순회점검공무원 또는 관할 지방교정청장에게 청원할 수 있다.

② 제1항에 따라 청원하려는 수용자는 청원서를 작성하여 봉한 후 소장에게 제출하여야 한다. 다만, 순회점검공무원에 대한 청원은 말로도 할 수 있다.

③ 소장은 청원서를 개봉하여서는 아니 되며, 이를 지체 없이 법무부장관·순회점검공무원 또는 관할 지방교정청장에게 보내거나 순회점검공무원에게 전달하여야 한다.

④ 제2항 단서에 따라 순회점검공무원이 청원을 청취하는 경우에는 해당 교정시설의 교도관이 참여하여서는 아니 된다.

⑤ 청원에 관한 결정은 문서로 하여야 한다.

⑥ 소장은 청원에 관한 결정서를 접수하면 청원인에게 지체 없이 전달하여야 한다.

제117조의2(정보공개청구)

① 수용자는 「공공기관의 정보공개에 관한 법률」에 따라 법무부장관, 지방교정청장 또는 소장에게 정보의 공개를 청구할 수 있다.

② 현재의 수용기간 동안 법무부장관, 지방교정청장 또는 소장에게 제1항에 따른 정보공개청구를 한 후 정당한 사유 없이 그 청구를 취하하거나 「공공기관의 정보공개에 관한 법률」 제17조에 따른 비용을 납부하지 아니한 사실이 2회 이상 있는 수용자가 제1항에 따른 정보공개청구를 한 경우에 법무부장관, 지방교정청장 또는 소장은 그 수용자에게 정보의 공개 및 우송 등에 들 것으로 예상되는 비용을 미리 납부하게 할 수 있다.

③ 제2항에 따라 정보의 공개 및 우송 등에 들 것으로 예상되는 비용을 미리 납부하여야 하는 수용자가 비용을 납부하지 아니한 경우 법무부장관, 지방교정청장 또는 소장은 그 비용을 납부할 때까지 「공공기관의 정보공개에 관한 법률」 제11조에 따른 정보공개 여부의 결정을 유예할 수 있다.

④ 제2항에 따른 예상비용의 산정방법, 납부방법, 납부기간, 그 밖에 비용납부에 관하여 필요한 사항은 대통령령으로 정한다.

제118조(불이익처우 금지)

수용자는 청원, 진정, 소장과의 면담, 그 밖의 권리구제를 위한 행위를 하였다는 이유로 불이익한 처우를 받지 아니한다.

제3편 수용의 종료

제1장 가석방

제119조(가석방심사위원회)

「형법」 제72조에 따른 가석방의 적격 여부를 심사하기 위하여 법무부장관 소속으로 가석방심사 위원회(이하 이 장에서 "위원회"라 한다)를 둔다.

제120조(위원회의 구성)

① 위원회는 위원장을 포함한 5명 이상 9명 이하의 위원으로 구성한다.

② 위원장은 법무부차관이 되고, 위원은 판사, 검사, 변호사, 법무부 소속 공무원, 교정에 관한 학식과 경험이 풍부한 사람 중에서 법무부장관이 임명 또는 위촉한다.

③ 위원회의 심사과정 및 심사내용의 공개범위와 공개시기는 다음 각 호와 같다. 다만, 제2호 및 제3호의 내용 중 개인의 신상을 특정할 수 있는 부분은 삭제하고 공개하되, 국민의 알권리를 충족할 필요가 있는 등의 사유가 있는 경우에는 위원회가 달리 의결할 수 있다.

1. 위원의 명단과 경력사항은 임명 또는 위촉한 즉시
2. 심의서는 해당 가석방 결정 등을 한 후부터 즉시
3. 회의록은 해당 가석방 결정 등을 한 후 5년이 경과한 때부터

④ 위원회의 위원 중 공무원이 아닌 사람은 「형법」 제127조 및 제129조부터 제132조까지의 규정을 적용할 때에는 공무원으로 본다.

⑤ 그 밖에 위원회에 관하여 필요한 사항은 법무부령으로 정한다.

제121조(가석방 적격심사)

① 소장은 「형법」 제72조제1항의 기간이 지난 수형자에 대하여는 법무부령으로 정하는 바에 따라 위원회에 가석방 적격심사를 신청하여야 한다.

② 위원회는 수형자의 나이, 범죄동기, 죄명, 형기, 교정성적, 건강상태, 가석방 후의 생계능력, 생활환경, 재범의 위험성, 그 밖에 필요한 사정을 고려하여 가석방의 적격 여부를 결정한다.

제122조(가석방 허가)

① 위원회는 가석방 적격결정을 하였으면 5일 이내에 법무부장관에게 가석방 허가를 신청하여야 한다.

② 법무부장관은 제1항에 따른 위원회의 가석방 허가신청이 적정하다고 인정하면 허가할 수 있다.

제2장 석방

제123조(석방)

소장은 사면·형기종료 또는 권한이 있는 사람의 명령에 따라 수용자를 석방한다.

제124조(석방시기)

① 사면, 가석방, 형의 집행면제, 감형에 따른 석방은 그 서류가 교정시설에 도달한 후 12시간 이내에 하여야 한다. 다만, 그 서류에서 석방일시를 지정하고 있으면 그 일시에 한다.

② 형기종료에 따른 석방은 형기종료일에 하여야 한다.

③ 권한이 있는 사람의 명령에 따른 석방은 서류가 도달한 후 5시간 이내에 하여야 한다.

제125조(피석방자의 일시수용)

소장은 피석방자가 질병이나 그 밖에 피할 수 없는 사정으로 귀가하기 곤란한 경우에 본인의 신청이 있으면 일시적으로 교정시설에 수용할 수 있다.

제126조(귀가여비의 지급 등)

소장은 피석방자에게 귀가에 필요한 여비 또는 의류가 없으면 법무부장관이 정하는 범위에서 이를 지급하거나 빌려 줄 수 있다.

제126조의2(석방예정자의 수용이력 등 통보)

① 소장은 석방될 수형자의 재범방지, 자립지원 및 피해자 보호를 위하여 필요하다고 인정하면 해당 수형자의 수용이력 또는 사회복귀에 관한 의견을 그의 거주지를 관할하는 경찰관서나 자립을 지원할 법인 또는 개인에게 통보할 수 있다. 다만, 법인 또는 개인에게 통보하는 경우에는 해당 수형자의 동의를 받아야 한다.

② 제1항에 따라 통보하는 수용이력 또는 사회복귀에 관한 의견의 구체적인 사항은 대통령령으로 정한다.

제3장 사망

제127조(사망 알림)

소장은 수용자가 사망한 경우에는 그 사실을 즉시 그 가족(가족이 없는 경우에는 다른 친족)에게 알려야 한다.

제128조(시신의 인도 등)

① 소장은 사망한 수용자의 친족 또는 특별한 연고가 있는 사람이 그 시신 또는 유골의 인도를 청구하는 경우에는 인도하여야 한다. 다만, 제3항에 따라 자연장(自然葬)을 하거나 집단으로 매장을 한 후에는 그러하지 아니하다.

② 소장은 제127조에 따라 수용자가 사망한 사실을 알게 된 사람이 다음 각 호의 어느 하나에 해당하는 기간 이내에 그 시신을 인수하지 아니하거나 시신을 인수할 사람이 없으면 임시로 매장하거나 화장(火葬) 후 봉안하여야 한다. 다만, 감염병 예방 등을 위하여 필요하면 즉시 화장하여야 하며, 그 밖에 필요한 조치를 할 수 있다.

1. 임시로 매장하려는 경우: 사망한 사실을 알게 된 날부터 3일

2. 화장하여 봉안하려는 경우: 사망한 사실을 알게 된 날부터 60일

③ 소장은 제2항에 따라 시신을 임시로 매장하거나 화장하여 봉안한 후 2년이 지나도록 시신의 인도를 청구하는 사람이 없을 때에는 다음 각 호의 구분에 따른 방법으로 처리할 수 있다.

1. 임시로 매장한 경우: 화장 후 자연장을 하거나 일정한 장소에 집단으로 매장

2. 화장하여 봉안한 경우: 자연장

④ 소장은 병원이나 그 밖의 연구기관이 학술연구상의 필요에 따라 수용자의 시신인도를 신청하면 본인의 유언 또는 상속인의 승낙이 있는 경우에 한하여 인도할 수 있다.

⑤ 소장은 수용자가 사망하면 법무부장관이 정하는 범위에서 화장·시신인도 등에 필요한 비용을 인수자에게 지급할 수 있다.

제4편 교정자문위원회 등

제129조(교정자문위원회)

① 수용자의 관리·교정교화 등 사무에 관한 지방교정청장의 자문에 응하기 위하여 지방교정청에 교정자문위원회(이하 이 조에서 "위원회"라 한다)를 둔다.

② 위원회는 10명 이상 15명 이하의 위원으로 성별을 고려하여 구성하고, 위원장은 위원 중에서 호선하며, 위원은 교정에 관한 학식과 경험이 풍부한 외부인사 중에서 지방교정청장의 추천을 받아 법무부장관이 위촉한다.

③ 이 법에 규정된 사항 외에 위원회에 관하여 필요한 사항은 법무부령으로 정한다.

제130조(교정위원)

① 수용자의 교육·교화·의료, 그 밖에 수용자의 처우를 후원하기 위하여 교정시설에 교정위원을 둘 수 있다.

② 교정위원은 명예직으로 하며 소장의 추천을 받아 법무부장관이 위촉한다.

제131조(기부금품의 접수)

소장은 기관·단체 또는 개인이 수용자의 교화 등을 위하여 교정시설에 자발적으로 기탁하는 금품을 받을 수 있다.

제5편 벌칙

제132조(금지물품을 지닌 경우)

① 수용자가 제92조제2항을 위반하여 소장의 허가 없이 무인비행장치, 전자·통신기기를 지닌 경우 2년 이하의 징역 또는 2천만원 이하의 벌금에 처한다.

② 수용자가 제92조제1항제3호를 위반하여 주류·담배·화기·현금·수표를 지닌 경우 1년 이하의 징역 또는 1천만원 이하의 벌금에 처한다.

제133조(금지물품의 반입)

① 소장의 허가 없이 무인비행장치, 전자·통신기기를 교정시설에 반입한 사람은 3년 이하의 징역 또는 3천만원 이하의 벌금에 처한다.

② 주류·담배·화기·현금·수표·음란물·사행행위에 사용되는 물품을 수용자에게 전달할 목적으로 교정시설에 반입한 사람은 1년 이하의 징역 또는 1천만원 이하의 벌금에 처한다.

③ 상습적으로 제2항의 죄를 범한 사람은 2년 이하의 징역 또는 2천만원 이하의 벌금에 처한다.

제134조(출석의무 위반 등)

다음 각 호의 어느 하나에 해당하는 행위를 한 수용자는 1년 이하의 징역에 처한다.

1. 정당한 사유 없이 제102조제4항을 위반하여 일시석방 후 24시간 이내에 교정시설 또는 경찰관서에 출석하지 아니하는 행위
2. 귀휴·외부통근, 그 밖의 사유로 소장의 허가를 받아 교도관의 계호 없이 교정시설 밖으로 나간 후에 정당한 사유 없이 기한까지 돌아오지 아니하는 행위

제135조(녹화 등의 금지)

소장의 허가 없이 교정시설 내부를 녹화·촬영한 사람은 1년 이하의 징역 또는 1천만원 이하의 벌금에 처한다.

제136조(미수범)

제133조 및 제135조의 미수범은 처벌한다.

제137조(몰수)

제132조 및 제133조에 해당하는 금지물품은 몰수한다.

부칙

이 법은 공포 후 6개월이 경과한 날부터 시행한다.

범죄피해자 보호법
[시행 2025.3.21.]

제1장 총칙

제1조(목적)

이 법은 범죄피해자 보호·지원의 기본 정책 등을 정하고 타인의 범죄행위로 인하여 생명·신체에 피해를 받은 사람을 구조(救助)함으로써 범죄피해자의 복지 증진에 기여함을 목적으로 한다.

제2조(기본이념)

① 범죄피해자는 범죄피해 상황에서 빨리 벗어나 인간의 존엄성을 보장받을 권리가 있다.

② 범죄피해자의 명예와 사생활의 평온은 보호되어야 한다.

③ 범죄피해자는 해당 사건과 관련하여 각종 법적 절차에 참여할 권리가 있다.

제3조(정의)

① 이 법에서 사용하는 용어의 뜻은 다음과 같다.

1. "범죄피해자"란 타인의 범죄행위로 피해를 당한 사람과 그 배우자(사실상의 혼인관계를 포함한다), 직계친족 및 형제자매를 말한다.

2. "범죄피해자 보호·지원"이란 범죄피해자의 손실 복구, 정당한 권리 행사 및 복지 증진에 기여하는 행위를 말한다. 다만, 수사·변호 또는 재판에 부당한 영향을 미치는 행위는 포함되지 아니한다.

3. "범죄피해자 지원법인"이란 범죄피해자 보호·지원을 주된 목적으로 설립된 비영리법인을 말한다.

4. "구조대상 범죄피해"란 대한민국의 영역 안에서 또는 대한민국의 영역 밖에 있는 대한민국의 선박이나 항공기 안에서 행하여진 사람의 생명 또는 신체를 해치는 죄에 해당하는 행위(「형법」 제9조, 제10조제1항, 제12조, 제22조제1항에 따라 처벌되지 아니하는 행위를 포함하며, 같은 법 제20조 또는 제21조제1항에 따라 처벌되지 아니하는 행위 및 과실에 의한 행위는 제외한다)로 인하여 사망하거나 장해 또는 중상해를 입은 것을 말한다.

5. "장해"란 범죄행위로 입은 부상이나 질병이 치료(그 증상이 고정된 때를 포함한다)된 후에 남은 신체의 장해로서 대통령령으로 정하는 경우를 말한다.

6. "중상해"란 범죄행위로 인하여 신체나 그 생리적 기능에 손상을 입은 것으로서 대통령령으로 정하는 경우를 말한다.

② 제1항제1호에 해당하는 사람 외에 범죄피해 방지 및 범죄피해자 구조 활동으로 피해를 당한 사람도 범죄피해자로 본다.

제4조(국가의 책무)

국가는 범죄피해자 보호·지원을 위하여 다음 각 호의 조치를 취하고 이에 필요한 재원을 조달할 책무를 진다.

1. 범죄피해자 보호·지원 체제의 구축 및 운영
2. 범죄피해자 보호·지원을 위한 실태조사, 연구, 교육, 홍보
3. 범죄피해자 보호·지원을 위한 관계 법령의 정비 및 각종 정책의 수립·시행

제5조(지방자치단체의 책무)

① 지방자치단체는 범죄피해자 보호·지원을 위하여 적극적으로 노력하고, 국가의 범죄피해자 보호·지원 시책이 원활하게 시행되도록 협력하여야 한다.

② 지방자치단체는 제1항에 따른 책무를 다하기 위하여 필요한 재원을 조달하여야 한다.

제6조(국민의 책무)

국민은 범죄피해자의 명예와 사생활의 평온을 해치지 아니하도록 유의하여야 하고, 국가 및 지방자치단체가 실시하는 범죄피해자를 위한 정책의 수립과 추진에 최대한 협력하여야 한다.

제2장 범죄피해자 보호·지원의 기본 정책

제7조(손실 복구 지원 등)

① 국가 및 지방자치단체는 범죄피해자의 피해정도 및 보호·지원의 필요성 등에 따라 상담, 의료제공(치료비 지원을 포함한다), 구조금 지급, 법률구조, 취업 관련 지원, 주거지원, 그 밖에 범죄피해자의 보호에 필요한 대책을 마련하여야 한다.

② 국가는 범죄피해자와 그 가족에게 신체적·정신적 안정을 제공하고 사회복귀를 돕기 위하여 일시적 보호시설(이하 "보호시설"이라 한다)을 설치·운영하여야 한다. 이 경우 국가는 보호시설의 운영을 범죄피해자 지원법인, 「의료법」에 따른 종합병원, 「고등교육법」에 따른 학교를 설립·운영하는 학교법인, 그 밖에 대통령령으로 정하는 기관 또는 단체에 위탁할 수 있다.

③ 국가는 범죄피해자와 그 가족의 정신적 회복을 위한 상담 및 치료 프로그램을 운영하여야 한다.

④ 보호시설의 설치·운영 기준, 입소·퇴소의 기준 및 절차, 위탁운영의 절차, 감독의 기준 및 절차와 제3항에 따른 상담 및 치료 프로그램의 운영 등에 관한 사항은 대통령령으로 정한다.

제8조(형사절차 참여 보장 등)

① 국가는 범죄피해자가 해당 사건과 관련하여 수사담당자와 상담하거나 재판절차에 참여하여 진술하는 등 형사절차상의 권리를 행사할 수 있도록 보장하여야 한다.

② 국가는 범죄피해자가 요청하면 가해자에 대한 수사 결과, 공판기일, 재판 결과, 형 집행 및 보호관찰 집행 상황 등 형사절차 관련 정보를 대통령령으로 정하는 바에 따라 제공할 수 있다.

제8조의2(범죄피해자에 대한 정보 제공 등)

① 국가는 수사 및 재판 과정에서 다음 각 호의 정보를 범죄피해자에게 제공하여야 한다.

1. 범죄피해자의 해당 재판절차 참여 진술권 등 형사절차상 범죄피해자의 권리에 관한 정보

2. 범죄피해 구조금 지급 및 범죄피해자 보호 · 지원 단체 현황 등 범죄피해자의 지원에 관한 정보

3. 그 밖에 범죄피해자의 권리보호 및 복지증진을 위하여 필요하다고 인정되는 정보

② 제1항에 따른 정보 제공의 구체적인 방법 및 절차 등에 필요한 사항은 대통령령으로 정한다.

제9조(사생활의 평온과 신변의 보호 등)

① 국가 및 지방자치단체는 범죄피해자의 명예와 사생활의 평온을 보호하기 위하여 필요한 조치를 하여야 한다.

② 국가 및 지방자치단체는 범죄피해자가 형사소송절차에서 한 진술이나 증언과 관련하여 보복을 당할 우려가 있는 등 범죄피해자를 보호할 필요가 있을 경우에는 적절한 조치를 마련하여야 한다.

제10조(교육 · 훈련)

국가 및 지방자치단체는 범죄피해자에 대한 이해 증진과 효율적 보호 · 지원 업무 수행을 위하여 범죄 수사에 종사하는 자, 범죄피해자에 관한 상담 · 의료 제공 등의 업무에 종사하는 자, 그 밖에 범죄피해자 보호 · 지원 활동과 관계가 있는 자에 대하여 필요한 교육과 훈련을 실시하여야 한다.

제11조(홍보 및 조사연구)

① 국가 및 지방자치단체는 범죄피해자에 대한 이해와 관심을 높이기 위하여 필요한 홍보를 하여야 한다.

② 국가 및 지방자치단체는 범죄피해자에 대하여 전문적 지식과 경험을 바탕으로 한 적절한 지원이 이루어질 수 있도록 범죄피해의 실태 조사, 지원정책 개발 등을 위하여 노력하여야 한다.

제11조의2(범죄피해자 인권 주간)

범죄피해자에 대한 사회적 관심을 높이고 범죄피해자의 복지를 증진하기 위하여 대통령령으로 정하는 바에 따라 1년 중 1주간을 범죄피해자 인권 주간으로 한다.

[본조신설 2024.9.20.]

제3장 범죄피해자 보호 · 지원의 기본계획 등

제12조(기본계획 수립)

① 법무부장관은 제15조에 따른 범죄피해자 보호위원회의 심의를 거쳐 범죄피해자 보호 · 지원에 관한 기본계획(이하 "기본계획"이라 한다)을 5년마다 수립하여야 한다.

② 기본계획에는 다음 각 호의 사항이 포함되어야 한다.

1. 범죄피해자 보호·지원 정책의 기본방향과 추진목표
2. 범죄피해자 보호·지원을 위한 실태조사, 연구, 교육과 홍보
3. 범죄피해자 보호·지원 단체에 대한 지원과 감독
4. 범죄피해자 보호·지원과 관련된 재원의 조달과 운용
5. 그 밖에 범죄피해자를 보호·지원하기 위하여 법무부장관이 필요하다고 인정한 사항

제13조(연도별 시행계획의 수립)

① 법무부장관, 관계 중앙행정기관의 장과 특별시장·광역시장·도지사·특별자치도지사(이하 "시·도지사"라 한다)는 기본계획에 따라 연도별 시행계획(이하 "시행계획"이라 한다)을 수립·시행하여야 한다.

② 관계 중앙행정기관의 장과 시·도지사는 다음 연도의 시행계획과 전년도 추진 실적을 매년 법무부장관에게 제출하여야 한다. 이 경우 법무부장관은 그 시행계획이 부적합하다고 판단할 때에는 그 시행계획을 수립한 장에게 시행계획의 보완·조정을 요구할 수 있다.

③ 제1항 및 제2항에서 정한 사항 외에 시행계획의 수립과 시행에 필요한 사항은 대통령령으로 정한다.

제14조(관계 기관의 협조)

① 법무부장관은 기본계획과 시행계획을 수립·시행하기 위하여 필요하면 관계 중앙행정기관의 장, 지방자치단체의 장 또는 관계 공공기관의 장에게 협조를 요청할 수 있다.

② 중앙행정기관의 장 또는 시·도지사는 시행계획을 수립·시행하기 위하여 필요하면 관계 중앙행정기관의 장, 지방자치단체의 장 또는 공공기관의 장에게 협조를 요청할 수 있다.

③ 제1항과 제2항에 따른 협조요청을 받은 기관의 장이나 지방자치단체의 장은 특별한 사유가 없으면 협조하여야 한다.

제15조(범죄피해자보호위원회)

① 범죄피해자 보호·지원에 관한 기본계획 및 주요 사항 등을 심의하기 위하여 법무부장관 소속으로 범죄피해자보호위원회(이하 "보호위원회"라 한다)를 둔다.

② 보호위원회는 다음 각 호의 사항을 심의한다.
1. 기본계획 및 시행계획에 관한 사항
2. 범죄피해자 보호·지원을 위한 주요 정책의 수립·조정에 관한 사항
3. 범죄피해자 보호·지원 단체에 대한 지원·감독에 관한 사항
4. 그 밖에 위원장이 심의를 요청한 사항

③ 보호위원회는 위원장을 포함하여 20명 이내의 위원으로 구성한다.

④ 제1항부터 제3항까지의 규정에서 정한 사항 외에 보호위원회의 구성 및 운영 등에 관한 사항은 대통령령으로 정한다.

제4장 구조대상 범죄피해에 대한 구조

제16조(구조금의 지급요건)

국가는 구조대상 범죄피해를 받은 사람(이하 "구조피해자"라 한다)이 다음 각 호의 어느 하나에 해당하면 구조피해자 또는 그 유족에게 범죄피해 구조금(이하 "구조금"이라 한다)을 지급한다.

1. 구조피해자가 피해의 전부 또는 일부를 배상받지 못하는 경우

2. 자기 또는 타인의 형사사건의 수사 또는 재판에서 고소·고발 등 수사단서를 제공하거나 진술, 증언 또는 자료제출을 하다가 구조피해자가 된 경우

제17조(구조금의 종류 등)

① 구조금은 유족구조금·장해구조금 및 중상해구조금으로 구분한다. 〈개정 2024.9.20.〉

② 유족구조금은 구조피해자가 사망하였을 때 제18조에 따라 맨 앞의 순위인 유족에게 지급한다. 다만, 순위가 같은 유족이 2명 이상이면 똑같이 나누어 지급한다.

③ 장해구조금 및 중상해구조금은 해당 구조피해자에게 지급한다. 다만, 장해구조금 또는 중상해구조금의 지급을 신청한 구조피해자가 장해구조금 또는 중상해구조금을 지급받기 전에 사망(해당 구조대상 범죄피해의 원인이 된 범죄행위로 사망한 경우는 제외한다)한 경우에는 제18조에 따라 맨 앞의 순위인 유족에게 지급하되, 순위가 같은 유족이 2명 이상이면 똑같이 나누어 지급한다. 〈개정 2024.9.20.〉

④ 구조금은 일시금으로 지급한다. 다만, 구조피해자 또는 그 유족이 연령, 장애, 질병이나 그 밖에 대통령령으로 정하는 사유로 구조금을 관리할 능력이 부족하다고 인정되는 경우로서 다음 각 호의 어느 하나에 해당하는 경우에는 대통령령으로 정하는 바에 따라 구조금을 분할하여 지급할 수 있다. 〈신설 2024.9.20.〉

1. 구조피해자나 그 유족이 구조금의 분할 지급을 청구하여 제24조제1항에 따른 범죄피해구조심의회가 구조금의 분할 지급을 결정한 경우

2. 제24조제1항에 따른 범죄피해구조심의회가 직권으로 구조금의 분할 지급을 결정한 경우

제18조(유족의 범위 및 순위)

① 유족구조금이나 제17조제3항 단서에 따라 유족에게 지급하는 장해구조금 또는 중상해구조금(이하 "유족구조금등"이라 한다)을 지급받을 수 있는 유족은 다음 각 호의 어느 하나에 해당하는 사람으로 한다. 〈개정 2024.9.20.〉

1. 배우자(사실상 혼인관계를 포함한다) 및 구조피해자의 사망 당시 구조피해자의 수입으로 생계를 유지하고 있는 구조피해자의 자녀

2. 구조피해자의 사망 당시 구조피해자의 수입으로 생계를 유지하고 있는 구조피해자의 부모, 손자·손녀, 조부모 및 형제자매

3. 제1호 및 제2호에 해당하지 아니하는 구조피해자의 자녀, 부모, 손자·손녀, 조부모 및 형제자매

② 제1항에 따른 유족의 범위에서 태아는 구조피해자가 사망할 때 이미 출생한 것으로 본다.

③ 유족구조금등을 받을 유족의 순위는 제1항 각 호에 열거한 순서로 하고, 같은 항 제2호 및 제3호에 열거한 사람 사이에서는 해당 각 호에 열거한 순서로 하며, 부모의 경우에는 양부모를 선순위로 하고 친부모를 후순위로 한다. 〈개정 2024.9.20.〉

④ 유족이 다음 각 호의 어느 하나에 해당하면 유족구조금등을 받을 수 있는 유족으로 보지 아니한다. 〈개정 2024.9.20.〉

1. 구조피해자를 고의로 사망하게 한 경우
2. 구조피해자가 사망하기 전에 그가 사망하면 유족구조금등을 받을 수 있는 선순위 또는 같은 순위의 유족이 될 사람을 고의로 사망하게 한 경우
3. 구조피해자가 사망한 후 유족구조금등을 받을 수 있는 선순위 또는 같은 순위의 유족을 고의로 사망하게 한 경우

제19조(구조금을 지급하지 아니할 수 있는 경우)

① 범죄행위 당시 구조피해자와 가해자 사이에 다음 각 호의 어느 하나에 해당하는 친족관계가 있는 경우에는 구조금을 지급하지 아니한다.

1. 부부(사실상의 혼인관계를 포함한다)
2. 직계혈족
3. 4촌 이내의 친족
4. 동거친족

② 범죄행위 당시 구조피해자와 가해자 사이에 제1항 각 호의 어느 하나에 해당하지 아니하는 친족관계가 있는 경우에는 구조금의 일부를 지급하지 아니한다.

③ 구조피해자가 다음 각 호의 어느 하나에 해당하는 행위를 한 때에는 구조금을 지급하지 아니한다.

1. 해당 범죄행위를 교사 또는 방조하는 행위
2. 과도한 폭행·협박 또는 중대한 모욕 등 해당 범죄행위를 유발하는 행위
3. 해당 범죄행위와 관련하여 현저하게 부정한 행위
4. 해당 범죄행위를 용인하는 행위
5. 집단적 또는 상습적으로 불법행위를 행할 우려가 있는 조직에 속하는 행위(다만, 그 조직에 속하고 있는 것이 해당 범죄피해를 당한 것과 관련이 없다고 인정되는 경우는 제외한다)
6. 범죄행위에 대한 보복으로 가해자 또는 그 친족이나 그 밖에 가해자와 밀접한 관계가 있는 사람의 생명을 해치거나 신체를 중대하게 침해하는 행위

④ 구조피해자가 다음 각 호의 어느 하나에 해당하는 행위를 한 때에는 구조금의 일부를 지급하지 아니한다.

1. 폭행·협박 또는 모욕 등 해당 범죄행위를 유발하는 행위
2. 해당 범죄피해의 발생 또는 증대에 가공(加功)한 부주의한 행위 또는 부적절한 행위

⑤ 유족구조금등을 지급하지 아니할 수 있는 경우에 관하여는 제1항부터 제4항까지를 준용한다.

이 경우 "구조피해자"는 "구조피해자 또는 맨 앞의 순위인 유족"으로 본다. 〈개정 2024. 9.20.〉

⑥ 구조피해자 또는 그 유족과 가해자 사이의 관계, 그 밖의 사정을 고려하여 구조금의 전부 또는 일부를 지급하는 것이 사회통념에 위배된다고 인정될 때에는 구조금의 전부 또는 일부를 지급하지 아니할 수 있다.

⑦ 제1항부터 제6항까지의 규정에도 불구하고 구조금의 실질적인 수혜자가 가해자로 귀착될 우려가 없는 경우 등 구조금을 지급하지 아니하는 것이 사회통념에 위배된다고 인정할 만한 특별한 사정이 있는 경우에는 구조금의 전부 또는 일부를 지급할 수 있다.

제20조(다른 법령에 따른 급여 등과의 관계)

구조피해자나 유족이 해당 구조대상 범죄피해를 원인으로 하여 「국가배상법」이나 그 밖의 법령에 따른 급여 등을 받을 수 있는 경우에는 대통령령으로 정하는 바에 따라 구조금을 지급하지 아니한다.

제21조(손해배상과의 관계)

① 국가는 구조피해자나 유족이 해당 구조대상 범죄피해를 원인으로 하여 손해배상을 받았으면 그 범위에서 구조금을 지급하지 아니한다.

② 국가는 지급한 구조금의 범위에서 해당 구조금을 받은 사람이 구조대상 범죄피해를 원인으로 하여 가지고 있는 손해배상청구권을 대위한다.

③ 국가는 제2항에 따라 손해배상청구권을 대위할 때 대통령령으로 정하는 바에 따라 가해자인 수형자나 보호감호대상자의 작업장려금 또는 근로보상금에서 손해배상금을 받을 수 있다.

제22조(구조금액)

① 유족구조금은 구조피해자의 사망 당시(신체에 손상을 입고 그로 인하여 사망한 경우에는 신체에 손상을 입은 당시를 말한다)의 월급액이나 월실수입액 또는 평균임금에 24개월 이상 48개월 이하의 범위에서 유족의 수와 연령 및 생계유지상황 등을 고려하여 대통령령으로 정하는 개월 수를 곱한 금액으로 한다.

② 장해구조금과 중상해구조금은 구조피해자가 신체에 손상을 입은 당시의 월급액이나 월실수입액 또는 평균임금에 2개월 이상 48개월 이하의 범위에서 피해자의 장해 또는 중상해의 정도와 부양가족의 수 및 생계유지상황 등을 고려하여 대통령령으로 정한 개월 수를 곱한 금액으로 한다.

③ 제1항 및 제2항에 따른 월급액이나 월실수입액 또는 평균임금 등은 피해자의 주소지를 관할하는 세무서장, 시장·군수·구청장(자치구의 구청장을 말한다) 또는 피해자의 근무기관의 장(長)의 증명이나 그 밖에 대통령령으로 정하는 공신력 있는 증명에 따른다.

④ 제1항 및 제2항에서 구조피해자의 월급액이나 월실수입액이 평균임금의 2배를 넘는 경우에는 평균임금의 2배에 해당하는 금액을 구조피해자의 월급액이나 월실수입액으로 본다.

제23조(외국인에 대한 구조)

구조피해자 또는 그 유족이 외국인인 때에는 다음 각 호의 어느 하나에 해당하는 경우에만 이 법을 적용한다.

1. 해당 국가의 상호 보증이 있는 경우

2. 해당 외국인이 구조대상 범죄피해 발생 당시 대한민국 국민의 배우자이거나 대한민국 국민과 혼인관계(사실상의 혼인관계를 포함한다)에서 출생한 자녀를 양육하고 있는 자로서 다음 각 목의 어느 하나에 해당하는 체류자격을 가지고 있는 경우

   가. 「출입국관리법」 제10조제2호의 영주자격

   나. 「출입국관리법」 제10조의2제1항제2호의 장기체류자격으로서 법무부령으로 정하는 체류 자격

[전문개정 2024.9.20.]

제24조(범죄피해구조심의회 등)

① 구조금 지급 및 제21조제2항에 따른 손해배상청구권 대위에 관한 사항을 심의·결정하기 위하여 각 지방검찰청에 범죄피해구조심의회(이하 "지구심의회"라 한다)를 두고 법무부에 범죄피해구조본부심의회(이하 "본부심의회"라 한다)를 둔다. 〈개정 2024.9.20.〉

② 지구심의회는 설치된 지방검찰청 관할 구역(지청이 있는 경우에는 지청의 관할 구역을 포함한다)의 구조금 지급 및 제21조제2항에 따른 손해배상청구권 대위에 관한 사항을 심의·결정한다. 〈개정 2024.9.20.〉

③ 본부심의회는 다음 각 호의 사항을 심의·결정한다.

1. 제27조에 따른 재심신청사건

2. 그 밖에 법령에 따라 그 소관에 속하는 사항

④ 지구심의회 및 본부심의회는 법무부장관의 지휘·감독을 받는다.

⑤ 지구심의회 및 본부심의회 위원 중 공무원이 아닌 위원은 「형법」 제127조 및 제129조부터 제132조까지의 규정을 적용할 때에는 공무원으로 본다.

⑥ 지구심의회 및 본부심의회의 구성 및 운영 등에 관한 사항은 대통령령으로 정한다.

제25조(구조금의 지급신청)

① 구조금을 받으려는 사람은 법무부령으로 정하는 바에 따라 그 주소지, 거주지 또는 범죄 발생지를 관할하는 지구심의회에 신청하여야 한다.

② 제1항에 따른 신청은 해당 구조대상 범죄피해의 발생을 안 날부터 3년이 지나거나 해당 구조대상 범죄피해가 발생한 날부터 10년이 지나면 할 수 없다.

제26조(구조결정)

지구심의회는 제25조제1항에 따른 신청을 받으면 신속하게 구조금을 지급하거나 지급하지 아니한다는 결정(지급한다는 결정을 하는 경우에는 그 금액을 정하는 것을 포함한다)을 하여야 한다.

제27조(재심신청)

① 지구심의회에서 구조금 지급신청을 기각(일부기각된 경우를 포함한다) 또는 각하하면 신청인은 결정의 정본이 송달된 날부터 2주일 이내에 그 지구심의회를 거쳐 본부심의회에 재심을 신청할 수 있다.

② 제1항의 재심신청이 있으면 지구심의회는 1주일 이내에 구조금 지급신청 기록 일체를 본부심의회에 송부하여야 한다.

③ 본부심의회는 제1항의 신청에 대하여 심의를 거쳐 4주일 이내에 다시 구조결정을 하여야 한다.

④ 본부심의회는 구조금 지급신청을 각하한 지구심의회의 결정이 법령에 위반되면 사건을 그 지구심의회에 환송할 수 있다.

⑤ 본부심의회는 구조금 지급신청이 각하된 신청인이 잘못된 부분을 보정하여 재심신청을 하면 사건을 해당 지구심의회에 환송할 수 있다.

제28조(긴급구조금의 지급 등)

① 지구심의회는 제25조제1항에 따른 신청을 받았을 때 구조피해자의 장해 또는 중상해 정도가 명확하지 아니하거나 그 밖의 사유로 인하여 신속하게 결정을 할 수 없는 사정이 있으면 신청 또는 직권으로 대통령령으로 정하는 금액의 범위에서 긴급구조금을 지급하는 결정을 할 수 있다.

② 제1항에 따른 긴급구조금 지급신청은 법무부령으로 정하는 바에 따라 그 주소지, 거주지 또는 범죄 발생지를 관할하는 지구심의회에 할 수 있다.

③ 국가는 지구심의회가 긴급구조금 지급 결정을 하면 긴급구조금을 지급한다.

④ 긴급구조금을 받은 사람에 대하여 구조금을 지급하는 결정이 있으면 국가는 긴급구조금으로 지급된 금액 내에서 구조금을 지급할 책임을 면한다.

⑤ 긴급구조금을 받은 사람은 지구심의회에서 결정된 구조금의 금액이 긴급구조금으로 받은 금액보다 적을 때에는 그 차액을 국가에 반환하여야 하며, 지구심의회에서 구조금을 지급하지 아니한다는 결정을 하면 긴급구조금으로 받은 금액을 모두 반환하여야 한다.

제29조(결정을 위한 조사 등)

① 지구심의회는 구조금 지급 및 제21조제2항에 따른 손해배상청구권 대위에 관한 사항을 심의하기 위하여 필요하면 신청인이나 그 밖의 관계인을 조사하거나 의사의 진단을 받게 할 수 있고 행정기관, 공공기관이나 그 밖의 단체에 조회하여 필요한 사항을 보고하게 할 수 있다. 〈개정 2024.9.20.〉

② 지구심의회는 신청인이 정당한 이유 없이 제1항에 따른 조사에 따르지 아니하거나 의사의 진단을 거부하면 그 신청을 기각할 수 있다.

제29조의2(자료요청)

① 지구심의회는 제21조제2항에 따른 손해배상청구권 대위에 관한 업무와 관련하여 가해자의 손

해배상금 지급능력을 조사하기 위하여 필요한 경우에는 다음 각 호의 자료를 보유하고 있는 법원행정처 · 행정안전부 · 국토교통부 · 국세청 등 국가기관과 지방자치단체의 장 및 「국민건강보험법」에 따른 국민건강보험공단 등 관계 기관 · 단체의 장(이하 이 조에서 "관계 기관의 장"이라 한다)에게 다음 각 호의 자료의 제공 또는 관계 전산망의 이용을 요청할 수 있다.

1. 가해자의 주민등록표 초본
2. 가해자의 토지 · 건물에 관한 부동산 등기정보자료
3. 가해자의 재산에 관한 건축물대장, 토지대장 및 임야대장
4. 가해자의 전세권에 관한 부동산 등기정보자료
5. 가해자의 자동차 · 건설기계 · 항공기 등록자료 및 선박 등기자료
6. 가해자가 임차한 주택에 관한 주택 임대차 계약의 신고 자료
7. 가해자의 입목, 광업권, 어업권, 양식업권 및 「지방세법」 제6조제14호부터 제18호까지의 회원권에 관한 자료
8. 「국민건강보험법」에 따른 가해자의 보수 · 소득 자료(가해자가 직장가입자인 경우에는 그 사용자의 성명 · 명칭 또는 상호와 주소에 관한 정보를 포함한다)
9. 가해자에 대한 재산세 · 종합부동산세 부과자료

② 제1항에 따른 요청을 받은 관계 기관의 장은 정당한 사유가 있는 경우를 제외하고는 그 요청에 따라야 한다.

③ 제1항 및 제2항에 따라 제공받거나 수집한 자료를 활용하여 업무를 수행하거나 수행하였던 사람은 그 자료나 해당 업무를 수행하면서 취득한 정보를 이 법에서 정한 목적 외의 다른 용도로 사용하거나 다른 자에게 제공 또는 누설하여서는 아니 된다.

④ 제1항 및 제2항에 따라 제공되는 자료에 대해서는 수수료 및 사용료 등을 면제한다.

⑤ 지구심의회는 손해배상청구권 추심이 완료되는 등 손해배상청구권 대위에 관한 업무의 목적을 달성한 경우에는 제1항 및 제2항에 따라 제공받거나 수집한 자료를 지체 없이 파기하여야 한다.

[본조신설 2024.9.20.]

제29조의3(금융정보등의 제공 요청)

① 지구심의회는 제21조제2항에 따른 손해배상청구권 대위에 관한 업무와 관련하여 가해자에 대한 다음 각 호의 자료 또는 정보(이하 "금융정보등"이라 한다)에 의하지 아니하고는 가해자의 손해배상금 지급능력이나 재산은닉 여부를 확인할 수 없다고 인정하는 경우에는 「금융실명거래 및 비밀보장에 관한 법률」 제4조에도 불구하고 같은 법 제2조제1호에 따른 금융회사등의 장이나 그 특정점포에 가해자에 대한 금융정보등의 제공을 요청할 수 있다. 이 경우 금융정보등의 제공 요청은 필요한 최소한의 범위에 그쳐야 한다.

1. 「금융실명거래 및 비밀보장에 관한 법률」 제2조제2호 · 제3호에 따른 금융자산 및 금융거래의 내용에 대한 자료 또는 정보 중 예금 · 적금 · 저축의 잔액 또는 불입금 · 지급금과 유가증권 등

금융자산에 대한 증권·증서의 가액

2. 「보험업법」 제4조제1항 각 호에 따른 보험에 가입하여 납부한 보험료, 환급금 및 지급금

② 지구심의회는 다음 각 호의 어느 하나에 해당하는 경우에만 제1항에 따른 금융정보등의 제공을 요청할 수 있다.

1. 구조대상 범죄피해를 원인으로 하여 가해자에게 유죄판결이 선고되거나 약식명령이 확정된 경우

2. 구조대상 범죄피해를 원인으로 하는 수사 또는 재판 절차에서 가해자가 범죄사실 또는 공소사실을 자백하는 경우

③ 제1항에 따라 금융정보등의 제공 요청을 받은 금융회사등의 장이나 그 특정점포는 특별한 사유가 없으면 이에 따라야 한다.

④ 제1항에 따라 금융회사등의 장이나 그 특정점포에 금융정보등을 요청하는 경우에는 「금융실명거래 및 비밀보장에 관한 법률」 제4조제6항, 제4조의2제5항 및 제4조의3제3항을 준용한다.

⑤ 제1항부터 제3항까지에 따라 제공받거나 수집한 금융정보등을 활용하여 업무를 수행하거나 수행하였던 사람은 그 자료나 해당 업무를 수행하면서 취득한 정보를 이 법에서 정한 목적 외의 다른 용도로 사용하거나 다른 자에게 제공 또는 누설하여서는 아니 된다.

⑥ 제1항부터 제3항까지에 따라 제공된 금융정보등은 가해자 또는 제3자에 대한 수사 또는 형사재판에서 증거로 할 수 없다.

⑦ 지구심의회는 손해배상청구권 추심이 완료되는 등 손해배상청구권 대위에 관한 업무의 목적을 달성한 경우에는 제1항부터 제3항까지에 따라 제공받거나 수집한 금융정보등을 지체 없이 파기하여야 한다.

[본조신설 2024.9.20.]

제30조(구조금의 환수)

① 국가는 이 법에 따라 구조금을 받은 사람이 다음 각 호의 어느 하나에 해당하면 지구심의회 또는 본부심의회의 결정을 거쳐 그가 받은 구조금의 전부 또는 일부를 환수할 수 있다.

1. 거짓이나 그 밖의 부정한 방법으로 구조금을 받은 경우

2. 구조금을 받은 후 제19조에 규정된 사유가 발견된 경우

3. 구조금이 잘못 지급된 경우

② 국가가 제1항에 따라 환수를 할 때에는 국세징수의 예에 따르고, 그 환수의 우선순위는 국세 및 지방세 다음으로 한다.

제31조(소멸시효)

구조금을 받을 권리는 그 구조결정이 해당 신청인에게 송달된 날부터 2년간 행사하지 아니하면 시효로 인하여 소멸된다.

제32조(구조금 수급권의 보호)

구조금을 받을 권리는 양도하거나 담보로 제공하거나 압류할 수 없다.

제5장 범죄피해자 보호 · 지원사업의 지원 및 감독

제33조(범죄피해자 지원법인의 등록 등)

① 범죄피해자 지원법인이이 법에 따른 지원을 받으려면 자산 및 인적 구성 등 대통령령으로 정하는 요건을 갖추고 대통령령으로 정하는 절차에 따라 법무부장관에게 등록하여야 한다.

② 범죄피해자 지원법인의 설립 · 운영에 관하여 이 법에 규정이 없는 사항에 대하여는 「민법」과 「공익법인의 설립 · 운영에 관한 법률」을 적용한다.

제34조(보조금)

① 국가 또는 지방자치단체는 제33조에 따라 등록한 범죄피해자 지원법인(이하 "등록법인"이라 한다)의 건전한 육성과 발전을 위하여 필요한 경우에는 예산의 범위에서 등록법인에 운영 또는 사업에 필요한 경비를 보조할 수 있다.

② 국가는 제7조제2항 후단에 따른 위탁기관(범죄피해자 지원법인을 제외한다. 이하 "위탁기관"이라 한다)의 보호시설 운영에 필요한 경비를 보조할 수 있다.

③ 법무부장관으로부터 보조금을 받으려는 등록법인과 위탁기관은 대통령령으로 정하는 바에 따라 사업의 목적과 내용, 보조사업에 드는 경비 등 필요한 사항을 적은 신청서와 첨부서류를 법무부장관에게 제출하여야 한다.

④ 제3항에 따른 보조금의 지급 기준 및 절차에 관한 사항은 대통령령으로 정한다.

제35조(보조금의 목적 외 사용금지 및 반환)

① 등록법인 또는 위탁기관은 제34조에 따라 교부받은 보조금을 범죄피해자 보호 · 지원 또는 보호시설 운영을 위한 용도로만 사용할 수 있다.

② 법무부장관은 등록법인 또는 위탁기관이 제34조제3항에 따른 신청서 등에 거짓 사실을 적거나 그 밖의 부정한 방법으로 보조금을 받은 경우 또는 교부받은 보조금을 다른 용도에 사용한 경우에는 교부한 보조금의 전부 또는 일부를 반환하게 할 수 있다.

③ 보조금의 반환에 관하여는 「보조금 관리에 관한 법률」을 준용한다.

제36조(감독 등)

① 법무부장관은 필요하다고 인정하면 등록법인 또는 위탁기관에 대하여 그 업무 · 회계 및 재산에 관한 사항을 보고하게 하거나 자료의 제출이나 그 밖에 필요한 명령을 할 수 있으며, 소속 공무원으로 하여금 그 운영 실태를 조사하게 할 수 있다.

② 법무부장관은 등록법인 또는 위탁기관의 임직원이 다음 각 호의 어느 하나에 해당하면 해당 등록법인 또는 위탁기관의 대표자에게 이를 시정하게 하거나 해당 임원의 직무정지 또는 직원의 징계를 요구할 수 있으며, 해당 법인의 등록을 취소하거나 보호시설의 운영 위탁을 취소할 수 있다.

1. 제1항에 따라 법무부장관이 요구하는 보고서 또는 자료를 거짓으로 작성하거나 그 보고 또는 제출을 거부한 경우

2. 제1항에 따른 검사를 거부, 방해 또는 기피한 경우

3. 법무부장관의 시정명령, 직무정지 또는 징계요구에 대한 이행을 게을리한 경우

③ 법무부장관은 제2항에 따라 등록법인의 등록을 취소할 경우 청문을 하여야 한다.

제37조(등록법인 오인 표시의 금지)

누구든지 등록법인이 아니면서 등록법인으로 표시하거나 등록법인으로 오인하게 할 수 있는 명칭을 사용하여서는 아니 된다.

제38조(재판 등에 대한 영향력 행사 금지)

범죄피해자 보호·지원 업무에 종사하는 자는 형사절차에서 가해자에 대한 처벌을 요구하거나 소송관계인에게 위력을 가하는 등 수사, 변호 또는 재판에 부당한 영향을 미치기 위한 행위를 하여서는 아니 된다.

제39조(비밀누설의 금지)

범죄피해자 보호·지원 업무에 종사하고 있거나 종사하였던 자는 그 업무를 수행하는 과정에서 알게 된 타인의 사생활에 관한 비밀을 누설하여서는 아니 되며, 범죄피해자를 보호하고 지원하는 목적으로만 그 비밀을 사용하여야 한다.

제40조(수수료 등의 금품 수수 금지)

범죄피해자 보호·지원 업무에 종사하고 있거나 종사하였던 자는 범죄피해자를 보호·지원한다는 이유로 수수료 등의 명목으로 금품을 요구하거나 받아서는 아니 된다. 다만, 다른 법률에 규정이 있는 경우에는 그러하지 아니하다.

제6장 형사조정

제41조(형사조정 회부)

① 검사는 피의자와 범죄피해자(이하 "당사자"라 한다) 사이에 형사분쟁을 공정하고 원만하게 해결하여 범죄피해자가 입은 피해를 실질적으로 회복하는 데 필요하다고 인정하면 당사자의 신청 또는 직권으로 수사 중인 형사사건을 형사조정에 회부할 수 있다.

② 형사조정에 회부할 수 있는 형사사건의 구체적인 범위는 대통령령으로 정한다. 다만, 다음 각 호의 어느 하나에 해당하는 경우에는 형사조정에 회부하여서는 아니 된다.

1. 피의자가 도주하거나 증거를 인멸할 염려가 있는 경우

2. 공소시효의 완성이 임박한 경우

3. 불기소처분의 사유에 해당함이 명백한 경우(다만, 기소유예처분의 사유에 해당하는 경우는 제외한다)

제42조(형사조정위원회)

① 제41조에 따른 형사조정을 담당하기 위하여 각급 지방검찰청 및 지청에 형사조정위원회를 둔다.

② 형사조정위원회는 2명 이상의 형사조정위원으로 구성한다.

③ 형사조정위원은 형사조정에 필요한 법적 지식 등 전문성과 덕망을 갖춘 사람 중에서 관할 지방검찰청 또는 지청의 장이 미리 위촉한다.

④ 「국가공무원법」 제33조 각 호의 어느 하나에 해당하는 사람은 형사조정위원으로 위촉될 수 없다.

⑤ 형사조정위원의 임기는 2년으로 하며, 연임할 수 있다.

⑥ 형사조정위원회의 위원장은 관할 지방검찰청 또는 지청의 장이 형사조정위원 중에서 위촉한다.

⑦ 형사조정위원에게는 예산의 범위에서 법무부령으로 정하는 바에 따라 수당을 지급할 수 있으며, 필요한 경우에는 여비, 일당 및 숙박료를 지급할 수 있다.

⑧ 제1항부터 제7항까지에서 정한 사항 외에 형사조정위원회의 구성과 운영 및 형사조정위원의 임면(任免) 등에 관한 사항은 대통령령으로 정한다.

제43조(형사조정의 절차)

① 형사조정위원회는 당사자 사이의 공정하고 원만한 화해와 범죄피해자가 입은 피해의 실질적인 회복을 위하여 노력하여야 한다.

② 형사조정위원회는 형사조정이 회부되면 지체 없이 형사조정 절차를 진행하여야 한다.

③ 형사조정위원회는 필요하다고 인정하면 형사조정의 결과에 이해관계가 있는 사람의 신청 또는 직권으로 이해관계인을 형사조정에 참여하게 할 수 있다.

④ 제1항부터 제3항까지에서 정한 사항 외에 형사조정의 절차에 관한 사항은 대통령령으로 정한다.

제44조(관련 자료의 송부 등)

① 형사조정위원회는 형사사건을 형사조정에 회부한 검사에게 해당 형사사건에 관하여 당사자가 제출한 서류, 수사서류 및 증거물 등 관련 자료의 사본을 보내 줄 것을 요청할 수 있다.

② 제1항의 요청을 받은 검사는 그 관련 자료가 형사조정에 필요하다고 판단하면 형사조정위원회에 보낼 수 있다. 다만, 당사자 또는 제3자의 사생활의 비밀이나 명예를 침해할 우려가 있거나 수사상 비밀을 유지할 필요가 있다고 인정하는 부분은 제외할 수 있다.

③ 당사자는 해당 형사사건에 관한 사실의 주장과 관련된 자료를 형사조정위원회에 제출할 수 있다.

④ 형사조정위원회는 제1항부터 제3항까지의 규정에 따른 자료의 제출자 또는 진술자의 동의를 받아 그 자료를 상대방 당사자에게 열람하게 하거나 사본을 교부 또는 송부할 수 있다.

⑤ 관련 자료의 송부나 제출 절차 및 열람 등에 대한 동의의 확인 방법 등에 관한 사항은 대통령령으로 정한다.

제45조(형사조정절차의 종료)

① 형사조정위원회는 조정기일마다 형사조정의 과정을 서면으로 작성하고, 형사조정이 성립되면 그 결과를 서면으로 작성하여야 한다.

② 형사조정위원회는 조정 과정에서 증거위조나 거짓 진술 등의 사유로 명백히 혐의가 없는 것으로 인정하는 경우에는 조정을 중단하고 담당 검사에게 회송하여야 한다.

③ 형사조정위원회는 형사조정 절차가 끝나면 제1항의 서면을 붙여 해당 형사사건을 형사조정에 회부한 검사에게 보내야 한다.

④ 검사는 형사사건을 수사하고 처리할 때 형사조정 결과를 고려할 수 있다. 다만, 형사조정이 성립되지 아니하였다는 사정을 피의자에게 불리하게 고려하여서는 아니 된다.

⑤ 형사조정의 과정 및 그 결과를 적은 서면의 서식 등에 관한 사항은 법무부령으로 정한다.

제46조(준용규정)

형사조정위원이나 형사조정위원이었던 사람에 관하여는 제38조부터 제40조까지의 규정을 준용한다.

제7장 보칙

제46조의2(경찰관서의 협조)

범죄피해자 지원법인의 장 또는 보호시설의 장은 피해자나 피해자의 가족구성원을 긴급히 구조할 필요가 있을 때에는 경찰관서(지구대·파출소 및 출장소를 포함한다)의 장에게 그 소속 직원의 동행을 요청할 수 있으며, 요청을 받은 경찰관서의 장은 특별한 사유가 없으면 이에 따라야 한다.

제8장 벌칙

제47조(벌칙)

① 제29조의3제5항을 위반하여 금융정보등을 사용·제공 또는 누설한 사람은 5년 이하의 징역 또는 5천만원 이하의 벌금에 처한다. 〈신설 2024.9.20.〉

② 거짓이나 그 밖의 부정한 방법으로 제34조에 따른 보조금을 받은 자는 5년 이하의 징역 또는 2천만원 이하의 벌금에 처한다. 〈개정 2024.9.20.〉

③ 제29조의2제3항을 위반하여 자료 또는 정보를 사용·제공 또는 누설한 사람은 3년 이하의 징역 또는 2천만원 이하의 벌금에 처한다. 〈신설 2024.9.20.〉

④ 제35조제1항을 위반하여 보조금을 범죄피해자 보호·지원 외의 다른 용도로 사용한 자는 3년 이하의 징역 또는 1천만원 이하의 벌금에 처한다. 〈개정 2024.9.20.〉

제48조(벌칙)

다음 각 호의 어느 하나에 해당하는 자는 1년 이하의 징역 또는 1천만원 이하의 벌금에 처한다.

1. 제39조 또는 제46조를 위반하여 타인의 비밀을 누설하거나 범죄피해자 보호·지원 또는 형사조정 업무 외의 목적에 사용한 자
2. 제40조 또는 제46조를 위반하여 금품을 요구하거나 받은 자

제49조(양벌규정)

법인의 대표자나 법인 또는 개인의 대리인, 사용인, 그 밖의 종업원이 그 법인 또는 개인의 업무에 관하여 제47조제2항·제4항 또는 제48조의 위반행위를 하면 그 행위자를 벌하는 외에 그 법인 또는 개인에게도 해당 조문의 벌금형을 과(科)한다. 다만, 법인 또는 개인이 그 위반행위를 방지하기 위하여 해당 업무에 관하여 상당한 주의와 감독을 게을리하지 아니한 경우에는 그러하지 아니하다. 〈개정 2024.9.20.〉

제50조(과태료)

① 다음 각 호의 어느 하나에 해당하는 자에게는 300만원 이하의 과태료를 부과한다.

1. 제36조제2항 각 호의 어느 하나에 해당하는 자
2. 제37조를 위반하여 등록법인으로 표시하거나 등록법인으로 오인하게 할 수 있는 명칭을 사용한 자
3. 제38조 또는 제46조를 위반하여 수사, 변호 또는 재판에 부당한 영향을 미치기 위한 행위를 한 자

② 제1항에 따른 과태료는 대통령령으로 정하는 바에 따라 법무부장관이 부과·징수한다.

부칙〈제20433호, 2024.9.20.〉

제1조(시행일)

이 법은 공포 후 6개월이 경과한 날부터 시행한다.

제2조(유족에 대한 장해구조금 또는 중상해구조금 지급에 관한 적용례)

제17조제3항 단서, 제18조제1항 각 호 외의 부분, 같은 조 제3항, 같은 조 제4항 각 호 외의 부분, 같은 항 제2호·제3호 및 제19조제5항의 개정규정은 이 법 시행 전에 구조금의 지급을 신청한 구조피해자가 이 법 시행 이후 구조금을 지급받기 전에 사망하는 경우에도 적용한다.

제3조(구조금 분할 지급에 관한 적용례)

제17조제4항의 개정규정은 이 법 시행 전에 구조금의 지급을 신청한 경우로서 이 법 시행 이후 구조금을 지급하는 결정을 하는 경우에도 적용한다.

제4조(외국인 구조에 관한 적용례)

제23조제2호의 개정규정은 이 법 시행 이후 행하여진 범죄행위로 피해를 당하는 경우부터 적용한다.

참 / 고 / 문 / 헌

남상철, 교정학개론, 법문사, 2005

박상기, 손동권, 이순래 형사정책, 한국형사정책연구원, 2009

배종대, 형사정책, 홍문사, 2000

송광섭, (범죄학과) 형사정책, 유스티니아누스, 2003

이윤호, 범죄학개론, 박영사, 2002

조만형, 교정학개론, 동방문화사, 2013

허주욱, 교정보호학, 박영사, 2010

Larry J. Siegel, CRIMINOLOGY: Theories, Patterns and Typologies(제10판, 2012), 이민식/
    김상원/박정선/신동준/윤옥경/이성식/황성현 옮김

Ronald L. Akers and Christine S. Sellers, Criminological Theories Introduction, Evaluation,
    and Application(제5판, 2009), 민수홍/박기석/박강우/기광도/전영실/최병각 공역